이 책에 쏟아진 찬사

세계관의 새로운 지평을 열어주는 한 편의 계시록이다. — 레브 그로스만 〈타임 매거진〉 올해의 책

불후의 명작으로 기록될 책. 탄탄한 긴장감과 설득력으로 아메리카 대륙 '발견'의 중대성
에 대해 역사적으로 부여됐던 주류 신화에 반격을 가한다. 혀를 내두를 만큼 풍성한 표
현력과 분석력으로 무장한 《1493》은 그 장점을 일일이 나열하기 힘들다. 만의 책에는 날
선 비판도, 격렬한 주장도 없다. 그럼에도 우리가 사는 세상을 새로운 눈으로 보게 만들
어주는 명작의 반열에 오르기에 조금도 부족함이 없다. 이 주제에 관한 책 중 가장 지적
이고, 가장 심도 있고, 가장 우아한 작품이다. — 〈오리건〉

광대한 스케일로 스토리를 이어가면서도 매혹적인 디테일을 하나도 놓치지 않는다. 고도
의 통찰력으로 이해한 인류사를 쉬운 문체로 엮어 우리 눈앞에 생생하게 펼쳐낸다.
— 〈더 플레인 딜러〉

매 순간 팽팽한 긴장감을 유지하면서 생동감 넘치는 이야기가 전개된다. 장대한 시각으
로 역사를 조명하는 동시에 그 안에서 우리가 사는 세상을 결정짓는 데 중대한 역할을
조각과 단서들을 포착해 전혀 새로운 시각으로 섬세하게 바라본다. — 〈파이낸셜 타임스〉

찰스 만은 《1491》에 이어 다시 한 번 탄탄한 근육질로 구성된 역작을 내놓았다. 500페이
지 넘는 분량을 한달음에 주파했다. 역사가로서, 찰스 만에 대해 단순히 광범위한 스케
일로만 존경심이 드는 건 아니다. 생태계를 광대한 시각으로 바라보면서도 그 안에 사는
모든 생명체에 대해 그가 드러내는 섬세한 감수성과 지성에 대해 감탄할 수밖에 없다. 그
의 이야기 전반에는 늘 인간이 있지만, 그 인간 활동이 거대한 환경에 어떤 결과를 초래
하는지에 대한 인식이 늘 함께 한다. — 〈월스트리트 저널〉

객관적인 시각, 세상 만물에 대한 경외심, 놀라운 필력의 소유자. 만은 자신이 속한 세상
모든 것에 대해, 하다못해 구르는 돌 하나에서도 우리가 미처 깨닫지 못한 의미를 보는
사람이다. — 〈사이언스〉

진부한 표현일지 모르지만 독자들은 포스트 콜럼버스 시대에 생산된 시스템에 대한 그의 신선한 분석을 접하는 순간 기존의 생각들이 와르르 무너져 내리는 소리를 듣게 된다.
— 앨프리드 W. 크로스비(《콜럼버스적 전환The Columbian Exchange》의 저자)

신기원을 이룬 《1491》에 이어 찰스 만은 또 한 번 우리의 시각을 완전히 바꿔줄 빛나고 매혹적인 작품을 내놓았다. 만은 유럽과 아메리카의 생태학적 충돌에 의해 인류 역사의 모든 측면이 사실상 어떻게 변형되었는가를 보여준다. 《1493》은 눈부실 만큼 촘촘하게 엮인 사실들과 가공할 필력이 만나 탄생한 기념비적인 작품이다.
— 데이비드 그랜(《잃어버린 도시》의 저자)

몰입도 최고의 문장으로 사유의 신세계를 열어젖혔다. — 〈퍼블리셔스 위클리〉 올해의 책

남태평양의 물결처럼 광대하고 선명한 역사의 파노라마가 펼쳐진다. 찰스 만의 바다 안에는 전설적인 중국 해적선단 이야기, 담배에 관한 귀족들의 의식, 제임스타운에서 식민 개척자들과 부대끼고 부딪혔던 인디언들의 생생하고 흥미로운 삶이 화려한 산호초처럼 박혀 있다. 커다란 그림을 보는 폭넓은 통찰력에 컬러풀한 디테일들이 타의 추종을 불허하게 잘 조합된 걸작이다. — 〈퍼블리셔스 위클리〉 독자 리뷰

방대한 연구와 현지답사, 그리고 인터뷰를 기반으로 촘촘하게 쓰인 《1493》은 이 시대를 사는 사람들이 반드시 읽어야 할 명저이다. 그가 그려내는 세상은 우리 모두가 관심을 가져야 할 주제이다. 특히 그의 이야기 전개 능력은 경탄을 자아낸다.
— 존 허밍(《고무나무Tree of Rovers》의 저자)

훌륭한 역사책의 표본이다. 우리에게 새로운 시각의 지평을 열어주는 이 책에는 참신한 지식들이 알알이 달려 있다. 찰스 만은 유럽의 아메리카 대륙 발견 이후 얽히고설켜 맞물린 경제와 생태계 변화가 근대 사회를 어떻게 예측할 수 없는 방식으로 몰아갔는지를 실감나게 보여준다. — 톰 스탠디지(《역사 한 잔 하실까요?》의 저자)

지성의 랜드마크로서 우뚝 선 책…. 《1493》은 놀라운 통찰력으로 뇌에 쾌감을 안겨준다.
— 〈셀프 어웨어니스〉

1493

1493

콜럼버스가 문을 연 호모제노센 세상

찰스 만 | 최희숙 옮김

황소자리

일러두기

- 본문에 나오는 외국어 인명 혹은 지명은 독자의 이해를 돕기 위해 필요하다고 판단될 경우 맨 처음 나오는 곳에 원어를 병기했다.
- 본문에 나오는 인명과 지명은 한글맞춤법 표기원칙을 따랐다. 다만 오래되어 일상적으로 통용되는 일부 중국어 인명이나 용어는 한자 음으로 표기했다.
- 본문에 나오는 용어나 법령, 책 제목은 원어 그대로 번역하는 것을 원칙으로 삼았다. 다만 국내에 널리 소개되거나 한국식으로 굳어진 용어는 일반적인 표현을 따랐다.
- 원서에 수록된 저자 주석은 그대로 옮겼다. 더불어 한국 독자의 이해를 돕기 위해 필요하다고 판단될 경우, 옮긴이의 주석을 방주 혹은 각주로 넣었다.

내 집을 가꿔준 여자이며,
내 고향인 여인에게

차례

종장 현대인의 삶 ———————————————

온 세상에 대한 이야기인 이 책은 사실 작은 텃밭에서 시작됐다. 20여 년 전, 어느 지방대학교 학생들이 다양한 품종의 토마토를 길러 냈다는 기사를 보았다. 구경하고 싶은 사람은 누구든 환영한다고 했다. 나 역시 토마토에 관심이 있었던 터라 여덟 살 난 아들 손을 잡고 그곳에 갔다. 학교 비닐하우스에 도착한 나는 화들짝 놀랐다. 이처럼 별별 모양과 색상, 크기를 지닌 토마토를 보기는 난생 처음이었다. 한 학생이 플라스틱 쟁반에 샘플 몇 개를 담아 가져다 주었다. 그 중에 울룩불룩한 토마토 하나가 내 눈에 들어왔다. 적벽돌 색상에 꼭지 주변은 진녹색이었다. 이따금 꿈속 감정이 너무 강렬해서 퍼뜩 잠에서 깨어날 때가 있는데, 그 토마토가 꼭 그랬다. 그 토마토는 내 입안을 한순간에 깨웠다. 이름은 '블랙(흙토마토).' 튤라Tula에서 왔다고 학생은 말했다. 19세기 우크라이나에서 개발된 '가보종자heirloom'였다

"토마토 원산지는 멕시코 아닌가요?" 나는 의아한 표정으로 물었

다. "어떻게 우크라이나에까지 가서 번식한 거죠?"

그 학생이 토마토, 고추 그리고 콩(껍질콩이 아닌 일반 콩) 가보종자 카탈로그를 내게 주었고 나는 집에 와서 카탈로그를 훑어보았다. 세 작물 모두 최초 출생지는 아메리카 대륙이었다. 그러나 세월이 흐르고 흘러, 카탈로그에 적힌 품종들의 출신 국적은 모두 바다 건너편이었다. 일본산 토마토, 이태리산 고추, 콩고산 콩. 그곳에서 맛본 토마토를 더 먹고 싶었던 나는 곧장 씨앗을 주문한 뒤 사각으로 된 플라스틱 화분에서 싹을 틔우고, 다시 모종을 채소밭에 심었다. 지금껏 한 번도 해본 적 없는 일이었다.

그곳에 다녀온 지 얼마 지나지 않은 어느 날, 나는 도서관을 찾았다. 책을 찾아 읽던 나는 그날 내가 그 학생에게 던진 질문 자체가 과녁에서 벗어나 있었음을 깨달았다. 먼저 토마토가 최초로 기원한 곳으로 추정되는 곳은 멕시코가 아니라 안데스 지역이었다. 본래 페루와 에콰도르 등지에서 자생했던 대여섯 종의 토마토는 엄지 손톱만 한 열매를 맺었다. 이 중 단 한 종만 빼고는 먹을 수 없는 것들이었다. 이쯤 되면 식물학자에게는 토마토가 어떤 경로로 우크라이나와 일본까지 가게 되었는가 하는 문제는 뒷전으로 밀려난다. 진짜 미스터리는 어떻게 해서 토마토 원시종자가 남아메리카에서 멕시코로 건너갔고, 고대 멕시코인들은 또 어떤 방법으로 그 식물의 형체를 혁명적으로 바꾸었는가로 옮겨간다. 더 크고, 더 빨갛고, 무엇보다 먹을 수 있게…. 무엇 때문에 그들은 쓸모없는 야생토마토를 수천 킬로나 가지고 갔을까? 또한 어떤 이유로 야생토마토 종자는 최초 발생지 인근에서는 작물화하지 못했을까? 고대 멕시코인들은 야생토마토에 무슨 짓을 해서 자신들의 필요에 맞게 개량시켰을까?

이 의문은 오랫동안 내 안에 자리하고 있던 궁금증을 자꾸 건드렸다. 바로 아메리카 대륙 원주민이다. 〈사이언스〉 편집국 기자로 일할 때 나는 종종 고고학자와 인류학자 그리고 지리학자들과 더불어 고대 원주민 사회의 크기와 진보에 대한 학계의 인식 변화를 놓고 얘기를 나누었다. 그들과 대화하면서 얻은 학계의 최신 연구 지식을 밑거름 삼아, 나는 콜럼버스 이전 아메리카 역사에 관한 책을 쓰기도 했다. 그리고 이제 고대 원주민 육종학자에 대한 존경 어린 궁금증이 한 조각 퍼즐이 되어 나를 충동질하기 시작했다. 그러니까 우리 집 채소밭의 토마토는 DNA 속에 아메리카 고대사의 한 조각 비밀을 간직하고 있는 셈이었다.

나아가 그 토마토들은 콜럼버스 이후 역사의 중요한 조각들도 품고 있었다. 16세기로 접어들면서 유럽인은 토마토를 전 세계로 퍼뜨렸다. 처음 보는 열매가 독성이 없다는 확신이 들자 유럽에서 아시아에 이르는 지역의 농부들이 토마토를 심기 시작했다. 커다란 존재감은 아닐지언정, 그 식물은 도달한 모든 곳에서 문화적 파장을 일으켰다. 때론 그 존재감이 컸다. 토마토소스가 없는 이탈리아 남부지방은 상상할 수조차 없다.

하지만 텍사스대학교 역사학자이자 지리학자인 앨프리드 W. 크로스비Alfred W. Crosby의 《생태제국주의Ecological Imperialism》를 중고서점에서 만나기 전까지만 해도 나는 여전히 이 같은 식물의 대륙 간 이동이 우리 식단에 끼친 영향 및 다른 중대한 의미에 대해서는 깨닫지 못했다. 제목에 이끌려 그 책을 집어들었다. 첫 문장의 활자들이 일종의 계시처럼 내게 다가왔다. '유럽 이주자와 그 후손들은 지구상 도처에 퍼져 성공적으로 뿌리내렸다. 이는 설명이 필요한 대목이다.'

나는 크로스비가 하고자 하는 말을 바로 알아차렸다. 아프리카인은 대부분 아프리카에, 아시아인 대부분은 아시아에, 그리고 아메리카 원주민 대부분은 아메리카에서만 산다. 이와 달리 유럽인 후손은 아메리카에도 그리고 오세아니아에도 무성하다. 성공적인 이식이다. 게다가 그런 많은 곳에서 안주인 행세를 하고 있다. 누구나 뻔히 아는 사실이되, 이전에는 결코 진지하게 인식하거나 고민해본 적 없는 문제였다. 그제야 대체 왜 그런 걸까, 궁금증이 생겼다. 생태학적 관점에서 이는 우크라이나 토마토 못지않은 커다란 수수께끼였다.

크로스비(그리고 그의 몇몇 동료들) 이전에도 많은 학자들이 이 문제를 연구하기는 했다. 그러나 그들 대부분은 유럽인의 지구상 확산을 전적으로 유럽인의 우수성(그게 과학이든 제도이든)이란 맥락으로 설명했다. 크로스비는 《생태제국주의》에서 전혀 다른 해석을 내놓았다. 유럽 제국에게 상대적으로 한참 앞선 무기와 체계적으로 훈련된 군대가 있었다는 점에는 그도 동의한다. 하지만 장기적으로 유럽이 우위를 점할 수 있었던 결정적인 요인은 기술의 문제라기보다 생태학적인 문제였다는 것이 크로스비의 주장이다. 배를 타고 대서양을 건넌 건 인간만이 아니었다. 그들은 동물과 식물도 배로 실어날랐다. 손수 싣고 간 것들도 있지만 인간의 옷과 신발, 혹은 새와 배에 달라붙어 대서양을 건넌 것들도 적잖았다. 영겁의 시간 동안 격리되어 있었던 에코시스템은 크로스비가 '콜럼버스적 대전환Columbian Exchange'('콜럼버스의 교환'이라고도 번역되는 이 말은, 크로스비의 또 다른 책 제목이기도 하다)이라 명명한 대변환을 통해 갑작스럽게 만나 뒤섞였다. 이 교환은 옥수수(메이즈)를 아프리카에, 고구마를 아시아에, 말과 사과를 아메리카 대륙에 가져다 놓았고 대왕풀과 유칼립투스를 유럽에 심어놓았다. 그리고 수많은 벌레와 풀과 우리 눈에 보이지 않는 박테리아, 바이러스 같은 미생물도 대륙 간 이동을 통해 자리바꿈했다. 이 같은 콜럼버스적 대전환은 당사자들이 통제한 것도, 의식한 것도 아니었다. 하지만 이 대전환을 통해 유럽인은 아메리카 대부분 지역, 아시아와 아프리카 일부 지역의 생태를 유럽식 생태계 버전으로 몰라보게 변신시켰고, 결국 그곳 원주민보다 더욱 편리하게 활용할 수 있는 지형으로 만들 수 있었다. 크로스비는 이런 생태제국주의야말로 스페인과 포르투갈, 그리고 뒤이은 네덜란드, 영국, 프랑스가 제국주의 확장 가도에서 지속적인 우위를 점할 수 있었던 비밀병기였다고 설명한다.

크로스비의 책 내용은 새로운 학문 분야와 궤를 같이 했다. 바로 환경사environmental history학파이다. 같은 시기에 등장한 또 다른 학파로 대서양사 연구Atlantic studies학파가 있다. 대서양 연안(최근 대서양사 학파들은 자신들의 영역에 태평양 지역 움직임들을 보태고 있다)을 중심으로 한 문명의 충돌 및 상호작용에 역점을 두고 연구하는 그룹이다. 학자들은 이런 학문 분야를 망라해 전 세계적으로 긴밀하게 맞물린 문명(전 세계인의 삶의 방식이 '글로벌라이제이션'이라는 상황에 의해 동인되는)의 기원에 대한 새로운 밑그림을 그려내고 있다. 그들의 연구는 크게 두 가지 측면에서 성과를 거두고 있다. 첫 번째, 우리가 학교에서 익히 배운 국왕과 국가 중심 역사보다 콜럼버스적 대전환이 생태·경제사회에 가져온 경이로운 역할이 점점 더 비중 있게 부각되는 추세다. 두 번째, 콜럼버스 항해의 의의를 신대륙 발견을 넘어 새로운 세상의 창조로 보는 시각이 우세해지고 있다는 것이다. 바로 그 세상이 어떻게 창조되었는지가 이 책의 주제이다.

이런 연구들은 상당부분 최신 과학기술 덕에 가능해졌다. 첨단과학 장비들은 천연고무 주성분인 라텍스를 불법적으로 대량 채취한 결과 파괴된 환경을 한 장의 위성사진으로 보여준다. 유전학자들은 DNA 분석을 통해 감자잎마름병의 파괴적인 확산 경로를 추적한다. 생태학자들은 수학적 시뮬레이션 기법을 동원해 유럽의 말라리아 확산을 모의실험한다. 이런 예는 숱하게 많다. 달라진 정치적 상황도 도움이 되었다. 일례로 나의 책에 중대한 영향을 미친 것 중 하나가 중국의 정치 변화이다. 크로스비가 생태제국주의를 연구했던 1980년대 초반에 비해 중국에서의 연구는 엄청 수월해졌다. 오늘날 중국 당국의 감시는 최소화되었다. 내가 중국에 체류할 때 가장 큰 걸림돌은 복잡한 교통체증이었다. 중국의 학자들과 도서관은 보유한 자료를 기꺼이 내주었다. 원본 스캔도 가능하고, 주머니에 넣어 가지고 다니는 USB에 자료를 저장할 수도 있다.

이들 새로운 역사 연구에서 바라보는 콜럼버스 이후를 한 줄로 표현하면, 두 개(아프리카를 유라시아와 따로 본다면 세 개의 대륙)로 나뉘었던 구세계가 충돌한 결과 탄생한 한 개의 신세계이다. 번영하는 아시아 무역권에 편승하고 싶었던 유럽인의 욕망으로 태동된 16세기 교역과 경제 시스템은 19세기로 접어들 무렵에는 전 세계를 하나의 생태 시스템으로 바꿔놓았다. 이는 생태계 전체 역사에서는 눈 깜짝할 순간이다. 이렇게 탄생한 생태 시스템은, 결정적인 시기였던 수백 년 동안 유럽이 정치적 주도권을 잡는 데 도움을 주었고, 이를 발판으로 오늘날 전 세계는 단일화된 경제 시스템 지형을 형성하였다. 우리가 거의 인식하지 못하지만, 그렇게 다져진 경제 시스템은 하나로 엉켜서 우리의 일상 도처에 존재하고 있다.

1999년 시애틀에서 열린 세계무역기구 각료회의를 반대하는 폭력시위가 글로벌라이제이션에 대한 관심을 전 세계에 촉발시킨 이래, 다양한 스펙트럼의 학자들이 앞다퉈 관련 책과 논문, 신문기사, 블로그, TV 다큐멘터리 등으로 대중을 집중 포화하고 있다. 누군가는 세계화가 무엇인지를 설명하기 위해, 또 누군가는 열렬히 옹호하거나 반대하기 위해 글을 쓰는 것이다. 이렇듯 세계화에 대한 견해는 처음부터 극과 극이었다. 경제학자와 기업가들로 구성된 한 축에서는 자유무역이 더 잘사는 사회를 만든다고 강력하게 주장한다. 규제 없는 교역은 양 측 모두를 이롭게 한다, '다무역 다이득!' 이들이 내세우는 슬로건이다. 그런가 하면, 어느 한쪽 사람들이 애써 일군 결실을 다른 한쪽이 날로 벗겨먹는 것이나 다름없다고 주장하는 목소리도 만만치 않다. 환경운동가, 문화 국수주의자, 노동계, 그리고 반기업 사회운동가들로 구성된 그룹이다. 이들은 통제되지 않는 교역이 예측할 수 없는 방식으로, 나아가 파괴적으로 기존 정치와 사회, 환경 체계를 송두리째 뒤엎는다고 공격한다. 이들의 구호는 '교역은 최소한! 거대 다국적 기업의 탐욕으로부터 지역사회를 보호하라!'이다.

글로벌 네트워크는 이런 상반되는 두 견해 사이에 끼인 채 상반되는 차트와 그래프와 통계자료를 구비한, 격렬한 지적 논쟁의 주제가 되었다. WTO 회의장 울타리 밖에서는 최루탄과 벽돌이 날아다니고, 시위대가 협정 저지를 위해 경찰들과 몸싸움을 벌였다. 처음에 나는 이렇듯 난무하는 찬성과 반대 슬로건, 팩트와 팩토이드(사실이 아님에도 불구하고 사실로 받아들여지는 것)들이 도무지 이해되지 않았다. 하지만 알면 알수록 양 측 모두의 목소리가 이해됐다. 글로벌라이제이션은 그 태동기부터 어마어마한 경제적 이득과 함께 그 이익을 무산시킬 위협이 상존하는 생태적·사회적 혼란을 수반했다.

우리 시대가 과거와 다르다는 건 분명한 사실이다. 과거에는 인터넷도, 비행기도, 유전자 변형작물도, 전산화된 국제 주식거래도 없었다. 하지만 세계시장 탄생에 대한 글을 읽다 보면 (어떤 것은 묻히고 어떤 것은 매우 요란스럽지만) 지금의 뉴스와 분쟁거리들이 과거의 데자뷰가 아닌가 하는 착각마저 든다. 400년 전 사회가 맞닥뜨린 첨예한 이슈들이 오늘날 우리의 그것과 판박이처럼 닮아 있기 때문이다.

이 책은 학자들이 '월드 시스템the world-system'이라고 부르는 경제와 생태계의 기원에 대해 쓴 글이다. 다만 주도면밀하고 따분한 연구와는 거리가 멀다. 인류사의 어떤 부분은 아예 통째로 건너뛰었고, 어떤 부분은 중대한 문제임에도 슬쩍 지나쳤다. 변명을 하자면 한 권의 책으로 다루기에는 너무 방대한 주제였으므로. 이 또한 변명일 테지만 모든 걸 완벽하게 다룰 경우, 내용이 너무 복잡해서 읽기 힘든 책이 될 게 뻔했다. 더불어 나는 학자들처럼 새로운 그림(이론)이 형성되는 과정을 빠짐없이 다루지도 않았다. 대신 기념비가 될 주요 사건만을 꼼꼼하게 연구하는 방식을 취했다. 따라서 《1493》에서는 내가 특별히 중요하다고 여기는 지역과 사건에 집중했다. 여기에 기자로서의 내 직업병이 더해져 특별히 흥미로운 분야, 그리고 자료가 충실하게 정리되어 있는 부분을 파고들었다.

이 책은 크게 4부로 구성되어 있다. 1부에서는 콜럼버스적 대전환을 구성하는 요소의 절반을 다룬다. 서로 떨어져 있지만 교역으로 얽혔던 대서양 연안지역과 태평양에 면한 지역이다. 대서양 부분은, 향후 영속적으로 뿌리내리게 될 영국의 아메리카 식민지 첫 시작점이자 살아 있는 거대한 실험장이었던 제임스타운에서 시작한다. 이곳의 이야기는 애초 이윤 추구를 목적으로 한 벤처기업이 그 시작이었으나 생태학적 힘에 의해 도시의 운명은 사뭇 달라진다. 가장 주목할 사건은 담배 도입이었다. 아마존 하류에서 처음 태어났으며 자극적이고 중독성 있는, 다소 퇴폐적인 이 외계 종자는 곧바로 최초의 글로벌 교역 핫아이템이 되었다(유럽과 아시아에서 오랫동안 열망하던 실크와 도자기는 아메리카에 들어와 다음 타자들로 등판한다). 이 장은 3장을 위한 포석으로, 3장에서는 볼티모어와 부에노스아이레스에 이르는 대서양 연안의 사회 형성에 막대한 영향력을 끼쳤던 외래 유입종을 다룬다. 바로 말라리아와 황열병을 일으키는 초미세생명체(미생물)들로, 버지니아 지역 노예제도 및 기아나 착취에 이르는 많은 문제에 얽혀 있기도 하다. 이 미생물의 영향력을 검토한 후 미국 탄생에 말라리아가 어떤 역할을 했는지 논하는 것으로 1부를 끝맺는다.

2부에서는 태평양으로 시선을 옮긴다. 이곳은 명실상부 글로벌라이제이션 시대의 동이 튼 땅이었다. 이곳을 가로질러 스페인령 아메리카에서 생산된 막대한 양의 은이 선박을 통해 중국으로 유입되었다. 바로 이 같은 은 교역망의 3개 거점도시 역사로 2부는 시작된다. 볼리비아의 포토시, 필리핀의 마닐라, 그리고 중국 남부 항구도시 웨강月港(룽하이의 옛 지명). 지금은 한물간 이 도시들은 당대 세계를 하나로 만들었던 경제 교역에서 중핵적 연결고리였다. 이렇게 만들어진 경제 교역로들 덕분에 고구마와 옥수수가 중국으로 유입되고, 이는 중국의 생태 시스템에 예기치 않은 현상과 파괴적인 결과를 가져왔다. 그리고 이 생태학적 결과는 전형적인 인과관계의 사슬을 타고 이후 중국의 경제·정치 형세에 중대한 영향을 끼쳐, 결국 고구마와 옥수수는 자신들의 의도와 무관하게 중국 마지막 왕조의 탄생 및 그 운명에 결정적 역할을 수행한다. 뿐만 아니라 다소 미약했을지언정 중국 왕조를 계승한 중국 공산당 정권에서도 고구마와 옥수수는 모종의 막후 역할을 담당했다.

3부에서는 두 개의 근대혁명에 콜럼버스적 대전환이 끼친 역할을 이야기한다. 바로 콜럼버스적 대전환으로 야기된 17세기 후반 유럽의 농업혁명 및 19세기 초중반 유럽에서 일어난 산업혁명이다. 이 대목에서는 두 개의 유입 종을 집중적으로 다룬다. 농업혁명에 절대적 영향을 준 감자(안데스 산맥에서 유럽으로 가져간)와 산업혁명에 결정적인 역할을 한 고무나무(브라질에서 밀반출되어 남부 그리고 남동부 아시아에 이식되었다)가 바로 그것이다. 이 두 개의 혁명을 발판 삼아 근대 서양이 급부상하고 세계 지배가 가능해지면서 서양의 운명은 전혀 다른 곳으로 인도됐다. 이 두 혁명이야말로 콜럼버스적 대전환이 없었다면 결코 일어날 수 없는 일들이었다.

4부에서는 1부에서 다룬 것 중 하나를 끄집어냈다. 모든 콜럼버스적 대전환 중 인간의 관점에서 가장 중대한 대전환이라 할 노예무역이다. 1700년경까지만 해도 대서양을 건넌 사람 중 90퍼센트 이상은 아프리카에서 포획당한 아프리카인 노예였다(책에서 다루겠지만 아메리카 원주민도 노예무역의 비중 있는 한 조각이었다). 이전에 없었던 인간 개체군의 대대적인 자리 이동 결과, 이후 아메리카 대륙의 300년 역사는 다른 그림이 그려진다. 단순히 인구학적 측면에서만 보면, 이 시기 아메리카 대륙 지형 형성에 지배적이었던 것은 아프리칸, 인디언, 그리고 아프리칸-인디언이었다. 이들의 상호작용이야말로 인류의 족적에서 매우 큰 조각임에도 불구하고 오랫동안 유럽인들에 의해 가려져 있다가 이제야 빛을 보기 시작했다.

레드 피플과 블랙 피플의 만남은, 말하자면 다른 만남들의 밑바탕이 되었다. 콜럼버스에 의해 촉발된 이민 행렬 속에 지구상 수많은 민족들이 가세함으로써 오늘날 우리에게는 친숙한, 전 세계 인종들이 모인 역사상 최초의 다민족 메트로폴리스가 출현했다. 바로 멕시코시티이다. 멕시코시티의 문화적 뒤섞임은 사회 계층의 최상층부에서 시작해 하층부까지 두루 확산되었다. 최상층에서는 콘키스타도르(정복자)들이 정복민 왕족과 통혼을 했다. 그런가 하면 하층민인 스페인 이발업자들은 중국에서 건너온 저임금 이민자들에 대한 불만을 격하게 하소연했다. 전지구의 로터리 격이었던 이 거대한 메트로폴리스는 이 책의 1부에서 다룬 두 개 네트워크의 대통합을 보여주는 대표적인 작품이다. 책의 종결부인 10장에서는 이 대전환이 앞으로도 수그러들지 않고 지속될 것임을 시사한다.

기술과학 및 정치적 우월성으로 건설한 제국의 역사와 영웅적인 항해사, 세상을 바꾼 발명가들만을 배우고 자란 나에게 미처 알지 못했던 이 같은 과거의 영상들, 즉 경제와 생태적 요구에 의해 생겨난 코스모폴리탄적 장소들은 경이로움으로 다가온다. 또한 유구한 인류사에 비춰볼 때 하룻밤에 불과할 500년 사이의 글로벌라이제이션이 지구상 부를 이처럼 급증시켰다는 사실도 놀랍기 그지없다. 다른 한편으로는 이러한 글로벌라이제이션이 생태계에 가해진 고난의 기록이라는 점을, 발작과도 같았던 제국주의의 가혹함으로 말미암아 고통당한 사람들의 발자취이기도 하다는 점을 생각하면 마음이 불편하다. 그럼에도 이런 방식으로 과거를 큰 그림에서 조망하다 보면, 호모 사피엔스의 역사에 그런 무명의 장소들이 큰 역할을 했다는 사실을 새삼 확인한다. 더불어 그 모두가 지구상 생명체의 기이하고 복잡 다단한 이야기에 알알이 박혀 있다는 사실 또한 일깨워준다.

이 글을 쓰고 있는 지금, 날은 무더운 8월로 접어들었다. 어제 우리 가족은 채소밭에서 토마토를 처음으로 땄다. 내가 20여 년 전 그 대학을 방문한 후 심었던 토마토 무리에서 내려온 후손들이다.

그때 그 카탈로그의 씨앗들을 땅에 심은 후 얼마 지나지 않아 나는 사람들이 텃밭 일을 낙으로 삼는 이유를 알았다. 이 토마토들과 시간을 보낼 때면 블록으로 성채를 쌓던 어린 시절로 되돌아간 기분이 든다. 현실의 도피처인 동시에 나만을 위한 왕국을 구축하는 일. 땅 위에 무릎을 꿇고 일하는 나 또한 작은 보금자리, 고향이 불러일으키는 편안함과 시간을 초월해 안락감을 주는 나만의 터전을 만들어가는 미물에 불과하다는 생각이 들었다.

생물학자들에게는 허튼소리로 들릴 게 분명하다. 내 토마토 땅뙈기에는 때에 따라 바질이 함께 심기거나 어느 때는 가지가, 다른 어느 시기에는 고추와 케일, 근대, 여러 종류의 상추들이 자라났다. 그리고 해충을 퇴치해준다는 동네 사람들의 조언에 따라 (과학자들은 확신한다) 몇 종의 천수국을 심은 적도 있다. 하지만 이들 중 우리 텃밭으로부터 수천 킬로 반경 안이 원적지인 종은 단 하나도 없었다. 그건 근처 농장에서 자라는 옥수수나 타바코도 마찬가지이다. 옥수수는 멕시코에서 왔고, 타바코는 아마존에서 왔다(타바코 종자 대부분은 지금은 사라지고 없지만, 극소수의 원시종자가 아직까지 전해진다). 외계에서 온 것으로 치자면 우리 이웃의 말과 소, 그리고 헛간의 고양이들, 여기에 우리 이웃들과 나 자산이 포함될 것이다.

그런 맥락에서 볼 때, 나를 비롯한 많은 사람들이 정원 일에서 시간을 초월한 익숙함을 느끼는 건 인간의 적응 능력을 보여주는 산 증거일지 모른다(좀 안쓰럽게 평가하자면, 인간이란 자신이 무뇌충인지도 모른 채 잘도 번성하는 생물종이다). 그러니까 내 채소밭은 안정감과 근원감의 성소라기보다 오히려 인간의 이주벽과 대전환에 대한 생태사적 기록의 장이다. 내 견해를 뒷받침해 줄 학문적 용어도 있다. 70년 전 쿠바 민속학자 페르난도 오르티스 페르난데스Fernando Ortiz Fernández가 한 집단이 다른 집단으로부터 무언가(노래나 음식)를 받아들일 때 어떤 일이 일어나는가를 설명하기 위해 만들어낸 신조어 '문화이식transculturation'이 바로 그것이다. 오르티스는 새로 수용된 모든 것은 불가피하게 이전의 모습과 딴판으로 달라질 수밖에 없다고 말한다. 인간은 새로 습득한 것들을 자신의 용도와 상황에 맞게 두드리고, 굽히고, 잘라내고, 요리해서 자신만의 것으로 만든다.

콜럼버스 이후 세상은 발작적인 문화이식의 손아귀에 놓였다. 극지방의 한줌 파편을 빼고, 지구상 거의 모든 곳이 1492년 전에는 영향을 끼치기엔 너무 멀리 떨어져 있었던 도시들에 의해 놀라운 변신을 거듭해왔다. 500년이 흐른 지금, 그 끊임없는 접촉과 충돌로 인해 탄생된 카오스가 바로 우리 터전의 현주소를 만들었다. 외래 작물 전시장인 내 텃밭이야말로 그 작은 모형이다. 토마토는 어떻게 해서 우크라이나로 가게 되었을까? 이 책의 성격을 한 문장으로 요약하자면, 오래 전 내가 그 대학교 토마토 밭에서 던진 질문의 답을 찾는 여정에서 건져올린 소박한 성과물이라고 말할 수 있을 듯하다.

호모제노센 세상에서

1장
두 개의 연결고리

터진 판게아를 재봉합하다

비는 멎었지만 공기는 무덥고 갑갑했다. 시야에는 사람 그림자 하나 걸리지 않았다. 풀벌레와 갈매기 소리, 그리고 아득히 전해지는 카리브 해의 낮은 파도 소리만 들려왔다. 돌무더기로 선을 그린 직사각형 여러 개가 퍼슬퍼슬한 붉은 흙 위 여기저기에 깔려 있었다. 지금은 사라지고 없는 건물들의 터를 나타내는 것으로, 고고학자들이 밝혀 낸 자리다. 비온 뒤 아지랑이가 피어나는 시멘트 보행로가 그 사이사이로 보이고, 건물들 중 유독 도드라지는 한 곳만이 유일하게 지붕을 걸치고 있었다. 직사각형 출입구에 보초인 양 서 있는 표지판에 적힌 'Casa Almirante'라는 글자가 선명했다. 제독의 집. 크리스토퍼 콜럼버스가 아메리카에서 처음으로 정했던 거주지를 말한다. 온 대양의 제독이었으며, 세세토록 학교 학생들이 '최초의 신세상 발견자'로 불

크리스토퍼 콜럼버스가 아메리카에서 최초로 건설했던 기지, 라 이사벨라. 돌무더기로 이뤄진 선이 지금은 사라진 건물들의 외곽을 나타낸다.

러야 한다고 배웠던 그 사람 말이다.

이 기지에 붙여졌던 이름은 '라 이사벨라La Isabela'. 카리브 해에서 두 번째로 큰 섬인 히스파니올라 섬Hispaniola(섬이라고 해도 남한 면적의 약 4분의 3에 현재 두 개의 국가, 아이티와 도미니카 공화국이 들어서 있다—옮긴이) 북쪽 해안에 위치하고 있으며, 현재 도미니카 공화국의 영토이다. 라 이사벨라는 아메리카로 진출해 결국은 영원히 그 땅을 차지하게 된 유럽인들이 첫 발을 디딘 곳이었다(좀 더 명확히 하자면 라 이사벨라는 이후 영속화될 유럽인 정착의 시발점을 의미한다. 서기 986년경 바이킹이 뉴펀들랜드에 촌락을 건설했지만 그것으로 끝이었다). 콜럼버스는 폭이 좁고 물살이 거센 두 개의 강이 만나는 지점에 첫 기지를 세웠다. 강북은 요새 지역이었고, 강남은 농장으로 둘러싸인 위성마을이었다. 콜럼버스(생전에 콜럼버스는 스스로 개명했던 크리스토발 콜론Cristóbal Colón으로 불렸다)는 정착촌에서 바다로 튀어나온 곳인 이 타운에서 최고의 명당을 자신의 집터로 잡았다. 그의 집은 오후의 햇살을 받기에 딱 좋은 자리였다.

오늘날, 라 이사벨라는 거의 잊혔다. 마찬가지로 이곳 창립자에게도 비슷한 운명이 드리워진 것 같다. 세계사 관련 저서들 중 콜럼버스가 등장하지 않는 책은 거의 없다. 다만 그는 요즘 사람들에게 존경의 대상이 아니며, 중요한 인물로 여겨지지도 않는다. 현대적 시각에서 콜럼버스는 종종 잔혹하고 망상에 빠진 인물로 평가된다. 카리브 해에 도착한 것 역시 소 뒷걸음질치다 쥐 잡은 격이라고 평가절하되곤 한다. 그는 제국주의의 앞잡이였다. 뿐만 아니라 아메리카의 원래 거주자들에게는 어느 모로 보든 재앙이었다.

하지만 콜럼버스를 논할 때 너무도 큰 사실을 우리는 종종 놓친다. 근현대사의 다른 각도에서, 그는 인류를 포함한 생태계 전반에 막대한 변화를 몰고 온 가장 중요한 인물로 새롭게 조명되어야 한다. 지구상에 명멸한 전 인류를 통틀어 이토록 거대한 변혁의 시대를 활짝 열었던 인물은 오직 콜럼버스, 단 한 명뿐이었다.

스페인 왕과 여왕(페르디난트 2세와 이사벨라 1세)은 콜론(콜럼버스)의 첫 항해에 마지못해 투자했다. 당시 대서양 횡단 프로젝트는 천문학적 비용과 엄청난 위험을 동반해서, 오늘날의 우주탐사 기획과 맞먹었다. 여왕 곁에 들러붙어 간청을 거듭하던 콜럼버스는 마침내 자신의 프로젝트를 들고 프랑스로 가겠다고 협박을 하고서야 스페인 왕실의 투자를 얻어내는 데 성공했다. 콜럼버스의 친구가 전한 바에 따르면, 말을 타고 국경을 넘어가려 하는 순간 "궁정에서 파발꾼을 급파해" 콜럼버스를 도로 데려갔다고 한다. 다소 과장된 에피소드겠지만, 콜럼버스가 애초 계획서를 들이밀며 요청했던 금액보다 대폭 줄어든 액수만 지원한 사실로 미뤄봤을 때 스페인 왕실이 그의 항해를 끝까지 미심쩍어 했음은 분명하다. 세 척의 소형 범선(가장 큰 배가 약 18미터에 불과했다)에 90명의 선원으로 선단이 꾸려졌다. 동업자에 따르면, 그나마 예산 중 4분의 1은 콜론이 이탈리아 상인들에게 돈을 빌려 충당했다고 한다.

그리고 1493년 3월, 콜럼버스가 생포한 열 명 남짓의 인디언과 금장식품, 총천연색 앵무새를 가지고 개선하면서 상황은 역전됐다. 이제 마음이 급한 쪽은 스페인 왕과 여왕이었다. 불과 6개월 만에 왕실은 엄청나게 규모가 커진 두 번째 원정단을 꾸려 콜론을 다시 보냈다. 17척의 배와 1,500여 명의 선원으로 편성된 원정단이었다. 이 가운데는 새로운 땅에 복음을 전파하겠다는 사명감으로 똘똘 뭉친 10여 명의 사제들도 있었다. 자신이 아시아로 가는 항로를 발견했다고 철석같이 믿었던 콜론 제독은 중국과 일본이, 그리고 아시아의 부와 보물이 한 모퉁이만 더 돌면 나올 것이라고 확신했다. 두 번째 원정의 목적은 아시아의 심장부에 스페인을 위한 영속적인 보루, 향후 추가 원정과 무역을 위한 사령탑을 구축하는 것이었다.

원정 멤버 중 한 사람은 이 새로운 식민지가 "수많은 거주민, 화려한 건축물, 웅장한 성벽으로 만방에 이름을 떨칠 것"이라고 예측했다. 결론부터 말하자면 라 이사벨라는 대실패작이 되었다. 건립 후 불과 5년 만에 버려졌기 때문이다. 시간이 흐르면서 건물들은 무너지고, 그곳 건물의 벽돌은 뜯겨 주변의 성공적인 타운을 건설하는 데 사용되었다. 미국·베네수엘라 합동 고고학자 팀이 1980년대 후반 이 유적지 발굴 작업에 착수했을 당시, 라 이사벨라 자리에 거주하는 사람이 하도 적어서 그 마을을 통째 인근 산간지대로 이주시킬 수 있을 정도였다. 오늘날 이곳에는 해산물 레스토랑이 두어 개, 스러질 듯한 호텔 하나, 그리고 찾는 이 없는 박물관이 덩그러니 서 있다. 마을 어귀에는 아메리카 대륙에서 집전된 첫 가톨릭 미사를 기념하기 위해 1994년에 세운 성당이 있는데, 벌써 노후의 기미가 역력하다. 폐허가 된 제독의 집에서 대서양의 파도를 바라다보자니 심란해졌다. 어쩌면 이곳을 찾은 관광객들은 아름다운 해변을 제외하면 콜럼버스가 구축했던 라 이사벨라는 역사적으로 아무런 의미가 없는 곳이라며 실망할지도 모른다. 하지만 그건 완전히 잘못 짚은 거였다.

제독이 라 이사벨라를 설립했던 1494년 1월 2일에 태어난 아이들에게 펼쳐진 세상은, 서유럽과 동방 사이에 자리잡은 이슬람 국가들에 의해 두 세계 간 이동 및 교역이 철저하게 차단된(교역 당사자는 베니스와 제노바뿐이었다) 상태였다. 사하라 이남 아프리카 지역과 유럽과의 접촉은 전무하다시피 했고, 유럽과 동남부 아시아는 아예 접촉이 없었다. 더구나 유로아프리카 반구와 아메리카 반구는 다른 우주에 사는 사람들처럼 상대방이 존재한다는 사실 자체를 까맣게 모르고 있었다.

하지만 이 아이의 손자들이 태어나서 바라보게 된 세상은 완전히 달랐다. 아메리카 대륙 광산에서 아프리카 노예들이 중국에 보낼 은을 채굴했다. 또 스페인의 상인들은 중국 도자기와 실크를 실은 배가 멕시코로부터 오길 손꼽아 기다리는 상황이 도래했다. 네덜란드 선원들은 몰디브 제도에서 대량으로 채취한 별보배고둥 껍데기(아프리카, 남아시아, 동아시아, 오세아니아 전역에서 약 4,000년 간 화폐로 쓰였다)로 아프리카 노예(대서양 연안의 앙골라 부족)을 인도양에서 매매하고 있었다. 카리브 해안에서 들어온 담배 열풍이 마드리드, 마드라스, 메카, 그리고 마닐라의 부유층과 권력층을 집어삼키고 있었다.

원거리 무역은 1,000년 전부터 있었지만, 인도양에 한해서만 이뤄졌다. 중국은 실크로드를 통해 수백 년 동안 지중해로 실크를 보내고 있었다. 실크로드의 여정은 멀고 험난했던 만큼, 살아남아 교역에 성공한 이들에게는 막대한 이익이 돌아왔다. 다만 '콜럼버스의 교환'과 손톱만큼이라도 견줄 만한 규모의 세계적 교역은 이전 그 어느 시대에도 존재하지 않았다. 그만큼 동시다발적으로 급격하게 생겨나지도, 그만큼 연쇄적으로 맞물려 작용하지도 않았다. 이전의 어떤 교역망에서도 지구본의 두 반구가 다 들어간 적은 없었다. 지구상 반대편 사회를 뿌리째 뒤흔들 만큼 거대한 스케일로 작동되지도 않았다. 콜론은 아메리카에 라 이사벨라를 세워넣음으로써 이후 영속적으로 굳어질 아메리카 점령의 포문을 열었다. 그렇게 함으로써 그는, 오늘날 우리가 글로벌라이제이션(사람이 사는 땅이라면 어디든 집어삼켜 격동하며 펄떡이고, 단 하나로 휘감아도는 재화와 용역의 교역망)이라고 부르는 문명의 포문도 함께 쏘아올렸다.

대중매체는 글로벌라이제이션을 전적으로 경제적인 측면에서만 다룬다. 하지만 글로벌화는 생태현상biological phenomenon이기도 하다. 아니, 장기적인 맥락에서 볼 때 글로벌라이제이션은 본질적으로 생태현상이다. 지금으로부터 2억 5,000만 년 전, 지구상에는 대륙 한 개만 덩그러니 놓여 있었다. 그 거대한 땅덩어리를 지질학 용어로 '판게아'라고 부른다. 상상할 수 없을 정도로 거대한 지질학적 힘이 이 판게아를 두 조각 내 유라시아와 아메리카 대륙으로 갈라놓았고, 시간이 흐르면서 한 몸에서 떨어져 나온 두 반쪽들은 판이하게 다른 동물과 식물의 서식지로 변해갔다.

콜론 이전에는 모험심이 특출났던 극히 일부 육지동물만이 대양을 건너 다른 쪽에 터를 잡았다. 대부분 벌레나 새들일 거라는 추측은 크게 벗어나지 않는다. 그런데 놀랍게도 이 리스트에 표주박bottle gourds과 코코넛, 고구마 같은 농작물도 올라가 있다. 이는 오늘날까지 학자들이 풀지 못한 숙제로 남아 있다. 이들을 제외하고 세상은 완전 별개의 생태학적 영역으로 양분되어 있었다. 역사학자 앨프리드 크로스비의 말을 빌리자면, "콜론의 신대륙 발견의 가장 큰 의의는 터진 이 판게아의 솔기를 재봉합한 일"에 있다. 1492년 이후 유럽 선박들이 대서양 건너 새로 이사한 집에 수천 종의 생명을 배로 실어 나르면서 온 세상 에코시스템은 뒤섞이고 충돌하기 시작했다. 크로스비가 '콜럼버스적 대전환'이라 명명한 현상으로, 토마토가 이탈리아에, 오렌지나무가 미국에, 초콜릿이 스위스에, 고추가 태국으로 간 건 다 이 콜럼버스적 대전환 때문이다. 생태학자들은 논란의 여지없이 콜럼버스적 대전환을 공룡 멸망 이후 가장 중대한 생태적 사건으로 본다.

당연한 얘기지만 이 거대한 생태계 지각변동은 인류에게도 연쇄반응을 일으켰다. 크로스비는 우리가 교실에서 배우는 상당부분의 역사 기저에는 콜럼버스적 대전환이 깔려 있다고 말한다. 이는 마치 눈에 보이지 않는 어떤 파도가 왕과 왕비, 농부들 그리고 성직자와 이름 모를 이들을 가리지 않고 휩쓸고 지나간 것과 같다. 그의 이론은 처음에는 주목을 받지 못했다. 사실 크로스비의 원고는 모든 대형 학술출판사들로부터 연달아 퇴짜를 맞고 아주 작은 출판사에서 겨우 출간되었다. 그는 언젠가 나에게 "길거리에서 사람들에게 배포해서"

겨우 자신의 책을 알렸다고 농담을 했다. 하지만, 그가 이 용어를 주조한 이후 수십 년이 지나면서 점차 많은 학자들이 콜론의 항해에 의해 촉발된 생태계의 발작이, 나아가 이와 함께 시작된 경제계의 용틀임이 근대 사회를 형성한 중요하고 중추적인 기둥이 되었다고 생각하기에 이르렀다.

1492년의 크리스마스 날. 콜론의 기함 산타 마리아 호가 히스파니올라 섬 북쪽 앞바다에서 좌초하면서 그의 최초 항해는 돌연 끝을 맞이한다. 무사했던 두 배, 니나Niña와 핀타Pinta에 모든 선원이 다 탈 수 없어 콜론은 어쩔 수 없이 38명의 선원들을 남겨둔 채 스페인으로 향했다. 남겨진 선원들은 섬에 야영지를 구축했다. 제법 규모가 크던 원주민 마을 옆에 어설픈 울타리를 두르고 그 안에 점점이 임시 막사를 지었다. 우연찮게도 이 베이스캠프가 만들어진 날짜가 크리스마스여서 라 나비다드La Navidad(크리스마스)란 이름이 붙었다(이곳의 정확한 위치는 지금까지 밝혀지지 않았다). 그곳에 사는 원주민은 타이노족Taino이었다. 한편 두 번째 항해에 나선 콜론의 목적지는 이 타이노족 옆에 나란히 자리잡은 스페인인 정착지 라 나비다드였다. 그는 부푼 가슴으로 그곳에 도착했다. 새로운 땅을 서둘러 보려는 열망으로 선원들은 앞다투어 닻을 내렸다. 1493년 11월 28일의 일로, 콜럼버스가 부하들은 남기고 떠난 지 꼭 11개월 만이었다.

그의 눈앞에 펼쳐진 건 폐허였다. 타이노족이든 스페인인이든 할 것 없이, 두 정착지 모두 난도질당하고 잿더미가 된 뒤였다. 승선했던 한 의사의 목격담에 따르면 "사방이 죄다 불타서 옷가지가 잡초더미 위에 나뒹굴고 있었다"고 한다. 인근 타이노족 사람들이 11구

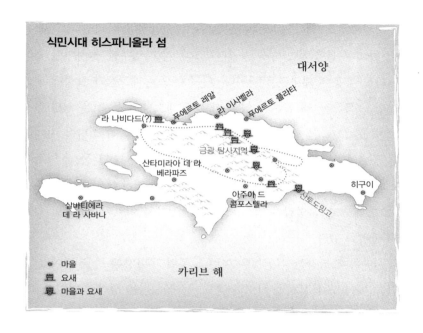

식민시대 히스파니올라 섬

대서양

푸에르토 레알
라 이사벨라
푸에르토 플라타

라 나비다드(?)

금광 탐사지역

산타마리아 데 라
베라파즈

히구이

아주아 드
콤포스텔라

산토도밍고

살바티에라
데 라 사바나

카리브 해

◎ 마을
🏰 요새
🏰 마을과 요새

의 스페인인 시신이 있는 곳으로 그들을 안내했다. "시신들은 그 위로 웃자란 수풀에 뒤덮인 상태였다." 콜럼버스의 선원들이 타이노 원주민 여자들을 강간하고, 이에 반발하는 남자들을 살해해 원주민의 공분을 샀다고 그 인디언들이 전했다. 두 그룹이 충돌하는 와중에 또다른 타이노족이 덮쳐서 양쪽 모두를 제압해버린 것이었다. 아흐레 동안의 소득 없는 생존자 수색 작업 끝에 콜론은 기지를 건설하기에 나은 더 장소를 찾아 떠났다. 역풍을 맞아 고전하면서, 선단은 한 달 가까이 해안가를 따라 기어가듯 동쪽으로 161킬로미터를 항해했다. 1494년 1월 2일, 마침내 콜론은 얕은 만에 도착했다. 바로 그곳이 콜럼버스가 라 이사벨라를 설립하게 될 곳이었다.

도착하자마자 식량이 바닥났다. 더 시급한 문제는 식수였다. 이는 행정관으로서 제독의 미숙함을 보여주는 단적인 사례였다. 제독은 배 안의 수통을 확인하지 않았다. 그가 기본 업무를 놓쳐버린 동안 아마도 수통은 새버렸을 것이다. 터져 나오는 배고픔과 갈증에 대한 불평을 묵살한 채 콜론은 땅을 개활해 채소를 심을 것을 엄명했다. 또한 2층으로 된 요새를 세우고, 새로운 기지의 북쪽 절반을 차지하는 중요 부분에는 높은 돌담을 두를 것을 명령했다. 그 돌 담 안쪽에 스페인 선원들은 약 200채의 집을 지었다. "우리가 본국에서 새 사냥을 할 때 쓰던 움막같은 집으로, 지붕은 갈대로 이었다."라고 한 선원이 불평을 했다.*

신대륙에 도착한 선원들은 이런 노동이 못마땅해 죽을 맛이었다. 그들은 이 땅에 살림을 차릴 생각도, 농사를 지을 생각도 없었다. 그들은 식민지를 돈, 특히 금광 발견을 위한 임시 베이스캠프로만 여겼다. 반면 콜론은 두 개의 구상 사이에서 분주히 움직였다. 우선 그는 이곳이 장차 신대륙의 상업 거점으로 기능하도록 기반을 다져놓고 싶었다. 다른 한편으로 자신의 본래 목표였던 중국에 닿기 위해서는 하루바삐 바다로 나가야만 했다. 이 두 구상은 상충할 수밖에 없었고, 콜론은 끝내 이 숙제를 풀지 못했다.

---

* 물 부족에 시달리던 원정팀은 강물을 식수로 사용했다. 이로 인해 콜론과 그의 부하들이 수인성 세균에 감염되었다는 설이 있다. 분뇨에서 생기는 아메리카 열대지역 토착 바이러스로 인한 병으로, 이 박테리아에 감염되면 라이터 증후군(관절염 · 결막염 · 요도염의 증후를 수반하는 원인 불명의 질환) 증상이 나타난다. 이 병은 자가면역 질환이며, 눈과 장기 등이 부어오르고 고열이 나기 때문에 감염자들은 몸이 천근만근인 듯한 고통을 겪는다. 그해 여름 콜론을 괴롭히게 될 증상이다. 라이터는 십중팔구 고통스런 병치레로 끝나지만 간혹 목숨을 앗아가기도 한다. 일부 학자들은 훗날 이 병이 제독을 죽음으로 몰아갔다고 추정한다. 만약 이 가설이 맞는다면, 콜럼버스 스스로 콜럼버스적 대전환의 희생자가 된 셈이다.

4월 24일, 콜론은 중국을 찾으러 다시 바다로 나섰다. 출발에 앞서 그는 총사령관 페드로 마르가리트Pedro Margarit에게 400명의 인원을 이끌고 섬의 내륙 산악지역으로 들어가 인디언 금광을 찾으라는 명령을 하달했다. 하지만 그들은 산악지대에서 금은커녕 음식 구경조차 못 했다. 마르가리트 휘하 선원들은 아사 직전의 거지꼴이 되어 라이사벨라 캠프로 돌아왔다. 하지만 캠프에도 먹을 것이 없기는 매한가지였다. 선원들은 분통을 터트리며 채소밭 작업을 거부했다. 한술 더 떠서 마르가리트는 "이 원정은 처음부터 빌어먹을 돈과 시간 낭비였다"고 고래고래 악담을 퍼붓고는 배 세 척을 탈취해 스페인 본국으로 돌아가 버렸다. 먹을거리도 없이 남겨진 다른 원정대원들은 타이노 음식저장고를 습격했다. 격분한 인디언이 반격하면서 양자 간 혼란스런 분쟁이 촉발됐다. 이것이 중국에 도달하지도 못한 채 5개월간 헛고생만 하다가 병에 지쳐 돌아온 콜론을 맞이한 상황이었다.

그리고 얼마 지나지 않아 연합전이 벌어졌다. 네 개의 느슨한 타이노족 연합 대 스페인 및 외지인에게 운명을 건 타이노 부족 하나가 합세해 대치했다. 금속 무기가 없는 타이노족 연합이 철제 무기의 공격을 당해낼 재간은 없어 보였다. 그런데 웬걸! 콜드게임으로 간단히 제압할 줄 알았건만, 막상 경기를 치르고 보니 연장전까지 접전을 계속하고도 승부가 갈리지 않는 형국이었다. 이 전투에서 스페인인들은 단단히 굴욕을 당했다. 말하자면 재래식 화생방전으로 치러진 전투에서 인디언들은 재와 고춧가루를 가득 채운 표주박을 침입자들에게 던져 최루가스를 살포하고 시야를 연막탄으로 뒤덮었다. 타이노족 전사들은 얼굴에 안면보호대를 썼기 때문에, 가스 속에서도 성공적으로 스페인인들을 제압했다. 원주민들은 침입자들을 격퇴하기 위해 필사의 자세로 맞섰다.

이는 항해에 자신의 명운을 걸었던 콜론 사전에는 없던 그림이었다. 스페인도 역공으로 응전했으나 훗날 콜론이 자조적으로 "굶주림이 이 땅에서 우리를 몰아내는구나."라고 확인해주었듯, 타이노족은 자신들의 집과 밭까지 다 파괴하는 초토화 작전을 쓰며 퇴각했다. 다만 승리의 여신은 누구의 손도 들어주지 않았다. 타이노 연합 역시 스페인을 히스파니올라에서 말끔히 축출해내지 못했던 것이다. 스페인인들로서도 신대륙의 유일한 음식 제공원인 원주민들과의 전쟁에서 완벽한 승리란 자멸이나 다름없었다. 스페인 원정팀은 자잘한 접전을 거듭하면서 승리를 거뒀지만, 그 사이 기아와 질병, 탈진으로 인해 라 이사벨라의 공동묘지도 점점 포화상태가 되었다.

이렇듯 재앙에 가까운 곤욕을 치른 제독은 왕과 여왕에게 추가 경비 및 인적 지원을 요청할 목적으로 1496년 3월 10일, 다시 스페인으로 출항했다. 2년 후 그가 라 이사벨라로 돌아왔을 때(그가 대서양을 건넌 총 4차례 항해 중 세 번째 항해였다) 그곳에는 남아 있는 게 하나도 없어서 콜럼버스는 섬 반대쪽 해안에 상륙해야만 했다. 그곳은 산토도밍고Santo Domingo로, 그 섬에 남겨졌던 콜럼버스의 동생 바르톨로메오가 그 사이 점 찍어둔 장소였다. 그 후 콜론은 두 번 다시 자신의 첫 식민지에 발을 들여놓지 않았고, 라 이사벨라는 완전히 잊혔다.

비록 이처럼 짧은 시간 동안 명멸했지만, 라 이사벨라는 이후 거대한 변화의 서막을 연 장소가 되었다. 바로 카리브 해 국가들을 오늘날과 같은 모습으로 변형시켰다. 배를 타고 대서양을 건넌 건 콜론과 그의 선원들만이 아니었다. 가지각색 벌레와 식물, 포유류, 그리고 미생물도 이들과 함께 아메리카 땅에 입성했다. 라 이사벨라를 필두로 해서 유럽인 원정대들은 소, 양, 말 같은 가축들은 물론이고 사탕수수(출생지는 뉴기니), 밀(출생지는 중동), 바나나(아프리카), 커피(아프리카)와 같은 작물을 아메리카 전역에 들여놓았다. 그리고 이에 못지않게 중요했지만 식민개척자들은 꿈에서조차 짐작 못 했던 미생물체들까지 옮겨붙어 배에 타고 있었다. 지렁이, 모기, 바퀴벌레, 꿀벌, 민들레 그리고 아프리카의 풀들과 쥐들이 전혀 낯선 곳에 첫발을 내디딘 여행자처럼 눈을 둥그렇게 뜨고 선박에서 줄줄이 새로운 땅으로 쏟아져 나왔다.

소와 양들은 단단한 이빨로 아메리카 대륙 수풀을 먹어치웠고, 토종 관목들이 새로 싹틔우는 것까지 불가능하게 만들어버렸다. 아프리카 노예선에 묻어온 것으로 보이는 아프리카 원산 식물들은 마소의 말발굽 아래에서도 다시 싹을 틔웠지만, 토종 수풀들은 아예 숨통마저 끊겼다. 외래산 풀들이 카리브 해 토종 식물보다 마소의 공격을 잘 버틸 수 있었던 이유는 간단하다. 외래 풀들은 싹이 밑둥에서 나오는 반면, 아메리카 토종 식물들은 꼭대기에서 나왔다. 방목된 마소는 전자의 경우 생장점은 내버려두지만 후자의 경우 생장점까지 다 씹어먹었다. 오랜 세월 야자나무와 마호가니, 그리고 케이폭 나무로 구성됐던 카리브 해의 숲은 시간이 흐르면서 오스트레일리아산 아카시아, 에티오피아 관목, 그리고 중앙아메리카의 로그우드로 대체되었다. 그 아래서 달음질치는 인도산 몽구스는 도미니카의 뱀들을 정신없이 먹어치워 멸종으로 몰아넣었다. 이러한 변화는 오늘날까지 지속되고 있다. 스페인에서 히스파니올라로 건너온 오렌지나무 숲은 근래 들어 라임색 호랑나비와 감귤류 해충들의(2004년을 전후로 남아시아 지역에서 건너온 것으로 보이는) 약탈에 속수무책으로 무너지고 있다. 오늘날 히스파니올라에는 토종 수풀이 아주 작은 파편 조각으로 남아 있는 형국이다.

토착 생명체와 외래 생명체들은 누구도 예상치 못한 방식으로 상호작용하면서 생태학적 아수라장을 만들어냈다. 스페인 식민개척자들은 1516년 아프리카 플랜테이션을 이곳에 들여오는데, 하버드대학교 곤충학자 에드워드 윌슨Edward O. Wilson이 추정하기로 광택 나는 딱딱한 깍지로 몸이 덮이고 식물의 뿌리와 줄기에서 즙을 빨아먹는 개각충(깍지벌레)도 이 플랜테이션에 딸려왔다. 아프리카에는 바나나를 못살게 하는 개각충이 10종 남짓 서식하는 것으로 알려져 있다. 윌슨 박사가 추정컨대 히스파니올라에는 이 벌레의 천적이 존재하지 않았다. 따라서 개각충 개체수는 폭발적으로 증가했다. 이런 현상을 과학계 용어로 '생태적 해방'이라고 한다. 개각충 확산은 히스파니올라 섬의 유럽인 바나나 농장주들에게는 경악스러운 일이 아닐 수 없었지만, 이를 쌍수 들어 반기는 토종 생물체가 하나 있었다. 바로 열대 불개미인 솔레놉시스 저미내타Solenopsis geminata였다. 솔레놉시스 저미내타*는 당분이 많은 개각충 배설물을 대단히 좋아한다. 이 개미들은 자기들 앞을 막아서는 개각충을 닥치는 대로 공격하며 세를 불려나갔다. 당연하게도 개각충의 폭발적 증가는 불개미의 폭발적 증가로 이어졌다.

지금까지는 관련 자료를 근거로 한 학설을 소개했다. 이제부터

---

* 모든 종에는 두 단어로 된 학명이 있다. 그 종의 속명(그 종이 속하는 친척 그룹)과 그 종 자체의 이름. 따라서 솔레놉시스 저미내타Solenopsis geminata는 솔레놉시스 속에 속하고 그의 종 이름은 저미내타이다. 관례상 속명은 그 첫 사용 이후로는 종명 앞에 이니셜로만 표기해주는 것이 보통이다. S. 저미내타S. geminata처럼.

1518년과 1519년에 실제로 일어난 사건들을 중심으로 이야기가 전개된다. 당시 그 지역 선교사로 파견돼 이 사건을 몸소 체험한 바르톨로메 데 라스 카사스Bartolomé de Las Casas 신부에 따르면 스페인 오렌지, 석류, 그리고 계피 플랜테이션이 싹 다 파괴되었다. '뿌리부터 위로' 수천 에이커의 과수원이 "죄다 타죽고 말라죽은 모양새가 마치 하늘에서 불길이 내려와 모조리 불살라버린 것 같았다." 윌슨 박사에 따르면 이러한 재앙의 실제 범인은 바로 즙을 빨아먹는 개각충이었다. 하지만 스페인 사람들이 범죄현장에서 목도한 것은 솔레놉시스 저미내타, 즉 '말로 다 할 수 없이 많은 개미 떼'였다. 라스 카사스 신부는 이들에게 쏘이면 "말벌에 쏘인 것보다 더 고통스럽고 지독히도 아팠다."라고 말했다. 개미 떼 무리가 온 집안에 득실거리고 지붕을 새카맣게 뒤덮어 "지붕이 석탄재로 뒤덮인 것처럼 보일 정도였다." 방바닥에 개미 떼가 우글거리는 바람에 식민개척자들은 물이 담긴 대야에 침대 다리를 담가놓고서야 겨우 잠을 잤다. 개미 떼들을 "막을 방도는 없었다. 인간의 힘으론 어찌할 도리가 없었다."

경악과 공포에 사로잡힌 스페인인들은 개미들에게 집을 내주고 하나 둘 떠났다. 한 목격자의 기록에 따르면 산토토밍고는 아예 "인구가 고갈되었다." 남아 있던 식민개척자들은 자신들을 대리해 신과 교신할 수 있는 성인으로 3세기 성인 성 사투르니누스St. Saturninus를 제비뽑기로 뽑아 엄숙한 의식을 거행했다. 그에게 경의를 표하기 위해 성대한 의식을 치른 뒤 신으로부터 응답을 들었다. 라스 카사스 신부는 "그날 이후부터 역병이 확연하게 줄어들었다."라고 기록하고 있다.

인간의 관점에서 볼 때, 콜럼버스적 대전환의 가장 드라마틱한 영향력을 받은 대상은 바로 인류 자신이었다. 스페인 사료를 살펴보면 애초 히스파니올라 섬 원주민의 인구는 꽤 많았다. 콜론 역시 "셀 수 없이 많다, 수백만에 수백만을 더한 것으로 여겨진다."라고 무심하게 타이노족에 대해 기록하고 있다. 라스 카사스 신부는 인구가 "300만 명 이상은 족히 된다"고 주장했다.* 근대의 학자들은 그 수치를 정확히 못박는 대신 6만~800만으로 넓게 추정하고 있다. 2003년에 나온 면밀한 연구에 따르면, 당시 원주민의 실제 수는 수십만 명이었던 것으로 보인다. 본래 거주인구가 얼마였든, 유럽인이 초래한 결과는 끔찍했다. 콜론의 첫 항해로부터 22년째 접어들던 1514년, 스페인 정부는 인디언을 식민개척자들에게 노동력으로 할당하기 위한 일환으로 히스파니올라 원주민 숫자를 파악했다. 인구조사원들이 섬 전체에 부채꼴 모양으로 흩어져 샅샅이 찾아낸 타이노는 2만 6,000명이었다. 다시 34년이 지난 후 그 섬에 거주했던 어느 스페인 학자에 의하면, 그때까지 살아남은 원주민은 불과 500명 남짓이었다. 타이노의 멸족은 결국 산토도밍고를 빈궁한 상황으로 몰아놓았다. 식민개척자들 스스로 자신들의 노동력을 전멸시켜버린 셈이다.

　물론 스페인의 잔혹한 행위도 일조했지만, 재앙의 근본 원인은 콜럼버스적 대전환에 있었다. 유럽과 아시아에서 흔하던 전염병들은 콜럼버스 이전 아메리카 대륙에서는 단 한 개도 존재하지 않았다. 천연두, 독감, 간염, 홍역, 뇌염, 폐렴을 일으키는 바이러스 그리고 폐결핵, 디프테리아, 콜레라, 발진티푸스, 성홍열, 세균성 수막염을 일으키는 박테리아. 이 모든 질병은 진화 역사의 운명적인 장난으로 서

---

* 1500년경 지구상의 인구는 5억 명이었고 오늘날은 70억 명이다. 당시 기준으로는 수십만 명이라고 해도 상대적인 체감상 수백만 명 정도로 느껴졌을 듯하다(−옮긴이).

쪽 반구(아메리카)에서는 존재하지 않았다. 사실을 말하자면 이들 질병은 가축화와 함께 인류에게 전해졌다. 가축화가 진행되지 않았던 서반구에는 당연히 이 질병들이 없었다. 배를 타고 바다를 건너온 갖가지 질병들은 삽시간에 퍼져 히스파니올라 원주민들을 탐욕적으로 집어삼켰다. 기록에 남은 최초의 전염병 사례는 돼지로 인해 전염된 것으로 보이는 독감으로, 1493년에 발생했다. 그리고 1518년, 가공할 천연두가 들어왔다. 천연두는 곧바로 멕시코로 퍼져나가 중앙아메리카를 휩쓴 뒤 페루, 볼리비아, 칠레까지 번졌다. 나머지 질병들도 속속 상륙했다. 마치 병원체의 시가행렬처럼.

이처럼 16~17세기 내내 신종 병원균이 아메리카 전역에 탁구공처럼 튀어 퍼지면서 원주민 인구 4분의 3 이상이 목숨을 잃었다. 지난 수천 년 동안 유럽에 서서히 흩뿌려졌던 고통의 총량이 이곳에서 불과 수십 년 사이에 집중포화를 가한 꼴이었다. 인류 역사를 통틀어 전무후무한 인구학적 대참사였다. 타이노족은 지표면에서 완전히 삭제됐다. 그런데 최근 색다른 연구 결과가 발표되었다. 절멸했다고 알려진 타이노족의 DNA가 다국적 유전자 가닥에 얽혀 아프리카인과 유럽인의 이목구비를 지닌 도미니카인의 핏속에, 콜럼버스적 대전환이 남긴 코드화된 유산으로 잠재하고 있음이 드러난 것이다.

등대를 향해

도미니카공화국의 수도 산토도밍고에는 속삭이듯 잔잔하게 흐르는 강이 있다. 강 서쪽으로 식민시대 석조유적지가 자리한다. 이곳에 제독의 장남 디에고 콜론Diego Colón의 궁전도 있다. 강 동쪽으로는 높이 31미터, 길이 210미터에 이르는, 흡사 거대 암반 같은 콘크리트 구조물이 우뚝 솟아 있다. '파로 아 콜론Faro a Colón' 즉, 콜럼버스 등대이다. 이런 이름이 붙은 건 4킬로와트 라이트 146개가 건물 정상에 탑재되어 있기 때문이다. 초강력 라이트들이 천국을 향해 맹공이라도 하듯 하늘을 곧추 겨냥해 일제히 불을 켜면 주위에 일순 블랙아웃이라도 온 듯 강렬한 인상을 남긴다.

이 등대는 중세의 교회처럼 하나의 본체에서 양 날개가 뻗어나온 십자가 모양으로 설계되었다. 두 축이 교차하는 십자가 중앙에는 제독의 유해가 안장된 금장식 석관이 놓여 있다. 그리고 그 관을 다시 크리스털 안전막이 감싼다(스페인 세비야의 석관에도 콜론의 유해가 들어 있다고 하니 이는 믿거나 말거나의 문제이다). 석관 뒤로 각국에서 보내온 전시품들을 줄줄이 전시하고 있다. 내가 최근 방문했을 때는 이 반구 원주민들에 포커스를 맞춘 전시물들이 나열돼 있었다. 마치 원주민들이 수동적인 데다 유럽의 문화와 기술 그리고 관대함의 수혜자였던 것처럼 묘사하면서.

당연하지만 원주민들이 이런 식의 역사 해석을 용납할리 없었다. 같은 맥락에서 콜론의 역할까지 말이다. 수많은 사회운동가와 학자들이 콜론과 그의 생애에 맹공을 퍼부으면서 이 건축물에까지 공격을 가했다. 그들은 콜럼버스가 잔혹하고(오늘날의 기준으로 볼 때), 인종차별주의자이며(그렇지 않다. 명확히 하자면 인종 개념은 근대적 발상일 뿐 당시에는 없었다), 무능한 관리자였다고(맞는 말이다) 공격했다. 나아가 그는 일개 뱃놈에 지나지 않았고(그건 아니다), 종교적 광신에 사로잡혔으며(비종교인의 관점에서 본다면 확실히 그렇다), 탐욕스런 편

1992년에야 완공된 산토도밍고의 거대한 십자가 모양 콜럼버스 기념구조물. 스코틀랜드의 젊은
건축가 조지프 레아 글리브가 설계했다. 건축가 자신이 콜럼버스의 업적 중 최고라고 꼽는 대목
을 돌로 형상화했는데, 그게 바로 신대륙에 기독교를 전파한 일이다. 글리브는 이 구조물을 두고
"이 시대 가장 위대한 기념비 중의 하나"라고 자평했다.

집광(이 비난은 제독의 지지자들 입장에서는 당시 야망으로 충만했던 다
른 영혼들에 비하자면 콜론은 바닥 수준이었다고 할 수 있다)이었다고 말
한다. 그를 폄하하는 사람들과 마찬가지로 콜론 그 자신조차 평생토
록, 자기가 발견한 게 무엇인지 몰랐다.

　도미니카공화국의 대문호 안토니오 델 몬테 이 테하다Antonio del
Monte y Tejada는 1852년 네 권짜리 산토도밍고 역사전집을 저술하면서
"위대하고, 자비롭고, 영원히 기억될" 업적이라고 콜론을 칭송하며
제1권을 끝맺었다. 그는 제독의 행동 하나하나에 "위대함과 기품이
살아 쉼쉰다"고 썼다. 몬테 테하다는 "모든 국가들이 그에게 하해와
같은 은혜를 입지 않았는가?"라고 질문하면서, 유럽과 아메리카 각
국의 후원을 받아 이 반구에서 가장 의미 있는 장소인 산토도밍고 상

공을 가로질러 자애롭게 팔을 벌린 웅장한 콜럼버스 동상을 세우는 것이야말로 그 빛에 보답하는 길이라고 강조했다.

제독에게 로도스 섬에 있는 것과 같은 웅장한 기념비를! 몬테 테하다가 보기에 콜럼버스의 공로는 명백했다. 그가 판단하건대, 콜론은 신이 보낸 메신저였다. 그의 아메리카 항해는 '신의 섭리'에 따른 결과였다. 그럼에도 테하다가 강조한 기념비 건설은 한 세기 하고도 절반이 걸렸다. 물론 경제적인 이유가 한몫 했다. 이 반구 국가들 태반이 먼 타국 섬나라에서 온 괴물의 기념비에까지 돈을 던져줄 만큼의 여유가 없었던 것이다. 동시에 제독 자체에 대해 불편한 심기가 점증했다는 점도 반영됐다. 그로 인해 히스파니올라 인디언의 운명이 어떻게 됐는지 뻔히 알고 있는 오늘날, 수많은 비평가들은 콜럼버스의 항해에 무슨 기념비를 세워줄 만한 의미가 있느냐고 반문한다. 나아가 그런 종류의 인간이 금장식 석관에 안치되는 현실조차 납득하기 어려워한다. 이 질문에 대해 명확한 답을 내리기는 쉽지 않다. 동시대를 살았던 사람들 중 단연코 많은 기록이 남아 있는 사람일지라도. 최근에 발견된 콜론의 일대기는 깨알 같은 글씨체의 536페이지 분량이다.

콜럼버스 생전에 그를 콜럼버스로 알고 있던 사람은 없었다. 그는 이탈리아 제노바에서 크리스토포로 콜롬보Cristoforo Colombo라는 이름으로 세례를 받았다. 그리고 제노바 상인 가문의 에이전트로 포르투갈에 간 그는 이름을 크리스토바 콜롬보로 바꿨다. 포르투갈 왕으로부터 대서양 횡단 프로젝트 투자 유치에 실패하고 나서 스페인으로 건너온 직후인 1485년, 그는 다시 크리스토발 콜론으로 개명했다. 까탈스런 화가처럼, 그는 이해하기 어려운 그래픽 부호(글리프)를 서명으로 고집스럽게 사용했다.

· S ·

S · A · S

X M Y

: Xρο FERENS./

이 서명이 정확히 무슨 뜻인지는 그 누구도 모른다. 다만 세 번째 줄의 X M Y는 그리스도, 마리아, 요셉Xristus Maria Yosephus을 상징하는 것 같다. 그리고 그 위의 알파벳 S · A · S는 Servus Sum Altissimi Salvatoris, '저는 전능하신 구세주의 종입니다.'의 머릿글자를 딴 것인지도 모른다. 아마도 Xpo FERENS는 '주를 품은자' 정도일지도.

콜럼버스의 사생아 아들 에르난의 말을 그대로 빌리자면, 콜럼버스는 "조각상 저리 가라 할 정도로 체격이 좋았다." 제독은 일찌감치 머리가 하얗게 세었으며 '연한색 눈동자'에 매부리코였고, 혈색 좋은 볼은 곧잘 붉어졌다. 침울하고 신경질적인 성격에다 변덕이 심하고 툭하면 화를 냈지만 에르난이 기억하기로 "욕이나 상스런 말을 하지 않는 것을 철칙으로 삼아 맹세컨대, 아버지가 '성 페르디난도의 이름으로' 외에는 욕설하는 것을 결코 본 적이 없었다." 그의 삶은 깊이 모를 야망의 지배를 받았지만 그 위에 군림했던 것은 한량없는 종교적 신념이었다. 콜럼버스의 아버지는 천을 짜는 직조공이었고, 이 빚에서 다른 빚으로 옮겨가며 삶을 전전한 것으로 보인다. 콜럼버스는 그런 아버지를 부끄럽게 여겼던 같다. 그는 자신의 출신성분을 숨기면서 신분상승을 이뤄줄 왕가를 찾느라 고군분투하며 젊은 시절을 보냈다. 본래 열렬했던 그의 신앙심은 포르투갈과 스페인의 통치자들에게 청원한 항해 투자 요청이 번번이 허탕으로 돌아가던 지난 한 시간 동안 더욱 굳건해졌다. 이 사이 그는 정치적으로 막강한 스페인 남부 프란체스코 수도원에 잠깐 머물렀다. 그곳은 12세기 신비주의자 요하임 디 피오레Joachim di Fiore의 비전에 도취된 곳이었다. 요하임은 수백 년 간 이슬람에게 점령당한 예루살렘을 전 세계 기독교인들이 합심해 탈환할 때 비로소 인류가 지복낙원으로 들어갈 수 있다고 믿었던 인물이다. 콜론은 항해로 벌어들일 돈이 자신의 인생을 꽃피워줄 뿐 아니라 요하임의 신십자군원정 비전의 자금줄이 되어줄 거라고 믿었다. 중국과 교역을 터서 스페인 왕국에 돈이 왕창 쏟아져 들어오기만 하면 "3년 안에 군주들이 성지 탈환 준비에 착수할 수 있을 것"이라고 그는 낙관했다.

다만 지구 크기에 대한 콜론의 완벽한 계산착오가 없었더라면, 그가 신대륙을 발견하는 일도 없었을 것이다. 내가 학생이던 시절, 학교는 우리에게 콜럼버스가 시대를 앞선 인물의 대표주자라고 가르쳤다. 다른 모든 이들이 우리 행성이 조그맣고 평평하다고 믿던 시대에 콜럼버스 혼자 지구는 크고 둥근 모양이라고 강력하게 주장했다고 말이다.* 4학년 때 담임선생님은 콧방귀 뀌는 중세 관료들 앞에서 콜럼버스가 지구본을 돌리는 동판화를 보여주셨다. 한 줄기 햇살이 지구와 제독의 흩날리는 머리카락을 비추었고, 대조적으로 그의 주장에 반대하는 이들은 중죄인처럼 어둠속에 웅크리고 있었다. 어처구니없는 일이다! 그러니까 선생님은 완전히 거꾸로 알고 계셨다. 고대 그리스 학자들은 이미 지구가 둥글다는 사실을 아는 데서 나아가 대략적인 지구 크기까지 계산하고 있었다. 이런 논리에 반대하고 나선 인물은 오히려 콜론이었다.

---

* 이 주장은 미국의 19세기 소설가 워싱턴 어빙의 묘사에서 비롯된 미국인들의 오해다.

두 번째 사실에 대한 제독의 이견은 문제라고 볼 수도 없는 문제였다. 콜럼버스는 지구가 완벽한 구 모양이 아니라 배(과일)처럼 생겼다고 언급했다. "배의 꼭지가 달린 약간 솟아오른 부분을 제외하면 지구는 둥그스름한 모양이다. 말하자면 어떤 사람이 공을 하나 가지고 있는데 그 중 한 부분에 여성의 젖꼭지가 달려 있는 형상이라고 보면 된다." 젖꼭지에 대해 그는 "지상낙원으로서, 신의 허락이 없이는 그 누구도 갈 수 없는 곳"이라고 말했다(훗날 항해에서 그는 자신이 그 젖꼭지 부분을 찾았다고 생각했다. 지금의 베네수엘라 지역이다).

스페인 왕과 여왕은 제독이 생각하는 세상의 모양이나 천국의 위치에는 눈곱만큼도 관심 없었다. 다만 '크기'에 대한 그의 견해에는 관심이 비상했다. 콜론은 지구 둘레를 실제 길이보다 8,000킬로미터나 짧게 가늠하고 있었다. 그의 계산대로라면 서유럽에서 중국 동부 사이 항해 거리(오늘날 우리는 그 사이에 대서양과 하나의 새로운 대륙, 태평양이 놓여 있다는 것을 잘 알고 있다)는 실제보다 엄청 줄어드는 셈이 된다. 그 계산에 따르면 지금의 미국 땅에 인도나 일본이 있어야 마땅했다.

그의 설명은 스페인 군주들의 귀를 솔깃하게 만들었다. 유럽 모든 지배층처럼 그들도 중국의 선진 문물과 부유함에 관한 이야기에 매료되어 있었다. 오리엔트 원단과 도자기, 향료 그리고 보석을 갈망했다. 하지만 중국으로 가는 길을 이슬람 제국들이 가로막고 있었다. 유럽인들이 아시아의 사치품을 얻으려면 모든 기독교 국가와 수백년 간 앙숙관계인 이슬람 제국들과 타협해야만 했다. 게다가 상업도시 국가 베니스와 제노바 등이 이미 이슬람 세력과 교역을 독점하고 있었다. 무어인들에 의해 8세기에 정복당한 뒤 수백년 간 이슬람에 짓

눌려 살다가 이제 간신히 이슬람을 격퇴한 포르투갈과 스페인 입장에서 이들과 협상한다는 건 자존심이 허락되지 않는 일이었다. 설령 이슬람과 타협한다 해도 해상무역권을 독점한 베니스와 제노바 상인들이 순순히 밥그릇을 내놓을 리 만무했다. 기득권을 지키기 위해 물리력 동원을 불사할 게 뻔했다. 이런 두 개의 걸림돌 때문에 포르투갈은 엔리케 왕자 이래 아프리카를 빙 돌아 탐사용 배를 내보내고 있었다. 멀고, 리스크가 크고, 비용이 많이 들었다. 그런 상황에서 콜럼버스가 스페인 통치자들에게 더 빠르고 안전하고 비용이 적게 드는 루트가 있다고 설득하고 나선 것이다. 대서양을 가로질러 서쪽으로 가는 길 말이다.

역사과학자 로버트 크리스가 "너무도 간단하게 학습시킬 수 있어 2,500년이 지난 지금도 해마다 전 세계 교실에서 학생들에게 가르치고 있는 방법"이라고 말한 계산법, 즉 기원전 3세기에 지구의 둘레를 알아냈던 고대 그리스 대학자 에라토스테네스의 이론에 전면으로 도전하고 나선 건 오히려 콜론이었다. 에라토스테네스는 지구의 둘레를 40,250킬로미터로 계산해냈다. 유라시아의 동서 폭은 대략 16,100킬로미터였다. 스페인과 중국 사이에 가로놓인 바다 거리가 24,150킬로미터라는 것은 더하기 빼기만 해보면 바로 나온다.

15세기 당시 유럽 선박 제작자나 항해 전문가들은 중간 기착지 없이 24,150킬로미터를 항해할 배가 없다는 사실을 잘 알고 있었다. 원양 항해와 지중해 항해는 근본적으로 다르다. 우선 고대부터 지중해를 누벼온 전통적인 갤리선으로는 대양에 나갈 수가 없었다. 노 젓는 사람만 수십 명씩 태우고 다녀야 하는 데다 식량을 비롯한 보급품이 많이 필요하므로 중간 기착지가 없이는 수개월씩 항해를 계속할 수 없기 때문이다. 대서양을 항해하려면 당시 신형 모델인 범선이 반드시 필요했다. 왕복은 두 말할 것도 없었다.

콜럼버스는 자신이 에라토스테네스의 이론이 틀렸음을 입증했다고 착각하고 있었다. 노련하고 감각이 뛰어났던 제독은 아프리카에서 아이슬란드 사이의 동부 대서양을 여러 차례 오가면서 선원들이 쓰던 사분의를 이용해 경도 1도에 해당되는 실거리 측정을 시도했다. 이 결과를 바탕으로 그는 자신의 주장이 맞는다고 확신했었던 듯싶다. 이는 9세기 바그다드의 한 칼리프 이론에 근거했는데, 그에 따르면 경도 1도에 해당하는 거리는 91킬로미터(실제로는 111킬로미터에 가깝다)였다. 그는 이 수치를 360으로 곱해서 지구의 둘레를 계산해냈다. 그 결과가 바로 32,832킬로미터였다. 이 수치와 함께 엄청나게 잘못 계산된 유라시아의 동서 거리가 맞물리면서 콜론은 대서양을 건너는 여정이 기껏해야 4,830킬로미터 정도라고 주장했다. 여기에 새로 정복한 카나리아 제도에서 출항하면 966킬로미터를 더 단축할 수 있다고 봤다. 승산 있는 도박이었다.

콜론의 말이 맞길 간절히 기원하며, 스페인 군주들은 천문학자와 항해 전문 물리학자들로 구성된 위원회에 제안서를 검토케 했다. 전문가들은 단체로 눈썹을 치켜올렸다. 그들은 변변치 못한 교육을 받은 뒤 파도에 몸을 굴리며 사분의를 좀 만지작거린 것만으로 감히 에라토스테네스의 이론을 반박하고 나선 콜론의 주장에 혀를 찼다. 그건 마치 오지 판잣집에 사는 무지랭이가 실 한 가닥으로 대장간의 모루(대장간에서 뜨거운 쇠를 두드리는 데 사용되는 철로 된 대)를 들어올리는 법을 발견했다고 떠드는 것과 같았다. 하지만 국왕과 여왕은 전문가들의 조언을 무시했다. 콜론에게 실로 모루를 들어 보이라고 허락한 셈이다.

1492년 아메리카에 상륙한 콜론은 당연히 자신의 이론이 현실로 입증됐다고 주장했다.* 기쁨에 겨운 군주들은 그에게 부와 영예를 하사했다. 그리고 콜론은 1506년에 죽었다. 사랑하는 가족과 부에 둘러싸여서. 그럼에도 불구하고 비참하고 씁쓸한 말로였다. 개인적으로나 지리적으로나 그의 실패에 대한 증거들이 속속 드러나면서 스페인 왕가는 그에게 부여했던 각종 특권을 철회하고 홀대했다. 분노와 굴욕감으로 얼룩진 말년에 그는 종교적 맹신주의에 빠져들었다. 그는 자신이 신약성서 〈요한계시록〉에서 하나님이 예시했던 '새하늘과 새땅'을 세상에게 보여주기 위해 신이 선택한 자, 즉 '신의 사신'이라고 믿는 지경에 이르렀다. 왕에게 보낸 말년의 서한을 보면, 제독은 중국 왕을 기독교인으로 개종시킬 유일한 사람이 자신뿐이라고 맹신하고 있었다.

콜럼버스 기념비 건설은 그야말로 절반의 거창함과 절반의 맥빠짐이 뒤섞인 사업이었다. 제독에게 기념비를 안기자는 안토니오 델 몬테 이 테하다의 제안이 서반구 각국 각료회담에서 1923년 최종 의결됐다. 진행은 더뎠다. 테하다가 처음 제안한 지 무려 80년이 지나서

---

* 콜론이 대서양을 횡단할 수 있다고 생각했다는 점은, 여러 정황상 예상 가능하다. 자신이 아일랜드에 머물 때 '캐세이[China]에서 온 사람들을 보았다'고 책의 여백에 메모해놓은 기록이 남아 있다. '한 남자와 그 부인이 통나무 한 쌍을 타고 왔는데 처음 보는 행색이었다.' 일부 작가들은 그 '통나무'라는 것이 나무 속을 파낸 카누였으며, 그가 만난 사람들은 이뉴잇족이거나 인디언이었을 것이라고 주장한다. 대다수 역사학자들은 다르게 생각한다. 콜론이 이뉴잇족이나 인디언을 보기는커녕 아일랜드에 갔다는 증거조차 없기 때문이다. 그 부부는 아시아계 특징을 지닌 핀란드 새미족Sami이었을 가능성도 있다. 게다가 이렇듯 특종에 가까운 놀라운 사건(중국인이 카누를 타고 유럽에 왔다!)을 책의 한 귀퉁이에 지나가듯 메모해두었다는 것도 좀 신빙성이 떨어져 보인다.

야 디자인 공모전이 열리고, 기념비가 실제로 건설되기까지는 다시 또 60년이 걸렸다. 이 시기 대부분 동안 도미니카공화국은 군부독재자 라파엘 트루히요 대통령에 의해 지배됐다. 전형적인 자아도취형 인격장애 인물인 트루히요는 자신의 동상 수십 개를 세우고, 산토도밍고를 트루히요시로 개명한 뒤 항구 상공에 "신이 곧 트루히요"라는 거대한 네온사인을 내걸었다. 그의 독재가 맹위를 떨치는 동안 기념비 건설에 대한 국제적인 열정은 식었다. 프로젝트를 지원하는 것은 자칫 독재자를 지지하는 행위로 비춰질 우려도 있었다. 많은 국가들은 1992년 10월 12일의 콜럼버스 등대 개막식을 보이콧하고 나섰다. 하루 전에 입국해 근처에서 머물던 교황 요한 바오로 2세마저 돌연 기념미사 진행 약속을 저버렸다. 그런 와중에 시위대는 경찰 바리케이드에 불을 지르고, 제독을 '인종 청소자'라고 성토했다. 차단막이 처진 기념비 주변 지역의 주민들은 기자에게 콜론은 "기념할 만한 가치가 일원 반푼어치도 없는 사람"이라고 일갈했다.

이 책을 통해 내가 하고 싶은 말은 이거다. 콜럼버스를 비난하는 이들의 심정은 백번 이해한다. 다만 그들의 신념은 과녁을 잘못 겨냥하고 있다. 콜럼버스적 대전환의 영향력은 너무도 광범위해서, 이제 일부 생태학자들은 콜론의 항해가 제2의 생태학적 신기원의 효시라고 말할 정도다. 바로 호모제노센Homogenocene이다. 이 용어는 균질화·동질화를 의미한다. 저마다 서로 다른 성분들이 뒤섞여 균질화된 조합으로 재탄생하는 것을 일컫는다. 콜럼버스적 대전환으로 말미암아 이전에는 생태상 뚜렷하게 구분되었던 장소들이 점점 유사해졌다. 이런 의미에서 세상은 하나가 되었고, 이게 바로 그 옛날 제독이 염원한 이상이었다. 이런 맥락에서 산토도밍고의 등대를, 제독을

1923년 콜럼버스 기념사업이 결정되었을 때 아메리카 대륙 모든 국가가 기부를 약속했다. 하지만 돈이 모이는 속도는 매우 더뎠다. 가령 미국 정부가 약속한 몫을 의회가 승인하는 데 6년이 걸렸다. 그런 상황에서 1930년, 도미니카 군부 수장 라파엘 트루히요가 부정선거로 대통령에 취임했다. 3주 후 허리케인이 산토도밍고를 휩쓸면서 3,000명의 희생자를 냈다. 기념비 건설이 도시 재건 이미지를 상징할 수 있겠다 싶었던 트루히요 대통령은 1931년 디자인 공모전을 개최했다. 디자인 심사위원 명단에는 저명한 엘리엘 사리넨과 프랭크 로이드 라이트 같은 이들이 포함되었다. 출품된 디자인만 450점이 넘었다. 그들 중 콘스탄틴 멜니코프, 로발도 모로조 델라 로카와지지 비에티, 에릭 브리그만, 그리고 이오시프 랭바드 작품이다(상단 왼쪽부터 시계방향으로).

기념하는 조형물로서가 아니라 거의 우연에 기대 그가 창조해낸 세계, 즉 오늘날 우리가 살고 있는 호모제노센 세상이라는 인식에 무게를 두고 기념하면 어떨까 싶다.

은을 실어나르는 바닷길

필리핀 마닐라의 구도시 성곽 정남향에 위치한 공원 한쪽. 오염으로 거무튀튀해진 4.5미터 크기 대리석 대좌에 16세기 복장을 한 두 사내가 실물 크기 청동 조각상으로 서 있다. 어깨를 나란히 한 채, 두 남자는 지는 해를 정면으로 바라본다. 수도사 차림 사내는 십자가가 검이라도 되는 듯 휘두르고, 다른 한 남자는 군장 흉갑에 검을 든 모습이다. 콜럼버스의 등대에 비하면 보잘것없는 규모의 이 기념비에 눈길을 주는 여행객은 거의 없다. 최신 지도와 여행자용 가이드북에 조차 빠져 있다. 역사의 거대한 싱크홀이 아닐 수 없다. 인류가 글로벌라이제이션의 최초 근원지로 가장 먼저 찾아 인정해야 할 기념물이 있다면, 바로 이 조각상이 매우 유력하기 때문이다.

검을 든 사람은 미구엘 로페즈 데 레가스피Miguel López de Legazpi. 스페인 탐험가이자 근대 마닐라의 창립자이다. 십자가를 든 사람은 안드레스 오초아 데 우르다네타 이 시레인Andrés Ochoa de Urdaneta y Cerain. 레가스피의 태평양 횡단에 길잡이를 했던 항해사이다. 이 두 스페인 사내의 공적을 요약하자면, 무엇보다 콜론이 달성하지 못한 위업을 둘이 함께 이룩했다는 점이다. 즉 서쪽으로 항해를 함으로써 중국과의 항구적인 교역을 수립한 것이다. 두 번째로, 콜론이 생태학 부문에서 달성한 일을 레가스피와 우르다네타가 경제학 부문에서 달성했다고 말할 수 있다. 비록 의도하지 않았지만, 그들은 전지구적 글로벌 무역망 건설의 길을 최초로 열어젖혔다.

두 사람 중 조금 더 알려진 레가스피는 제독이 첫 항해를 한 지 10년쯤 후에 태어났다. 그의 생애를 살펴볼 때 콜론의 해상 원정을 동경했던 기미는 전혀 없다. 변호사 교육을 받은 레가스피는 프랑스 국경지역인 바스크 지방의 주마라가에서 아버지의 직책을 세습해 법조인이 되었다. 20대 후반에 멕시코로 건너가 거기서 36년 동안 식민정부의 고위관료로 재직했다. 지극히 안정적이었던 그의 삶은 사촌이자 친구인 우르다네타를 만나며 정상궤도에서 이탈했다. 스페인 정부는 1520년대 향료가 넘쳐나는 말루쿠 제도(이전에는 말래카Moluccas라고 알려졌던 곳으로 필리핀 남부에 있다)에 전초기지를 건설하려다 실패한 적이 있는데, 우르다네타는 이 원정대에서 살아남은 몇 명 중 하나였다. 당시 말루쿠 제도 부근에서 조난당했던 우르다네타는 포르투갈에 의해 구조되기까지 10여 년을 그곳에서 보냈다. 고국으로 돌아온 그는 다시는 모험 따위 하지 않겠다고 맹세하며 아우구스티노회 수도원에 칩거했다. 그로부터 30년 후 새로 등극한 스페인 왕은 아시아 무역기지 건설 기치를 높이며 다시 칼을 빼들었다. 그러고는 왕명을 내려 우르다네타를 바다로 내보냈다. 하지만 우르다네타는 이미 성직자 신분이었다. 원정대의 수장 자리를 맡는 것은 법적으로 불가능했다. 그러자 왕은 항해와 관련한 배경지식이 전무했던 우르다네타의 사촌 레가스피를 대신 수장 자리에 앉혀버렸다. 레가스피가 일의 성공 가능성을 어떻게 점쳤는지는, 떠나기 전 그가 행한 신변 정리를 통해 가늠할 수 있다. 그는 모든 세속 재산을 처분하고, 자녀와 손자들을 스페인에 있는 친척들에게 맡겼다.

당시 말루쿠 제도는 스페인의 실패를 틈타 포르투갈이 점령한 상태였다. 그러므로 스페인이 원정대를 파견한 목적은 말루쿠 제도 인근에서 향료가 나는 또 다른 섬들을 발견해 무역 전초기기를 설치하는 데 있었다. 더불어 이들이 받은 왕명은 바람의 패턴을 차트로 작성하고, 그 일대에 기독교를 전파하는 것이었다. 한편으로 스페인 왕은 이웃국가이자 라이벌인 포르투갈 옆에 붙어서 눈엣가시 같은 존재가 되기를 원했다. 물론 그 모든 바탕에 깔린 궁극의 목적은 중국이었다. 이를 두고 역사학자 안토니오 가르시아 아바솔로Antonio García-Abásolo는 2004년 "기독교 국가의 선봉자인 스페인이 해로를 개척하도록 추동했던 원동력은 바로 중국"이었다고 표현했다. "콜론, 코르테스(멕시코 정복자), 레가스피, 이 모든 사람에 의해 수행된 활동의 기저에 깔린 한 줄기 목표가 중국이었다는 점은 백번 말해도 부족함이 없다." 그들 모두가 눈에 불을 켜고 중국을 찾고 있었다.

레가스피와 우르다네타는 선박 다섯 척을 이끌고 1564년 11월 21일에 출발했다. 필리핀 제도에 도착한 레가스피는 군도 라인선상의 중간쯤인 세부 섬에 진영을 설치했다. 한편 우르다네타는 필리핀에서 멕시코로 돌아가는 항로를 탐색하는 일에 착수했다. 이전까지 그 항로 개척에 성공한 사람은 한 명도 없었다. 단순히 항로를 되짚어가는 방식으로는 될 일이 아니었다. 멕시코에서 말루쿠 제도로 올 때 배를 밀어주었던 무역풍이 되돌아갈 때에는 방해만 될 뿐이었다. 항해에 관한 한 천부적이었던 우르다네타는 동쪽으로 방향을 틀기 전에 북쪽으로 멀찍이 올라감으로써 역기류를 피했다.

세부에 진영을 설치한 레스가피는 반란과 질병에 시달리고 포르투갈 선박들에게 위협을 받으면서도 스페인 세력권을 북쪽으로 확장하며 점차 중국에 접근했다. 멕시코의 스페인 총독은 정기적으로 증원 병력 및 보급품을 보내주었다. 이중 단연 중요한 보급품은 멕시코와 볼리비아에서 채굴된 실버 바와 은화로, 스페인 병사들에게 임금으로 지급되었다.

그리고 1570년 5월, 중대한 전환점이 될 사건이 발생했다. 레가스피는 배 두 척과 선원 100여 명, 그리고 스페인 병사들로 구성된 정찰단을 내보냈다. 수십 명의 필리핀 원주민 말레이족도 프로아(낮고 폭이 좁은 아웃리거 형 소형배, 앞 혹은 뒤쪽에 1~2개의 돛이 달려 있음)에 나눠 타고 이 작전에 참여했다. 북쪽으로 이틀 간 항해한 정찰단이 도착한 곳은 민도로 섬이었다. 지금의 마닐라(필리핀의 가장 큰 섬인 루손에 있다)에서 남쪽으로 209킬로미터 거리에 있는 섬이다. 민도로 섬 남쪽 해안은 수많은 작은 만들로 다닥다닥 연결돼 있다. 마치 사과에 들어간 잇자국 같은 모양이다. 원정팀의 말레이족은 현지 망얀족 사람을 통해 그곳에서 64킬로미터 떨어진 다른 만에 중국 정크선 두 척이 정박해 있다는 소중한 정보를 얻었다. 지금의 마하우하우 지역으로, 당대에 교역 장소로 번성한 마을이었다.

매년 봄이면 중국 배들은 필리핀 섬들 사이를 오가며 도자기, 실크, 향수, 그 외 여러 물건을 금이나 밀랍*과 교역했다. 민도로 섬도 그 중 하나였다. 중국 배들이 작은 북으로 도착을 알리면 망얀족 사

---

* 중국에서 생산되는 밀랍은 늘 수요를 따라가지 못했다. 따라서 많은 중국인들은 대체품으로 등껍질이 딱딱한 벌레를 이용해 양초를 만들었는데 이는 질이 떨어졌다. 필리핀인들은 아시아 꿀벌과 말벌로부터 밀랍을 채취해냈다. 말벌의 거대한 벌집이 밀랍의 주원료였다.

람들은 하얀 중국제 비단으로 만든 파라솔을 펼쳐 햇빛을 피하면서 고지대 집에서 해안가로 내려왔다. 민도로 섬에는 마하우하우라는 마을이 있는데, 해안에서 몇 걸음만 올라가면 민물 샘이 솟아 오랫동안 만남의 장소로 번성했다. 현지 공무원은 고고학과 학생들이 지금도 이곳에서 11세기 무렵 중국 도자기들을 발견하고 있다고 말해주었다. 레가스피는 정찰단의 총사령관에게 어떤 중국인이든 만나면 최대한 우호적이고 호의적으로 접촉하라고 하달한 상태였다. 중국 정크선 정박 사실을 알게 된 총사령관은 두 척의 선박 중 한 척과 프로아 대부분을 보내 중국인과 접촉하도록 했다. '화친과 평화를 요청하면서.'

접촉단의 우두머리 이름은 후안 데 살세도Juan de Salcedo, 갓 21세가 된 레가스피의 손자로, 약관의 나이에도 병사들로부터 존망과 인기를 얻고 있었다. 그런데 하필 거센 바람이 선박들을 갈라놓아 살세도가 탄 배는 코스에서 한참 이탈해버렸다. 폭풍우에 휘말려 이리저리 흩어진 배들은 그 지역의 높고 좁은 바위들을 피해 각기 다른 정박지에 피항해 하룻밤을 보냈다.

한데 지휘관이 부재한 틈에 일이 터졌다. 중국 재물에 눈이 먼 일부 스페인 병사들이 동이 트자마자 프로아를 타고 동쪽으로 출발한 것이다. 이들은 마하우하우 남쪽면의 손가락 모양으로 튀어나온 바위 곳을 돌아 망얀족 사람들과 중국인들을 급습했다. 살세도 병사의 진술을 그대로 옮기자면, "중국은 복어처럼 몸을 부풀리며 힘을 과시했다." 중국인들은 "요란하게 북을 치고 피리를 불면서, 불꽃을 쏘고 컬버린포(휴대용 소형 포)를 발사했다. 그리고 본격적인 전시 태세로 돌입했다." 이를 도전으로 받아들인 스페인 병사들은 공격을 가했다. 하지만 "중국 배들은 크고 높은 반면 프로아는 너무 작고 낮았다." 적의 뱃전 하부 말뚝에 도달하기조차 어려운 형국이었다. 그들은 머스킷 총으로 정크선의 갑판을 아수라장으로 만들고 난 뒤에야 갈고리를 배 난간 너머로 던져올려 갑판 위로 기어오를 수 있었다. 중국 상인들을 마구 살상한 뒤 살펴보니 배 안에는 약간의 실크와 도자기 외에 탐나는 물건은 하나도 없었다. 그야말로 "조금 신기한 물품들만 보일 뿐이었다."

살세도가 마침내 마하우하우에 도착했을 때는 상황이 종료되고 몇 시간이 지난 뒤였다. "어이없는 참상 앞에 그저 한숨만 나올 뿐이었다." 그가 명한 대로 '화친과 평화'를 청하기는커녕 오히려 중국인 선원들을 마구잡이로 살상하고 배들을 폐허로 만들어놓았다(살세도의 오른팔 마르틴 데 고이티Martín de Goiti가 썼을 것으로 짐작되는 일지에는 망얀족에 대한 언급은 전혀 없는데, 일각에서는 스페인인들이 이들을 별로 염두에 두지 않았다고 하고, 또 일각에서는 학살을 피해 도망갔다고 추측한다). 살세도는 그 자리에서 사죄한 뒤 생존자들을 석방하면서 변변찮은 약탈품을 돌려주었다. 중국 쪽 선원의 보고에 따르면 "매우 겸손한 사람이, 누가 보더라도 진심어린 마음으로 무릎을 꿇었다."라고 기록되어 있다. 그래도 문제는 남았다. 정크선 하나는 완전히 박살나버렸고, 남은 한 척도 보수가 절실한 상황이었다. 하지만 중국인의 배 삭구가 유럽과 완전히 달라 원정팀 중에는 수리를 할 줄 아는 사람이 없었다. 살세도는 부대원들에게 뒤뚱거리는 중국의 배를 본부로 견인하라고 명령했다. 그곳에 가면, 레가스피의 부하들이 고칠 수도 있을 것이었다.

한편 개보수한 정크선을 타고 본국으로 돌아간 중국 선원들은 유럽인이 필리핀에 나타났다고 알렸다. 중국이 가장 먼저 놀란 것은 서쪽에 있어야 할 유럽인들이 동쪽에서 나타났다는 사실이었다. 정작 눈이 휘둥그레질 일은, 그 야만인들이 중국에서 애타게 찾던 중대한 어떤 것을 가지고 있다는 사실이었다. 바로, 다름 아닌 은이었다. 그 사이 레가스피는 마닐라를 장악하고 이들이 돌아오길 기다리고 있었다.

1572년 봄. 세 척의 정크선이 필리핀에 모습을 드러냈다. 배에는 심혈을 기울여 고른 최고급 중국 상품 컬렉션이 가득했다. 레가스피의 지갑이 열릴 것인가? 그렇다면 얼마나 높은 값을 지불할 것인가를 판가름할 첫 시험대였다. 테스트 결과, 모든 것이 만족스러웠다. 레가스피의 보좌관은 "기쁨을 감출 길 없다"고 중국 상인들에게 전했다. 그 중 레가스피가 유독 선망해온 게 있었다. 유럽에서 구하기 어려운 데다 값비싼 실크 및 당시 유럽에 알려지지 않은 첨단기법으로 제작된 도자기였다. 이후 거듭해서, 회가 거듭될수록 점점 더 치밀한 장사수완을 발휘하며 중국은 스페인의 은을 싹쓸이했다.

중국 정크선의 수는 해를 거듭할수록 불어났다. 은에 대한 중국의 채울 길 없는 굶주림과 실크 및 도자기에 대한 유럽의 끝 모를 굶주림이 마치 두 조각나 있던 판게아의 절단면처럼 절묘하게 맞아떨어지며 교역량은 천문학적으로 불어났다. 훗날 '갤리온 무역galleon trade'으로 알려지게 될 이 교역은 아시아와 유럽 그리고 아메리카, 좀 덜 직접적으로는 아프리카(아프리카 노예는 스페인의 아메리카 제국에 필수불가결한 요소였다. 뒤에서 살펴보겠지만 이들 노예 및 그 후손은 아메리카에서 유럽인 수를 압도적으로 능가하게 된다)를 하나로 연결해냈다. 단 하나의 교역망 안에 이처럼 넓은 지표면이 편입된 것은 인류 역사상 처음 있는 일이었다. 사람이 좀 모여 산다 하는 지구상 모든 지역, 그리고 사람이 살고 있던 모든 대륙이(오세아니아만 빼고는) 이 교역망에 편입되었다. 스페인의 필리핀 상륙과 함께 이전 세상과 분명한 선을 긋는 시대, 즉 근대의 동이 텄다.

새롭게 도래한 이 시대는 그 출발부터 서로가 서로에게 의혹과 불안을 품은 채 막이 올랐다. 중국은 당시 지구상에서 하드웨어든 소프트웨어든 분야를 망라해 가장 부유하고 막강한 국가였다. 일인당 소득, 군사력, 평균 수명, 농산물 생산력, 요리, 예술, 그리고 과학기술 진보에 이르기까지, 모든 면에서 나머지 모든 세상을 합한 것과 비슷하거나 더 우세했다. 그 이전까지 오랜 세월 동안, 중국에게 유럽은 거래할 만할 요소가 전혀 없는 가난한 벽지에 불과했다. 유럽의 주력

산업은 섬유산업으로, 그나마 모직물이 전부였다. 반면 중국에는 실크가 있었다. 1573년 멕시코 총독이 스페인 국왕에게 보낸 보고서에는 이를 하소연하는 내용이 나온다. "스페인 땅이나 이 땅 전부를 통틀어 우리가 아는 상식으로 저쪽 땅에 수출할 수 있는 물건이 눈을 씻고 찾아봐도 없습니다. 이미 저들이 다 가지고 있으니까요." 하지만 은이라면 얘기가 달랐다. 스페인은 마침내 중국이 애타게 원하는 중대한 물건을 손에 쥐게 됐다. 은 덕택에 스페인은 말 그대로 중국의 조폐청이 되었다. 당연히 중국으로서는 자국의 화폐가 외국인의 손에 맡겨져 있다는 점이 불안했다. 중국 왕조는 스페인과의 갤리온 무역(중국 역사상 가장 규모가 큰, 통제되지 않는 국제교역)이 사회 전반에 통제할 수 없는 변화를 몰고 오지나 않을까 전전긍긍했다.

두려움은 머잖아 수면 위로 부상했다. 새로 즉위하는 황제마다 유럽과 아메리카인의 자국 입항금지령을 내린 것이다. 하지만 다른 식물 종들이 안마당으로 들어오는 것까지 막지는 못했다. 그들 중 선두주자는 바로 아메리카에서 건너온 작물, 고구마와 메이즈(옥수수)*였다. 2007년 중국의 농업역사학자 송중링은 이 예기치 않았던 도입을 두고 제국 역사상 "손에 꼽을 혁명적인 사건"이라 표현했다. 중국 농업의 근간은 오랫동안 쌀농사였고, 농촌은 강 유역에 집중되었다. 대표적인 곳이 양쯔 강과 황허 유역이다. 반면 고구마와 메이즈는 물이 없는 고산지대에서도 잘 자라는 작물이다. 이제 농민들은 인구분포

---

* 미국에서는 옥수수를 '콘corn'이라고 하는데 나는 이 책에서 콘 대신 '메이즈maize'란 단어를 사용한다. 이유는 두 가지이다. 우선, 다양한 색상을 자랑하는 인디언 메이즈는 일반적으로 말려서 가루로 만들어 먹는 데 반해 미국의 콘이란 말에서는 달콤하고 노란 알갱이만 연상되기 때문이다. 두 번째, '콘'이 영국의 브리튼에서는 특정 지역의 가장 중요한 주식 작물(cereal crop)을 한정하기 때문이다. 스코틀랜드에서는 귀리이다.

가 낮았던 지역으로 대거 이주했다. 그로 인해 초래된 결과는 막대한 산림 파괴였다. 그 여파로 침식과 홍수가 도미노처럼 발생하며 수많은 사상자를 냈다. 가뜩이나 많은 문제로 삐걱거리고 있던 제국은 자연재해까지 겹치면서 급속하게 와해되었다. 그 수혜는 고스란히 유럽에게 돌아갔다.

갤리온 무역에 심기가 불편하기는 스페인도 마찬가지였다. 수백년 동안 오매불망 갈망했던 중국과 직접 교역을 텄고, 이는 마닐라로 선적되는 은으로 그 정점을 찍었다. 그럼에도 불구하고 스페인 정부는 그 기간 내내 교역량 제한에 안간힘을 썼다. 거듭해서 스페인은 마닐라 출항 허용 선박 수를 왕명으로 제한하고 또 제한했다. 수출 허용량 역시 규제를 거듭했다. 나아가 중국 수입품에 대해서도 쿼터제를 도입하고, 스페인 상인들에게 가격 담합을 통해 은 가격을 올리도록 지시했다.

스페인이 중국 무역에 대해 불편한 심기를 품었다는 사실은 이 교역으로 인한 결과를 뻔히 아는 오늘날의 우리로서는 다소 놀랍다. 무엇보다 양 측은 가장 이상적인 무역 이론대로, 실크와 실버 교역을 통해 서로가 원하는 것을 손에 쥐었다. 더구나 이를 통해 단숨에 열강으로 올라서게 된 건 다름 아닌 유럽이었다. 역사학자 앙드레 군데르 프랑크Andre Gunder Frank는 갤리온 무역을 통해 "유럽인은 아시아의 기차에 승차할 수 있었고, 결국 그 열차까지 몽땅 다 사온 셈이 되었다."라고 강조한 바 있다. 레가스피와 중국이 처음으로 마주쳤던 사건은 호모제노센의 시작을 알리는 신호탄에 다름 아니었다. 뒤이어 이 기류에 올라탄 유럽은 일약 전 세계의 맹주로 급부상했다.

애초 레가스피와 우르다네타의 동상 건립 추진은 이런 역사적 사건을 기리는 것과는 한참 거리가 멀었다. 1892년 마닐라의 바스크인 지역사회가 이 도시 역사에 바스크인들이 기여한 바(바스크는 스페인에서 고립된 산간지역으로, 레가스피와 우르다네타 둘 다 바스크 지역 출신이었고, 그들 휘하 사람들도 바스크인이 많았다)를 기리기 위해 동상 건립을 추진했다. 그런데 카탈루냐 조각가 아구스티 수비라츠가 청동 본을 뜨고 있을 무렵 미국이 스페인을 몰아내고 필리핀을 장악했다. 이 섬의 새로운 지배자들이 이전 통치자의 조상을 기리는 데 관심이 있을 리 만무했다. 결국 동상은 세관 창고에 내박쳐졌다가 1930년이 되어서야 빛을 보게 되었다.

동상 주위를 둘러보자니, 오늘날 우리가 사는 세상인 글로벌라이제이션의 공식적인 기념비라는 의미에 걸맞게 동상이 조금 더 컸으면 하는 아쉬움이 들었다. 동시에 동상이 미완성이라는 점도 아쉬웠다. 이 동상이 갤리온 무역의 진정한 상징이라면, 응당 레가스피와 우르다네타 주위를 이 교역의 동등한 절반이었던 중국 상인들이 둘러싸고 있어야 마땅했다. 다만 그런 기념비가 세워지는 건 요원한 듯하다. 글로벌 무역망에 대한 불편한 시선이, 심지어 수혜자들에게조차 존재하는 한 말이다.

그리고 이 기념비를 품은 공원 건너편에 훨씬 더 크고 유명한 '리살 파크'가 있다. 의사이자 사상가로서 반스페인 혁명을 주도하다 공개 처형된 필리핀의 국민영웅 혁명가 호세 리살José Rizal을 기리는 공원이다. 공원 중앙의 잔잔하고 고요한 호숫가 잔디밭에는 띠를 두르듯 조각상들이 세워져 있었다. 콘크리트 대좌에 올려진 이 흉상들은 모두 스페인 통치에 항거하다 죽어간 이들이다.

호숫가의 흉상들 중 길 건너 레가스피 동상 방향을 향해 서 있는

현재 우리가 목도하는 글로벌라이제이션에 가장 근접한 기념비. 태평양을 가로지른 실버 교역의 창시자인 레가스피와 우르다네타의 동상으로 마닐라 도심 공원의 한적한 곳을 차지하고 있다.

건 라자 술레이만Rajah Sulayman의 동상이다. 안내 명판에는 "마닐라 왕국의 용맹스런 이슬람 통치자. 미구엘 로페즈 데 레가스피 치하에서, (…) 스페인이 제시한 '화친'을 거부한 사람"이라고 적혀 있다(화친의 따옴표는 원래 명판을 그대로 인용한 것이다). 훌륭한 편집자라면 이 화친 둘레에 있는 인용부호를 비웃으며 삭제하려 들지도 모른다. 그의 진정한 공적이 바로 여기에 있기 때문이다. 레가스피는 중국인들과 만난 직후 술레이만을 접촉했다. 스페인은 마닐라 항을 중국 교역의 교두보로 삼고 싶어했다. 스페인 사람들이 그곳에 얼씬거리는 것을 원치 않는다고 슐레이만이 대답하자 레가스피는 슐레이만의 공국 내 마을들을 뭉개버렸다. 슐레이만과 추종자 300여 명을 죽이면서. 근대 마닐라는 그 잿더미 위에 세워졌다.

그러니까 슐레이만과 그 측근들은 사실상 첫 안티 글로벌라이제이션의 순교자들인 셈이다. 그 결과 그들은 레가스피와 우르다네타가 부여받은 공원의 구석진 자리보다 훨씬 좋은 장소를 얻었다. 하지만 결국 그들 모두는 잊혔다. 그들 하나하나, 모두 다.

호숫가 철제구조물 위에 설치된 대형 스피커에서 서양 록그룹의 음악이 흘러나왔다. 호수 둘레를 거닐던 나는 토마스 탱크엔진 모양으로 복제한 기차에 하마터면 치일 뻔했다. 책과 TV에서 쉼 없이 등장하며 아이들의 사랑을 한몸에 받는 이 캐릭터는 세계적으로 다섯 손가락 안에 꼽히는 영국의 사모투자펀드 에이팩스 파트너스 소유이다. 기적을 울리며 미소를 보내는 토마스의 머리 너머로 마닐라 여행지구의 우뚝 솟은 호텔과 은행 건물들이 보였다. 글로벌라이제이션의 출생지 역시 세계 수많은 도시들과 다르지 않았다. 호모제노센 세상에서는, 그곳이 어디든 켄터키프라이드 치킨과 맥도날드 햄버거, 피자 헛이 몇 분 거리에 들어서 있다.

막판 추가시간에 뒤집힌 지구의 부

호모제노센! 전 세계를 하나의 망으로 연결하는 경제 시스템의 태동과 함께 인류사의 신기원이라 할 호모제노센이 창조됐다고 말한다면, 터무니없는 주장일까? 그렇다면 상상 여행을 떠나보자. 콜론의 첫 항해 후 100년 하고 50년이 더 지난 시기, 그러니까 중국 실크를 실은 첫 배가 마닐라를 떠나 멕시코에 도착했던 해(1572년)로부터 70년이 지난 1642년의 지구를 35,000피트 상공에서 비행기를 타고 둘러보는 여행 말이다. 안내책자에는 이 미증유의 격동기가 태동했으며 호모제노센 세상의 하이라이트라 할 지역을 찍고 갈 것임을 미리 밝혀두었다. 그렇다면 승객들이 보게 될 그곳은 어디일까?

힌트를 주자면, 이제 세상은 스페인의 실버 고리를 통해 회전초밥 집처럼 연결되었다는 사실이다. 아메리카 대륙의 실버 생산라인이 본격 가동된 덕에 전 세계로 풀려나가는 은의 양은 두 배, 세 배로 폭증했다. 포토시, 지금의 볼리비아 남부도시가 바로 이 은의 화수분이었다. 인류 역사상 가장 거대한 잭팟이 와르르 터진 곳이다. 실버 네트워크의 중심거점인 이 도시에서 일주를 시작해본다. 3,900미터 고도 안데스 산맥의 오래된 화산 기슭에 자리잡은 포토시는 지질학이 허용하는 가장 많은 은을 함유한 광산이다. 포토시 주변은 빙하로 인해 생성된 바윗돌만 여기저기 나뒹굴 뿐, 나무도 거의 자라지 않는 민둥산이다. 살을 에는 찬바람만이 땅을 할퀴고 지나가는 도시. 농업은 꿈도 꿀 수 없으며 땔감조차 구하기 녹록치 않다. 그럼에도 불구하고 이 광산도시는 1642년경에 거대한 인구를 거느린, 아메리카 대륙에서 가장 큰 대도시였다.

그러니까 포토시는 떠들썩하게 끓어오르는 무법천지 붐타운으로, 사치와 향락과 조직폭력배의 범죄로 대변되는 도시였다. 끔찍하게 열악한 환경에서 조성된 도시 자체가 광물을 추출하고 정제해서 뽑어내는, 일종의 살인적이고 효율적인 기계장치 역할을 했다. 경악스럽게 혹독한 작업환경 속에서 인디언 일꾼들은 수백 피트 아래 갱도로 내려가 무거운 광물을 등에 진 채 아슬아슬한 사다리를 기어올라 지상으로 운반했다. 그런 뒤 초맹독성 물질인 수은을 촉매해 은을 추출해냈다. 언덕배기 용광로에서는 이 금속을 순도 높은 바 형태로 찍어냈다. 순도 높은 은이라면, 바 하나에 30킬로그램이 나갔다. 진품 보증 스탬프가 바마다 찍혔다. 일부는 동전으로 주조되었다. 스페인 페소는 명실상부 세계 공용화폐가 되었다. 마치 오늘날의 미국 달러처럼. 이렇게 완성된 은화와 실버 바는 라마(당나귀나 말에 비해 발을 헛디디지 않으며 고도도 잘 견딘다) 대대의 등에 얹혀 산 아래로 옮겨졌다. 이 위험천만한 여정에 중무장한 호위 병사들이 줄곧 함께하는 모습이 시간여행을 하는 우리 눈에도 들어온다. 은은 다시 식민지 안방인 리마 항을 오가기 위해 아리카 항에 정박 중인 배에 태워졌다. 리마에 도착한 은들은 체인으로 연결된 은 수송대의 첫 번째 체인에 해당하는 수송함대에 실려 세계 각지로 수출되었다.

자, 다시 북쪽으로 향하는 실버 수송함대를 따라가 보자. 수송함대 동쪽으로 우뚝 솟은 안데스 산맥이 보인다. 이곳 역시 생태계 아수라장의 손아귀에 붙들려 있었다. 인류가 수만 년 전부터 살았던 리마 북쪽 지역이자 인류 최초의 복합 대도시 중 하나가 건설됐던 곳. 우리가 시간여행을 하는 때로부터 115년 전, 천연두가 이곳을 휩쓸었다. 뒤이어 유럽의 전염병들이 차례차례 들어오고, 유럽 사람들이 이곳에 몰려들었다. 만신창이가 된 이 산악마을에서 두려움과 고통에 신음하며 수백만 명이 목숨을 잃었다. 그로부터 수십 년이 흘러 1642년이 된 지금, 수백 년 동안 계단식으로 물을 끌어왔던 산비탈은 텅비었다. 버려진 논밭은 키 작은 나무와 덤불들 차지가 되어버렸다.

1600년에 일어난 거대 화산폭발로 인해 페루 중부가 90센티미터에 이르는 화산재와 파편으로 뒤덮였는데, 40년이 흘러도 그때 그대로 방치된 상태다. 안데스의 에코 시스템은 돌이킬 수 없는 치명타를 입었다. 북쪽으로 항해를 계속해 나가면서 은 수송함대는 군데군데 미개척지나 다름없는 지역을 통과한다.

수송 선박 중 일부는 파나마 항에서 닻을 내리고, 일부는 멕시코를 향해 북상하는 중이다. 비행기에서 내려다보면 파나마 항에 닻을 내린 선박의 은은 파나마 지협을 건너 유럽으로 향하고, 멕시코(아카풀코 항)까지 올라간 은 대부분이 향하는 최종 종착지는 아시아이다. 얼마나 많은 은이 어디로 갔는지는 1642년 스페인 세관 당국이나 오늘날의 역사학자들에게나 열띤 논쟁거리이다. 끊임없이 현금에 목말랐던 스페인 군주는 본국으로 은이 오기만을 학수고대했다. 반면 스페인 식민개척자들은 가능한 많은 은으로 중국과 교역하고 싶어했다. 은화든 실버 바든, 중국만큼 큰 이득을 남겨 교역할 수 있는 곳은 지구상 어디에도 없었다(당시 중국의 금 대비 은 환율은 1:6 정도, 유럽의 교환비율인 1:12보다 두 배 정도 높았다 — 옮긴이). 이해 충돌은 불가피하게 밀수를 낳는다. 과거 스페인 정부가 집계한 자료에 따르면, 태평양을 건너간 은이 전체 채굴량의 4분의 1이 안 된다고 보았다. 과거의 사학자들은 스페인 정부의 삼엄한 감시로 인해 밀수는 10퍼센트 선에 머물렀을 거라고 추정했다. 즉 스페인 정부의 통계가 정확하지도, 그렇다고 아주 틀리지도 않다고 본 것이다. 하지만 최근의 학자들은 당시 밀수가 만연했다고 결론짓는다. 절반 가까운 은이 중국으로 빨려들어갔다고 말이다. 이에 대한 논란은 단순히 학술적인 차원을 넘는 의미가 있다. 한 쪽은 유럽의 팽창이 세계 정세를 움직인 1

차 동력이라 인식하는 반면, 다른 한 쪽은 세상을 중국의 수요에 의해 견인되는 단일경제 덩어리로 인식하기 때문이다.

이제 유럽으로 향하는 은을 따라가 보자. 파나마 항에 도착한 은은 노새 행렬에 의해 산악지대(파나마 지협)를 넘어, 포르토벨로 항으로 이송되었다. 이곳은 당시 파나마 지협에서 카리브 해쪽(대서양)에 면한 주요 항구도시였다. 항구에 도착한 은은 갤리온 선단의 삼엄한 엄호 하에 매년 여름 대서양을 건넜다. 2,000명 넘는 병사와 선원들로 편성된 엄호 선단에는 서슬 퍼런 총포가 장착되었다. 출발 시점은 허리케인 시즌을 피하기 위해 여름에 맞춰졌다. 수송함대가 과달키비르 강 하구에 포복하다시피 정박했다. 스페인에서 유일하게 대형 함선이 통과하는 이 강을 96킬로미터쯤 거슬러 올라가면 마침내 세비야가 나온다.

부두에 하역된 보물궤들은 패러독스 자체였다. 아메리카에서 온 은은 상상했던 것보다 훨씬 더 짜릿했다. 은은 1642년의 유럽을 부유하고 막강하게 만들었다. 하지만 유럽은 이쪽 끝에서 저쪽 끝까지 전쟁과 인플레이션, 소요사태로 들끓었다. 이것으로도 부족해 기후 재앙까지 겹치면서 유럽 전역이 몸살을 앓고 있었다. 이런 대혼란은 언어와 문화와 종교와 지역에 따라 자잘한 국가로 나뉜 유럽 땅에서는 그리 새로울 것도 없는 풍경이었다. 다만 지구 반대편 인간의 활동과 긴밀하게 맞물리며 격동이 발생한 것은 유럽 역사상 처음 있는 일이었다. 갖가지 문제가 아시아로부터, 아프리카로부터, 그리고 아메리카로부터 핑핑 날아들었다. 스페인 실버 고속도로를 타고 세계 곳곳을 돌면서.

코르테스Cortés의 멕시코 정복과 그 덕에 손에 쥔 약탈품은 스페인 지배층을 일대 정신착란으로 몰아넣었다. 갑작스런 부와 권력에 도취해 판단력이 혼미해진 국왕은 연속적인 대외 원정사업을 벌였다. 하나의 전쟁이 뒤이은 전쟁과 겹치기도 했다. 스페인은 프랑스, 오스만제국, 신성로마제국의 프로테스탄트들과 연거푸 전쟁을 벌였다. 1571년 오스만제국을 격파했지만(레판토 해전), 스페인의 전성기는 여기까지였다. 당시 스페인의 속국이었던 네덜란드에서 불만이 터져나오며 거센 반란과 분리독립 운동이 불붙었다. 네덜란드의 독립 투쟁은 무려 80여 년 동안 지속되면서 그 여파가 멀리 브라질, 스리랑카, 그리고 필리핀까지 미쳤다. 이 와중에 영국이 판돈을 키우며 끼어들었다. 스페인은 영국을 혼내주기 위해 해상에서 진검승부를 벌이기로 했다. 저 유명한 스페인 무적함대를 내세운 1588년의 해상원정은, 네덜란드 분리독립 저지 전쟁과 마찬가지로 처참한 실패로 끝났다. 무적함대란 이름이 무색한 낭패였다.

전쟁은 전쟁을 낳았다. 1642년 스페인은 안달루시아, 카탈루냐, 그리고 60여 년 동안 통치했던 포르투갈과 분리독립 전쟁을 치렀다. 프랑스와는 스페인의 동쪽과 북쪽, 그리고 남쪽 국경에서 전쟁 중이었다. 게다가 스웨덴과는 신성로마제국이 대리로 전투를 치르고 있었다(신성로마제국 페르디난트 3세는 스페인 국왕의 사위이면서 나중에는 장인이 된다. 따라서 페르디난트 3세는 스페인과 맹방관계였고 스페인 꼭두각시로 여겨진다). 대다수 유럽 국가들이 스페인과 직간접적으로 전쟁에 연루된 상황에서 홀로 빠진 나라가 영국이었다. 사정이 있었다. 당시 영국은 시민항쟁의 격동기였다. 우리가 청교도혁명으로 알고 있는 이 항쟁은 후에 내전으로 치달아 역사상 최초로 국왕이 공개적으로 처형되는 사태를 맞이한다.

전쟁 비용을 대느라 스페인은 허리가 휘청거렸다. 미국이 베트남 전쟁 절정기에 파병한 병사는 50만 명이었다. 만일 미국이 당시 네덜란드에 파병한 스페인의 군 병력 수준으로 현대전에서 파병을 한다고 가정하면, 그 수가 250만 명에 육박한다고 퍼시픽 대학교 경제사학자 데니스 플린Dennis Flynn 박사는 계산했다. 그는 다음과 같이 썼다. "아무리 엄청난 은이 볼리비아로부터 쏟아져 들어와도, 스페인은 네덜란드 주둔군에 지급할 돈이 없어 늘 허덕였다. 따라서 병사들은 끊임없이 반란을 일으켰다. 언젠가 내가 한 번 그 수를 세어보았더니 1572~1607년 사이에 일어난 폭동이 무려 45차례였다. 단 하나의 전쟁에서 말이다."

스페인 국왕은 대외 원정 비용을 외국 은행에서 융자했다. 아메리카에서 다음번 배만 들어오면 모두 다 해결할 수 있을 거라는 믿음 아래, 그는 마음껏 빚을 끌어들였다. 은행도 똑같은 셈법으로 의심 없이 빚을 내주었다. 맙소사! 모든 곳에서 국왕의 생각보다 많은 비용이 들어갔다. 국가 부채는 산처럼 쌓이고 쌓여 한 해 국가재정 수입의 10~15배에 이르렀다. 그럼에도 왕은 근거 없는 낙관으로 융자를 계속했다. 호시절이 막을 내릴 것이라고 믿고 싶어하는 사람은 없게 마련이다. 불가피하게 이어지는 결과는 파산에 이은 더 큰 파산이다. 스페인은 1557, 1576, 1596, 1607, 그리고 1627년에 연거푸 디폴트를 선언했다. 파산 선언 후에는 빌리는 액수가 점점 더 커졌다. 은행들도 기꺼이 돈을 갖다 바쳤다. 더 많은 이자를 청구할 수 있으니까(스페인은 당시 복리로 40퍼센트까지 물고 있었다). 고리가 다음번 파산을 부채질하리라는 건 명약관화하다. 그럼에도 이 과정은 한동안 반복되었다. 그 누구도 세비야로 은이 계속 쏟아져 들어올 것을 의심치 않았다. 그리고 1642년이 되었다. 너무도 많이 캐낸 나머지 생산량이 줄어들었지만 은의 가치는 속절없이 폭락했다. 세상에서 가장 부유하던 국가는 금융 아마겟돈을 향해 곤두박질쳤다. 고구마 넝쿨처럼 서로 얽혀 있던 유럽의 국가들은 스페인 경제 붕괴에 줄줄이 끌려 들어갔다.

　대격변의 원인을 순전히 은 교역 탓으로만 돌릴 수는 없다. 종교 갈등, 왕실의 자만심, 그리고 계급 간 투쟁 등도 무시못할 요인들이었다. 그럼에도 제일 중요한 원인 제공자는 역시 은이었다. 코르테스에 의해 봉인이 풀려버린 이 귀금속 홍수는 스페인이라는 작은 금융 규모가 감당할 수 없을 만큼 급격하게 통화 공급을 늘렸다. 비유하자면 어느 억만장자가 하루아침에 거대한 재산을 코딱지만한 지역 마을금고에 예치하자 그 마을금고가 곧바로 현금을 활용할 수 있는 더 큰 여러 금융 기관에 재예치하는 식으로, 스페인에서 흘러넘친 돈이 이탈리아와 네덜란드, 신성로마제국의 은행 금고로 들어갔다. 욕조가 가득 차면 물이 넘쳐흐르듯이, 아메리카 실버는 유럽 각국의 곳간으로 흘러 들어갔다. 스페인의 군사원정에 뿌려진 돈은 유럽 대륙 곳곳의 금고를 채워주었다.

　경제학 원론에서는 이러한 상황에서 어떤 일이 발생하는지를 다음과 같이 예측한다. 신자본은 이전과 똑같이 재화와 서비스를 좇는다. 물가는 고공행진하고 전형적인 악성 인플레이션의 소용돌이로 빠져든다. 이 시기의 현상을 두고 역사학자들은 '가격 혁명'이라는 용어를 쓴다. 16세기 후반 유럽의 물가는 두 배로 뛰고, 심할 경우 세 배까지 폭등한 뒤 또다시 뜀뛰기를 반복했다. 반면 임금은 제자리였으니, 빈민층의 삶은 양식조차 구하기 힘든 비참한 처지로 떨어졌다. 굶주린 군중의 폭동과 반란이 유럽 전역 구석구석에서 동시다발적으로 폭발했다(학자들은 이를 17세기가 맞은 '총체적 위기'라고 명명했다).

이런 와중에 소작농들에게 한 줄기 희망의 빛을 던져준 것이 바로 아메리카의 신작물이었다. 1642년쯤이면 이 신작물들은 대서양 건너편에서 실버 루트를 타고 유럽에 들어와 있었을 것이다. 유럽 상공을 급습하듯 활강하면서 비행기의 기수를 최대로 낮추면 콜럼버스적 대전환의 뚜렷한 흔적들이 탑승자의 눈에 들어온다. 이탈리아의 아메리카 옥수수, 스페인 들판을 융단처럼 뒤덮은 아메리카 콩, 프랑스 여기저기서 한껏 얼굴을 젖힌 황금빛 아메리카 해바라기 무리, 네덜란드 농장에서 햇빛을 쪽쪽 빨아들이는 넙적한 타바코 잎. 담배는 유럽 가톨릭인들 사이에도 널리 퍼져 교황 우르반 8세가 흡연을 비난하기에 이르렀다(반면 영국에서는 고리타분하기로 이름이 높았던 올리버 크롬웰조차 흡연을 공인한다). 이 작물들 중 단연 최고의 VIP는 감자로, 독일과 네덜란드 그리고 점차적으로 아일랜드인들의 배를 채워주기 시작했다. 여느 시기였다면 이렇듯 폭발적으로 증가한 농업 생산력이 인플레이션과 전쟁으로 야기된 사회 불안을 어느 정도 잠재울 수 있었을지도 모른다. 하지만 당시는 여느 때와는 거리가 멀어도 한참 멀었다. 비행기의 계기판은 기후마저 요동치고 있음을 보여준다.

근 100년 동안 유럽의 겨울은 살인적인 폭설과 공포스런 한파에 강타당하고 있었다. 봄이 늦춰지고, 여름까지 서늘했다. 한랭한 5~6월은 프랑스 포도 수확을 11월로 늦췄다. 덴마크와 스웨덴 사이 160킬로미터의 바닷길이 꽁꽁 얼어붙는 바람에 사람들은 걸어서 그 위를 오갔다. 그린란드 사냥꾼들은 스코틀랜드 해안에 카약을 정박시켜놓은 상태였다. 3년 연달아 수확다운 수확을 못하자 성난 아일랜드 가톨릭 군중이 들고일어나 증오해 마지않는 잉글랜드 프로테스탄트를 약탈하고 죽였다. 차츰 거리를 좁혀오는 알프스 빙하가 자신들의 집까지 덮치지나 않을까 공포에 사로잡힌 스위스에서는 주교를 초빙해 최전방 빙하선 저지 엑소시즘 의식을 행했다. 개미 떼의 습격을 물리치기 위해 신의 도움을 구했던 산토도밍고의 스페인인들이 연상되는 대목이다. 여하튼 매년 주교가 방문한 덕에 빙하를 80보나 후퇴시킬 수 있었다고 역사는 전한다. 이렇게 온 세상의 질서가 송두리째 전복되고 있었다.

　전 지구가 냉동고가 됐던 이 시기를 역사학자들은 소빙하기라고 일컫는다. 1550년부터 1750년경 사이 북반구에서 끈질기게 맹위를 떨친 이상 혹한의 원인을 명확히 규명하기는 어렵다. 소빙하기의 맹공 시점과 지속기간이 지역에 따라 상이했으며, 당시 사람들이 기후 현상에 대한 기록을 남기지도 않았기 때문이다. 따라서 기후사학자들은 불완전한 수단을 통해 연구를 한다. 이를테면 나이테의 두께나 극지 만년설의 작은 기공을 이루는 화학조성 성분분석 같은 방법들이 있다. 간접 증거에 기대 학자들이 내놓은 원인은 태양 흑점수의 감소로, 이는 태양의 불규칙 활동기Maunder Minimum(1645~1715년 태양의 불규칙 활동기로 태양 흑점 활동이 매우 저조했던 시기)와 관련이 있다. 태양 흑점수와 태양에너지 방출량은 서로 비례해서, 흑점수가 적어지면 태양 에너지도 감소한다. 이 같은 주장을 하는 학자들에 따르면 마운더 극소기가 지구를 냉각시키는 충분한 원인이 된다는 것이다. 반면 다른 과학자들은 당시의 지구 온도 하락이 거대 화산폭발과 관련 있다고 주장한다. 화산폭발 때 대기 상층으로 분출된 아황산가스가 구름층 위 수증기와 결합하면서 미세한 황산결정체(하늘에서 반짝이는 먼지 알갱이)를 형성해 태양에너지 일부를 우주로 반사시켜 버린다. 실제로 1642년에 이런 현상이 일어났다. 그 한 해 전 필리핀 제도 남부에서 대규모 화산폭발이 일어났는데, 그 여파가 지구를 꼬박 3년 동안 냉각시켰을 거라고 전문가들은 말한다. 하지만 두 이론 모두 날카로운 지적을 피하지는 못했다. 많은 과학자들은 태양의 흑점 수 감소만으로 소빙하기를 설명하는 것은 너무 빈약하다고 여긴다. 또 다른 학자들은 일련의 화산폭발이 지속적인 온도 하락과 그리 연관성이 없다고 생각한다.

2003년 버지니아대학교 기후사학자 윌리엄 F. 루더만William F. Ruddiman은 소빙하기 원인에 대해 아주 이색적인 이론을 들고 나왔다. 처음 나왔을 당시 당치도 않다는 반응에 직면했던 이 이론은 점차 사실로 받아들여지는 추세다.

루더만이 주목한 것은, 인간 공동체의 규모가 팽창함에 따라 더 많은 땅을 농경지로 개활하고, 연료와 집을 짓기 위해 벌채하는 산림도 늘어났다는 사실이다. 유럽과 아시아에서는 나무를 베어내는 데 도끼를 사용한다. 하지만 콜론 이전의 아메리카에서 일차적인 벌목 수단은 불이었다. 끝없이 번지는 불길. 수 개월 동안 꼬리에 꼬리를 물고 번지는 불길. 플로리다, 캘리포니아, 그레이트 플레인(로키산맥 동부의 미국 캐나다에 걸친 평원지대) 상공이 온통 인디언들이 놓은 불의 연기로 뒤덮였다. 오늘날 많은 학자들은 이런 정기적인 불태우기 활동이 없었다면 아메리카 중서부 대초원을 숲이 파도처럼 집어삼켰을 것이라고 추정한다. 아르헨티나 팜파스 평원도, 멕시코 산악지대도, 플로리다의 모래언덕도, 그리고 안데스 고원 평야지대도 마찬

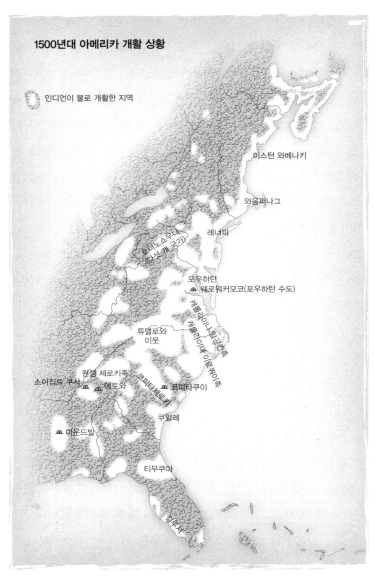

1500년대 아메리카 개활 상황

○ 인디언이 불로 개활한 지역

이스턴 와베나키

와웜퍼나그

레녀피

웅타노소우니
(다섯 개 국가)

포우하탄
웨로워커모코(포우하탄 수도)

캐롤라이나 앨곤키족

캐롤라이나 이로쿼이족

튜텔로와
이웃

원생 체로키족

소이칩트 쿠사   에토와   코피타체로키

코피타쿠이

쿠알레

마운드빌

티무쿠아

칼루서

위 지도의 북아메리카 동부 해안지역처럼, 아메리카 원주민은 농업과 사냥을 위해 광대한 산림지역에 불을 놓아 개활지로 만들었다. 그런데 유럽의 질병이 이 반구 전역에 엄청난 인구 감소를 야기했고, 버려진 전답과 정착지가 다시 숲으로 변모하면서 유례를 찾기 힘들 만큼 드라마틱한 생태학적 연쇄작용이 일어났다.

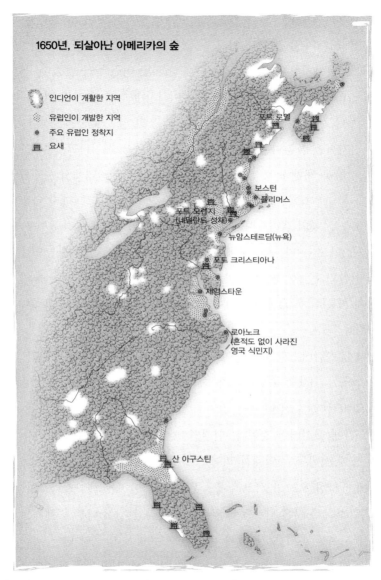

1650년, 되살아난 아메리카의 숲

- 인디언이 개활한 지역
- 유럽인이 개발한 지역
- 주요 유럽인 정착지
- 요새

포트 로열

보스턴
플리머스

포트 오렌지
(네덜란드 성채)

뉴암스테르담(뉴욕)

포토 크리스티아나

제임스타운

로아노크
(흔적도 없이 사라진
영국 식민지)

산 아구스틴

원주민의 불태우기 종식으로 인한 대량의 재삼림화는 공기 중의 이산화탄소를 엄청나게 빨아들였다. 이에 따라 점차 많은 학자들이 지구를 한파에 가둬두었던 소빙하기의 주된 원인이 원주민의 인구 감소라고 믿는 추세다.

가지이다.

아메리카의 숲 형태는 이 같은 인디언의 불길에 의해 형성되었다. 영국인 식민개척자 에드워드 존슨은 1654년 이런 글을 남겼다. "인디언들이 사시사철 놓는 불길로 인해 미시시피 동쪽 숲이 완전 개활되어 큰 나무만 드문드문 서 있게 되었다. 우리 영국의 공원들처럼." 매년 정기적인 불놓기를 통해 인디언은 쐐기풀을 제거하고, 해충을 태우고, 땅을 개활해 경작지를 마련했다. 열대우림 지역에서 성행한 인간의 불태우기에 대해 과학적으로 연구한 사람은 그때까지 없었다. 그런데 두 명의 캘리포니아 고생태학자(과거의 생태계 환경을 연구하는 학자들)가 2008년, 중앙아메리카와 남아메리카 31곳을 대상으로 과거 인간의 불놓기 역사를 연구했다. 그 결과 모든 장소에서 숯의 양(불의 지표)이 1500년 이전의 2,000년 동안 큰 폭으로 증가했음을 보여준다.

다시 콜럼버스적 대전환으로 돌아가 보자. 유라시아의 박테리아와 바이러스, 기생충이 아메리카 대륙을 휩쓸며 엄청난 사람들의 목숨을 앗아갔다. 수천 년 동안 감겨져 있던 실타래가 인간의 개입으로 한순간에 풀려버린 것이다. 인디언의 생명 빛이 하나둘 꺼져가는 것과 함께 서반구 전역에서 피어오르던 잉걸불의 불길은 잦아들었다. 불에 취약한 오크와 히코리 종들은 불을 좋아하는 테다소나무, 왕솔나무, 소나무 같은 나무들에 완력으로 밀려났다. 소나무 종에게는 불꽃에 노출될 때 솔방울이 씨 문을 열어 씨앗을 방출할 만큼, 정기적인 불태우기가 생존에 필수적이었다. 이와 함께 인디언 사냥으로 개체수가 조절되었던 동물들이 대거 번성하기 시작했다.

토착 인디언들의 방화는 오랫동안 이산화탄소를 대기 중으로 펌프

질하고 있었다. 그러다 호모제노센이 시작되는 시점부터 이 펌프질이 시들해졌다. 한때 개활되었던 초원에는 울창한 숲이 들어서며 광기 어린 광합성이 일어났다. 1634년, 청교도들이 플리머스에 상륙한 지 14년째 되던 해에 식민개척자 윌리엄 우드는 이전에 개활되었던 곳들이 이제는 잡목으로 질식할 듯 들어찬 풍경을 목도하고는 "사용할 수도 없고, 지나다니기도 힘들게 됐다."라고 토로했다. 북아메리카, 중앙아메리카, 안데스, 그리고 아마존 전역을 감싼 지역에서 숲이 부활한 것이다.

루더만의 이론은 간단하다. 전염병으로 인한 인디언 사회의 붕괴는 원주민 불태우기를 감소시켰고, 이것이 급격한 나무 성장을 야기했다. 둘 다 공기 중 이산화탄소를 감축시키는 원인이었다. 2010년 텍사스대학교 로버트 A. 덜 박사 연구팀은 인디언 농지의 재산림화가 아메리카 열대지방의 온도 하락에 25퍼센트 가량 직접적인 요인으로 작용했음을 밝혀냈다. 조사팀은 이 연구에 "자연발생 화재로 없어진 숲, 그리고 숲으로 돌아간 개활지 중 농지가 아니었던 공간, 온대기후 전체는 계산에 넣지 않았는데도 이 정도"라고 밝혔다. 치명적인 박테리아와 바이러스 형태로, 다른 말로 하면 콜럼버스적 대전환(덜 박사 팀의 말을 그대로 인용하자면)이 "지구의 이산화탄소 감축에 중대한 영향을 끼친 것이다." 이는 오늘날 기후변화와는 정반대였다. 인간의 활동이 대기 중의 온실가스를 늘리는 것이 아니라 줄이는 쪽이었으니 말이다. 이렇듯 호모제노센의 서막을, 기상천외한 기후변화가 장식하고 있었다.

이제 기수를 되돌려 대서양을 건너가 볼 차례다. 소빙하기의 여파는 이곳 아메리카에서도 뚜렷이 감지된다. 비행기에서 봐도 예전 인디언 땅이었던 곳들이 숲으로 채워진 풍경이 훤히 드러난다. 그리고 눈과 얼음으로. 그 시기 보스턴 항은 꽁꽁 얼어붙어서 마차가 얼음 위를 오갔다. 체서피크 만 전체가 얼음 왕국이 되어버렸다. 그뿐인가. 얼마 전 몬트리올 식민지를 개척한 40여 명 프랑스 사람들의 삶의 터전을 흔적도 없이 앗아가 버렸다. 메인 주, 코네티컷 주, 그리고 버지니아 주에 새로 들여온 소와 말들도 한파에 죽어나갔다. 다른 것들은 차마 눈뜨고 보기 힘들 만큼 참담하다. 인디언이 주인이었던 땅은 솔송나무, 가문비나무, 그리고 너도밤나무처럼 추위에 강한 나무들로 채워졌다. 이 서늘한 여름의 우거진 수풀림 아래서는 소택지沼澤地(연못이나 늪으로 둘러싸인 낮고 습한 땅)가 메말라버리는 데 평상시보다 오랜 시간이 걸렸다. 당연히 그곳에서 번식하는 모기들은 개체수를 늘릴 절호의 기회를 얻었다.

의외라고 생각하겠지만 모기 중에는 유독 서늘한 기후를 좋아하는 녀석이 있다. 어나펄리즈 쿼드리마쿨러투스Anopheles quadrimaculatus가 바로 그들로, 비슷비슷한 다섯 개의 유사종을 한 묶음으로 부르는 총칭이다. 다른 어나펄리즈 모기들처럼 어나펄리즈 쿼드리마쿨러투스는 말라리아 기생충의 매개숙주 역할을 한다. 이 모기의 속칭은 북아메리카말라리아 모기이다. 이 무렵 영국 남동부에서는 말라리아가 대유행이었다. 결정적인 물증 확보는 아마도 요원하겠지만, 1642년경이면 이미 말라리아가 영국 이민자들의 몸을 교통편 삼아 아메리카에 입성했을 거라고 추정할 만한 정황 증거들이 있다. 매개숙주들이 그 기생충을 몸에 들이는 데는 감염자의 몸에 단 한 방의 주사를 놓는 걸로 충분하다. 그러고는 곧장 기생충을 널리, 두루 확산시킨다. 버지니아와 메릴랜드 지역은 이미 유럽인들에게 위험한 곳으로 소문이 자자해져 플랜테이션 관리자들이 담배농장에서 일할 노동자를 바다 건너에서 구해오는 데 애를 먹고 있었다.

일부 농장주들은 벌써부터 아프리카에서 일꾼을 사오는 방식으로 이 문제를 해결했다. 말라리아가 옆에서 거들어준 덕에 노예시장 번성에 가속도가 붙기 시작한 셈이다. 이 수익성 높은 교역은 시간이 흐르면서 실버 시장과 얽혀들었다. 게다가 아프리카에서 들어오는 노예선 역시 생태학적 가교 역할을 충실히 수행했다. 노예선 위에 실린 것은 공식적인 적하목록에 올라 있는 품목들만이 아니었다. 얌, 기장, 수수, 수박, 검정눈 완두콩, 그리고 아프리카쌀이 노예선을 타고 아메리카 대륙으로 입성했다. 이에 뒤질세라 황열병도 따라왔다.

체서피크 만을 넘어서 다시 멕시코를 향해 서쪽으로 비행을 한다. 날개 아래로 그레이트 플레인스(록키산맥 동부 미국·캐나다에 걸친 대초원지대) 벌판이 펼쳐진다. 대평원 남쪽 가장자리에 스페인산 말 한 무리가 보인다. 은을 퍼내고 대서양을 건너 돌아오는 갤리온 선에 한 번에 20여 마리씩 싣고 온 녀석들이다. 아라파호족, 블랙풋족, 샤이엔족에 뒤이어 수백 마일 남쪽의 아파치족과 우트족까지 말을 모셔가기 위해 모여들었다. 일찌감치 몽골 기마병과 맞닥뜨린 유럽 농민들이 땅에 매여 사는 자신들이야말로 유원지 사격연습장의 양철오리 신세라는 사실을 몸서리치게 절감했던 것처럼, 인디언 여러 부족들은 일종의 군비 확장 차원에서 필사적으로 말을 차지하려 들었다. 북아메리카와 서남아메리카 도처에서 원주민 농민들은 전답을 버리고 스페인에서 온 동물의 등으로 갈아탔다. 그렇게 그들은 한 곳에 정주했던 정주민에서 유목민이 되었다. 우리가 흔히 '오랜 전통'으로 알고 있는 평원의 인디언 유목민은 이렇게 등장했다. 콜럼버스적 대전환에 발빠르게 적응한 사례 중 하나였다.

말을 손에 넣은 원주민들은 각 부족끼리, 나아가 팽창하는 스페인 목장 노동자들과 충돌하기 시작했다. 목장 일꾼들은 인디언, 아프리카 노예, 그리고 혈통이 뒤섞인 사람들로 구성되어 있었다. 일종의 문화공황 상태에서 식민정부는 특정 출신들을 카테고리화하기 위해 바로크식 인종 어휘를 생산해낸다. 메스티조mestizo, 뮬라토mulatto, 코요테coyote, 모리스코morisco, 치노chino, 로보lobo, 잠바이고zambaigo, 알바라자도albarazado. 이 모든 사람들, 아니 그 이상이 뉴스페인의 수도이자 스페인-아메리카 식민지에서 가장 부유한 땅인 멕시코시티에서 만났다. 스페인 본국 어느 도시보다 부유하고 북적거리던 멕시코시티는 어떤 인종 그룹도 주류를 형성하지 않는 다문화 다언어의 기상천외한 잡화점이었다. 거주 지역은 인종별로 구획되었다. 스페인어를 하는 도시의 한 구역에는 동쪽에서 온 틀라스칼라족Tlaxcalans(지금의 멕시코 지역에 있었던 틀라스칼라국의 토착인종)이 차지하고 있었다. 하지만 홍수로 인해 도시가 지속적으로 범람하면서 도시공학자들은 물리적 붕괴를 막기 위해 악전고투를 했다. 멕시코시티는 지난 40년 동안 홍수로 여섯 차례나 도시가 잠겼다. 한번은 범람 상태가 5년 동안 지속되기도 했다. 탈도 많고 부산한 다문화 메트로폴리스는 부가 집중된 중심부와 인종별로 구획된 변두리 지역으로 이루어졌다. 그리고 각 구역에 사는 사람들은 자연재해를 막아내기 위해 필사적으로 애를 썼다. 오늘날의 관점에서 볼 때 1642년의 멕시코시티는 섬뜩할 만큼 현대 도시의 거울을 보는 듯하다. 그곳은 역사상 최초의 21세기형 도시 모습이었다.

비행기는 아카폴코를 향해 서쪽으로 날아간다. 태평양에 면한 멕시코 항구도시로, 갤리온 무역선의 동쪽 종착역이다. 배후로는 산들이 엄호하듯 에워싸고 바다에는 항해에 방해되는 모래톱이나 여울조차 없는 이 항구는 아메리카에서 손쉽게 정착할 수 있는 지역들 중에서도 단연 최고의 장점을 지닌 곳이다. 해변 가장자리에 잃어버린 옷가지처럼 흐트러진 수백 개의 움집이 보인다. 당시 아카폴코의 몇 안되는 상주자들은 아프리카 노예, 인디언 노역자, 그리고 배에서 훌쩍 뛰어내린 아시아 선원들(갤리온 선원은 주로 필리핀인, 중국인, 그리고 기타 아시안계였다)이었다. 갤리온 무역선이 도착하기 무섭게 스페인 사람들이 모여들었다. 일부는 멀리 페루에서 오기도 했다. 떠들썩한 볼거리와 시장이 서고 수백만 페소의 임자가 뒤바뀌었다. 그런 뒤 배들이 바다로 나가 태평양을 건너기 위한 다음 여행을 준비하면, 도시는 다시 텅 비어버렸다.

드디어 은의 또 다른 종착점인 중국으로 가볼 차례다. 동아시아 역시 소빙하기의 손아귀에 붙잡힌 상태였다. 하지만 여기서 재앙은 눈과 얼음으로 대표됐던 유럽과는 다른 양상이었다. 겨울 가뭄과 무지막지한 홍수가 번갈아 고통을 안겼다. 500년 만에 처음 만나는 가뭄이 1637년부터 1641년까지 5년 간 내리 지속되었다. 아뿔사! 올해는 폭우로 인해 농작물이 죄다 물에 잠겼다. 재앙은 인도네시아, 일본, 뉴기니, 그리고 필리핀에서 연달아 폭발한 화산에 의해 더욱 가중되었다. 수백만 명이 목숨을 잃었다. 기근에다 춥고 습한 날씨, 대량의 인명 피해로 인해 중국 농경지 중 3분의 2 넘는 땅을 경작할 수 없게 됐다. 인육을 먹는다는 소문이 심심찮게 돌았다. 명 왕실은 당파 싸움으로 국정이 마비된 데다 북방 민족(1636년 건국된 만주족의 청)과의 전쟁으로 정신이 없는 상태였다. 도탄에 빠진 백성들을 구해야 하건만 손가락 하나 쓰지 못했다. 사실 명은 나라 곳간조차 거덜난 상황이었다. 마치 스페인의 복사판처럼, 명 역시 스페인의 은(백성들이 세금으로 바쳐야 했던)으로 근근이 군사원정을 지원하는 실정이었다. 그러므로 은화 가치 하락은 정부의 국고가 바닥났음을 의미했다.

명나라는 사악한 외세로부터 중국을 지켜내는 것이 국가의 사명이라고 오랫동안 믿어왔다. 그들은 실패했다. 담배, 메이즈, 그리고 고구마와 같은 아메리카 작물은 산악지대 전역에 걸쳐 확산되었다. 아메리카에서 온 은은 명의 경제를 쥐락펴락 했다. 황제는 미처 몰랐지만 아메리카의 작물들은 홍수를 재촉하는 데 적극 협조하고 있었다. 이 모든 것은 명 왕조의 수명을 단축하는 데 기여했다. 백성의 불만이 이미 둑을 차고 넘쳐 성난 군중이 난을 일으켰다. 반란의 물결은 여섯 개가 넘는 성을 맹렬한 기세로 무너뜨리고 있었다. 제때 급여를 지급받지 못해 불만에 찬 병사들도 반란을 일으켰다. 홍수와 기근은 분노에 기름을 부었다. 2년 후 베이징은 자국 반란군의 수중에 떨어졌다. 이 반란군은 불과 수 주 만에 만주족에 의해 다시 전복되었다. 북방의 오랑캐가 새 왕조를 건설했다. 바로 청나라이다.

콜론이 라 이사벨라를 건설했을 무렵, 세계에서 가장 인구밀도가 높은 도시들은 열대기후대에 띠를 이루며 옹기종기 모여 있었다. 딱 한 개 도시만 빼고, 어김없이 적도에서 30도선 안쪽(북회귀선 안쪽으로)으로 들어앉아 있었다. 그리고 이 목록에서 단연 1등을 달렸던 도시가 당대 최고 선망의 도시이자 가장 부유한 땅 베이징이었다. 그 뒤를 따른 건 인도 남부 힌두제국인 비자야나가르. 당대 세계 모든 대도시 중에서 이들 두 도시만이 50만 명에 이르는 인구를 보유하고 있었다. 다음으로 카이로가 뒤를 잇지만, 두 도시보다는 한참 아래였다. 이 세 도시를 뒤따르는 고만고만한 도시 무리의 인구는 20만 안팎이었다. 중국의 항저우와 난징, 이란의 타브리즈와 인도의 가우, 그리고 트리플 얼라이언스Triple Alliance(최근 들어 학계에서 아즈텍제국을 칭하는 이름)의 찬란했던 중심인 테노치티틀란, 오스만제국의 이스탄불(유럽에서는 콘스탄티노플), 아마도 서아프리카 지역을 선도했던 송하이제국의 도시 가오, 짐작컨대 잉카제국 황제가 다음 원정지로 점찍어두고 있었을 쿠스코. 이 가운데 루이 12세의 강력한 치세 아래 팽창하고 있었던 파리를 제외한다면, 이들 리스트에 이름을 올린 유럽 도시는 단 한 개도 없었다. 콜론 이전의 지구는 무더운 지역을 중심으로 돌아갔다. 호모 사피엔스가 아프리카 하늘 아래서 경이롭게 데뷔를 알렸던 사건 이후 변치 않고 계속.

그로부터 100년 하고 50년이 더해진 시점에서 이 서열은 자리바꿈이 한창이었다. 마치 누군가 행성을 한 번 뒤집었다가 그대로 도로 놓는 바람에 남쪽에 편중되었던 부와 권력이 북쪽으로 쏟아져 내려온 것처럼. 한때 천하를 호령하던 열대지역의 메트로폴리스들은 노후와 몰락의 길로 접어들었다. 그리고 향후 100년 동안 들어설 세계적인 도시들은 죄다 북쪽 온대기후 지역에 자리를 잡았다. 영국의 런던과 맨체스터, 미국의 뉴욕과 시카고 그리고 필라델피아. 1900년대가 되자 피라미드의 상단을 차지하는 주인공은 모두 유럽과 미국의 도시들이었다. 단 한 도시만 빼고. 동양의 도시 중 가장 서구화된 도시, 바로 도쿄이다. 지구 밖에서 어떤 존재가 이 모습을 관망했다면

"대관절 이게 무슨 일이지?" 하고 놀랐을지 모른다. 수천 년 인간 만사를 규정했던 질서가 완전히 뒤집혔다. 그것도 눈 깜짝할 사이에. 인류 역사를 통틀어 이보다 더 극적인 극장골은 없었다.

오늘날 생태학과 경제 교역으로 인한 변화는 그 어느 때보다 대규모이고 역동적이며 다변적이어서, 마치 우리 행성을 구리선으로 이리저리 휘감아놓은 것 같다. 브라질에서 일본의 벌목업자를 만날 수 있고, 중국의 공학자가 사헬에 있으며, 유럽의 배낭여행객이 네팔에 혹은 뉴욕의 최신 나이트클럽 테이블을 차지하고 있다. 하나같이 전형적인 요즘 삶의 풍경이다. 하지만 한 번만 달리 생각해본다면, 이 모든 것은 고작 수백 년 사이에 일어난 현상이다. 이런 풍경이 별스럽게 여겨지지 않는다면, 그 사실이야말로 우리가 서로 뒤섞인 채 하나로 연결된 사회에 살고 있다는 사실을 환기시키는 증거일 게다. 다만 오늘날 우리가 어떤 과정을 거쳐 여기까지 온 것인지는 살펴봐야 할 듯하다.

1부

대서양 항해

2장

타바코 해안

아메리카에 새로 유입된 토양 밑바닥의 유기체들

존 롤프John Rolfe야말로 그 벌레가 아메리카로 들어오게 된 데 일정 부분 책임이 있다. 지렁이 말이다. 일반 지렁이common night crawler나 붉은갯지렁이red marsh worm는 1492년 이전의 아메리카에는 존재하지 않았던 생명체이다. 롤프는 버지니아 제임스타운의 식민개척자였다. 그리고 제임스타운은 아메리카에 성공적으로 뿌리 내리게 될 영국인들의 최초 정착지였다. 오늘날 존 롤프를 모르는 미국인은 없다. 그렇다고 해도 이 사내를 제대로 아는 사람 역시 드물다. 대중은 롤프를, 무수한 로맨틱 스토리에 나오는 그 '인디언 공주' 포카혼타스와 결혼한 남자 주인공으로만 안다. 극소수의 역사광들만이 제임스타운의 궁극적 성공 배후에 존 롤프가 버티고 서 있다는 사실을 알 뿐이다. 그 벌레는 기껏해야 세 번째 역할 정도라고 볼 수 있지만, 그럼에도 불구하고 실로 중대한 영향을 끼쳤다. 그러니까 존 롤프는, 정말이지 의도치 않게 아메리카 산천에 무제한적이고 영구적인 변화를 획책한 셈이다.

그 시절 영국의 폼 꽤나 잡는 젊은이들처럼 롤프도 담배를 꼬나물고 돌아다녔다. 아니 당시 표현을 따르자면 마셨다. 스페인이 카리브 해안의 니코티아나 타바쿰Nicotiana tabacum을 들여온 후 젊은이들 사이에서 담배 열풍이 불었다. 버지니아 인디언들도 담배를 마셨지만 그건 다른 종인 니코티아나 루스티카Nicotiana rustica였다. 니코티아나 루스티카는 얼굴이 찡그려지는 맛이었다. 식민개척자 윌리엄 스트레이치는 "풍미와 깊이도 없는 게, 맛은 더럽게 쓰다."라고 혹평했다. 롤프가 제임스타운에 도착한 건 1610년이었다. 신대륙에 발을 디딘 그는 배 선장에게 트리니다드와 베네수엘라산 니코티아나 타바쿰N. tabacum 씨앗을 구해오게 한다. 그로부터 6년 후, 롤프는 아내 포카혼타스와 함께 영국으로 돌아갔다. 배 한 가득 타바코를 싣고서. 롤프의 친구 랠프 해멀이 "풍미가 좋고, 달콤하고, 맛이 강하다."라고 표현한 버지니아 담배는 런던에서 초대박을 터뜨렸다.

이국적이고, 퇴폐적이고, 중독성이 강하다는 이유로 엄한 관료들은 흡연을 기피했지만 상류층에서는 이미 담배 열풍이 불고 있었다. 롤프의 담배가 도착했을 무렵 런던에 7,000개 넘는 타바코 '하우스'(일종의 카페 같은 공간으로 날로 증가하는 도시의 니코틴 중독자들이 타바코를 사고 마셨던 곳)가 성업 중이었다는 내용이 한 작가의 글에 남아 있을 정도다. 그런데 아쉽게도 질 좋은 타바코의 유일한 공급처는 영국과 견원지간인 스페인 식민지였다. 때문에 영국에서는 담배를 구하는 것 자체가 어려웠다. 값도 비싼 데다(최상품 타바코는 은의 무게와 같은 값을 쳐주었다고 한다), 흡연은 애국적이지 않은 행위라는 인식도 한몫했다. 그런 상황에서 영국산 대체품이 등장하자 런던 타바코 하우스는 삽시간에 들썩였다. 바로 롤프의 버지니아 담배였다. 수요가 쇄도하자 런던에서 출발한 배가 제임스타운 부두에 도착하기 무섭게 말린 담뱃잎을 두루마리째 선적하기 바빴다. 길이 120센티미터에 지름이 76센티미터나 되는 담배 두루마리 하나는 보통 무게가 반 톤이 넘었다. 귀향길의 선박 무게를 맞추기 위해 선원들은 밸러스트(배의 균형을 맞추기 위한 바닥짐)를 밖으로 내던졌다. 그건 대부분 돌, 자갈, 그리고 흙더미였다. 말하자면 그들은 영국 흙과 버지니아 담배를 바꿔치기한 셈이다.

그 흙에 일반 지렁이와 붉은갯지렁이가 들어 있었을 가능성은 농후했다. 식민개척자들이 들여왔던 분형근(주변의 땅과 함께 판 나무뿌리)에도 지렁이가 포함됐을 것이다. 19세기까지만 해도 사람들은 지렁이를 농작물에 해로운 벌레로 여겼다. 지렁이가 모종의 긍정적 역할을 수행한다는 사실을 최초로 깨달은 사람들 중 하나가 찰스 다윈이었다. 다윈의 마지막 저작은 지렁이 능력을 칭송하는 300페이지 분량의 책자였다. 그는 엄청난 수의 이 생명체가 우리 발밑에서 살고 있다고 말했다. 사실상 소 방목장에 사는 지렁이 무리의 전체 부피는 그 위에서 풀을 뜯는 동물 전체 부피의 몇 배 혹은 수십 배가 될지 모른다고도 했다. 말 그대로 지렁이는 섭취활동이 곧 토양을 뚫고 통과하는 일이다. 그 덕에 땅에 수백 갈래의 터널을 만들어 물과 공기를 토양으로 들어오게 한다. 버지니아 같은 온대기후에서 지렁이는 토양 상단을 10년 혹은 20년 주기로 갈아엎을 수 있다. 초소형 생태계 엔지니어어들이 토지 전체를 뜯어고치는 셈이다. 다윈은 "지구 생태계 역사를 통들어 이 밑바닥 유기체들보다 중대한 역할을 수행한 생명체가 얼마나 있을지 나는 잘 모르겠다."라고 말했다.

이 이주자들이 북아메리카에 들어오게 된 정확한 경로 추적은 불가능하다. 분명한 사실은 유럽인 입성 전 뉴잉글랜드와 북부 미드웨스트에 이 벌레는 단 한 마리도 살지 않았다는 점이다. 이곳 지렁이는 마지막 빙하기에 멸종되었다. 남아메리카의 지렁이는 빙하가 녹은 후에도 북쪽으로 이동하지 않았다. 이 생명체는 인간이라는 매개체가 옮겨주지 않는 한 원거리를 이동하지 않기 때문이다. "그 생명체는 우리 집 마당에서 태어나면 평생 그 울타리 안을 벗어나지 않을 겁니다." 미국 최고 지렁이 잡지 〈메가드릴로지카_Megadrilogica_〉의 편집장 존 W. 레이놀즈는 나에게 이 같이 말했다. 지렁이는 유럽인들과 함께 이곳에 왔다. 추정컨대 맨 처음 버지니아에, 그리고 유럽인을 따라 다른 지역에도 퍼져나갔을 것이다. 식민개척자들과 마찬가지로 이 생명체도 신대륙을 접수하고 있었다. 둘 다, 외계 생명체 상륙으로 달라질 아메리카 생태계 변화의 분수령을 이루는 사건이다.

지렁이가 없는 산림지대의 나뭇잎은 떨어져 그냥 쌓인다. 하지만 이 벌레가 들어오고 나면, 몇 달 후 낙엽들은 잘게 부서진 배설물 형태가 되어 흙으로 침투한다. 미네소타대학교의 벌레 연구자인 신디 헤일에 따르면 결과적으로 "모든 것이 변한다." 지렁이가 없는 상태에서 쌓인 나뭇잎은 나무와 관목들의 자양분이 된다. 그러나 지렁이들이 영양분을 토양 속으로 쑤셔넣으면서 이들 식물은 영양분을 얻지 못한다. 많은 식물 종이 죽어 없어진다. 묘목을 비롯한 하층식물 군락이 사라지면서, 숲은 점점 더 빈 공간이 많아지고 메마른다. 이 와중에 지렁이는 작은 곤충들과 음식을 놓고 경쟁한다. 경쟁자들의 개체수가 줄어들고 낙엽으로 살아갔던 새, 도마뱀, 포유류 역시 사라진다. 다음에 무슨 일이 일어날지는 아무도 모른다. "400년 전에 인류는 너무도 거대하고 무계획적인 생태학적 실험을 시도했습니다. 이 실험의 장기적인 결과가 무엇일지는 아무도 모릅니다." 헤일이 내게 전한 말이다.

어떤 의미에서 이건 그리 거대한 실험이 아닐지도 모른다. 제임스타운이라는 도시 자체가 의도치 않은 결과를 불러온 거대한 실험장이었으니까 말이다. 버지니아 식민지는 말하자면 벤처사업의 일환으로 수립되었다. 제임스타운 일대 체서피크 만의 얇고 넓게 펼쳐진 강 하구에 존재한다고 믿었던 엄청난 매장량의 금과 은(아, 얼마나 큰 착각인가!)을 손에 넣기 위해 상인 그룹이 팔을 걷어붙인 사업의 결과물이었다. 이에 못지않게 중요한 또 하나의 목적은, 북아메리카를 횡으로 관통하는 루트를 찾는 일이었다. 이번에도 엉뚱하게 식민개척자들은 그 루트가 불과 수백 킬로미터, 걸어서 한 달쯤 걸리는 여정일 것이라고 상상했다. 그 루트를 통해 태평양 해안에 당도만 한다면, 버지니아에서 찾은 은으로 항해를 계속해서 식민지를 건설할 궁극의 목적지에 당도할 수 있을 것이라고, 식민개척자들은 야무지게 꿈꿨다. 바로 중국이다. 경제학적으로 점잖게 표현하자면, 제임스타운 창립자들의 의도는 오지였던 버지니아를 글로벌 시장에 편입시키는 것이었다. 버지니아를 글로벌화해 중국으로 가는 발판으로 삼는 것.

순전히 벤처사업이라는 관점에서 보자면 제임스타운은 재앙이었다. 타바코로 수익이 발생하긴 했지만 제임스타운 투자자들은 엄청난 손실을 입었고, 벤처는 굴욕적으로 붕괴했다. 하지만 제임스타운 식민지는 두 개의 커다란 족적을 남겼다. 미국사를 관통해 커다란 물줄기가 된 민주주의(최초로 의회제도를 수립한 영국의 아메리카 식민지였다)와 노예제도(아프리카 노예를 최초로 수입한 영국의 아메리카 식민지였다)에 대한 지난한 투쟁이 바로 이곳에서 첫 걸음을 떼었다. 그리고 롤프의 벌레(이렇게 불러도 무리는 없을 듯하다)는 제임스타운에 새로운 획 하나를 그려넣었다. 영국의 아메리카 식민지에 있어서 제임스타운은 콜럼버스적 대전환의 포문 사격이었다. 생태학적 관점에서 이는 성형수술 전후를 가르는 분수령이나 마찬가지였다. 늪지대 반도에 제임스타운을 차려넣음으로써, 식민개척자들은 뜻하지 않게 호모제노센을 북아메리카에 불러들였다. 말하자면 제임스타운은, 지구라는 행성의 생태 대화재에 부싯돌로 지핀 불씨였다.

유럽과 딴판인 아메리카 산천

1607년 5월 14일, 작은 배 세 척이 체서피크 만 남쪽 면 제임스 강에 닻을 내렸다. 영화나 교과서에는 보통 그들이 태곳적 원시림에 도착하는 모습으로 묘사된다. 한줌의 인디언들이 숲의 전령사처럼, 고요한 원시림을 배경으로 진공상태에서 움직이듯 스쳐 지나간다. 이런 상황 설정이 암시하는 메시지는 분명하다. 그 식민개척자들을 '단순 정착민'이라고 말하고 싶은 것이다. 마치 그들이 도착하기 전에는 이 땅이 비어 있기라도 했다는 듯 말이다. 사실상 영국의 배들이 상륙한 땅은 거대 제국까지는 아닐지라도 당시 확장하며 급속히 부상하던 인디언 제국의 영토였다. 그 제국의 이름은 세너카모코 Tsenacomoco이다.

세너카모코 제국은 주변에 할거하던 6개 부락을 30년 전에 규합했다. 바다 건너 이방인들이 이곳에 왔을 즈음, 최고권력자 포우하탄 Powhatan은 제국의 규모를 세 배로 확장해서, 그 크기가 20,720제곱킬로미터(남한 면적의 약 22퍼센트)에 달했다. 세너카모코 강역은 체서피크 만에서부터 폴라인까지 뻗어 있었다. 폴라인은 애팔레치아 고원 옆구리를 병풍처럼 막아서고 있는 절벽이다. 20여 개 마을에 흩어져 살던 인구는 1만 4,000명에 육박했다. 유럽인들은 아마도 그 수치에 압도당했을 것이다. 옥스퍼드대학교 역사지리학자인 마이클 윌리엄스는 1600년대에 미국 동부 숲 지역 인구밀도가 '서유럽 인구 조밀지역보다' 더 높았을지 모른다고 말한다.

이 땅의 통치자는 불린 이름도, 타이틀도 여럿이었다. 다만 모든 곳에서 왕의 대명사처럼 불린 이름은 포우하탄이었다. 식민개척자들이 가장 많이 사용했던 이름이자 그가 태어난 마을 이름이기도 했다. 기민한 데다 정세를 예민하게 볼 줄 알고, 필요할 경우 무자비했던 포우하탄은 영국인이 상륙했을 때 예순 살 정도였던 것으로 추정된다. 식민개척인 스트레이치에 따르면 그때까지 그는 "세월과 풍상에 잘 단련된 몸으로, 키가 크고 여전히 팔 다리가 곧았다."

제국의 수도인 웨로워코모코Werowocomoco('왕의 집')는 요크 강 북쪽, 세 개의 지류가 만나는 작은 만에 있었다(제임스 강과 평행을 이루듯 흐르던 요크 강은 제임스 강에서 4~5킬로미터 북쪽이었다). 해안으로 툭 튀어나온 반도 모양 땅의 대부분은 낮은 구릉지대로 이루어져 있었다. 가장 높은 구릉이 7미터 가량으로, 대다수 가옥들이 그 위치에 자리를 잡았다. 그 뒤로는 웨로워코모코의 나머지 지역과 2중 참호로 분리된 좁은 야산이 펼쳐졌다. 산 중심부에는 일종의 신전과 군부

유일하게 남아 있는 포우하탄의 생전 모습. 1612년 존 스미스가 제작한 지도에 딸려 있던 그림으로, 북아메리카 인디언의 일자형 공동주택인 롱하우스에서 여러 부인과 측근들에 둘러싸여 파이프로 담배를 피우는 모습이다.

대, 보물창고가 결합된 복합 건축물들이 들어차 있었다. 이곳은 일반인 출입제한 구역으로, 죽은 추장이나 제사장의 미라(보존된 시신)가 부와 권력의 상징물로 치장되어 제단에 놓여 있었다. 세너카모코에서 가장 큰 건물도 야산 정상부에 있었다. 웅장하며 창문이 없고, 반원통형 둥근 천장으로 이뤄진 이 건물은 길이만도 45미터에 달했다. 벽면은 밤나무껍질을 여러 겹 덧대 만들고, 건물 모든 모퉁이에는 괴물 석상이 놓여 있었다. 그 맨 안쪽, 횃불을 훤히 밝힌 곳이 왕실이었다. 높이 올려진 다이븐(누울 수 있는 긴 의자)에 앉은 국왕 폐하가 여러 명의 부인과 보좌관에 둘러싸여 방문객들을 맞이했다. 회색 머리카락을 어깨 뒤로 폭포수처럼 늘어뜨린 그의 목에는 굵은 진주알 목걸이가 치렁치렁 걸려 있었다. 제왕다운 그 모습을 알현한 식민개척자 존 스미스는 경외감마저 느꼈다. 일반 영국인들보다 훨씬 영양 상태가 좋았던 인디언들은 "거인 같은 데다" 목소리가 깊어 "마치 동굴 안에서 울리는 듯한 소리를 냈다." 중앙에 정좌한 포우하탄 그 사람으로 말할 것 같으면, "근엄하기가 필설로 표현하기 어려울 정도였다"고 스미스는 술회했다.

영국인들은 포우하탄을 한눈에 알아보았다. 눈을 마주치는 것만으로, 그가 이 제국의 우두머리임을 단번에 알 수 있었다. 제왕다운 위엄이 그의 몸을 감쌌다. 지금 우리가 보는 그림 속 포우하탄의 모습은 하등 이상할 게 없다. 하지만 유럽인들이 보기에, 그를 둘러싼 배경은 이상스러운 것투성이였다. 세너카모코 왕국의 농경지, 숲, 그리고 강. 이상한 게 한두 가지가 아니었다. 돌이켜보면 달리 어찌 해볼 도리가 없었을 것이다. 체서피크 만의 형태는, 식민개척자들은 몰랐던 생태학적·사회적 힘에 의해 만들어졌다. 간단하게 말해 가장 중대한 생태학적 힘은 유럽과는 전혀 다른 이곳 식물 및 동물종의 명단이었다. 사회적 힘이란 이 생태학적 힘에 의해 자동적으로 귀결될 수밖에 없었던 인디언의 토지 운용법이었다.

간략하게 이곳의 생태 역사를 짚고 넘어가자면, 콜럼버스 이전 아메리카에는 가축화된 동물이 극히 드물었다. 가장 결정적인 점은 농경생활에 있어 은총이라 할 소나 말, 양이나 염소가 없었다. 몸집이 큰 대다수 대형동물의 경우, 길들여서 사람에게 두려움을 느끼지 않게 만드는 단계까지는 가능하다. 다만 가축화할 수 있는 동물은 몇 종에 지나지 않는다. 말하자면 포획된 상태에서 자발적 번식이 가능하며, 인간에게 없으면 매우 아쉽다는 특징을 지녀야 한다. 역사를 통틀어 인류가 가축화하는 데 성공한 동물은 겨우 25종의 포유류와 10여 종의 새, 그리고 아마도 도마뱀 정도이다. 이 중 아메리카 대륙에 분포했던 동물은 겨우 6종이며, 그나마 이들은 이렇다 할 역할을 수행하지 못했다. 개는 중앙아메리카와 남아메리카에서 식용으로 사용되었고, 북쪽 먼 지방에선 노동력으로 사용되기도 했다. 기니피그, 라마, 알파카가 안데스 산지에서 길러졌고, 칠면조가 멕시코와 지금의 미국 남서부 지역에서 길러졌다. 머스코비 오리Muscovy duck의 출생지는 남아메리카이고, 이구아나 농장이 멕시코와 중앙아메리카에* 있었다고 한다.

가축화된 대형동물의 부재는 하늘과 땅처럼 크나큰 차이를 가져왔다. 가령 당나귀와 소가 없는 나라에서 운송과 노동의 수단은 인간의 몸뿐이다. 영국과 비교를 해보자면 세너카모코는 통신(전력으로 질주하는 말이 없었기 때문에)이 더디게 이뤄졌고, 농지를 쟁기질할 수 없었고(쟁기를 끌 소가 없었기 때문에), 목초지가 널렸고(풀을 뜯을 소가 없었기 때문에), 길이 좁은 데다 그마저 많지 않았다(마차를 위한 공간이 필요없었기 때문에). 전투는 기병 없이 치러졌고, 겨울은 모직물 없이 견뎌야 했으며, 숲에서 소의 힘을 빌리지 않고 통나무들을 끌어내려야 했다. 이런 상황에서 두 발로 걸어 한 장소에서 다른 장소로 이동한다면 동일한 거리라도 체감거리는 한층 멀게 다가온다. 단적으로 포우하탄의 명령이 아랫사람들에게 도달하는 거리를 체감으로 따지자면, 세너카모코 면적은 영국(물론 인구밀도는 훨씬 낮았다) 전체 면적만큼 넓게 느껴졌을 것이다.

---

* 근래 들어 진보한 기술 덕에 학자들은 이전에 가축화되지 않았던 종을 실험실 환경에서 가축화하는 데 성공했다. 가장 잘 알려진 예로 은빛 여우가 있다. 그 이전의 역사를 통틀어 몸집이 큰 동물을 가축화한 경우는 겨우 40종이다(이 수치는 꿀벌이라든가 주홍염료를 얻기 위해 기르는 멕시코 코치닐 등 가축화된 벌레는 포함하지 않는다).

유럽인 대부분이 소규모 농경지 마을에 오밀조밀 모여 살았던 것과 마찬가지로 포우하탄 사람들도(새로 온 사람들은 그들을 '포우하탄 인디언'이라고 불렀다) 수백 명 단위로 넓은 개활지에 둘러싸인 촌락을 이루고 살았다. 개활지는 메이즈 밭이거나 메이즈 밭이었던 곳이었다. 마을은 제국의 주요 간선도로 역할을 하던 세 개의 강(래퍼해넉 강, 요크 강, 그리고 제임스 강)을 따라 옹기종기 모여 있었다. 새로운 땅에 갓 도착한 영국인들이 배를 타고 제임스 강을 거슬러 올라갈 때, 이들의 눈에 강변을 따라 늘어선 농경지와 새로 심은 옥수수의 푸른빛으로 일렁이는 들판이 지나갔다. 그 사이 군데군데 키가 큰 나무들이 우뚝우뚝 서 있었다.

유럽에서도 마을은 강과 하천을 중심으로 발달했다. 하지만 같은 점은 딱 거기까지였다. 유럽인이 농지를 만드는 과정은 이렇다. 먼저 삼림지역의 숲을 없애고 개활한다. 그런 뒤 말이나 소를 이용해 그루터기를 뽑아낸다. 그러고는 이물질이 없는 완전한 흙만 남을 때까지, 이번에도 말과 소를 이용해 땅을 쟁기질한다. 이렇게 맨살이 된 땅에 농부들은 단일작물을 심는다. 밀이나 보리 혹은 호밀 한 가지 작물이 드넓은 들녘에 일렁인다. 휴한지는 목초지로 이용된다. 개활된 빈 땅에 숲 조각이 군데군데 박혀서, 소유권을 분명하게 표시하는 경계가 된다. 이런 곳은 사냥이나 목재를 얻는 용도로 사용된다.

쟁기질 동물과 철제 농기구(스페인 제국이 아메리카 대륙을 점령했을 당시 아메리카에는 아직 철기문화가 없었다)가 없었던 포우하탄은 부득이 다른 방법으로 농지를 만들어야 했다. 그에 따라 유럽과 전혀 다른 경작지 모습이 만들어졌다. 이곳 사람들은 나무 밑동 둘레에 빙 둘러 불을 놓아 고사시킨 뒤, 나무가 완전히 쓰러질 때까지 불에 탄

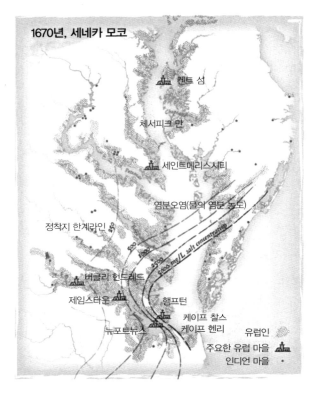

1670년, 세네카 모코

켄트 섬

체서피크 만

세인트메리스시티

염분오염(물의 염분 농도)

정착지 한계라인

2000 mg/L salt concentration

버클리 헌드레드

제임스타운

햄프턴

케이프 찰스
케이프 헨리

뉴포트뉴스

유럽인

주요한 유럽 마을
인디언 마을

지하수마저 염분이 섞여 있었다. 체서피크 만은 거대한 운석 분화구 자리였다. 운석 충돌로 일대 10킬로미터 남짓 주변 암반이 분쇄되는 바람에 해수가 지하수로 유입되었다. 미국 정부가 제시하는 식수의 염분 기준은 리터당 20밀리그램 이하이다. 반면 제임스타운의 물은 자그마치 이 수준의 20배가 넘는다. 다른 정착촌의 수준은 이보다 더 열악했다.

부분을 뼈빠지게 돌도끼로 내리쳤다. 남은 잔가지를 불 속으로 집어넣고 나면, 타서 검댕이가 된 밑동만 남았다. 그 그루터기 둘레에 농부들은 뼈나 조가비로 만든, 손잡이가 긴 호미로 얕은 홈을 팠다. 이 구멍에 몇 개의 메이즈 낟알과 대여섯 개의 콩을 떨어뜨렸다. 젊은 식민개척자 헨리 스펠먼의 관측에 따르면, 메이즈가 자라나면서 "콩도 같이 올라왔다." 자라나는 옥수숫대에 넝쿨을 칭칭 감으면서. 메

울타리를 두른 구획된 농경지에 밀로 덮인 유럽 풍경과는 달리 포우하탄 경작지에는 각종 옥수수를 중심으로 여러 작물이 중구난방으로 심긴 혼합식 경작이었다. 사진은 캐나다 온타리오 주 크로포드 강 보존 지구의 웬댓 휴론 텃밭으로 원주민의 경작지가 바로 이런 모습이었다. 이런 농장과 텃밭을 본 적이 없는 영국인들은 원주민의 농지를 경작지라고 인식하지 못하기 일쑤였다.

이즈 아래에서는 애호박, 표주박, 호박, 멜론, 강낭콩, 러너빈이 자랐고, 넝쿨식물은 사방으로 넝쿨을 뻗었다. 그리고 여기저기에 잎이 두꺼운 타바코 무리가 듬성듬성 서 있었다. 숲이 된 그루터기에 작물이 뒤엉켜 자라는 풍경은 완만한 구릉지와 앙상블을 이루며 꽤 먼 거리까지 뻗어 있었다. 한 역사학자가 최소한으로 잡은 추정치에 따르면

"1인당 개활된 땅이 12만~16만 제곱미터"였다. 스미스는 한 가족의 농지가 80만 제곱미터를 아울렀다고 썼다.

　방어 목적의 말뚝 울타리를 빼면, 포우하탄 농부들은 자신의 전답 둘레에 울타리를 치지 않았다. 가두어둘 소나 양이 없었으므로 구태여 차단막을 칠 이유가 없었다. 이와 대조적으로 콜로라도대학교 사학자 버지니아 D. 앤더슨에 따르면, 영국인들은 잘 정비된 울타리를 문명의 인증마크로 여겼다. 울타리를 두른 전답은 동물을 가둔다. 울타리가 쳐진 숲 지역은 밀렵꾼이 들어오지 못한다. 반면 물리적인 사유재산 영역 표시 부재는 영국인들에게 인디언이 그 땅을 실질적으로 점유하지 않았다는 인상을 주었다. 말하자면 그냥 방치했다고 본 것이다. 게다가 큰 개활지 안에 여기 찔끔, 저기 찔금 흩어진 포우하탄의 낯선 경작지 풍경도 그런 인상을 강화시켰다. 인디언에게 휴한지는 일종의 공동 비상식량저장고였다. 자연적으로 유용한 작물들이 자라는 곳으로, 곡물류(보리, 섬프위드, 명아주), 채소류(고들빼기, 질경이), 약용식물(사사프라스, 개정향풀, 버들여뀌) 등이 휴한지에서 번성했다. 그러나 이런 식물들은 유럽에서는 자생하지 않았다. 그러므로 영국인들은 이 같은 지표식물들이 식용임을 알아채지 못했다. 그들 눈에는 그저 "내박쳐둔" 땅에 자라는 잡초일 뿐이었다. 그들은 이해되지 않았다. 어째서 인디언들은 힘들게 개활한 땅을 사용하지 않고 방치하는 걸까?

　세너카모코의 하천조차 본국에 있는 그것과 딴판이었다. 영국의 개천은 봄이면 개천 둑방의 흙이 씻겨갈 정도로 세차게 흐르다가 7~8월로 접어들면서 좔좔 흘렀다. 천변 너머로는 땅이 고슬고슬했다. 그래서 여름이면 진흙에 발을 더럽히지 않고도 10여 킬로미터 정도는 천변을 따라 이동하는 게 가능했다. 이와 달리 체서피크 만은 늪, 습지, 풀이 찬 연못, 계절에 따라 물에 잠기는 초원들, 조용히 흐르는 실개천 사이로 누덕누덕 기워진 땅이 끝없이 펼쳐진 듯 보였다. 어느 계절이든 사방이 물 천지였다. 이런 수중환경 덕을 톡톡히 누린 것은 아메리칸 비버였다. 영국에는 비버와 등가를 이루는 것이 없었다. 설치류 치고 몸집이 큰 비버들*은 무게가 27킬로그램이나 나갔으며 진흙, 돌, 나뭇잎, 나뭇가지 등을 이용해 하천 군데군데를 막아 만든 돔 모양 집에 살았다. 그리하여 약 1.6킬로미터 간격으로 20개에 달하는 댐이 만들어졌다. 그 댐들은 하천 물길을 더 넓은 면적으로 퍼지게 만들었다. 말하자면 한 줄기로 시원스럽게 달리던 하천 물길을 물웅덩이 및 혼탁한 습지와 여러 갈래로 나뉜 낮은 물길로 바꿔 놓았다. 인디언들은 비버들의 작품을 반겼다. 좁고 유속이 빠른 하천보다는 여러 개로 줄줄이 이어진 연못이 카누로 이동하기에 더 수월했기 때문이다. 영국인들의 기록을 보면, 대조적으로 식민개척자들은 이런 상황을 습지대 통과의 적잖은 걸림돌로 여겼다.

이런 담수 진흙연못은 복령Tuckahoe에게 좋은 서식지였다. 복령은 반수중 식물로 미국과 캐나다 동부 도처에 서식한다. 복령은 땅속에서 자라는 전구 모양의 덩이줄기 작물(영양소 보관을 위해 줄기가 확장된 형태)로, 매년 봄 수렁에서 가는 대공을 올려보낸다. 줄기에는 화살촉 모양으로 생긴 이파리가 달려 있다. 이 식물은 세너카모코 사람들에게는 상비 비상식량이기도 했다. 가을에 수확한 메이즈가 바닥

---

* 훗날 유럽인들의 사냥으로 비버는 멸종 위기에 이른다. 비버의 털은 유난히 감촉이 좋았기 때문에, 모자를 만드는 데 유용했다. 이런 식으로 그들은 자신도 모르는 사이에 생태계를 주름잡던 하나의 자연 엔지니어를 또 다른 자연 엔지니어인 지렁이로 교체시켰다.

나는 봄을 위한 구황식물. 아낙네들은 정강이까지 올라오는 늪지대에서 맨발과 맨손으로 복령의 뿌리를 캐냈다. 어느 따스한 봄날, 버지니아에서 복령 뿌리를 직접 캐본 적이 있다. 두 번 다시 하고 싶은 작업은 아니었다. 차가운 진흙 속에서 발가락 감각은 마비되고, 열이 올라와 땀이 비질비질 흘렀다. 복령 뿌리에 있는 옥살산칼슘이라는 독성 물질을 분쇄하기 위해 아낙들은 껍질을 벗긴 복령을 얇게 썰어 구운 뒤 절구통에 넣고 빻았다. 나는 집에 와서 오븐과 믹서로 복령 가루를 만들어 죽으로 쑤어 먹어봤다. 한 입 떠먹는 것만으로 원주민들이 왜 메이즈를 더 좋아하는지 알았다.

개활지와 먹을 것이 나는 습지를 둘러싸고 있는 건 숲이었다. 손을 타지 않은 아름드리 밤나무와 느릅나무들이 장관을 이루었다. 들녘과 마찬가지로, 이 숲 지형도를 만든 것도 원주민의 불이었다. 매년 가을이면 인디언들은 천국까지 재를 올려보낼 듯 잡목을 태웠다. 이 불을 지피는 기간에 배가 접근할 경우, 1632년 네덜란드 상인 데이비드 피터르스존 드 프리스가 적었듯이 "육지가 보이기도 전에 냄새로 도착한 것을 알 수" 있을 정도였다. 불씨가 잦아든 자리에 새순이 돋으면서 사슴, 엘크, 그리고 무스를 끌어들였다. 이런 동물들을 사냥하는 도구 역시 불이었다. 남자들은 횃불로 동물들을 매복 장소로 유인해서 기다리고 있던 궁수들 쪽으로 몰았다. 전략적으로 놓은 1.5킬로미터 길이의 방화벽 안으로 공포에 사로잡힌 동물들을 몰아넣는 방식이었다. 어느 날 밤 숲속을 배회하던 존 스미스에게는 "숲 도처에 놓아진 불이" 내비게이션 역할을 해주었다.

정기적인 가을 불 놓기는 메릴랜드 숲을 광활하게 개활했다. 예수회 사제 앤드류 화이트의 1634년 기록에 따르면 "4두 마차가 거침

없이 통과할 정도"였다고 한다. 과장 섞인 말이지만 아주 틀린 것은
아니었다. 생태역사학자 스티븐 퓬이 만든 용어인 '통행로corridors of
travel'를 내기 위해 인디언들은 유럽인처럼 도로를 포장하는 대신 불
을 사용했다. 자주 이용하는 길은 폭 1.8미터 정도에 수백 킬로 거리
에 달했으며 잡목과 돌도 깨끗하게 제거되었다. 어쩌다 불이 전혀 닿
지 않은 구역들도 있었는데, 버지니아 식민개척자였던 윌리엄 버드는
그런 곳의 위험성을 경고했다. 그런 장소에서는 "수년 동안 쌓인 낙
엽과 쓰레기가 한데 엉켜 모든 것을 앗아가는 대형화재의 연료가 될
수가 있기 때문이었다." 인디언 불지피기가 잡목과 덤불을 전멸시켰
으므로 초기 영국 식민개척자들이 북아메리카에서 처음 마주쳤던 숲
은 둘레가 2미터에 달하는 아름드리 호두나무와 오크들이 하늘을 찌
를 듯 듬성듬성 서 있는 모습으로, 그 광경이 대성당처럼 엄숙했다.
대자연의 장관 같았지만 실은 불태워 만든 개활지처럼, 철저하게 인
공적인 결과물이었다. 스티븐 퓬은 "마치 가열을 통해 씹을 수 없던
식재료를 음식으로 재탄생시키듯 혹은 금속세공인이 돌을 보석으로
재탄생시키듯, 원주민의 불은 그 땅을 사람이 살아갈 수 있는 형태로
재탄생시켰다."라고 썼다.

식민개척자들이 고국에 두고 왔던 영국 산천과 마찬가지로, 체서
피크 만의 산천 역시 그곳 원주민이 자신들의 몸에 맞게 뜯어고친 형
태였다. 바둑판 모양으로 깔끔하게 구획된 영국의 밭과 숲이 영국 문
화와 떼려야 뗄 수 없으며, 사실상 영국인의 생존에 직결된 것과 마
찬가지로 뒤죽박죽 기운 퀼트이불 같은 버지니아 해안 생태계 지형
역시 포우하탄 사회 사람들의 생존에 직결되는 요소였다. 그렇지만
새로운 이주민들 눈에 버지니아 해안 풍경은 미개함의 상징으로만

보였다. 그들의 눈에 들어온 것은 마구잡이로 얽힌 늪지대, 흙탕물 비버 연못, 쑥대머리 같은 농경지, 귀신이 나올 법한 숲이었다. 한 발짝 내려놓기조차 두려운 이 땅에서 영국인들이 살아남고 싶다면 자신들에게 익숙한 방식으로, 자신들의 몸에 맞는 형태로 이 땅을 완전히 뜯어고쳐야만 했을 것이다.

도처에 도사린 위험요소들

제임스타운에 대한 대다수 기록들은 존 스미스에 집중되어 있다. 그도 그럴 것이 스미스 스스로 엄청나게 많은 책을 냈기 때문이다. 가난한 고아 출신인 그는 운과 배포, 탁월한 자기홍보 기술로 성공했다. 불과 열여덟 살 나던 해에 스미스는 자신의 무용담을 다룬 다섯 권짜리 책을 출간했다(정확히 말하자면 이 중 한 권은 스미스도 모르는 새에 출간되었다). 이 중 《존 스미스의 리얼 모험담, 진짜 여행이란 이런 것이다*The True Travels, Adventures and Observations of Captain John Smith*》(1630)가 대표적인 책으로, 열세 살에 집을 떠난 고아 소년의 거친 야생 모험이 묘사되고 있다. 네덜란드에서는 전쟁에 참여했고, 독학으로 배워 읽은 마키아벨리와 마르쿠스 아우렐리우스를 삶의 모토로 삼아 지중해 선상에서 '로마로 향하는 다국적 오합지졸 성지순례단'과 일전을 치르고(그는 배 밖으로 던져진다), 아드리아 해의 해적이 되기도 했다. 모두 이 책 첫 장에 나오는 내용이다. 4장에서는(장 제목이 '스미스의 탁월한 전략'이다) 횃불을 이용해 산봉우리에서 산봉우리로 암호를 보내는 전략을 소개했다. 이 기술을 마키아벨리에게서 배웠으며, 지금의 헝가리 지역에서 전투를 진두지휘할 때 자신이 직접 구사했다는 부연설명까지 곁들이면서. 그 외 내용들을 소개하자면 대충 아래와 같다.

- 스미스가 트란실바니아 군대에 복무하게 된 과정이 소개되며 "일부 터키인과 타타르인, 그리고 대부분 노상강도나 범법자, 배신자들로 이뤄진 군대"와 전투를 치렀다.
- 왁자지껄한 군중이 장사진을 이룬 가운데 터키 귀족과 3:1 결투를 벌여 혼자 그 세 명을 때려눕혔다.
- 자신이 사로잡혀 오스만제국의 노예로 팔려가는 과정에서 "목에 거대한 족쇄가 채워지는" 일을 겪었다.
- 우연히 잡은 절호의 기회에 농기구로 "주인의 머리를 때려눕히고" 그 사람의 옷으로 위장한 채 러시아를 거쳐 프랑스 그리고 모로코까지 도주하는 과정이 상세하게 그려진다.
- 모로코에서 해적 무리에 가담해, 서아프리카를 무대로 스페인 선박들을 희생제물로 삼아 활동했다.
- 영국으로 돌아와 극적으로 버지니아 원정에 가담했다. 그 때 자신의 나이 겨우 스물여섯 살이었다.

스미스가 늘어놓은 무용담의 진위 여부에 대한 논란이 1662년부터 제기됐다. 한 남자는 스미스의 어드벤처라고는 책 쓰기가 유일했다고 조롱하기도 했다. 스미스를 매도하는 평은 이외에도 많았다. 그러나 다른 한편에서는 "10대 소년이 혼자 자서전을 출간하고 책을 통해 자신을 알린 것만으로도 대단한 일"이라고 치켜세우며, 이런 맥락에서 스미스야말로 아메리칸드림의 정수라고 평가하는 작가도 있었다. 사실 그는 자수성가의 원조라 할 만하다. 남북전쟁 당시 남부는 스미스와 버지니아와의 연관성을 이용해 그를 남부의 상징으로 써먹었다. 당연히 북부에서는 그를 깎아내리는 작업에 들어갔다. 《존 스미스의 리얼 모험담》에서 앞뒤가 맞지 않는 부분들을 골라 책을 낸 골수 연방주의자이자 사학자인 헨리 애덤스는 "버지니아 귀족사회가 자기 발등을 찍은 꼴"이라며 목청을 높였다. 그리고 1890년 스미스를 향한 최악의 결정타가 날아들었다. 헝가리어를 하는 한 학자가 스미스의 무용담에 등장하는 지명이나 인명들이 날조되었다며 그를 공격한 것이다. 가령 스미스는 '탁월한 전략'을 '올럼파흐Olumpagh'라는 곳에서 전개했다고 말했는데, 그 지역에 올럼파흐란 지명은 존재하지 않는다는 지적이었다. 즉 스미스가 사기꾼임을 스스로 입증한다는 논리였다. 그리고 수십 년이 흐른 1950년대, 헝가리어를 구사하는 학자 로라 폴라니 스트라이커가 이를 재반박하는 일이 생겼다. 그녀는 스미스가 언급한 장소들이 실재했으며, 그가 헝가리어 철자 젬병인 탓에 학자들의 오해를 받았다고 주장했다. 가령 올럼파흐는 당시 슬로베니아의 렌다바 지역이었으며, 헝가리인들은 이곳을 '알–림바흐Al–Limbach'로 불렀다는 것이다. 나아가 스트라이커는 그 장소가 영국인들에게 알려지지 않은 곳으로, 올럼파흐란 명칭을 쓴 것으로 볼 때 스미스가 그곳을 직접 간 게 확실다고 주장했다.

하지만 스미스가 제임스타운에 갔다는 사실과 관련해서는 단 1퍼센트의 논란도 없다. 또한 수완 좋고 배짱 두둑했던 이 사내가 포카혼타스와 친해져 제임스타운에 절실했던 식량을 포우하탄으로부터 구한 뒤 식민지를 존멸의 위기에서 구해낸 결정적 공로에 대해서

존 스미스는 땅딸막한 키에 평범한 외모였다. 적갈색 수염은 그와 처음 마주친 원주민을 놀라게 할 만큼 무성했다. 그 자신도 스스로의 외모가 호감을 주지 못한다는 사실을 잘 알았던 모양이다. 이 사진은 1624년의 자서전에 쓰인 초상화인데 사진과 같이 실은 엉성한 자작시에서 내면의 우수성이 자신의 떨어지는 외모를 벌충하고도 남는다고 읊조리고 있다.

도 토를 달지 않는다. 스미스가 끊임없이 자신보다 사회적 지위가 높은 식민지 관리자들에게 알아서 굽신거리는 성격이 아니었다는 것 역시 마찬가지다. 당시 영국 사회는 지금으로서는 상상도 하기 힘들 만큼 계급 구분이 엄격했다. 반면 스미스는 타인에게 경의를 표하거나 굽신거리는 법이라곤 없는 인물이었다. 영국에서 출발하는 항해 도중 그의 이런 태도는 제임스타운 젠트리(지위는 없지만 막대한 돈과 가문을 무기 삼아 권력을 휘두르던 영국의 유한 귀족들)의 심기를 건드렸고, 그들은 애매한 구실을 들어 스미스를 배의 감금실에 던져놓았다.

역사학자들은 버지니아에 상륙한 뒤 체서피크 만을 통해 중국으로 가는 길을 개척한 탐사팀의 지휘관이 스미스였다는 얘기를 사실로 받아들인다. 하지만 1607년 이 탐사 도중 발생했다고 스미스가 전하는 에피소드에 대해서는 다들 불신의 눈초리로 눈썹을 치켜올린다.

칙카호미니 강Chickahominy River 상류 탐험을 위해 인디언 가이드 두 명 및 영국인 동료 두 명과 함께 카누를 타고 길을 나섰던 스미스는 사냥을 하던 오피챈캔오Opechancanough(oh-pee-CHAN-can-oh) 일행과 맞닥뜨렸다. 오피챈캔오는 포우하탄 왕의 남동생으로, 새 이주민을 드러내놓고 적대시했다. 나아가 외지인의 그 어떤 일방적인 점거도 용납하지 않았다. 불가피하게 벌어진 소규모 접전에서 인디언들은 스미스 일행을 죽였다. 스미스도 늪에 처박혔다가 포로로 사로잡혔다. 오피챈캔오는 그 탐험가를 형의 수도인 웨로워코모코로 데려갔다. 이 에피소드의 가장 유명한 버전은 다음과 같다. 스미스는 인디언들로 겹겹이 둘러싸인 통로를 통과해 포우하탄을 향해 걸어나갔다. "두 줄로 늘어선 남자들, 그 뒤로 비슷한 수의 여성들. 얼굴부터 어깨까지 모두 붉은색 물감을 칠했으며, 많은 사람들의 머리는 흰색 깃털로 장식되어 있었다." 왕은 성대한 연회를 베풀었다. 스미스는 이렇게 기록했다. 사실 포우하탄은 자신을 그 자리에서 처형하기로 결정했다고. 바로 그 연회장에서. 형 집행자들이 "손에 곤봉을 들고 자기의 머리를 부숴버리려던 찰나, 왕이 애지중지하던 딸인 포카혼타스가" 아마도 당시 열한 살 정도였던 그녀가 갑자기 와락 달려들어 팔로 스미스의 머리를 감싸 안으며 "살려주세요."라고 부르짖었다. 첫눈에 홀딱 반한 딸의 응석에 호응한 포우하탄은 스미스의 형 집행을 중단한 뒤 그를 딸과 함께 제임스타운에 돌려보냈다. 더불어 "많

110

은 이들의 생명을 구하기에 충분한 식량을 주었는데, 이 음식이 없었더라면 최초의 제임스타운 식민개척자들은 굶어죽었을지 모른다."

스미스의 이야기를 바탕으로 수없이 많은 로맨스 소설이 양산됐다. 하지만 학자들은 사실무근이라고 본다. 가령 스미스를 폭로하는 책에서 헨리 애덤스는 다음과 같이 지적한다. 포카혼타스의 구조담이 맨 처음 등장한 글은 1624년 자기자랑으로 가득한 《존 스미스의 리얼 모험담》을 출간하기 전에 썼던, 자화자찬으로 가득한 또 다른 자서전이었다. 그런데 사건이 벌어지고 불과 몇 달 후에 이 납치 경험을 처음 소개한 책(1608년)에는 사랑에 눈먼 인디언 아가씨에 의해 구조되었다는 언급이 단 한 마디도 없다는 것이다. 아마도 스미스는 자기에게 매혹된 고귀한 혈통의 아가씨가 자신을 구해줬다는 이야기를 상상 속에서 곱씹고 또 곱씹었던 듯하다. 그리하여 《존 스미스의 리얼 모험담》에서 이 에피소드는 네 차례나 등장한다. 헨리 애덤스의 주장에 힘을 실어주는 증거들은 많다. 인류학자나 역사학자들에 따르면, 포우하탄이 전쟁포로를 처형하기 전에 연회를 베풀었다고 추정할 만한 근거가 전혀 없다. 더욱이 포카혼타스처럼 어린 여자아이는 부엌에서 일손을 거들었을지언정 공식 연회에 참석시키지 않았다는 것이다. "이 스토리의 어느 부분도 당시 사회상과 맞아떨어지지 않는다"고 인류학자 헬렌 로운트리는 지적한다. "성대한 연회는 귀빈을 위한 것일 뿐, 처형당할 범죄자에게 베푸는 일은 없었다." 로운트리는 만에 하나 연회를 베풀었다면, 아마도 스미스를 외부 침입자들에 대한 귀중한 정보원으로 여겼기 때문일 거라고 추정한다. "그들로서도 중요한 정보원을 없애버리는 건 손실이기 때문이다."라고 그녀는 말한다.

처형당할 절체절명의 위기에서 인디언 공주 포카혼타스가 존 스미스를 구조해준 스토리는 그 진위와 상관없이 후대 예술가들에게는 거부하기 힘들 만큼 매력적인 소재였을 것이다. 위 그림은 1870년에 그려진 작품으로, 포카혼타스가 오페라 여가수처럼 묘사되었다. 또 포우하탄에게는 당시 서부지역에서처럼 원뿔형 천막이 거주지로 주어지고 나무가 거의 없는 언덕이 배경으로 그려졌는데, 사실상 당시 버지니아 환경과 일치하는 것이 단 하나도 없다.

진위 여부를 떠나 역사학자들이 포카혼타스 스토리를 좋아하지 않는 근본적인 이유는 따로 있다. 로맨스와 판타지가 섞인 이야기가 팝콘처럼 마구 튀겨지는 바람에 영국이 버지니아에서 달성하려 했던 본래 목적과 세너카모코에서 실제로 어떤 일이 일어났는가는 사람들의 관심 밖으로 밀려나 버렸다. 제임스타운 건립에 있어 스미스처럼 무모한 탐험가는 꼭 필요한 요소였다. 하지만 제임스타운의 본질적인 목적은 벤처회사 건설이었다. 그러므로 숱한 위험과 충돌에도 불구하고, 제임스타운의 행보에서 물리적 충돌 같은 건 하찮은 문제였다. 결국 제임스타운의 운명을 결정한 건 무인칭의 생태학적 힘, 바로 콜럼버스적 대전환이었다. 하지만 당시 버지니아에 있던 사람들 중 그 누구의 머리에도 이를 이해할 수 있는 기능은 탑재되지 않았다.

라 이사벨라와 제임스타운의 공통점은 그 설립 목적이 무역 전진 기지 설치였다는 것이다. 즉 중국과의 교역이라는 판에 영국도 한 자리 차지할 수 있는 중간거점 확보가 그 목적이었다. 반면 분명한 차이점은 라 이사벨라가 스페인 왕가로부터 후원을 받아 운영된 국영 사업의 성격을 띤 반면 제임스타운은 순전히 개인 출자에 의해 탄생한 민간사업이었다는 점이다. 다시 말해 '버지니아컴퍼니Virginia Company'라고 하는 것으로, 벤처 자본주의자들과 정치적으로 결탁한 일종의 컨소시엄이었다. 이 둘은 하늘과 땅만큼 성격이 다르다. 스페인의 라 이사벨라는 자신들의 배만 불리면 그만이었다. 반면 제임스타운에서 발생한 정치사회적 파장은 거대한 해일이 되어 영국 왕실을 압박했다. 오늘날의 글로벌라이제이션 자본주의의 관점에서 보면 제임스타운은 벤처투자회사에 가까웠다.

버지니아컴퍼니는, 무역을 통한 수익은 간절했으나 이를 위한 자금을 댈 여력은 없었던 당시 영국 군주(엘리자베스 여왕 1세)와 이후 왕위를 이은 제임스 1세의 곤궁한 처지 탓에 탄생한 차선책이었다. 그 무렵 영국은 전쟁(엘리자베스 여왕의 경우)과 방탕(제임스 1세의 경우)으로 빚에 허덕이느라 아메리카에 배를 보낼 여유가 없었다. 그렇다고 차관을 끌어오기도 쉽지 않았다. 당시 영국 왕가는 신용도가 낮았다. 빚을 주는 선결 요건은 시대와 장소를 막론하고 상환능력이다. 당연히 상대는 터무니없이 높은 이자를 요구했다. 사실 왕과 여왕은 권력을 이용해 국민들에게 국채를 발행할 수도 있었다. 하지만 이건 누가 봐도 인기를 갉아먹는 일이었다. 그렇다면 의문이 생긴다. 아메리카 식민지 건설이 그런 위험을 감수하면서까지 추진할 가치가 있는 도박이었을까?

　엘리자베스와 제임스의 결론은 둘 다, NO였다.

　라 이사벨라만 봐도 알 수 있듯이, 식민지 건설에 숙명적으로 따르는 것은 엄청난 '리스크'이다. 이것으로도 모자라 영국에게는 걸림돌이 하나 더 있었다. 아메리카 땅 대부분은 이미 스페인이 영유권을 주장하고 있었다. 그 무렵 두 국가 간의 적대감은 일촉즉발의 상태였다. 사실상 교황 비오 5세는 스페인의 필립 2세와 같은 가톨릭 군주가 프로테스탄트 영국에 맞서 '정의의 무기'를 들어야 한다고 공공연하게 주문하는 상황이었다. "그녀를 위한 관용의 여지나 방어막, 도피처는 단 1퍼센트도 없다." 엘리자베스 여왕은 사실상 '악마의 노예'이며 반드시 타도해야 할 대상이라고 교황은 맹비난했다. 스페인은 1588년 함대를 보내 영국을 공략했다. 영국도 이듬해 함대를 보내 스페인을 공격한다. 사나운 날씨가 한몫 거들었던 두 공격은 모두 실패로 끝났다. 아마도 이때부터 소빙하기가 시작된 듯하다. 이런 가운데 엘리자베스는 좀 더 성공 가능성이 높은 책략에 의존했다. 영국에서는 '해적행위'라고 기억하고, 스페인에게는 '테러리즘'이라고 기억되는 행위를 후원한 것이다. 엘리자베스는 영국 배가 스페인 선박이나 식민개척자를 만나면 가리지 않고 약탈하는 것을 공인했다. 1603년 엘리자베스 사후 제임스가 즉위한 시기에는 두 나라 간 긴장감이 다소 완화되었다. 그렇더라도 북아메리카 식민지 건설은 물리적 충돌을 재점화하는 불씨가 될 것임을 제임스 1세가 모를 리 없었다. 스페인은 이미 대서양 연안에 한 다스가 넘는 자잘한 식민지를 두고 있었다. 그 중에는 장차 제임스타운이 건설될 거점에서 10여 킬로미터 반경 안에 위치한 곳도 있었다. 영국이 자신의 영역 깊숙이 비집고 들어오는 것을 스페인 쪽에서 곱게 바라볼 리 만무했다. 여기에 프랑스까지 가세했다. 프랑스는 두 나라의 틈바구니를 비집고 들어와 5개의 식민지를 차려놓고는 북아메리카의 영유권을 주장하기 시작했다.

영국 왕실은 이 같은 아메리카 식민지 쟁탈전을 뒷짐지고 바라볼 생각이 추호도 없었다. 영향력 있는 고위 성직자이자 당대 지식인이었던 리처드 해클루트Richard Hakluyt(영국의 지리학자. 탐험가들의 기록을 수집·편집한 사람으로 유명하다)는 엘리자베스 여왕에게 올리는 일종의 백서에서 무릇 그리스도교 통치자라면 '그 비참한 사람'들, 다시 말해 인디언의 영혼을 구원해야 할 신성한 의무를 지닌다고 주장했다. 그는 "아메리카 대륙 사람들은 그 땅에 복음의 기쁜 소식을 가져다 달라고 우리를 향해 울부짖고 있습니다."라고 했다. 스페인은 이미 "수백만의 불경한 자들"을 개종시켰고, 그 공의 대가로 "바닥을 모르는 보물창고를 스페인에게 열어 보여주시는" 신의 응답이 있었다는 점도 지적했다. 이렇듯 영국이 증오해 마지않는 적에게 엄청난 은 벼락이 내려지고, 그것이 다시 중국과 교역을 터주는 결과로 이어졌다는 사실을 그는 너무도 애통해했다. 해클루트는 이전에는 "가난한 불모지였던 일개 국가"가 어느 사이 그토록 부유한 나라가 되어 믿을 수 없게도 이제 그 나라 선원들이 해적질을 할 필요가 없게 되었다고, 반대로 영국은 "생각하면 너무도 어이없고 망측한 해적질"을 함으로써 "참으로 수치스런 국가"로 전락했다고 여왕에게 읍소했다.

게다가 당시 영국 사회에서는 북아메리카가 중국으로 갈 수 있는 또 다른 기회가 될 거라는 믿음이 널리 퍼졌다. 1577~1580년 사이에, 그 이름도 유명한 영국의 해적(테러리스트)인 프랜시스 드레이크가 세계 일주에 나섰다. 항해 도중 스페인의 은 수송함대를 약탈하면서. 이 일주 과정에서 드레이크는 미국 서부에 면한 태평양을 두 눈으로 목도했다. 원정 기록이 유실된 탓에 정확한 행적은 남아 있지 않다. 다만 당시 드레이크가 보고 왔다고 주장했던 어떤 사실(유실된 책 뒷부분에 실린 드레이크의 활동내용으로 미루어보건대, 당시 그가 닿은 곳은 서인도제도 파나마 지협 부근이었다. 거기에서 강을 통과해 태평양으로 가는 길은 짧았으나 제임스타운은 그렇지 않았다)이 런던의 많은 인사들에게 북아메리카 대륙을 가로지르는 물길이 있어 미국을 배로 횡단하는 것이 가능하다는 믿음을 심어주었던 듯하다. 런던 인사들이 추정하기에 아메리카 대륙의 가로 길이는 600~700킬로미터쯤일 것이고, 대륙을 횡단해 태평양에 도달하면, 중국으로 가는 항해는 떼 놓은 당상이었다.

처음에 신중한 입장을 취하던 엘리자베스와 제임스는 결국 이 사업을 승인했다. 신용등급이 낮은 국가에 부과되는 대금업자의 고리를 피하고 싶었던 왕실은 독자적으로 자금 조달이 가능한 민간회사에 식민 사업을 위임했다. 바로 합작주식회사이다. 현대 법인체의 시조격인 합작주식회사는 부유한 주주들이 공동출자해 조성한 펀드로 영리기업을 운용하며, 이를 통해 얻은 수익금을 투자금 비율에 따라 배당금으로 받는 형태이다. 여러 투자자가 공동으로 운영함으로써 멤버들은 확실성이 100퍼센트 담보되지 않는 사업에 일부 지분으로만 참여할 수 있었다. 만일 식민지 사업이 실패한다면 전체 손실액은 천문학적이되 투자자 개개인의 손실액은 감내할 정도가 된다. 속은 많이 쓰라리겠지만, 파탄은 면할 수 있었다.

훗날 경제역사학자인 더글러스 C. 노스는 합작주식회사를 다음과 같이 정의했다. 합작주식회사란 유럽 사회가 재원을 효과적으로 동원하기 위해 개발한 도적장치로, "하늘 아래 탄생한 새로운 돈벌이 수단"이라는 표현만으로는 부족하다고 말이다(노스 박사는 1993년 노벨경제학상을 공동수상했는데, 이 연구의 덕이 컸다). 이런 제도적 장치의 몇 가지 특징을 꼽자면 개인의 재산권을 확실하게 보장해준다(사람들은 자신의 수익이 날아갈 우려가 높다면, 투자 위험을 무릅쓰지 않을 테니까), 시장을 개방하고(기득권이 혁신을 눌러 꺼버리는 것을 방지하기 위해 꼭 필요했다), 민주적인 정부 형태를 강화시킨다(통치자들의 월권을 저지하는 데 필요하다). 나아가 이 모든 요소는 독립적인 무역·상업 활동을 가능케 하고, 이는 다시 R&D와 투자의 선순환 구조를 만든다. 즉 국가의 간섭을 최소화한 상태에서 이윤을 창출해내는 사람들의 활동을 극대화한다. "여기서 중요한 건 근면, 절약, 정직, 인내, 끈기이다."라고 하버드대 경제학자 데이비스 S. 랜즈는 말한다. 그의 고전 《국가의 부와 빈곤Wealth and Poverty of Nations》(1999)에 따르면 그 시기 유럽은 재원과 사람을 불러모을 수 있는 여러 제도를 개발해냈다. 일례로 민간주식회사가 있다. 이 제도는 개개인의 창발성을 장려하고 보상해주어 이런 가치들이 꼬리에 꼬리를 무는 미덕으로 재생산되도록 한다. 다른 문화권에서는 생겨나지 않았던 제도이다. 노스는 이러한 이노베이션의 결과로 발생한 경제성장이 너무도 탄탄해서 "인류 역사상 매우 새롭고 독특한 현상"을 낳았다고 주장했다. 즉, 지구상의 최고 실세가 아시아에서 유럽 사회로 자리이동을 한 것이다.

영국의 합작주식회사가 시작과 동시에 단맛을 본 건 아니었다. 1553년 최초로 합작주식회사가 만들어지고 53년 후 버지니아컴퍼니Virginia Company가 정부인가를 받았을 때, 영국에는 이미 10개의 합작주식회사가 있었다. 이 중 세 개 벤처는 아메리카에 식민지를 심기 위해 만들어진 회사였다(네 번째 아메리카 식민 프로젝트는 이와 유사한 리스크 분담 형태였지만, 합작주식회사처럼 정부로부터 인가받은 건 아니었다). 이들 아메리칸 벤처는 줄줄이 실패했다. 1580년대에 단단한 각오로 시도했던 노스캐롤라이나 앞바다 로아노크 섬 점령 사업은 공룡처럼 돈을 잡아먹은 데다(대서양을 가로지르는 세 차례의 막대한 비용) 단 한 점의 식민지*도 확보하지 못한 대참사로 막을 내렸다.

이처럼 암울한 성과에도 불구하고, 버지니아컴퍼니는 다시 시도할 가치가 있다고 믿었다. 초창기 버지니아컴퍼니는 두 개의 투자 그룹으로 나뉘어 있었다. 하나는 플리머스였고 다른 하나는 런던이었다. 플리머스 그룹은 지금의 뉴잉글랜드 지역에 눈독을 들이고는 메인 주 해안에 재빨리 식민지를 세우려 했으나 몇 개월 만에 공중분해되었다. 이 일을 계기로 플리머스 투자자들은 항복을 선언했다. 이후 체서피크 만에 시선을 고정했던 런던 그룹이 사실상 버지니아컴퍼니의 벤처 전체를 장악했다. 런던 그룹이 파견하는 배는 1606년 12월, 런던을 출발했다.

로아노크 식민지가 주변 인디언들에 의해 흔적도 없이 사라졌음에도, 버지니아컴퍼니 경영진은 멀리 떨어진 스페인만 두려워했다. 식민개척자들(오늘날로 치자면 해외 파견 직원들인 셈이다)에게 내려진 회

---

* 로아노크는 물론 하나의 눈에 띄는 족적을 남겼다. 영국에 담배를 전해주었다. 프랜시스 드레이크는 아마도 이 식물을 한 10여 년 전 영국에 가져왔을 것이다. 그는 담배를 세계일주 때 획득했다. 하지만 로아노크 식민지 사람들이 불을 뿜는 파이프를 입에 물고 피우는 담배를 본국으로 들여오기 이전까지 영국 사람들은 담배라는 것을 잘 몰랐다. 한 점잖은 사람은 이를 보고 "어딜 가나 다들 멈출 수 없는 충동과 탐욕으로 냄새가 고약한 담배를 빨아대고 있구나."라고 넋두리를 했다.

사의 명령은 스페인 선박에게 들키지 않도록 최대한 조심하라는 것이었다. 그러기 위해서는 해안에서 최소한 "160여 킬로미터"는 떨어진 곳에 식민지 터를 잡아야 했다. 그 지역에 이미 누군가 살고 있을지 모른다는 주의사항은 없었다. 사실 버지니아컴퍼니 CEO들은 인디언과의 충돌은 피할 수 없는 것으로 여겼다. 그들이 더 큰 문제로 간주한 건 인디언이 "자신들을 침략할 수도 있는 다른 유럽 국가에 협조해 길잡이로 나서는 일이었다." 말하자면 영국은 세너카모코의 공격 자체가 아니라 그들이 스페인의 조력자가 될 수도 있다는 점을 우려했다. 이와 같은 이유로 회사 경영진은 식민개척자들에게 "원주민을 자극하지 않도록 신중에 신중을 기하라."고 지시했다.

그 결과 낙점된 선택지가 제임스타운이었다. 상류의 좋은 땅에는 이미 인디언 마을들이 들어차 있었다. 따라서 새 이주민들(인디언이 이들을 불렀던 이름은 타싼타싸스tassantassas[이방인]였다)은 비어 있던 땅 중 그나마 최대한 상류지역에 터를 잡은 것이다. 이들이 새 거처로 삼은 곳은 제임스 강 하구 어귀에서 80여 킬로미터 떨어져 있다. 이곳은 반도 지형의 굽이진 강 안쪽 면으로 해변에 근접해서, 배를 나무에 묶어 정박시킬 수 있었다.

타싼타싸스에게는 매우 불운하게도, 그 반도가 비워져 있었던 까닭은 사람이 살기에 적합한 장소가 아니었기 때문이다. 말하자면 택지 분양 현장에 영국인들이 가장 늦게 도착하는 바람에 다들 꺼리는 안 좋은 땅을 불하받은 셈이다. 그 지역은 늪지대에다 모기 천국이었다. 식민개척자들은 제임스 강에서 물을 얻을 수 있었지만, 문제는 식수로 그리 적합하지 않다는 점이었다. 늦여름에 강은 수심이 4미터까지 빠졌다. 힘이 빠진 강물이 물을 바다로 밀어내지 못하고, 설상가상 하구의 바닷물이 역류해 들어오면서 염분 섞인 물이 제임스타운 코앞에서 정체해 강으로 퍼졌다. 식민개척자들이 제임스타운에 도착한 시기는 여러 해 지속된 가뭄의 정점이었다. 그 해 여름에 강의 흐름은 유달리 약해져서 염분 농도가 평상시보다도 훨씬 높았다. 게다가 바닷물과 담수가 만나는 경계에는 상류에서 흘러온 유기물과 쓰레기 퇴적물이 움직이지 못한 채 머물러 있었다. 즉 제임스 강에서도 가장 질 나쁜 물을 영국인들이 마신다는 의미였다. 강물이 "오물과 점액으로 가득하다"고, 장차 제임스타운 식민지 대통령이 될 조지 퍼시가 불평했다. 뻔한 해결책(우물을 파는 것)은 2년 후에 시도되었으나 그마저 큰 도움이 되지는 않았다. 체서피크 만은 3500만 년 전에 충돌했던 거대한 운석의 분화구 자리이다. 충돌의 충격으로 만 하구 암반들이 산산이 부서져 바닷물이 유입되는 바람에 지하수마저 소금물로 오염시켰다. 아마도 이 때문이었으리라. 소금기 있는 웨지 모양의 이 땅에서 인디언 모습은 찾아볼 수 없었다. 제임스타운은 땅 위에서, 그리고 지하에서 나쁜 식수로 포위당한 꼴이었다. 지질학자 카빌 V. 얼은 이곳 사람들에게 발병한 "장티푸스, 이질, 아마도 식염 중독"이 오염된 식수 때문이었을 것이라고 주장한다. 그리하여 상륙 후 8개월이 지난 1608년 1월 즈음, 생존해 있던 영국인은 38명에 불과했다.

역설적이게도 제임스타운의 절박한 상황은 영국인들로서는 구원이었다. 척박한 제임스타운은 포우하탄의 안중에 없었기 때문이다. 자기 배조차 채우지 못해 쩔쩔 매는 타싼타싸스가 위협적인 존재로 여겨졌을 리 만무하지 않은가. 이 영국인들은 언제라도 마음만 먹으면 몰아낼 수 있을 거라고 확신한 인디언 왕은 별 쓸모도 없는 땅을 점유한 외지인을 그냥 내버려두었다. 이들로부터 총, 도끼, 칼, 거울, 유리구슬, 동(구리)판 등 귀중한 물품을 거래할 수 있는 한은. 특히 구리함석판의 경우, 유럽인이 금괴를 쳐주는 것만큼이나 중요한 물건으로 생각했다. 퍼시의 말을 빌리자면, 존 스미스를 생포한 후 "구렁이 같은 늙은 여우"는 오늘 타싼타싸스 포로에게 내주는 곡식의 가치가 내일 교역으로 얻을 수 있는 물건보다 훨씬 낮을 거라고 결론내렸다. 그는 이방인에게 얼마 남지 않은 그의 동료들이 한동안 목숨을 부지할 만큼의 메이즈를 내주었다. 그리하여 1608년 1월, 존 스미스는 제임스타운으로 돌아왔다. 포우하탄의 관점에서는 꽤 남는 베팅이었을 것이라고 세너카모코 전문 인류학자 로운트리는 추정한다. 만약 영국인들이 불청객이 되는 순간이 온다면, 음식 공급만 끊으면 될 터였다. 그것만으로 그들은 자멸할 것이었다. 초기 영국인과 인디언의 상대편에 대한 태도만큼 "자만은 무지에서 온다"는 말을 잘 보여주는 사례는 없을 것이라고 미주리대학교 역사학자 J.프레데릭 파우즈는 말한다.

포로로 잡혔다가 돌아온 존 스미스는 제임스타운의 실권을 장악했다. 그의 손에 포우하탄과의 음식 협상권이 달려 있었기 때문이다. 식민지 주요 인사들은 아니꼬아도 불만을 꾹 눌러 삼킬 수밖에 없었다. 어쨌거나 그들에게는 내세울 거리가 하나도 없었다. 그 봄에 스미스는 생존자들에게 작물을 심고(그들은 금광을 찾고 싶은 심정이었지만), 식민지 요새를 재건하라고(그들은 이를 불태웠다) 명령했다. 그와 동시에 체서피크 만 탐험을 재개했다. 태평양으로 뻗어나갈 '희망봉'이 이곳에도 분명 있을 거라고 스스로에게 주문을 걸면서.

이와 동시에 스미스는 포우하탄과 음식을 놓고 협상을 지속했다.

그는 자신들에게 꼭 필요한 곡식을 얻을 정도로만 칼과 도끼, 그리고 무쇠솥을 세너카모코 사람들에게 찔끔찔끔 내주었다. 절대로 영국인 물품에 대한 인디언의 요구에 흡족한 단비가 내릴 만큼 충분한 양을 주지 않은 것이다. 하지만 식량에 대한 영국인의 수요가 커지는 바람에 스미스의 협상 줄타기는 복잡하게 꼬였다. 1608년 봄과 가을에 두 대의 수송선단이 도착한 후 먹여야 할 입이 200명으로 늘었던 것이다. 계산을 할 줄 아는 비즈니스맨이라면 누구라도 그러하듯, 포우하탄은 수요 상승 상황에 대해 메이즈 가격 인상으로 응답했다. 포우하탄은 자잘한 연장 말고, 칼과 총으로 메이즈 값을 치르라고 요구했다. 스미스는 인디언들을 무장시키는 결과를 가져올 게 뻔한 그 요구를 거절했다. 그러자 포우하탄은 스미스의 독재에 울화를 삼키고 있던 제임스타운의 다른 이주민들과 은밀히 거래해 무기를 얻어내는 것으로 응수했다. 다른 한편으로 포우하탄은 제임스타운 밖으로 밀려난 낙오자들을 제거하는 행위를 부하들에게 허용함으로써 스미스를 압박했다.

1609년 10월, 스미스는 치료를 받으러 영국으로 떠났다. 머리는 잘 굴렸으나 칠칠치 못했다고 해야 할까? 그는 비상무기로 허리춤에 화약 전대를 차고 다녔는데, 실수로 그곳에 불이 붙는 바람에 심각한 화상을 입었다. 스미스가 출발하던 때는 타싼타싸스에게는 그야말로 최악의 시점이었다. 두 달 전 300여 명의 식민개척자를 태운 새로운 수송선이 도착했는데, 이 무리에 스미스를 혐오하는 젠트리 일행이 끼어 있었다. 바로 버지니아컴퍼니 이사진에게 스미스의 직위해제 승인을 받아낸 이들이었다. 그나마 스미스에게 다행스러웠던 건, 선단 중 공식서한이 실린 배의 도착이 늦어지는 바람에 그의 직위 박탈도 지연되고 있었다는 사실이다. 그렇다고 해도 스미스를 눈엣가시처럼 여기던 그들은 도착하기 무섭게 스미스의 권한 및 제임스타운 경영 방식, 그리고 제임스타운 자체에 사사건건 걸고 넘어지기 시작했다. 성가신 상황을 떨쳐낼 요량으로, 스미스는 새로 도착한 인원을 두 팀으로 나눠 몇몇 세너카모코 마을에서 음식을 구해오도록 지시했다. 이게 그야말로 대실수였다.

제임스 강 남쪽 섬에 사는 낸스몬드족Nansemond에 간 팀이 일을 냈다. 퍼시의 기록에 따르면, 낸스몬드에 간 전령이 한참이 되어도 돌아오지 않자 남아 있던 영국인들이 "인디언의 집을 불태우고, 사원을 약탈하고, 사원 안에 있던 죽은 왕들의 무덤에서 시신을 끄집어낸 뒤 부장되었던 진주 및 구리장식품, 팔찌 등을 탈취했다." 스미스는 경악했다. 그 역시 인디언을 질책하고 공갈과 협박을 일삼았지만, 제임스타운의 음식 공급처와 척을 지는 상황을 만들어서는 절대 안 된다는 사실을 잘 알았다. 하지만 일이 터졌을 때 스미스는 이미 심각한 부상을 당한 상태였다. 새로 온 식민개척자들이 인디언에게 사과하도록 만들 힘이 그에게는 없었다.

이 사건은 타싼타싸스의 새로운 리더들이 과거 스미스와 인디언 간에 맺은 계약을 파기한다는 신호로 포우하탄에게 받아들여졌다. 그리하여 그 해 겨울, 포우하탄은 공세를 펴기 시작했다. 직접적으로 그리고 간접적으로. 먼저 원주민 병사들은 케코우탄 부락에 음식을 약탈하러 갔던 17명의 식민개척자들을 모두 잡아 죽였다. 나아가 다른 무리의 뼈만 앙상한 타싼타싸스 일행을 숲에서 붙잡아 모조리 죽여버렸다('모욕과 조롱'의 표시로 인디언은 "사체의 입에 메이즈를 미어터지게 메워놓았다"). 강 상류에서는 스미스가 설립한 전초기지의 병사들 한 무리가 소탕됐다. 음식을 준다는 말로 꼬여 웨로워코모코로 유인한 33명 식민개척자 파견단을 도륙하기도 했다. 퍼시의 보고에 따르면 이 무리를 이끌었던 영국인 지휘관은 최대한 천천히 고통당하도록 고안된 끔찍한 방법으로 살해됐다고 한다. "제길! 우리가 지켜보는 앞에서 홍합껍질로 뼈에 붙은 살갗을 긁어낸 뒤 불에 던졌다." 이후 5년 동안 원주민에 의해 희생당한 식민개척자는 네 명 중 한 명 꼴이었다고 《제1차 인디언 전쟁의 역사》에서 파우즈는 추산한다.

포우하탄이 가한 간접적인 공격이야말로 어쩌면 영국인들에게 더욱 치명적이었다. 그는 음식 공급을 중단했다. 그 타이밍이 절묘했다. 스미스는 자신을 대신할 후임 총독이 도착하기 전에 영국으로 떠났다. 그 사이 스미스의 반대파들은 임시 총독으로 노섬벌랜드 백작의 막내아들 조지 퍼시를 앉혔다. 인디언의 공세가 한창 이어지던 무렵, 스미스는 식민개척자들에게 밭을 가꾸거나 그물을 수선하도록 독려했으나 반대파들은 콧방귀만 뀌었다. 이런 상황에서 총독이 된 퍼시는 모든 면에서 스미스와 비교가 되지 않을 만큼 뒤떨어졌다. 그를 못미더워 했던 한 식민개척자는 "퍼시는 실크가터(흘러내리지 않게 바짓단을 묶는 끈)를 매고, 금장식 모자를 쓰고, 수놓은 거들을 입은 채 진흙탕 캠프를 백조처럼 우아하게 쓸고 돌아다니는 게 취미라도 되는 것 같았다"고 비꼬았다. 스미스가 떠나고 포우하탄이 음식 공급을 끊었을 때, 영국인들에게 비축된 식량은 한 톨도 없었다. 퍼시가 책에서 묘사했듯이 그들은 "개, 고양이, 쥐"까지 잡아먹는 처참한 처지로 전락했고, 엘리자베스식 러프(목에 두르는 장식 주름)에 쓰는 풀을 죽으로 끓여먹었다. 기근으로 "영국인들의 얼굴은 누렇게 뜨고 피골이 상접한 모습이었다." 이런 상황에서 일부 식민개척자들이 선동해 "매장된 시체를 끄집어내 먹는" 일이 벌어졌다. 어떤 사람은 임신한 부인을 죽이고 "그녀의 몸에 소금을 쳐서 음식으로 먹었다." 끔찍한 "아사의 시기"를 견디고 봄이 되었을 때, 살아남은 사람은 60여 명에 불과했다.

이처럼 참담했던 식민지의 처지는 한편으로 적잖이 당혹스럽게 여겨진다. 체서피크 만은 그 반구에서 둘째 가라면 서러워할 만큼 어족자원이 풍부한 곳이기 때문이다. 바다는 창고기, 잉어, 숭어, 게, 농어, 넙치, 거북이, 뱀장어 등의 물고기로 가득 차 있다. 길고 가늘게 이어진 강 하구는 생태학적으로 매우 풍요로운 지역이어서, 존 스미스는 프라이팬으로 고기를 잡아올려 곧바로 요리하면 된다고 농담하기도 했다. 한 식민개척자의 기록에 따르면, 제임스 강에서 유영하는 철갑상어는 넝쿨로 만든 올가미로 철갑상어의 꼬리를 씌워야만 여러 명의 원주민 청년이 물에서 끌어올릴 수 있을 정도로 컸다고 한다(나는 이곳에서 4미터나 되는 철갑상어의 뼈를 발굴했다는 고고학자의 말을 듣기 전에는 이 말을 곧이듣지 않았다). 굴도 지천이었다. 원주민이 먹고 버린 굴껍질로 만들어진 언덕이 121,410제곱미터 면적을 덮을 정도였다.

그런데 왜, 식민개척자들은 이러한 풍요 속에서 굶어죽었을까? 첫 번째 이유는 식민지 돌담 밖에서 지키는 포우하탄 병사들을 두려워한 나머지, 영국인들이 물고기를 잡으러 나갈 엄두조차 내지 못했기 때문이다. 두 번째 이유는 당시 식민개척자들 중 손에 물을 묻히지 않는 정도로 지위를 규정짓는 젠틀맨 계층이 놀라울 정도로 많았다는 점이다. 첫 세 차례의 수송선이 제임스타운에 내려놓은 사람은 총 295명이었다. 역사학자 에드먼드 S. 모건에 따르면 이들 중 92명

운이 없었던 노섬벌랜드 백작의 작은아들 조지 퍼시의 초상화. 지금은 남아 있지 않은 19세기 그림의 복사본이다.

이 젠틀맨이었고, 나머지 대다수도 "그 젠틀맨의 품위 유지를 위해 꼭 필요한 개인 수행원들이었다." 설상가상 이 수행원들마저 손에 물을 묻히지 않는 정도로 그들 사이에서 서열이 정해졌다. 그러나 이들이 일생 몸에 밴 습성을 벗어던지고 생존을 위해 물에 뛰어들었다고 해도 살아남기는 어려웠을 것으로 보인다. 버지니아의 환경이 이 영국인들에게는 익숙지 않았기 때문이다. 겨울이라면 낮은 강에서 흔했던 농어나 메기를 잡으려 시도해볼 수 있었을지 모른다. 하지만 이들은 물고기가 언제 어디에서 입질을 하는지 전혀 몰랐다. 낚시꾼이라면, 번지수를 잘못 짚은 자리에서 잘못된 타이밍에 낚시질을 하는 게 아무 소용없는 짓임을 잘 안다. 식민개척자들은 기근만큼이나 무지 때문에 죽어나갔다.

행운의 사나이 존 롤프가 버지니아에 도착한 것은 이 '아사의 시기'가 끝난 이듬해 봄이었다. 거의 일년도 더 전에 그는 (앞서 언급했듯) 스미스를 싫어하는 젠트리 일행의 선단에 섞여 기함을 타고 영국을 출발했다. 롤프가 탄 바로 그 배에 스미스의 공식 해임장이 실려 있었다. 반쯤 바다를 건넜을 때 허리케인이 선단을 덮쳤다. 가까스로 폭풍을 피해 버지니아에 먼저 상륙한 사람들은 끔찍한 결과(낸스몬드 족을 공격해 포우하탄을 노여워하게 만든 대가로 줄줄이 죽어나간)를 초래했다. 그러는 사이 롤프의 배는 바람을 따라 남쪽으로 흘러가서 거의 가라앉을 뻔했다. 한 선원의 회고에 따르면 꼬박 사흘 동안, 배에 탄 사람 중 한 명도 빠짐없이 "갤리선의 노예처럼 발가벗고" 양동이로 가슴까지 차오르는 물을 퍼냈다. 물이 들어찬 배는 비틀거리며 버뮤다 쪽으로 접근하다 이 반구 4개의 주요 섬 중 가장 북쪽에 좌초했다. 생존자들은 물고기와 거북, 영국에서 가져온 돼지 등으로 연명하며 9개월을 해변에서 버텼다. 이들은 좌초된 배의 잔해와 섬의 삼나무를 이용해 두 개의 작은 배를 얼기설기 제작했다. 1610년 5월 23일, 롤프 일행은 마침내 체서피크 만에 도착한다.

기근에 시달리며 폐허가 된 식민지의 풍경에 경악을 금치 못한 롤프와 그 무리는 2주 만에 제임스타운을 버리고 철수하기로 결정했다. 롤프와 그 일행은 뼈만 앙상한 이주민들을 임시로 만든 두 척의 배와 식민지에 있던 두 척의 선박에 태우고 뉴펀들랜드로 출발하기로 했다. 거기서 그들은 그랜드뱅크Grand Banks를 오가는 어선들에게 승선을 구걸할 계획이었다. 그렇게 그들이 출발에 적당한 해류를 기다리고 있을 때, 멀리 수평선 위로 손톱만한 배가 보일 듯 말 듯 시야에 들어왔다. 바로 새로운 수송선단을 이끌고 있는 범선의 대형 보트였다. 신임 총독인 토마스 데일과 250명의 새로운 식민개척자로 이뤄진

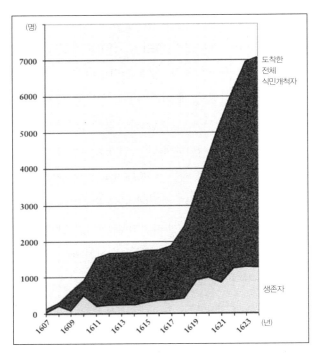

(명)

7000 ─ 도착한
전체
식민개척자

6000

5000

4000

3000

2000

1000 ─ 생존자

0

1607 1609 1611 1613 1615 1617 1619 1621 1623 (년)

희망을 가득 안고 버지니아에 온 수천 명 영국인의 대다수는 곧장 죽었다. 이 표는 저자가 이민자의 수치를 최대한 계산해본 것으로 증가 일로에 있는 제임스타운의 인구 변화표이다. 표에는 매해 제임스타운의 인구수가 나타나 있다. 이 표의 수치는 수백 명 정도 오차가 날 수 있다. 현존 자료는 파편적이고 가지각색이기 때문이다. 정확한 수치에서는 차이가 있겠지만 전반적인 추이는 명확하고 경악스럽다.

대형 선단이 다가오고 있었다. 무엇보다 반갑게도, 그 선단에는 일년 치 식량이 가득 실려 있었다. 절망에 빠져 지내던 그들은 제임스타운으로 돌아와 헤쳐나갈 방법을 모색하기 시작했다.

그렇다고 해도 음식을 포우하탄에게 의존할 수 없는 상황에서 그들이 버텨내기는 녹록치 않았다. 훗날 버지니아컴퍼니는 다음과 같이 보고했다. "250명의 새로운 이주민 중 적게 잡아도 150명이 수개월 내에 죽었다." 이 중에는 존 롤프의 젊은 아내도 포함되었다. 죽음이 결코 특별하지 않은 상황이었다. 해가 거듭될수록 버지니아컴퍼니가 식민개척자를 보내는 비용은 천문학적으로 늘어났다. 무려 100척 넘는 선박이 대서양을 건넜으니, 그럴 만도 했다. 하지만 배를 타고 떠났던 수많은 사람들이 도착 후 몇 주 혹은 수개월 내에 사망하는 상황이 몇 해에 걸쳐 반복되었다. 죽음은 남녀노소, 빈부, 죄수와 일반인을 가리지 않았다. 1607~1624년 사이 7,000명 넘는 영국인이 식민지를 개척하기 위해 버지니아로 갔다. 그들 중 8할이 수개월 안에 목숨을 잃었다.

중단 없이 이어지는 죽음의 행렬에는 끝이 보이지 않았다. 제임스타운에서 남긴 편지와 보고, 연대기 등을 자세히 들여다보는 것만으로도 침통함을 금할 수 없을 정도다. 어느 페이지를 펼쳐도 희생자에 대한 구구절절한 사연들이 등장한다. "나랑 같이 배를 타고 온 사람들 중에는 이제 몇 명만 남았다…. 갓 도착한 이주민 역시 모조리 죽거나 끔찍한 고통을 겪고 있다…. 3년 만에 그들 3,000명이 모두 죽었다." 부고란에는 죽은 이의 이름과 운명이 아무런 수사 없이 건조하게 나열되고 있다. 식민지 재무장관 조지 샌디스는 새로 영국에서 배에 태워보낸 하인이 "도착하기도 전에 죽었다"고 언급했다. 식민개척자 휴 프라이스는 "시체가 늑대나 야생 맹수들에 의해 찢겨 창자가 밖으로 나와 있는 것을 숲속에서 봤다."라고 쓰고 있다. 취중 난투극에서는 윌리엄 앱스가 에드워드 스톨렌지의 머리를 어찌나 "맹렬하게 갈겼는지 두개골이 박살나서 다음날 죽었다." 의사 윌리엄 로즐리는 영국에서 "10명의 하인을 데리고 왔는데 몇 주 만에 모두 죽어버렸다"고 썼다. 에드워드 힐은 영국에 있는 그의 남동생에게 "내가 잃은 것을 만회하고 성공하기 전에는 결코 이 나라를 떠나지 않을 것"

이라고 말한다(힐은 결코 이 땅을 벗어나지 못했다. 손실을 회복하지도 못한 채, 일년 후 버지니아에서 죽는다). 피버스는 "나는 이 땅에 살면서 인간의 모습을 잃어버렸습니다. 신이시여, 제발 여기서 벗어날 수 있는 구원의 밧줄을 내려주시옵소서."라고 울부짖었다.

1619년 12월 4일, 존 우들레이프가 이끄는 35명이 새로운 땅에 상륙했다. 그들은 제임스타운의 상류 지점에 자리를 잡고 버클리 헌드레드라 이름짓는다. 우들레이프는 투자자들로부터 도착의 날을 "전능하신 신께 감사하는 날로 기념하라는" 지시를 받았다. 영국령 아메리카에서 맞는 첫 추수감사절이었다. 버클리 헌드레드의 창립자들은 매년 그 날을 지킬 것이라 다짐했다. 그리고 다음해 12월 4일이 되었을 때, 함께 상륙했던 35명의 타싼타싸스 중 31명은 땅에 고이 잠들어 있었다.

어째서 이런 상황임에도 버지니아컴퍼니는 멈추지 않았을까? 이와 관련해 버지니아컴퍼니의 역사를 연구한 저술가 웨슬리 F. 크레이븐은 다음과 같이 말했다. "상황이 어떻게 돌아갔든, 버지니아컴퍼니는 본질적으로 막대한 자본이 투자된 비즈니스 조직이었다. 따라서 그들의 최대 관심사는 투자금 회수 및 수익에 있었다." 그러나 버지니아컴퍼니는 일반적인 비즈니스 조직과 다른 행보를 보였다. 자신들이 처음 원했던 금과 은, 그리고 아시아로 가는 루트가 발견되지 않자 와인 만들기, 선박 제조, 제련, 실크 제조, 염전 사업, 심지어 유리세공까지 사업 범위를 확장한 것이다. 하지만 이 같은 사업들은 무지막지한 자본과 인명을 희생시키며 죄다 실패로 돌아가고 말았다. 그럼에도 아메리카에 돈과 사람을 가져다 매립하는 짓을 멈추지 못했다. 어째서 버지니아컴퍼니 투자자들은 그 파멸의 구덩이에 배를 보내고 또 띄워 보냈을까?

　비슷한 맥락에서, 포우하탄은 어째서 식민지가 연명하도록 지켜보고만 있었을까? 포우하탄의 첫 맹공을 가까스로 모면한 제임스타운은 절체절명의 벼랑 끝에서 수년 간 버티었다. 그럼에도 왜 포우하탄은 이들을 일거에, 그리고 영원히 쓸어내지 못했을까? 이 두 질문에 대한 답의 중요한 열쇠 하나가 콜럼버스적 대전환에 있다.

아메리카로 날아온 유럽의 꿀벌들

1608년, 존 스미스가 포로로 잡혔을 때 포카혼타스가 그를 살려주었다는 이야기는 필시 사실이 아닐 것이다. 하지만 그로부터 6년 후, 포카혼타스는 홀아비가 된 존 롤프와 결혼함으로써 이번에는 진짜로 제임스타운을 죽음의 구렁텅이에서 구해냈다. 남아 있는 자료에 따르면 포카혼타스는 호기심 왕성한 천상 말괄량이 소녀였던 것 같다. 세너카모코의 여느 아이들처럼 사춘기 전까지는 옷을 입지 않은 채 마을을 누볐다. 식민개척자 스트레이치에 따르면 스미스가 포로에서 석방된 후 포카혼타스는 제임스타운에 놀러왔다. 식민지 청년들이 포카혼타스와 함께 텀블링을 돌았다. "손으로 땅을 짚고 텀블링을 하는 청년들 틈에 끼어 포카혼타스도 함께 돌았다. 거의 벗은 상태여서 최후의 보루마저 다 드러났다." 포카혼타스의 원래 이름은 마타오카였다. 포카혼타스는 애칭으로, '작은 악동'이라는 의미다.

　타싼타싸스들은 그 소녀를 예뻐했다. 하지만 소녀를 인질로 잡는 것을 포기할 만큼은 아니었다. 스미스가 영국으로 떠난 후 포우하탄이 영국인들을 궤멸 직전까지 몰고 갔을 때, 새로운 식민지 수장 데일은 총반격을 감행하기로 결의를 다진다. 그들은 제임스타운을 엄격한 계엄령 하에 놓은 뒤(한 식민개척자는 오트밀 죽 서너 그릇을 훔친 죄로 나무에 묶여 굶어죽었다), 남자들을 군 체제로 편성해 세너카모코를 요격할 원정대를 보냈다. 선전포고조차 없이, 식민개척자들은 제임스 강을 따라 자리잡은 마을들을 하나 둘 치면서 쑥대밭으로 만들었다. 그러자 이번에는 인디언들이 반격을 가해 식민개척자들을 제거하기 시작했다. 그들은 타싼타싸스들을 제임스타운의 방책까지 퇴각시켜 궁지로 몰아넣었다. 이제 그들을 기다리고 있는 건 질병과 굶주림뿐이었다.

교착상태에 빠진 전형적인 게릴라전 양상이었다. 타싼타싸스는 수많은 전투에서 승리를 거두었으나, 결정적인 승리를 거머쥐지는 못했다. 포우하탄 군대는 여러 번 고지대까지 퇴각했지만 활로 치명적인 공격을 가하며 다시 나타나곤 했다. 여기저기 수풀 사이에서 예고 없는 화살이 날아들었다. 그럼에도 포우하탄 역시 타싼타싸스를 일망타진하지는 못했다. 대신 포우하탄은 식민개척자들이 방책 밖으로 나오지 못하게 묶어둠으로써 농작물 수확을 할 수 없게 만들었다. 하지만 영국이 보급품과 대체인력을 계속해서 보내줄 의향이 있는 한, 인디언이 최종 승리를 거머쥘 수는 없었다. 양쪽 진영은 지칠 대로 지친 상황이었다.

그러던 1613년 봄, 제임스타운 총사령관 토마스 데일은 부관에게 당시 10대 소녀였던 포카혼타스를 꾀어 영국 배에 오르게 하라는 명령을 내렸다. 그들은 소녀를 배에 태워 멀리 데리고 갔다. 데일은 고귀한 혈통의 그 소녀를 식민지 고위관료 집에 가택연금해서 고이 모

초창기 아메리카 북동부 인디언들의 모습이 남아 있는 자료는 극히 드물다. 왼쪽은 영국에 와 있던 1616년에 제작된 포카혼타스의 판화로 인명과 대상이 분명한 포우하탄족의 유일한 초상화이다. 오피챈캔오의 초상화는 남아 있지 않다. 사람들은 그가 오른쪽 머리를 민 남자의 모습과 유사하지 않았을까 상상한다. 이 작품은 보헤미안 화가 웬셀라우스 할러가 1645년에 그린 것으로, 아마도 런던에 온 버지니아 인디언으로 추정된다.

신다. 이와 동시에 포우하탄에게는 포카혼타스의 몸값을 요구하는 서한을 보냈다. 딸을 돌려받기 위해 포우하탄은 "그가 비신사적으로 훔쳐간" 총, 검, 그리고 금속 연장들을 돌려보내야만 했다. 데일이 요구한 몸값에는 영국인 포로 석방도 포함되었다. 3개월 동안 버티며 침략자와 협상을 거부하던 포우하탄은 영국인 포로 몇 명을 석방하며 그들 손에 제안서를 들려보냈다. 그가 제시한 딸의 몸값은 옥수수 15,000리터였다. 총과 검은 잃어버리거나 도둑맞아 돌려줄 수 없다고 덧붙였다. 데일은 코웃음을 쳤다. 그리고 8개월 동안 협상은 중단되었다. 이 기간에 자유의 몸이 된 포로들 일부는 인디언에게 돌아갔다. 이질적인 문화와 언어에도 불구하고, 기근과 계엄령에 시달리는 제임스타운보다는 세너카모코가 더 좋다고 판단한 것이다.

이 교착상태에 종지부를 찍기로 한 데일과 롤프는 1614년 3월 머스킷 총으로 무장한 150명의 타싼타싸스를 이끌고 포우하탄과 전면 대치에 들어갔다. 수백 명 원주민 병사와 데일의 병사들은 요크 강변에서 대치했다. 병사들은 분기탱천했지만 수많은 사상자를 내는 전투를 피하고 싶었던 양 측 지휘관들은 마침내 협상 테이블을 마련했다. 영국 측 대표는 롤프가, 세너카모코 측 대표는 스미스를 진흙탕에서 사로잡았던 포우하탄의 남동생 오피챈캔오가 맡았다. 이틀에 걸친 협상을 끝낸 그들은 비공식 협정안을 작성하기로 했다. 그런데 돌발변수가 발생했다. 중요한 협상카드였던 포카혼타스가 집으로 돌아가지 않겠다고 나선 것이다.

식민개척자의 보고서는 납치되었던 포카혼타스를 이렇게 묘사하고 있다. "극도로 수심에 잠기고 불만스러워 보였다." 추측건대 포카혼타스는 타싼타싸스의 이질적인 문화에 넋이 나갔던 것 같다. 처음에 그녀는 많은 게 불편했을지 모른다. 그들의 옷이 거추장스럽고, 산들로 쏘다니던 그녀로서는 타싼타싸스 귀족들의 생활습관에 숨통이 막혔을지 모른다. 엄격한 식탁 문화에도 적응이 안 됐을 것이다 (집에서는 죽그릇에 손을 넣고 먹기만 하면 됐다). 하지만 시간이 흐르면서 그녀의 태도는 변했다. 초기에 아버지가 자신의 몸값을 거절한 것에 대해 배신감을 느꼈을지도 모른다. 어쩌면 영국인들에게 공주로 대접받는 게 좋았을 수도 있다. 아버지의 집에서는 많은 부인의 여러 아이 중 하나에 불과했으니까. 아마도 자신이 영국인 쪽에 남게 되면 전쟁과, 이로 인해 간헐적으로 터져 나오는 잔악성도 종지부를 찍을 거라고 생각했는지도 모른다. 어쩌면 단순히 포로 상태에서 만난 존 롤프와 사랑에 빠졌을 수도 있다. 이유가 무엇이든, 포카혼타스는 존 롤프의 신부로서 제임스타운에 남기로 했다.

포카혼타스가 이미 결혼했다는 점을 문제 삼는 이는 아무도 없었다. 포카혼타스에게는 아이가 없었고, 로운트리 박사가 지적했듯 포카혼타스가 결혼서약을 언제 어느 때 깨더라도 인디언의 관습상 아무런 문제가 되지 않았다. 영국 쪽에서 볼 때도 비기독교인과 이루어진 '미개한' 결혼은 그들에게 유명무실했으므로 얼마든지 무시할 수 있는 문제였다. 결과적으로 원주민과 새 이주민 모두 포카혼타스가 롤프에게 시집온 것을 사실상의 휴전협정으로 간주했을 것이다. "항복문서나 강화조약 체결조차 없이, 누가 승자인지 구차하게 따지지 않으면서도 딱 적절한 시기에 체면 구기지 않는 선에서 자연스럽게 전쟁을 종식시킬 수 있는 절묘한 구실"이었다고, 파우즈는 자신의 저서 《분쟁의 역사_history of the strife_》에서 말했다.

한편 오피챈캔오는 전쟁이 지지부진하던 이 기간을 권력 이양의 기회로 삼았다(포우하탄은 1615년에 권력을 내려놓았고, 3년 후 숨졌다). 그는 타협이란 모르는 원리원칙주의자였으며, 타싼타싸스가 도착했던 그 날부터 적대적인 태도를 취했다. 그러나 권력을 쥐기 위해 제임스타운을 배후에서 조종해 자신의 원주민 라이벌을 공격하도록 유도하거나 영국인이 영역을 팽창해가는 와중에도 자신의 왕국을 조용히 확장시켰다. 새로운 통치자는 적을 알기 위한 필사의 노력으로 제임스타운에 자신의 사람을 침투시키기도 했다. 그 인디언들은 영국인의 집에서 일하고, 영국인의 배와 교역하고, 영국의 군인으로 복무하면서 이방인들의 방식을 눈여겨 배웠다. 그렇게 오피챈캔오는 영국군 무기고에서 훔쳐낸 총과 사용법을 부하들에게 훈련시켰다.

식민개척자들은 무사태평하게도 오피챈캔오의 계획을 전혀 눈치 채지 못했다. 하지만 뜻하지 않은 무시무시한 역공을 개시하게 되었으니, 바로 콜럼버스적 대전환이었다. 끝없이 버지니아로 흘러들어오는 선박 행렬에는 새로운 종의 종합선물 세트까지 딸려왔다. 그 중 장차 생태학적으로 전방위 공세를 펼치게 될 가장 막강한 무기는 바로 타바코였다.

심지어 전쟁이 정점으로 치닫던 시기에도 존 롤프의 니코티아나 타바쿰N. tabacum은 계속해서 선전했다. 영국 국왕 제임스 1세는 흡연을 "눈에도 지독스럽고, 냄새도 불쾌하고, 두뇌에도 해롭다."면서 혹평했다. 다만 담배를 엄금하려던 국왕이 마음을 고쳐먹은 건 만성 재정적자에 시달리던 영국 왕실에게 타바코가 중요한 세수원이 될 수 있다는 사실을 깨달았기 때문이다. 영국 흡연자들은 일단 안도했으나 여전히 만족스럽지 않았다. 스페인은 계속해서 가격을 올렸다. 분말 코카인보다 품질은 떨어지지만 값이 싼 크랙 코카인crack cocaine처럼, 버니지아 타바코는 질이 좀 떨어져도 캐리비안 타바코에 비해 상대적으로 가격이 저렴했다. 그 덕에 크랙 코카인처럼 버지니아 타바코는 상업적으로 공전의 히트를 쳤다. 담배를 처음 수확하던 날로부터 1년도 지나지 않아 제임스타운 식민개척자들은 이 중독성 있는 기호품으로 런던에서 진 빚을 갚아가기 시작했다. 그리고 포우하탄과의 휴전 기간을 이용해 생산량을 폭발적으로 늘렸다. 1620년경이 되었을 때, 제임스타운은 자그마치 연간 22,650킬로그램에 달하는 타바코를 영국으로 선적했다. 그로부터 3년 후에는 이 수치가 3배로 뛰었다. 그리고 40년이 지나지 않아 체서피크 만(나중에 일명 타바코 해안이라고 알려진)은 매년 1,130만 킬로그램의 타바코를 수출했다. 그 사이 민간 자영농들은 초기 투자액의 1,000퍼센트에 달하는 수익을 올렸다.

무려 1,000퍼센트 수익률이었다! 들어가는 것이라곤 태양과 물과 토양뿐인 비즈니스! 노동력만 확보된다면 수익률은 천정부지로 치솟을 것이었다. 노동자의 1년치 임금은 2파운드. 이 노동력으로 연간 100파운드, 심지어 200파운드의 타바코를 길러낼 수 있었다. 인간을 움직이게 하는 근본 동력은 누가 뭐래도 경제 질서, 즉 돈이다. 과거 존 스미스가 총부리로 쿡쿡 찔러대야만 마지못해 일하는 시늉을 내던 타싼타싸스들은 이제 누가 시키지 않아도 토양에서 타바코를 쥐어짜내는 데 여념이 없었다. 돈을 벌기 위해서였다. 새로운 이주민들이 와르르 쏟아져 들어와 땅을 낚아채고, 깃발을 꽂듯 너도나도 땅에 니코티아나 타바쿰을 심었다. 영국 스타일의 농장은 초고속으로 제임스 강과 요크 강 상하류, 그 옆쪽으로 광범위하게 퍼져나갔다. 엄청난 수의 식민개척자들이 물밀듯 밀어닥치는 바람에 북아메리카 식민지는 더 이상 대양 건너편의 지시를 받아 통제할 수 없는 상황으로 변했다. 이러한 상황을 깨달은 버지니아컴퍼니는 분쟁 해결을 위한 협의회를 식민지에 창설했다. 북아메리카 식민지에 최초로 들어선 자체 대의기관이다. 버지니아컴퍼니는 1619년 7월 30일부터 8월 4일까지, 대대적으로 이 기구의 창설 기념행사를 열었다.

그로부터 3주도 채 지나지 않았을 때 네덜란드 해적선 한 척이 제임스타운에 상륙했다. 그런데 이 배에 억류된 "20여 명의 니그로"가 실려 있었다. 멕시코로 향하던 포르투갈 노예 선박으로부터 해적들이 탈취한 노예들이었다(며칠 후에 니그로 30여 명을 실은 또 다른 배가 나타난다). 코를 베어가도 모를 정도로 타바코 수익을 짜내는 데 여념이 없었던 타싼타싸스는 더 많은 일꾼을 구하려고 아우성이었다. 이 아프리카인들이 도착한 시기가 마침 추수기였다. 길게 생각하고 말 것도 없었다. 식민개척자들은 해적들이 본국으로 돌아갈 수 있도록 필요한 양식을 대주는 대가로 아프리카인들을 달라고 요구했다. 엄밀히 말하면 "20여 명의 니그로" 아프리카인들은 노예가 아니었을지도 모른다. 그들의 지위가 무엇이었는지는 분명치 않다. 확실한 건, 그들이 자발적인 노동력은 아니었다는 사실이다. 이 거래는 노예제도로 가는 길의 첫 이정표가 되었다. 제임스타운은 2주의 시차를 두고 장차 미합중국을 관통해 오래도록 존속할 두 가지 제도를 연달아 마련했다. 즉 대의민주주의와 노예 사유화이다.

물론 당시의 식민개척자들은 이것이 얼마나 중대한 사건이 될 것인지 전혀 알지 못했다. 그들에게 당장 중요한 건 오로지 눈앞에서 자라는 버지니아 담뱃잎뿐었다. 식민개척자들이 타바코에 광적으로 사로잡히는 바람에 제임스타운을 영영 못 쓰는 땅으로 망쳐놓았다고 개탄하는 일부 지도자가 있기는 했다. "교회는 무너지고, 팔리자도Palizado's(벽)도 허물어지고, 다리는 산산조각나고, 우물은 영영 못쓰게 망가졌다. 예배당으로 썼던 창고, 시장과 도로는 물론 모든 곳이 타바코 밭이 되었다." 성공과 술에 취한 주정뱅이들의 소란과 행패도 빈번했다. 들어오는 배들을 통해 주류가 반입되고 임시 주점이 성행했다. 데일은 플랜테이션 업자들에게 강제 행정명령을 발표했다. 곡류를 의무적으로 심어라, 그렇지 않으면 식민정부가 타바코를 몰수할 것이다. 하지만 누구도 개의치 않았다.*

---

* 타바코 광풍은 프랑스에까지 불었다. 사촌이 땅을 연이어 사들인다는데 프랑스라고 가만히 있을 순 없었다. 게다가 자금에 쪼들리던 프랑스 왕실(원래는 아메리카 식민지에 무

참으로 안타깝게도, 버지지아컴퍼니에게는 이 붐이 너무 늦게 찾아왔다. 배에 실려 대서양을 건너온 식민개척자들은 도착하기 무섭게 죽어나갔고, 초기 투자금은 들이붓는 족족 바닥나 버렸다. 일이 이렇게 되자 버지니아컴퍼니 관리자들은 런던의 막강한 성직자들에게 빌붙었다. 제임스타운 구조성금을 위해 새로운 투자자를 끌어들이는 것이 영국 기독교인의 의무라고 설득하고 나선 것이다. 이에 호응해 목사들은 주일마다 자기 교구민에게 버니지아컴퍼니 주식을 사도록 적극 설파했다. 윌리엄 크래쇼William Crashaw 목사는 영국에서 가장 영향력 있는 교회 예배당의 긴의자에 앉은 신도들에게 "고귀하고 가치 있는 어드벤처가 계속 전진하게 합시다!"라고 소리 높여 외쳤다. 크래쇼 목사는 버지니아라는 기회를 영국이 잡지 못한다면 자손만대로 "그 멍청이들의 간이 얼마나 작았기에, 다 된 밥에 숟가락도

관심했던, 심지어 귀찮아 했던)은 자국 흡연자들이 영국 타바코에 천문학적인 금액을 바친다는 사실을 알고 경악했다. 뒤늦게 뛰어든 프랑스는 뉴올리언스 식민지 설립에 엄청난 자금을 퍼부었다. 노예 노동력으로 굴릴 심산으로 버지니아를 빼닮은 거대한 식민지를 구상했으나 여기서 나오는 수익으로 채권자들에게 돈을 지불할 여력은 되지 않았다. 그때 천재적인 경제학자 존 로John Law가 출자전환이라는 기발한 방식을 고안했고, 정부는 채권자들에게 국채 거래를 허용했다. 그러자 대중이 주식을 사러 자석에 이끌리듯 모여들었고 전형적인 투기 버블이 일면서 주가가 폭등했다. 존 로는 투자를 하게 해달라고 들러붙는 사람들 때문에 무장경호원까지 고용했고, 아칸소에서는 그에게 공작 지위를 하사했다. 그러나 버블은 1720년에 꺼졌다(1720년 여름부터 가격이 곤두박질친 채권은 1721년 시가 총액이 97퍼센트나 하락했다. 이 사건은 루이 16세 때까지 이어져 국가 재정이 휘청거리는 상황을 초래했다. 당시 프랑스 국가예산의 60퍼센트가 이자로 나갈 정도였다. 이 때문에 루이 16세는 삼부회를 소집했고, 결국 프랑스 대혁명을 유발한 요인이 됐다). 하지만 니코틴 갑부를 꿈꾸는 많은 사람들이 이미 아메리카를 향해 배를 띄운 뒤였다. 그들은 머잖아 뉴올리언스가 타바코에 맞는 땅이 아니라는 불편한 진실과 마주했다. 지속되는 손실에 부아가 난 프랑스는 1762년, 7년전쟁 지원에 대한 대가로 그 도시를 스페인에 양도해버렸다.

이 이미지는 여러 면에서 사실과 일치하지 않는다. 멀리 보이는 견고한 벽으로 된 요새는 제임스타운의 모습도, 포우하탄 정착촌 모습도 아니다. 독일 미술가 마테우스 메리언의 판화로, 1622년 버지니아에서 포우하탄의 공격에 의해 야기된 공포감을 잘 포착하고 있다.

없지 못했을까? 라는 비난을 면치 못할 것"이라고 말했다.

이 전략은 제대로 먹혀들었다. 목사들은 자그마치 700명 넘는 투자자를 낚는 데 성공했고, 버지니아컴퍼니에 무려 2만 5,000파운드*의 투자금을 조달했다(대조적으로 이 회사의 최초 투자자는 10명 정도였고, 이들의 투자액은 수백 파운드를 밑돌았을 것으로 역사가들은 확신한

---

* 현재의 화폐가치로 그 액수를 가늠하는 건 결코 쉬운 일이 아니다. 다만 이 금액은 현재 돈으로 수천만 달러였을 것이다. 두루뭉술하게 잡는다 해도, 실상은 훨씬 컸을 것이다. 왜냐하면 당시의 자본 동원력은 지금과는 비교가 안 될 정도로 작았다. 즉 버지니아컴퍼니가 일으킨 캐피탈은 금액 자체보다 당시 동원 가능한 화폐량을 감안했을 때, 훨씬 더 큰 액수였다. 그런 맥락에서 5,000만 달러 정도로 추산해도 무리는 아닐 듯하다.

다). 이 추가 투자금으로 수백 명의 식민개척자가 다시 충원되어 열심히 타바코를 길러냈다. 훗날 제임스타운을 살려낸 롤프와 데일 같은 식민개척자가 버지니아에 갈 수 있었던 것은 다 이렇게 모아진 투자금 덕택이었다. 그렇다고 타바코 수익이 수년 간 누적된 회사의 손실을 하루아침에 상쇄할 수는 없었다. 버니지아컴퍼니는 오피챈캔오가 대대적인 공격을 감행해왔던 1622년 3월 22일, 다시 돈이 바닥났다.

그날 아침 일찍, 인디언들은 유럽인의 정착지에 가서 노크를 하며 집 안으로 들여보내 달라고 말했다. 대부분 얼굴을 잘 아는 손님이었고 무장도 하지 않은 상태였다. 집으로 들어온 인디언들은 차와 음식을 대접받았다. 그러다 돌변한 그들이 손에 닥치는 대로 연장(식칼, 무쇠솥, 식민개척자들이 소유한 총)을 집어들고는 집에 있던 사람들을 도륙하기 시작했다. 공격은 광범위한 지역에 걸쳐 무자비하게, 조직적으로 행해졌다. 순식간에 당한 일이라 많은 식민개척자들은 영문조차 모른 채 죽어나갔다. 본래 세너카모코 것이었던 집들이 곳곳에서 불탔다. 마지막 순간 몇몇 인디언이 영국인 친구들에게 언질을 해준 덕에 제임스타운은 겨우 공격 태세를 가다듬었다. 그럼에도 이 날의 참사로 325명이 희생되었다.*

게다가 이 공격은 훗날 700명 이상이 추가로 희생되는 여파를 불

---

* 타싼타싸스에게 계속 나쁜 일만 있었던 건 아니다. 1623년 5월, 이 공격이 있은 지 일년이 조금 더 지난 시점에, 이들은 세너카모코 대표단과의 평화회담에서 반격을 전개한다. 한 목격담에 따르면, 축배를 드는 와중에 영국인들이 독이 든 셰리주를 돌렸고 "200명 넘는" 인디언을 죽였다. 공포에 질리고 분개한 인디언에 쫓긴 식민개척자들은 배로 피신했다. 그들은 도망치면서 뒤따라오는 무리를 화염에 휩싸이게 만들어 오피챈캔오를 포함한 "50명가량을" 더 죽였다고 믿었다. 그들이 오피챈캔오를 죽였다고 생각한 건 오판이었다. 이 일이 있은 후부터 영국인들은 인디언의 "머리를 집으로 가져왔다." 말하자면 승리의 징표로 머리를 챙기기 시작했다.

러일으켰다. 그러니까, 인디언 공격이 자행된 건 봄의 파종기였다. 이로 인해 수많은 인명을 잃은 타싼타싸스는 평상시보다 훨씬 적은 메이즈를 파종했다. 그런데 바로 그 해, 버지니아컴퍼니에서 제임스 타운 재건을 위해 1,000명 넘는 인원을 새로 보냈다. 믿기지 않게도 식량 지원은 전혀 없었다. 배에 실은 사람 수대로 돈을 받았던 선주들로서는 돈이 되지 않는 식량보다 승객으로 배를 과적하는 게 남는 장사였으니, 당연한 일이기도 했다. 배에서 괴혈병에 걸린 운 없는 영혼들은 해변에 그대로 버려졌다. 이들은 "나무껍질이나 흙을 파먹는 것 외에" 달리 도리가 없었다. 또다시 식민개척자들은 몇 줌 안 되는 메이즈로 연명하는 거지꼴로 전락했다. 이 시기는 두 번째 '아사의 시기'로 기록된다. 다시 봄이 되었을 무렵, 생존자들은 너무도 쇠약한 상태에 처했다. 식민지 재무관 조지 샌디에 따르면 "살아남은 자들에게는 죽은 자들을 매장할 힘도 남아 있지 않았다." 그 해 버지니아의 유럽인 3명 중 2명이 죽었다.

그 무렵의 오피챈캔오는 모든 면에서 절대적인 우위에 있었다. 군사는 수적으로 월등했고, 보급 상황도 적에 비할 바가 아니었다. 마음만 먹으면 영국인 정착지를 언제든 공습할 수 있었다. 제임스타운 식민정부 의회조차 식민개척자들이 응전으로 앙갚음을 할 수 없다고 인정할 정도였다. "그들은 우리보다 발도 빠르고 숲 지형도 훤히 꿰뚫고 있었다. 따라서 우리의 모든 역습은 무용지물이었다." 오피챈캔오는 1623년 여름, "보름달이 두 번 뜨기 전에 이 땅에서 단 하나의 영국인 영혼조차 발붙이지 못하게 만들 것이다."라고 공언했다.

그의 공언대로 버지니아컴퍼니는 결국 살아남지 못했다. 인디언의 공격으로 충격을 받은 제임스 1세는 진상조사위원회를 꾸렸고, 위원회는 왕에게 참상을 보고할 수밖에 없었다. 의회는 버지니아컴퍼니에 대한 지지를 철회했다. 경영진은 어떻게든 왕의 마음을 돌리려고 애를 썼다. 버지니아컴퍼니에 당시로서는 천문학적 금액인 20만 파운드를 박아넣은 투자자들은 회사가 존재하는 한 회수에 대한 실낱같은 희망이라도 품을 수 있었다. 하지만 왕이 회사 인가마저 철회해버린다면, 그야말로 모든 것이 물거품이 될 판이었다. 그럼에도 왕은 1624년 5월 24일, 버지니아컴퍼니 인가를 철회했다. "일말이라도 자국민에 대한 책임의식을 가진 왕이라면, 자신의 국민들을 더 이상 그처럼 무분별한 사지로 몰아넣지는 않을 것이오." 왕은 이렇게 말했다고 역사학자 모건은 기록하고 있다. 사실 왕이 더 일찍 그런 결정을 내리지 않은 게 오히려 이상할 정도다. 오피챈캔오가 결국 버지니아컴퍼니를 격퇴한 것이다.

하지만 버지니아컴퍼니에 대한 승리가 곧 인디언의 최종 승리는 아니었다. 오피챈캔오는 무슨 이유에서인지 결정적인 총공격을 감행해 이방인들을 육지 밖으로 몰아내지 않았다. 실제로 무려 22년 간이나 조직적인 2차 공격이 없었다. 너무 늦어 손쓸 수 없을 때까지. 그가 왜 머뭇거렸는지, 이유는 명확하게 알 수 없다. 당시 영국인들은 어마어마한 역사적 기록을 남겼지만 오피챈캔오의 공격 이후 품게 된 적개심으로 인해 그나마 가지고 있던 원주민을 향한 관심의 불씨마저 아예 꺼버렸기 때문이다. 이 질문에 대한 가능성 있는 가정 중 하나는, 인디언들이 영국 가정집 공격을 감행하기 이전에 오피챈캔오가 이미 세너카모코를 잃었을지도 모른다는 점이다. 담배를 재배함으로써, 영국인들은 그곳의 지형을 몰라보게 탈바꿈시켰기 때문이다.

인디언들도 오래 전부터 담배를 길렀지만 극소량이었다. 반면 식민개척자들은 엄청난 면적을 니코티아나 타바쿰으로 도배했다. 당시 원주민이든 이주민이든, 담배 대량 재배가 환경에 야기할 변화에 대해서는 아무런 생각도 없었다. 타바코는 질소와 칼륨의 스펀지이다. 담배를 땅에서 통째로 뽑아냈기 때문에, 타바코를 수확해 수출하는 것은 그 양분을 땅에서 쏙 빼내어 배에 싣는 것과 다름없었다. 제임스타운 카운티인 제임스시 농촌진흥청의 린 뒤부아 연구원은, 타바코는 토양에서 생명을 진공청소기처럼 빨아들이는 거의 유일무이한 능력을 가지고 있다고 설명했다. 그러면서 그는 "여기처럼 토양이 튼실하지 않은 지역에서 담배를 경작하면 2~3년 내에 땅이 완전히 망가집니다."라고 덧붙였다. 농경지를 계속적으로 황폐화하면서 식민개척자들은 메뚜기처럼 새로운 땅으로 이동해갔다.

어떤 이의 기록에 따르면, 세너카모코 전통농법은 가족별로 소유한 땅을 몇 년씩 경작한다. 그러다 산출량이 줄어들면 휴한지로 놀린다. 경작하지 않는 땅은 다시 농지로 쓰이기 전까지 사냥이나 수렵채집으로 활용된다. 그런데 이미 개활된 그들의 휴한지로 이방인들이 거칠 것 없이 밀려들어 그 땅에 타바코를 심기 시작했다. 포우하탄 사람들과 달리 영국인들은 밭이 지력을 잃어 완전히 고갈되면 그 땅이 재생되도록 놔두질 않았다. 그들은 그 땅을 메이즈 밭으로 전환했다가 다시 소나 말의 목초지로 삼았다. 다시 말해서 이방인들은 농지와 숲으로 땅을 리사이클링하던 인디언과 달리 한시도 놔두지 않고 써먹었다. 그렇게 함으로써 세너카모코 사람들을 옥토와 수렵 장소로부터 한 발짝 한 발짝 영원히 물러나게 만들었다. 인디언들은 내륙으로 더 내륙으로 계속해서 밀려 들어갔고, 그에 비례해 영국인들은 해안으로부터 점점 더 먼 곳으로 영토를 넓혀갔다.

그렇게 10~20년이 지나자 영국인들은 인디언이 개활했던 땅 대부분을 손에 넣었다. 그런 뒤 숲속으로 진군했다. 환경사학자 존 베너스턴의 말을 빌리면 "수 세기 동안 유럽에서는 자취를 감추었던 베고 불지르기 전법을 구사하면서" 이들은 울창했던 아름드리 거목을 마구잡이로 쓰러뜨리고, 거기서 나온 목재들을 아무렇게나 사용했다. 농장주들은 자신의 부동산을 일명 '지렁이울타리'(6~10개의 목재를 서로 맞물리게 엮어 지그재그 모양으로 두른 방책)로 둘러쳤다. 베너스턴은 1.5킬로미터의 지렁이울타리를 만드는 데 길고 두툼한 목재 6,500개가 족히 쓰였을 거라고 추정한다. 나무는 수지, 타르, 테레빈유 그리고 널빤지를 만드는 데도 쓰였다. 마음껏 쓰고 남은 목재는 술통이나 물통 등으로 제작해 목재에 굶주려 있던 영국에 수출했다. "그들은 나무에게 원한이라도 진 듯했다. 그들 손에 걸려서 남아나는 나무가 없을 정도였다." 18세기의 한 방문자가 무미건조하게 기술한 내용이다.

매년 불길의 손을 탔던 숲지역은 오랜 세월 열린 동시에 닫힌 땅이었다. 열려 있다는 건 사람들이 자유롭게 그곳을 왕래할 수 있었다는 의미다. 반면 닫혀 있다는 것은 거목들이 지붕 역할을 해서 집중호우의 충격으로부터 땅을 보호했다는 의미다. 숲을 무자비하게 걷어내자 토양의 민낯이 드러났다. 여기에 식민개척자들의 쟁기질은 취약성을 더욱 노골화시켰다. 땅에 섞여 있던 양분은 봄비에 녹아 바다로 씻겨나갔다. 피부가 드러난 토양은 더 빨리 마르고 굳어서, 이듬해 봄에 내리는 비를 흡수할 능력을 잃었다. 토사가 밀려오는 바람에 하천의 유량은 급속하게 불어났다. 이 같은 악순환 속에서 17세기 후반으로 접어들자 재앙 수준의 홍수가 빈번하게 일어났다. 강으로 어찌나 많은 토사가 흘러드는지 배로 강을 운항하는 게 어려워졌다.

생태적 유입은 비단 남아메리카에서 온 타바코뿐만이 아니었다. 영국인들은 자신의 농장에서 익숙하게 보았던 동물들까지 들여왔다. 돼지, 염소, 소, 그리고 말. 초기에는 이 동물들이 잘 살지 못했다. 초창기 굶주린 식민개척자들이 동물을 먹어버린 탓도 있었다. 그런데 포카혼타스와 롤프의 결혼 후 평화 시기가 도래하면서 동물 개체수가 크게 늘어났다. 식민개척자들은 가축에 대한 통제력을 급속하게 상실했다. 인디언들이 아침에 일어나 보면, 영국인이 놓아기르는 소나 말들이 자신의 경작지에 마구 들어와 농작물을 짓밟아놓기 일쑤였다. 그 짐승들을 잡아 죽이기라도 하면 식민개척자들은 총을 겨누며 보상을 요구했다. 수십 년 동안 동물 수는 가파르게 증가했다.

가장 심각한 것은 돼지였다. 1619년이 되었을 즈음, 한 식민개척자에 따르면 "무한한 수의 돼지 떼가 숲속으로 탈출했다." 머리가 좋고 힘이 세고 끊임없는 식탐을 가진 돼지들은 견과류, 과일, 메이즈를 먹어치웠다. 그러고는 또다시 먹을 만한 뿌리와 줄기를 찾아 호미 같은 코로 습지를 파헤쳤다. 그 중 하나가 인디언들이 메이즈 수확에 실패했을 경우 구황식물로 의존하던 덩이줄기 작물 복령이었다. 돼지들은 알고 보니 복령을 좋아했다. 그것도 아주 많이. 18세기에 이곳을 둘러보던 피터 칼름이라는 스웨덴 식물학자는 돼지들이 "복령을 탐욕스럽게 먹고 자란 탓에 살집이 아주 좋았다."라고 썼다. "돼지들이 많이 출몰하는 땅에서 복령은 씨가 마르게 될 것이다." 그는 이렇게 주장하기도 했다. 세너카모코 사람들은 이렇게 자신들의 식량을 두고 야생 돼지들과 다투는 처지가 되고 말았다.

하지만 장기적으로 볼 때, 생태학적으로 가장 큰 영향력은 아주 작

1660년 이주민에게 최종 패배한 버지니아 인디언은 영국인 정착지에 들어갈 일이 있을 경우, 신분을 증명하는 배지를 착용해야만 했다. 위 그림은 원주민 지배층의 배지이다.

은 생명체에 의해 가해졌다. 바로 유럽 꿀벌이었다. 1622년 초, 외래 생명체를 한 가득 실은 배가 제임스타운에 도착했다. 바로 포도, 누에고치, 벌 등이었다. 포도와 누에고치는 한 번도 잘된 적이 없었다. 하지만 벌들은 번성했다. 대다수 벌들은 정해진 몇 종의 식물만 수분하고, 거주지도 까탈스럽게 고집한다. 그런데 유럽 꿀벌들은 가리지 않고 난잡하게 수분을 하는 미니 동물이었다. 그 생명체들은 닥치는 대로 수분을 해댔고, 장소를 가리지 않고 아무 데서나 거주했다. 유럽 꿀벌들은 급속도로 퍼져 아메리카 대륙 전역에 살림을 차렸다. 인디언들은 이 벌들을 "잉글리시 플라이English flies"라고 불렀다.

영국인들이 벌을 가져온 목적은 꿀이었다. 농작물 수분을 위해서가 아니었다. 벌들의 수분은 18세기 이전에는 발견되지 않은 덕목이었다. 그런데 야생화한 벌들이 농장이든 과수원이든 자유롭게 날아다니며 왕성하게 수분 활동을 했다. 이 벌들이 아니었다면, 유럽인이 들여온 수많은 작물들은 열매를 맺지 못했을 것이다. 조지아 주는 오늘날 복숭아 주가 아니었을 것이고, 조니 애플시드Johnny Appleseed(1774~1845, 미국 각지에 사과씨를 뿌리고 다녔다는 개척시대 인물)의 사과나무에도 사과가 열리지 않았을 것이며, 허클베리 핀이 서리할 수박조차 존재하지 않았을지 모른다. 유럽인의 성공에 가뜩이나 불안했던 인디언들은 꿀벌을 침략의 전령으로 보았다. 이 새로운 땅에서 본 벌들에 대한 첫인상을, 프랑스 출신 작가 장 드 크레브쾨르는 1782년 "모든 이들의 마음 한가운데 불안감과 조마조마한 마음이 일렁거렸다."라고 묘사했다.

숲이라는 대지의 이불을 제거해버리고, 휴한지의 회복력을 원천봉쇄하고, 토양을 작살내고, 해마다 행하던 불태우기의 명맥조차 잇지 못하고…. 설상가상 풀을 뜯고 뿌리까지 작살내는 덩치 큰 초식동물을 마구 풀어놓고, 지렁이와 꿀벌과 다른 무척추동물까지 들여온 식민개척자들은 세너카모코 땅을 철저하게 망쳐서 이곳의 본래 주인이던 사람들의 생존을 점점 더 힘겹게 만들었다. 그러는 사이 유럽인들은 그곳을 점점 더 자신들에게 친숙한 환경으로 변모시켰고, 이곳에서 번성하는 것도 그만큼 더 쉬워졌다. 기근과 질병, 재정 파탄에도 불구하고 이민자들은 체서피크 만으로 쏟아져 들어왔다. 난무하는 도끼질, 소들의 쟁기질과 난개발, 강 유역 구석구석에 타바코를 확산시키는 수백의 식민개척자들. 땅이 고갈되고 나면 그들은 그 땅을 소에게 넘겨주고 다른 땅으로 옮겨갔다. 생태학적 관점에서 말하자면, 세너카모코는 점점 더 빠른 속도로 유럽과 비슷해지고 있었다. 태동하는 호모제노센의 트레이드마크. 그리하여 1650년 즈음이 되었을 때, 인디언 제국에서 주로 보이는 인간은 유럽인들이었다.

무한하고 끝없는, 부를 향한 갈망

누가 보더라도 존 페러John Ferrar는 신앙심 깊고, 품행이 바르고, 근면 성실한 사람으로서 일생 동안 충실하게 가업을 돌봤다. 런던의 부유한 가죽상인이었던 그의 아버지 니콜라스는 영국 중앙은행인 잉글랜드은행Bank of England(1694년 설립된 영국 중앙은행. 우리나라에서는 영국은행 혹은 영란은행이라고도 부른다−옮긴이)에서 멀지 않은 세인트 시스 거리에 대저택을 가지고 있었다. 니콜라스는 버지니아컴퍼니의 초창기 주주 중 한 명으로 제임스타운에 50파운드를 투자했었다. 투자는 결실을 얻지 못했고, 니콜라스는 회사의 문제가 관리자의 무능이 아니라 연줄에 의한 인선에 있다고 확신했다. 하지만 그쯤에서 발을 빼는 대신 오히려 1618년에 50파운드를 추가로 투자했다. 그 대가로 획득한 버지니아의 수천 에이커 플랜테이션에 친척을 보내서 그 땅을 관리하도록 했다. 몇 달 후 그가 동참한 일종의 주주 반란으로 인해 버지니아컴퍼니의 경영진이 새로 임명되는데, 그들 중에 니콜라스의 두 아들도 포함되어 있었다. 장남인 니콜라스 주니어에게는 회사의 자문위원 겸 비서관 자리가, 그리고 둘째인 존 페러에게는 무급직인 재무보좌관 직책이 주어졌다.

중책은 아니었지만, 사실상 회사 재무를 존 페러가 도맡는 형국이 펼쳐졌다. 실제 재무담당관이었던 거물급 귀족은 의회에서 왕의 발을 닦아주는 일로 더 바빴기 때문이다. 당시의 버지니아컴퍼니는 타바코 판매로 꽤 괜찮은 수익을 올리고 있었다. 다만 이전에 누적된 빚이 워낙 많아서 존 페러는 그 빚을 갚느라 고군분투했다. 재무를 관리하던 페러는 이전 관리자들이 3,000파운드를 횡령했다는 사실을

1667년의 지도로, 17세기 유럽에서는 놀라울 정도로 흔한 지도였다. 북아메리카가 좁다란 지협으로 그려져 있다. 이 지도대로라면 버지니아컴퍼니 주주들이 보기에 제임스타운(지도에서 별로 표시되어 있는 곳)에 있는 식민개척자들은 걸어서 태평양에 이를 수 있으며, 거기서 중국으로 항해할 수 있는 셈이다.

밝혀냈다. 이 자금을 회수하려던 노력은 법정에서 페러를 중상모략하는 횡령자들의 방해로 인해 저지당했다. 페러의 시스 거리 저택에서는 하루가 멀다 하고 횡령자들에 맞서기 위한 대책회의가 열렸고, 페러는 모든 에너지를 거기에 쏟아부을 수밖에 없었다.

고생한 보람은 없었다. 1622년, 오피챈캔오의 전면 공세는 페러의 정적들이 눈에 불을 켜고 찾던 구실을 준 꼴이었다. 니콜라스와 존 페러는 무고한 사람을 중상모략하는 협잡꾼으로 몰려 투옥되었다. 이들은 곧 자유의 몸이 되지만, 왕이 버지니아컴퍼니를 끝내겠다고 발표했을 때, 그들이 느꼈을 허탈감과 충격은 상상하기 어렵지 않다.

존 페러는 결코 그 상황을 체념으로 받아들이지 않았다. 회사의 운명이 다하고 25년이 지났을 때, 존 페러는 제임스타운의 실패가 자신 및 여러 회사의 경영자 탓이라고 비난하는 윌리엄 불락의 60페이지짜리 소책자 《버지니아에 대한 객관적인 고찰*Virginia Impartially Examined*》을 접했다. 불락은 그 소책자에서 식민지가 다각화만 꾀했어도 번영했을 것이라고 강력하게 주장했다. 타바코에만 매달리지 말고 밀과 보리 등 다른 작물도 길러야 했다고 말이다. 격분한 페러는 그 책의 여백을 반박의 글로 가득 메웠다. 페러에게 불락의 주장은 막 절벽을 뛰어내리려는 사람에게 낙하산을 다른 색상으로 바꿔야 한다고 주장하는 것과 달라 보이지 않았다. 페러가 판단하기에 버지니아컴퍼니의 최대 실수는, 1570년대 프랜시스 드레이크가 세계일주를 하는 과정에서 캘리포니아를 방문해 알아온 정보를 무시한 것이었다. 드레이크가 입증했다. 분명 입증했단 말이다. 아메리카 대륙 횡단거리는 기껏해야 수백 킬로미터라고. 초기 제임스타운 개척자들이 그 대륙을 횡단해 아시아에 도달하는 새로운 루트 발견의 주인공이 되는 데 실패한 것이야말로 "식민지 전 기간을 통틀어 발생한 실수 중 최악의 실수이자 손실이다." 그는 제임스타운과 태평양을 갈라놓은 거리가 "여드레에서 열흘 정도의 행군거리, 어쩌면 겨우 나흘 정도의 여정"이라고 확신했다. 단 한 번만이라도 서쪽 원정에 나섰더라면, 그들은 발견했을 것이다. "서쪽 바다로 떠난 저들의 항해가 저들(스페인) 모두에게 비처럼 쏟아지는 무한하고 끝없는 부를 선물했듯이…." 미련하기 짝이 없는 영국의 식민개척자들은 "연기나 풀풀 나는 타바코로" 자신들의 나날을 허송세월했다.

오늘날의 시각에서 존 페러의 스토리를 읽다 보면 그저 헛웃음만 나온다. 버지니아컴퍼니의 본래 목적은 부유한 글로벌 마켓의 네크워크 밖에서 이를 바라보고만 있던 당시 빈국이자 아웃사이더 영국이 버지니아를 발판 삼아 자신들도 그 부의 한 축에 편입해 보려는 염원에서 탄생한 것이었다. 하지만 당시 페러로서는 죽었다 깨어나도 알 길이 없었던 사실이 하나 있었다. 그 회사가 "연기나 풀풀 나는 타바코"를 가지고 했던 중대한 업적은 바로 아메리카 종자를 유럽, 아시아, 그리고 아프리카 전역으로 퍼뜨린 일이었다. 이 신기하고, 짜릿하고, 엄청나게 중독성 강한 타바코는 얼마 지나지 않아 글로벌 핫아이템으로 부상했다. 인류사상 처음으로 지구상 모든 대륙 사람들이 동시에, 일제히 도취된 신제품 니코티아나 타바쿰은 콜럼버스적 대전환의 최선봉장이었다.

1607년 제임스타운이 최초로 설립되던 무렵, 타바코는 이미 델리의 상류층을 매혹시키고 있었다. 이곳의 첫 흡연자는 어이없게도 다름 아닌 무굴제국 황제였다. 경각심을 느낀 다이묘가 법으로 흡연을 금했음에도 불구하고 일본 나가사키에서 담배는 들불처럼 번져나갔다. 이스탄불에서는 담배에 중독된 선원들이 지나가는 유럽 선박들로부터 담배를 강탈할 정도였다. 같은 해 시에라리온의 한 여행자는, 아마도 노예 상인들이 들여온 듯한 타바코를 "거의 모든 남자들이 집에 가지고 있었으며 그들은 담배를 음식처럼 여기는 것 같았다."라고 증언했다. 니코틴 중독 열풍은 중국 만주에도 엄청난 속도로 불어닥쳤다. 옥스포드대학교 티모시 브룩 박사에 따르면, 1635년에 청나라 숭덕제(1592년~1643년)가 병사들이 "타바코를 사기 위해 무기를 파는 것을" 알고 진노해 흡연을 법으로 금했다. 지구 반대편 유럽에서도 담배는 빛의 속도로 퍼져나갔다. 그리하여 1640년쯤에는 바티칸 신부들이 시가에 불을 붙인 채 미사를 집전한다는 불만이 신고되기에 이르렀다. 이 소식을 들은 교황 우르반 8세 역시 숭덕제만큼이나 격노해서 성당 내 흡연을 금지했다.

브리스톨에서 보스턴, 그리고 베이징까지, 사람들은 타바코라는 전 세계적인 문화를 흠씬 누렸다. 이러한 전 지구적 현상이 탄생하는 데 버지니아는 미묘하지만 아주 중대한 역할을 했다. 사실 오늘날의 관점에서 보면 니코티아나 타바쿰의 세계적인 전파 자체는 그리 중대한 일이 아닐지도 모른다. 궁극적으로 중대한 니코티아나 타바쿰의 역할은 따로 있었으니, 직접적이든 간접적이든 대서양을 건너 미생물체를 끌어들이는 자석 역할을 했다는 사실이다. 단언컨대 이들 중 가장 중대한 두 종은 우리 눈에는 보이지 않지만 천의 얼굴을 지닌, 플라스모디움 비백스Plasmo-dium vivax와 플라스모디움 팰시파럼 Plasmo-dium falciparum이다. 전문가들이 아니라면 들어본 적 없는 이름이다. 하지만 머잖아 아메리카 사람들에게 그야말로 파괴적인 영향력을 행사한 녀석들이다.

3장

악마의 기운

착취국가의 탄생

1985년 스페인 북동부의 한 서적상이 크리스토발 콜론의 편지 9개와 보고서 등을 손에 넣었다고 발표했다. 이 중 7건은 그때까지 한 번도 공개된 적이 없던 자료로, 콜론의 네 차례 아메리카 항해일지까지 포함되어 있었다. 그해 말, 제독의 문헌에 관한 한 최고 권위자인 콘수엘로 바렐라Consuelo Varela와 후안 질Juan Gil은 반신반의하면서 고문서들을 검토했다. 놀랍게도 그 문헌은 콜론이 직접 작성한 문서를 베껴 쓴 필사본으로 밝혀졌다. 복사기가 나오기 전에는 부유층 사이에서 이런 종류의 필사본을 소장하는 경우가 많았다. 스페인 정부는 비공개 가격에 그 자료를 사들였다. 이 자료의 복사판 책이 1989년에 출간되고, 9년 후 영어 번역본으로도 나왔다.

　콜론에게 관심이 많았던 나는 중고서점에서 크림색 표지로 된 번

154

역본을 발견하자마자 구입했다. 이탈리아 정부가 콜론의 아메리카 대륙 첫 항해 500주년 기념으로 출간한 시리즈 중 한 권이었다. 나 같은 독자에게는 실망스럽게도 질과 바렐라는 책의 서문에서 "지금까지 알려지지 않은 문헌이긴 하되 콜론의 삶과 성격에 대해 눈이 번쩍 뜨일 만한 새로운 사실은 없습니다."라고 밝히고 있었다. 하지만 나는 새로 공개된 그의 두 번째 항해일지를 중간쯤 읽어 내려가다 흥미로운 사실 하나를 발견했다. 콜럼버스에 대해 가장 상세하게 서술한 새뮤얼 엘리엇 모리슨과 펠리페 페르난데스 알메스토의 전기에도 없던 내용이었다.

그 번역본은 콜론의 원정팀이 라 이사벨라에 도착한 직후 상황을 설명하고 있었다. "모두가 배에서 내려 해변에 발을 디뎠을 때 비가 억수같이 쏟아지고 있었다. 일행은 모두 삼일열tertian fever을 심하게 앓았다." '삼일열'은 좀 옛날 말로, 48시간을 주기로 발생하는 열과 오한 발작을 의미한다. 하루의 병치레 뒤에는 조용한 하루가 뒤따라 온다. 그런 뒤 다시 하루 동안 병마가 찾아오는 패턴이 반복된다(터션tertian이란 '3일'을 의미하는 라틴어로, 어떤 주기의 시작점부터 다음 주기의 시작점까지 기간을 세는 로마인들의 관습에서 나온 말이다). 삼일열은 인류가 근절하지 못한 최악의 역병 중 하나인 말라리아 유형의 지문처럼 같은 중대한 증상이다. 말 그대로 받아들이면, 콜론은 라 이사벨라에 도착한 자신의 선원들이 말라리아에 걸렸다고 말하는 듯했다. '식민개척자들이 일하기 싫어했던 것도 무리는 아니었군.' 나는 혼자 생각하며 그 부분을 펜으로 표시해두었다.

마이애미 플로리다국제대학교 역사학자 노블 데이비드 쿡이 2002년 〈초창기 히스파니올라의 질병, 기아, 그리고 죽음Sickness, Starvation, *and Death in Early Hispaniola*〉이란 논문을 발표했다. 여기서 그는 콜론의 상륙 후 이 섬에 닥친 재앙적 역사를 상세히 다루고 있다. 학자들은 1492년 이전 아메리카에는 인간 말라리아가 존재하지 않았다는 점에 의견을 같이 한다(간혹 원숭이 말라리아는 존재했다고 보는 학자도 있다). 쿡 박사는, 만일 콜론의 선원들이 라 이사벨라에서 말라리아를 앓았다면, 이는 그들이 당시 유럽 전역과 마찬가지로 말라리아가 만연했던 스페인에서 떠날 때부터 몸속에 병원균을 지니고 있었음을 의미한다고 설명했다. 콜럼버스적 대전환의 교과서적인 사례였다. 그것도 다름 아닌 창시자 본인의 손으로 직접 써놓은.

나는 크림색 책을 책장에서 꺼내 표시해두었던 페이지를 펼쳤다. 서로 마주보는 페이지에 인쇄되어 있던 스페인판 삼일열 자리를 차지한 단어는 말라리아나 삼일열에 해당하는 스페인어가 아니었다. 콜론은 그의 선원들이 씨시오네_{ciciones}에 감염되었다고 기록했다. 씨시오네. 한 번도 들어본 적 없는 단어였다. 왜 쿡과 그 번역자들은 콜론의 씨시오네를 말라리아라고 해석한 것일까?

씨시오네는 현대 스페인어 사전에는 등재되어 있지 않은 단어다. 나는 도서관에 가서 열 개 넘는 사전을 찾아봤지만 허사였다. 구글 검색도 소득이 없었다. 콜론 쪽에서도 다른 단서는 못 찾았다. 그는 씨시오네에 대한 증상은 따로 언급하지 않는데, 아마 당시 사람들은 그 병명만 듣고도 무슨 말인지 알아들었기 때문일 것이다. 이 병에 대해 콜론이 남긴 단서라고는, 이 병이 라 이사벨라 현지 여성들에 의해 퍼진 것으로 추측된다는 말뿐이었다. "여기는 여성이 많은데, 이들은(말하자면 여성은) 조신하지 않고 깔끔치도 못했기 때문에 그들(말하자면 남자들)에게 문제가 생기는 것도 당연하다." 이 말만 보면 제독이 씨시오네를 일종의 성병으로 간주한 것처럼 들린다.

하지만 이는 애머스트대학교의 16세기 스페인어 전문가 스콧 세션 즈Scott Sessions를 통해 알아낸 내용과는 들어맞지 않았다. 세션즈가 나에게 알려준 대로 1611년에 출간됐다는 최초의 스페인어 사전을 찾아보니 거기에 씨시오네가 나와 있었다. "오한이 찾아오는 열병으로, 이것의 원인은 씨에르조cierzo(미스트랄 윈드: 거센 바람)이다. 미스트랄 윈드는 정말 날카롭고, 차갑고, 뼛속까지 파고들기 때문이다." 이후 국립스페인학회가 1726~1739년 사이에 여러 권으로 발간한 권위 있는 스페인어 사전에서도, 씨시오네를 비슷하게 정의하고 있었다. "오한과 함께 시작되는 열병으로, 최초 사전에서 가져온 말인 미스트랄 윈드처럼 극심한 통증이 뼈까지 파고드는 것 같다. 하지만 이는 삼일열을 지칭하는 경우가 더 많다." 말라리아. 그러니까 쿡 박사의 말도, 그 책의 번역자도 옳았다. 콜론은 말라리아를 말하고 있었을 가능성이 높았다.

이런 가설은 얼마든지 가능하다. 말라리아는 몸속에서 수개월 동안 잠복하다가 재발해 맹위를 떨치기도 한다. 이 질병은 모기에 의해 전염된다. 모기는 말라리아에 감염된 사람들의 피를 빨아들일 때 초미세 말라리아 기생충을 같이 흡입해, 다음에 무는 사람에게 그 기생충을 옮긴다. 콜론의 두 번째 원정대는 1493년 9월에 출발했다. 만일 배에 탄 사람 중에 단 한 명이라도 말라리아 보균자가 있었다면, 라 이사벨라에 착륙한 뒤 적절한 유형의 모기 한 마리만으로 말라리아를 퍼뜨리는 데 충분했다. 그리고 히스파니올라 섬에 그런 유형의 모기는 널려 있었다.

이 모든 것은 조금도 과장하지 않은 추정의 영역이다. 오늘날 우리는 오한과 열 증상을 동반하는 병이 여러 가지라는 것을 잘 안다. 단순히 감기일 수도 있고 폐렴일 수도 있다. 그렇지만 수백 년 동안 사람들은 이 병들이 서로 다른 질병이라는 사실을 몰랐다. 당연히 그들은 말라리아라는 특정 병명도 몰랐다. 애머스트대학교 역사학자 세션즈는 말라리아를 의미하는 스페인어 단어 '플라시모paludismo'가 처음으로 등재된 사전은, 1914년에 나온 국립스페인학회의 사전이라고 나에게 말해줬다. 물론 그 때도 모기가 품고 있던 기생충에 의해 '플라시모'에 감염된다는 사실을 아는 사람은 없었다. 1914년의 사전에서 플라시모paludismo는 "일단의 치명적인 현상으로 습지대의 역한 기운으로 생성된다."라고 설명되어 있다(영어 '말라리아malaria'는 이탈리아어의 악한mal + 공기aria에서 온 말로 악한 공기라는 뜻이다). 콜론이 사용한 그 단어(씨시오네)는 말라리아를 지칭했을 수도, 일반적인 오한과 열을 언급했을 가능성도 있다. 이 한 단어로 이 열병의 정체를 정확히 파악하기는 어렵다.

이 문제의 명확한 답에 도달하는 건 불가능하지만, 그렇다고 해서 포기해야 할 문제는 절대 아니다. 너무나도 중대한 문제이기 때문이다. 1950년대에 시작된 이 병의 전 지구적 근절 캠페인에도 불구하고 말라리아는 여전히 인류에게 말할 수 없는 고통을 안기고 있다. 연간 75만 명의 목숨을 앗아가고 있으며, 이 중 압도적 다수가 5세 미만 어린이이다. 매년 2억 2,500만 명이 이 병에 감염되며, 한 번 걸리면 현대 의료기술로도 몇 달 동안 고통에 시달려야 한다. 특히 말라리아로 인한 고통이 만성화된 아프리카의 경우, 이 병이 지역 경제발전의 중요한 걸림돌이라고 경제학자들은 입을 모은다. 1965년 이래 널리 인용되는 통계에 따르면 말라리아 발병률이 높은 국가들은 그렇지 않는 나라에 비해 일인당 국민소득 성장률이 1.3퍼센트 낮다. 전자가 후자에 비해 경쟁력이 떨어진다는 충분한 근거자료이다.

오늘날도 이럴진대, 과거 말라리아의 영향력은 한량없이 지대했다. 그 파워는 다른 질병에 비할 바가 아니었고, 범위 역시 전방위적이었다. 유럽인이 아메리카에 천연두와 독감을 들여왔을 때, 이 병들은 유행병으로 번졌다. 말하자면 갑자기 폭발해서 인디언 마을을 융단폭격하듯 한바탕 휩쓸고는 이내 자취를 감추었다. 대조적으로 말라리아는 아예 풍토병으로 자리를 잡았다. 뭉개고 눌러앉아 그 사회 전반을 지속적으로 고사시켜 쭉정이로 만들어버린 것이다. 사회적으로 말하면 말라리아는(모기에 의해 감염되는 또 다른 전염병인 황열병과 같이) 아메리카 사회를 송두리째 뒤집어 놓았다. 말라리아 이전에 가장 인구가 밀집했던 지역은 지금의 미국 동남부인 멕시코 북부였고, 그 다음으로 중앙아메리카의 습윤한 열대우림, 그리고 아마존 유역도 수백만 명의 보금자리였다. 말라리아와 황열병 이후, 이전에 사람이 살기 좋았던 곳들은 사람이 거주할 수 없는 땅이 돼버렸다. 이전 원거주자들은 안전한 땅으로 피신했고, 이렇게 비어버린 땅으로 이주해온 유럽인들도 대부분 일년을 생존하지 못했다.

하버드대학교와 MIT의 대런 아세모글루, 사이먼 존슨, 그리고 제임스 A. 로빈슨 등 경제학자들은 과거 질병으로 인해 유럽인 사망률이 높았던 식민지에는 지금까지도 지워지지 않는 깊은 흉터를 남겼다고 말한다. 과거 유럽인들이 살기에 쾌적했던 지역에 비해 식민개척자의 생존율이 낮았던 지역들은 지금까지도 훨씬 낙후한 상태로 머물러 있다. 학자들은 질병이 창궐한 지대의 경우, 식민정복자들이 병이 없던 지역과는 전혀 다른 정치·사회적 제도를 수립한 것을 그 이유로 꼽는다. 말라리아 지역에서는 유럽인들이 상주하며 안정적으로 식민지를 건설하는 게 불가능했다. 따라서 세 명의 경제학자들에 따르면, 유럽인들은 그 지역에서 '착취국가extractive states'를 구축했다는 것이다. 그 끔찍한 실상의 표징이 바로 조지프 콘래드가 《어둠의 심연*Heart of Darkness*》에서 그렸던 무시무시한 벨기에령 콩고 식민지이다. 한줌 하이칼라 유럽인 일당은 체인에 묶이고 벌거벗은 노예집단, "질병과 굶주림에 지친 그 영혼들"을 상아를 실어나를 철로 건설현장으로 내몬다. 무력을 동원해서 말이다.

타바코는 간접적으로 그리고 불가항력적으로 말라리아를 버지니아에 끌고 들어왔다. 그리고 여기서 다시 북쪽으로, 남쪽으로, 서쪽으로 번져나가며 북아메리카가 전역이 그 손아귀에 놓였다. 여기에 또 다른 외래 유입종 사탕수수가 마치 데칼코마니처럼 말라리아를 카리브 해와 라틴아메리카로 끌어들였다. 말라리아의 동료 질병인 황열병과 함께. 이 질병들이 위세를 떨치는 동안 북아메리카의 타바코 플랜테이션과 남아메리카의 사탕수수 플랜테이션에서는 유럽인 일꾼들이 줄줄이 죽어나갔다. 그러자 식민개척자들은 포획 아프리카인이라는 새로운 형태의 노동력을 끌어들이기 시작했다. 콜럼버스적 대전환의 인간 축이다. 요약하자면, 신종 미세병원체 유입으로 경제 시스템의 판도가 새로 짜이면서, 오늘날까지도 끈질기게 따라다니는 사회·정치적 결과를 낳은 것이다.

말라리아와 황열병이 노예무역의 원인이 되었다고 말하는 것은 지나친 논리 비약일 수 있다. 마찬가지로 많은 라틴아메리카 지역이 아직도 빈국으로 머무는 이유, 남북전쟁 이전 《바람과 함께 사라지다》에서 보여준 면화 플랜테이션이 거대한 영지의 언덕 위에 지어진 이

유, 혹은 스코틀랜드가 잉글랜드에 병합돼 브리튼이 대영제국을 이룰 수 있었던 이유, 그리고 13개로 할거했던 미약한 미국 동부의 식민지 주들이 막강한 대영제국과 독립전쟁을 벌여 승리한 이유가 말라리아와 황열병에 있다고 하는 것 역시 과장일 수 있다. 하지만 나의 견해로는 그 모든 역사적 사건들이 말라리아와 무관치 않아 보인다.

시즈닝, 공동묘지로 가는 정거장

말라리아를 유발하는 것은 200여 종의 플라스모디움 속에 속하는 원시 초미세 기생충으로, 수없이 많은 파충류와 조류, 포유류를 끈질기게 괴롭혀왔다. 이 200여 종 중 인간을 타깃으로 삼는 것은 4종이다. 바로 이들이 심장이 철렁 내려앉을 정도로 능력이 출중하다.

이 기생충은 단세포로 이뤄져 있지만, 천의 얼굴을 지닌 라이프 스토리를 자랑한다. 셰익스피어 작품 속 캐릭터들만큼이나 민활하게 외관을 바꾼다. 인간의 관점에서 이 기생충에 대한 중대한 사실은 모기에 의해 피부 속으로 주사된다는 점이다. 일단 몸속으로 파고든 녀석은 적혈구 세포막을 열어젖히고 안으로 기어 들어온다(여기서 몇 단계는 건너뛰었다). 마치 게임 속 캐릭터들처럼 혈관계 아케이드를 떠다니다가 적혈구 세포 안에서 대량으로 복제된다. 이렇게 급증한 신흥 자손들이 적혈구 막을 터뜨리면서 혈류 속으로 쏟아져 나온다. 새로 생성된 기생충 대부분은 다른 적혈구 세포를 전복시키고, 다른 몇몇은 무는 모기의 몸 안으로 빨려 들어가길 기다리며 혈액 속을 표류한다. 이렇게 해서 모기의 몸에 흡입된 플라스모디움은 모기 몸속에

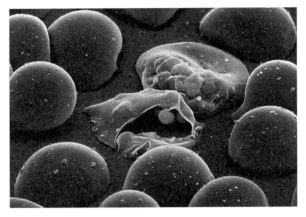

단세포 플라스모디움 기생충은 죽어가는 적혈구 세포 막을 터뜨리고 나와 몸에 대한 공격을 개시하고, 이로써 말라리아가 본격적으로 발병하게 된다.

서 형태를 바꾸며 증식한다. 새로운 기생충은 꿈틀대며 모기의 침샘으로 기어 들어가고, 모기는 다음 희생자의 몸에 기생충을 주사하는 식으로 또 다른 사이클이 시작된다.

체내에서 플라스모디움은 생화학적 신호체계를 사용하는 듯 움직임이 일사분란하다. 감염된 적혈구 세포 안에서 마치 사전에 모의라도 한 듯 거의 같은 타이밍에 기생충을 한꺼번에 방출하는 것이다. 감염자의 면역체계는 이런 분출을 조직적인 전면공세로 인식한다. 단 한 번의 감염으로 100억 개의 새 기생충이 증식된다. 이 물량 공세에 놀란 몸의 면역체계는 오한과 고열이라는 발작 프로그램을 가동시킨다. 면역체계는 공격을 격퇴하지만 며칠 내로 새로운 맹공이 시작된다. 이전의 기생충 부대 일부가 적혈구 내부에 몸을 숨기고 있다가 훨씬 강력해진 차세대 플라스모디움을 대거 생성해낸 탓이다. 이 사이클은 면역체계가 최종적으로 그 기생충을 섬멸할 때까지 반복된다. 플라스모디움 세포들은 체내의 구석진 곳에 은둔하고 있다가(그렇게 보인다), 수 주일 후에야 모습을 드러낸다. 대여섯 차례의 오한과 열병 발작을 치르고 난 뒤 약간의 휴지기가 찾아오고, 또 다른 전면 공세가 시작되고…. 말라리아 발병의 전형적인 증상이다.

말라리아로 인한 고통이 오늘날에도 그러할진대, 병의 원인조차 모르고 효과적인 치료법도 존재하지 않았던 과거에는 훨씬 가공할 위세를 떨쳤을 것이다. 17세기 영국 남동부에 살았던 상인으로 말라리아에 감염되었던 새뮤얼 재크가 남긴 일지를 통해 조금이나마 그 실상을 엿볼 수 있다. 그는 우리가 지금 말라리아로 알고 있는 병마와 수십 년 동안 질기게 투쟁했던 삶을 기록했다. 무작위로 고른 한 예는 1692년 2월 6일. 6개월 간의 투병 막바지로 자신이 겪은 일을 고지식하게 기록했다. "삼일 학질(열병)로 일곱 번째 병을 앓았다. 오후 3시경 그것이 시작됐고 (…) 지난 1월에 겪었던 병세와 비슷하다. 하지만 이번 건 최악이었다."

2월 8일 : 두 번째 발작이 아침 일찍 나를 괴롭힘. 훨씬 지독하다.

2월 10일 : 정오쯤 세 번째 발작. 오후 3시쯤 완전히 나를 흔들어놓았다. 아주 기분 나쁜 발작과 극도의 열….

2월 12일 : 정오 직전에 네 번째 발작. 오후 3시쯤 완전 탈진. 그 후론 침대에 누웠음. 망나니처럼 무자비한 열을 겪었다. 이것은 내가 겪었던 것 중 최악이다. 내 숨은 매우 짧았고 의식이 혼미….

2월 14일 : 정오 정도에 다섯 번째 발작….

2월 16일 : 오후 2시경 여섯 번째 발작, 약했음. 사르르 느껴질 정도. 그런데 밤에는 심한 오한. 하나님 제발 이게 마지막 발작이길….

병마의 휴지기는 겨우 15일이었다.

3월 3일 : 오후 4시경, 삼일 학질로, 여덟 차례 고통을 겪었다.
　　　　　밤에는 열과 땀이 뒤따랐다.
3월 5일 : 오후 3시경, 두 번째 발작. 앞의 것보다 훨씬 심하다.

이 공격은 9주 후에 멈추었다. 하지만 말라리아와 재크와의 전쟁이 이것으로 끝난 건 아니었다. 놀랄 만큼 지능적인 이 생명체는 길게는 5년이나 간에 숨어 기생하면서, 주기적으로 발병했다. 6개월 후 플라스모디움은 다시 재크의 혈액 안에 결집했다.

재크가 겪은 삼일열은 플라스모디움 비백스(삼일열말라리아 원충) 및 플라스모디움 팰시파럼(열대말라리아 원충)의 전형적인 증상으로, 이 두 종은 가장 광범위하게 퍼져 있는 원충이기도 하다. 이 두 플라스모디움 종의 증상은 유사하지만, 인체에는 전혀 다른 결과를 가져온다. 비백스와 달리 팰시파럼은 일단 적혈구 안에 몸을 들인 후 형태를 무수하게 바꾸어서 콩팥, 폐, 뇌 혹은 여타 인체기관의 섬세한 모세혈관 벽에 들러붙는다. 세균에 감염된 사실을 면역체계가 알아차리지 못하도록 위장전술을 쓰는 것이다. 그러고는 오래된 건물 벽의 페인트 층처럼, 모세혈관 벽에 켜켜이 쌓이면서 혈액순환을 방해한다. 방치할 경우 혈액이 막혀 조직 괴사로 이어진다. 이런 이유로 팰시파럼에 걸린 환자 10명 중 1명은 목숨을 잃는다. 반면 비백스는 조직을 괴사시키지는 않기 때문에 팰시파럼에 비해 덜 치명적인 편이다. 그렇다고 해도 병을 앓는 과정에서 환자들은 몸이 허약해지고, 인사불성이 되고, 빈혈 증상에 시달린다. 이로 인해 다른 질병의 제물이 되기 쉽다. 두 경우 모두 환자들은 전염력을 지닌 채(이들을 무는 모기가 기생충을 빨아들인다), 수개월 동안 병마와 싸워야만 한다.

플라스모디움은 열대성 생명체로 온도에 극히 민감하다. 그 기생충이 모기의 몸속에서 복제되고 발현되는 속도는 모기의 체온에 의해 결정된다. 즉 모기의 외부 온도에 의해 결정된다는 의미다(포유류와 달리 곤충은 변온동물로 체온조절 능력이 없다). 따라서 기온이 내려갈수록 이 기생충은 발현하는 데 시간이 더 걸린다. 경우에 따라 모기의 수명보다 더 긴 시간이 걸리기도 한다. 팰시파럼은 가장 치명적인 말라리아 종이자 온도에 가장 민감한 생명체이다. 섭씨 22도가 팰시파럼의 데드라인이다. 이 온도에서 팰시파럼이 증식하는 데 걸리는 시간은 3주, 이는 숙주인 모기의 평균수명에 근접한다. 19도가 되면 사실상 살아남기 어렵다. 온도에 덜 예민한 비백스의 문턱은 15도 정도이다. 그렇기 때문에 팰시파럼이 주로 왕성하게 활동하는 지역은 아프리카이다. 그리고 유럽의 더운 지역에서도 생존이 가능하다. 그리스, 이탈리아, 스페인 남부, 포르투갈. 이와 대조적으로 비백스는 유럽의 많은 지역에서 유행하는 전염병이 된다. 네덜란드, 스칸디나비아 남쪽, 잉글랜드와 같은 서늘한 지역도 포함된다. 따라서 아메리카의 경우 팰시파럼은 아프리카에서 온 아프리카인에 의해, 비백스는 유럽에서 온 유럽인들에 의해 퍼졌을 공산이 높다. 이런 사실은 결정적인 차이를 낳았다.

인간 말라리아를 옮기는 매개숙주는 어나펄리즈Anopheles 말라리아 모기 딱 한 속屬이다. 재크가 살았던 영국에서 말라리아 병원체를 옮기는 주된 매개숙주로 알려진 것은 어나펄리즈 마쿨리펜니스Anopheles maculipennis로 통칭되는, 한 묶음의 모기 종이었다. 이 모기의 서식지는 영국 동부 및 남동부 해안 습지대에 집중되어 있다. 링컨셔 주, 노퍽 주, 서퍽 주, 에섹스 주, 켄트 주, 그리고 서섹스 주 등. 어나펄리즈 마쿨리펜니스, 그리고 이것이 운반하는 플라스모디움 비백스는 16세기 후반 엘리자베스 1세가 농토 간척사업의 일환으로 소택지, 습지, 무른 황야지대에 대대적인 '배수' 정책을 실시하기 전에는 영국에서 흔치 않았다. 이들 해안가 낮은 습지대는 북부의 조수로 인해 정기적으로 침수됐고, 그 물이 빠져날 때 모기 유충도 함께 실려나갔다. 그런데 배수정책으로 인해 바닷물의 유출입이 막혔다. 염분기 웅덩이들이 그 땅에 알알이 박혔다. 어나펄리즈 마쿨리펜니스에게 완벽한 서식지였다. 농부들은 한때 습지대였고 여전히 질퍽거리지만 아쉬운 대로 사용할 수 있게 된 땅으로 이주해왔다. 추운 겨울 날씨를 견뎌내기 위해 바람이 들지 않도록 지어진 농부들의 집과 헛간은 모기에게, 그리고 모기 몸속의 비백스 기생충에게도 겨울 동안 생존할 수 있는 안식처가 되었다. 이듬해 봄에 알을 까고 번식할 수 있는 환경이 마련된 것이다.

영국 의학역사학자 메리 돕슨은 영국 정부의 습지배수 정책이 비백스 말라리아의 지옥문을 열어준 셈이라고 했다. 마쿨리펜니스 서식지를 방문했던 사람들은 하나같이 눈앞에 펼쳐진 참혹한 광경에 몸서리를 쳤다. 켄트 주의 작가였던 에드워드 해스테드는 1798년 탄식하며 이렇게 썼다. "가련한 남자와 그의 부인 그리고 대여섯 되는 아이들, 가족 전체가 가축우리 같은 집에서 불 주위에 옹기종기 모여 있다. 학질(열병)에 몸을 부들부들 떨면서." 파견되는 부목사들마다 줄줄이 죽어나갔던 당시의 에섹스 주를 두고 작가 존 오브리는 '목사 잡는 교구'로 유명한 지역이라고 언급했다. 본토박이들이라고 나을

게 없었다. 해스테드는 이 습지대에서 태어난 아이들이 "스물한 살이될 때까지 살아남은" 경우가 드물었다고 기록했다. 돕슨은 이 습지대 24개 교구의 세례율과 장례율을 기록해놓았다. 1570년대, 말하자면 엘리자베스 여왕이 배수정책을 실시하기 이전의 세례율은 장례율을 20퍼센트 차로 앞질렀다. 인구가 증가한 것이다. 그러나 배수정책이 전면 시행되었던 20년 후에는 장례율이 세례율을 거의 두 배 수준으로 앞질렀다. 같은 시기 영국의 다른 지역에서는 인구 붐이 한창이었다. 하지만 이 교구들의 인구 증가율은 근 200년 동안 그 이전 수준으로 회복되지 못했다.*

"그 습지대들은 화산이 분출하듯 이어지는 죽음을 지속적으로 목도해야만 했을 것"이라고 돕슨은 내게 말했다. "그들은 10년에 한 번 꼴로, 인구의 10~20퍼센트가 통째로 증발해버리는 한 해를 겪어야만 했다. 불과 수 킬로미터 떨어진 고지대 지역은 영국에서 가장 살기 좋은 곳으로 이름난 곳이었음에도." 이 고통의 행진에 맷집이 생긴 사람들은 자신들이 처한 상황을 운명론적인 유머로 승화시켰다 (찰스 디킨스의 독자라면 《위대한 유산》에서 핍의 다섯 동생들의 안식처를 표시하는 '다섯 개의 돌무덤lozenges'과 불과 몇 걸음 안 떨어진 습지에서

---

* 열대성 질병이 영국에서, 그것도 소빙하기에 창궐한 것이 이상하게 보이겠지만, 역사는 사회작용 및 생태계 작용의 산물이다. 엘리자베스 여왕의 습지배수 정책이 비백스 번성에 날개를 달아주었듯이 빅토리아 시대에는 개선된 배수법으로 말라리아가 극적으로 감소한다. 염분기 있는 웅덩이를 매립하고, 모기 서식지를 박멸하는 동시에 소들을 위한 양질의 목초지를 만들어낸 것이다. 그럼에도 학자들은 1920년대에 이르기까지 이 가련한 해안지대 농부들의 '어둡고 통풍이 잘 안 되는 돼지막사'에서 수천의 모기들이 둥지를 틀고 있는 걸 심심치 않게 발견했다. 오늘날 일부에서는 지구온난화로 인한 말라리아 확산을 우려한다. 하지만 늪지대 배수를 통해 모기 서식지를 철저히 파괴한다면 높은 기온이 말라리아 발병에 별다른 영향을 끼치지 못할 것이다.

19세기 그림의 복사본으로 말라리아가 영국 남동부 습지대에 끊임없는 고통과 두려움의 대상이었음을 보여준다.

핍을 기르며 극기로 단련된 삶을 이어간 가저리Gargerys 가족을 잘 알 것이다). 이 열병이 들끓는 에섹스 주를 여행하던 작가 대니얼 디포는 "이전에 부인이 대여섯이었다면 이제는 열네다섯 명을 얻어야 할 판"이라고 말하는 남자들을 만났다. "그렇게 많은 부인을 다 어디서 난답니까?"라고 묻는 디포에게 한 유쾌한 친구는 이 주변 남자들은 부인을 건강한 내륙 지역에서 데려온다고 말했다.

공기 좋은 고장에서 건강하고, 혈색 좋고, 피부도 고운 처자들을 데려온다. 하지만 자신이 태어난 공기를 벗어나 이 축축한 습지대로 들어오는 순간, 이내 혈색이 달라져 버린다. 학질열을 두어 번 앓고 나면 반년을 버티는 처자가 드물다. 그러면 우리는 또 고지대로 가서 다른 처자를 데려온다.

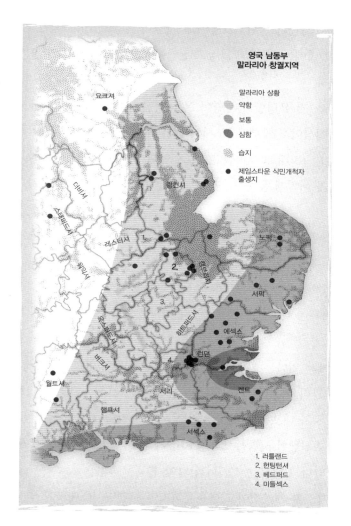

영국 남동부
말라리아 창궐지역

말라리아 상황
약함
보통
심함
습지
● 제임스타운 식민개척자
출생지

요크셔

더비셔

스태퍼드셔

레스터셔

1.

2.

3.

링컨셔

노퍽

서퍽

에섹스

워릭셔

글로스터셔

버크셔

런던

윌트셔

서리

켄트

햄프셔

서섹스

1. 러틀랜드
2. 헌팅턴셔
3. 베드퍼드
4. 미들섹스

과거 말라리아 기생충의 궤적을 좇는 일은 쉽지 않다. 이 기생충의 존재가 명확히 규명된 것이 1880년에 이르러서이다. 따라서 이전 데이터들은 정확한 자료로 보기 어렵다. 의료기록 그리고 과거 습지대 면적 추정치를 근거로 진행된 20세기 초 영국군의 말라리아 전수조사 자료에 의하면 남동부 영국 해안지역에 말라리아가 비등했음을 알 수 있다. 사적보존기관인 프리저베이션버지니아 추적 결과에 따르면 초창기 제임스타운의 식민개척자 59명 중 35명의 출생지가 영국군 조사에서 플라스모디움이 '극도로' 혹은 '다소' 선호하는 지역과 일치하는 것으로 밝혀졌다. 이뿐 아니라 모든 식민개척자들은 런던을 거치고 말라리아 지역인 템스 강 델타 지역을 경유했다. 이 사람들 중 누군가가 몸속에 말라리아를 안고 체서피크 만에 들어왔던 것임에 틀림없다.

디포는 자신이 만난 그 늪지대 사람이 우스갯소리처럼 말했지만 "사실 그 말에는 한 치의 과장도 곁들이지 않은 현실이 녹아 있었다."고 전했다.

1625년, 저 유명한 흑사병이 온 영국을 집어삼켰다. 런던에서만도 5만 명 이상이 사망했다. 도시의 많은 부유층은 흑사병을 피해 동부 말라리아 습지대로 대피했다. 그로 인해 벌어진 결과를 풍자시인 조지 위더가 이렇게 풍자했다.

켄트에서 에섹스에 이르는 모든 지역을
잔인한 열병이 점령하고 있네.
그리고 이곳(런던)을 버린 대다수 사람들이
열병에 의해 학살당하거나 열병의 죄수가 되었다네.

종장에서 위더는 이렇게 읊는다. "이곳(런던)의 가난한 거지들이 그들을 불쌍히 여겼다. 거기로 대피한 부자들보다는 고통이 덜했으니까." 이 시가 내포하는 현실은 참으로 기가 막힐 지경이다. 비백스 지역으로 피신했던 사람들보다는 차라리 런던에서 흑사병과 함께 하는 편이 나았다고 말하는 것이니까 말이다.

근거자료가 개략적이고 불충분하지만 브랜다이스대학교 역사학자 데이비드 해켓 피셔에 의하면 영국의 첫 이민 물결 중 60퍼센트는 바로 이 동부와 남동부 저지대 출신이었다. 바로 플라스모디움 벨트 지역이다. 제임스타운에서 새 인생을 시작했던 100여 명 이민자 집단을 하나의 표본사례로 들어보자. 이 중 출생지가 확인된 사람은 59명. 제임스타운 고고학 연구단체와 프리저베이션버지니아에 따르면, 그

들 중 37명의 출신지가 말라리아가 극성을 부리던 에섹스 주와 헌팅
던셔, 켄트, 링컨셔, 서퍽, 서섹스, 그리고 런던이었다. 이들 중 상당
수는 아마도 해안 습지대에 비해 말라리아가 덜했던 고지대 내륙에
서 출발했으리라. 설령 말라리아 지역에서 오지 않았다고 해도 그들
은 말라리아 지역을 거칠 수밖에 없었다. 보통 미국으로 향하는 배가
출항 직전에 몇 주 혹은 몇 달씩 정박하던 곳은 말라리아 진앙지인
템스 강 하구 켄트 주의 항구도시 시어니스 항이었다. 다른 배들 역
시 런던 동쪽 템스 강변, 질병의 온상지인 블랙월에서 정박하며 출항
을 기다리고 있었다.

　이미 말라리아 증상이 나타난 지원자를 몹시 고된 대항해의 일원
으로 받아주지는 않았을 것이다. 하지만 앞서 언급했듯 플라스모디
움 비백스는 건강한 사람들 체내에 잠복하고 있었다. 배에 탑승할 때
멀쩡하던 식민개척자들은 담배의 나라 체서피크 만에 상륙했을 때
비로소 이가 덜덜 떨리고 오한이 나며 땀이 비오듯 쏟아지는 말라리
아 열병에 강타당했다. 그리고 어느 순간 맙소사! 자신도 모르는 사
이에 피를 빨아먹은 모기에게 기생충을 전달하고 있었던 것이다.

　"이론적으로 볼 때, 감염자 한 명만으로도 대륙 전체에 그 기생충
을 퍼지게 하는 게 가능하다." 하버드대학교 공공보건대학원의 말라
리아전문가 앤드류 스피엘만 박사는 말한다. 추정컨대, 제임스타운
타싼타싸스 중 다수는 보균자였고, 이들 중 어느 한 명이 동부 해안
의 주된 말라리아 매개숙주와 혈연관계인 어나펄리즈 쿼드리마쿨러
투스에게 물렸을 것이다. 스피엘만은 2006년 사망하기 전에 내게 말
했다. "마치 다트를 던지는 상황과 비슷합니다. 적합한 환경에서 적
정한 환자가 적절한 모기와 접촉할 경우, 과녁을 명중시키는 건 시간

문제입니다. 즉 말라리아가 뿌리를 내리게 되는 것이죠."

코네티컷(뉴잉글랜드 지역) 식민지 지역의 최초 삼일열 기록은 1657년경으로, 이곳 주지사 존 윈쓰롭이 의학일지에 삼일열 사례를 기록으로 남겼다. 윈쓰롭은 런던왕립협회 회원으로서 과학적이고 객관적이며 관측 능력이 있는 사람이었다. 때문에 "그가 삼일열을 봤다고 기록했다면 삼일열일 가능성이 확실시된다"고 윈쓰롭의 의학일지를 필사했던 족보학자 로버트 C. 앤더슨은 말했다. 여기서 더 중대한 사실이 있다. 만일 1650년대에 말라리아가 정말로 존재했다면, 말라리아 유입 시기는 1640년 이전으로 거슬러 올라간다는 점을 시사한다. 이 시기에 영국이 정치적 격동(1642~1660년의 청교도 내전)에 붙잡히는 바람에 뉴잉글랜드 이민자 파견은 1640년부터 수십 년 동안 개점휴업 상태였기 때문이다. "그 시기에는 이곳에 건너온 식민개척자가 없었어요. 따라서 그 병을 가지고 올 사람도 없었다는 뜻이지요." 앤더슨이 내게 설명했다. 나는 스피엘만에게 물었다. "그러니까 1635년경에 플라스모디움 비백스가 코네티컷에 있었다고 가정하면, 버지니아와 연관성이 있다고 볼 수 있습니까?" 그는 이렇게 답했다. "뉴잉글랜드는 추운 지역이죠. 말라리아가 버지니아보다 먼저 뉴잉글랜드에서 독자적으로 뿌리를 내렸다고 보기는 아주 어렵습니다." "그렇다면 그 기생충이 체서피크 만을 습격한 게 1620년대까지 거슬러 올라갈 수도 있다고 볼 수 있을까요?" 나의 질문에 그가 다시 답했다. "말라리아 지대에서 이 지역으로 건너온 사람이 수백 수천을 헤아린다는 점을 생각해보면, 나는 그런 가정이 조금도 무리하지 않다고 봐요. 말라리아는 일단 자리만 잡으면 퍼지는 건 순식간입니다."

말라리아가 1620년대 이전에 이미 아메리카로 건너왔을 가능성을 배제할 수 없는 것이다. 사실상 1606~1612년 사이, 이 병을 위한 조건은 완벽했다. 이 무렵 버지니아 해안지대는 가뭄으로 고통당하고 있었다(책의 이전 장에서 언급한 적이 있다). 어나펄리즈 쿼드리마 쿨러투스는 습지이던 땅이 마를 때 활개를 친다. "가뭄에 실개천은 줄줄이 연결된 웅덩이로 바뀝니다." 버지니아 주 보건부 공중보건 곤충학자 데이비드 게인즈는 말한다. 유충은 "바로 이런 환경에서 왕성하게 번성하죠." 곤충학자들이 줄여 부르는 쿼드(쿼드리마 쿨러투스)들은 그늘진 풀숲보다 오픈된 곳에서 알을 낳는 것을 더 좋아한다. 1614년 포카혼타스의 결혼에 의해 평화 분위기가 무르익은 후 식민개척자들은 타바코를 심기 위해 대대적인 개활 작업을 했다. 게인즈는 덧붙였다. "이로 인해 더욱 친쿼드리마 쿨러투스적인 환경이 만들어졌죠. 이 개활을 통해 그들이 좋아하는 오픈된 작은 물웅덩이가 더 많이 생겼기 때문입니다." 타싼타싸스들은 "말라리아를 불러들이는 초대장을 발송한 것과 다름없습니다. 그리고 제 추정에 따르면 말라리아는 날름 그 초대장을 받아들입니다." 만일 플라스모디움이 첫 식민개척자들과 함께 당도했다면, 이는 소금 중독과 더불어, 식민개척자들이 왜 그렇게 걸핏하면 비실대고 무기력했는가를 설명해주는 중요한 단서가 될 수 있다. 이들은 말라리아에 걸렸던 것이다.*

말라리아의 정확한 당도 시기는 여전히 추정의 영역에 머물고 있다. 다만 분명한 사실은 말라리아가 버지니아를 빠르게 접수했다는 점이

---

* 이 기생충의 초창기 상륙은 1622년 타싼타싸스를 초토화 직전까지 몰고 갔던 오피챈캔오가 왜 식민개척자들을 완전히 몰아내지 못했는지를 설명하는 데도 도움이 된다. 포우하탄 사람들은 질병으로 무기력해져 조직적인 전쟁 수행에 어려움을 겪었는지도 모른다. 이 흥미로운 추정을 뒷받침해줄 만한 근거자료가 없다는 게 아쉬울 따름이다.

다. 영국 습지에서 맹위를 떨친 이 병은 이곳에서도 헤어날 수 없는 수렁이자 끊임없이 인간의 진을 빼가는 존재였다.

1620년 조지 이어들리 총독은 새로운 사람들을 버지니아로 선적하면서 "이들이 '시즈닝seasoning'을 거치기 전인 첫 해에는 그들로부터 쓸 만한 노동력을 아예 기대할 수 없다."라고 런던 투자자들에게 경고했다. 시즈닝이란 말은 새로운 이주민들이 병과 전투를 벌일 것으로 예상되는 기간을 뜻하는 용어였다. 새로 도착한 이주민들을 '장기적인 무용지물'로 간주하는 상황은 당연시되었다. 제임스타운 행정장관 휴 존스는 1724년 영국 사람들에게 버지니아를 안내하는 소책자를 썼다. 병의 정체를 알 수 없었던 그는 오한과 열병이 이 식민지의 토착기후 탓이라고 설명했다. "이런 기후에서는 도착하고 얼마 지나지 않아 예외 없이 시즈닝이라고 하는 지독한 열병을 겪는다." 시즈닝은 통상 공동묘지로 가는 정거장이었다. 첫 반백 년 시기에 제임스타운 땅에 발을 디딘 신참 식민개척자들은 세 명 중 한 명꼴로 1년 안에 죽었다. 숱한 시행착오를 거치는 동안 버지니아 사람들은 비백스와 같이 살아가는 법을 터득했다. 습지대를 피하고 땅거미가 지면 집 안에만 머무르는 식으로. 나아가 면역력을 얻은 사람들이 병에 걸린 사람들을 돌보았다. 오늘날 아프리카에서와 마찬가지로 감염자 대부분은 어린아이들이었다. 1650년대를 고비로 시즈닝 사망률은 20~30퍼센트대에서 10퍼센트대로 떨어졌고 1670년대에는 10퍼센트대 이하로 떨어졌다. 괄목할 만한 수준의 격감이지만 이조차 엄청난 고통의 다른 표현이었다.

랭던 카터는 제임스타운 북쪽으로 100킬로미터 떨어진 곳에서 플랜테이션을 성공적으로 운영하고 있었다. 가정에 헌신적인 아버지였던 그는 1757년 여름과 가을, 말라리아가 가족을 수 차례 괴롭힌 사건으로 고통스러워했다. 그 중 가장 힘들었던 일은 삼일열의 전형적인 증상인 오한과 고열에 시달리는 어린 딸 수키를 지켜보는 것이었다. 새뮤얼 재크처럼 카터도 일기장에 딸아이의 투병을 기록했다.

12월 7일 : 수키의 맥박이 빨라지고 저녁 내내 안 좋아 보였다.

12월 8일 : 2주마다 오는 통상적인 공격 기간이다….

아이는 명랑하고 말도 곧잘 한다. 열은 높지 않았다.

12월 9일 : 계속 좋아지고는 있으나 안색이 여전히 창백하다.

12월 10일 : 수키는 아침부터 열이 나고 배와 머리가 많이 아프다.

이 열은 저녁이 다 되어서야 사라졌다.

12월 11일 : 아이가 오늘까지는 열이 없었는데,

저녁이 되자 맥박이 좀 빠른 것 같다.

12월 12일 : 새벽 1시쯤 열이 올라왔다….

낮 12시에는 위험스러울 정도로 몸 상태가 안 좋았다.

12월 13일 : 수키의 열이 어제 천천히 사그라들었다.

새벽 1시가 되자 완전히 사라졌다.

카터는 이듬해에 다음과 같은 글을 썼다. "버지니아에서는 지속적으로 가해지는 고통에 굳은살이 박이지 않고는 삶을 영위할 수가 없다. 아픈 아이를 보살피려면 하루 종일 감금생활을 할 수밖에 없다. 내 아이는 이제 그렇게 해주고 싶어도 못하게 됐지만 말이다."

수키는 1758년 4월에 죽었다. 세 번째 생일을 코앞에 두고서.

영국, 노예제로 180도 방향 전환하다

말라리아가 사회에 가한 막대한 영향력에 비하면, 환자 개개인의 고통은 한 겹 얇은 천에 불과했다. 말라리아는 오늘날의 시각으로 볼 때 잔혹하고 도저히 용납될 수 없는 방식의 대안을 도출하도록 그 시대 사람들을 압박했고, 그 결과 역사상 유례를 찾기 힘든 기형적 문화를 양산해냈다. 17세기, 북아메리카에서 투자로 수익을 올리겠다고 마음먹은 영국인 벤처사업가가 있다고 치자. 체서피크 만에 금은보화가 없다는 사실이 명확해진 마당에, 그가 돈을 벌 수 있는 유일한 방법은 본국에 수출할 다른 뭔가를 생산해내는 일뿐이었다. 뉴잉글랜드 순례자들은 모피 판매로 살 길을 찾았다. 체서피크 만 영국인들은 수요가 엄청났던 타바코를 수익 도구로 낙점했다. 수요를 충족시키기 위해 식민개척자들은 플랜테이션 면적을 먼저 확장해야 했다. 이 작업을 위해 그들은 아름드리나무를 수동 공구로 쓰러뜨리고, 작열하는 태양 아래 밭을 갈고, 괭이와 호미로 김매고 물을 주어 키우고, 다 자란 타바코를 베어낸 뒤 무겁고 찐득찐득한 담뱃잎을 잘라서 시렁에 널어 건조시키고, 선적을 위해 다발로 묶었다. 노동력이 필요하지 않은 과정은 단 하나도 없었다. 그렇다면 식민개척자들은 그 많은 노동력을 어디서 구해왔을까?

　이 질문에 대한 답을 하기 전에 한 가지 가정을 해보자. 무제한의 정당성을 허용하는 것이다. 식민개척자들의 양심이라는 요소마저 배제시킨다. 답안 도출의 고려대상은 오로지 효율성과 이윤 극대화이다. 이런 관점에서 이들이 노동력을 구하는 길은 두 가지였다. 영국에서 건너온 계약이민하인을 부리든가 아니면 영국 이외 지역에서 데려온 노예(인디언이나 아프리카인)를 쓰는 것. 계약이민하인인가, 노예인가? 순전히 경제성만 따질 경우, 둘 중 어느 쪽이 최선의 선택일까?

계약이민하인이란 말하자면 계약직 인력으로, 일자리가 없는 영국인을 대상으로 모집되었다. 대서양을 건널 뱃삯이 없는 가난한 이들에게 농장주가 승선비를 대주고, 계약이민하인은 일정 기간 하인으로 일하면서 승선비를 탕감해나갔다. 계약기간은 보통 4~7년이었다. 그 기간이 지나면 계약이민하인들은 아메리카 대륙에서 자신의 땅을 소유할 수 있었다. 노예는 형태가 다양해서 딱 잘라 정의하기가 어렵다. 다만 노예의 핵심적인 본질은 주인이 노동력을 강제할 권리를 지닌다는 데 있었다. 즉 노예는, 멍에를 벗어날 권리를 얻지 못한다. 죽을 때까지, 소유주가 자유롭게 해주기 전까지는 죽어라 일하고 명령에 복종해야만 했다. 계약이민하인은 계층이 낮긴 해도 사회구성원이었다. 반면 노예들은 사회구성원으로 여겨지지 않았다. 먼 타지에서 태어났다는 것, 나아가 사회적 신분을 박탈(세탁)당했다는 이유 때문이었다. 영국에서는 종종 죄수들을 노예로 신분세탁하기도 했다.

17세기의 마지막 25년 시기에 영국은 계약이민하인들 대신 노예를 끌어안기 시작했다. 이후 영국은 세계 최대의 노예무역 국가가 되었다. 당시 영국이 노예제도에 팔을 걷어붙이고 나섰다는 점은 오늘날 널리 알려진 사실이다. 그래서인지 그 시기 영국에게 이 길 말고 다른 선택지가 있었다는 사실을 오늘을 사는 사람들은 언뜻 이해하지 못한다. 하지만 당시 상황으로 들어가 보면, 여러 측면에서 그들이 노예제도로 180도 방향을 선회한 것이 도무지 이해되지 않는다. 이 제도에는 필수적으로 수반되는 문제가 너무도 많았다. 때문에 경제학자들은 왜 이런 제도가 존재하고 유지되었는지 종종 의아해한다.

더욱 이해하기 힘든 부분은 아메리카에서 자리잡은 노예제도 형태, 바로 노예 사유화이다. 유럽이나 아프리카 등 지구상 곳에 존재했던 노예제보다 훨씬 가혹한 체제.

가장 간단하게 말해서 노예는 계약이민하인에 비해 비쌌다. 미네소타대학교 러셀 메너드는 매우 유명해진 자신의 논문에서, 주인의 죽음 이후 버지니아와 메릴랜드의 시장에 나온 노예와 계약이민하인의 서비스를 돈으로 환산해 집계했다. 17세기 후반 마지막 10년경의 핵심생산연령층 아프리카 남성 노예 평균 가격은 25파운드였다. 반면 계약이민하인의 통상적인 가격은 10파운드였다(엄밀히 따지자면, 메너드가 말하는 25파운드나 10파운드는 이 금액에 상응하는 금액이었다는 점을 짚고 넘어가야 할 것 같다. 당시 체서피크 만 식민지에서 화폐는 희소했기 때문이다. 사실 공식적인 거래 수단도 아니었다. 당시 봉급 지급 수단은 타바코였다. 25파운드는 영국인의 4년치 평균 급여에 해당하는 커다란 액수였다). 즉 계약이민하인의 값은 노예의 절반에도 못 미쳤다.

계약이민하인의 경우, 그들이 언젠가 주인을 벗어나 떠나갈 수 있다는 점은 분명 커다란 결점이었다(이 점을 참작해 메너드는 계약 기간이 4년 이상 남아 있는 계약이민하인들만 연구대상으로 했다).

하지만 위대한 경제학자 애덤 스미스는 단지 장기간의 노동력을 기대할 수 있다는 점만으로 노예제가 경제적이라고 말하는 것은 오산이라고 주장했다. 그는 노예 일꾼은 태생적으로 불만족스런 노동력일 수밖에 없다고 지적했다. 즉 다른 문화권에서 온 노예들은 주인이 쓰는 언어를 이해하지 못했고, 주인의 사회 관습에 생소했으므로 하나부터 열까지, 일일이 가르쳐야만 했다(이를테면 아프리카인은 열대기후에 맞는 농법만 알고 있었다). 더 큰 문제는 이들이 탈출과 상해,

사보타주, 그리고 주인을 살해할 만한 모든 동기를 가지고 있다는 점이었다. 주인은 자신들로부터 자유를 박탈한 존재들이기 때문이었다. 계약이민하인들은 대조적으로 같은 언어를 구사했고, 같은 사회적 규범을 받아들였고, 농법도 이미 숙지하고 있었다. 나아가 계약 기간이 한정돼 있었으므로 웬만해선 도망갈 이유가 없었다(물론 플랜테이션 업자가 계약을 이행하지 않으려 꼼수를 부리는 일이 아주 없지는 않았다). 자진하여 일을 하는 사람들은 일을 잘 해낼 확률이 높다. 때문에 스미스는 《국부론The Wealth of Nations》에서 "결과적으론 노예에 의해 수행되는 것보다 자유인이 해내는 일이 비용 면에서 적게 먹힌다"는 논리를 폈다. 스미스의 주장을 재해석하자면, 다른 개입요소를 고려하지 않고 순전히 경제성만으로 따졌을 경우 플랜테이션 업자들은 더 싸고, 다루기 쉽고, 덜 위협적인 선택지인 유럽의 계약이민하인을 선택했어야 마땅하다는 것이다. 그들이 최선의 선택지를 버릴 수밖에 없었던 외부 개입요소는 바로 말라리아였다.

물론 노예제도를 혐오했던 스미스는 자신이 혐오하는 제도가 비도덕적일 뿐더러 경제적으로도 어리석은 행위라는 점을 입증하고 싶었을 것이다. 애덤 스미스는 노예제도를 '인간의 지배 욕망'에서 나온 비합리성의 소산물로 봤다. 하지만 동시에 그는 인간이란 자신의 욕망을 가로막는 경제적인 문제가 있다면 어떻게 해서든 우회로를 찾아내는 존재라는 점도 인식하고 있었다. 누구라도 예측하겠지만 유사 이래 끊임없이 노예주는 노예의 노동력을 효과적으로 사용할 인센티브를 찾아냈다. 즉 자유로 향하는 문을 살짝 열어둔 것이다. 주인들은 노예를 향해 '진심을 다해 일하면 너희들도 언젠가 자유의 몸이 될 것'이라고 속살거렸다. 특정 임무를 부여받은 노예들이 만족스런 성과를 낸 사례는 적잖다. 포획된 노예로 이뤄진 고대 아프리카와 로마의 군사들이 그런 경우다. 그러니까 노예들에게도 운명을 뒤바꿀 기회는 있었다. 결과적으로 그들의 운명은 변함이 없었지만, 영광의 그날에 대한 기대감은 늘 존재했다.

하지만 아메리카에 온 노예들의 신분은 우리가 아는 것과 전혀 달랐다. 사실상 종신형을 언도받은 노예에게 자유를 얻을 희망 같은 건 한 점도 없었다. 아프리카 노예들의 삶이란 가혹한 환경에서 끝없이, 끔찍한 중노동에 시달리다 죽는다는 것을 의미했다. 즉 스미스가 언급한 디스인센티브(일의 의욕을 꺾는 요소)의 종합선물 세트인 셈이었다. 인력문제 해결책으로 도입된 방안들 중 그 유례를 찾기 힘든 이 체제는 너무 잔혹해서 직무태만과 사보타주, 온갖 투쟁을 끝없이 양산했다. 그 시기의 노예 소유주들이 남긴 기록은 멈출 길 없는 두려움과 불평에 대한 비가이다. 상황이 이러한데도 이 제도가 생겨나고 유지된 이유는 어디에 있을까?

더군다나 서유럽의 모든 국가를 통틀어 하필 영국이 이 잔혹한 노예제를 채택한 이유를 어떻게 납득할까? 왜냐면 다른 유럽 국가들에 비해 영국은 노예 신분에 대한 반대의 목소리가 유달리 높았던 곳이었기 때문이다. 당시 유럽 사회에서 반노예 정서가 높았던 곳을 들라면 단연 영국이었다. 물론 이 나라의 철학이나 도덕성이 높아서는 아니었다. 영국의 선박들이 야만인 해적들에게 끊임없이 시달린 것에 대한 분노의 표출이었다. 해적들은 16~18세기에 수천의 영국인 선원과 군인, 상인들을 잡아다가 노예로 팔아넘겼다. 북서부 아프리카에 근거지를 둔 이슬람 해적들은 영불해협의 먼 북쪽까지 먹이를 찾아 어슬렁거리다 해안지역 마을을 약탈하고 정박해 있는 배들은 포획해갔다. 1625년 플리머스 시장은 항구 외곽에 잠복해 있던 해적 잔당이 불과 열흘 사이에 배 스물일곱 척을 나포해갔다고 울분을 토했다(유사한 방식으로 스페인에게 테러를 가했던 프랜시스 드레이크를 영국이 영웅 대접했던 것을 생각하면 비난의 화살을 자초하는 위선이다). 사로잡힌 영국인 대부분은 갤리선 노예로 팔려나갔다. 많은 이들이 강제로 이슬람으로 개종했고, 일부는 노예 상단에 넘겨져 사막을 건너 이집트 변경의 오스만제국으로, 혹은 사하라 이남의 아프리카로 팔려갔다. 당시 알제Algiers(알제리의 수도)에서만 1,500명의 영국인 노예를 보유하고 있었고, 모로코의 도시 살레Salé에도 1,500명 넘는 영국인 노예가 존재했다. 그밖에 스페인이나 포르투갈로 팔려가는 경우도 적잖았다. 도망쳐 나온 이들은 예속된 상태에서 겪은 처절한 경험담을 책으로 엮어 출간했고, 이 글을 읽은 대중은 공분했다. 종교인들은 연단에서 무슬림 노예제도를 성토했다. 노예들의 몸값을 모으기 위한 성금 모금도 여기저기서 이어졌다. 정치지도자들, 프로테스탄트 사제들, 법조인들은 입을 모아 자유가 영국인의 생득권임을 강도 높게 선포했고, 자국민을 노예로 삼은 이교도와 가톨릭(모로코인과 스페인)을 맹렬하게 규탄했다.

　중세 영국에서 노예제는 다른 유럽 지역과 마찬가지로 느슨한 관행으로서 인식되었다. 다만 스페인과 포르투갈은 이슬람과의 분쟁에 시달리느라 인구가 고갈될 지경이었다. 게다가 열대지역 사탕수수 플랜테이션이라는 식민사업이 있었기 때문에 늘 심각한 일손 부족현상을 겪어야 했다. 따라서 그들에게 노예는 없어서는 알 될 유용한 자원이었다(이와 관련해서는 8장에서 자세히 다룬다). 같은 시기 영국에서는 노예제가 불법은 아니되, 다른 국가들에 비해 매우 드물었다. 정치사회적인 원인도 있었고, 애덤 스미스가 설명한 경제적 원인 때문이기도 했다. 게다가 무직 잡역부가 득실거리는 마당에 제도로서 노예 인력은 썩 구미를 끌지 못했다. 영국에서는 정서적으로 노예제도에 대한 반감이 있는 데다가 노예를 필요로 하는 내수 산업도 없었다. 즉 영국은 노예제를 선도할 이유가 전혀 없는 국가로 보였다.

이런 맥락에서 초창기 영국 식민개척자들이 주로 의존한 노동력은 계약이민하인이었다. 북아메리카 식민지 개척 첫 100년 동안 그곳에 도착한 유럽인 중 3분의 1에서 절반가량을 차지한 건 계약이민하인이었다. 노예는 찾아보기 힘들었다. 1650년, 버지니아 전체를 통틀어 노예는 300명에 불과했다. 이와 대조적으로 소수의 네덜란드인들이 개척한 지금의 뉴욕(이전 지명 뉴암스테르담)에는 노예의 수가 훨씬 많아서, 500명을 웃돌았다.

그런데 1680~1700년 동안* 노예의 숫자가 폭발적으로 증가했다. 버지니아 노예 인구는 이 무렵 3,000명에서 1만 6,000명으로 급증했다. 증가세는 그 후로도 계속 이어졌다. 같은 기간 계약이민하인 수는 극적으로 급감한다. 이 시기 세계 역사는 전혀 다른 길목으로 접어들었다. 영국령 아메리카 사회는 노예사회가 되었고, 지금까지 노예제도의 방관자였던 영국이 노예무역을 주도하는 국가로 변신했다.

---

* 1701년에 시작된 스페인 왕위계승전쟁은 1713년 위트레흐트 조약으로 마무리되었다. 이 조약에서 영국은 지중해의 관문인 지브롤터와 지중해 무역의 요지인 메노르카 섬을 얻었다. 한물간 지중해 무역권을 확보한 건 부록일 뿐, 진짜는 따로 있었다. 신대륙에 노예를 공급하는 권리를 비롯해 스페인이 쥐고 있던 신대륙에 관한 여러 특권을 빼앗아버린 것이다(결국 스페인은 죽 쑤어 영국 준 격이 되었다). 여기서 영국의 장기적인 복안을 읽을 수 있다. 영국은 유럽 대륙보다 바다 건너 아메리카 신대륙에 훨씬 더 관심이 있었던 것이다(남경태 《종횡무진 세계사》 참조).

이처럼 갑작스러운 방향전환을 무엇으로 설명할 수 있을까? 경제학자와 역사학자들은 수십 년 동안 이 문제를 놓고 고심했다. 이는 노예무역 자체로 얻는 수익만으로 설명될 수 있는 문제가 아니었다. 사실 지금 우리가 중시하는 노예사업의 역사적 영향력과 도덕적 오점이라는 측면은 당시 산업노동력 문제와 비교하면 전혀 대수롭지 않은 테마였기 때문이다. 역사학자 데이비드 엘티스David Eltis와 스탠리 L. 앵거만Stanley L. Engerman에 따르면 노예무역이 정점에 달하던 18세기 말 "노예 선적이 차지하는 비중은 영국 전체 선박의 1.5퍼센트 이하, 전체 선적 물량의 3퍼센트에 불과했다." 당시 노예들의 주력 생산물이던 카리브 해 설탕은 영국 GDP의 2.5퍼센트를 밑도는 수치였다. 즉 노예무역은 영국 경제에서 압도적인 힘을 발휘하지 못했다. 가령 섬유산업은 노예무역보다 6배나 더 컸다(노예들은 1차산업에만 종사했을 뿐, 더 중요했던 산업용 완제품에는 종사하지 않았다).

일부 학자들은 영국인의 집단정서 변화와 아메리카 식민지 환경이 특별한 관계가 있다고 주장한다. 그곳에는 광활하게 펼쳐진 땅이 사람들을 향해 손짓하고 있었다. 애덤 스미스는 《국부론》에서 그곳의 사용 가능한 땅들이 곧 노동자의 눈에 들어올 것이고, '자신들도 지주가 될 수 있다는 욕심'에 사로잡힌 노동자들이 일자리를 버리고 떠날 것이라고 예측했다. 그곳에 먼저 정착해 지주가 된 사람들은 다시 일꾼을 고용할 테고, "그 일꾼들 역시 자신의 주인이 이전 주인을 떠난 것과 같은 이유로 떠날 것"이었다. 경제학자들은 스미스의 이론을 100년이 지나고 나서야 실감했다. 값싼 땅의 유혹을 이기지 못하는 일꾼들을 몇 차례 잃고 난 고용주들은 다른 생각을 하기 시작했다. 노동자들이 이동할 수 있는 자유를 제한하려 들었던 것이다. 노예제도는 불가피한 마지막 선택지였다. 이 같은 이론의 관점에서 본다면, 매우 역설적이게도 광대하게 열려 있던 아메리카의 개척정신이 노예제도의 촉진제 역할을 한 셈이다.

이 이론은 일정 부분 사실이다. 고용주들로부터 일꾼이 떨어져 나가지 않았더라면 노예제도는 존재하지 않았을지 모른다. 하지만 이 이론으로만 따진다면 똑같이 광활한 땅이 펼쳐져 있었던 영국인의 개척지 뉴잉글랜드와 뉴욕에서는 어째서 노예제가 일찌감치 성행하지 않았는가를 설명할 수 없다. 반대로 광대한 땅도 없었던 바베이도스 세인트 키츠 섬과 카리브 해안 등의 영국인 식민지에서는 왜 그렇게 노예제가 성행했는가에 대해서도 설명되지 않는다. 따라서 많은 학자들은 또 다른 가설에 고개를 돌린다. 바로 17세기 중반에 있었던 영국의 청교도혁명이다. 이는 은 교역으로 인한 경제 불확실성 및 소빙하기와 관련된 전 세계적 불안의 한 조각이었다. 그 내전으로 1650~1680년대 영국 인구의 10분의 1이 희생됐다. 경제학자들의 이론대로 영국 고용인구 감소는 임금을 끌어올렸고, 아메리카에서 필수적이었던 계약이민하인을 영국에서 데려가는 가격 또한 자동적으로 상승했다. 그 와중에 매사추세츠, 버지니아, 캐롤라이나에서 계약기간을 다 채운 계약이민하인들이 독립해 플랜테이션을 구축하는 시기가 맞물렸다. 당연히 이들 역시 계약이민하인을 찾고 있었다. 수요 증가. 누구나 예측하듯이 이것은 가격상승으로 이어졌다.

이 가설 역시 역사적 사실이 일정부분 뒷받침해준다. 계약이민하인의 비용이 조금만 올라도 그 대안은 훨씬 매력적으로 보인다. 하지만 이 가설만으로는 여전히 식민개척자들이 어째서 이 선택지, 즉 아프리카 포획노예를 골라야 했는지는 설명하지 못한다. 당시 플랜테이션 업자들에게는 스코틀랜드라는 인력 선택지도 있었다(이보다 약한 대안이긴 하지만 아일랜드도 있었다). 그 섬들 역시 영국 내전의 소용돌이에 휘말려 있었기 때문이다. 소빙하기 맹위는 지속적으로 누적되어 그곳 바다를 대구가 살기 힘든 곳으로 만들었다. 산악지대에는 몇 년째 눈이 쌓였고, 여러 해 동안 이어진 흉작은 서민들을 더 이상 버티기 힘든 벼랑으로 내몰았다. 최악의 시기였던 1693~1700년대 스코틀랜드에서는 한 해만 제외하고 모든 해의 귀리 수확이 실패했다. 절박해진 스코틀랜드 사람들 중 많은 무리가 고향을 등지고 피난길에 올랐다. 수천 명은 러시아, 스웨덴, 노르웨이, 독일 등지에서 용병이 되었고, 나머지 수천 명이 아일랜드 북부에 살림을 차리면서 오늘날까지 지속되는 문화 갈등의 시초가 되었다. 스코틀랜드 노숙자들이 런던 거리를 어슬렁거리면서 일자리와 음식을 구걸했다. 사실 그들이야말로 명백한 대타 후보군이었다(적어도 아메리카 식민지 사람들에게는 그렇게 보였을 것이다). 잉글랜드 농장주들은 이미 수백 년 동안 스코틀랜드 토박이들을 일꾼으로 써왔다. 그런데 스코틀랜드에서 잉여 노동력이 폭증하던 바로 그 시점에 식민개척자들이 고개를 돌린 곳이 아프리카 포획노예였다. 말도 통하지 않고, 의지 제로에다, 이송 비용도 많이 드는 대안을 선택한 이유를 무엇으로 설명할 수 있을까?

　이 질문의 답을 찾아가는 좋은 방법이 있다. 당시 대서양을 건너 아메리카 대륙에 왔던 스코틀랜드 이주민 중 가장 큰 그룹의 운명을 따라가 보는 일이다. 바로 스코틀랜드 이주민이 개척한 파나마 식민지이다. 야심찬 장사치인 윌리엄 패터슨William Paterson은 이 기획을 선동하면서, 파나마의 전략적 위치를 이용해 스페인의 실크 및 은 독점

무역을 타파하자고 역설했다. 그는 "이 우주에서 가장 큰 대양 두 개 사이에 위치한 파나마가 양쪽 인디언(실크 부자 아시아와 은 부자 아메리카)들이 기독교 세상에 갖다 바칠 양의 3분의 2"를 통제할 수 있다고 목소리를 높였다. 나아가 스코틀랜드가 건설하는 파나마 식민지가 "상업 중심 세상의 허브가 될 것"이라고 공언했다. 말하자면 무역이야말로 항구적인 부를 뿜어내는 금융 엔진으로서 "이 세상이 끝나는 날까지 무역은 더 큰 무역을 낳고, 돈이 더 큰 돈을 낳게 해줄 것"이라는 논리를 펼쳤다.

그의 비전에 현혹된 스코틀랜드인 1,400여 명이 합작투자회사에 투자했다. 이 가난한 나라에서 동원 가능한 총자산의 25~50퍼센트가 이곳으로 모인 셈이다. 1698년 7월, 부푼 꿈을 품은 1,200명 스코틀랜드인을 태운 다섯 척의 배가 일년치 식량을 싣고 파나마를 향해 출발했다. 파나마 해안에 상륙한 사람들은 숲을 개활하고 뉴에든버러 항을 구축했다. 그로부터 불과 8개월 후. 거지꼴이 된 생존자 300명이 발바닥에 로켓포를 단 듯 고향으로 향했다. 그 무리에는 패터슨도 있었다. 안타깝게도 이들이 귀국하기 며칠 전에 제2차 파나마 원정단 1,300명이 네 척의 배에 나눠 타고 출항을 했다. 그로부터 9개월 후. 살아서 고향 땅을 다시 밟은 2차 원정단의 수는 100명도 되지 않았다. 수많은 목숨과 투자한 돈 전부를 파나마 땅에 묻은 채로.

재앙은 보통 여러 갈래의 원인을 가지고 있다. 패터슨의 식민지도 예외가 아니었다. 스코틀랜드 식민개척자들은 현지 인디언들과 교역하는 것을 첫 사업으로 구상했다. 그리하여 배에 울 쫄쫄이, 최상급 모직물과 양모 체크무늬 담요, 장식용 가발, 자그마치 2만 5,000켤레의 가죽신발을 가득 채워서 떠났다. 맙소사! 그곳에 도착해보니 모직

186

물과 근질거리는 담요는 아무짝에도 소용이 없는 열대기후였다. 이 와중에 열대성 폭우로 제품이 썩고, 힘들여 심은 농작물마저 빗물에 쓸려나갔다. 이처럼 뉴에든버러가 절박한 상황에 몰렸지만, 당시 잉글랜드와 스코틀랜드의 통치자였던 윌리엄과 메리는 스페인 심기를 건드릴 것을 우려해 다른 영국 식민지들에게 뉴에든버러에 지원의 손길을 내밀지 말라고 지시했다. 스페인은 스페인대로, 스코틀랜드의 프로젝트를 알고는 호시탐탐 공격을 시도했다.

하지만 재앙의 가장 큰 원인은 말라리아, 이질, 그리고 황열병이었다. 식민개척자들의 기록을 보면 일주일에 수십 명씩 사람이 죽어나갔다. 스페인이 뉴에든버러를 공격하기 위해 이곳에 상륙했을 때, 그들이 맨 처음 발견한 것은 흙이 채 마르지 않은 400개의 묘지였다. 이 식민지는 제임스타운과 달리 식량이 부족한 것도 아니었다. 신의 축복 같은 식수원도 있었고, 주변에 충돌을 빚을 인디언도 없었다. 이들의 묘지를 채웠던 원인은 유럽과 아프리카에서 온 질병들이었다.

이제 스코틀랜드 본국으로 건너가 보자. 뉴에든버러 프로젝트 대실패의 후폭풍으로 본국에서는 폭동이 일어났다. 이로 인해 수도의 대부분이 초토화됐다. 당시 잉글랜드와 스코틀랜드 땅은 동일한 왕의 통치하에 있었지만, 그럼에도 명확히 분리된 국가였다. 오래 전부터 호시탐탐 스코틀랜드를 노려온 잉글랜드로서는 그곳을 완전히 합병할 수 있는 절호의 기회였다. 반면 합병될 경우 런던 중심의 경제체제 아래서 찬밥 신세로 전락할 게 뻔했던 스코틀랜드 사람들은 이런 움직임에 격렬히 저항했다. 잉글랜드는 스코틀랜드의 불행을 적극적으로 이용했다. 합병 조건으로 뉴에든버러 투자자들에게 투자금액 상환을 약속한 것이다. "심지어 스코틀랜드 애국지사라고 자부하던 패터슨 같은 사람도 1707년의 합병조약을 지지하고 나섰다." 역사학자 맥닐은 카리브 해의 전염병과 생태학, 전쟁을 다룬 선구적인 저서《모기 제국Mosquito Empires》에서 다음과 같이 썼다. "그리하여 대영제국이 탄생했다, 파나마 열병의 지원사격으로."

　이 책의 맥락에서 무엇보다 주목할 점이 있다. 스코틀랜드인(그리고 다른 유럽인들)들이 말라리아 지역에서 너무 빨리 죽어나가는 통에 막노동꾼으로 쓸모가 없다는 사실을 뉴에든버러 사례가 여실히 증명했다는 것이다. 두 가지는 확실했다. 민간 영국인과 그 가족들이 계속해서 아메리카 대륙으로 진출하는 상황에서 사업가들은 유럽인 노동력을 아메리카 대륙에 대량 공급하는 문제에서 점점 발을 빼고 있었다는 점이다. 절실하게 다른 노동력 공급처를 찾던 사업가들의 눈에 맙소사! 그들이 들어왔다.

미국 남부 캐롤라이나 식민지와 그곳 인디언들

캐롤라이나 식민지는 1670년도에 설립되었다. 본래 바베이도스에 있었던 200여 명 식민개척자들이 찰스턴 항(초기에는 통치했던 왕의 이름을 따서 찰스 타운으로 불렀다)으로 빠지는 강 유역으로 이전하면서부터였다. 버지니아처럼 캐롤라이나도 벤처회사로 첫 발을 내디뎠다. 버지니아에서 탄탄하게 자리잡은 여덟 명 귀족 가문이 번성의 물꼬를 남쪽으로 돌려 재미를 볼 요량으로 그곳에 합작투자회사를 설립했다. 지분 소유자들은 직접자본과 노동력을 투입하지 않고도 수익을 창출해낼 묘안을 찾아냈다. 플랜테이션 지원자들에게 식민지 땅

덩어리를 임대한 것이다. 바베이도스는 이미 사탕수수 밭으로 빈 공간이 없었고 인구도 빽빽이 들어차 있었다. 바베이도스 영국인 가운데 땅을 소유하길 원했던 사람들이 캐롤라이나에서 운을 시험해보기로 했다. 버지니아의 노동력 문제를 익히 알고 있던 투자자들은 계약이민하인을 더 많이 끌어올 수 있는 사람에게 더 많은 땅을 임대해주겠다고 약속했다. 그건 계약이민하인들에게도 해당되었다.

제임스타운이 강력한 지도자 아래 통합된 단 하나의 인디언 제국을 상대한 반면, 캐롤라이나는 여러 원주민 부족이 할거하는 일대 혼란의 소용돌이 한복판에서 시작했다. 서기 1000년경을 기점으로 미시시피 일대와 남동부에는 인구가 밀집한 수백 개 타운(고고학자들이 '미시시피 문명'이라고 부르는)이 생겨났다. 그 이전에 도입된 옥수수와 당시의 지구온난화로 농업이 잘된 것이 번영의 원인이었다. 거대한 둔덕 맨 꼭대기에 기거하던 강력한 신권통치자에 의해 통치된 그들은 멕시코 북쪽에서는 가장 진보한 문명이었다. 그 이유는 여전히 밝혀지지 않았지만, 기술적으로 뛰어났던 그 사회는 15세기경에 갑자기 와해되었다. 나아가 이 붕괴는 유럽인이 가져온 질병의 맹공으로 가속화되었다. 캐롤라이나가 들어설 무렵 미시시피 사회는 작은 부족사회들 간 짝짓기 결과로 일종의 연맹체 국가들(크리크Creek, 촉토Choctaw, 체로키Cherokee, 카토바Catawba)이 결성되어, 남동부 전역에서 힘겨루기가 한창이었다.

노예제도는 아메리카의 어느 인디언 사회에나 있었다. 다만 제도의 성격은 지역에 따라 달랐다. 가령 포우하탄과 같은 알곤킨 어족 Algonkian-language 사회에서 노예제는 그리 강력한 예속성을 갖지 않아서 곧장 자유의 몸이 되기도 했다. 인디언 사회에서 노예들은 대개 전쟁포로였다. 그들은 고문당해 죽기 전까지 종으로 취급되거나 몸값을 받고 본래 그룹으로 반환되었다. 혹은 포우하탄 사회에 동화되어 그 사회의 정식 구성원으로 자리잡기도 했다. 제임스타운의 타싼타싸스들은 어쩌다 한 번씩 들일을 시킬 인디언 포로를 살 수 있었지만, 영국인에게나 포우하탄 사람들에게나 노예는 일반적인 노동력 공급원이 아니었다. 체서피크 만 남부는 '문화적 경계선'으로, 이 경계선 저쪽 편은 알곤킨 어족이었고 이쪽 편은 무스코기어Muskogean를 사용하는 신생 연맹체 국가들이었다. 이곳 연맹체 국가들 역시 전쟁포로를 노예로 삼았다. 하지만 노예제도의 양상은 좀 달랐다. 여기서 노예제도는 더 일상적인 데다 평생 굴레에서 벗어날 수 없는 매매의 대상이었다. 이 전통은 고대 미시시피 사회로 거슬러 올라간다. 미시시피 지도층은 포로를 용맹과 응징의 상징으로 여겼다. 노예들은 들일을 하거나 천한 일을 수행했고, 선물로 주어지기도 했다. 여자 노예는 귀빈이 방문했을 때 성 접대용으로 제공되기도 했다(이런 관습을 두고 유럽인은 인디언이 손님에게 자신의 부인을 내어준다고 종종 오인했다). 유럽인이 캐롤라이나에 나타났을 때 이 연맹체 국가들은 잉여 노예들을 도끼, 칼, 금속그릇, 무엇보다도 총으로 맞교환하기 위해 팔을 걷어붙이고 나섰다.

17세기 후반 처음으로 플린트락 소총flintlock rifle(부싯돌 화승총)이 등장했다. 원주민이 처음으로 자신들의 활에 비해 우월하다고 인정한 유럽인 총기였다. 존 스미스가 버지니아에 가져왔던 총은 매치락matchlocks(성냥 화승총)으로, 불이 붙은 화승을 점화구에 대는 방식이었다. 이 과정에서 발생한 불꽃이 탄두를 총신으로부터 밀어냈다. 무겁고 나선이 없는 매치락은 삼각대에 올려놓고 발사해야 했으며, 늘

점화용 화승을 들고 다녀야만 했다. 이 무기는 심지어 습지대 비버 사냥에도 신통치 못했고, 비라도 오는 날이면 덮개가 닫히지 않는 스포츠카만큼 무용지물인 물건으로 전락했다. 우주의 모든 상황이 협조를 해줄 경우에만 매치락은 활보다 치명적인 무기가 될 수 있었다. 하지만 모든 게 최적인 전시상황이란 없다. 식민지에서 작성된 기록들을 살펴보면, 자신들의 무기가 원주민의 활에 비해 이론적으로만 우세하다고 징징대는 소리로 가득하다. 기동성이 없고, 젖으면 무용지물이고, 정해진 한순간에만 발사가 가능했다. 대조적으로 플린트락은 작은 플린트(부싯돌)가 강철 조각에 딱 부딪히는 순간 생기는 스파크로 화약을 점화시킨다. 그 스파크는 작은 장전에 이어 총신의 큰 장전을 연쇄적으로 발화시키는 구조였다. 작고 가볍고 매치락보다 정확도가 훨씬 높았다. 이제 그들은 플린트락을 들고 비가 올 때도 발사할 수가 있었다.

남동부 인디언 연맹체들은 그 무기가 자신들이 지닌 활의 위력을 훌쩍 뛰어넘는다는 사실을 즉각 알아차렸다. 영국 및 원주민 라이벌에게 총으로 밀리지 않아야겠다고 작심한 남동부 전역에서는 한바탕 군비확장 바람이 불어닥쳤다. 라이플 소총 확보에 필요한 노예를 포획하기 위해서 원주민들은 이웃 부족을 공격했다. 게다가 이런 군사 활동을 위해서라도 더 많은 화기가 필요해졌다. 방어용으로 총이 필요해진 부족들도 노예사냥 공습에 가세했다. 총에 대한 대가로 포로를 유럽인에게 넘기면서 말이다. 수요가 또 다른 수요에 기름을 붓는 악순환이 이어졌다.

제임스타운의 버지니아컴퍼니는, 우려에도 불구하고 스페인이나 프랑스에 의해 직접적인 위협을 겪은 적이 한 번도 없었다. 반면 스페인의 플로리다 식민지 및 프랑스의 루이지애나 식민지와 가까웠던 캐롤라이나는 그 우려가 훨씬 더 직접적일 수밖에 없었다. 사실상 라이벌 국가가 세운 모든 식민지는 3개월 이내에 진화한다는 게 스페인의 기본 정책이었다. 캐롤라이나의 지배층은 절묘한 꼼수 하나를 생각해냈다. 근처 원주민 그룹에게 스페인 및 프랑스에 우호적인 다른 인디언 부족을 습격한 뒤 거기서 포획한 노예를 자신들에게 제공하라고 제안한 것이다. 노동력 부족 문제를 해결하는 동시에 적을 무력화시키는 일거양득의 효과를 누릴 심산이었다.

경제학적 측면에서만 보면, 이러한 토착인 노예 거래는 원주민과 이주민 모두에게 누이 좋고 매부 좋은 거래였다. 찰스턴 시장에서 인디언들은 때로 사슴가죽 160장 가격에 노예로 팔렸다. "노예 하나면 총과 탄약, 말, 도끼, 그리고 좋은 옷 한 벌까지 얻을 수 있었다. 다른 방식으로 이 모든 걸 소유하기 위해서는 몇날 며칠 쉴 없는 노동과 사냥을 감내해야만 했다." 조금의 과장이 섞였을 수 있지만 캐롤라이나의 한 노예상이 1708년에 남긴 기록을 그대로 인용한 것이다. "노예에 대해 영국 업자들이 쳐주는 좋은 가격에 휘둘린 인디언들은 이 교역에 하나 둘 가담하기 시작했다."

'좋은 가격'이란 인디언의 관점에서 그렇다는 말일 뿐, 영국인들에게는 매우 저렴한 값이었다. 인디언 노예무역에 대한 유명한 저서 《인디언 노예무역*The Indian Slave Trade*》의 저자인 오하이오 주립대학교 역사학자 앨런 갈레이Alan Gallay에 따르면, 당시 인디언 포로 가격은 5~10파운드로, 계약이민하인 가격의 절반도 안 되는 수준이었다. 가격보다 더 큰 이점이 있었다. 계약기간이 따로 없는 노예는 평생토록 써먹을 수 있으므로 노동력의 연비로 환산할 경우 그 가격은 훨씬 낮았다. 상황이 이렇게 돌아가면서 식민개척자들은 유럽인 계약이민하인을 제쳐두고 인디언 노예를 선택하기 시작했다. 1708년 캐롤라이나의 첫 인구조사를 보면 영국 식민개척자가 4,000명, 인디언 노예가 1,500명 그리고 계약이민하인은 160명이었다.

시간이 흐르면서 캐롤라이나는 노예 수입의 대명사가 되었다. 이곳에 도착한 아프리카 노예 선박들이 포획되어 병들고 혼미한 사람들을 부려놓기 무섭게 장사꾼들은 곧장 그들을 경매장으로 내던졌다. 하지만 첫 40년 동안 캐롤라이나 식민지는 노예 수출처였다. 포획된 인디언들은 이곳을 통해 카리브 해와 버지니아, 그리고 뉴욕과 매사추세츠로 팔려나갔다. 인디언 노예무역에 대한 자료는 희박하다. 식민개척자들이 규제와 세금을 피하기 위해 운송기록을 남기지 않은 채 소형 배를 이용했기 때문이다(유럽의 대형 노예무역 회사들은 이런 방식을 취할 수 없었다). 단편적인 정보를 토대로 갈레이는 1670~1720년 사이 캐롤라이나 상인들이 사들인 포획 인디언 수를 3만~5만 명으로 추정했다. 캐롤라이나 인구통계에 이보다 훨씬 적은 수의 인디언이 잡히는 것으로 보아 이들 중 대부분은 다른 곳으로 팔아넘겨진 게 확실하다. 같은 기간 찰스턴에 들어온 배가 부려놓은 아프리카 노예는 2,450명에 불과했다(일부는 버지니아를 거쳐 육상으로 들어왔다).*

---

* 이 수치는 다른 식민지에서 포획된 인디언 수는 포함하지 않는다. 예를 들면 1675~1676년의 무자비한 인디언 전쟁에서 매사추세츠는 수백 명의 원주민 포획자를 스페인, 포르투갈, 히스파니올라, 버뮤다, 그리고 버지니아 등지에 보냈다. 그리고 프랑스 식민지 뉴올리언스는 수천이 넘는 인디언을 포획했다. 캐롤라이나 노예시장이 남달리 규모가 컸지만 북아메리카 전역 영국 식민지들은 다 이 비즈니스에 몸담고 있었다. 현지 인디언들과의 협력을 등에 없든 아니면 독자적이든.

이곳의 지형분계선은 신기하게도 문화분계선과 겹친다. 1700년경이 되자 메인 주와 사우스캐롤라이나 주가 들어서게 될 대서양 해안선을 따라 마치 가죽 단에 박힌 징처럼 영국 식민지들이 점점이 들어섰다. 알곤킨 어족 인디언과 동거했던 북쪽 식민지에는 노예가 드물었고, 노예를 사고파는 일에도 관심이 없었다. 반면 노예 거래에 애초부터 일가견이 있던 무스코기 어족 미시시피 문명 및 인근 남쪽 식민지에서는 노예가 흔했다. 서로 다른 두 유형의 사회를 가르는 경계를 대충 금으로 그어보면 체서피크 만 지역인데, 이 라인은 훗날 미합중국에서 노예 주와 비노예 주 간 경계선과 거의 일치한다. 그렇다면 노예 거래 관습을 지닌 곳과 옆 동네에 위치한다는 지정학적 이유가, 장차 남부가 아프리카 노예 사회로 착지하는 데 미끄럼틀 역할을 했다는 의미일까? 미국 역사에서 가장 끔찍했던 남북전쟁이 수백 년도 더 전에 존재했던 문화분계선의 잔존물이라는 말인가? 어디까지나 추론의 영역이지만 내게는 전혀 무관해 보이지 않는다.

어찌됐든 인디언 노예무역은 깊이를 알 수 없을 만큼 수익성이 좋았다. 그리고 단명했다. 1715년경이 되자 이 단맛의 희생자였던 인디언의 씨가 거의 말라버렸다. 캐롤라이나 지배층이 노예 공급을 더욱 거세게 요구하면서 남동부 전역이 전쟁터로 변했다. 희생물이 된 인디언 부족들이 총을 획득해 캐롤라이나를 공격한 것이다. 잇단 전쟁을 거치면서 이 식민지는 가까스로 살아남았다. 협공하는 인디언들은 믿을 수 없을 만큼 강했다. 알고 보니 그들은 그곳의 지세를 주인보다 정확하게 꿰뚫고 있는 위험천만한 고용인이었다. 로드아일랜드에서는 포획된 인디언들이 "공모, 폭동, 강간, 도적질, 그리고 흉악한 범죄를 저질렀다"고 성토하면서 인디언 노예 수입을 전면 금지했다.

뒤이어 펜실베이니아, 코네티컷, 매사추세츠, 뉴햄프셔도 잇달아 수입금지령을 내렸다. 매사추세츠 법은 도를 한참 벗어나 인디언 노예가 "사악하고 분명 복수심이 있다"고 맹비난을 했다.

하지만 큰 문제는 따로 있었다. 버지니아에서처럼, 캐롤라이나에도 말라리아가 입성한 것이다. 처음 캐롤라이나 식민지에 왔던 영국인들은 이 식민지의 좋은 기후를 입에 침이 마르도록 칭송하면서 "자연계에든 인간계에든 질병이 없는 곳"이라고 추켜세웠다. 이곳 식민개척자들의 아이들은 "얼굴빛이 좋고, 체격이 좋았다." 식민개척자들은 이곳의 따뜻한 기후조건을 이용해 벼농사를 짓기로 했다. 당시 쌀은 영국에서 귀한 곡물이었다. 하지만 논은 모기의 천국이었다. 열병과 학질이 속속 보고되기 시작했다. 팰시파럼이 드디어 이곳에 등장한 것이다. 몇 년 후에는 황열병이 동반자로 딸려왔다. 공동묘지가 재빠르게 채워졌다. 어느 교구에서는 20세까지 이르지 못하고 사망하는 아이가 4명 중 3명꼴이었다. 버지니아에서처럼 죽음의 절반은 가을에 발생했다(한 독일인 방문자는 다음과 같이 요약정리했다. '봄에는 천국이고, 여름에는 생지옥이고, 가을이 되면 이곳은 병원이다').

유감스럽게도 인디언은 영국인 계약이민하인만큼이나 말라리아에 취약했으며, 다른 질병에는 더 취약했다. 원주민은 남동부 전역에서 끔찍한 수로 죽어나갔다. 질병과 노예 습격의 이중 타격을 받은 치카소Chickasaw는 1685~1715년에 인구의 절반을 잃었다. 같은 기간 쿼포Quapaw(아칸소 주)에서는 수천이던 인구가 200명 아래로 줄었다. 다른 인디언 그룹도 전멸하다시피 했다. 얼마 안 되는 차카우마의 마지막 후예들은 촉토에 흡수되었다. 크리크는 어느 작가의 표현을 빌리면 "모든 고통받는 인디언 부족의 대피소"가 되면서 지역 맹주로 부상했다. 캐롤라이나의 이전 총독은 1707년 이 웨스토 인디언에게 "전례 없는 병이 온 것은" 신의 뜻이었다는 망언을 퍼부었다. "이들의 수가 격감한 덕에 영국인은 스페인과 달리 인디언 피를 갖지 않으며 신의 뜻에 부합했다"고 말이다.

당연히 식민개척자들은 노동력 충원을 위한 다른 해법을 찾아나섰다. 유럽의 계약이민하인들보다 그리고 인디언 노예들보다 질병에 덜 취약한 노동력을….

타라의 대저택과 말라리아

다른 세포들처럼 적혈구 역시 길게 연결된 체인 모양의 분자로, 우리 몸의 주된 구성성분인 단백질이 표면 막을 감싸고 있다. 이들 단백질 중 더피 항원Duffy antigen이라는 게 있다(더피라는 이름은 맨 처음 이 항원이 발견된 환자 이름에서 왔고, '항원'이란 면역체계에 의해 인식되는 물질이다). 더피 항원의 주된 기능은 미세생명체가 본능에 따라 단세포 동물의 타고난 역할을 수행할 때 '손잡이' 역할을 해주는 것이다. 그 미세생명체는 마치 우주정거장에서 도킹하는 우주선처럼 더피 항원을 손잡이로 접속한다. 그리고 이 항원을 정문 삼아 세포 안으로 들어간다. 더피 항원은 적혈구 세포에서 딱히 중요하달 게 없다. 그런데도 이 세포와 관련된 논문은 수백 건에 이른다. 이유는 바로 플라스모디움 비백스가 인체로 들어올 때 더피 항원을 손잡이로 사용하기 때문이다. 정문의 열쇠 복사본을 손에 넣은 도둑처럼, 더피 항원 내부에 몸을 들이고는 출입허가증을 받은 미세생명체로 인식하도록 적혈구 세포를 속여서 들어오는 것이다.

더피의 기능은 1970년대 초반 미국국립보건원의 루이스 H. 밀러 Louis H. Miller가 이끄는 연구팀에 의해 밝혀졌다. 확실한 증거자료를 확보하기 위해 연구팀은 모기가 가득한 상자에 17명 지원자의 팔을 넣도록 했다. 모기들은 플라스모디움 비백스를 가득 품고 있었다. 실험대상자들은 수십 차례에 걸쳐 모기에게 물렸다. 말라리아에 감염되기에 충분할 만큼. 이들 17명 중 병에 감염된 사람은 12명이었다(연구원들은 이들을 곧바로 치료했다). 혈액에 기생충이 들어온 기미조차 발견되지 않은 나머지 5명에게는 공통점이 있었다. 적혈구 세포에 더피 항원을 가지고 있지 않았다는 것. 전문 용어로 '더피 음성반응Duffy negative'이라고 한다. 기생충들은 안으로 들어갈 문을 찾지 못했다.

당시 실험 참여자는 백인계 미국인과 아프리카계 미국인이었다. 백인들은 하나같이 말라리아에 감염되었고, 말라리아에 감염되지 않은 5명의 더피 음성반응자는 아프리카계 미국인이었다. 이 결과는 우연의 일치가 아니었다. 아프리카 중서부에 살고 있는 아프리카인 중 97퍼센트는 더피 음성반응을 보인다. 다시 말해 그들이 비백스 말라리아에 면역성을 지녔다는 의미다.

더피 음성반응은 선천성 면역체로, 특정 유전형질을 가진 사람군에서 나타난다. 또 다른 유명한 말라리아 선천성 면역체로 겸상적혈구빈혈이 있다. 작은 유전적 변화로 말미암아 적혈구 모양이 기형적으로 변형되면서 말라리아 기생충이 손잡이로 사용하지 못하지만, 동시에 비정상적인 모양으로 인해 혈구로서의 기능이 떨어지는 증상이다. 겸상적혈구는 더피 음성반응에 비해 말라리아 예방 효과도 다소 떨어진다. 더욱 치명적인 말라리아 종인 팰시파럼에 약간의 면역성이 있지만 적혈구 세포로서의 기능이 약한 탓에 이 인자를 지닌 많은 사람이 이른 나이에 목숨을 잃기도 한다.

수두나 홍역처럼, 말라리아를 이기고 살아난 사람들에게도 후천적 면역성이 생긴다. 하지만 한 번 치른 병증으로 거의 100퍼센트 면역력이 생기는 수두나 홍역에 비해 말라리아의 후천성 면역력은 매우 제한적이다. 비백스나 팰시파럼을 겪고 살아남은 사람들은 자신이 이겨낸 특정 비백스나 팰시파럼에 대해서만 면역성을 획득한다. 다른 계통 말라리아에는 여전히 무방비 상태인 것이다. 따라서 광범위한 종에 대한 면역성을 얻는 유일한 길은 되풀이해서 다른 계통의 말라리아에 감염되는 것뿐이다.

선천적 말라리아 면역성은 전 세계 많은 지역에서 볼 수 있다. 다만 아프리카 서부와 중부 지역 사람들만큼 절대적으로 우세한 지역은 없다. 그들은 비백스에 관한 한 거의 철통에 가까운 면역력을 지니고 있다. 팰시파럼에 대해서도 절반 정도의 면역력을 보인다. 여기에 아이 때부터 되풀이되는 노출로 인해 높은 수준의 후천적 저항력이 더해지면서, 아프리카 중서부 지역 성인들은 지구상 어떤 사람들보다 말라리아에 강하다. 아메리카에 배로 실어나른 아프리카 노예들 중 태반이 아프리카 중서부 출신이었다는 사실은 이미 생물학이 역사의 영역으로 들어왔음을 증명한다. 비백스가 득실거리던 버지니아와 캐롤라이나에서 이들은 영국 식민개척자들보다 생존 확률이 높고, 자손을 생산할 확률도 더 높았다. 생물학적으로 볼 때, 그들은 적응에 적합했다. 이를 다른 말로 표현하자면, 그 지역에서 그들은 (여러 겹의 의미에서!) 유전적으로 우월한 형질이었다. 지난 세기의 인종 이론가들은 유전적 우월성이 사회적 우월성으로 직결된다고 주장했다. 하지만 아프리카에서 일어난 일은 오히려 번지르르한 이 논리의 허점을 여실히 확인해준다. 서아프리카 사람들은 생물학적 유리함으로 우위를 점하기는커녕 탐욕과 냉혹함에 악용된 사회적 약자로 전락했다. 면역성은 그들의 예속 상태를 부추긴 원천이 되었다.

어떻게 이런 일이 가능했을까? 앞서 얘기했던, 영국인들의 몸에 잠복한 채 대서양을 횡단했던 비백스 말라리아를 다시 상기해보자. 이미 설명했듯이 삼일열에 관한 기록을 보건대, 늦어도 1650년경에는 이 병이 아메리카에 전입신고를 마쳤던 것이 확실하다. 사실 그전에 도착했다고 봐도 틀리지 않을 것이다. 또한 1670년대로 접어들며 버지니아가 살아남기 위한 개선책을 깨우쳤다는 사실을 상기해보자. 이 무렵 시즈닝 사망률은 10퍼센트 아래로 떨어졌다. 그런데 어찌된 일인지 그 다음 10년인 1680년대가 되자 사망률이 다시 치솟았다. 역사학자 다렛 루트만과 애니타 루트만Darrett and Anita Rutman에 따르면 이는 말라리아 시즌 2라 부를 만한 팰시파럼이 도착했다는 신호였다. 비백스보다 온도에 더 민감한 팰시파럼은 영국에서는 발붙이는 데 성공하지 못했다. 따라서 필시 팰시파럼은 처음 이곳에 온 어느 아프리카 노예의 몸을 빌려 대양을 건너는 데 성공했을 터였다.

팰시파럼은 뚜렷이 구별되는 사망률 패턴을 그렸다. 체서피크 만의 아프리카인 사망률은 겨울과 봄에는 유럽인들보다 더 높았다. 눈과 얼음이 뒤덮인 추운 기후에 적응하는 일도 힘들었고, 형편없는 영양 상태 및 주거환경도 사망 원인으로 작용했을 것이라고 루트만은 보고 있다. 그런데 8~11월이 되면 아프리카인과 유럽인의 사망률 곡선이 서로 교차했다. 이 시기는 모기의 세상이 되는 초여름에 감염된 그 병이 정점에 이르는 시점이었다. 그 몇 달 동안에는 주인들이 노예보다 훨씬 더 많이 죽어나갔다. 이 시기에 죽는 유럽인이 너무도 많아서 전체 유럽인 사망률이 아프리카인보다 훨씬 더 높을 정도였다. 캐롤라이나에도 똑같은 상황이 발생했다. 여기에서도 많은 수의 아프리카인은 결핵, 독감, 이질, 그리고 인간의 악행으로 인해 죽어나갔다. 말라리아에 무너진 사람도 적잖았다. 그들에게 내성이 없는 다른 플라스모디움 혈통을 동족들이 가지고 들어왔기 때문이다. 하지만 유럽인들만큼 속수무책 말라리아에 당하지는 않았다.

이와 관련해 정확한 기록을 남긴 식민지는 없다. 따라서 둘 사이 사망률을 딱 잘라 정확한 숫자로 제시하긴 어렵다. 하지만 똑같이 말라리아가 만연했으며 유럽인들이 정복하려 애썼던 대륙인 아프리카에서 아주 유용한 단서를 얻을 수 있다(대서양에 의해 완전히 분리된 다른 대륙에서 말라리아 발병률을 살펴본다는 발상 자체가 우리가 살고 있는 시대가 호모제노센이라는 점을 증명한다).

노예제도와 관련해 최고 권위자인 필립 커틴Philip Curtin 박사는 영국 기록을 뒤져 나이지리아, 나미비아에서 영국 군인들의 사망률을 밝혀냈다. 그 수치는 정말 놀랍다. 19세기 서아프리카 영국군 관련 의회보고서 내용에 따르면 매년 아프리카에서 질병으로 사망한 군인 비율은 48~67퍼센트에 달했다. 대조적으로 같은 지역 내 아프리카인 병사 사망률은 3퍼센트 내외였다. 실로 놀라운 격차다. 커틴이 밝혀낸 바에 따르면, 아프리카 질병으로 인해 엄청나게 많은 유럽인이 사망했다. 심지어 노예선박 안에서도 비율로만 따질 때 백인 선원들의 사망률이 압도적으로 높았다. 갑판 아래 노예들이 체인에 묶인 채 자신들의 배설물 위에 뒹굴어야 했던 경악스런 환경에도 불구하고 말이다. 이런 불행을 피하기 위해, 유럽 노예상들은 아프리카인을 선원으로 고용했다.

그에 비하면 아메리카 식민지에서 유럽인과 아프리카인의 사망률 차이는 근소했다. 아프리카에서 유럽인을 사망에 이르게 한 건 말라리아와 황열병뿐 아니라 많은 다른 질병도 있었기 때문이다. 거의 비슷한 시기에 의회보고서로 작성된 영국의 통계치는 소앤틸리스 열도 Lesser Antilles(카리브 해안 남쪽에 활 모양으로 늘어선 열도)에서 아프리카인의 생존률이 유럽인들의 3배에 이르렀다는 사실을 여실히 증명해준다. 사실 3배라는 수치도 실제보다 낮게 잡은 것일 수 있다. 이 섬들 중 어떤 섬에는 말라리아가 전혀 없었기 때문이다. 이런 결과를 놓고 볼 때, 아메리카 대륙 팰시파럼과 황열병 지대에서는 영국인들이 첫 해에 죽을 확률이 아프리카인들에 비해 최소 3배에서 최대 10배까지 높았다고 말할 수 있을 것 같다.

유럽인들에게 경제적 논리는 무시하기 어려웠다. 담배, 벼, 혹은 사탕수수를 재배하길 원했다면 유럽인 계약이민하인보다 아프리카인 노예를 사용하는 게 몇 배 이득이었다. 커틴은 이렇게 결론짓는다. "이 둘의 유지비용이 같다고 가정할 때, 아프리카인 노예가 유럽인보다 최대 3배쯤 비싸더라도 그들을 선호했을 것이다."

노예제도와 팰시파럼은 함께 번성했다. 플라스모디움 팰시파럼은 뉴저지 주의 애틀랜틱시티에서는 장시간 발을 붙이지 못했다. 애틀랜틱시티의 경우, 이 기생충의 생존 문턱인 섭씨 19도를 넘는 날이 연평균 수 주일에 불과했다. 하지만 여기서 남쪽으로 불과 190여 킬로미터 거리에 있는 워싱턴 D.C.는 살짝 온도가 높은 기후로 인해 매년 가을 팰시파럼의 위협에 놓였다(재미있는 건 워싱턴이 남부 도시들에게는 가장 북쪽도시로 불린다). 이 두 도시 사이로 1768년 찰스 메이슨과 예레미아 딕슨이 측량한 저 유명한 펜실베이니아-메릴랜드 경계Pennsylvania- Maryland border가 가로지른다. 이 메이슨-딕슨 라인은 동부해안을 두 개의 구역으로 가르는 라인과도 얼추 일치한다. 한 쪽은 팰시파럼 말라리아의 위협에 노출되었던 곳이고, 건너편은 그렇지 않은 지역이다. 이는 또한 아프리카인 노예제도가 지배적이었던 지역과 그렇지 않은 곳의 경계이기도 하다(그리고 대략적으로 그 이전의 원주민 역사에서 노예 사회와 비노예 사회의 구분선이다). 더불어 이 라인은 미국 문화에서 가장 끈질기게 지속되는 분계선 중 하나인 양키Yankee와 딕시Dixie 사이의 문화적 경계선으로도 작용한다. 질문 하나가 당장 튀어나온다. 이 모든 것이 서로 연관성이 있단 말인가?

수십 년 동안, 남부 문화는 거대한 플랜테이션이라는 요람에서 형성되었다는 게 주류 역사학자들의 지배적인 주장이었다. 적어도 일반인들에게 떠오르는 전형적인 이미지는 거대한 영지와 저택으로, 소설 《바람과 함께 사라지다》의 타라Tara가 대표적인 모습이다. 그들에 따르면 플랜테이션은 원형이자 기준, 등사판이며 남부의 문화 가치관 형성에 항상 그곳이 있었다. 훗날의 역사학자들은 이런 견해에 반박한다. 식민지 유형의 거대한 플랜테이션이 다수 존재했던 곳은 오직 체서피크 만 남쪽과 찰스턴 주변 저지대뿐이었다는 것이다. 정말 놀랍게도 이들 두 곳은 영국 식민지들 가운데 말라리아가 가장 기승했던 지역이다. 대대적인 배수정책으로 버지니아의 말라리아는 1920년대에 박멸되었다. 하지만 사우스캐롤라이나 해안은 그 후로도 20년 넘게 미국에서 플라스모디움 문제가 가장 심각한 곳으로 남아 있었다. 이 관점에서 본다면, 영화에서 그려진 타라는 말라리아 창궐지에서는 매우 이상적인 저택으로 보인다. 언덕 위, 잘 손질된 부드럽고 널찍한 잔디로 둘러싸여 있고, 바람을 불러들이기 좋은 키높은 창문 등, 요소요소가 어나펄리즈 쿼드리마쿨러투스 번성 요건을 피하기 위한 디자인이었다. 저지대, 약간 응달진 곳, 공기가 정체된 곳. 타라의 디자인과 말라리아와의 연관성이 우연일까? 오히려 둘 사이 연결고리를 배제하는 것이야말로 바보스러운 일처럼 보인다.

두 명의 루트만은 "높은 질병 발병률과 짧은 기대 수명을 숙명으로 안고 살아야 했던 사람들은 삶에 대해 어떤 태도를 가지게 되었을까?"라고 질문한다. 일부 학자들은 남북전쟁 이전 남부 문화의 특징이었던 무모함, 무사태평과 외형 지상주의가 상시적으로 노출되었던 질병의 위협에 그 뿌리를 둔다고 풀이한다. 일각에서는 죽음 앞에서 초연한 태도를 남부의 특징으로 꼽기도 한다. 어쩌면 그럴 수도 있겠다. 입증할 수 있는 성질의 문제는 아니지만 남부인들은 대개 무모하거나 허영심이 많거나 지독하게 완고하다. 실은 그 반대라고 주장하는 사람들도 있다. 목전에 단단하고 차갑게 존재하던 죽음의 손길이 그들을 소심하고, 겸손하고, 흥이 있게 만들었다고.

다른 측면에서 보다 확실한 실증 사례가 하나 있다. 병으로 인한 리스크는 불안정한 노동력 공급을 의미한다. 이런 불확실성은 영세 소규모 자작농에게는 특히 불리하게 작용했다. 동일한 몇 개의 일손이 손실을 입었다고 가정할 경우, 비율로 따지면 소규모 자작농에게는 엄청난 타격이기 때문이다. 두 루트만이 지적했듯이 대규모 플랜테이션의 "많은 노동력 확보는 곧 재난 상황에 대한 보험과 같다." 그러므로 규모가 큰 플랜테이션 업자들의 경우 비용은 다소 들었지만, 안전장치가 잘 마련된 셈이었다. 당연히 시간이 흐르면서 이들은 우위를 점했다.

영화 '바람과 함께 사라지다'의 홍보 사진으로, 스칼렛 오하라 뒤로 타라의 전경
이 보인다. 영화세트장으로 만들어진 장소지만, 전형적인 남부 플랜테이션 대저
택의 모습을 담아냈다. 언덕 위의 높은 집, 바람이 잘 통하는 길고 높은 창, 모기
와 모기가 동반하고 다니는 병을 피하기에 이상적인 디자인이다.

    반면 영세업자들은 고전을 면치 못했다. 이 간극을 더욱 깊게 만
든 것이 있다. 부유한 캐롤라이나 플랜테이션 업자들은 병이 도는 시
즌에는 열병이 없는 산간지대나 바닷가 리조트에서 지낼 수 있었다
는 점이다. 대조적으로 영세한 농장주나 노예들은 플라스모디움 구
역에 붙박이처럼 머무를 수밖에 없었다. 이런 식으로 병은 부유한 사
람과 가난한 사람들을 양극단으로 몰아갔다. 두 루트만는 말한다. 말
라리아 지역은 배를 "극단적인 경제 양극화로 내모는 바람과 같았다"
고. 플라스모디움은 농장주들이 노예제도를 선호하도록 몰아가는 데
에서 그치지 않았다. 대규모 플랜테이션에게 더욱 큰 보상을 해주어,
또다시 노예 수요를 증가시키는 효과를 가져왔다.

대략적인 플라시모디움
펠시퍼룸 한계선

어나펠리즈
쿼드리마쿨러투스

멕시코만

대서양

어나펠리즈 알비마누스

카리브해

태평양

어나펠리즈
달를링지

아메리카 말라리아

말라리아를 옮기는
모기(어나펠리즈)의
분포지.

대략적인 플라시모디움
펠시퍼룸 한계선

어나펠리즈Anopheles 속에 속하는 모기는 400여 종이다. 이 중 4분의 1 정도는 말라리아를 감염시키는 게 가능하고, 그 중에서도 말라리아 감염에 적극 가담하는 매개숙주는 30여 종이다. 그리고 이 30여 종 가운데 아메리카 대륙에 존재하는 모기는 12종이다. 가장 중요한 존재가 어나펠리즈 쿼드리마쿨러투스, 어나펠리즈 알비마누스, 그리고 어나펠리즈 달를링지이다. 어째서 아메리카 대륙의 특정 지역 역사가 말라리아에 의해 지배되었는지(다른 지역에선 그렇지 않은 반면)는 이들의 서식처 범위와 평균 기온으로 충분히 설명된다.

말라리아는 노예제도의 직접 원인이 아니었다. 하지만 말라리아는 애덤 스미스가 규명했던 장애물들을 무력화시켰고, 그 여파로 노예제도를 필요로 하는 경제 시스템이 굳건해졌다. 타바코 플랜테이션 업자들은 스코틀랜드인이나 인디언이 삼일열로 죽어가는 것을 목도한 적도 없었으며, 그 병에 대한 저항력을 가진 아프리카인을 착취하기로 기획한 것도 아니었다. 사실상 초창기 플랜테이션 소유주들이 아프리카인의 면역력에 대해 이해했다는 증거는 어디에도 없다. 이들은 말라리아라는 병 자체를 몰랐다. 게다가 고립되어 있었던 플랜테이션의 지형상, 비교분석을 통해 상황 판단을 하는 것도 쉽지 않았다. 그들이 그 사실을 알았든 몰랐든, 계약이민하인을 소유한 농장주에 비해 노예를 부리던 농장주들은 경제적으로 우위를 점했다. 만약 두 명의 캐롤라이나 플랜테이션 사업자가 각각 열 명의 일꾼을 사왔다고 치자. 일년이 지난 후 한 곳에는 아홉이 남고 다른 한 곳에는 다섯 명이 남았다면, 첫 번째 업자가 승승장구하리라는 것은 당연한 이치 아닌가? 성공적인 플랜테이션 업자들은 더 많은 노예를 수입했고, 새로 온 이주민들은 가장 잘 되는 이웃의 경영방법을 벤치마킹했다. 마침내 노예무역은 본궤도에 올랐고, 플라스모디움이란 순풍을 만나면서 더 멀리 항해했다.

설령 그 기생충이 없었다고 해도 아메리카에서 노예제도는 유지되었을 것이다. 노예제도가 최초로 합법화된 것은 말라리아가 극성을 부리기 이전인 1641년, 매사추세츠에서였다. 돕슨과 피셔에 따르면 19세기 중반 영국의 북아메리카 식민지에서 가장 건강한 장소를 꼽자면 바로 매사추세츠 서부 코네티컷 강 유역이었을 것이다. 그곳은 말라리아가 전무하다시피 했다. 당시 기준으로 보면 전염병도 극히 드물었다. 그럼에도 노예제도는 이곳 사람들의 일상에서 빼놓을 수 없는 부분이었다. 당시 장관과 성직자 등 유력인사들은 한두 명의 노예를 가지고 있었다. 이 강 유역에서 가장 큰 마을 중 하나인 디어필드 중심가 주민들의 약 8퍼센트가 아프리카인 노예였다.

이 반구의 반대쪽(남쪽)인 남아메리카 말라리아 벨트를 보면, 팰시파럼의 주 매개체인 어나펄리즈 달를링지 서식지의 남쪽 종착역이 리오 데 라 플라타(실버리버)였다. 스페인 아메리카와 포르투갈 아메리카의 분계선으로, 이 강 남쪽은 아르헨티나이다. 플라스모디움을 옮길 모기가 없었으므로 아르헨티나에는 말리리아가 극히 드물었다. 그럼에도 앞서 매사추세츠와 마찬가지로 이곳에도 아프리카 노예가 있었다. 1536년 스페인이 리오 데 라 플라타에 첫 식민지를 건설한 후 1853년 아르헨티나가 최종적으로 노예제도를 폐지했을 때까지, 아르헨티나의 수도이자 주요한 항구도시였던 부에노스아이레스에 도착한 아프리카 노예는 22만~33만 명이었다.

모기 한계선 반대쪽의 훨씬 더 큰 브라질 항구도시 리우데자네이루와 상파울루에는 적게 잡아도 220만 명의 노예가 도착했다. 브라질 남부와 아르헨티나는 면적에서는 차이가 나지만 인구구성비는 상당히 유사했다. 1760~1770년대 스페인과 포르투갈이 처음으로 조직적인 식민지 인구조사를 실시했을 때, 이 두 지역 모두 인구의 절반을 차지하는 건 아프리카 후손이었다. 그럼에도 노예제도의 영향력은 두 도시에서 판이하게 달랐다. 식민도시 아르헨티나의 주요 산업에서 노예제도는 단 한 번도 결정적인 요소로 작용하지 않았다. 반면 식민지 브라질은 노예제도 없이는 제대로 기능하지 않았을 것이다. 아르헨티나는 단순히 노예를 가진 사회였다. 반면 브라질은 사회·

경제적으로 노예제도에 의해 규정되었다.

　요컨대 모든 아메리카 식민지에는 애초부터 노예가 있었다. 하지만 이곳에 콜럼버스적 대전환을 몰고 온 팰시파럼 말라리아의 상륙은 노예제도를 더 널리, 더 독한 형태로 고착시켰다. 팰시파럼의 땅이었던 버지니아 및 브라질과 팰시파럼이 자리잡지 못한 매사추세츠 및 아르헨티나는 절대 동일한 노예 사회가 아니었다.

황열병

1640년대 브라질에서 건너온 몇몇 네덜란드인 난민이 바베이도스에 상륙했다. 이곳은 카리브 해의 동쪽 끝에 있는 섬이다. 다른 카리브 해 연안과 달리 이곳 바베이도스는 한 번도 대규모 인디언 인구가 들어선 적이 없었다. 이 네덜란드 난민들이 바베이도스에 발을 딛기 전에, 이미 타바코 붐을 타고 사업을 도모하던 영국인들이 그곳에 진출한 상태였다. 네덜란드 망명자들이 바베이도스에 처음 도착했을 때 그곳에는 약 6,000명의 영국인이 거주하고 있었다. 계약이민하인이 2,000명, 노예는 200명이었다.

　영국인들이 도착해서 보니, 바베이도스는 타바코와 잘 맞지 않는 땅이었다. 막 도착한 네덜란드인들은 브라질에서 습득한 사탕수수 재배법을 영국인 식민개척자들에게 전수해주었다. 유럽은 지금도 그렇지만 단 것을 좋아했다. 귀하디귀한 설탕의 인기는 특히 엄청났다. 바베이도스는 곧 사탕수수의 훌륭한 재배지로 곧 밝혀졌다. 설탕 생산은 급속도로 확산됐다.

설탕 생산은 많은 노동력이 필요한 고강도의 노동을 요구한다. 사탕수수는 키가 크고 억센 아시아산 식물로, 외관은 먼 친척인 대나무를 연상케 한다. 사탕수수 플랜테이션에서는 수숫대를 쳐내는 인부들이 칼날 같은 잎으로부터 상처를 입지 않도록 수확작업 전에 작물을 불에 그을려놓는다. 열대의 태양 아래 그을음이 스며든 단단한 사탕수숫대를 향해 허공을 가르며 내려꽂히는 마체테의 포물선 운동. 먼지와 재와 사탕수수 즙이 혼합된 끈끈한 액체는 작업에 나선 인부들의 전신에 달라붙었다. 잘라낸 수숫대는 압착기에 집어넣어 마구 으깼다. 이 과정에서 만들어진 즙을 연기와 수증기로 뒤덮인 거대한 가마솥에서 끓여 졸이는 게 그 다음 단계였다. 인부들은 가마솥의 뜨거운 시럽을 국자로 퍼서 옹기 항아리에 담았다. 이 시럽이 식고 나면 순수한 설탕 결정체가 탄생되었다. 남은 당밀은 발효시키고 증류해서 럼주로 만들었다. 이 과정 역시 불과의 사투가 필수였다. 지옥불 같은 불가마 아래에는 거대한 화염이 혀를 날름거렸다.

이쯤에서 어김없이 질문이 나온다. 이 많은 일손을 어디서 구해왔을까? 버지니아에서처럼 노예의 통상 가격은 계약이민하인의 두 배 정도였다. 그런데 당시 네덜란드 서인도회사의 경영 상태가 엉망으로 돌아가는 바람에 현금이 절박해졌다. 그 탓에 아프리카 노예를 바베이도스에서 헐값에 팔아넘기는 바람에 노예와 계약이민하인 가격이 비슷해졌다. 극적으로 번성하던 이 섬의 신흥 사탕수수 부호들은 물불 가리지 않고 노동력을 구하기 위해 달려들었다. 이 시기 바베이도스는 영국의 부랑아와 앙골라·콩고 전쟁의 불운한 포로들을 진공청소기처럼 빨아들였다. 수숫대의 끈끈한 숯과 땀으로 범벅이 된 유럽인과 아프리카인들은 나란히 서서 마체테를 휘둘렀다. 그러자 콜럼버스적 대전환이 계약이민하인의 상대적 비용을 끌어올렸다.

노예 선박에는 아프리카에서부터 동행한 또 다른 히치하이커가 숨어 있었다. 아에데스 아에기프티Aedes aegypti 모기이다. 아에데스 아에기프티는 창자 안에 또 다른 자신만의 히치하이커를 품고 있었다. 바로 황열병을 일으키는 바이러스로, 원적지는 아프리카였다. 이 바이러스가 생애 대부분의 시간을 보내는 곳은 모기의 몸 속이다. 인간은 단지 이 벌레에서 다른 벌레로 이동할 때 이용하는 탈 것에 지나지 않는다. 통상 인간 신체 내에 머무르는 기간은 길어야 2주. 이 기간 동안 바이러스들은 엄청난 수의 세포에 구멍을 뚫어 그 기능을 마비시킨다. 그러면서 하이재킹한 매개생명체를 이용해 수십억 마리로 복제된다. 혈류를 타고 들어간 바이러스는 그 피를 빨아먹는 아에기프티 모기의 몸으로 다시 들어간다. 원인은 규명되지 않았지만 이 바이러스의 세포 공격은 보통 아이들에게는 큰 타격이 되진 않지만 성인들의 경우 대량의 내부 출혈로 이어진다. 이렇게 흘러나온 혈액이 위에 모여 엉겨붙고, 환자들은 시커먼 피를 토해낸다. 황열병의 전형적인 증상이다. 또 다른 증상으로 황달이 있다. 때문에 이 병에는 '옐로잭yellow jack'(옐로잭은 격리된 배에 다는 깃발을 의미하는 말이었다)이라는 닉네임이 붙었다. 이 바이러스는 감염자 중 절반가량의 목숨을 앗아간다. 훌륭한 자료를 기반으로 총정리된 맥닐의 《모기 제국》에 따르면 이 병의 치사율은 43~59퍼센트에 달한다. 생존자들은 평생 면역력을 확보한다. 아프리카에서 황열병은 아이들이 자라면서 겪는 사소한 병치레에 불과하다. 하지만 카리브 해에서는 가공할 역병이 되었다. 아프리카인은 살짝 앓고 지나가지만, 유럽인과 인디언, 이곳에서 태어난 아프리카 노예들은 이 병에 속수무책 유린당했다.

최초의 황열병 맹공은 1647년에 시작되어 약 5년 간 이곳을 휩쓸었다. 공포가 매사추세츠까지 확산되어 그곳에서는 사상 처음으로 입항하는 배에 대한 검역이 도입되었다. 바베이도스는 카리브 해 어느 지역보다도 단위면적당 아프리카인과 유럽인의 인구밀도가 높았다. 다시 말하면 이곳은 잠재적인 황열병 운반자가 더 많았고 잠재적인 희생자도 더 많다는 의미였다. 아니나 다를까? 그 전염병이 처음으로 강타한 곳은 바베이도스였다. 이 병이 막 시작되었을 즈음, 리처드 라이곤Richard Ligon이란 사람이 바베이도스에 상륙했다. "22척의 훌륭한 배들이 한꺼번에 닻을 내렸다." 그는 훗날 이렇게 기록했다.

보트들이 분주히 오가고 있었다. 물건을 한 장소에서 다른 장소로 옮기는 배들이었다. 매우 빠르고, 부산하고, 수없이 많은 보트. 런던의 다리 밑으로 펼쳐지던 풍경과 비슷했다. 하역 장면은 유사했지만 이 섬의 주민들, 그리고 선적자들은 소름 돋는 역병의 방문을 받고 있었다. 이미 한 달도 전에 이 병은 소멸했지만, 살아남은 자들에게는 매장을 하는 일조차 버거웠다.

남아 있는 당시 기록의 추산에 따르면, 바베이도스에서 첫 5년 동안 사망한 사람만 6,000명이었다. 희생자 대부분은 유럽인이었다. 이 섬의 식민개척자들에게는 뼈아픈 교훈이었다. 맥닐은 이 전염병으로 인해 중앙아메리카부터 플로리다에 이르는 지역에서 "희생된 주민 인구가 전체의 20~50퍼센트에 이르렀을 것이다."라고 추정한다.

전염병이 사탕수수 사업의 기세를 꺾지는 못했다. 그러기엔 수익성이 너무도 좋았다. 믿기지 않게도 당시 429제곱킬로미터(서울 면적의 약 0.7배) 면적의 바베이도스 섬에서 영국의 아메리카 전체 식민지를 합한 것보다 더 많은 돈을 벌어들이고 있었다. 따라서 사탕수수는 네비스, 세인트키츠 섬, 안티과 섬, 몬트세라트, 마르티니크, 그레나다, 그리고 주변 지역들로 확산되었다(쿠바에서 사탕수수 재배가 시작된 건 이미 수십 년 전이었지만 생산량은 신통치 않았다. 스페인은 은에 정신이 팔려서 사탕수수에 관심을 쏟을 여력이 없었다).

영국, 프랑스, 네덜란드, 스페인, 포르투갈의 잡다한 인간 군상이 자석에 끌리듯 와르르 몰려들어 이 지역 원시림을 쑥대밭으로 만들었다. 평지에는 사탕수수를 박아넣고, 산지의 나무들은 연료로 썼다. 무분별한 벌목에는 침식이 뒤따랐다. 빗물을 흡수해줄 삼림이 사라진 후, 폭우가 내리면 경사면을 타고 토사가 쏟아져 해안가를 진흙탕으로 만들었다. 머지않아 일꾼들은 그 토사를 자루에 담아 원위치시키라는 명령을 받았다. 이를 두고 맥닐은 "현실 세계에서 재현된 시시포스의 신화"라고 표현했다. 1791년 카리브 해의 삼림을 탐사한 한 동식물학자가 "이곳 섬들에서 자생하던 수많은 산림자원을 멸종시켜버린 서인도 제도 플랜테이션 업자들의 무분별과 어리석음"에 아연실색했다고 기록한 내용을 맥닐은 재인용했다. 그 학자는 다음과 같이 일갈했다. "이곳의 많은 섬들은 더 이상 경작에 적합지 않은 땅이 돼버렸다."

이런 아비규환의 생태계에서도 이득을 보는 종은 있게 마련이다. 카리브 연안 생태계의 최대 수혜자 중 하나는 어나펄리즈 알비마누스로, 이 지역의 주요 말라리아 매개숙주였다. 카리브 해안의 큰 섬들과 유카탄 반도 해안지역, 중앙아메리카 거주자였던 어나펄리즈 알비마누스는 본래 소극적인 말라리아 숙주였다. 팰시파럼을 전염시키기 어려웠고, 비백스를 퍼뜨리는 속도 역시 느렸다(많은 모기들

1890년대 노동자들의 움막 사진. 그 뒤로 펼쳐진 야산들을 보면, 사탕수수 플랜테이션이 바베이도스의 삼림을 통째로 발가벗겼음을 확인할 수 있다.

은 비백스 기생충을 퇴치하는 박테리아를 내장에 가지고 있었다). 이 모기종은 해조류로 덮인 해변 습지대의 태양빛 아래서 알을 까는 것을 좋아했다. 침식과 벌목은 이들에게 날개를 달아주었다. 실제 실험에서 알비마누스는 이처럼 적합한 서식환경이 주어질 때 어마어마한 개체증식을 했다. 유럽인의 카리브 해 이주는 알비마누스가 선호하는 환경을 만들어 황금시대를 열도록 부추겼다.

모기 개체수 급증으로 타깃층이 넓어진 플라스모디움 비백스는 본래의 소극성을 극복하면서 더 많은 기회를 얻었다(사실상 콜론은 여행하는 도중 모기를 극복했을 수도 있다. 제독의 두 번째 항해에서 언급된 '씨시오네'와 더불어, 그의 아들 에르난은 후에 '간헐적 열병'이 네 번째 항해에 출현했다고 기록했다). 카리브 해에서 시작된 비백스 말라리아는 멕시코 내륙으로 확산됐다. 팰시파럼은 한참 더 후에야 멕시코로 들어오는데, 이 기생충에 대한 어나펄리즈 알비마누스의 강력한 저항이 그 한 원인이었다.

또 다른 수혜자는 황열병 매개숙주인 아에데스 아에기프티였다. 아에데스 아에기프티가 좋아하는 서식환경은 인간 거주지 근처의 깨끗하고 적은 양의 물이다. 해군 수통이 이들이 좋아하는 대표적 장소이다. 설탕 제분소 주변에는 이와 등가를 이루는 용기들이 널려 있었다. 바로 설탕을 결정체로 응결시킬 때 사용하는 옹기그릇이다. 플랜테이션마다 수백수천 개씩 쌓아두었다가 매년 특정 시기에만 사용하는 옹기들은 깨져서 방치되는 경우도 흔했다. 오늘날 우리는 아에기프티가 자동차 폐타이어 안의 작은 물웅덩이에서 빠르게 번식한다는 사실을 잘 안다. 당시의 설탕 옹기는 17~18세기의 자동차 폐타이어와 같았다. 게다가 설탕 용기에는 찌꺼기가 남아 있었을 것이고 이것은 아에기프티 유충이 영양분으로 삼는 박테리아의 자양분이 됐을 것이라고 맥닐은 지적한다. 설탕 플랜테이션은 황열병을 대량 양산하는 공장과 같았다.

그곳에 유입된 유럽인들은 이런 사정을 알 리 없었다. 하지만 역사학자 제임스 L.A. 웹이 최근 말라리아의 역사에서 언급했듯이 그들은 카리브 해안이 "면역성이 없는 사람들에게는 치명적인 환경"이란 점을 확실하게 인지하고 있었다.

말라리아는 카리브에서 깔때기를 타고 내려가듯 남아메리카로 퍼져나가 아마존 상류까지 도달했다. 그 강에는 숙주가 넘쳐났다. 2008년의 조사에 따르면 아마존의 주요 지류 중 하나인 마데이라 강에서 무려 9종 이상의 어나펄리즈 모기가 발견됐다. 그들 모두 이 기생충을 지니고 있었다. 최초로 아마존 강 유역에 왔던 유럽인들은 이곳을 쾌적하고 살기 좋은 지역으로 묘사했다. 하지만 말라리아와 뒤이은 황열병이 이 강들을 죽음의 덫으로 바꾸어놓았다. 1782년까지도 이 기생충은 강 상류 유역 탐험대를 가로막는 존재였다. 약 200년 동안, 이 질병들은 간간히 흩어져 있었다. 넓은 지역에 뻗어 있는 아마존 유역은 이미 천연두와 노예제도로 인구가 고갈될 대로 고갈되어 사실상 이 기생충을 떠받칠 인구조차 남지 않은 상태였다. 황열병은 외려 마데이라와 같은 아마존 극서지역에서 더 유행했을 것이다. 이곳은 네덜란드와 포르투갈의 노예 공습에 시달리지 않아 감염시킬 사람이 많이 남아 있었기 때문이다. 1832년 마데이라 지역을 방문했던 동식물학자이자 박물학자 알시드 도르비니Alcide d'Orbigny는 말라리아 때문에 거의 죽을 위험에 처했다. 하지만 그로부터 불과 10년 후 또 다른 미국인 아마추어 동식물학자 윌리엄 헨리 에드워드William Henry Edwards는 강의 하구에서 근 한 달을 캠핑했는데도 겨우 병의 '한 사례만을 마주쳤을' 뿐이다.

더 최악인 지역은 남아메리카 북동쪽의 불쑥 튀어나온 곳으로, 지질학자 수재너 헥트가 캐리비언 아마존이라고 부르는 지역이다. 남쪽으로는 브라질의 아마존 강, 그리고 서쪽으로는 베네수엘라의 오리노코 강과 맞대고 있다. 이곳은 수량이 풍부한 지역으로 아라와크족과 카리브족이 그물망처럼 연결된 방조제와 댐, 운하, 제방, 둔덕을 서로 관리하고 있었다. 광활한 숲은 식량 채집용 나무들로 관리되었다. 대표적인 수종이 야자나무로, 과일뿐 아니라 오일, 녹말, 와인, 나아가 연료 및 집 짓는 재료까지 베풀어주었다. 야자나무 아래에는 마니오크(카사바)가 군데군데 흩어져 자랐다. 텃밭과 과수원, 그리고 수로망으로 이뤄진 이곳의 풍경은 수세기 동안 내륙과 섬들 사이에서 가교 역할을 해왔다. 다만 이렇듯 복잡한 구조를 관리하고 유지하려면 강력하고 조직적인 중앙정부가 필요했다. 유럽인들은 그 주체가 인디언이라고 확신했다. 이런 사실은 풍요로운 농업 생산지였던 그 땅을 접수하려던 유럽인의 시도가 번번이 격퇴당한 이유를 잘 설명해준다. 18세기가 되어서야 유럽인은 자신들이 들여온 역병의 도움을 받아 겨우 이곳에 발을 디뎠다. 천연두와 폐결핵, 독감, 말라리아가 그들에게 길을 터주었다. 그렇게 해안지방을 점령한 유럽인들이 사탕수수 플랜테이션을 차리면서 남아 있던 인디언들은 내륙으로 후퇴했다. 이 과정에서 유럽 국가들 간 쟁탈전이 벌어지고 그 결과 기안느Guyane(프랑스령 기아나), 수리남(이전의 네덜란드 기아나), 그리고 가이아나Guyana(이전의 영국령 기아나)가 이곳에 차려졌다.

아마도 원형은 1763년의 조약으로 프랑스가 획득한 기아나였을 것이다. 프랑스의 초창기 식민지 건설 시도는 너무도 처참한 결과를 낳았고 그 바람에 프랑스는 수십 년 동안 그곳의 존재 자체를 잊고 지낼 정도였다. 그러던 중 프랑스에서 군을 등에 업은 쿠데타가 일어나 프랑스 대혁명으로 조직된 의회를 전복시키는 사건이 발생했다. 새로 들어선 독재정부는 비협조적인 328명의 정치가와 성직자, 언론인을 작은 배에 가득 구겨넣어 플라스모디움 팰시파럼이 손을 흔들며 맞이하는 이곳 식민지 해안에 내던져버렸다. 그들 중 절반이 2년 안에 죽었다. 말라리아에 걸려 죽거나 이 병으로 쇠약해져서 다른 질병의 손쉬운 먹잇감이 된 것이다.

여기에 굴하지 않고 프랑스 정부는 범죄자 및 체제 비협조자들을 계속 배에 실어 보냈다. 본래 프랑스는 범죄자들을 지중해의 특수감옥인 노예 갤리선에 태워 노예로 복역하게 했다. 그러다 증기기관이

발명되면서 갤리선의 노잡이가 필요없게 되자 죄수들을 기아나로 방출했다. 흉악범들은 해안에서 약 10여 킬로미터 떨어진 악명 높은 감옥 데블스 아일랜드에 수감되었다. 나머지는 체인에 줄줄이 묶인 채로 농사 노역을 했다. 질병이 수많은 사람의 목숨을 앗아가서, 기아나는 '마른 단두대'라 불릴 정도였다. 피를 적실 필요조차 없이 사람을 죽이는 단두대라는 의미였다. 대략 8만 명의 프랑스인이 그 길을 통과했으나 살아서 돌아오는 이는 극히 드물었다.

질병 지대에서 정착하지 못했으므로, 유럽인들은 한 번도 그 땅에서 정상적인 지역사회를 건설하지 못했다. 딱 하나, 이상적인 관리 방법이 있다면 해외 원격조정 소유주 방식이었다. 유럽인 소유주들은 모국에 안전하게 머물면서 소수의 현장 관리자를 파견해 노예 노동력을 감독하는 것이었다. 노예들에 비해 관리자의 수가 턱없이 부족하기 때문에 사탕수수 제분소를 돌리기 위해서는 억압과 야만이 불가피하게 뒤따랐다. 황열병과 팰시파럼의 왕국에서는 폭정이 룰이 되었다. 이식된 아프리카인 집단 위에 유럽인들이 얄팍한 고물처럼 뿌려진 격이랄까. 각자의 성격에 따라 노예들은 분노하거나 자포자기하거나 인내했다.

해외 원격조정 경영은 그 자체로는 아무런 문제가 없었다. 이를테면 프랑스 와인 제조업체가 미국 캘리포니아의 몇몇 포도주 양조장을 사들이거나 미국의 와인업체가 보르도나 버건디의 포도주 양조장을 사들인다고 치자. 그로 인해 지역 사람들의 자존심이 상할 수는 있을지언정 양국 관계에 큰 영향을 미칠 수준은 아니다. 하지만 외국계 와인업체가 양조장을 싹 다 사들인다거나 더 심하게 수천 마일 떨어진 나라의 사람들이 자국의 모든 산업을 지배해버린다면 전혀 다

쥘 베른 소설의 삽화가로 잘 알려진 에두아르 리우는 프랑스령 식민지 기아나를 1862~1863년에 여행한다. 감옥 섬을 방문한 그는 이 재소자들의 수장 장면을 그림으로 남겼다. 이들은 아마도 말라리아나 황열병의 희생자였을 것이다.

른 문제가 된다. 이런 상황이 압축적으로 나타난 사례가 있다. 리버풀의 독점회사인 부커 브라더스는 근 100년 동안 영국령 기아나 경제의 4분의 3을 지배했다. 모든 수익이 바다 반대쪽으로 건너가 귀착했다. 사업기술 노하우도 마찬가지였다. 현지인들은 오로지 노동력을 제공할 따름이었다. 사실상 그들이 무엇이든 시도할라 치면 강력하게 응징을 당했다.

현지에 실낱같은 연결고리도 없는 원거리 주인들에게 진보된 사회 유지 및 존속에 필수적인 제도 구축은 관심 밖의 일이었다고 경제학자 아세모글루와 존슨, 로빈슨은 말한다. 제 기능을 하는 학교와 도로, 하수시설, 병원, 의회, 법률, 농업진흥청 혹은 기타 행정제도 체계 등이 갖추어진 사회에서는 현지인들이 새로운 기술개발과 비즈니스 모델 창출을 통해 외국인들과 승부를 가릴 수 있다. 반면 착취국가에서 현지인들은 이런 기회를 절대 갖지 못한다. 버지니아 혹은 오스트레일리아로 진출했던 대다수 영국 식민개척자들은 사회 계층 피라미드의 가장 밑바닥에 있던 하인과 재소자들이었다. 그럼에도 불구하고 이들은 본국에서 지배자들에게 억압당하는 동안 음으로 양으로 각종 기술력을 습득했다. 가령 오스트레일리아로 간 재소자들은 그곳에 도착하자마자 원주민들을 상대로 소송을 걸어 이겼다. 하지만 착취국가의 노예들은 이러한 능력을 구비할 기회가 원천적으로 봉쇄되었다. 사실상 지배층은 노예들이 능력을 키우는 상황을 애초부터 차단하려고 안간힘을 썼다. 특히 그들을 불안하게 했던 건 교육이었다. 영국령 기아나가 그 거울이다. 부커 브라더스의 회장 조사이어 부커Josiah Booker는 회사 직원들에게 글을 가르치는 것을 사생결단의 태세로 차단했다. 교육은 그들에게 "현재보다 더 나은 삶을 살고 싶은" 열망을 불어 넣어줄 게 뻔했기 때문이다. 적절한 사람들의 머리에 적절한 생각이 들어가면, 지배층의 정치적 영향력은 위태로워질 수밖에 없다.

아세모글루와 존슨, 로빈슨은 "사회 기득권 밖에 있던 대규모 기층민의 투자 및 신사업 발흥이라는 두 요소"가 없었다면 산업화 자체가 불가능했다는 사실을 역사가 증명한다고 지적한다. 하지만 이 두 요소는 착취국가에서는 언감생심이었다. 수십 년 동안 사회개혁운동가들은 이런 장벽을 깨부수기 위해 싸웠다. 선교사들은 기아나의 아이들에게 교육을 제공했다. 영국의 노예반대협회는 학대에 대해 끊임없이 분노하고, 조사에 착수하고, 지원을 아끼지 않았다. 선각자였던 부커 브라더스의 계승자 '족Jock' 캠벨Campbell 대표 역시 자신이 운영하던 사탕수수 플랜테이션 노동자들의 처우 개선을 위해 팔을 걷어붙였다. 그럼에도 불구하고 착취국가 시스템의 근본까지 바꿀 수는 없었다. 1966년 기아나가 마침내 공식적인 독립을 이루었을 때, 수출 소득의 80퍼센트를 3개 외국인 회사가 장악하고 있었다. 그 중 하나가 캠벨Campbell이다. 독립 당시, 이 신생 국가에 세워진 대학은 단 하나였다. 그것도 3년 전에 설립된 야간대학이었다.

전쟁과 모기

말라리아 발병지대에서 주된 희생자는 아이들이었다. 그 지역에서 성인이 되었다는 것은 이미 한두 번 병을 겪으며 면역성을 획득했다는 뜻이기 때문이다. 물론 성인들이라고 해도, 막 이주한 사람일 경우 이야기는 달라졌다. 아메리카에서 질릴 만큼 반복된 교훈이다. 하지만 이와 관련해 가장 드라마틱한 장면은 미국 남북전쟁 도중에 일어난 사건일 것이다. 전쟁은 대부분 북군이 남부 진영으로 내려와 싸우는 양상이었다. 메이슨-딕슨 라인을 건너면서 양키들은 유행병의 방화벽을 허물어뜨린 셈이었다. 그 영향력은 가공할 수준이었다.

　내전이 시작된 지 석 달 후인 1861년 7월, 포토맥 강(워싱턴을 흐르는 강)에 주둔하던 북군은 워싱턴을 출발해 남부연합 수도인 버지니아의 리치몬드로 진격했다. 양키 쪽에서는 불런 전투라고 부르고, 남부에서는 머내서스 전투라고 하는 이 싸움에서 양키는 격퇴당했다. 워싱턴으로 퇴각한 북군의 참모진은 전열을 정비해 남쪽으로 진격하는 대신 지리멸렬한 탐색전만 벌였다. 링컨 대통령은 이들의 무기력과 소심함을 심하게 질책했다. 하지만 그들에게도 나름의 이유가 있었다. 군 통계에 따르면 불런 전투가 있던 그 해, 포토맥(북군)의 3분의 1이 이장성 열병(열이 높아졌다가 낮아지기를 반복하는 열병) 및 매일열 열병, 3일 간헐열, 4일 간헐열, 복합 간헐열로 고통을 겪었다. 이 증상들은 오늘날 말라리아의 증상으로 받아들여진다.

노스캐롤라이나로 갔던 북군의 상황은 이보다 훨씬 더 심각했다. 1862년 초 1만 5,000명으로 구성된 원정군이 해안선 요새에 해상봉쇄망을 구축하기 위해 로아노크 섬에 상륙했다. 땅거미가 질 무렵 공기는 어나펄리즈 쿼드리마쿨러투스로 아른거렸다. 1863년 여름부터 1864년 여름 사이, 병사들의 간헐적 열병 감염률은 233퍼센트였다. 대다수 병사들은 2회 이상 이 병에 감염되었다.

전쟁 초반, 북군은 남부연합군보다 우세했고 보급 상황도 더 나았다. 하지만 불런 전투를 기점으로 북부는 전투를 거듭하면서 무너지기 시작했다. 무능한 지휘능력, 상대방의 용맹, 그리고 원거리 보급라인 등이 주요 원인이었다. 하지만 말라리아도 무시못할 요인 중 하나였다. 플라스모디움 지대에 들어간 대가를 톡톡히 치른 것이다. 전쟁 내내 북군의 감염률은 40퍼센트 아래로 내려간 적이 없었다. 한 해에만 36만 1,968명의 병사가 플라스모디움에 감염됐다. 이 기생충에 감염돼 직접적으로 사망하는 경우는 드물었다. 하지만 심신이 약해지는 바람에 이질, 홍역, 혹은 당시 군의관들이 '만성 류머티즘'(아마도 스트렙 감염)이라고 부르던 질병에 쓰러져 나갔다. 미국 역사상 가장 참혹한 전쟁이었던 남북전쟁 당시 사망한 병사 수가 자그마치 60만 명에 이른다. 이 중 대부분은 전투로 인해 죽은 게 아니었다. 남군의 총알과 수류탄을 맞아 사망한 병사의 2배수에 이르는 북군이 질병으로 희생당했다.

말라리아는 전쟁의 흐름에도 영향을 끼쳤다. 병든 병사들을 들것으로 나르고 해상으로 이송해야 했다. 여기에 무시 못할 비용이 들었다. 그토록 수많은 환자 발생은 막대한 재원 출혈을 의미했다. 남부 연합군 참모들이 말라리아를 조종한 것은 아니다. 그들로서는 존재 자체조차 몰랐던 조력자였다. 이런 식으로 플라스모디움은 북부의 최종 승리를 수개월 아니 수년 간 지연시키고 있었던 것 같다.

이제 와서 보면, 결과적으로 다행스런 일이었는지 모른다. 애초 북부에서는 전쟁에 반대하는 사람들을 상대로, 이 전쟁의 목적이 노예 해방이 아니라 미국이라는 국가를 수호하는 데 있다고 천명했다. 의회는 전쟁에 반발하는 몇몇 주에 "이 전쟁 수행의 목적에 기존 제도를 전복하거나 노예 소유권을 부정하려는 취지는 절대 없다."라고 분명하게 선언했다. 여기서 말하는 '기존 제도'는 노예제를 의미한다. 하지만 전쟁을 오래 끌면 끌수록, 북부에서는 더 과감한 결단을 내릴 수밖에 없었다. 그렇다면 노예해방선언의 한 조각 공적을 말라리아에게 돌려야 하는 것일까? 허무맹랑한 말은 아니다.

미합중국 탄생에 있어서 플라스모디움의 기여도는 우리가 아는 것보다 훨씬 강력하다. 미국 독립전쟁 당시인 1778년 5월, 헨리 클린턴이 영국군 총사령관 자리에 올랐다. 부분적으로는 런던에 망명한 미국인들의 부정확한 정보에 기초해, 이 영국 총사령관은 캐롤라이나와 조지아에 모국(영국)에 대한 지지를 드러내지 못하는 추종자가 가득하다고 믿었다. 클린턴은 소위 '남부 전략'이라는 것을 공표한다. 그는 침묵하는 다수의 추종자가 영국에 대한 지지를 공공연히 표방하게 만들 정도로만 주둔하면 될 거라는 계산으로 그 지역에 군대를 파견했다. 더불어 자신의 편에서 싸우는 노예들에게 자유를 주겠다고 약속했다. 클린턴은 모르고 있었지만, 그는 말라리아 지대로 자진해서 들어가는 중이었다.

영국 군대는 시즈닝을 겪지 않았다. 1778년에 파견된 병사 중 3분의 2가 말라리아가 없는 스코틀랜드에서 왔다. 1780년쯤이면 아마도 많은 영국 병사가 1~2년 정도 식민지 복무 경험이 있었을 것이다. 하지만 그들 대다수는 플라스모디움 지대 바깥인 뉴욕이나 뉴잉글랜드에 머물렀다. 대조적으로 남부 식민지 군인들은 시즈닝을 겪었다. 따라서 그들 대부분은 비백스 말라리아 면역력이 있었고, 팰시파럼 말라리아도 이겨낸 이들이었다.

1780년, 영국군은 찰스턴을 성공적으로 포위했다. 클린턴은 한 달후 도시 배후지까지 미국인들을 추격하라는 명령을 내린 뒤 떠났다. 이 공격의 지휘관은 육군소령 찰스 콘월리스Charles Cornwallis였다. 콘월리스가 내륙으로 행군을 시작했던 시점은 어나펄리즈 쿼드리마큘러투스에게 대목인 6월이었다. 그리고 가을이 됐을 즈음, 질병으로 군대 전제가 "괴멸될 뻔했다"고 콘월리스는 한탄을 했다. 아픈 사람이 한둘이 아니어서 영국 군대는 전쟁 수행이 불가능할 지경이었다. 행군이 가능한 이들은 식민지 출신 골수추종자 병사들뿐이었다. 그 추종자들이 킹스 마운틴 전투에서 밀리고 있을 동안 콘월리스 소령마저 열병으로 몸져눕고 말았다. "게임 자체가 안 되었죠. 영국군은 문자 그대로 추풍낙엽처럼 나가떨어졌어요." 맥닐은 말했다.

병에 의해 격퇴당한 콘월리스 소령은 캐롤라이나를 포기한 뒤 군대를 이끌고 체서피크 만을 향해 진격했다. 다른 영국 군대와 합류할

오늘날에야 거의 잊혔지만, 미국 남부부터 아르헨티나에 이르
는 지역에서 황열병은 1930년대에 안전한 백신이 개발될 때까
지 공포 그 자체였다. 1873년 플로리다에서 황열병 발병을 보도
한 기사에 첨부된 그림이다.

요량으로 그는 1781년 6월, 그곳에 입성했다. 클린턴 총사령관은 해
안가에 진지를 구축하라고 명했다. 여차하면 군대를 뉴욕으로 이송
할 목적에서였다. 체서피크 만은 질병이 득실거리는 곳이었으므로,
콘월리스는 상관의 명에 항의했다. 하지만 클린턴 사령관은 개의치
않았다. 군대가 해안에 주둔하지 않으면 전혀 활용 가치가 없기 때문
이었다. 결국 군대는 제임스타운에서 약 20여 킬로미터 떨어져 있는
요크타운에 주둔했다. 이 주둔지를 콘월리스는 "비위생적인 늪지대

땅덩이"라고 침통하게 묘사했다. 그의 진영은 논 옆 두 늪지대 사이에 있었다.

그런데 프랑스 함대가 체서피크 만에 나타나 콘월리스 군대를 봉쇄하는 일이 벌어졌다. 클린턴의 허를 찌른 것이다. 그 사이 미국 군대는 뉴욕을 떠나 남쪽으로 진격했다. 미국은 독립전쟁에서 자금과 물자가 턱없이 부족해서 병사들이 두 번이나 반란을 일으켰음에도 운명은 그들의 편이었다. 영국 군대가 질병에 발이 묶여버린 것이다. 훗날 콘월리스는 7,700명이던 자신의 병사들 중 싸움 가능한 병사가 3,800명밖에 되지 않았다고 회고했다.

맥닐은 미국 독립전쟁 승리의 공훈을 지휘관의 능력과 무훈에 돌리는 데 난색을 표한다. 그는 쓴웃음을 지으며 '독립투사 모기들'이 군인들 못잖게 중대한 공을 세웠다고 말한다. "어나펄리즈 쿼드리마쿨러투스는 미합중국 건국공신들과 어깨를 나란히 하며 우뚝 서 있습니다." 맥닐이 내게 들려준 말이다.

콘월리스의 군대가 전례 없는 콜럼버스적 대전환에 무릎을 꿇은 이후 영국 군대는 물러갔다. 그리하여 마침내 1781년 10월 17일, 미합중국이 탄생했다.

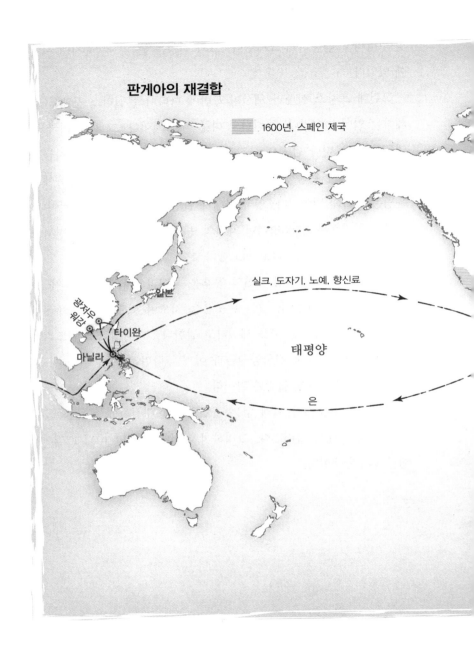

판게아의 재결합

1600년, 스페인 제국

일본

광저우
위강
타이완
마닐라

실크, 도자기, 노예, 향신료

태평양

은

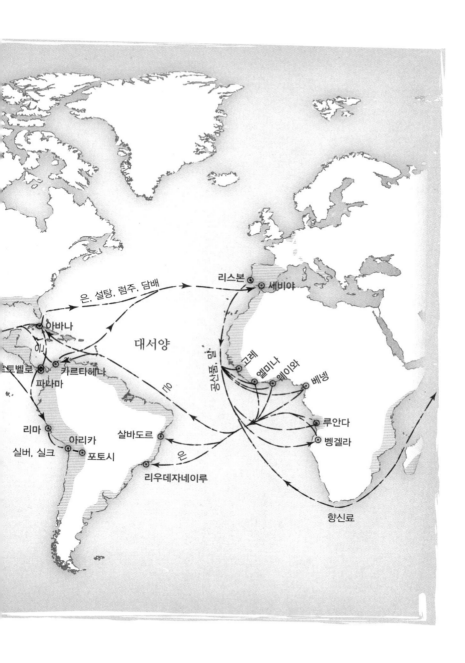

은, 설탕, 럼주, 담배

리스본

세비야

대서양

아바나

포토벨로

카르타헤나

파나마

고레

엘미나

웨이와

베넹

리마

루안다

아리카

살바도르

벵겔라

실버, 실크

포토시

은

리우데자네이루

항신료

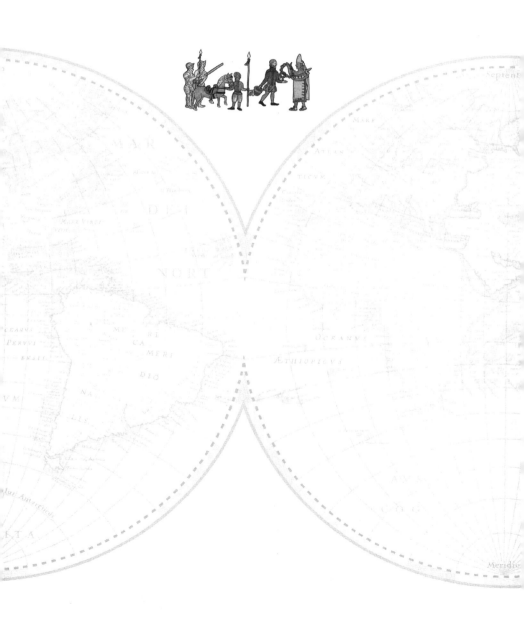

2부

태평양을 항해하다

4장

돈을 실어나르는 바닷길

정화의 무적함대가 조금만 더 나아갔더라면

상상을 초월할 만큼 광대한 규모였다. 보는 이들을 놀라자빠지게 만들었던 압도적인 광경은 수백 마일 밖에서도 훤히 보일 정도였다고 한다. 황제가 궁전에서 내다보면, 수백 척의 배로 이뤄진 산맥이 넘실넘실 파도를 타며 장관을 이루었다고 전해진다. 100척 단위의 운동장 같은 배, 돛이 앞뒤로 장착되고(종범선), 선체 난간 아래에는 병사들이 줄지어 도열해 있었다. 갑판 위로는 전쟁 깃발처럼 생긴 괴상한 천이 펄럭거렸다. 이런 규모의 무적함대는 그 이전에도 이후에도 없었다. 아마 우주 밖에서도 보였음직한 장면이었다. 함대가 지나가는 자리에는 탄성에 이은 항복과 복종만이 뒤따랐다. 바로 15세기 초 명나라 황제 영락제가 후원한 지상 최대 해상원정팀의 위용이 이와 같았다. 이 광경은 수많은 사람들의 뇌리에 인상적으로 각인되었고,

2010년 베이징 올림픽 경축행사에서. 중국이 정화의 기함 모양을 그대로 재현한 모습이다. 그 원형이 건조된 뒤 이미 600년 이상이 지났지만 정화의 배는 여전히 관중을 압도할 만큼 거대했다.

일부 역사학자들은 정화의 원정대가 신드바드 스토리에도 영감을 주었을 것이라고 본다.

거대한 조선소에서 만들어낸 이 배들은 탄탄한 금속 외피를 여러 겹 두르고, 유럽인들이 이후 100년 동안 발견하지 못했던 최첨단기술, 즉 이중선체 구조 및 방수 격실, 녹 방지 못, 기계식 배수펌프 장치를 두루 갖추고 있었다. 당시 유럽인들에게 중국 선박은 경이로움을 넘어 불가사의였다. 총사령관 정화의 기함은 길이 90미터에 너비가 45미터였다. 선박 역사상 가장 거대한 목재함이다. 이 기함에 달린 돛대 수만 해도 9개였다고 한다. 정화의 위대한 원정팀은 317척의 배로 이뤄져 있었다. 지금의 기준으로 봐도 놀라운 규모다. 당시 유럽 역사에서 가장 큰 규모였던 스페인 무적함대 수를 다 합치면 130척이었다. 가장 큰 배의 크기 역시 정화 기함의 절반에 불과했다.

먼저 정화라는 인물을 살펴보자. 중국 역사의 한 획을 그은 그였지만, 출신성분을 살펴보자면 다소 묘한 이력의 소유자였다. 유별나게 체격이 좋은 윈난성의 무슬림 집안에서 태어난 정화는 1381년, 원의 마지막 점령지인 윈난성을 공격한 명 태조 주원장 군대에 의해 포로로 잡혀갔다. 포로가 된 적국 소년들에 대한 명 왕조의 일반적인 대접은 궁형이었다. 거세당한 정화는 명 왕궁에 배치되었고, 명석함과 특출함으로 곧 눈에 띄는 존재가 되었다. 그러던 1399년에 일어난 정난의 변에서 조카의 왕위를 찬탈하는 주체의 편에 서서 공을 세우면서 출세의 기회를 잡았다. 그 찬탈자가 바로 훗날의 영락제*이다. 정화는 영락제의 두터운 신임을 받는 측근으로 떠올랐다. 야망이 큰 군주는 해외 원정을 계획했고 자신이 가장 총애하던 환관 정화를 사령관으로 임명했다.

1405년에 시작돼 1433년에 막을 내린 이 항해를 통해 정화는 인도양을 가로질러 남아프리카까지 진출했다. 영락제는 이 원정을 자신의 힘을 만방에 과시하는 수단으로 삼았다. 이 원정단은 왕의 목적을 이루는 데는 효과만점이었다. 항해 도중 정화의 함대는 수마트라에서 비행을 일삼았던 중국인 소수민족 집단을 진압한다. 자바에서는 내전에도 개입했다. 스리랑카를 침략해서 통치자를 사로잡아 중국에 데려오기도 했다. 수마트라 일대에서는 마적단들도 소탕했다. 정화의 무적함대는 빛나는 정치적 개가를 이루며 칼 한 번 뽑지 않고도 지나치는 외국의 지배자들을 그들 앞에 무릎 꿇게 만들었다. 하지만

---

* 중국 명나라 황제들은 본래 자신의 이름으로 불리지 않고 치세 시대를 칭하는 이름(연호)으로 불리는 게 관례다. 예를 들어 조카의 왕권을 찬탈한 이 삼촌의 이름은 주체인데 자신의 연호를 영락제(영속적인 행복)로 선택했으므로, 영락제라고 불린다.

이 항해는 갑자기 맥이 끊기고 말았다. 이 원정이 왕실 당파싸움의 정쟁 대상이 된 것이다. 한 쪽 파벌은 원정을 치켜세웠고, 다른 파벌은 들어간 비용을 걸고넘어지며 반대파를 공격했다. 후계자였던 영락제의 아들마저 아버지 정책에 반대하는 파벌 쪽에 섰다. 그는 황제로 즉위하자마자 이 원대한 해상 대모험을 중단시켜버렸다. 이 과정에서 정화의 원정 기록들은 대부분 은폐되고 사장되었다. 중국은 그 이후 19세기가 될 때까지 국경 밖 먼 곳으로 배를 보내지 않았다.

많은 학자들은 이 원정이 지속되지 못한 채 실패한 것이야말로 중국 사회의 치명적 약점인 폐쇄성을 단적으로 보여준다고 말한다. 하버드대학교 역사학자 랜즈는 저서 《국가의 부와 빈곤*Wealth and Poverty of Nations*》에서 "중국이 조금만 더 나아갔더라면 아프리카 남단을 돌아 대서양으로 진출할 수 있었을 텐데, 어째서 거기서 중단했을까?"라는 질문을 던진다. 이어서 랜즈는 "중국인들은 현실감각, 구심력, 무엇보다 호기심이 부족했다"고 지적한다. 유교사상에 발목 잡힌 채 오만하게 현실에 안주했던 중국은 "변화에 소극적이었으며, 새로운 걸 받아들이지 않았다." 서양이 세계를 지배하게 된 이유를 다각도로 파헤쳐 많은 이들의 칭송을 받은 책 《유럽인들이 만든 기적*The European Miracle*》의 저자인 멜버른대학교 사학자 에릭 존스*Eric Jones* 역시 중국의 해외 원정 거부가 "빈 수레의 문화적 우월감" 및 "중화사상" 탓이었다고 일갈한다. 정화 이후 중국은 "바다에서 철수해 우물 안의 개구리가 되었다." 맥길대학교 정치학 박사 존 A. 홀*John A. Hall* 교수는 저서 《권력과 자유*Powers and Liberties*》에서 중국은 "2,000년 동안 같은 상태에 머무른 반면, 유럽은 허들경기 챔피언처럼 펄펄 날아올랐다"고 말한다. 앙트레프레너십(기업가 정신)으로 부글부글 끓어

넘치던 포르투갈과 네덜란드, 스페인 그리고 영국은 우물 안 개구리로 전락한 채 중화사상에 젖어 있던 중국을 쟁투가 난무하는 우물 밖 세상으로 끌어들였다.

물론 이처럼 수동적인 중국의 이미지에 반대하는 학자들도 있다. 이들은 정화의 항해 중단이 중국의 추진력 및 호기심 결여의 전형적인 예라고 생각하지 않는다. 이런 논리를 펴는 학자들은 정화가 고국에서 아무리 먼 곳까지 가도 자신의 나라보다 더 부유한 나라를 찾아볼 수 없었다는 점을 내세운다. 엄밀히 말하자면 중국은 나머지 세상보다 한참 앞서 있었기 때문에, 유라시아와 다른 외국 땅에서 약간의 원자재 말고는 얻을 게 없었다는 얘기다. 중국으로서는 이런 자원들마저 머나먼 여정에 함대를 파견하는 수고 없이도 자체적으로 얻을 수 있었다. 조지메이슨 대학교 정치학자 잭 골드스톤은 중국의 정화 원정대가 아프리카를 돌아 유럽까지 충분히 갈 수 있었다고 추정한다. 그럼에도 명나라는 원정 탐사를 중단했다. "미국이 달에 사람을 보내는 일을 중단했던 것과 같은 이유다. 당장 실익이 없는 상태에서, 미국은 막대한 우주탐사 비용을 설명할 명분이 전혀 없었다."

이런 맥락에서 볼 때 정화의 항해는 중국 제국을 전반적으로 지배했던 기조에서 오히려 예외적인 일이었다. 명 왕조(1368~1644) 대부분의 시기 동안 명 왕실은 해금령海禁令을 내려 민간무역을 철저하게 금했다. 영락제와 몇몇 소수 통치자가 바다를 개방한 것은 극히 드문 사례였다. 명 왕조는 원칙적으로 해양 탐험과 통상을 법으로 엄격하게 금하고 철저하게 단속했다. 금지조치들은 매우 폭압적이어서 1525년, 정부는 해안지역 관리자들에게 해외로 나가는 모든 민간 선박을 파괴할 것을 명령했다.

오늘날의 시각에서 해금령 못지않게 궁금해지는 대목은 이를 뒤집은 정책이다. 그 선박 파괴령이 내려진 지 50년이 지나서 또 다른 황제가 이 정책을 전면 뒤집은 것이다. 봉쇄령이 해제되면서 중국 배들이 바다로 나갈 수 있는 새로운 세상이 열렸다. 이렇게 명은 세계적인 교역망 안으로 끌려 들어갔다. 순식간에, 중국 경제는 유럽(이전에는 너무도 가난해서 관심을 기울일 필요조차 없었던)과 아메리카(황제로서는 존재하는지조차 몰랐던)와 얽혀들었다.

오랫동안 중국 왕조는 규제 없는 교역이 국가를 혼란으로 몰아넣을 것이라고 우려했다. 그리고 사실상 관료들의 상상을 훨씬 넘어서는 재앙적 수준의 부작용을 낳았다. 나는 앞서 대서양 편에서 콜럼버스적 대전환이 대서양 지역의 경제와 정치 판도를 재편성하는 모습을 설명했다. 이제 나는 태평양으로 시선을 옮긴다. 이곳은 (대서양과는 달리) 생태계에 앞서 경제 부분의 콜럼버스적 변화가 먼저 뿌리를 내려서 생태계 분야의 콜럼버스적 대전환에 가도 역할을 해주었다. 따라서 이번 장에서는 (태평양 지역에서의) 정치와 경제에 관련된 부분을 살펴보고 다음 장에서는 이로 인한 생태적 결과를 다룰 예정이다. 그 생태계 용틀임이 가공할 경제·정치적 파장을 중국 사회에 몰고 왔다. 이들 가운데는 훗날 중국 제국을 서양 앞에 무릎을 꿇게 만든 중요한 요인들이 있다.

"상인이 해적이고, 해적이 상인이 되어…,"

어째서 중국은 서양 세력이 홍수처럼 밀려드는 걸 용인했을까? 정치적인 요인과 경제적인 요인이 서로 맞물렸다. 정치적 요인으로 작용한 것은 권력강화를 향한 왕조의 열망이었다. 명 왕조의 민간무역 금지는 무역에 대한 혐오 때문이 아니었다. 실은 왕조의 이익을 위해 무역을 통제하려는 열망과 관련이 있었다. 불행히도 이런 정책은 역효과만 낳았다. 민간무역 금지로 인해 정부의 통제력이 강화되기는 커녕 약화되는 결과가 초래됐다. 마침내 정부는 이를 인정하고 이전의 정책을 폐기했다. 그렇지만 중국 황제가 이런 결정을 내리게 된 더 큰 배경은 경제적 요인에 있었다. 당시 중국은 화폐 문제로 심각한 골머리를 앓고 있었다. 문자 그대로 명 제국은 자국 조폐에 대한 통제력을 상실하고 있었다. 그러자 민간 시장에서 상인들은 상품을 사고파는 데 작은 은 덩어리를 사용했다. 이렇게 해서 불가피하게 필요해진 은을 획득하기 위해 중국은 굳게 닫아걸었던 빗장을 풀고 세상을 향해 문을 열었다. 바야흐로 콜럼버스가 카리브 해를 열어젖힌 이후 레가스피가 필리핀 섬을 탐험하며 개척해놓은 글로벌 네트워크의 최종 연결망이 구축되면서 갤리온 선박들이 태평양을 가로질러 실버와 실크를 실어나르는 시대가 열린 것이다.

흔히 명의 무역금지 조치는 중국의 문화적 결함을 드러내는 상징으로 설명되곤 한다(랜즈는 "유교 국가는 상업적 성공을 천시했다"고 말한다). 하지만 실제 사정은 조금 복잡했다. 금지 조치가 외국과의 모든 접촉을 차단했던 건 아니었다. 중국은 한 가지 예외를 허용했는데 바로 조공무역이다. 명 왕조는 이를 위해 외국인들을 수용할 수 있는 숙박시설을 유치했다. 해외사절단은 이곳에서 황제에게 하사품을 바쳤다. 그러면 황제는 도리 차원에서 중국 물품을 하사하곤 했다. 왕은 자신에게 필요치 않은 물건을 그들이 팔도록 허용했는데, 이 물량

역대 중국 왕조

당나라	618-907년
분열 시대	907-960년
송나라	960-1279년
원나라(몽골)	1279-1368년
명나라	1368-1644년
청(후금, 만주족)	1644-1911년

기원전 2000년 이전에 시작된 중국의 역사는 왕실의 교체로 각 왕조를 구분한다. 이 표는 아주 간략한 왕조 구분이다. 가령 송 왕조는 보통 두 시기로 나뉜다(송은 이민족 침입으로 북송과 남송으로 분리되었다가, 정치 수도를 옮기며 왕조를 재정비한다). 이 표는 왕조 중간중간 존재했던 분열기는 생략했다. 명 왕조가 권력을 잡은 해는 1368년이라고 알려져 있지만 원과의 전쟁은 그 전후 수십 년간 지속됐다.

이 결코 적지 않았다.

해안가 상인들은 이런 금지 및 조공 정책이 의도하는 바를 정확하게 알아차렸다. 그것은 정부가 국제교역을 통제하는 수단이었다. 이런 식의 거래량이 꽤 많았고 이득도 좋았다. 해외 상인에 대한 명목상의 무역 금지가 정점을 이루던 1403~1404년에 명 왕조는 무려 38개국의 '조공사절단'을 접견했다. 당연히 명은 교역에서 이득을 원했다. 명 왕조가 원치 않았던 것은 교역인 당사자들뿐이었다. 외국 물건은 필요하지만 외국인은 필요없다! 몇몇 예외를 빼고 외부 세계와의 접촉은 명 왕조*의 감시 및 관리감독 하에 이루어져야만 했다.

---

* 명 이전 왕조였던 몽골족의 원나라도 명과 동일한 정책을 시행한 적이 있었다. 원은 1303년과 1311년 그리고 1320년에 민간 해외무역을 금지하는 조치를 내렸다. 그리고 세 차례 모두 법안은 곧바로 폐지되었다. 독점이 갖는 장점이 매혹적이긴 했지만 중앙정부가 무역을 직접 관할하는 것보다 민간무역에 세금을 부과하는 쪽이 더 많은 이득을 가져다주면서도 덜 번거롭다는 사실을 깨달았기 때문이다.

궁정의 관료들은 해상무역이 법으로 금지되었기 때문에 무역을 감시할 해안경비대도 필요치 않다는 논리를 폈다. 그리하여 해군을 선박 몇 척으로 대폭 축소해버리고 말았다. 국경의 길고 긴 해안선을 순찰하기에도 턱없이 부족한 병력이었다. 두 말할 것도 없이 법망을 이리저리 피한 밀거래가 판을 치기 시작했다.

왜구가 남동쪽 해안에 득실거렸다. 왜구의 사전적 의미는 '일본인 해적'이지만 그들 대부분은 일본인도, 해적도 아니었다. 일부가 일본에 근거지를 두기도 했으나 왜구 무리의 다수는 중국 무역상이 이끌었다. 이들은 명의 해금령 이후 삶의 터전을 박탈당한 뒤 밀수업자로 전향했다. 그들의 배를 채운 선원들은 각양각색의 출신자들로 구성되었다. 공직을 얻는 데 실패한 선비들, 파산한 사업가, 병역 기피자, 파면된 정부 관료, 굶주린 농부들, 파계한 중들, 도망친 죄수들…. 여기에 전문 밀수꾼들이 있었다. 이들 가운데는 돈의 유혹에 빠져 해적이 된 노련한 선원들도 간간이 섞였다. 정부 관료들이 이들을 단속할 때면 어김없이 폭력이 뒤따랐다. 때때로 도시 점령으로 이어지기도 했다. 샤먼대학교 역사학자 린렌추안은 "상인이 곧 해적이고, 해적이 곧 상인이었다"고 내게 설명했다. 물론 그들도 평화적으로 교역을 하고 싶었을 것이다. 하지만 그게 불가능하다면, 평화가 아닌 방법을 쓸 수밖에 없었다.

해적을 단속하려는 정부의 노력은 지도층의 무능으로 인해 늘 실패로 끝났다. 명 말기 왕조의 역사를 들여다보면 민주주의의 미덕을 보여주는 일종의 광고 같다. 어느 황제는 대신 접견을 20년 가까이 거부했다. 다른 황제는 술주정뱅이였다. 또 다른 황제는 자신의 의무로부터 도피해 불멸에 이르는 연금술을 연구한답시고 수백 명 여자

들과 난잡한 생활을 하면서 왕궁 비원에서 지냈다. 바로 가정제라고
불리는 명의 11대 황제이다. 당연히 남동해안의 해적 출몰 문제는 황
제의 안중에 없었다. 방탕하기 그지없던 그의 긴 통치기(1521~1567
년)에 제국은 환관들에 의해 통째로 휘둘렸다.

해적의 노략질로 인해 폐해가 가장 극심했던 지역은 대만해협
Taiwan Strait을 사이에 두고 대만을 맞바라보는 중국 동남부의 가난한
땅 푸젠성이었다. 이 지방 대부분은 낮고 울퉁불퉁한 산악지대로 이
루어져 있다. 토양은 척박한 적색토였다. 경작 가능한 평평한 땅은
강 유역과 해안을 따라 이어진 띠 모양의 가느다란 땅이 전부였다.
13세기의 한 푸젠 작가는 이렇게 읍소했다. "산악지대는 바위투성이
라 자갈을 골라내느라 끝없는 노동을 해야만 하고, 저지대 습지는 소
금물이 차들어 경작을 할 수가 없다." 그 지역 사람들은 기근 위협을

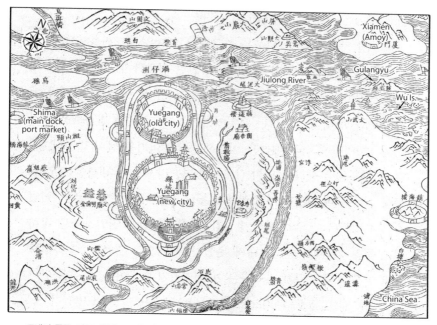

17세기 중국 지도. 성벽으로 둘러싸인 위강의 모습이다. 이곳은 한때 세상에서 가장 중요한 항구였다. 오늘날 그 역할은 항구에 딸린 섬으로, 근대도시인 샤먼(당시 이름은 아모이였다)에 의해 대체되었다.

달고 살았다. 아무리 다랑이 논을 일구고 개간사업을 해도 자급자족할 식량을 얻을 수가 없었다. 식량의 절반은 외부에서 들여와야 했는데, 그마저 쉬운 일이 아니었다. 빙 둘러싼 산맥이 이 지역을 고립시켰기 때문이었다. 이 지역이 받은 유일한 혜택은 바위투성이 해안에 부채꼴 모양으로 펼쳐진 천혜의 항구들이다. 이런 지정학적 특성으로 인해 푸젠은 일찍부터 바다에 의존해 살아갔다. 이곳은 오래 전부터 중국 연해무역의 중심지였다. 달리 말하자면 해상 시대가 도래할 경우, 중국 국제교역의 허브가 될 가능성이 높다는 의미였다. 국제교역이 공식적으로 금지되었던 시절 푸젠은 곤궁함을 면치 못했다. 척박한 땅에는 기대할 것이 없었다.

충돌이 가장 극심했던 곳은 항구도시 워강을 둘러싼 지역이었다. 주룽강 하구에 위치한 워강 항구는 자잘한 섬들과 모래톱, 그리고 배 운항에 위험한 갖가지 요소들을 갖추고 있었다. 이 지역의 악명 높은 안개도 항해를 방해하는 요인이었다. 내가 그곳을 방문했을 때는 300~400미터 거리의 배들을 식별하기조차 어려운 날이 많았다. 제일 큰 부두는 주룽강을 10여 킬로미터 거슬러 올라간 내륙에 있었다. 수심이 얕아 배들이 밀물에 의해 부두로 예인되는 양상이었다. 이런 지리적 성격은 천혜의 해적 방지장치와도 같았다. 침입자들은 감히 이 부두를 기습할 엄두를 내지 못했다. 들어오는 것을 수월하게 도왔던 밀물이 너무 강해서 나가는 게 어려웠기 때문이다. 사실을 말하자면, 워강 선주들이 해적으로 활동하는 경우가 훨씬 더 많았다. 그 항구는 자신과 동류인 사람들로부터 그들을 보호해주었다.

당나라 시대 사찰로 가득한 구도심은 거대한 성벽 안에 조성된 내륙 쪽의 신도시와 육교로 연결되어 있었다. 두 곳의 도심에는 미로처럼 난삽하게 엉킨 가옥들이 빽빽이 들어차 있다. 1560년대 한 중국인 관료는 이곳을 "도둑놈 소굴"이라며 싸늘하게 비웃었다. 이곳 거주자들은 "오랜 세월 동안 외국인들과 결탁해 지역에 극심한 폐해와 혼란을 야기했다." 사실상 워강은 해적 천국이어서 한때는 중국 정부가 그곳 주민들을 10가구씩 묶어 5일마다 한 번씩 모든 가구의 식솔을 세어서 보고하게 할 정도였다. 만일 무리 중 한 가족이라도 불법적이면 열 가구 모두가 처벌받도록 하는 제도였다.

중국 명 왕조의 소소한 일상사는 각 지방 현縣에서 매년 한 번씩 왕에게 보냈던 관보에 세세하게 기록되어 있다. 워강현縣은 너무도

많은 왜구 문제가 있었기 때문에 관보 작성자는 본지에 별책부록을 추가할 정도였다. 이름하여 '마적 습격.'

마적 습격은 1547년 네덜란드인 상인과 해적, 밀수꾼 일당이 워도鳥島에 근거지를 틀면서 본격적으로 시작됐다. 워도는 최근 해군기지가 문을 닫은 곳으로 워강 항구와 정남향으로 마주보고 있는 섬이다. 사실 '네덜란드인'이라는 명칭은 다소 잘못된 측면이 있다. 그 무역상들은 네덜란드 국기를 내걸었지만 스페인, 포르투갈, 그리고 네덜란드 사기꾼들과 반노예 상태의 말레이인들이 한데 섞인 잡탕이었다. 중국인 왜구 및 일본인 왜구는 너도나도 배를 보내 그들과 교역했다. 뿐만 아니라 워강의 합법적인 거상들도 그들과 거래를 텄다. 작지만 쓸 만한 워도의 항구에는 다국어가 사용되는 부산한 시장이 섰다. 이러한 외국인의 워도 점거를 추상같은 시선으로 바라본 이가 있었다. 바로 푸젠성과 그 북쪽 저장성 일대의 군사책임자로 부임한 주환朱紈이었다. 주환은 곧 외국인들을 몰아내기 위한 군사행동을 감행했다.

워도는 대머리가 된 정수리처럼 자잘한 나무가 성기게 박혀 있는 두 개의 가파른 바위 봉우리와 그 사이 안장처럼 생긴 지역으로 이루어져 있다. 네덜란드인 일당은 두 봉우리 중 하나에 요새를 만들어 진을 쳤다. 중국 군사들은 언덕 위로 공성전을 감행했고 소규모 접전 끝에 해적 일당은 중국군을 격퇴했다. 이대로 물러설 수 없었던 주환은 전략을 바꾸어 워도의 해적 무리와 교역했던 지역상인 90명을 투옥시켰다. 그러자 네덜란드 상인들에게 비우호적이었던 사람들까지 나서 동업자들을 선처해달라는 탄원서를 올렸다. 주환은 탄원을 묵살하고 90명 전원의 목을 베어버렸다. 이 사건 이후 중국과 공식 교역하려던 계획을 접은 네덜란드인들은 워도를 버렸다. 그리고 그 무

워강과 마주보고 있는. 일찍이 해적들의 보금자리였던 워도. 지금은 어업과 수산양식업의 중심지이다.

리 중 일부가 자신들과 협력관계였던 푸젠 상인 및 밀수꾼들을 제물로 삼으면서 이 지역을 떠돌게 된다.

주환은 타협이란 걸 모르는 사람이었다. 엄격하고 도덕성이 높았던 주환은 이전에 관리로 재직할 때에도 지휘고하 가리지 않고 부패를 신랄하게 고발하는 상소를 올려 윗사람들에게 눈엣가시 같은 존재였다. 성품이 대쪽 같아서 한번은 부하가 방문하면서 작은 선물을 가져오자 자신에게 무거운 벌금형을 언도했다고 한다. 1548년 말, 주환이 저장성에 둥지를 튼 주요 밀무역 근거지를 습격하자 1,200척 넘는 선박이 꽁지에 불이 붙은 닭처럼 도망치기 바빴다고 한다. 일명 '대머리'로 불리던 이광두 휘하 왜구 일당은 수백 척 단위로 주환의 단속을 피해 달아나 푸젠 남단 끝자락으로 근거지를 옮겼다. 석 달 후 주환의 병사들은 그곳까지 추격해 150여 명을 죽이고 20명가량의 포르투갈, 일본 그리고 중국 밀수꾼들을 생포했다.

알고 보니 대머리 이광두가 이끌던 무리 중 많은 수가 워강의 유력한 상인들 가족*이었다. 현지 지배층과 외국인 밀수꾼들의 야합이 명확한 증거로 드러나자 이에 분노한 주환은 포획된 이들 모두를 즉결 사형에 처했다. 2년 만의 사형 집행이었다. 이 처형은 주환에 적대적인 세력들을 하나로 결속시켰다. 워강의 부호들은 조정의 고위관료들에게 로비를 했다. 바로 연금술에 빠져 정신이 나간 가정제의 조정 대신들이었다. 주환은 좌천되고 파직당했다. 곧이어 보복성 수사가 이어졌다. 1550년 1월 기소장을 받은 주환은 독약을 마시고 자살하면서 이런 말을 남겼다. "비록 천자께서 나를 살리려 해도 권세 있는 조정 관료들이 나를 죽일 것이고, 조정 관료들이 나를 살리더라도 푸젠성과 저장성의 장사꾼들이 나를 죽일 것이다."

주환이 사라지고 나자 대담해진 해적들은 도시 전체를 약탈하고 접수했다. "그들은 시체 썩은 내가 진동해서 떠날 수밖에 없을 때까지 노략질하고 다녔다." 워강 북쪽 한 도시에서는 해적의 공격에 2만 명이 목숨을 잃었다. 명나라 전문 역사학자 루오예지앙의 글에 따르면, 중국 남동해안 전역에서 겁에 질린 가족들은 "음식을 조리하지 않고 그냥 먹었으며, 하루도 발 뻗고 잠들지 못했다. 농부들은 쇠스랑을 머리맡에 두고 엎드려 잤으며, 여성들은 베틀에 기대어 졸았다." 왜구가 공격해왔을 때의 상황을 루오는 다음과 같이 쓰고 있다.

아버지고 아들이고, 늙은이고 젊은이고 가릴 것 없이 포로로 잡혀 해적들에

---

* 가족이란 말은 다소 부적절하다. 그 무역상들은 관시關係로 맺어져 있었다. 관시란, 일반적으로 혈연관계에 있는 수백 명 단위로 이뤄진 씨족 비슷한 그룹을 뜻한다. 사실은 관시라는 용어를 사용하는 것도 썩 내키지 않는다. 왜냐면 이 용어는 현대에 와서 씨족을 기반으로 하는 많은 중국 기업들을 칭하므로 오해의 여지가 있다.

게 끌려갔다. 죽은 자들의 머리와 몸은 서로 다른 장소에서 발견됐다. 뼈들은 풀이 무성한 늪지대에 버려지고, 봉두난발 머리들이 여기저기에 나뒹굴었다. 수평선을 바라보니 해안마을들은 모조리 폐허로 변해버렸다.

왜구들은 "집을 불태우고, 여자와 아이들을 잡아가고, 값진 물건들을 노략질했다."라고 사서가 제갈원성諸葛元聲은 1556년에 적었다. "관료들이든 일반인이든 가리지 않고 죽임을 당했고, 헤아릴 수 없을 만큼 많은 시신들이 계곡을 가득 메웠다. 관군은 이들을 제압할 엄두조차 못 냈다." 왜구가 나타날 조짐이라도 보이면, "사람들은 공포로 비명을 지르며 무조건 도망쳤다."고도 덧붙였다. 흡사 주성치의 무협 영화 장면이 현실에서 그대로 재연된 듯한 모습이다.

[a] 쑹장(상하이 근처)의 한 전령이 전속력으로 말을 타고 마을로 들어와 이렇게 외친다. "우리가 왔다! 우리가 왔다!" 그 마을 사람들은 그의 말을 오인해서 해적이 오고 있다고 생각했다. 남자고 여자고 혼비백산하여 개미처럼 종종걸음으로 도망쳤다. 무엇이 와도 그들을 멈추게 할 수 없었을 것이다. 엄마와 아이들이 서로 헤어지고, 가족들은 수많은 귀중품과 소유물을 잃었다. 그 당시 600명 넘는 병사들이 성벽을 따라 세워진 초소에 주둔해 있었지만 그들은 무기와 갑옷을 버리고 함께 달아났다. 다음날 아침이 되어도 이 도시에는 평화가 찾아오지 않았다.

1577년까지만 해도 워강 지역은 왜구의 공격을 받지 않던 곳이었다. 그런데 그해 워강현에서 올린 관보에 따르면, 사회에 불만을 품은 어느 농부가 두 개의 왜구 집단에게 비밀리에 도시의 성문을 열어주었다고 한다. 주민들의 저항을 분쇄하면서 왜구는 "1,000명 넘는 사람들을 납치하고 1,000가구 이상을 불태웠다."

이처럼 악몽 같은 상황은 시작에 불과했다. 워강의 백성들이 왜구의 패악에 시달리고 있는데도 도시 상인 24명은 자본을 출자해 해적들과 연대하는 식으로 동업했다. 말하자면 서로 긴밀하게 연계된 해외합작회사나 다름없었다. 그 무역상들은 밀수업자들을 통해 해외 상품을 들여와 내수시장에 풀었다. 24인회 두목이라고 불렸던 그 상인들은 내수시장을 장악하기 위해 워강을 마피아식으로 분할한 뒤 자기들끼리 구역을 나눠 가졌다. 각 구역은 한 명의 '두목'이 성채 같은 요새에서 지배했다. 300명으로 이뤄진 관군이 이들을 소탕하기 위해 투입되자 24인회 두목들이 연대해 관군을 격퇴했다. 이 성공을 지켜본 푸젠성의 다른 지역 밀수꾼들도 워강의 24인회 두목을 본받아 24개 성단과 36개 파를 조직했다. 이웃한 지역과 다른 지역, 그리고 해외에서 모여든 해적 및 밀수꾼들이 지배권을 놓고 다투면서 이 지역은 충성과 배신, 폭력과 혼돈이 난무하는 무법천지가 되었다.

푸젠 무역상들은 이전 네덜란드 근거지였던 워도까지 재점령하기로 마음먹고 수천의 왜구와 포르투갈인 밀수꾼들을 불러들였다. 당시 그곳의 해안경비대 부사령관이던 소병邵騈은 주환의 부하로, 이곳 사람들이 잡을 수 있는 마지막 지푸라기였다. 그러나 소병에게도 묘안이 없었다. 군비가 심각한 수준으로 삭감되면서 해군은 왜구에 비해 수적·물리적으로 열세였다. 사실상 밀수꾼들이 작전수행을 위해 경험 많고 우수한 인력을 고용하는 일이 예사였다. 더욱 난감한 문제가 있었으니, 소병은 휘하 병사들을 신뢰할 수가 없었다. 그들이 밀수와 연루된 유력 상인 가문 출신이었던 것이다. 고민하던 소병은 워도에서 3,000명 왜구를 거느렸던 홍적진이라는 인물을 매수해 연합전선을 결성했다. 1561년, 홍적진은 병력을 이끌고 워강에서 가장 큰 밀무역 근거지로 쳐들어갔다. "셀 수 없이 많은 왜구가 죽었다"고 관보에는 기록돼 있다. 관군의 공훈을 치하한 기록에 따르면, 지역 사람들이 죄다 해적 무리에 합세하는 바람에 결국 홍적진은 격퇴당했지만 상대의 손실도 엄청났다고 한다. 소병은 실질적으로 백기 투항했다. "무려 10년 간 싸우면서," 워도 관청의 관보는 다음과 같이 이어진다. "우리는 하나의 주요 기지와 두 개의 작은 초소를 잃었으며, 하나의 읍성과 여섯 개의 현, 어림잡아 20여 곳의 견고했던 마을을 빼앗겼다. (…) 사람들은 울부짖고, 귀신조차 통곡한다. 별도 달도 빛을 발하지 않고 풀이 무성한 들판조차도 구슬피 운다." 지구상에서 가장 부유하고 가장 진보한 기술력을 보유했던 나라가 국경 통제력을 통째로 상실한 것이다. 1567년, 명의 새로운 황제는 마침내 수건을 던졌다. 오랫동안 유지했던 민간무역 금지령을 철폐한 것이다.

중국은 정책을 전면 뒤집었다. 조정이 더 이상 밀수를 막을 능력이 없다는 사실을 자각했거나 얼마나 많은 푸젠성 백성들이 무역으로 생계를 꾸려가는지를 헤아려서가 아니었다. 이유는 단 하나, 그 상인들이 들여오는 어떤 물품이 중앙정부에 절실히 필요하다는 깨달음 때문이었다. 그건 바로 은이었다.

중국 왕조의 고질적인 동전 품귀현상

예수가 태어나기 수백 년 전부터 중국은 구리와 주석 합금인 둥근 청동 동전을 발행하기 시작했다. 중앙에 네모 구멍이 뚫린 엽전의 금액은 각 동전의 청동 무게에 해당했다. 그런데 이 화폐제도에는 맹점이 있었다. 청동 자체의 가치가 낮아서 동전 액수를 높이기 어려웠다. 고액을 소지하려면, 100개 혹은 1,000개씩 끈으로 엮어 꾸러미를 들고 다녀야만 했다.

특히 사업을 하는 사람들에게 이 돈은 아무리 여러 개의 꾸러미를 만들어도 무겁고 부피만 클 뿐, 실제 액수는 너무 적었다. 중국인 대형 상단에게 이 동전으로 사업을 하라는 것은 오늘날 기업 인수합병 전문가에게 동전을 싸짊어지고 다니면서 회사를 사라고 강요하는 것과 다름없었다. 설상가상 더 큰 난제가 있었으니 UCLA의 중국 화폐 사학자 리처드 본 그랜에 따르면, 중국 왕조에는 동전 수요를 따라잡을 청동마저 부족해졌다. 구리를 구하기가 힘들어지자 송 왕조는 '단축 꾸러미'라는 타협책을 내놓았다. 요약하자면 770개 동전 한 꾸러미를 1,000개 동전만큼의 액수로 친다는 것이다.

그것도 여의치 않게 되자 송은 1161년, 역사상 최초 지폐로 기록될 화폐제도를 도입했다. 바로 회자會子라고 불린 종이화폐였다. 종이돈은 중국의 관청이나 유력 상인들 사이에서 200년 이상 암암리에 사용돼왔지만, 왕조가 직접 만들어 전국적으로 사용한 공식지폐는 회자가 처음이었다. 회자는 동전에 비하면 엄청난 고액권으로, 그 가치가 가장 낮은 지폐조차 동전 200개, 최고 고액권은 3,000개에 해당하는 액수였다(유럽에서 처음으로 공식지폐가 등장한 건 이로부터 500년 후인 1661년이다).

이론적으로는 회자를 동전과 교환할 수 있었다. 하지만 회자를 찍어내면 찍어낼수록 동전의 수요를 감소시키는 결과를 초래한다는 걸

관리들이나 상인들도 곧 깨달았다. 나아가 당시 중국 동전을 주요 통화로 사용했던 일본으로 동전이 급속하게 유출되는 사태가 벌어졌다. 이용 편리를 위해 나라에서 지폐를 많이 발행하면 할수록 막대한 동전이 해외로 빠져나간 셈이다. 따라서 회자는 등장한 지 얼마 지나지 않아 동전 화폐와 분리된다. 즉 경제학자들이 말하는 명목화폐로서 기능하게 된 것이다.

명목화폐는 그 자체로서는 가치가 없다. 정부가 공식적으로 인정해줄 때 가치를 지닌다. 달러도, 유로도 마찬가지이다. 달러 지폐든 유로 지폐든, 그 자체로는 종잇조각에 불과하다. 그럼에도 정부기관이 인쇄하고 인증했기 때문에, 사람들은 이 직사각형의 컬러종이를 마트 직원에게 건네고 음식을 살 수 있는 것이다. 이와 대조적으로 스페인 제국에서 통용되었던 실버 페소는 실물화폐였다. 귀중한 물질로 만들어졌다는 이유로 그 가치를 부여받았다. 중국의 동전도 마찬가지였다. 물론 청동은 그리 귀중한 금속은 아니었지만.

정부 입장에서 볼 때 실물화폐는 문제의 소지가 많다. 정부가 통화 공급을 통제하기 어렵다는 게 그 이유다. 자국의 통화 운명이 예측불허의 사태에 의해 좌우될 위험도 있다. 가령 콜론의 항해 시기에 버마나 베냉*(아프리카 서부 국가) 지역에서는 별보배고둥 껍데기가 화폐로 사용되었다. 유럽인들은 별보배고둥이 풍부했던 인도양의 몰디브 섬에서 난 별보배고둥 껍질을 대량으로 이곳에 수출했다. 그러자 해당 국가들은 패닉에 빠졌다. 수백 년 동안 안정적으로 돌아가던 금융체계가 한순간에 붕괴된 것이다.

---

* 금속 동전에 익숙한 우리들에게는 조가비를 돈으로 사용하는 게 원시적으로 보일 수도 있다. 하지만 여기에는 중요한 이점이 있었다. 종종 값어치가 폭락하거나 위조 위험이 있

명목화폐는 이런 종류의 외부 충격파에 거의 영향을 받지 않았다. 정부가 돈의 공급에 대해 완벽에 가까운 통제력을 지닐 수 있기 때문이다. 정부가 지폐 발행 양을 결정한 뒤 조폐청에 그 수만큼 인쇄하라고 지시하면 된다. 이론적으로 정치가들은 경제를 부양하기 위해 통화량을 늘리거나 수축시키는 것도 가능하다.

반면 명목화폐의 장점은 최대 맹점으로 작용할 수도 있다. 지폐 발행 결정권이 정부에 독점된다는 게 바로 그것이다. 종이돈 시스템을 도입한 이후 송 황제들은 상상도 못했던 놀라운 사실을 새롭게 깨달았다. 종잇조각에 일정한 문양을 찍어내기만 하면 원하는 물건을 무제한으로 얻을 수 있다는 사실 말이다. 종이돈 사용이 제국 전체로 확산됨에 따라 정부는 종이돈 공급을 한동안 지속적으로 늘렸고, 황제의 재정 역시 그로 인한 경기부양으로 충분히 두둑해졌다. 13세기 초반, 부유해진 송의 황제는 북방민족과 연이어 전쟁을 치렀다. 처음에는 진이었고, 그 다음은 몽골이었다. 군수물자와 병사 월급을 대기 위해 황제는 지폐를 마구 찍어댔다. 당연한 수순은 인플레이션이었다. 다행인지 불행인지, 송나라는 금융대란이 일어나기 전에 몽골에 의해 멸망했다.

원 왕조가 된 몽골도 자국의 종이돈을 발행했다. 그것도 아주 많이. 그리하여 그들은 훗날 하이퍼인플레이션의 창시자라는 불명예스러운 타이틀을 얻었다. 1350년대로 접어들 무렵, 원의 종이돈은 사실상 종잇조각에 불과했다. 그리고 다음 10년 사이에 그 원 왕조는 명의 봉기에 의해 간판을 내렸다.

는 동전과는 달리, 조가비는 그 값어치가 쉽게 변하지 않았고 위조도 불가능했다.

왕좌에 오른 명 태조 홍무제가 가장 먼저 한 일 중 하나가 자신의 이름으로 새로운 동전을 발행한 것이었다. 가치도 없는 종이돈은 더 이상 필요가 없었다. 맙소사! 그즈음 제국의 구리광산은 거의 고갈 상태였다. 당연히 구리 가격은 치솟았다. 결국 청동 동전 제조비용이 돈의 액면가보다 더 높아졌다. 1페니 동전 주조에 2페니의 금액이 들어간 것과 같다. 아니나 다를까, 동전 발행은 저조했다. 명의 신권 동전은 아주 진귀한 것이 되고 말았다. 구경하기조차 힘든 신권 동전을 사업하는 사람들은 꺼렸다. 자신들도 접해본 적이 없으니 그 동전이 위조품인지 진짜인지 확인할 방도가 없었기 때문이다.

상황이 이렇게 되자 명 왕조도 지폐가 지닌 미덕을 깨우치게 됐다. 다시 인플레이션이 시작됐다. 종이돈 가치는 10년 사이에 약 75퍼센트나 하락했다. 홍무제의 머리에서 나온 생각은 더 이상 새로운 동전 주조를 금하는 것이었다. 왕은 백성들에게 강제로 종이돈을 사용하게 했다. 하지만 통치자의 대응책이 시장에서 먹힐 리 없었다. 동전 주조 휴업은 동전의 품귀현상, 즉 동전의 희소성을 가중시켰고 통화로서의 가치를 더욱 훼손했다. 이는 엉뚱하게도 사람들에게 익숙해서 신뢰가 갔던, 이전 왕조의 동전 가치를 끌어올렸다. 더불어 옛날 동전의 위조 주화도 급격히 늘었다. 위조 동전은 대부분 진짜 동전과 쉽게 구분이 되었지만 고객들로부터 지불받을 수단이 절실했던 상인들은 급한 대로 위조 동전을 받았다. 물론 위조 동전에는 웃돈이 요구되었다.

사업하는 사람들은 옛날 동전이든 위조 동전이든 가리지 않고 쓸어담았다. 때문에 종이돈 가치는 바닥을 모르고 폭락했다. 그러자 1394년, 조정은 자신들의 손으로 만든 동전의 사용을 금해버렸다. 역사학자 리처드 본 그랜은 "경제 현실을 무시한 처사"라고 저서 《부의 원천》(1996)에서 꼬집었다. 이 책은 중국 돈에 대한 훌륭한 역사서로, 여러 부분에서 내가 도움을 받았다. 누구든 예측하겠지만, 이 정책은 실패했다. 황제는 1397년과 1403년, 1404년, 1419년 그리고 1425년에 걸쳐 동전 사용을 금했다가 풀기를 반복했다. 매번 금지령이 효과를 발하지 못하면 황제들은 동전의 공식적인 유통을 허용하는 식이었다. 다음 금지령이 내려질 때까지 시한부로 말이다. 그 와중에도 정부는 계속해서 종이돈을 찍어대 인플레이션을 유발했다. 마치 엔진이 고장난 폭주기관차처럼. 사실이 그랬다. 당파와 파벌 싸움이 만연했던 명 왕조에서, 정부 정책은 종종 정치적 음모의 돌발적인 파생품에 불과했다. 위정자들은 정책의 실효성 따위는 안중에도 없었다. 결국 왜구가 동남부 해안 일대를 공포에 떨게 할 때, 중국 제국에는 제 기능을 하는 통화가 없었다.

물론 기능을 하는 통화가 있기는 했다. 경제상황과 전혀 무관하게, 매번 등극하는 황제들은 앞면에 자신의 이름을 박아넣은 동전을 주조했다. 그 황제가 죽자마자 후임 통치자는 선임자가 발행했던 동전의 화폐 기능 정지를 선언했다. 오직 새로 등극한 자신에 의해 주조된 동전만이 효력 있는 통화라고 덧붙이면서. 상인들은 "하루아침에 모든 자산이 증발되는 걸 수시로 목도했다. 그들은 어디다 하소연도 못한 채 비통한 울음을 토해내다가 자결하곤 했다."라고 명 왕조의 공식역사서는 전하고 있다.

어쨌든 시장에서는 지불수단이 필요했다. 그러므로 상인과 고객들은 새로운 동전이 유통되기 전까지는 지난 시절의 동전을 사용했다. 구리 부족과 왕조의 만성적인 무능이 겹쳐 새 동전 주조는 수 년씩 걸리는 게 예사였다. 더러 수십 년이 걸리기도 했다. 그러다 나라에서 하루아침에 이전 동전의 사용을 금하면, 사람들은 부랴부랴 새 동전을 사용했다. 이런 상황을 두고 대만 역사학자 추앤한숑權漢生은 폭탄 돌리기 게임과 흡사했다고 말한다. 사람들은 그 화폐가 가치를 잃어버리기 전에 서둘러 써버리려고 애를 썼다. 막바지 시점에는 어떤 운 없는 호구가 그 동전들을 다 떠안았다.

"사실상 조변석개朝變夕改였다. 게다가 일관된 정책도 없었다." 16세기 명 왕조의 한 대신은 이렇게 일갈했다. "자신이 오늘 지닌 돈이 내일 당장 쓸모없어져 파산할 수도 있는 상황이므로 백성들은 늘 불안에 시달렸다. 동전이 자주 바뀔수록 더 많은 혼란이 뒤따르고, 규제가 심할수록 세상은 더 심한 혼란에 빠졌다. 따라서 상인들은 하던 일을 아예 접고, 사고파는 거래마저 실종되었다. 전국 방방곡곡에서 비통한 울음소리가 끊이지 않았다."

"아침에 받은 동전이 저녁에는 쓰지 못하는 물건이 되어버렸다." 1606년 한 중국인의 저서에 기록된 글이다. 이제 상점들이 집단적으로 나서 정부가 발행하는 동전들을 받지 않기로 했다.

한 사람이 제안하자 다른 사람들도 이에 동조했다. 물론 국법으로 엄하게 금지된 행위였지만 상인들은 법을 무시했다. 머지않아 다른 지역 상인들이 옛날 동전을 사 와서 3대 1 비율로 교환한 뒤 짐마차로 운반해갔다. 편법을 일삼는 권력 실세들이 사주해서 국법을 농락하고 막대한 사익을 취하는 일이 횡행했다. 재력가와 권세가들이 뒤에 앉아서 거대한 수익을 거둬들이는 동안 일반 백성들은 그로 인한 고통에 신음했다. 이는 절대 끝나지 않았다.

이런 한탄이 다 엄살이었을까? 1521년 가정제가 통치를 시작했다. 아직 약관의 나이였고, 주색잡기와 불로장생의 망상에 젖어들기 한참 전이었다. 그는 국가의 통화 안정을 되찾기 위해 필사의 노력을 펼쳤다. 그는 백성들이 옛 동전 및 위조 동전을 포기할 만큼 품질 좋은 새 동전을 발행하기로 다짐했다. 그리고 이 정책의 결과는 100년 후 지질학자이자 역사학자였던 고염무顧炎武가 쓴 거창한 제목의 책 《제국 각 지방의 전략적 이점과 약점》(중국어 제목: 天下郡國利病書, 영어 제목: *The Strategic Advantages and Weaknesses of Each Province in the Empire*)이란 개론서에 잘 설명되어 있다. 고염무는 워강에서 약 16여 킬로미터 떨어져 있는 창푸현의 상황을 이렇게 말하고 있다. 가정제의 통치가 시작되면서 창푸현 상인들이 선호하게 된 통화는 믿기지 않게도 송 왕조의 동전이었다. 그것도 무려 400년 전인 원풍元豊(북송 6대 황제에 걸친 통치시기) 체제에 주조한 것으로, 1085년에 이미 화폐로서의 기능을 잃은 동전이었다. 상황이 이렇게 되자 가정제는 조폐청 설립을 서둘러 10년 안에 동전을 찍어냈다. 그 노력의 결과 창푸현에서 일어났던 현상은 스치는 바람처럼 사그라들었다. 고염무에 따르면, 백성들이 선호하는 동전은 송나라의 어느 왕조가 주조한 것에서 다른 왕의 동전으로, 이리저리 날뛰듯 수시로 바뀌었다. 매번 그렇게 선호하는 동전이 바뀌고 나면 사람들은 이전에 선호하던 동전에 목을 매고, 다시 그 동전의 인기가 오르며 씨가 마르는 식이었다. 가정제가 죽은 지 5년이 지난 1577이 되어서야 창푸현은 공식 화폐를 사용하게 된다. 수십 년 만에 처음으로 사람들은 현행 통치자인 만력제에 의해 주조된 동전을 사용했다. 하지만 그 기간은 짧았다. 고염무는 이렇게 쓰고 있다. "불과 일년 후 만력제 동전 사용이 중단됐다."

은은 고래로부터 재산 축적수단으로 여겨졌지만 일상적인 규모의 소상거래에는 거의 사용되지 않았다. 진귀하고 값어치가 높았기 때문이다. 하지만 청동주화와 종이돈의 불확실성은 상인들을 급기야 작은 은괴를 지니고 다니게 하는 상황으로 이끌었다. 은괴는 보통 속을 덜 파낸 종지 모양으로, 그 지름이 3~10센티미터였다. 어느 시점부터 상인들은 은괴를 이용해 서로 물품을 사고팔았다. 보석용 저울에 달아 필요한 만큼 특수 가위로 끊어주는 식이었다. 은의 순도를 감별하는 감정사도 따로 등장했다. 이들은 감정 대가로 수수료를 챙겼지만 양쪽 모두를 속이는 게 예사였다. 이 같은 애로에도 불구하고 은을 이용하는 방식은 그 가치가 언제 떨어질지 모르는 동전을 사용하는 것보다는 훨씬 더 안정적이었다. 왜구의 약탈이 막바지로 치닫던 1570년, 한 작가는 상거래에 사용되는 동전이 은의 10분의 1에도 못 미치는 것 같다고 토로했다. 중국 정부는 은괴를 발행하지 않았다. 오늘날 자유시장주의자들이 꿈꾸는 세상처럼, 실질적 화폐 공급이 민간으로 넘어간 것이다. 누구든 약간의 은이라도 손에 넣으면 진품 확인을 위해 은 감정사를 찾아갔다. 현물화폐! 이제 모든 사람이 은쪼가리로 거래 대금을 지불하고 있었다.

마지못해 명 황제들도 이 시스템을 채택하기 시작했다. 제대로 작동하지 않는 명목화폐 대신 은으로 녹봉을 지급하라고 관리들이 들고일어난 것이다. 이에 따라 국가 재정에도 대량의 은이 필요해졌다. 중국의 조세제도는 오랫동안 한결같았다. 농민이 수확량에서 일정 비율을 나라에 지불하는 것, 그 명칭은 균전제와 조용조, 양세법, 일조편법 등으로 바뀌었지만 납세 방식은 800년 간 변치 않았다. 하지만 이 제도는 시간이 흐르면서 온갖 편법과 부당 징세로 얼룩지며 부

명청 시대에 동전 대신 사용된 작은 은주괴. 압인에는 은세공업자인 대장간의 이름(알아보긴 힘들지만 아마도 順祥)과 날짜(광서제 통치 20년. 1895)가 표시되어 있다.

패의 온상 역할을 했다. 마침내 명 왕조는 여러 차례 포고령을 발표해 과세대상 명부를 작성한 뒤, 일반 백성들에게 현물 대신 은으로 납세할 것을 명하기에 이르렀다. 그리하여 만력제 통치가 시작되는 1570년대쯤이 되면, 나라 세수의 90퍼센트 이상이 반짝반짝 빛나는 금속 덩어리로 대체되었다.

중국은 당시 지구상에서 가장 큰 경제규모를 자랑했다. 그 중국이 은 본위 통화제도로 돌아선다는 건, 수천만 중국 자산가들이 세금을 납부하거나 사업을 운영하기 위해 엄청난 은 덩어리를 갑작스레 필요로 한다는 걸 의미했다. 곧 은을 구하기 위한 광풍이 불어닥쳤다. 이 금속은 가마솥 아궁이에 들어가는 솔가지처럼 나오기 무섭게 자취를 감췄다. 참으로 안타깝게도, 구리 광산과 마찬가지로 중국의 은광도 이미 막장이었다. 사업가들은 대금 지급 및 세금을 위한 은을 확보하는 데 애를 먹었다.

근동에서 유일하게 은을 구할 수 있는 곳은 일본뿐이었다. 국가와 국가 차원에서 중국과 일본은 우호적이지 않았다. 사실상 두 나라는 머잖아 한반도에서 전쟁을 벌였다. 상거래를 지속하는 데 필요한 은을 얻기 위해 상인들은 왜구에게 눈길을 돌렸다. 중국의 사업가들은 천한 오랑캐에게 실크와 도자기를 팔아 은을 구했다. 그렇게 구한 은을 이용해 세금을 내면, 그 은이 다시 오랑캐들을 물리치기 위한 군사행동에 사용되는 식이었다. 명은 유일한 은의 공급처와 전쟁 중이었다. 이 모순의 고리를 끊어낼 방도를 찾지 못하던 정부는 은납제가 시행된 이후 무려 150년이 지나서 해외 무역을 허용하기에 이르렀다. 이로써 푸젠 상인들은 법적 처벌의 두려움 없이 교역을 할 수 있게 됐다.

양지로 나온 상인들은 아시아 전역에 수천의 사람들(주로 대가족 중 차남들)을 보내 교역과 해적질을 위한 교두보를 설립했다. 레가스피가 나타났던 1571년경 마닐라의 말레이 같은 외딴 해안마을에도 이미 중국인이 150명이나 거주했던 것으로 보아, 다른 섬들에도 분명 수백의 중국인이 살고 있었을 것이다. 필리핀에서 생각지도 못하게 은을 가지고 나타난 파란 눈의 외국인과 마주했을 때, 중국인에게 그들은 마치 신이 보낸 선물처럼 보였다. 은을 싣고 들어온 스페인 갤리온선은 궤짝마다 돈이 넘쳐흐르는 배였다.

역사상 최대의 잭팟 포토시 은광

그렇다면 그 은은 어떻게 해서 갤리온선에 오르게 됐던 것일까? 전해지는 말에 따르면 그 이야기는 1545년 4월, 디에고 구알라파 혹은 후

알라파라고 하는 사내로부터 시작된다. 그는 잃어버린 라마를 찾아서 볼리비아 남부 끄트머리, 해발 4,000미터 안데스산맥 고원을 헤매고 있었다. 놀랍게도 이 고도는 안데스에서는 극한의 높이가 아니다. 여기에서는 대부분의 인구가 이 수준의 고원에서 살아가기 때문이다. 나무도, 동물도, 농작물도, 집도 없는 고원. 단지 눈과 바람에 할퀸 벌거벗은 돔 모양 봉우리들이 얼음으로 철벽을 이룬 더 높은 산들로 둘러싸여 있는 곳이다.

산마루에서 발을 헛디딘 그는 앙상한 나뭇가지를 움켜쥐고 가까스로 중심을 잡았다. 척박한 토양 단층면이 눈에 들어왔다. 그런데 그의 발밑 구덩이의 바닥을 이루고 있는 것이 빛을 내는 금속이었다. 그는 폭 90미터, 세로 4미터, 깊이 90미터인 은광산의 산마루에 서 있었던 것이다. 역사상 최대의 은 잭팟이었다.

일반 광산의 경우, 은 함유량이 몇 퍼센트에 불과하다. 그런데 구알라파가 발을 딛고 선 산등성이의 은 함유량은 자그만치 50퍼센트였다. 함유율이 너무 높은 나머지, 당시 스페인인들에게는 그 은을 추출해낼 수 있는 기술이 없었다. 일반적으로 은을 추출하기 위해서는 광석을 끓여 기포로 날아가게 했다. 하지만 당시 안데스 인디언들은 세계 어디에도 없었던 앞선 수준의 금속 정제기법을 가지고 있었다. 원주민들은 마른 풀과 라마의 분뇨를 연료로 하는 낮은 온도의 용광로로 외지인들은 할 수 없던 일을 해냈다. 곧 수천의 원주민 용광로가 차가운 안데스의 공기를 가르며 연기를 내뿜었다. 그 최초의 잭팟 이후 20여 년이 흐른 1560년대 초반 즈음에 이 새로운 붐타운, 공식 이름으로 불러주자면 임페리얼 빌라 오브 포토시Imperial Villa of Potosí는 인구 5만 명에 이르는 대도시로 변모했다. 스페인 정부가 온 갓 이주 억제 정책을 펼쳤음에도 말이다. 그리고 1611년이 되자 포토시 인구는 16만 명을 돌파하며 런던이나 암스테르담만큼 큰 도시가 되었다. 포토시는 세상에서 가장 높고 가장 부유한 도시였다.

무법천지, 퇴폐와 향락, 호화로움의 결정판. 포토시는 그 후 탄생한 수많은 붐타운의 모형이었다. 중국 실크로 휘감은 고급 창녀들이 향수가 분무된 방에서 페르시안 카펫 위를 걸어다녔다. 광산업자들은 거지에게 돈을 뿌리고, 검과 의복 그리고 성대한 행사에 엄청난 돈을 쏟아부었다. 시장의 입찰 경쟁에서는 두 남자가 물고기 한 마리 입찰가를 5,000실버페소까지 마구 올리는 진풍경이 연출됐다. 보통의 유럽인이 수십 년 동안 일해야 벌 수 있는 돈이었다. 결투장에 나타난 어떤 사내는 "진주색 벨벳 튜닉에 다이아몬드와 에메랄드, 진주알을 주렁주렁 매달고 있었다." 한 경축행사에서는 도시의 거리 하나가 실버 바로 완전히 도배되기도 했다. "나는 부자 포토시다." 도시 여기저기에 내걸린 휘장들이 요란하게 휘날렸다. "나는 산 중의 왕이고, 왕들의 선망이다."

선망의 대상이었지만 생활은 끔찍하게 불편했다. 바람과 고도가 합세한 탓에 이 도시는 몸서리치도록 추웠다. 모든 면에서 사실상 생명체가 살기 어려운 지형이었다. 공기는 너무 희박해서, 내가 처음 그곳에 갔을 때 여행가방을 들고 가파른 계단을 오르는 것만으로 현기증이 났다. 민망하게도 내가 묵을 민박집의 열 살 먹은 딸아이가 달려오더니 내 가방을 낚아채 방까지 날라다 주었다. 실버 시대에는 밀가루 한 봉지, 옷 하나, 목재 한 토막이라도, 일일이 라마에 의해 도시 안으로 실어날라야만 했다. 지금은 볼리비아에 차도 있고 트럭도 있지만 포토시의 많은 집들은 아직도 난방이 되지 않는다. 수백

은으로 된 산 아래 평평한 지대에 사방으로 펼쳐져 있는 1768년의 포토시 모습. 춥고, 번잡하고, 폭력이 난무하는 이곳은 세상에서 가장 높고 가장 돈이 많은 도시였다.

년 동안 그랬던 것처럼. 아침에는 서리로 담요에 하얗게 잔금이 그려졌다. 새파란 내 입술을 본 민박집 주인의 어머니가 따뜻한 코코아 한 잔을 타주었다.

포토시의 은광산 못지않게 중요한 곳이 안데스 봉우리 우앙카벨리카Huancavelica였다. 북서쪽으로 1,300여 킬로미터 떨어져 있는 곳으로 켜켜이 쌓인 수은으로 환한 빛을 발했다. 1550년대 멕시코의 유럽인들은 광석에서 순은을 추출해내기 위해 열을 가하는 방법 대신 수은을 촉매제로 사용하는 방법을 발견해냈다(사실 재발견이다. 이 기술은 수백 년 동안 이미 중국에서 활용한 방법이었다). 광산업자들은 채취한 광석을 가루로 부수어, 평평한 바닥에 펼쳤다. 보통은 돌바닥으로 된 옥외 테라스가 이용되었다. 그런 뒤 호미와 가래를 이용해 소금물, 황산구리, 그리고 수은을 함께 섞어 밀가루반죽처럼 만들었다. 그 반죽으로 광석 가루를 덮은 후 말, 노새 그리고 사람들이 발로 지근지

근 다졌다. 그러면 발로 가해진 압력으로 인해 화학반응이 일어나 수은이 광석 속의 은과 서서히 결합하면서 끈적이는 아말감을 형성했다. 일꾼들은 굳어진 덩어리 위에 물을 퍼부어 아말감만 남기고 모두 씻어냈다. 이 아말감에 열을 가하면 기화점이 낮은(356.66℃) 수은은 날아가고 순수한 은만 남았다. 이 기술의 시연을 지켜본 프란시스코 드 톨레도Francisco de Toledo 총독은 우앙카벨리카를 점령한 뒤 "우앙카벨리카 산과 포토시 산의 결합이야말로, 온 세상이 제일 먼저 주목해야 할 결합이다."라고 말했다고 한다.

수은이 있는 한, 은 채굴사업을 더 이상 인디언의 기술에 의지할 필요가 없었다. 다시 말하자면 스페인은 원주민을 전적으로 노동력 공급원으로만 취급할 수 있게 됐다는 의미다. 안데스 지역 사람들에게는 공동 노동의 전통이 있었다. 이를 잉카가 채택해서 대규모 도로망 건설에 사용하기도 했다. 톨레도 총독은 잉카의 노동력 활용법을 편리한 대로 응용해서 은광산과 수은광산에 주당 정해진 수의 남자를 공납으로 제공하라고 원주민에게 강요했다. 처음에 원주민 사회에 할당된 노동자는 포토시와 우앙카벨리카에 각각 4,000명 선이었다. 이것으로도 모자라 광산업자들은 매년 아프리카 노예를 수백 명씩 수입했다. 그 시기 광산에서 죽어간 사람들이 300~800만 명에 이른다고 추산하는 사람들도 있다. 다소 과장된 수치겠지만, 이곳의 상황은 끔찍했다. 특히나 우앙카벨리카에서는.

이 수은광산으로 들어가는 입구는 웅장한 돌기둥 아치로 만들어졌다. 산비탈의 활석에는 왕실의 휘장이 새겨져 있었다. 안에 들어서면 터널은 급격히 좁아지고 자잘한 갱도가 해파리 촉수처럼 뻗어나갔다. 이마에 촛불을 매단 인디언들은 통풍이라곤 전혀 안 되는, 폐쇄공포증을 일으킬 듯 좁다란 터널을 통해 광물을 끌어올렸다. 이 과정에서 지열에 의해 수은이 증발됐다. 서서히 작용하는 맹독성 증기 속에서 노역자들은 하루 종일 비틀거렸다. 지열이 없는 서늘한 갱도라고 나은 것도 아니었다. 광물을 괭이로 찍어서 파내야 했기 때문에 수은, 황, 비소, 이산화규소 같은 치명적 가루가 공기에 자욱했다. 결과는 말할 필요조차 없다. 노역자들은 두 달씩 교대로 일을 했다. 일년에 서너 차례 갱도로 들어가는 셈이었다. 하지만 단 한 차례의 근무만으로도 수은에 중독돼 나가떨어졌다.

갱도 내 감독관이나 관리자들도 마찬가지였다. 갱도에서 많은 시간을 보냈으니 그럴 수밖에 없었다. 원주민들이 자식들을 이 죽음의 구덩이로 보내고 싶지 않은 마음이 얼마나 필사적이었는지, 부모들은 아들을 일부러 불구로 만들곤 했다.

우앙카벨리카에서 캐낸 수은은 돌화덕에서 정제되었다. 증발하고 남은 응축된 수은은 가마 내부 표면에 들러붙었다. 화덕이 완전히 냉각되기 전에 화덕을 열면(일부 광산업자들은 정제작업 주기를 앞당기기 위해 종종 이런 식의 작업을 요구했다) 얼굴 가득 수은 증기가 덮쳤다. 이곳에서 일했던 숱한 정부 감찰관들은 스페인 왕에게 우앙카벨리카 광산 폐쇄를 촉구했다. 하지만 항상 바다 건너 스페인 제국의 사정이 이겼다. 은에 대한 중국의 욕구가 너무나도 컸다. 갱도를 더 깊이 파고 들어가는 상황이 이어지자 감찰관들은 환풍용 갱을 파야 한다고 강력히 요구했다. 환기용 수갱이 만들어진 것은 그로부터 80년이 지나서였다. 1640년에 그곳 묘지를 발굴했던 관료들은 부패한 광부들의 시신이 수은* 웅덩이에 그대로 방치되었다고 보고했다.

포토시는 우앙카벨리카만큼 치명적이진 않았지만 비인간적인 면에서는 조금도 밀리지 않았다. 암흑에 가까운 갱도에서 강제징발된 인디언 무리가 로프와 가죽으로 만들어 아래로 내려뜨린 사다리를 오르내리며 50킬로그램에 육박하는 광물을 운반했다. 마치 줄지은 개미 행렬처럼 한쪽 사다리에서는 한 무리가 줄줄이 내려가고, 반대편 사다리로는 또 한 무리가 줄줄이 올라갔다. 초기에 인디언들은 지하에서 일주일 작업 후에는 지상에서 2주를 쉴 수 있었지만, 나중에는 쉬는 기간마저 실종되었다. 질이 낮은 광물 더미를 만나기라도 하는 운 없는 날에는 할당량을 채우기 위해 추가로 더 힘들게 일해야 했다. 할당량을 맞추지 못하면 채찍과 곤봉, 심지어 돌로 맞았다. 이 광경을 목도하고 충격을 받은 반反노예 사회운동가들은 포토시의 '지옥 구덩이'를 맹렬하게 비난했다. "월요일에 멀쩡한 인디언 20명이 투입되면 토요일에는 이들 중 절반이 불구가 되어 나온다." 분개한 어느 성직자는 스페인 왕실 비서관에게 서한을 보냈다. 어떻게 기독교 국가 수장으로서 이런 일을 용인할 수 있느냐고 그는 따졌다.

지하의 법질서가 무너진 큰 원인은 지상의 법질서가 이미 무너졌기 때문이었다. 포토시에는 상상할 수 있는 모든 폭력이 난무했다. 공사장 노동자들 사이에서 일어난 폭력으로 인해 죽은 희생자들이 벽 사이에 끼이거나 돌 밑에 깔려 방치되는 일은 다반사였다. 도

---

* 수은 중독만이 죽음의 원인은 아니었다. 폐렴, 폐결핵, 규폐증(실리카 가루를 흡입으로 폐손상이 발생한다), 그리고 질식(통풍이 안 되는 터널에서 이산화탄소를 마셔서 발생) 등도 이에 못지않게 치명적이었다. 1640년 왕립 감찰관은 촛불도 타지 못할 정도로 이산화탄소(이산화탄소는 공기보다 무거워서 낮은 공간에 머무른다)가 가득 찬 구덩이에서 세 명의 인디언이 쓰러져 있는 것을 목도했다. 그 구덩이는 그리 깊지 않았지만 이산화탄소에 중독된 일꾼들은 위로 나올 수가 없었다. 그 시신들은 수습되지도 못했다. 그만큼 갱도 안 상황은 위험했다.

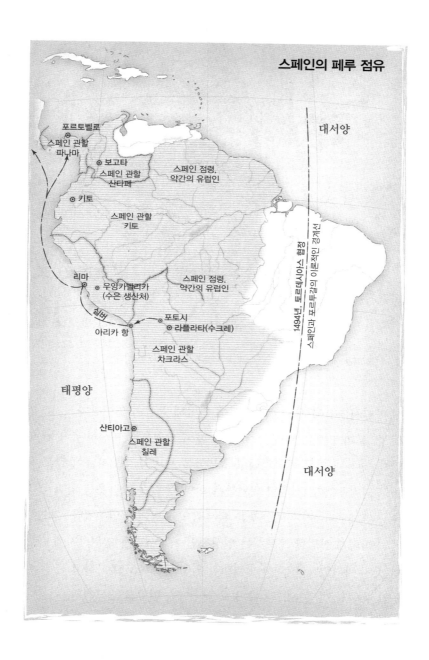

스페인의 페루 점유

대서양

포르토벨로
스페인 관할
파나마

보고타
스페인 관할
산타페

스페인 점령,
약간의 유럽인

키토

스페인 관할
키토

1494년, 토르데시아스 협정
스페인과 포르투갈의 이론적인 경계선

리마

우앙카벨리카
(수은 생산처)

스페인 점령,
약간의 유럽인

실버

포토시

아리카 항

라플라타(수크레)

태평양

스페인 관할
차크라스

산티아고

스페인 관할
칠레

대서양

편집자 겸 화가로 방랑객이었던 테오도루스 드 브라이의 1590년대 판화. 그는 포토시를 한 번도 본 적은 없지만 이 광산의 잔혹상을 제대로 포착했다.

시 재단사연합에서는 선거 결과에 반발해 폭동이 일어났다. 그로 인해 한 분파 리더가 아우구스티누스파 수도원으로 피신할 수밖에 없었다. 정부가 그를 체포하려고 요원들을 보내자 수도사들이 칼을 빼들고 덤벼들었다. 시의회 의원들은 회의 때 쇠사슬 갑옷을 입고 검과 총을 휴대했다. 정치적 분쟁은 칼부림으로 번지기 일쑤였다. 당연하게도 이렇게 살벌한 포토시는 일상적인 가정생활을 영위하기에 적합한 곳이 아니었다. 그리하여 거대한 인구 규모에도 불구하고 근 50년 동안 유럽인 신생아가 단 한 명도 태어나지 않았을 정도였다. 너무나도 이례적인 일이라 50년 만에 처음으로 신생아가 태어나자(1598년 크리스마스 이브) 아기의 수호신인 성 니콜라 다 톨렌티노에게 그 공을 돌리느라 한바탕 야단법석이 일어났다.

해적이 득실거리던 워강처럼 포토시도 눈만 뜨면 무력 충돌이 발생했지만 역사 기록자들에게 그 난투극은 완전히 다르게 취급됐다. 중국의 왜구에 대한 기록(그 현에서 올린 관보와 관료들의 상소)의 주요 어조는 사건 중심의 간명함이었다. 반면 포토시의 가장 중요한 기록자는 바르톨로메 아르잔즈 드 오르슈아 이 벨라Bartolomé Arzáns de Orsúa y Vela(1676~1736)라는 사람으로, 1,300페이지에 이르는 광대한 이 도시 역사서를 쓰는 데 30년을 바쳤다. 그 책의 주된 어조는 돈키호테식 풍자로 가득한, 무협과 활극에 대한 숨가쁜 찬사였다. 아르잔즈의 기록은 한 번도 책으로 출간된 적은 없다. 하나의 원인은 그가 책 출간을 두려워했다는 데 있었다. 게다가 현지 명망가들 역시 내용이 아무리 미화되었다고 해도 자기 조상들이 저지른 무뢰배 짓이 책으로 엮여 유포되는 걸 좋아하지 않았을 듯하다.

저자가 아무리 화려한 언사로 사건을 덧칠해놓았어도 그의 기록은 이 도시의 폭력이 어떻게 발화해 인종 및 집단 난투극으로 확장되었는지를 드러내준다. 구알라파 혹은 후알라파가 은광을 발견하고 7년째로 접어들던 1552년, 호전적인 탐험가 페드로 드 몬테조Pedro de Montejo가 포토시로 들어왔다. 아르잔즈의 이야기에 따르면, 몬테조는 자신에게 도전하는 누구든 환영한다고 떠벌리면서 '창에는 창'이라는 플래카드를 내걸었다. 아르잔즈는 이런 싸움질이 "포토시에서는 누구나 우러러보는 일"이라고 썼다. 상주 인구가 일확천금을 노리는 혈기왕성한 유럽 젊은이들로 구성된 이 도시는 "잔혹한 일들로 가득했다. 사람을 해하고 죽이는 일이 하나의 사소한 오락처럼 여겨졌다."

몬테조에게 대적할 유일한 적수는 바스코 구디네즈Vasco Gudínez뿐이었다. 협박 공갈과 상해치사로 그 도시에서 이미 유명세를 날리던 인물이었다. 부활절 아침, 두 사람은 서로의 졸개들을 대동한 채 결투장에 말을 타고 나타났다. 주변에는 구경꾼들이 장사진을 치고 있었다. 모욕적인 말을 주고받은 "두 사람은 상대방을 향해 돌격했다. 어찌나 세차게 서로 격돌했던지 두 개의 바윗덩어리가 부딪치는 것 같았다"고 아르잔즈는 기록했다. 바스코 구디네즈는 이 대결에서 중상을 입었다.

뒤로 몸을 젖힌 구디네즈가 엄청난 속도로 몬테조에게 창을 던지는 바람에 그는 피할 틈도 없었다. 창이 버클러를 맞고 완전히 관통해서 그의 팔에 상처를 냈다. 사슬옷과 철갑 바를 뚫은 창의 꽤 많은 부분이 몸속으로 파고들었다. (…) 몬테조, 치명적인 부상을 입은 몬테조는 버클러 방어막도 없이 악마 같은 독기를 내뿜으며 검의 끝을 겨누고 적에게 돌진했다. 구디네즈가 방패로 이를 받아넘기자 용맹한 몬테조는 팔을 위로 치켜올려 머리에 강력한 일격을 가해 구디네즈를 혼미하게 만들었다. 설상가상 부상당한 구디네즈는 말에서 낙마하고 피를 쏟아냈다. 몬테조가 말에서 내려와 적의 머리를 베어버리려고 첫 발을 움직이는 찰나, 그[몬테조]는 고꾸라져 죽었다. 창이 그의 가슴을 관통한 것이다. 구디네즈는 민첩하게 몸을 일으켜 시체 위로 올라타서 확인 사살을 위해 목에 검을 겨누었다.

아르잔즈가 이 결투의 세세한 상황을 미화했다는 점은 분명하다. 그는 두 사람의 졸개들이 이후 3시간 동안이나 사생결단으로 혈전을 벌였다고 썼다. 이로 인해 부상당한 구디네즈의 병원 이송로 확보마저 지체되었다고 했다. 어쩌면 이 스토리의 기본적 정보부터 허구일

가능성도 있다(가령 포토시의 주민 중 페드로 드 몬테조란 이름은 존재하지 않는다). 하지만 이야기의 저변에 깔린 내용은 명약관화하다. 그 도시는 잔혹한 폭력에 질식할 듯 포위당한 상태였다. 기강을 확립하기 위해 리마 지방정부는 군대를 파견했다. 아르잔즈에 따르면 한 차례 접전 이후 유독 악질적이었던 구디네즈의 오른팔은 절단형(죄인의 사지를 말에 매달아 처형하는 형)에 처해졌다. 바스코 구디네즈는 감옥에 수감된다.

바스코는 '바스크Basque'를 의미한다. 이 이름은 결코 우연이 아니다. 포토시에 거주하는 사람들 중 불균형적으로 많은 수가 대서양에 면한 스페인 지방 바스크 출신들이었다. 이 지역은 문화적으로, 언어적으로, 그리고 지리적으로 스페인으로부터 고립되어 있었다. 산악 지형으로 인해 농업을 기대할 수 없었던 바스크 지방은 스페인판 푸젠이라 부를 만했다. 대양무역과 해외 이민만이 살길이었다. 1602년쯤이면 포토시 시의회와 광산업 중 3분의 2가 바스크인에 의해 장악되었다. 바스크 지배층은 세금 탈루를 눈감아주는 대가로 왕실 관료들에게 뇌물을 바쳤다. 타 지역 출신 광산업자들이 위협적인 경쟁자로 부상할라 치면, 바스크 조직은 폭력배를 동원했다. 왕실 관료들이 세금 추징을 위해 바스크 광산업자의 부동산을 매각하려 할 때, 그걸 사겠다고 나서는 사람이 있으면 바스크 일당은 도심 한복판에서 보란 듯이 칼로 찔러 죽였다. 스페인의 다른 지역에서 온 식민개척자들 사이에서 점차 울분이 자라나기 시작했다. 이들 대부분은 도시 외곽 비인가 광산구역에서 살고 있었다. 비밀회담을 통해 반反바스크 광산업자들은 비쿠냐(남미에 사는 낙타과 동물) 털로 만든 모자로 자신들의 정체를 식별하기로 한 뒤 스스로를 비쿠냐스라고 불렀다. 바스크인들은 의복으로 정체성을 드러낼 필요가 없었다. 이들은 모국어로 유스카라Euskara를 사용했는데, 이는 스페인어와는 완전히 달랐다.

1618년 8월, 새로운 세무조사관이 부임하면서 비쿠냐스들의 투쟁 강도도 높아졌다. 모든 게 느슨하게 돌아가던 이 도시에서 가장 무서운 존재는 철두철미한 세무조사관이었다. 이 조사관에 대해 볼리비아 역사학자 알베르토 크레스포는 "원칙적이고 철두철미하며 똑똑하고 반듯하게 자신의 임무를 수행하는 것 외에는 다른 취미가 없는 사람이었다."고 묘사했다. "이 세무조사관의 이름은 알론소 마르티네즈 파스트라나Alonso Martínez Pastrana로, 바스크 출신이 아니었다." 흡사 계산기처럼 정확하게 업무를 수행하던 이 조사관은 포토시 사람들이 소득 및 세금을 엄청나게 속이고 있다는 사실을 곧장 파악했다. 광산에서 나오는 은의 5분의 1은 왕에게 세금으로 납부하게 되어 있었다. 또한 수은광산과 동전 주조 과정에서 발생하는 수익의 일부도 세금으로 납부해야 했다. 마르티네즈 파스트라나는 그동안 왕에게 가야 할 세금 중 이 도시 사람들이 탈루한 세액이 총 450만 페소라고 밝혀냈다. 이곳 광산의 연간 총생산량을 훌쩍 넘어서는 액수였다. 포토시의 대형광산을 소유했으며 정치까지 장악한 사람들 대부분은 바스크인들이었다. 바로 이들이 횡령의 주범들이었다. 포토시 시의원 24명 중 18명이 세금을 도로 뱉어내야 한다고 그 조사관은 발표했다. 그 범법자들 중 11명은 바스크인이었다. 부패한 재무관료들과 무려 3년 동안 사투를 벌인 끝에 마르티네즈 파스트라나는 공공연한 세금 탈루자들을 시의회에서 축출할 수 있었다.

1622년 6월, 바스크의 폭력조직 우두머리가 거리에서 변사체로 발견되는 일이 발생했다. 사체는 심하게 훼손되고, 손과 혀도 잘려나간 상태였다. 당연히 의심의 화살은 비쿠냐스에게 돌아갔다. 격분한 바스크 폭력단은 광장을 연일 점거하면서 그 살인의 책임을 물어 "무어인과 반역적인 유대인, 오입쟁이들"에게 린치를 가하겠다고 위협했다. 거리에서 얼굴을 모르는 사람을 보면 바스크어로 테스트를 했다. 스페인어로 답한 사람은 누구라도 죽이겠다고 위협하면서. 한 차례 살인의 광란이 끝나가던 때, 돌을 집어든 비쿠냐스 군중은 유력한 바스크 가문 수장인 도밍고 드 버라사테구이Domingo de Verasátegui 집으로 쳐들어갔다. 그는 네 명의 재력가 형제 중 하나였으며, 두 명의 형제가 시의원이었다. 버라사테구이는 갑작스런 대법관의 출현 덕에 간신히 죽음을 모면했다. 대법관은 직접 그를 안전한 도시 감옥으로 데려갔다. 버라사테구이는 몇 달 후 자연사했다고 알려졌다. 포토시에서는 특이한 일이었다.

왕은 이듬해 5월, 포토시에 새로운 총독을 임명했다. 폭력적이고 충동적인 성정을 지닌 새 총독의 이름은 펠리페 만리케Felipe Manrique였다. 그는 여러 해 전 홧김에 부인을 살해한 전력도 있었다. 포토시에 들어오던 그는 버라사테구이의 미망인에게 홀딱 반해버렸다. 그러자 버라사테구이를 죽인 혐의를 받고 있던 비쿠냐스들이 총독의 집으로 쳐들어갔다. 그들은 총독의 집을 때려부수고 만리케를 네 차례나 총으로 쐈다. 그로부터 2주 후 폭동이 전면적으로 타올랐다. 두 명의 바스크인이 비쿠냐스에게 "매우 재수 없는 태도로" 모자를 기울인 사건이 발단이 되었다. 병상에 있던 만리케는 군 정찰대를 급파했지만 수천 명 비쿠냐스 일당의 바스크 유력 가문 약탈을 저지하기에는 역부족이었다.

70년 전 푸젠성의 주환은 강직하게 공직 임무를 수행하는 게 성공적인 입신출세를 보장하지는 않는다는 뼈아픈 교훈을 깨우쳤다. 결국 그 일은 주환을 죽음으로 내몰았다. 타협을 몰랐던 세무공무원 마르티네즈 파스트라나는 주환보다 운이 좋은 편이었다. 비록 경력을 부지하지는 못했지만 목숨은 부지했으니 말이다. 압박을 견디지 못한 그의 상관은 비쿠냐스가 만리케의 집을 불태우기 몇 주 전인 1623년 8월에 그를 직위해제했다. 그는 리마에서 씁쓸하게 은퇴를 맞이했지만 훗날 그의 이름을 딴 거리가 그곳에 생겼다.

대조적으로 총을 네 번이나 맞고도 살아남았던, 부정부패로 범벅이 된 총독 만리케는 1624년 2월 19일 공직을 떠났다. 다음날 그는 버라사테구이의 미망인과 결혼하고 호화저택으로 들어갔다. 볼리비아의 역사학자 크레스포는 이렇게 썼다. "그 총독과 바스크인이 은밀하게 결탁되어 있다는 모든 의혹을 일소하기 위해" 만리케는 쿠스코로 이사했다. 그는 거기서 자신이 가진 부를 이용해 더 큰 부자가 되었다. 이 두 사람이 퇴장하고 난 후 도시의 불협화음도 사라졌다. 비쿠냐스는 시 외곽으로 사라졌고, 그곳에 은거해 살면서 수년 간 처벌도 받지 않고 여행객들을 갈취했다.

믿기지 않게도, 바스크와 비쿠냐스의 전쟁은 은의 흐름에는 눈곱만큼의 영향도 끼치지 않았다. 바스크와 비쿠냐스는 거리에서는 싸웠지만 은을 캐내고, 은을 정제하고, 그것을 다시 선적하는 일에는 합심했다. 마지막 작업은 여간 힘든 일이 아니었다. 첫 은맥 발견 4년 뒤인 1549년, 한 번 선적에 7,771개의 실버 바가 포토시를 어떻게 떠났는지 묘사한 기록이 있다. 순도 99퍼센트인 실버 바 하나의 무게는 27킬로그램이었다. 빠짐없이 주조공장의 시리얼번호와 소유주의 스탬프, 세관원의 확인 스탬프가 찍혀 있었다. 은감정사가 개별적으로 은의 순도를 자신의 스탬프로 확인해주는 절차까지 끝날 즈음에 그 실버 바는, 어느 정신 나간 수학자가 그래피티라도 그려놓은 것처럼 보였다. 라마 한 마리가 질 수 있는 바는 3~4개였다(노새는 라마보다는 컸지만 물이 더 많이 필요했고, 발을 자주 헛디뎠다). 한 차례의 선적에는 그 짐승이 2,000마리 넘게 필요했다. 그 라마들을 1,000명 넘는 인디언 간수가 감시했고, 그 인디언들을 총을 휴대한 스페인 여단이 감시했다.

이런 걸림돌에도 불구하고, 아메리카에서 생산된 은은 강을 이루었다. 이 은 교역에 관한 한 가장 권위 있는 퍼시픽대학교 역사학자 데니스 O. 플린과 아르투르 기랄데즈에 따르면, 16~18세기에 생산된 은의 양은 15만 5,000톤 혹은 그 이상이었다. 이 시기에 스페인의 은은 온 지구를 휩쓸고 다녔다(전 세계 생산량의 80퍼센트를 스페인산 은이 차지했다). 상륙하는 모든 땅의 정부와 금융기관을 패닉상태로 빠뜨리게 될 은은 "초창기에는 유럽으로만 콸콸 쏟아져 들어갔다"고 플린은 내게 들려주었다. 나와 나눈 오랜 대화에서 플린은 "우리가 정확한 수치를 알 수는 없지만, 유럽의 은 보유량이 아마 순식간에 두 배로 급증했을 것입니다."라고 말했다.

스페인 은화인 페소는 국제 통용화폐가 되면서 마치 오늘날의 유로처럼 유럽 국가들을 연결했다(이 페소는 '8배'라는 이름으로 더 유명했다. 당시 스페인 동전 레알의 8배 가치였기 때문이었다). 페소는 포르투갈, 네덜란드, 그리고 영국에서 주요 통화로 쓰였고, 프랑스나 독일 연방 도시국가들에서도 통용되었다. 플린은 "은의 공급은 곧 돈의 공급이었다"고 말했다. "안전핀 뽑힌 소화기에서 가루가 분사되듯 유럽에 돈이 공급되었다. 말 그대로 폭발이었다." 플린은 경제학 분야에

포토시에서 온 대부분의 은은 '캅cob' 동전으로 만들어졌다. 동전 문양이 새겨져 있는 틀 사이에 둥근 동전 모양 은을 넣고 망치로 쳐서 만든다. 이 4레알 동전은 동전에 발행연도를 새기기 전인 1570년대 포토시에서 만들어진 것이다. 'L'은 화폐 감정인의 이니셜이다.

서 잔뼈가 굵은 사람이다. 그는 내게 말했다. "계획되지 않은 급속한 돈 공급은 일반적으로 재앙을 불러옵니다." 인플레이션과 경제 불확실성이 바로 그 결과였다.

플린과 기랄데즈에 따르면 60년 간 미친 듯이 쏟아져 나온 탓에, 이 세상에는 너무 많은 은이 풀려 그 가치가 폭락하기 시작했다. 1640년의 페소 가치는 1540년에 비해 3분의 1정도밖에 되지 않았다. 그 영향은 전방위적이고 전지구적이었다. 은화의 가격이 미끄러지자, 스페인 제국의 경제 중추였던 은광산업의 이윤도 미끄럼을 탔다. 스페인 정부는 물가 변동에 맞춰 세율을 조정할 줄 몰랐다(근대적 용어로 말하자면 인플레이션에 연동되어 있지 않았다). 그러다 보니, 은 가격 폭락과 함께 스페인 정부는 공황상태로 빠져들었다. 스페인 경제는 잿더미로 변하고 스페인 은에 의존하던 열두어 나라의 경제도 하나둘 그 뒤를 따랐다. 마치 줄줄이 엮여 있던 폭죽처럼 연쇄적으로. 부자들은 하루아침에 가난뱅이가 된 듯 상실감에 빠지고, 없었던 사람들은 더 절박한 상황이 되었다. 잃을 것이 없게 된 사람들이 돌을 집어들고 거리로 나와서 타깃을 찾기 시작했다. 파괴적인 폭동과 혁명이 속출했다.

물론 아메리카의 은만 대격변의 단초로 작용한 건 아니었다. 그럼에도 은으로부터 파생된 문제는 스페인에 대항한 네덜란드·포르투갈의 봉기 및 프랑스 프롱드 내전, 나아가 30년 전쟁과 밀접한 관련이 있다. 은이 유럽의 격동에 매우 큰 역할을 했지만 실상 더 큰 격변에 내몰린 곳은 따로 있었다. 플린과 기랄데즈는 은이 촉발한 유럽의 문제야말로 "일종의 예선전에 불과하다"고 힘주어 말한다. "실질적으로 대부분의 은은 아시아로 갔다." 그것도 아시아의 전역으로 퍼져나간 게 아니었다. 불균형적으로 거대한 양의 은이 중국의 변방인 푸젠성 위강이라는 단일 항구로 빨려 들어갔다.

돈이 될 만한 모든 것을 배에 실어서….

한때 지구상에서 가장 중요한 항구였던 위강은 이제 산업지구의 별볼일 없는 변두리로 전락했다. 지나간 영화를 조금이라도 엿볼 수 있는 흔적이라고는 도시 성벽과 한몸이었던, 3층 6각형 망루뿐이다. 최근 내가 방문했을 때 망루의 문은 잠겨 있었다. 관리인이 열쇠를 가지고 나타날 때까지 나는 한참을 기다려야 했다. 들어가서 살펴본 망루 내부에는 노숙자의 흔적만 남아 있었다. 지저분한 담요, 먹고 난 컵라면, 포르노 잡지. 망루에서 내려다보니 주변은 지저분한 인쇄소 건물과 연기 나는 쓰레기 더미, 그리고 긴 직사각형 모양의 시금치밭과 담배밭이 전부였다. 역사 기록자들이 "정크선이 물고기 비늘처럼 다닥다닥 붙어 있었다"고 묘사했던 부두는 텅 비어 있었다. 딱 하나 지형만은 변치 않은 상태였다. 항구 너머는 망망한 대만 해협, 달리 말하자면 남중국해였다.

갤리온 무역에 뛰어든 지 10년쯤 지났을 때인 1580년대 중반, 워강에서는 우기가 시작되는 매년 3월이면 20척 이상의 대형 정크선을 필리핀으로 내보내고 있었다(실버 붐 이전에는 단지 한두 척의 작은 선박만이 그곳에 갔다. 해외무역이 합법화된 시대에도). 각 배에는 500여 명이나 되는 상인들이 상상 가능한 온갖 물품을 들고 빼곡히 타고 있었다. 실크와 도자기는 기본이고 면화, 다리미, 설탕, 밀가루, 견과류, 오렌지, 살아 있는 가금류, 상아, 잼, 화약, 나전칠기, 탁자와 의자, 소, 말. 이 외에도 유럽인들이 좋아하리라고 예상되는 건 무엇이든 배에 실었다. "무엇이든, 돈이 될 만한 것은 무조건 실었다"고, 샤먼대학교 역사학자 리진밍은 저서 《워강의 역사》에서 말한다. "손에 넣을 수 있는 물건이라면 무엇이든 큰 웃돈을 얹어 판매할 수 있었다." 자본이 없는 상인들은 고리로 돈을 빌려 판매할 물건을 손에 넣었다. "심지어 처자식을 담보로 사채업자의 손에 맡겨두기도 했다." 리진밍은 내게 말했다. "만일 그 상인이 죽으면 담보로 잡혀 있던 식솔의 운수는 사납게 됩니다." 사채업자들은 수단방법 가리지 않고 빌려준 돈을 회수하려 들었다. 돈으로 충분치 않을 경우 "채무자의 처자식들이 노예가 되는 겁니다. 사채업자들은 그 노동력을 다른 사람에게 팔 수 있었습니다. 노예제도와 다를 바 없었지요." 리진밍의 부연설명이었다.

정크선은 보통 거상들이 정부로부터 인가를 받은 후 공간을 쪼개어 상인들에게 임대했다. 임대료는 총매출의 20퍼센트를 차지했다.

갑판 아래 격실은 병렬로 구획된 비좁은 방들로 이루어졌다. 창문도 없는 방의 한 칸은 겨우 옷장 크기만했다. 그 안에 상인들은 물건을 차곡차곡 쟁여두었다. 리에 따르면 도자기는 궤짝에 꽉 끼어 움직이지 않도록 포장을 했고 밥공기와 접시 사이에는 쌀을 넣어 분리했다. "너도나도 궤짝에 물을 뿌린 뒤 습기가 있는 곳에 두었다. 이렇게 하면 도자기는 더욱 단단하게 응착되어 쉽게 깨지지 않았다." 선상 도적질은 드물었다. 물건을 훔쳐봐야 들고 도망칠 데가 없었기 때문이다. 그럼에도 상인들은 각자 먹을 음식을 싸온 뒤 물건 위에서 잠을 잤다. 마닐라에 이르는 열흘 내내, 이들은 시큼한 냄새가 나는 어두운 격실에서 지냈다.

"할 수만 있었다면, 그들은 단 한 차례로 끝내고 싶었을 겁니다." 리는 이렇게 말했다. 영세 상인들은 거듭되는 항해를 가능하면 피하려 했다. 여정이 그야말로 위험천만했기 때문이다. 항구 주변 자잘한 섬들과 낮은 수면 때문에 뱃길은 몇 개의 협로로 제한되었고, 운항 선박들은 그 길을 따라 소형 보트들에 의해 조심조심 안내되었다. 왜구는 안개 속에서 몸을 웅크리고 있었다. 해적들을 은신처에서 끌어내기 위해 상인들은 기동성 있고 조정이 쉬운 쾌속정으로 된 정찰정을 보냈다. 왜구를 발견하면 이들은 경고를 해주고 재빠르게 달아났다. 그렇다고 해도 이 정찰정들이 필리핀까지 따라갈 수는 없었다. 때문에 먼 바다에서의 마지막 단계 여정은 특히나 위험했다. 네덜란드 해적들이 상시 매복하고 있다가 마닐라에 접근하는 중국 배들을 급습해 배에 실은 물건을 죄다 탈취하기도 했다.

중국 상인들이 보통 배를 댄 곳은 마닐라로부터 8킬로미터 떨어진 길고 가느다란 만인 카비테Cavite로, 거대한 만의 남쪽에 위치한 곳이었다.* 이곳에서 중국인 중개상 인파가 그들을 기다리고 있었다. 깜깜한 격실에 갇혀 있던 무역상들은 보통 일가친척인 중개상들을 찾아 눈을 껌뻑거리며, 골방에 쟁여뒀던 물건들을 조심스럽게 배에서 내렸을 것이다. 가장 최근 도착한 갤리온선의 실버 바 수량을 파악한 중개상들은 이에 맞추어 가격을 올리거나 내리면서 스페인 사람들에게 견적을 제시했다. 이들은 식민지 세관원을 매수하는 데 반드시 필요한 브로커들과 선이 닿아 있었다. 브로커들은 판매액의 20~30퍼센트를 서비스 대가로 청구했다. 배에 탔던 모든 무역업자들이 중개상들을 찾고 난 후에야 그 배는 세금을 징수하는 세관원들로부터 검수를 받았다. "모든 물건의 3퍼센트는 우리 국왕에게!"라고 마닐라의 한 스페인 총독은 표현했다. 상인들에게 주어지는 거래 기간은 잘해야 2개월이었다. 태풍이 다가오기 전인 6월 중순에는 갤리온선들이 출항해야 했기 때문이다.

스페인 상인들이 중국인 중개상들을 만나는 곳은 파리안Parián이라는 곳이었다. 일종의 중국식 게토인 파리안은 실버 교역의 물결에 휩쓸려 마닐라로 오게 된 푸젠 사람들로 바글바글했다. 그러니까 워강이 전이된 곳인 셈이었다. 마닐라 성벽 외곽의 습지대로, 그곳은 스페인 정부에서 1583년에 건설했다. 눈만 뜨면 늘어나 있는 중국인들을 통제하기 위해서였다. 스페인 사람들에게 화교는 불법을 자행하고 일자리를 위협하는 난민이었다. 맨 처음 이곳에는 워강의 무역상

---

* 이 반도의 끝 부분은 샹글레이 포인트Sangley Point라고 불렸다. 샹글레이(푸젠인들 말로 '객상인')는 필리핀 화교 후손들을 지칭하는 다소 경멸적인 어휘다. 이 단어의 뉘앙스를 보여주는 전형적인 표현이 있다. 1628년 마닐라 교회 성직자가 이렇게 불평을 했다. "쓰레기 같은 이교도 샹글레이가 득실거려 엄청난 위험을 초래하고 있다."

들이 물건을 보관하기 위해 지은 네 개의 커다란 창고 건물이 전부였다. 마닐라 거주 중국인들을 도심에서 몰아내기 위해 스페인은 일몰 후 파리안 밖에서 발견되는 비스페인인은 그 누구든 처형한다고 공표했다. 어떤 의미에서 이 격리조치는 피차 일반이었다. 유럽인들도 그곳에 발을 들여놓는 것이 허용되지 않았으니까. 그렇게 중국인들은 마닐라의 유럽인 구역에서 자기들만의 한 칸짜리 셋방을 얻은 셈이었다.

유럽인의 타운에 상주하는 게 금지된 중국인들은 자신들만의 타운을 건설하기 시작했다. 경쟁이 치열한 가게, 찻집, 음식점들로 들어찬 아케이드 모양의 상가가 물류창고를 중심으로 미로처럼 자라났다. 그 사이로 난 비좁은 거리는 통이 펄럭이는 소매 달린 도포와 수놓인 실크 신발, 중절모를 쓴 남자들로 발 디딜 틈이 없었다. 의사들과 조제사들은 연고항아리, 탕약, 그리고 한약재로 호객 행위를 했다. 사람들은 사고팔고, 제조하고, 푸젠의 차 한 종지를 놓고 옥신각신했으며, 정성스레 포장한 물건을 쌓아놓고 치열하게 경쟁했다. 때로는 그들의 음식이 유럽인들을 기겁하게 만들기도 했다(워강에서 가장 인기 있는 음식은 배아 상태인 달걀 안의 병아리를 구운 것으로, 태양 아래 수북하게 쌓아올린 소금 더미에 구워낸 그 달걀들을 놓고 팔았다). 이곳은 서양인의 궤도에 진입한 세계 최초의 차이나타운이었다.

사실 스페인으로서는 비가톨릭 외부인을 자기 영토에 내버려두는 것은 일찍이 없었던 자존심 구기는 풍경이었다. 오래 전부터 스페인은 그들의 왕국에서 무슬림과 유대인을 필사적으로 걷어내고 있었다. 그 제국은 온 세계에 그리스도의 복음을 전파하는 것을 자신들에게 부여된 문명사적 과제라고 생각해왔다. 마닐라에는 스페인 선교사들이 몰려와 있었고, 종교계 수장들은 아시아에 로마가톨릭(천주교)을 포교하려는 열망으로 가득 차 있었다. 이들은 먼저 필리핀과 말레이 원주민들이 십자가를 선택하도록 강제했다. 하지만 이는 부록에 불과했다. 그들의 궁극적인 목적은 중국의 정복과 개종에 있었다. 코르테스(멕시코 정복자)와 피사로(페루 정복자)가 소규모의 똘똘한 군단만으로 멕시코와 페루 전체를 장악하고 기독교화했던 것을 근거로, 마닐라 선교사와 군인들도 처음에는 스페인인 수천 명이면 중국에서도 비슷한 위업을 재현할 수 있을 거라고 믿었다. 마닐라에서 본 그들의 눈에 마닐라와 명 제국은 가깝게 보였다. 물질적으로든 문화적으로든, 중국이 보유한 막대한 부와 보물이 손만 뻗으면 닿을 듯한 느낌이었다. 하지만 마침내 현실감각을 회복한 스페인 왕실과 마닐라 지배계층은 중국이 한 달음에 정복하기에는 커도 너무 큰 존재라는 결론에 이르렀다. 사실을 말하자면, 마닐라의 스페인 지배자들은 섣불리 나섰다가 오히려 자신들이 중국에 의해 먹힐 수도 있다는 걱정에 휩싸였다. 그 두려움 속에서도 교역은 해야겠기에, 스페인은 그 이전까지 상상도 하지 않았던 타협안을 중국인들에게 제시했다. 중국인들만의 불경스런 우상을 숭배하면서, 정해진 그들만의 구역에 처박혀 살도록 묵인한 것이다. 스페인은 심지어 화교들만의 소규모 자치정부마저 허락했다.

파리안의 수공업자와 상인들은 지붕 타일부터 아기예수 대리석 조각상까지, 돈이 되는 모든 것을 스페인 사람들에게 팔았다. "스페인제보다 훨씬 품질이 좋고, 때로 가격까지 싸서 말하기조차 부끄럽다."라고 필리핀 주재 대주교 도밍고 드 살라자르Domingo de Salazar는 썼다. 식민개척자들은 최신 유럽 스타일을 조달해주는 중국인 게토

파리안이라 불리던 중국인들의 빈민가에 겁을 먹은 스페인 사람들은 말 그대로 그들로부터 거대한 벽을 쳤다. 파리안 주민들은 해자를 건너 경비가 삼엄한 문을 통해야만 마닐라 안으로 들어갈 수 있었다.

로 몰려들었다. 그곳에는 없는 것이 없었다. 경쟁에 휘말린 유럽 상인들은 울상을 지었고 스페인 왕은 가게들을 먼 곳으로 옮기라고 명령했다. 하지만 낮은 가격에 끌린 스페인 사람들은 계속해서 파리안으로 몰려들었다.

상황이 이렇게 전개되면서 "스페인인들이 운영하는 업체들은 도산으로 내몰렸다"고 살라자르는 한탄했다. "사람들이 자신의 옷과 신발을 파리안에서 샀기 때문이다." 경고 차원에서 그는 스페인 책 제본업자와 그의 중국인 견습생 스토리를 들려주었다. 주인이 하는 일을 유심히 지켜보며 배운 중국인 견습생이 파리안에 자신의 가게를 차리면서 이전 주인의 가게가 폐업으로 내몰린 것이다. "그의 작업이 너무도 훌륭하여 스페인 업체는 더 이상 필요없게 됐다." 물론 중국인들이라고 해서 꼭 성공적인 건 아니었다. 한 중국 상인이 결투에서 코를 잃은 스페인 사람에게 나무 코를 팔았다. 그러자 그는 "품질이 좋은 나무 코를 왕창 들여왔지만" 더 이상 팔리지 않았다.

레가스피가 마닐라에 입성하고 20년 후인 1591년이 되자 파리안 인구는 수천 명으로 불어났다. 여전히 수백 명 인구에 불과한 스페인 도시를 가뿐하게 추월한 것이다. 중국인에게는 이런 구도가 유리했다. 그들은 중국 밖에서 중국 도시를 건설했다. 여전히 명목상 그 땅의 통치자인 스페인 정부는 명 제국의 감시로부터 화교들을 격리시켜 주었다. 반면 스페인인들에게 그 게토는 적색 경고등이자 외계이고, 필요악이었다. 게다가 규모가 너무 컸다. 스페인 정부의 적극적인 장려책에도 불구하고 마닐라에 정착하는 스페인인의 규모는 더 이상 늘지 않았다. 이 도시는 너무 외딴 곳이었고, 너무 더웠고, 무엇보다 너무 많은 질병으로 들끓었다. 특히 지금 우리가 말라리아로 알고 있는 그 병이 유독 많았다. 유럽인 주민들은 시원한 곳을 찾아 보통 도심 외곽 언덕에 집을 지었다. 운수 사납게도 그 언덕은 주요 말라리아 매개숙주인 모기의 서식처였다. 유럽인들이 더위를 피해 뛰어든 곳이 질병 소굴이었던 것이다.

그럼에도 마닐라가 매혹적이었던 유일한 이유는 세상 어디에도 없는 기회의 도시라는 데 있었다. 중국은 스페인 은을 나머지 다른 세상보다 갑절 높은 가격으로 샀다. 게다가 중국 상인들은 실크와 도자기를 못 팔아 병이 난 사람들 같았다. 그것도 믿기지 않을 만큼 싼 가격에. "모든 물건의 값이 너무도 저렴해 거저 얻는 기분이었다." 중국인들이 처음 마닐라에 도착했을 때 한 스페인인은 이렇게 기쁨의 탄성을 내질렀다. 그런데 어찌된 일인지 그 거래는 스페인 사람들이 생각했던 만큼 이윤을 남기지 않았다. 끝에 가서 보면 그 중국인들은 신기하게도 그들끼리 제살 깎아먹기를 하게 만들었다. 시간 차를 두고 가격을 조정하면서. 교역의 칼자루를 쥔 건 엄연히 마닐라의 식민개척자들이었다. 따라서 부를 거머쥘 유리한 고지에 있었지만, 애초 그들이 원했던 만큼의 부는 아니었다. "마닐라에 정착한 150여 가구 중에서 정말로 큰 부자가 된 집은 두 가구에 불과했다." 스페인 제독 에어로니모 드 바뉴엘로스 이 카리요Hieronimo de Bañuelos y Carrillo는 1638에 불평을 쏟아냈다.

유리한 고지를 탈환하기 위해 마닐라의 스페인 정부는 중국인 상인들에게 소득세, 운송비, 등록세 등 각종 세금을 부과했다. 그들은 자신의 재산을 지키기 위해 세워놓은 군사들의 월급을 화교 사회가 실질적으로 지불하도록 강제했다. 이에 분노한 중국인들이 아인 랜드식 파업(반집산주의 파업)으로 마닐라의 음식 공급을 끊어버리자 스페인인들은 한 발짝 물러섰다. 이 계획이 좌절되자 스페인 왕은 식민지 사람들에게 일종의 가격 담합을 지시했다. 스페인은 중국에서 들어오는 모든 물건을 단일한 가격에 사서 "주민들에게 공평하게 돌아가게 배분했다." 이론상으로 이는 모든 중국인 장사치들을 일소함으로써 파리안을 대폭 축소시키고, 스페인의 근심걱정을 한꺼번에 줄여줄 것이었다.

경제학 원론에 따르면 이런 담합은 대부분 실패한다. 어떤 담합에서든 뒷거래를 트는 몇몇은 늘 존재하기 때문이다. 이 경우에도 경제학 원리가 맞아들었다. 스페인 상인들은 품질 좋은 실크를 가져오면 더 높은 가격을 쳐주겠다거나 도자기를 먼저 고를 선택권을 자신에게 달라는 식으로 중국인 무역상들과 비밀리에 입을 맞추어놓았다.

멕시코로 향하는 갤리온선이 마닐라 항을 떠날 때, 그들은 항구 밖 몇 마일 떨어진 앞바다에서 실버와 실크 밀수품을 가득 싣고 기다리는 스페인 소형 어선들과 접선했다.

스페인 정부는 갤리온 무역의 규모로 인해 매우 곤혹스러운 상황에 빠졌다. 너무도 많은 은화가 유출되고, 너무도 많은 실크와 도자기가 유입됐다. 정확한 수치를 추산하는 것은 불가능하지만 아메리카에서 캐낸 은의 절반에서 3분의 1쯤이 중국으로 흘러들어 갔다. 직접적으로는 갤리온 무역을 통해서였고, 간접적으로는 중앙아시아 상인들을 통해 육로로 흘러들거나 네덜란드 및 포르투갈 상인을 통해 아프리카를 돌아 중국 상품을 구매하는 데 쓰였다.

국왕은 진노했다. 왕에게는 은이 필요한 곳이 한두 군데가 아니었다. 병사 월급과 보급품을 위해서도 은이 필요했다. 이런 상황을 두고 프랑스의 역사학자 피에르 샤우누는 "마닐라의 갤리온 상인들에게 가장 무시무시한 적은 의심할 나위 없이 자국 정부 자체였다"고 말했다. 갤리온 무역을 축소하기 위해 정부는 태평양을 건너도록 허용되는 선박을 1년에 두 척으로 줄였다. 대응책으로 갤리온선은 거대해져서 2,000톤급으로 부풀려졌다. 징발된 말레이인에 의해 열대의 단단한 원목으로 건조된 선박은 해상에 떠 있는 성채였다. 마닐라로 향하는 배는 단 한 번에 50톤의 은을 싣고 왔다. 플린과 기랄데즈는 네덜란드 동인도회사, 영국 동인도회사, 그리고 포르투갈 동인도회사의 연매출을 다 합한 것과 맞먹는 액수라고 추산한다.

배에 실린 대부분의 은은 불법이었다. 1602년, 이런 상황을 보다 못한 멕시코 관료가 그 해 갤리온선을 통해 수출한 은이 400톤에 달한다는 보고를 왕에게 올렸다. 신고된 금액의 8배였다. 마드리드에서 쏟아낸 왕의 진노와 불호령은 아무 소용도 없었다. 밀수는 너무도 수익이 좋았다. "중국인 실버 제왕은 실버 바로 궁전도 지을 수 있을 듯하다. 당국에 신고조차 하지 않는 상황이니…."라고 바뉴엘로스 카리요 제독은 30년 후에 이렇게 불평을 해댔다. 1654년, 프란치스코 하비에르 호가 마닐라 만 인근에서 침몰했을 때 공식 적하목록에는 41만 8,323페소를 선적한 것으로 신고되어 있었다. 수백 년 뒤 다이버들이 이 배에서 건져낸 은은 118만 865페소였다. 말도 안 되는 가정이지만 다이버들이 마지막 동전 한 개까지 다 건져냈다고 계산해도 선적 물량의 3분의 2 가까이가 밀수였던 셈이다.

또 다른 무역 규제조치로, 스페인 정부는 수입을 제한하기 위한 수입 할당량을 공표했다. 정크선이 정해진 양보다 많은 실크나 도자기를 마닐라에 들여올 경우, 세관원이 이를 적발해 되돌려 보내도록 조치한다는 게 골자였다. 이 할당량 규제를 빠져나가기 위해 중국 무역상들은 정크선이 필리핀에 접근할 때, 자신의 중개상들과 만나도록 미리 약속을 해놓았다. 선적된 상품 대부분은 이미 한 해 전에 스페인 상인들이 샘플을 본 후 선주문한 물품들이었다. 마닐라를 떠난 스페인 갤리온선이 앞바다에서 기다리던 소형 배들을 통해 실크와 도자기를 불법 선적했던 관행을 빼다박은 듯, 중국인들은 필리핀 앞바다에서 신고되지 않은 실크와 도자기를 정크선에서 미리 하역한 후 필리핀에 도착했다. 이런 거래가 이루어진 후에야 배는 공식적으로 입항하고, 스페인 항만경비정이 그 배를 정박지로 안내했다.

물론 스페인에도 내수 실크 섬유와 의복 산업은 존재했다. 스페인 식민지 멕시코에서도 마찬가지였다. 하지만 중국의 섬유 생산규모는 유럽인들이 도저히 따라갈 수 없는 수준이었다. 은에 굶주린 명 왕조는 농민들에게 실크를 뽑아내는 누에의 먹이인 뽕나무를 심도록 사실상 강제했다. 5~10묘苗(3,300제곱미터에서 6,700제곱미터. 1묘는 약 666.7제곱미터이다)의 토지 소유자들은 의무적으로 "반 묘 단위로 뽕나무를 심고 누에를 길러야 했다"고 왕조의 역사서에 기록되어 있다. 뽕나무를 심지 않은 자작농은 '실크 한 통'을 납부해야만 했다. 이러한 칙령이 실크 생산에 박차를 가하면서 중국 동부의 자작농들은 야산 전체를 뽕나무 밭으로 만들었다. 그리하여 1590년대에 푸젠에서 살았던 저술가 사조제謝肇淛는 자신의 눈에 비친 주변 풍경을 이렇게 묘사했다. "손바닥만한 땅뙈기에까지 뽕나무가 빽빽하게 심겨졌다." 그는 부유한 농민들의 경우 "100만 묘 이상(대략 526제곱킬로미터)"을 뽕나무에 바쳤다고 말했다. 온 지형이 단 한 작물로 도배되다시피 했다. 워강 상류의 농부들은 미친 작업 속도를 발휘해 매년 다섯 차례나 실크를 생산해냈다.

여기서 북쪽에 있는 양쯔 강 하류에는 작은 실크공장이 벌집처럼 빽빽하게 들어섰다. 그곳은 중국의 다른 지역으로부터 자석처럼 일손을 빨아들여 무시무시한 양의 실크를 뽑아냈다. 워강 상인들은 여기서 생산한 실크를 가져다 30~40퍼센트의 이문을 붙여 마닐라에 팔았다. 스페인 상인들은 여기에 다시 가격을 2~3배, 심지어 4배로 부풀려 아메리카 대륙에 팔았지만 여전히 스페인산 섬유의 3분의 1밖에 되지 않는 가격이었다. 믿기지 않지만 무역상들은 대양을 두 개나 건너 도착한 스페인에서 중국산 실크를 스페인산 실크보다 더 싸게 판매했다. 천연실크가 멕시코로 엄청나게 쏟아져 들어간 덕에 멕시코에서는 이를 이용한 2차 가공업도 생겨났다. 수천의 멕시코 직공들과 양재사들이 중국산 실크로 옷을 만들어 아메리카 대륙 및 유럽으로 수출했다.

워강 상인들은 처음에는 실크를 두루마리로 수출했다. 하지만 이들은 재빨리 고객을 파악했다. 대만 경제사학자 추앤한송에 따르면, 중국인들은 스페인 의복과 소파 커버 등의 샘플을 구해서 감쪽같이 유럽 최신 스타일 복제품을 만들었다. 갤리온선에는 스타킹, 치마, 이불, 성직자 의복과 요부용 보디스(속옷), 카펫, 태피스트리, 면사포, 머리쓰개 장식, 커튼용 태슬, 가느다란 실크 실과 천이 선적되었다. 이들과 함께 여성용 빗과 부채, 향료와 양념, 보석원석과 가공된 보석, 보석으로 장식한 반지와 장신구, 그리고 기가 막히게도 말레이족 노예까지 선적되었다.

유럽인들은 위기감을 느꼈다. 자신들의 직물 산업이 속수무책 위협당하는 것을 두고만 볼 수 없었던 그들은 중국과의 경쟁에서 은밀한 규제조치로 싸웠다. 그들은 왕에게 실크 원단 수입은 허용하되 완제품 수입은 금지해달라고 탄원했다. 또한 중국으로부터 수입을 모니터링할 수 있도록 아카풀코 항을 제외한 세상 모든 지역에서 마닐라와 직접 교역하는 것을 봉쇄하라고 청원했다. 수입 할당량을 정하고 규격에 맞는 궤짝에 담아 주어진 양만큼만 반입하도록 통제하라고도 요청했다. 그러나 중국 상인들은 이 모든 수출 장벽들을 무용지물로 만들었다. 마닐라의 스페인 상인 역시 그들과 손을 잡고 불법을 저질렀다. 그들은 바닥과 측면에 숨은 공간이 있는 특수 궤를 제작해 완제품 옷을 거기에 숨겼다. 무역의 종착지인 멕시코 쪽 아카풀코에 미리 중개상을 보내 밀수를 용이하게 했다. 궤에 최대한 많은 실크를 구겨넣을 수 있도록 특수 압착기술을 개발해내기도 했다. 푸젠 학자인 리에 따르면 압사할 정도로 패킹을 하는 바람에 "궤짝 한 개를 드는 데 장정 여섯 명이 필요했다"고 한다.

스페인과 중국의 이해 불가한 마닐라 동거

민간 통상과 정치적 생존투쟁은 끊임없이 맞물리고 부딪히며 정면충
돌하곤 했다. 스페인은 레가스피가 장악하는 데 실패했던 향료의 중
심지 말루쿠 제도를 손에 넣는 것이 숙원이었다. 1593년 마닐라에 부
임한 총독 고메즈 페레즈 다스마리냐스는 스페인의 숙원사업을 완수
하겠다고 다짐했다. 스페인 본토에서 마닐라로 온 선원들은 이 작전
에 투입하기에는 너무 유약했다. 그러자 페레즈 다스마리냐스는 정
크선을 타고 들어온 250명의 푸젠 상인을 납치했다. 이에 마닐라의
중국 무역상들이 들고일어나 시위를 벌였고, 스페인은 결국 이들을
석방하기로 했다. 대신 그는 파리안에서 말루쿠 제도 원정에 필요한
인원을 징집하겠다고 밝혔다. "다음날, 모든 중국인 집의 창문은 굳
게 닫히고, 상인들은 가게 문을 닫아걸었다." 몇 년 후에 역사학자 바
르톨로메 레오나르드 드 아르젠솔라Bartolomé Leonardo de Argensola는 이
렇게 썼다. "이로 인해 지역사회를 지탱해주던 생필품 조달 끈이 끊
겼다."

　계속되는 페레즈 다스마리냐스의 위협 속에서 한풀 꺾인 중국인들
은 마침내 400명 징집을 받아들였다. 대신 다스마리냐스는 중국인들
을 잘 처우하겠다고 약속했다. 원정대는 1593년 10월에 출정했다. 그
런데 역풍과 조류로 인해 말루쿠 제도에 이르는 여정은 고된 데다 일
정마저 지연되었다. 예상한 시일 안에 목적지에 도착하기 어려워지자

총독은 징발한 중국인들을 갤리선 노잡이용 의자에 노예처럼 결박하고 채찍질까지 가했다. 한술 더 떠서 총독은 중국인들이 정성을 다해 딿은 머리채를 싹둑 잘라내 버렸다. "중국인에게는 목숨을 잃는 것만큼이나 모욕적인 일이었다. 그들은 길게 기른 머리카락을 명예의 상징처럼 여겼다."라고 아르젠솔라는 기록했다. "이들은 항상 머리를 신주단지 다루듯 하면서 멋지게 틀어올렸다. 유럽 여성들처럼 머리를 극진하게 생각했다." 이 일로 인해 조직적인 선상 반란이 일어났다. 징발된 중국인들은 감시자들이 자는 틈을 타서 페레즈 다스마리냐스와 선원들을 죽이고 푸젠으로 돌아와 버렸다.

페레즈 다스마리냐스의 죽음은 스페인 사람들에게, 중국인은 위험하며 믿을 수 없는 존재라는 인상을 심어주었다. 마닐라 정부는 1596년 1만 2,000명의 중국인을 추방했다. 하지만 몇 년 지나지 않아 그 수가 이전으로 되돌아오자 스페인에서는 추가로 중국인을 추방할 계획을 세우고 있었다. 주교 살라자르의 후임으로 온 미구엘 드 베나비데스Miguel de Benavides는 극단적인 반이민주의자였다. 그는 중국인이라면 치를 떨면서 한 명도 남김없이 섬에서 축출하길 원했다. 그 어떤 예외도 없어야 한다고, 그는 왕에게 주장했다. 스페인 사업가들이 법망의 허점을 악용해 불법 이민자들을 고용할 것이라고도 덧붙였다. 만일 필리핀에 중국인 100명을 합법적으로 거주하도록 용인한다면 "결국 1만 명이 남게 될 겁니다." 베나비데스는 그렇게 예단했다.

이처럼 상황이 곪아가는 와중에, 불에 기름을 붓는 사건이 발생했다. 중국인 고위급 관료 세 명이 천하태평하게 배를 타고 행차한 것이다. 1603년 5월, 아무런 예고도 없이 도착한 이들은 중국 군함에서 가마에 탄 채 내린 후 수행원들에 에워싸여 악대들이 터준 길을 타고 행차했다. 퍼레이드의 맨 앞에 선 두 호위병은 "물럿거라. 만다린 나가신다!"라고 외쳤다. 당시 목격자의 말에 따르면 부복하지 않았던 파리안 주민에게 실제로 채찍질이 가해졌다고 한다. 이 세 명의 방문객은 푸젠의 군수뇌부 관리와 워강현의 치안판사, 그리고 베이징에서 온 고위급 환관이었다. 이들은 명의 황제가 마닐라 총독 페드로 브라보 드 에쿠냐Pedro Bravo de Acuña에게 보내는 서한을 전달하기 위해 파견되었다. 편지의 내용을 확인한 에쿠냐가 무슨 생각을 했을지 상상하기는 어렵다. 편지의 내용은 "지금 카비테에 금과 은으로 뒤덮인 보물산이 있어서 누구든 마음대로 가져간다는 소문이 나돌고 있다 하여 그 산이 실제로 존재하는지 진위 여부를 파악코자 짐이 이 세 명의 특사를 파견한다"는 내용이었다.

중국 사료에 소개되는 온갖 황당무계한 사건들로 유추해보건대, 이 사절단 파견은 당시 중국 조정에서 시도때도 없이 들끓던 터무니없는 사기와 협잡에서 나온 일종의 해프닝이었던 듯하다. 명 왕조에서는 새삼 참신할 것도 없는 해프닝이었다. 하지만 가뜩이나 식민지에서 나온 금과 은을 싹쓸이해가는 만다린을 불안하게 주시하던 스페인으로서는 그 방문객들이 침략을 염두에 둔 정탐꾼으로 보였다. 명이 꾸민 트로이의 목마라고나 할까. 아무리 봐도 그들은 시정잡배 무리는 아닌 것 같았다. 그래서 더 음모처럼 보였다. 설상가상 총독 에쿠냐가 그 관료들을 어떻게 처리할지 논의를 하는 도중 이들은 결례가 많았다며 사과를 남기고 황급히 떠나버렸다.

중국 관리들이 떠나자 에쿠냐 총독은 그것이 임박한 공격 신호일 수도 있다고 지레 겁을 집어먹었다. 두려움에 사로잡힌 그는 군대를 불러 마닐라 방어벽에 바짝 붙어 있는 중국인 가옥을 남김없이 파괴

포토시의 광산은 비록 빨대로 다 빨린 상황처럼 고갈 직전이지만 지금도 운영은 되고 있다. 이 광산의 마지막 남은 부스러기라도 긁어모으기 위해 광부들이 빛이 없는 열악한 터널에서 돌을 쪼아낸다. 경악스럽게도 수백 년이 지났지만 열악한 환경은 그대로이다. 달라진 점이라고는 광부들이 지금은 은 대신 아연과 주석을 캐내고 있다는 점뿐이다.

하라고 지시했다. 더불어 파리안에 거주하는 중국인의 수를 파악하고 그들이 보유한 무기를 몰수하든 돈을 주고 사든, 모조리 거둬들이라고 명했다.

그 이후 일어난 일을 명쾌하게 정리하기는 어렵다. 이 사건에 대한 스페인 쪽 기록과 중국 쪽 기록이 완전히 다르기 때문이다. 먼저 스페인의 기록을 보면 성난 중국인들이 성곽 밖에 운집해 항의 시위를 벌였다. 에쿠냐는 자신의 조카를 사령관으로 한 70명의 병사를 보내 소요를 진압하도록 명했다. 중국인 폭도들은 무차별로 군인들을 공격해 네 명만 남기고 죽인 뒤 마닐라 외곽 야산으로 달아났다. 마닐라 정부는 파리안에 내려졌던 명령을 철회하고 폭도들에게 평화 특사를 파견했다. 기만적이게도 중국인들은 특사의 목을 베어버리고 더욱 날뛰었다. 자국의 시민을 보호하는 건 정부의 당연한 의무였다고 스페인의 공식보고서는 설명했다. 이후 정부는 군대를 대거 투입했다. 중국인들은 야산에서 저항했지만 그들에게는 무기가 없었다. 불가피하게 엄청난 중국인이 죽음을 맞았다.

이 대규모 피바람이 발생한 지 11년 후, 명의 지질학자 정섭鄭燮이 《동해와 서해에 대한 고찰Studies on the East and West Oceans》이란 책을 집필했다. 중국의 대외관계를 기술한 이 책에 파리안 주민의 관점에서 본 당시 사건이 기록되어 있다. 여기에는 스페인 관료들이 빼먹었던 몇몇 사건들이 포함되어 있다. 정섭은 스페인이 파리안에 들어와 "중국인이 가진 쇳덩이란 쇳덩이는 죄다 돈을 주고, 그것도 높은 가격을 쳐주고 사갔다"고 썼다. 대포를 만들기 위한 것 같았다고. 여기까지는 스페인 기록과 일치한다. 하지만 이후부터 그의 진술은 완전히 달라진다. 성벽 밖에 운집했던 성난 폭도도 없었고, 무차별적인 스페인 병사 살상도 없었다. 대신 마닐라의 스페인 정부는 효과적으로 중국인들을 무장해제시킨 후 공식 인두조사를 공표하고는, 300명 단위로 주거지를 묶어 각각 별도의 운동장에 배치했다. 그리고 학살이 시작됐다. 무차별 학살에 대한 소문이 새나갔다. 정섭은 이 사건을 다음과 같이 기록했다. 수천의 중국인들이 마닐라 외곽 산악지대로 도망쳤다. 승부가 갈리지 않는 충돌이 계속되자 스페인은 평화 특사를 보내왔다. "중국인들은 자신들을 꾀어내기 위한 유인책이 아닌지 불안해하면서 특사를 살해했다." 정섭은 이렇게 증언했다. "분개한 그 오랑캐들이 도시 외곽에 매복처를 설치했다." 싸움이 길어지고 식량이 바닥나자 중국인들은 스페인으로부터 식량을 탈취하기로 했다. 중국인들은 스페인 병사의 매복 장소로 걸어 들어갔고, 이 일로 촉발된 전투에서 300명의 스페인인이 목숨을 잃었다. 중국인 사망자는 2만 5,000명이나 됐다. 이들 대부분은 푸젠 출신이었다. 정섭의 기록에 따르면 살아남은 중국인은 겨우 300명 정도였다. 곧바로 두 번째 죽음의 물결이 몰려왔다. 본토 푸젠에서는 졸지에 과부가 된 여자들 상당수가 남편의 빚 때문에 노예로 팔려갈 운명에 처했다. 비극을 견디다 못해 자결하는 여성들이 속출했다.

믿기지 않게도, 이 같은 대량 학살은 어떤 변화도 이끌어내지 못했다. 중국인 말살 이후 몇 달만 지나면 마닐라의 유지들은 새로운 이민자들을 열렬히 환영했다. 스페인 상인들은 정크선이 돌아와 주기를 목놓아 기다렸다. 값싼 중국 실크를 사서 팔아야 했기 때문이다. "중국인의 생명력은 그렇게나 질겼다. 마닐라의 스페인 사람들은 중국인을 무서워하고 그들이 완전히 사라져야 자신들의 생존이 보장된다고 생각하면서도, 눈앞의 생존을 위해 파리안의 인구가 도로 차오르는 데 적극적으로 협조했다." 스페인·중국사 전공자인 바르셀로나의 마넬 올레 로드리게스Manel Ollé Rodríguez는 2007년 이렇게 평했다.

한편 파리안 참사 소식을 들은 베이징의 만력제는 자신이 파견했던 세 명의 관료들에게 책임을 물어 목을 베라고 명령했다. 황제는 스페인이 "백성들을 명분 없이 살해했다"고 규탄하면서도 죽은 푸젠인들은 "천한 것들로 그렇게 많은 세월이 흐르는 동안 조국도, 고향도, 그리고 부모와 친척들도 찾아보지 않는 배은망덕한 인간들이다."라고 말했다. 해석을 하자면, 그들은 응징을 위해 중국이 군사조치를 감행할 만한 값어치가 있는 사람들이 아니었다. 그러면서도 정부는 여전히 이 천한 것들이 들여오는 은이 필요했다.

불과 2년 사이에 갤리온선 무역과 파리안은 아무 일도 없었다는 듯 이전 상태로 돌아갔다. "중국인들은 흩어졌던 새떼처럼 마닐라로 다시 모여들었다." 명 왕조의 정사인 《명사明史》는 이렇게 기록했다. "나아가 중국과의 교역에서 이득을 보는 그 야만인들(스페인인)도 중국인을 적대시하지 않았다. 파리안의 중국인 인구는 다시 불어났다."

상황이 대량학살 이전으로 돌아가자 이전처럼 소수가 된 마닐라의 스페인 사람들은 또다시 불안해졌다. 파리안에서는 반란이 꽃을 피웠고, 강제추방과 대량학살이 뒤따랐다. 이 사이클은 1639년과 1662년, 1686년, 1709년, 1755년, 1763년과 1820년에 반복적으로 일어났다. 그럴 때마다 끔찍하게 많은 사상자가 나왔다.

현대적 시각에서 볼 때는 동일한 비극이 이렇게나 자주 반복되었다는 사실이 도저히 믿기지 않는다. 그 시절 중국인들은 어째서 강제추방과 죽음의 위험이 도사리는 마닐라로 끈덕지게 돌아왔던 것일까? 그건 단 한 차례의 마닐라 체류 기간에만 위험을 무릅쓰던 푸젠 상인들과는 전혀 다른 차원이었다. 서너 해 걸러 한 번씩 쫓겨난 뒤 복귀하기 무섭게 다시 짐을 싸고 또 풀어야 했던 파리안으로, 그들은 지치지도 않고 돌아왔다. 자칫 목숨을 잃을 위험까지 감수하면서. 1603년에 그랬던 것처럼, 이런 일이 일어날 때마다 파리안의 중국인들은 마닐라에 거주하는 유럽인의 3분의 1 이상을 죽음으로 몰아넣었다. 그럼에도 마닐라의 유럽 상인들 역시 변치 않는 애정으로 화교들을 다시 불러들였다. 그들의 밀수품이 세관을 통과하도록 손을 써가면서. 어째서 그들은 불구덩이에 뛰어드는 나방처럼 제 손으로 무덤을 파는 어리석음을 반복했을까?

지난 1000년 동안의 세계 무역사를 고찰한 로널드 핀들레이Ronald

Findlay와 케빈 오루크Kevin O'Rourke의 저서 《권력과 부Power and Plenty》 (2007)를 통해 이에 대한 힌트를 얻을 수 있다. 핀들레이와 오루크에 따르면, 무역학 교재에서 정의하는 무역이란 다음과 같다. "일정 양의 생산요소(토지, 노동력, 자본 등)를 가진 국가는 생산요소와 기술력을 결합해 제품을 생산한다. 이렇게 만들어낸 상품 중 우위에 있는 제품들을 가지고 각국 민간기업들은 서로 거래를 한다. 국제거래가 활발해진 현재, 무역의 결과를 주도하는 몫은 종종 소비자와 제품이 되기도 한다."

통상적으로 한 국가가(가령 미국이라고 치자) A 상품(가령 밀)을 다른 나라보다 더 싸게 잘 생산한다. 반면 두 번째 국가(일본)는 B 상품(일반 가전)을 더 효율적으로 생산한다. A 상품과 B 상품을 교환함으로써(이 경우에 밀과 DVD 플레이어라고 하자) 두 나라는 양쪽 다 더 잘 살게 된다. 이것이 바로 윈윈 상황이다. 경제학 이론의 한 축을 이루는 '비교우위론'이다. 이 이론을 뒷받침하는 검증자료는 매우 많아서, 대다수 경제학자들은 이 이론을 확고하게 믿는다. 같은 맥락에서 모두의 이익을 극대화한다는 논리로 자유무역을 신봉한다.

그들의 저술을 읽다 보면 정부는 흡사 관세, 쿼터제, 각종 명목으로 세금만 징수하는 걸림돌처럼 보인다. 간혹 경제적 실익을 훼손하면서까지 민간교역에 영향력을 미치면서. 하지만 국가가 아무 이유 없이 이런 일을 할 리는 없을 터. 이는 무역이 지닌 두 가지 기능 때문이다. 하나는 경제학 교과서에서도 중요하게 다루는 내용으로, 이로 인해 양국의 민간시장이 활성화하면서 경제성장이 가능해진다. 교과서에는 나오지 않는 무역의 또 다른 기능은 '국정운영 도구'로 작용한다는 점이다. 무역이 정치권력 획득 수단이 되는 것이다. 이런 상황에서는 승자가 뚜렷이 가려지지 않는 것이 보통이다. 이 두 번째 기능에서 순수한 경제적 이익은 양측이 누리게 될 정치적 이득에 비하면 오히려 사소한 문제가 된다. 따라서 정치적 이해득실을 따질 때는 경제학자들의 혈압을 오르게 할 정부 개입이 유용할 수도 있다. 심지어 열강의 위치*를 점하는 데 결정적인 도구로 기능하기도 한다.

무역이 지닌 이 두 기능을 국가적 차원에서 병용해 통상활동에 드라이브를 건다면 어떻게 될까? 이런 정책을 통해 상상을 초월하는 전 세계적 교역 팽창을 야기한 사례는 많다. 이런 상황을 설명하면서 핀들레이와 오루크는 "맥심 건의 총구로, 언월도의 칼날로, 혹은 말에 올라탄 유목민의 흉폭함으로"라고 표현했다. 현대사회로 접어들면서 물리력 사용은 적어졌다. 서로 강력한 무기를 보유하고 있어서만은 아니다. 산업보조금, 환율 조작, 수출입 규제처럼 국가가 이용할 수 있는 다른 수단이 많기 때문이다. 하지만 여전히 오늘날에도 정부가 권력 강화의 방편으로 무역을 장려하는 일이 빈번하게 벌어진다. 2010년에 드러난 일본과 중국의 역학관계가 단적인 사례다.

이 두 기능이 심각하게 충돌하는 상황도 심심찮게 생긴다. 그런 충돌은 마닐라에서처럼, 판단력이 아예 작동하지 않은 듯 어처구니없는 결과를 낳기도 한다. 마닐라는 스페인의 아시아 무역허브인 동시

---

* 현실에서 비즈니스 영역은 종종 자신들의 목적을 위해 정부 정책의 걸림돌이 되면서까지 정부를 조종하려고 든다. 내부의 정치에서도 파벌 간 파워게임이나 개인 영달에 활용하려는 시도로 인해 상황은 무척 복잡해진다. 그러므로 거래 당사자 간 민간교역과 정부의 권력 강화 도구로 구분해서 무역을 보는 게 유용한 방법이다. 사실상 이 문제는 오늘날 자유무역 지지자들과 반세계화 운동가들 간 충돌이 원인이기도 하다. 자유무역 예찬자들은 무역의 첫 번째 핵심기능에 착목하는 반면, 반세계화 운동가들은 두 번째 기능의 관점에서 무역을 바라보기 때문이다.

에 태평양에서 스페인 패권의 위상을 투영하는 거울이었다. 하지만
이 나라 민간 무역상들은 최대한 많은 양의 실크와 도자기를 수입해
최대 이윤을 창출하는 것에만 관심이 있었다. 대조적으로 스페인 통
치자들이 원한 것은 아시아 땅을 차지해 아시아인들에게 가톨릭을
포교하는 한편 네덜란드와 포르투갈의 야욕을 꺾는 일이었다. 동시
에 최대한 많은 은이 스페인으로 들어오기를 원했다. 유럽에서 전쟁
비용을 지불하는 데 은이 필요했기 때문이다. 마닐라를 무역기지로
만 생각했다면, 최소한의 스페인 사람만 거주시키면 됐다. 보내는 비
용도 많이 들었고, 어렵사리 보낸 사람들도 병으로 죽어나가기 일쑤
였다. 그곳의 자잘한 일들은 중국인의 손에 맡기면 그만이었다. 그
러나 마닐라를 태평양 패권의 전초기지로 가정할 때는 이야기가 달
라졌다. 도시의 모든 핵심기능을 스페인 왕실이 손 안에 쥐고 있어야
했다. 그러자면 중국인의 수와 그들의 영향력이 최소화되어야 했다.
무역의 한 기능을 극대화하기 위한 스페인의 조치는 무역의 다른 기
능과 끊임없이 충돌하며 행보를 꼬이게 만들었다.

중국의 명나라 역시 양극단으로 질주하는 무역의 두 기능을 조정
하기 위해 씨름하고 있었다. 실크 무역으로 들어오는 은은 제국의 부
와 권력의 원천이었다. 아메리카에서 수입되는 은은 만리장성 확장
과 보수를 비롯한 대규모 병력 확장비용에 들어갔다. 그리고 이는 중
국 내 상업 폭발의 윤활유가 되어 경제 호황을 낳았다. 그러나 다른
한편에서는 부작용이 생겼다. 경제성장을 가져다준 은이 인플레이션
을 촉발하는 바람에 서민층의 삶이 점점 더 어려워졌다. 게다가 은은
중국 왕조에게는 상존하는 정치적 위협이 되었다. 은 교역 및 공급처
를 국가가 통제할 수 없었기 때문이다. 이렇듯 여러 군데서 빨간 불

이 커졌지만, 당국은 푸젠의 은 유입을 제어할 수가 없었다. 설령 규제하겠다고 나섰더라도, 기승을 부리는 밀수 때문에 어려웠을 것이다. 왕실의 눈으로 볼 때 푸젠 상인들은 충성심이 의심스러운 자들이었다. 그들은 제국의 감시를 벗어나 파리안에 중요한 중국 도시를 건설한 장본인들이었다. 거기서 그들은, 왕실의 눈과 통제를 피해 부와 권력을 쌓았다. 중국 정부가 워강에 경계의 눈초리를 거두지 않는 건 당연했다.

중국 정부가 최악의 상황을 예측하고 대비했다는 증거는 없다. 그러나 유럽에서 그랬듯 엄청난 양의 은이 중국에 유입되면서 마침내 그 가치가 폭락하는 시점이 왔다. 1640년대로 접어들자 은의 환율은 여기라고 해서 세계 다른 지역보다 더 이상 높지 않았다. 수십 년 전에 저지른 판단 착오에 발이 걸려 결국 명나라는 이렇게 주저앉았다.

결정적인 문제는 조세 방식이었다. 명 왕조는 은납제를 시행하면서 은의 액면가가 아니라 무게 개념으로 세금을 책정했다. 스페인에서와 마찬가지로 세금이 인플레이션과 연동되지 않은 것이다. 스페인이 그랬던 것처럼, 은의 가치가 하락하자 똑같은 양의 세금을 걷어도 명 왕조의 지갑은 점점 얇아졌다. 정부는 점점 더 심각한 세수 부족에 시달렸다. 종이돈도 아니기 때문에, 필요하다고 해서 예전처럼 돈을 마구 찍어낼 수도 없었다. 더 이상 마이너스 통장 사용이 불가능해진 셈이다. 당연히 국가 방위에 지출할 돈도 바닥이 났다. 공교롭게도 그 시기가 최악의 상황과 맞물렸다. 명나라는 우리가 만주족이라 부르는 호전적인 북방민족에게 공격당하는 상황이었다. 호바트 앤윌리엄 스미스대학교 역사학자 윌리엄 앳웰William Atwell에 따르면, 명나라의 은 무역 의존이 종국에는 나라를 벼랑으로 밀고 가는 데 일조했다. 만주족에 의한 국가 전복(명을 정복한 만주족은 청나라를 세웠다)이 완성되는 데는 수십 년이 걸렸다. 중국 역사의 치열했던 시기들과 비교해도 어마어마한 유혈사태가 벌어졌다. 정확히 얼마나 많은 수가 그 혼란 속에서 희생당했는지 아직도 헤아리지 못한다.

앳웰의 주장은 맹렬한 논쟁을 유발했다. 다만 중국이 갤리온 무역판에 뛰어들면서 대학 신입생들이 공부하는 경제학 개론에서는 거의 다뤄지지 않는 중대한 악영향을 초래했다는 점에서는 논란의 여지가 없다. 플린과 기랄데즈는 중국이 상업활동 및 국정운영에 절실했던 은을 손에 넣기 위해 자국이 가진 생산기반의 몸통을 바쳤다는 점을 강조한다. 정부가 휴지조각으로 만들어버린 종이화폐를 대체할 상품화폐, 즉 은 확보를 위해 중국은 수백 년 동안 실크, 도자기, 차를 생산해왔다. 쉽게 비유하자면 이런 상황은 영자신문을 구입할 달러를 얻기 위해서 무언가 실물을 만들어 팔아야 하는 것과 같았다. 사실상 명이 처한 상황은 더 최악이었다. 금속은 손에서 손을 거치면서 마모된다. 때문에 재고로 쌓인 은화는 끊임없이 추가비용을 발생시켰다(종이돈도 닳아 없어지기는 했지만 그 돈을 새로 만드는 데 드는 비용은 거의 무시해도 될 수준이다).

이런 상황에서 이성을 지닌 사람이라면 누구든 은을 손에 쥐려 했고, 이는 통화 안정을 가져왔다. 하지만 그 대가는 막대했다. "은을 자국 땅에서 캐내지 않고(설령 은 보유량이 풍족했다 하더라도, 중국은 그렇게 하지 않았을 것이다) 타국의 다른 땅에서 캐낸 은을 사기 위해 중국은 수출품을 생산해냈다"고 플린은 내게 보낸 이메일에 썼다. "지식층조차 은화나 금화 같은 실물화폐에 맹목적으로 높은 가치를 부여하는 경향이 있지만, 그 금속 물질들이 실은 막대한 생산비용을 수반한다는 점을 우리는 인식해야 합니다. 말하자면 당시 세상에서 가장 큰 경제 덩어리였던 중국은 스페인의 아메리카 식민지 및 일본에서 생산된 하얀 금속을 확보하기 위해 GDP의 허리 부분을 통째로 바친 셈입니다." 그리고 누군가는 이런 상황을 이용해 막대한 부를 쌓았다. 하지만 이렇게 축적한 부와 실체가 있는 자원이 긴요하게 쓰였을지 모를 또 다른 기회에 대해 숙고할 필요가 있다.

그리고 하나 더 중요한 게 있었다. 무역만큼이나 큰 규모이며 그만큼이나 긴밀한 연관성을 지닌 문제, 바로 콜럼버스적 대전환으로 야기된 생태계 변화이다.

5장
상사병 풀, 외국 덩이작물, 옥구슬쌀

은밀한 여행자

태평양을 횡단한 교역은 은과 함께 각종 아메리카 작물을 중국에 가져다 주었다. 이 대열의 선봉장은 담배였다. 정확한 유입 경로는 모르지만, 포르투갈 선박들은 대양을 건너 중국 남부 광시자치구^{廣西自治區} 경계까지 담배를 가져다 주었다. 고고학자들은 이곳에서 1549*년경의 제품으로 추정되는 담배 파이프를 발굴해냈다. 불과 20여 년 후면

---

* 독자들은 이 책에서 향료를 중심으로 하는 네덜란드와 포르투갈의 아시아 무역은 언급하지 않는 대신 스페인과 갤리온 무역에만 집중하고 있다는 사실을 알아챘을 것이다. 명료한 설명을 위해서지만 가장 큰 이유는 따로 있다. 스페인 제국이 진정한 글로벌의 본체였고 이 책의 집필 의도에 적절하기 때문이다. 여기에다 네덜란드와 포르투갈은 스페인 제국과 얽혀 있었다. 네덜란드는 1648년 이전에는 완전한 독립을 위해 몸부림치지 않았고, 포르투갈은 원래 오랜 독립 왕국이었지만 세바스티앙 1세가 후계 없이 사망한 직후인 1580년부터 1640년까지 스페인의 부속 왕국으로 전락했다.

이 식물은 마닐라에서 오는 실버 선박을 타고 중국 남동부 해안에 상륙하고, 머잖아 북동부로 침투했다. 그리고 한국으로 전파되었다.

니코티아나 타바쿰은 런던 및 마드리드에서와 마찬가지로 워강에서도 곧장 뜨거운 유행상품이 되었다. "파이프의 한쪽 끝에 불을 대고 한쪽 끝을 입에 대어 불을 붙인다." 17세기 푸젠 시인 로요路遙의 글이다. "파이프를 통해 연기가 목을 타고 내려가면, 사람을 몽롱하게 만든다." 이 글을 쓴 지 얼마 안 돼 담배작물이 푸젠에 상륙했다. 로요는 푸젠성 전역에 급속하게 이 작물이 파급되는 광경이 어리둥절할 따름이었다. "이제 이곳에서는 필리핀보다 더 많은 담배가 난다. 오히려 필리핀으로 역수출하는 상황이다."

지금처럼 그 시절에도 담배는 군사들의 무료함과 타성을 달래주기 위해 생겨난 물건 같았다. 명나라 병사들은 담배를 흔쾌히 껴안았고, 주둔지를 옮기고 행군하면서 제국 전역에 퍼뜨렸다. 남서부 원난성의 한 의사는 이렇게 보고했다. "균이 우글거리던 (말라리아) 땅으로 들어갔던 군인들 누구도 무사하지 못했다. 단 한 무리만이 무사했다. 너무도 멀쩡한 그 병사들에게 연유를 물었더니 한결같은 대답이 돌아왔다. 그들 모두 담배를 피웠다는 것이었다." 모기들은 담배 연기를 싫어한다. 따라서 흡연은 실제로 말라리아를 옮기는 벌레에 대한 방어 효과를 제공했을 것이다. 의사의 기록은 다음과 같이 이어진다. "그 뒤로 담배가 무섭게 확산되었다. (…) 이제 남서부에서는 늙으나 젊으나 아침부터 저녁까지 담배를 입에 대고 산다." 작가 왕부王溥는 자신이 아이였던 1630년대에는 담배란 말 자체를 들어본 적조차 없다고 썼다. 훗날 성인이 된 그는 이렇게 회상했다. "사회 풍습이 하루아침에 일변했다. 모든 사람들이, 키가 120센티미터쯤 되는 남자애

들까지 담배를 피웠다."

 "담배는 모든 곳에 있다." 중국의 최초 담배 실용서로 알려진 책자
의 기록이다. 그 식물을 '황금 실타래 연기' 혹은 '상사병 풀'이라고 지
칭하면서(아마 단번에 매료당하는 담배의 성향 때문에 이런 명칭이 붙었
으리라). 명 이후 들어선 청 왕조의 담배 부대들은 그 극성과 열성이
특히 대단해서, 지구상 둘째가라면 서러울 니코틴 노예들이었다. 담
배 중독은 허영심 가득한 상류층의 필수 아이템이 되었다. 남자들은
파이프에 불을 붙이지 않고는 사고가 불가능하고 먹을 수도 없다고
너스레를 떨었다. 여성들은 보석 버클이 달린 고급 실크 담배파우치
를 휴대하는 것으로 담배의 거친 느낌로부터 섬세한 여성성을 보호
하려 했다. 또 그럴 필요가 있을까 싶게 기다란 담뱃대로 담배를 피
우는 바람에 담뱃대만 들어주는 하인을 따로 둘 정도였다. 중국의 부
유한 문호들 사이에서는 시의 새로운 하위장르인 담배 찬미가가 등
장했다.

 담배 연기를 흡입하며, 현자의 숨을 들이마시네
 희부연 담배연기 사이로 파르스름한 넝쿨손이 피어나네.
 군자의 동반자, 그대가 내 심장을 달군다네,
 그대가 내 입술을 떠날 때, 불타는 감미로움이 느껴지네.

 귀족 여성들은 일어나자마자 담배를 피우기 위해 묘안을 냈으니,
잠을 자는 동안 시종들이 머리손질과 화장을 해줄 수 있도록 특수 제
작된 틀에 머리를 얹어놓고 잤다고 한다. "이런 묘사가 정말 사실이
었을지 의심스럽다." 캐나다 역사학자 티모시 브룩의 말이다. 그의

중국 담배 연구는 내가 이 책을 쓰는 데 많은 도움을 줬다.

브룩이 언급한 이 귀족 여인들의 이야기를 수록한 책은 진종陳椶의 《담배가게燕草鋪》로, 1805년 이후의 담배 관련 시문집이다. 그런가 하면 1774년경에 나온 좀 더 딱딱한 담배 관련 공식개요서인 로요의 《담배지침서燕譜》도 있었다. 지방의 최고행정관으로 일하던 그가 귀족사회의 니코틴 흡연 규정을 마련하기 위해 편찬한 책이었다. 마치 오늘날의 공중도덕 책자처럼, 이 매뉴얼은 흡연 가능 및 금지를 구체적으로 제시하고 있다.

> 흡연 가능 : 잠에서 깨어났을 때, 식사 후, 손님과 함께할 때, 글을 쓸 때, 독서로 지쳤을 때, 나타나지 않는 벗을 기다릴 때.
> 흡연 금지 : 아쟁 연주를 감상할 때, 두루미 먹이를 줄 때, 난초를 감상할 때, 아침 집무회의에 참석할 때, 아름다운 여성과 잠자리를 할 때.

중국 관리의 담배에 대한 야단스런 지침은 현대인들에게 다소 우스워 보일 수도 있다. 그런데 이와 쌍벽을 이루는 상황이 바다 건너에서도 일어났다. 로요가 흡연 규정을 마련하던 시기, 영국 상류층들의 격조 높은 사교모임에서는 코담배(타바코 줄기를 미세하게 가루로 만든 것)가 대유행이었다. 상아 혹은 은으로 된 코담배 곽을 열고(인류학자 베르톨트 라우퍼Berthold Laufer가 '18세기의 페티시'라고 했듯이) 상류층 청년들은 갓 갈은 신선한 코담배 분말을 뼈로 만든 손톱만한 스푼으로 떠올렸다. 화려한 자수조끼를 입은 젊은이 무리가 소량의 섬세한 담배 분말을 코에 삽입할 때는 일동이 숙연해졌다. 분말을 코에 넣은 그들은 잽싸게 레이스 손수건을 꺼내 엄습하는 재채기를 눌러 막았다. 중독자들은 비밀스런 코담배 흡입 의식을 사수하는 것으로 동지애를 확인했다. 코로 흡입된 타바코는 궐련 연기보다 빠르게 니코틴을 혈액으로 전달한다. 런던에서 댄디로 이름을 떨쳤던 보 브럼멜Beau Brummell만큼 이 코담배 의식에 푹 빠졌던 이는 없었다. 그는 1년 내내, 날마다 다른 코담배 곽을 가지고 다녔다고 한다. 브럼멜은 동료 쾌남아들에게 한 손만 사용해서 담배 곽을 연 뒤 한 줌의 코담배를 콧구멍에 꽂아넣는 기술을 시범 삼아 보여주었다. 흡입할 때는 흉한 브라운 가루가 떨어지는 것을 피하기 위해 머리를 잽싸게 기울이는 것이 중요했다.

영국에서 코담배 열광으로 인한 부작용은 기껏해야 파티 중의 대화 방해, 많은 세탁 비용, 조금 더 심하면 비인두 종양 정도였다. 하지만 중국 대륙의 담배 중독은 완전히 다른 양상을 띠었고, 그 영향력 또한 영국과는 차원이 전혀 달랐다. 니코티아나 타바쿰은 좋든 싫든, 예정에 없이 근대 중국의 모습을 형성한 생태적 침공의 중대한 한 조각이었다.

그 시기, 전 세계 인구의 4분의 1가량이 그 대륙에 살고 있었다. 그리고 대략 추산할 때, 전 세계 경작 가능한 땅의 12분의 1로 그 인원이 먹고 살아가야 했다. 물론 정확하지 않은 수치다. 그럼에도 경작 가능한 땅에 비해 그 대륙에 부양 인구가 압도적으로 많았다는 사실에는 논란의 여지가 없다. 중국은 벼와 밀을 기를 수 있을 만큼 강수량이 풍부한 지역에서 국가 식량의 절반 이상을 생산해내야 했다. 불행히도 이런 지역은 많지 않았다. 국가가 보유하고 있는 땅은 넓은 사막, 몇 개의 큰 호수, 불규칙적으로 범람하는 두 개의 큰 강인 양쯔 강과 황허 강이 전부였다. 이 두 강은 서부 산악지대에서부터 국토를 종단하며 길게 휘감아 돌다가 태평양에 이르러 바다에 물을 토해냈다. 겨우 240여 킬로미터 간격을 두고서. 양쯔 강은 싣고 온 산의 토사를 여정의 끝자락인 쌀 생산 평야지대에 부려놓았다. 황허는 몰고 온 산의 토사를 중국 밀 생산 중심지인 화베이평원華北平原으로 실어날랐다. 이 두 지역은 나라의 생사가 달린 식량창고였다. 중국에는 이 두 곳 말고는 이렇다 할 곡창지대가 없었다. 게다가 참으로 안타깝게도 두 지역은 걸핏하면 악몽에 가까운 홍수로 몸살을 앓았다.

송과 원 그리고 명과 청으로 이어진 중국의 왕조들은 이 취약점을 너무도 잘 알고 있었다. 따라서 양쯔 강과 황허를 지혜롭게 다스리는 일이야말로 위정자가 수행해야 할 중요한 통치행위 중 하나였다. 치수사업이 너무도 중차대한 문제였기 때문에 카를 마르크스와 막스 베버 같은 유럽 학자들은 중국의 성격을 규명하는 가장 중요한 요소로 치수를 꼽기도 했다. 막스 베버는 거대하고 복잡한 관개사업을 일으키고 운영하는 데는 거대한 집단노동력을 동원하는 게 필수적이었으며, 그로 인해 불가피하게 강력한 중앙집권 관료제 및 국가가 백성을 예속하는 체제가 탄생했다고 주장한다. 역사가 카를 비트포겔은 마르크스 사상에 의지해 저술했던 1957년의 책에서 중국을 비롯해 유사한 치수사업이 요구되는 지역을 '수력발전 사회'로 설명했다. 이렇게 사회를 바라보는 비트포겔의 견해는 저서 《고대 동양국가의 폭정》에 집대성되었다. 그가 보기에 유럽은 관계사업이 필요치 않았기 때문에 농부들에 대한 폭정을 면할 수 있었다. 다만 유럽의 농부들은 각자도생해야 했다. 이런 전통 아래 중국에는 결코 없었던 개인주의와 앙트레프레너십(기업가 정신), 그리고 기술혁신이 싹틀 수 있었다. 하지만 그의 견해는 최근 들어 점점 배척당하고 있다. 오늘날 대다수 중국학자들은 유럽을 비롯한 비수력발전 세상과 똑같이 아시아에도 다양성과 개인주의가 존재했고, 시장 지향성이 강했다고 생각한다. 그럼에도 서구에서는 비트포겔의 견해에 대한 이미지가 여전히 강하게 남아 있다. 많은 서구인에게 중국은 여전히 당국의 명령에 따라 개미처럼 한 덩어리로 움직이는, 집단노동자 이미지로 각인돼 있다.

다만 과거의 사상가들에게 도전하는 이들 중 누구도 중국이 쌀과 밀 생산에 적합한 땅이 태부족했다는 점은 반박하지 않는다. 이러한 관점에서 본다면 콜럼버스적 대전환은 중국에게는 '축복'이었다. 중국은 두 팔을 벌리고 달려가 이를 껴안았다. 앨프리드 크로스비는 저서《콜럼버스적 대전환》에서 "규모가 큰 구세계의 인간사회들 중 중국보다 빠르게, 집중적으로 아메리카 대륙의 작물을 흡수한 곳은 없었다"고 기술하고 있다. 고구마, 메이즈, 땅콩, 담배, 고추, 파인애플, 캐슈, 마니오크(카사바) 등등 온갖 작물이 푸젠(갤리온 무역을 통해서)과 광둥성(푸젠 남서쪽 지역으로 마카오의 포르투갈 선박을 통해서), 한국(네덜란드로부터 영향받은 일본을 통해서)으로 들이닥쳤다. 그리고 이 모든 작물은 중국인의 일상에 뗄 수 없는 중요한 부분이 되었다. 오늘날 매운 고추가 없는 쓰촨성 음식을 상상할 수 있는가? "코르테스와 함께 테노치티틀란을 급습했던 이들이 아직 살아 있을 때," 크로스비는 이렇게 설명한다. "상하이 근처 사양토砂壤土 아래서는 땅콩이 쑥쑥 영글고, 중국 남부를 옥수수가 녹색으로 물들이고 있었다. 그리고 푸젠에서는 고구마가 가난한 이들의 주식으로 자리잡았다." 오늘날 중국은 전 세계 고구마 생산량의 4분의 3 이상을 경작한다. 또한 중국은 세계에서 두 번째로 큰 옥수수 생산국이다.

중국이 신작물을 얼마나 재빠르게 수용했는지를 축약적으로 보여주는 장면이 있다. 워강 상인 진진룡陳振龍의 일화이다. 1590년대 초, 마닐라에 간 그는 고구마(이포모아 바타타스Ipomoea batatas)를 처음으로 보았다. 중앙아메리카가 원산지인 이포모아 바타타스는 이미 콜론이 첫 항해 때 마주친 작물이었다. 스페인인들은 이 작물을 필리핀으로 가져갔고, 이미 덩이작물인 토란을 키우고 있었던 말레이족에 의해 곧바로 받아들여졌다. 달콤한 고구마를 맛본 진진룡은 이 작물을 중국으로 들여가기로 결심했다. 반출이 금지된 이 작물을 얻기 위해 그는 궁리를 했다. "그 오랑캐(야만인)들에게 뇌물을 주고 2미터 남짓 되는 고구마 넝쿨을 손에 넣었다." 훗날 그의 후손이 쓴 글 《칭하이성, 허난성, 그리고 다른 지역에서 고구마를 심게 된 이야기 *True Account of the Story of Planting Sweet Potatoes in Qinghai, Henan, and Other Provinces*》(1768)에는 이렇게 적혀 있다. 책 한 권 분량의 이 보고서는 자기 조상의 업적을 자랑하는 내용으로 가득 차 있다. 진진룡은 고구마 넝쿨을 밧줄과 함께 둘둘 만 뒤 바구니에 넣어 밀수했다. 스페인 세관원은 이 사실을 전혀 알아채지 못했다. 실상 그들은 고구마 반출 자체도 엄하게 제지하지 않았다. 중국이 어떤 물건을 손에 넣든, 이 과정에서 상업적 이득을 취할 수만 있다면 그들은 개의치 않았다. 이렇게 해서 고구마는 중국 땅에 안착했다. "고구마 넝쿨은 시들시들했지만," 진진룡의 후손은 다음과 같이 기록하고 있다. "비옥하지도 않은 땅에 줄기를 잘라 꽂자 곧 잘 자라났다."

　소빙하기의 정점을 이루었던 1580~1590년대의 20년 동안, 줄기차게 내린 차디찬 폭우로 인해 푸젠 계곡이 범람했다. 빗물에 논이 쓸려 내려가고 작물은 물에 잠겼다. 기근의 그림자가 짙게 드리운 것이다. 가난한 백성들은 나무뿌리, 풀, 벌레 등으로 연명할 수밖에 없는 처지로 전락했다. 야생 거위의 배설물에 들어 있는 씨앗까지 먹었다. 진진룡과 그 벗들은 맨 처음에는 외국에서 들여온 덩이줄기 작물을 새로운 흥밋거리로만 여겼던 듯하다. 그들은 한두 줄기씩 상자에 담아 가까운 지인들에게 선물했다. 기근이 백성들의 목을 죄어오던 당시, 푸젠성의 관리로 있던 진진룡의 아들 진경륜陳景倫이 고구마를 가져가 성주에게 보여주며 재배를 건의했다. 곧장 실험재배가 이루어졌고 결과는 성공적이었다. 그 직후 푸젠성에서는 농민들에게 고구마 줄기를 나눠주며 작물 재배법 및 저장법을 교습시켰다. "실로 대단한 가을 수확이었다. 덕분에 근방뿐 아니라 먼 지역까지 먹을거리가 풍부해졌다. 재앙은 더 이상 백성들의 위협이 되지 못했다." 후손들은 흥분을 가득 담아 선조들의 업적을 상찬했다. 이후부터 워강 인근 주민 80퍼센트가 고구마를 주식으로 삼게 되었다*.

외래 작물에 대한 정부 차원의 장려는 푸젠에서는 새로운 일이 아니었다. 이미 1000년경에 푸젠 상인들은 신종 벼종자인 올벼참파벼 early ripening Champa를 동남아시아에서 들여왔다. 이 신품종은 단기간에 성장했기 때문에 짧은 생장 기후를 가진 지역에서 파종될 수 있었다. 단기간에 집중수확을 해낸 농민들은 다른 작물을 한 번 더 경작

---

* 고구마를 밀수한 사람이 진진룡만은 아니었다. 19세기 기록에 따르면, 중국인 의사 임회란林懷蘭은 1581년에 베트남 왕자의 병을 고쳐준 후 감사연회에서 고구마를 대접받았다. 베트남은 이 뿌리식물을 중국에 반출하는 걸 금지하고 있었다. '사형감'이었다고 기록에서는 표현했다. 하지만 임은 어떤 수를 쓰더라도 고구마를 중국에 가져가겠다고 결심했다. "국경을 건널 때, 베트남 국경수비대에 발각돼 취조를 받았지만 사실대로 이실직고하는 그를 이해한 베트남 관리는 고구마를 비밀리에 가져가도록 눈감아주었다. 그 관리는 '국가의 녹을 먹는 신분으로서 당신을 통과시키는 것이 불법임을 잘 안다. 그러나 당신의 미덕을 고려할 때, 그 마음을 외면하는 것이야말로 의롭지 못하다고 생각한다.'라고 말했다. 그 직후 이 관리는 물에 빠져 목숨을 끊었다. 임은 무사히 고구마를 중국으로 들여왔고 광둥성 전역에 이 작물을 전파했다."

할 수도 있었다. 이모작으로는 밀이나 수수 혹은 기장을 심었다. 일 년에 두 번 수확을 하게 된 중국 농업은 세상 어느 곳보다 높은 생산 성을 자랑했다. 당시 중국을 통치했던 송 왕조는 무료로 벼 종자를 배포하고, 그림으로 설명한 벼농사 안내서를 내고, 중앙에서 사람을 보내 경작기술을 가르쳐주는 등 적극적으로 신품종을 장려했다. 심지어 벼농사를 받아들이는 영세 자영농에게 저금리로 융자를 해주기도 했다. 이처럼 공격적인 신기술 채택 및 장려는 송과 그 뒤를 이은 중국 왕조를 번영으로 이끈 핵심 동력이었다.

사실 푸젠 자체만 놓고 보면 그 시기에 고구마가 도착한 것은 행운 이었다. 하지만 그 작물이 명나라 전역으로 퍼지기 시작한 때는 공교 롭게도 수십 년 동안 피비린내가 진동했던 명 왕조의 몰락기였다. 만 주족은 1644년 베이징을 장악하고 새로운 왕조를 열었다. 바로 청나 라이다. 명의 마지막 황제가 목을 매어 자결한 뒤 신흥 세력은 명패 만 간신히 유지하던 왕국의 주인자리를 꿰찼다. 청을 건국한 이들의 최초 저항지는 바로 푸젠 지역이었다. 왕조 교체기의 혼란 속에서 뿔 뿔이 흩어진 명 군사의 잔당들은 사실상 왜구로 흡수되었다. 이 와중 에 진짜 왜구는 혼란을 틈타 더욱 활개를 쳤다. 새로 들어선 청 왕조 는 명의 왜구 및 진짜 왜구로 가는 보급로 차단을 위해 광둥성에서부 터 산둥성에 이르는, 중국 동부 4,000킬로미터 불뚝한 해안지역 주민 을 대거 내륙으로 집단 이동시켰다.

1652년을 시작으로 관군들은 해안마을을 군화발로 밀고 들어가서 가옥을 불사르고, 성벽을 허물고, 사당을 짓밟았다. 촉박하게 주어진 소개 기한에 맞추느라, 백성들은 옷가지 몇 개만 챙겨 허둥지둥 고향 을 등져야 했다. 개인 소유 선박들은 불태워지거나 수장되었다. 떠나지 않고 남아 있는 자는 누구든 가리지 않고 처형했다. "우리는 유랑자가 되어 바람에 이리저리 나부끼는 눈처럼 흩어졌다." 한 푸젠인은 이렇게 한탄했다. 사람들은 "정처 없이 걷다가 마음 가는 곳에서 발길을 멈추었다." 어떤 이는 이렇게 말했다. "죽지 않은 사람들은 인근이나 먼 지역으로 흘러 들어갔다." 불과 30년 사이에 해안선으로부터 내륙으로 80킬로미터 남짓 펼쳐진 땅은 사람의 흔적조차 없이 텅 빈 곳이 되었다. 소위 초토화라고 부르는 군사작전의 결과물이었다. 하지만 아무래도 의문이 생긴다. 청이 초토화 작전을 펼친 이곳은 적국의 땅도, 전쟁을 하던 땅도 아닌 자국의 평화로운 영토였다. 왜 그랬을까?

푸젠에 가해진 해안 소개는 명 왕조 때의 해금령보다 한층 가혹한 정책이었다. 이로 인한 여파 역시 적잖았다. 정치적 격변과 무역금지령이 있기 전인 1630년대에는 매년 20척 넘는 정크선들이 각각 수백 명의 무역상들을 싣고 마닐라를 들락거렸다. 하지만 청의 소개정책이 실시되던 시기에 정크선의 수는 고작 2~3척으로 줄었다. 물론 모두 불법이었다. 그리고 명의 무역금지칙령(해금령)과 마찬가지로 청의 해안 소개정책 역시 실질적으로는 왜구의 손에 실버 무역을 덥석 안겨준 꼴이 되고 말았다.

이제 한 나라의 무역이 일개 해적 우두머리의 수중으로 몽땅 넘어갔다. 바로 정성공鄭成功이란 사람으로, 서양에서는 콕싱아Koxinga(중국의 의적으로 여겨진다)라는 이름으로 알려진 인물이다. 그는 기독교인 해적으로 이름을 떨치던 푸젠인 아버지와 일본인 어머니 사이에서 태어나, 일평생 명의 법을 농락하면서 보냈다. 청이 들어선 이후 그는 왜구에게는 차라리 무기력하고 부패한 명이 더 나았다는 사실

청왕조 시대 중국

베이징
한국
일본
황허
상하이
티벳
산시
양쯔 강
화베이 평원
황투고원
사막
워강
타이완
광저우
태평양
루손

을 뼈저리게 깨닫는다. 망해가는 명 왕조의 장수가 된 그는 청나라에
대규모 해상 공격을 퍼부어 새로 들어선 왕조를 거의 전복시킬 뻔했
다. 이후 정성공은 해적으로 복귀해 선단들을 규합했다. 당시 푸젠에
머물던 도미니크회 선교사에 따르면 배가 무려 1만 5,000~ 2만 척에
이르렀다고 한다. 그 선교사는 "10만 무장병사와 필요한 선원들 그리
고 말 8,000마리 정도가 있었다"고 추산했다. 워강 건너편에 있는 도
시 아모이(현재 명칭은 샤먼)에 근거지를 마련한 정성공은 남동부 해
안을 완전히 장악했다. 명실상부한 해적 왕이라 부를 만했다.

　정크선을 통한 밀무역 통로가 막혀버린 마닐라 무역상들은 정성공
에게 은을 사달라고 애걸하기 시작했다. 1657년의 일이었다. 곧이어
그의 배가 마닐라 항구에 나타나면서 갤리온 무역이 재개되었다. 어

쩌면 청과 전쟁을 하는 데 정신이 쏠린 탓에 그랬는지도 모른다. 정성공은 필리핀에 있는 스페인 상인들이 자신을 통하지 않고서는 실크와 도자기를 구할 길이 없다는 사실, 나아가 자신이 거대한 군을 거느린 해적이라는 사실을 깨닫는 데 생각보다 오랜 시간이 걸렸다. 1662년이 되어서야 그는 무역조건 변경 협상안을, 황제의 특사처럼 호화롭고 긴 로브를 입힌 도미니크회 수도사의 손에 들려 마닐라로 보냈다. 까탈스런 조건은 없었다. 사실 스페인은 이전과 똑같이 그에게 은만 내주면 되었다. 그가 무력을 동원해 마닐라 사람들에게 해코지를 하겠다고 윽박지른 것도 아니었다. 하지만 정성공의 협상안을 손에 쥔 마닐라의 스페인 정부는 공황상태에 빠져버렸다. 그들은 협상안을 받아들이는 대신 필리핀에서 중국인들을 추방하기로 결정했다. 중국인들은 추방을 거부하면서 파리안에 바리케이드를 쳤다. 정해진 수순처럼 스페인 군대는 강제로 많은 중국인을 마구잡이로 학살하고, 남은 이들은 콩나무 시루처럼 배에 가득 태워 마닐라에서 추방했다. 그런데 실상 이런 예방책은 전혀 필요가 없는 일이었다. 그로부터 2개월 후 정성공은 병으로 급사할 운명이었기 때문이다. 아마도 말라리아 때문이었던 듯하다. 정성공의 아들들이 후계 자리를 놓고 다툼을 벌이는 동안, 마닐라 무역은 홀로 남겨졌다.

해안 소개령을 명령한 건 청이지만, 정작 그로 인한 불똥은 청나라에 재앙적인 피해를 안겼다. 청의 재무관료인 모천영慕天潁이 하소연했듯이 실버 무역의 문을 닫아버린 조치는 돈 공급을 동결해버린 것과 같았다. 왜냐하면 은은 어쩔 수 없이 닳아지고 잃어버릴 수 있으며, 은닉재산으로 묻어두는 사람들도 적지 않았다. 때문에 중국의 은 보유고는 실질적으로 줄고 있었다. "나라 운영에 필요한 은이 날마다 조금씩 줄어들어, 도로 채울 방법이 없습니다."라고 모천영은 황제에게 상소문을 올렸다. 돈 공급이 막히면서 은의 가치가 가파르게 높아졌다. 전형적인 악성 디플레이션으로, 물가가 폭락했다. 그는 황제에게 물었다. "은 사용으로 인한 편리함과 부와 풍요를 열망하면서 정작 은 수입을 막는다면, 흐르는 물로 혜택을 보고 싶으면서 수로를 막아버리는 것과 무엇이 다르겠습니까?" 그의 말에 동의한 황제는 1681년, 마지못해 금지령을 풀었다.

그 사이에 해안지역에 살던 백성들은 푸젠성과 광둥성, 저장성 산악지대로 몰려 들어가 터를 잡았다. 곤란하게도 그 지역에는 이미 사람들이 살고 있었다. 대다수 거주민들은 이주민인 하카客家(주로 중국 광둥 북부에 사는 한족의 일파)였다. 이들은 토루土樓라고 하는 원 모양의 성채와 복합 주거단지 건물로 유명하다. 다는 아니지만 토루는 대체로 원형이며, 흙으로 된 외벽에는 아파트처럼 수십 채의 집이 들어차 있고, 문은 모두 중앙 안마당을 향해 있다(오늘날 이 특이한 구조물들은 관광명소가 되었다). 이 소개 명령이 있기 수십 년 전에 명나라 철학자이자 저술가인 사조제는, 산악지대의 경우 사용 가능한 땅이 한 뼘이라도 보일라 치면 하카들이 송곳 하나 꽂을 공간조차 없이 들어차 있다고 묘사한 적이 있다.

비어 있는 땅은 아예 없었다. (…) 일찍이 누군가가 했던 말 그대로였다. "단 한 방울의 물도 사용되지 않은 채 흘러가는 물은 없었고, 한 덩이의 땅뙈기라도 보이면, 아무리 험악한 산악지역이라도 그들은 일구어 사용했다." 단언컨대, 단 한 뼘의 땅조차 남아도는 게 없었다.

314

먹고 살 것이 없었던 가난한 하카인과 다른 산악 민족들은 한 세기에 걸쳐 북쪽으로, 그리고 서쪽으로 이주했다. 인적 없는 이웃 성省의 척박하고 가파른 고산지대를 빌려 쓰면서. 그들은 산비탈을 뒤덮고 있던 나무를 베어내고, 화전해서 민낯을 드러낸 땅에 돈이 되는 환금작물을 심었다. 주로 인디고(쪽빛 염료)였다. 나무를 베어내고 태워 개간한 이 빈약한 산악 토양은 몇 년 지나면 곧 지력이 바닥났다. 그러면 하카인들은 새로운 화전을 일구기 위해 떠났다. "그들은 하나의 산을 해치우고 나면, 다른 산으로 옮겨가기 바빴다." 명나라 학자 고염무는 이렇게 말했다. 해안지방 난민들이 쏟아져 들어오면서, 이 산악지대의 엑소더스는 가속화되었다.

사람들은 흔히 땅이 없고 가난한 하카 난민들을 '판자촌빈민'이라는 말로 조롱했다. 엄밀히 말하면 이들 판자촌빈민은 난민이 아니었다. 이들은 너무 지대가 높고 척박해서 소유자들이 놀리고 있는 땅을 빌려 농사를 지었다. 임시 거처에서 또 다른 거처로 옮겨다니던 그들은 결국 푸젠 남동쪽 톱니 모양 산악지대부터 북서쪽 황허를 둘러싼 찌를 듯한 고봉 지역들까지, 장장 2,500여 킬로미터에 걸쳐 뻗어 있는 삐뚤빼뚤한 산악지대를 차지했다.

판자촌빈민의 경작 한계지역에서는 중국의 가장 중요한 주식인 벼와 밀이 자라지 못했다. 밀농사를 하기에는 토양이 너무 척박했다. 가파른 산악지대에서 논농사를 짓기 위해서는 관개가 가능한 계단식 논을 구축해야 했지만, 이를 위한 노동력과 돈이 그들에게는 없었다. 이를테면 엄청난 인적·물적 자본을 요하는 사회간접자본 프로젝트를 가난한 소작농들이 떠맡을 수는 없는 일이었다.

필연적으로 그들은 아메리카 작물에 눈길을 돌렸다. 바로 메이즈

밀집한 수천 개의 토루가 지금까지도 푸젠 산간지방에 알알이 박혀 있다. 진흙에 짚을 섞어 굳힌 흙으로 만든 이 집에는, 외부인의 출입을 막기 위해 아래층에는 창문을 하나도 내지 않았다.

(옥수수)와 고구마, 담배였다. 옥수수는 말도 안 되게 척박한 땅에서도 마술처럼 잘 자랐고, 생육기간마저 짧았다. 보리나 밀 또는 기장보다도 짧은 기간 안에 수확을 할 수가 있었다. 마카오의 포르투갈인에 의해 들어온 옥수수는 "찬사를 받아야 할 밀" 혹은 "싸여 있는 곡식" 혹은 "옥구슬 쌀"로 알려졌다. 고구마는 옥수수마저 자라지 않는, 유기물과 자양분이 거의 없다시피 한 강산성 토양도 견디어냈다. 심지어 많은 빛을 필요로 하지도 않았다. 한 농업학자가 1628년 기록한 내용에 따르면 "질이 낮고 좁고 음침한 골목길이라도, 땅 한 평에다 하늘만 열려 있다면, 이 작물을 심을 수 있었다."

곧 중국 남부 농민의 주식은 고구마가 되었다. 고구마는 굽거나 쪄서 먹고, 갈아서 가루를 낸 뒤 면을 만들어 먹었다. 으깨서 샐러드로 만들어 먹고, 튀겨서 꿀을 발라먹고, 토막내서 된장에 무와 함께 끓여 먹었다. 발효시켜 술을 빚기도 했다. 그리고 중국 서부에는 메이즈와 함께 또 다른 아메리카 작물이 유입돼 인기를 끌고 있었다. 바로 안데스 산악지역에서 최초로 작물화된 감자였다. 프랑스인 순회 선교사 아르만도 다비드는 자신이 황량한 오지 산시성에 머물던 때, 잉카제국의 몇 가지 구황작물이 없었다면 그야말로 손가락만 빨고 지냈을 것이라고 회고했다. 그는 1872년에 이렇게 썼다. "우리 오두막집 인근에서 경작되는 것은 감자뿐이다. 감자와 더불어 옥수수 가루가 산골짜기 사람들의 일상 식량이다. 옥수수 가루는 보통 끓여서 감자와 섞어 먹는다."

산악지대에 얼마나 많은 판자촌빈민이 있었는지는 아무도 모른다. 해결해야 할 문제를 회피하고 싶다면, 덮어두면 되는 법. 청의 관료들은 이들을 호구조사 대상에서 열외시켰다. 그렇지만 사료들을 보면 그 수가 결코 무시할 수 없는 수치였음을 충분히 짐작할 수 있다. 1773년 푸젠과 서쪽으로 접하는 장시성에서 한 융통성 없고 꼬장꼬장한 관리가 수십 년 간 이곳에서 살아온 판자촌빈민을 장시성의 실거주민으로 파악해 정부에 보고해야 한다고 주장했다. 그는 실무관리자를 파견해 모든 하카인의 숫자 및 판자촌 가구를 빠짐없이 파악하게 했다. 그 결과 험준한 광시안현의 중심부에 정착한 판자촌빈민만 무려 5만 8,340명에 이르는 것으로 집계됐다. 그리고 이 중심부를 둘러싼 경사면에는 27만 4,280명의 판자촌빈민이 살고 있었다. 현에 현을 이어 똑같은 상황이 반복되었다. 때론 수천 명이, 그리고 어느 지역에서는 10만 혹은 그 이상의 판자촌빈민들이 존재했다. 정부의 호구조사에 잡히지 않았던 100만 넘는 판자촌빈민이 장시성 산야를 종횡무진으로 옮겨가며 누비이불 만들듯 수목을 쳐내고 불태웠다. 청나라 정부가 반드시 짚고 넘어가야 했던 사실이 있다. 이 수치가 중간 크기 성省 하나를 조사한 결과에 불과했다는 점이었다.

그런데 판자촌빈민의 이동과 쌍벽을 이루는, 오히려 이보다 더 거대한 규모의 이주민 물결이 바싹 말라붙어 사람이 거의 살지 않았던 서부 산악지역으로 밀어닥쳤다. 사회의 안정을 중시했던 명 왕조는 백성의 거주지 이주를 법으로 금했다. 반면 청은 이전 왕조가 취했던 정책을 전면 뒤집어, 서부지역으로 이주를 적극 장려했다. 19세기 미국 정부가 시민들의 서부 이주 장려책을 펼쳤듯이, 그리고 20세기 브라질 정부가 아마존에 정착하는 이들에게 장려금을 제공했듯이, 중국 대륙의 새로운 주인이 된 청나라 통치자들은 영토의 빈 공간을 채우는 게 제국의 생존과 번영에 필수적이라고 생각했다. 하지만 '빈 공간'이라는 표현은 청나라 통치자들의 관점에 불과했다. 그 땅에는 이미 티벳족, 요족, 위구르족, 먀오족 등 수십 개의 이민족들이 거주하고 있었다. 중앙에서 사람들을 보냄으로써 청은 소수민족 자치구였던 땅을 강제로 통합하고 있었다.* 값싼 땅과 조세혜택에 이끌린 사람들이 동부에서 서부 산악지대로 구름처럼 몰려들었다. 대다수 이주자들은 판자촌빈민처럼 가난하고, 정계 진출길이 막히고, 도시 상류층의 멸시를 받던 사람들이었다. 이들을 맞이한 땅은 울퉁불퉁하고 험준한 데다 쌀 경작에 비협조적인 토양이었다. 당연히 이들도 아메리카 작물을 심었다.

중국에서 다섯 번째로 큰 쓰촨성은 티벳에 인접한, 첩첩 고산지대이다. 쓰촨 남서대학교 역사학자 란용에 따르면 1795년 당시 이 땅은 빈 공간이 많은, 광활한 지역이었다. 캘리포니아(남한 면적의 약 4배)를 집어넣고도 남을 땅 안의 거주민이 900만 명에 불과할 정도로 인구밀도가 낮았다. 이 지표면 중 로스앤젤레스 카운티의 절반 크기인 605제곱킬로미터(서울 면적 정도)가 경작지였던 걸로 추정된다. 그로부터 불과 20년 후, 쓰촨성 고산지대 및 산등성이에 아메리카 작물이 도입되면서, 농지 면적이 9,583제곱킬로미터로 늘어났다. 농업생산력 증가에 따라 쓰촨 지역 인구도 2,500만 명으로 늘었다. 이와 비슷한 상황이 쓰촨과 북동쪽으로 맞대고 있던 산시성에서도 재현되었다. 애초 이곳은 쓰촨보다도 인구밀도가 훨씬 낮은 지역이었다. 가파르고 척박한 두 성의 산간 경계지대로 쏟아져 들어온 이주자들은 비탈면에 매달려 있던 나무들을 쓰러뜨리고는 고구마, 옥수수, 그리고 감자를 위한 공간을 만들었다. 경작 면적이 급증했고 식량 생산과 인

---

* '중국인Chinese'이라는 말로 지칭하는 민족은 일반적으로 한족이다. 청나라는 만주족이 한족을 중국의 변방으로 이주를 장려하며 건설한 이민족 국가이다.

구도 마찬가지로 늘었다. 일부 지역에서는 불과 100년 사이에 거주인 구가 100배로 치솟기도 했다.

근 2,000년 동안 중국의 인구는 완만한 곡선을 그리며 증가했다. 그러다 청 제국이 대륙을 접수한 이후 수십 년 사이에 인구증가 곡선이 가팔라졌다. 새 왕조 시작과 함께 도착한 아메리카 대륙의 작물 덕에 18세기 말까지 인구는 급격하게 치솟았다. 정확한 증가폭에 대해서는 학자들 사이에 논란이 있지만, 중국 인구는 이 시기에 대략 2배가 되어 무려 3억 명을 돌파했다고 추정한다. 정확한 수치가 얼마였든, 이 시기 중국의 인구 폭증은 엄청난 결과를 불러왔다. 그리하여 현대인의 집단의식 속에 중국 하면 제일 먼저 거대한 인구가 떠오르게끔 이 나라를 탈바꿈시켰다.

중국이 콜럼버스적 대전환에 의해 산천의 풍경이 완전히 달라진 유일한 아시아 국가는 아니었다. 고구마는 타이티 섬에서 파푸아뉴기니, 그리고 뉴질랜드에서 하와이에 이르는 넓은 지역에서 주식이 되었다. 그런데 놀라운 사실이 있다. 흔히 중앙아메리카 토착식물로 알려진 고구마, 즉 이포모아 바타타스I. batatas가 콜럼버스 이전에도 남태평양 섬들에 있었다는 점이다. 학자들은 하와이와 이스터 섬, 쿡 제도, 그리고 뉴질랜드에서 이 식물의 탄 흔적을 무려 서기 1000년까지 거슬러 발견하고 있다. 이처럼 태평양을 횡단한 고구마의 이동을 두고 일부 학자들은 고대 폴리네시아인과 아메리카 인디언의 접촉 증거로 보기도 하고, 또 다른 학자들은 물에 뜨는 원형 모양의 캡슐 같은 곳에 들어가 있던 씨앗이 바다를 표류해 건너갔을 것이라 추정한다. 어떤 이유에서인지 알 수 없지만, 최초 시기에 고구마의 영향력은 미미했다. 하지만 스페인이 마닐라에 도착할 즈음엔 고구마가 토종작물인 얌과 사고sago, 바나나 등을 밀어내고 주류 자리를 꿰찼다. 중국에서와 마찬가지로 그곳 내륙 사람들은 척박한 땅을 견디며 높은 생산성을 내는 고구마를 들고 인구가 희박하던 고산지대로 이주했다. 그 결과 뉴기니는 180도로 변모해서, 고고학자들은 이를 '고구마 혁명'이라고 부르기도 한다. 그렇지만 여전히 중국에서의 영향력이 더 컸다. 단지 커다란 땅덩어리 때문만은 아니었다. 그 나라에는 고구마 확산 정책을 밀어붙일 강력한 중앙정부가 들어서 있었다.

중국 인구 증가에 전적으로 책임이 있는 게 단지 옥수수, 감자, 그리고 고구마였을까? 결코 그렇지 않다. 아메리카 작물은 청 당국이 강력하게 개혁을 단행하던 시기와 겹쳐 중국 대륙에 도착했다. 다방면에서 의욕적이었던 청 왕조는 제국의 인구를 좀먹는 가장 큰 두 요소, 즉 질병과 굶주림을 타파하기 위한 정책을 적극적으로 펼쳤다. 그 하나가 세계 최초로 시행된 천연두 접종이었다. 또 전국적인 양곡관리체계를 갖춰서 잉여 양곡을 정부가 매입한 뒤, 부족할 때 국가가 통제하는 낮은 가격으로 시장에 풀었다. 또한 당시로서는 매우 진보적인 환난구휼 정책도 시행했다. 가령 기근에 강타당한 지역에 대해 일시적으로 세금을 면제하는 정책 등이 여기에 포함됐다. 동시에 청 정부는 중국의 전통적인 인구조절 정책인 여아영아살해를 금하는 캠페인을 벌였다. 중국은 여아영아살해로 여성인구 비율이 낮아져 많은 남성들이 평생을 독신으로 보내는 경우가 많았다. 청이 여아영아살해를 금한 후 여성 비율이 높아지면서 더 많은 결혼이 이뤄지고, 당연한 결과로 더 많은 아이들이 태어났다. 나아가 아이들이 굶주림과 천연두로 죽을 확률도 훨씬 낮아졌다. 국가의 양곡관리 정책 덕에 빈농들이 극빈한 상황으로 전락할 확률도 낮아졌다. 강희제는 1713

내몽골. 고비사막 접경지대의 옥수수 밭.

년, 정부가 다시는 경작지에 대한 세금을 인상하지 않을 것임을 천명했다. 청 왕조가 운송망에 대해 대규모 투자를 한 덕에 농민들의 수확물 판매 수익이 눈에 띄게 높아지는 상황에서 내려진 조치였다. 더욱 다행스럽게도 소빙하기가 소강상태로 접어들었고, 그에 따라 수확량도 점차 늘어났다. 이들 정책 중 일부는 명 정부에서 처음 시작되었으나 실효를 보지 못하고 청 왕조에 접어들어 효과가 나타난 것들도 있었다. 어쨌든 이 모든 상황이 맞물려 출산이 늘고 유아생존율이 높아지는 결과를 불러왔다.

그럼에도 쓰촨성 역사학자 란용이 지적했듯, 인구 증가가 눈에 띄게 나타난 곳은 아메리카 작물을 재배하는 지역이었다. 정부가 장려한 서쪽 이주로 인해 새로운 곳에 터를 잡은 가족들은 가장 먼저 먹고사는 문제에 직면했다. 그런 그들이 매일같이 섭취했던 것은 옥수수, 감자, 고구마였다. 다시 말해 중국이 세계 최대 인구 보유국으로 올라선 가장 큰 요인 중 하나는 바로 콜럼버스적 대전환이었다.

중국의 맬서스, 홍량길

청나라 문인 홍량길洪亮吉은 1746년, 갑작스런 가장의 죽음으로 가세가 기울던 양쯔 강 언저리 산악지대 집안의 아들로 태어났다. 명석하고 다혈질이었던 그는 크고 혈색이 붉었다. 그의 친구는 홍량길을 "어릴 때부터 술 마시고 노래 부르기를 좋아했다"고 기억했다. 빼어난 학습능력과 글쓰기 실력을 지녔지만 술을 마시고 품행이 불량해 스승에게 질타를 받는 일이 잦았다. 성격이 불같고 참을성이 없었던 그는 걸핏하면 상대방의 어깨를 움켜쥐거나 얼굴을 바짝 갖다 대고 눈을 부라리며 자기 주장을 피력했다. "인상이 험악한 데다 분노로 인해 목에는 늘 핏줄이 서 있었다"고 함께 시국을 논했던 동료는 증언했다. "그런가 하면 극도로 비사교적이었다." 그럼에도 그의 절친한 벗은 홍량길이 지닌 독보적인 시적 감수성과 천재적인 산문에 매료돼 포악한 그의 행실을 참아주었다고 한다. 걸출한 학자였던 그는 청의 하천을 연구했고, 행정구역을 재편하고, 제국의 드넓은 지리를 혼자서 재정리했다. 지금에 와서 보면, 정작 그가 남긴 불세출의 학문적 업적은 따로 있었다. 당대에는 알아주는 이 한 명 없이 사장되고 말았지만 말이다. 1793년 어느 날, 홍량길은 이전에 그 누구도 떠올려본 적 없는 이론을 생각해냈다.

과거에 네 번이나 낙방했던 홍량길은 44세가 되어서야 마침내 정부의 관료직을 한 자리 얻어 남서쪽 산간벽지인 구이저우성貴州省에 진사로 부임했다. 본래 경사가 심한 석회석 침식지층으로 이뤄진 구이저우성은 온통 가파른 협곡과 울퉁불퉁한 봉우리, 석회동굴들로 이루어진 습한 지역이다. 이곳은 청나라 이주정책의 집중 타깃이 된 지역으로, 중국 본토 이주민이 꾸역꾸역 몰려들며 오랫동안 이 땅에 터 잡고 살아오던 원주민 먀오족苗族을 내몰고 있었다. 나중에 들어온 사람들은 차츰 더 깊은 산골짜기까지 들어가 옥수수를 심으며 가정을 일구었다. 홍량길은 이런 흐름이 얼마나 오래 지속될지 의구심을 품었다.

"현재 인구는 30년 전 인구의 5배이다." 그는 다소의 과장을 섞어 이렇게 썼다. "60년 전에 비해서는 10배가 되는 셈이고, 100년 전에 비해서는 20배에 좀 못 미치는 듯하다." 그는 "방 10칸 집에 100묘畝(약 17에이커, 67,000제곱미터)의 땅을 가진" 한 가장을 가정했다. 이 남자가 결혼해 세 명의 성인 아들을 둔다면 여덟 명(네 명의 남자와 그들의 부인들)이 그 부모의 전답에 기대어 살아가게 된다.

여덟 명이 살아가자면 하인의 도움도 좀 필요할 것이니, 그 집에 10명이 산다고 가정하자. 방 10칸과 100묘의 농지라면 풍족하지는 않아도 먹고사는 데 지장 없는 집과 전답이다. 하지만 머잖아 자손들이 태어나고 차례로 결혼도 할 것이다. 집안의 고령자는 죽겠지만, 그래도 여전히 스무 명 넘는 가족들이 남는다. 스무 명 넘는 사람들이 그 집에서 100묘의 땅으로 살아가자면 아무리 절약하고 옹색하게 생활해도 그들의 생계는 결국 파탄나는 날이 올 것이다.

홍량길은 국가가 인구 부양을 위해 농지를 개간할 것임을 인정하고 들어간다.

그렇다고 쳐도 농지의 총량은 2배, 백번 양보해도 3~5배 이상 늘어나기는 힘들다. 반면 인구는 10~20배로 불어난다. 따라서 결국 농지와 집은 모자랄 것이고, 이로 인해 잉여 가정 및 인구가 생길 수밖에 없다.

질문 : 이 상황을 천지신명이 해결해줄까?
답 : 천지신명이 이 상황을 해결할 방법이 하나 있기는 하다. 홍수와, 가뭄 그리고 역병.

정확히 5년 뒤, 홍량길과 똑같은 생각을 한 영국인이 있다. 바로 토마스 로버트 맬서스Thomas Robert Malthus이다. 조용하고 사근사근한 성격에 약간 언청이 기가 있었던 맬서스는 경제학과 교수직, 말하자면 영국 최초의 직업 경제학자를 역임했다. 아마도 세계에서 최초였을 것이다. 그가 인구증가론을 떠올린 것은 부친과의 격론이 직접적인 계기가 되었다. 그의 아버지는 골똘하게 사유하기 좋아하는, 전형적인 금수저 영국인이었다. 이들 부자 간 격론의 주제는 과연 인류가 이 세상을 파라다이스로 변신시킬 수 있느냐는 것이었다. 맬서스는 결코 그런 일은 일어나지 않을 거라 생각했고, 1798년 자신의 견해를 5만 5,000자 길이의 저돌적인 글로 써서 익명으로 발표했다. 이후 몇 개의 더 긴 글이 뒤따랐다. 자신의 이름을 내걸면서 맬서스는 더욱 공격적인 어조로 논리를 강화해 나갔다.

맬서스는 "땅에서 식량을 생산하는 힘보다 인구 증가의 힘이 결단코 더 강력하다"고 선언했다. 오늘날 이 개념은 교과서에서 그래프로 설명된다. 그래프의 가로선은 음식 총공급량을 나타낸다. 땅을 개간해 농지를 넓히고 효율적인 농법을 도입하면서, 이 선은 왼쪽에서 오른쪽으로 서서히 증가한다. 반면 낮은 곳에서 시작한 그래프의 세로선은 급격한 커브를 그리며 금세 첫 번째 선과 만나고 그 뒤 하늘로 치솟는다. 기하급수적으로 증가하는 이 세로선은 인구 증가폭을 나타낸다. 종국에는 이 두 선 사이 간극은 메울 수 없을 만큼 벌어지고, 〈요한 계시록〉의 4기사(백·적·흑·청색 말을 탄 4명의 기사. 각기 질병, 전쟁, 기근, 죽음 등 인류의 4대 재앙을 상징한다)의 방문을 받게 된다. 맬서스는 아무리 식량 생산에 역량을 투입해도 결국 인구 증가만 초래할 뿐이며, 이 증가폭은 식량 증가로 상쇄되는 수치보다 항상 더 클 것이라고 주장했다. 오늘날 우리가 '맬서스 트랩Malthusian trap'이라고 부르는 이론이다. "유토피아는 개나 줘라!" 맬서스는 일갈했다. 인류애는 지금도 그리고 앞으로도 영원히 기근이라는 절벽 앞에서 좌절할 운명이다. 자선? 역시 개나 줘라! 즉 가난한 이를 돕는 행위는 결국 더 많은 아이를 낳게 만들 뿐이며 이는 다시 더 심한 곤궁을 초래한다. 백날 잔치를 베풀어봐라, 잔칫상의 의자를 차지하지 못해 굶주리는 사람은 점점 더 늘어날 테니까. 맬서스 트랩을 벗어날 길은 그 어디에도 없다고 그는 확신했다.

맬서스의 이론은 세상을 떠들썩하게 만들었다. 위대한 경제사학자 조지프 슘페터는 맬서스를 두고 "《인구론*Essay on Population*》 출간 직후부터 지금까지 그가 유명세를 얻은 것, 그것도 폭발적인 행운을 거머쥔 사실이야말로 불합리하고 모순적이다."라고 힘주어 말했다. 존 메이너드 케인스는 "체계적인 경제학적 사고의 효시"라고 맬서스를 추켜세웠다. 반면 퍼시 셸리는 "역겨운 환관나리에다 폭정주의자"라고 조롱했다. 존 스튜어트 밀은 그를 위대한 사상가로 여겼다. 카를 마르크스에게 맬서스는 "표절자 그리고 기득권에 아첨하는 부끄러운 기회주의자"였다. 슘페터는 "그는 인류의 은인이자 악랄한 사람, 심오한 사상가, 저능아였다."라고 말한다.

영국에 불어닥친 맬서스 열풍과 대조적으로, 홍량길에게는 개미 한 마리조차 관심을 주지 않았다. 맬서스와 달리 홍량길은 한 번도 자신의 사상을 체계적으로 전개할 기회가 없었다. 부분적으로 그가 제국을 좀먹고 있다고 여긴 부패한 관료 비판에 에너지를 썼기 때문에, 홍량길은 청 왕조를 전복하려는 위험한 인물로 간주되었다. 산시성과 쓰촨성에서 굶주린 농민들이 반란을 일으켰을 때, 무능한 정부 관리들은 농민들을 무자비하게 탄압했고 이에 반발한 홍량길은 1799년 관직에서 물러났다. 그는 지방 관리직을 떠나면서 왕세자에게 노골적으로 시폐時弊를 논박한 두서없는 상소를 올렸다. 그의 상소는 가경제(200년 전 연금술에 빠졌던 명의 가정제와 헷갈리지 마시길)에게 전달됐고, 분노한 황제는 홍량길을 종신유배형에 처했다.

아무도 그의 진가를 몰라줬던 것은 참으로 애석한 일이 아닐 수 없다. 홍량길은 추정컨대 맬서스 트랩의 전모에 대해 맬서스보다 훨씬 정확하게 포착하고 있었다(나는 '추정컨대'라는 모호한 단어를 사용했다. 왜냐하면 홍량길은 한 번도 그 디테일을 연구한 적이 없기 때문이다). 그 영국인 이론은 단순한 예측에 불과했다. 더 많은 음식은 더 많은 입을 낳을 것이고 더 많은 빈곤을 불러온다. 그런데 사실상 전 세계 농업인들의 눈부신 선전에 힘입어 인구증가 속도보다 훨씬 더 빠른 속도로 식량 증산이 이루어졌다. 1961년부터 2007년 사이, 인구는 대략 2배로 증가했다. 그 사이 밀, 쌀, 메이즈 생산량은 3배로 늘었다. 인구가 치솟았는데도 사실상 만성적인 식량 부족을 겪는 사람 수는 적어졌다. 맬서스의 예측은 완전하게 빗나갔다. 물론 기아는 여전히 존재하지만, 지구에 태어나는 아이들이 기아에 시달리게 될 확률은 고무적이게도 꾸준히 줄었다.

홍량길은 맬서스와 달리 닥쳐올 미래의 복합적인 상황과 결부시켜 가장 중대한 문제가 무엇인지 정확하게 짚어냈다. 홍량길은 산출량을 늘리려는 인간의 끊임없는 노력이 결국 생태계 파괴로 인한 재앙 및 사회적 역기능을 초래해 인간에게 엄청난 고통을 안기게 될 것이라는 놀라운 예측을 했다.

이 문제야말로 오늘날 학자들이 맬서스 트랩에 대해 논할 때 핵심 쟁점으로 보는 지점이다. 지구환경 보호론을 둘러싼 논쟁 역시 요약해보면, 부와 지식의 축적을 통해 인류가 누릴 수 있는 풍요가 (산업혁명 이후 그랬던 것처럼) 앞으로도 무궁하게 지속 가능한가, 아니면 이 축적이 야기한 재앙으로(토양 황폐화, 생물다양성 실종, 지표수 고갈, 기후변화)로 인해 어느 날 갑자기 맬서스 트랩의 입구가 툭! 하고 닫혀버려 지구가 산업화 이전의 비참한 상황으로 회귀할 것인가라는 질문으로 압축된다. 이런 맥락에서 인류에게 적색 경고등을 깜빡이며 묵시록적 사례의 축약판을 중국 땅에서 최초로 발견해낸 사람이 바로 홍량길이다.

물론 중국 전체에서 일어난 현상은 아니었다. 하지만 수십 년이 흐른 뒤 아메리카 작물이 중국의 고산지대를 휩쓸게 되면서 한때 세계에서 가장 부유했던 사회는 환경과의 씨름에 지쳐 몸에 경련을 일으키기 시작하고, 결국 그 싸움은 처절한 패배로 끝나고 만다.

산들은 죄다 벌거숭이가 되었다

청나라가 실버 무역을 재개했던 1680~1780년대 사이, 지금의 상하이 근처 쌀 집산지였던 쑤저우의 쌀 가격은 4배 넘게 폭등했다. 반면 소득은 이를 따라잡지 못했다. 사회 불안으로 가는 기본 공식이었다. 누군가의 사주라도 받은 것처럼, 중국 방방곡곡에서 반란이 일어났다. 홍량길 혼자 경각심을 느끼며 우려했던 격동이 수백만 명의 목숨을 앗아간 뒤였다. 20세기 중국 경제사학자인 대만 학자 추앤한송에 따르면 물가 폭등의 한 요인은 푸젠으로 유입된 은이었다. 이는 중국의 곡물 가격을 한꺼번에 들어올렸다. 앞서 스페인에서 유입된 은이 유럽의 물가 폭등을 유발한 것과 똑같았다. 예측건대 인구 붐이 불러온 수요가 가격 상승을 부채질했을 것이다. 정부의 양곡 수매도 일부 같은 효과를 가져왔을 것이다. 하지만 쌀 가격이 오른 또 하나의 요인은 많은 농부들이 벼 재배를 돌연 멈췄기 때문이었다.

청 황제는 운송망 정비 및 개선을 최우선 국정과제로 삼았다. 그 덕에 농민들에게는 제값에 농작물을 판매할 수 있는 길이 열렸다. 정부가 운송망을 정비한 첫 번째 의도는 원활한 곡물 이동이었다. 새로 뚫린 도로망을 통해 상인들은 쌀과 밀을 과잉생산 지역에서 부족한 지역으로 재빨리 운송할 수 있었다. 그런데 이게 웬걸, 소규모 자작농들은 쌀과 밀을 심지 않았다. 사탕수수, 땅콩, 뽕나무. 여기에다 단연 특수작물인 담배로 갈아타면 훨씬 더 많은 돈을 벌게 된다는 사실을 그들이 알아챘다. 여기에는 은납제의 역할도 있다. 상인과 달리 농민들은 은을 구하는 게 쉽지 않았다. 곡물로 납부했던 세금을 곡식을 팔아 은을 마련해서 내야 하니, 결과적으로 농민들에게는 세금이 한층 더 무거워진 셈이었다. 세금을 마련하기 위해 농민들은 환금 작물을 기르기 시작했다.

처음에 정부는 이 같은 갈아타기를 집중 단속했다. 농민의 당연한 임무는 '올바른 농사'라고 외치면서. 왕조 사람들이 말하는 올바른 농사란 벼와 밀, 즉 식량을 재배하는 것을 의미했다. "사람들의 건강을 해치는 담배 농사를 금한다." 1727년 옹정제는 공표했다. "담배 재배는 비옥한 땅에서만 가능하기 때문에 곡식 재배에 유해하다." 황제는 이렇게 덧붙였다. 하지만 이후 청 왕조의 국운이 기울고 기강이 문란해지면서 농업정책 교화를 밀고 나갈 동력은 꺾여버렸다.

농가에서는 앞다투어 이 기회를 포착했다. 담배는 벼농사에 비해 거름이 4~6배, 노동력은 2배가 더 들어갔다. 하지만 이를 상쇄하고도 남을 만큼 수익성이 좋았다. 날로 증가하는 중국의 니코틴 중독자들은 밥은 못 먹더라도 담배는 사서 피웠다(어떤 이들은 담배와 아편에 이중으로 중독되어 있었다). 중국의 농업사학자 타오바이닝에 따르면 이 시기에 담배는 중국 전역으로 퍼져서 엄청나게 큰 비중을 차지하고 있었다. 그의 조사에 따르면 일반 산간지역 농지 중 거의 절반이 니코티아나 타바쿰에 바쳐졌다. 이에 따라 쌀값이나 야채 및 과일 가격은 두 배 넘게 뛰었다. 결국 농민들의 담배 수익은 다른 지역에서 비싸게 공수하는 식량 구입비로 고스란히 들어갔다. 버지니아에서 담배가 땅을 황폐화시켰듯, 담배는 중국 땅도 황폐하게 만들었다. 농민들은 한때 논이었던 토양의 지기地氣를 다 빼놓고 다른 논을 찾아 떠났다. 논이 동나면 산악지대로 옮겨갔다.

같은 현상은 오늘날에도 여전히 진행 중이다. 친구 둘과 함께 푸젠의 토루 가옥 관광을 갔을 때 우리는 융딩永定 산악의 외지마을을 둘러보았다. 수세기 전 이 마을의 조상들이 산허리를 도려내 반달 모양 작은 계단식 논을 일구고 거름과 분뇨로 붉은 박토를 기름지게 한 뒤 산기슭 물줄기를 돌려 물을 댄 땅이 보였다. 그런데 국영 중국전매청과 현지 농업인들이 이 논을 담배밭으로 전환하기로 계약했다는 현수막이 마을 어귀에서 펄럭거렸다. 이 회사는 수확물 운송을 위해 길까지 새로 낸 상태였다. 다랑이 논 정상에 서서 굽어보니 층층 테라스식 논에 방사 모양으로 뻗어나간, 살집이 두툼한 담뱃잎들이 눈에 들어왔다.

이곳 부락민들은 줄어든 쌀의 일부를 옥수수로 대체하고 있었다. 한 뙈기의 땅이라도 눈에 들어오면 비집고 옥수수를 심었다. 길 가장자리의 도랑, 집 주변 텃밭, 담벼락 아래…. 누가 그랬는지 모르지만, 산사태로 쓸려온 트럭 한 대 분량의 모래와 자갈 토사 위에도 옥수수 모종이 꽂혀 있었다. 18세기 내내 이와 똑같은 일이 중국 전역에서 발생했다. 1700~1850년 사이에 판자촌빈민과 이주민들은 모든 구석과 틈바구니에 옥수수와 고구마를 입추의 여지없이 쑤셔넣으면서 경작 면적을 3배 가까이 늘렸다. 불가피하게 농지를 만들어내야 했던 이들은 수백 년 된 고목들을 쓰러뜨렸다. 나무가 뽑혀 나간 경사면은 더 이상 빗물을 잡아두지 못했다. 토양의 자양분은 능선을 타고 휩쓸려 내려갔다. 결국 이런 식으로 고갈된 땅에서는 옥수수와 고구마마저 자랄 수 없게 됐을 것이다. 그러면 농민들은 또 다른 숲을 개활하는 악순환이 무한 반복되었다.*

---

* 산림 훼손의 원인이 농업만은 아니었다. 중국은 건축 재료나 연료로 엄청난 목재를 소비했다. 목재를 얻기 위해 당국은 일개 대대를 산악지대로 파견해 전체 삼림을 초토화시켰다. 맙소사! 운반 도중에 도난당하거나 분실 혹은 훼손된 목재만도 엄청났다고 허베이

전래된 지 400년이 지난 지금도 담배는 중국에서 수익성이 좋은 상품이어서, 마을 사람들은 논을 담배 밭으로 바꾼다. 담뱃잎을 말리고 있는 푸젠의 한 농가. 2009년.

황폐화가 극심한 지역들 중 하나가 판자촌빈민의 본고장인 중국 동부 내륙, 봉우리들이 비쭉비쭉 솟은 험준한 산간지역이었다. 불행하게도 이 지역은 억수같이 내리는 집중호우가 잦은 지역이었다. 훼손된 산비탈은 쏟아지는 비에 속수무책이어서, 미네랄과 유기물이 사정없이 쓸려 내려갔다. 황폐해진 토양은 물을 담아두지 못했다. "열흘 동안만 비가 오지 않으면," 1607년 이 지역 작가가 말했다. "땅이 말라 타들어 가고 거북 등 모양으로 금이 갔다." 본래 이 땅은 경작이 가능한 곳이었다. 물론 옥수수와 고구마 경작이 가능했다는 말이다. 하지만 한번 황폐화된 땅은 석회와 재를 들이부어 산성기를 낮

성 화중대학교 역사학자 양창은 보고한다. 운반 중 손실이 얼마나 많았는지 최종 사용자의 손까지 도달하는 목재는 벌목된 양의 2퍼센트에 불과했다.

추고, 거름을 주어 유기물을 끌어올리고, 비료를 뿌려 질소와 인으로 북돋워도 한두 해 뒤면 다시 황폐해졌다. 빗물이 자양분을 다 핥고 가기 때문이었다.

누군가 나에게 다음과 같은 말을 들려주었다. 판자촌빈민은 산 아랫마을(곡저마을) 지주들에게 농지를 빌렸다. 단기간 임대하는 방식이었으므로 땅을 기름지게 만들 이유가 없는 데다, 설령 그렇게 하고 싶어도 그들은 방법을 몰랐다. 이 땅에서 그들이 처음 재배한 작물의 속성을 알지 못했기 때문이다. 밀이나 기장과 달리, 옥수수는 사방으로 방사하며 자랐다. 때문에 넓은 간격을 두고 심어야만 했다. 다만 옥수수가 심기지 않은 지면이 빗물을 가두어주는 역할을 해야 한다는 사실을 농민들은 오랫동안 알지 못했다. 따라서 그들은 이 작물을 어슷하게 심어 흙이 수분을 머금도록 유도하는 대신 경사면의 위에서 아래로 일직선을 이루도록 심었다. 내려가는 빗물의 고랑을 만들어주어 침식을 가중시키는 꼴이었지만, 그들은 무엇이 잘못되었는지를 한동안 몰랐다.

내 책의 많은 부분을 의존하고 있는 뉴저지 라이더대학교 역사학자이자 판자촌빈민 연구자인 앤 오스본에 따르면, 고지대의 경우 그나마 해마다 토양에 거름을 주면서 비로 인한 피해를 극복할 수 있었다. 반면 산 아랫마을의 경우, 고지대 삼림 황폐로 인해 엄청난 재앙에 직면했다. "강 유역 평야와 분지지역이 협착하면서 사람의 정착지 및 식량 생산 농토가 큰 강 가장자리로만 집중되었다." 오스본은 설명한다. 고지대가 초목으로 덮여 있었을 때는, 빗물을 서서히 방류했다. 홍수도 그만큼 덜했다. 하지만 나무가 자라던 가파른 경사면을 옥수수나 고구마 밭이 대신하면서 산의 빗물 저장 능력은 떨어졌다. 빗물이 산 언덕에 수막을 형성하며 쏟아져 내려오다 급류로 변했다. "고산지대에서 쏟아져 내려오던 급류는 가장 가까운 분지나 평야 지역을 만나면 유속이 갑자기 느려졌다. 그로 인해 급류에 떠밀려 왔던 토사가 물길이나 농민의 전답에 그대로 쌓여 기름진 농경지를 망치고 배수를 가로막았다.

홍수로 인한 피해를 특히 심각하게 입은 사람들은 과거부터 같은 양의 강수에 의지에 논농사를 지어온 농민들이었다. 논에는 끊이지 않고 물이 졸졸 흘러들어야 한다. 이 흐름이 너무 약하면 물이 증발해버린다. 반대로 물길이 너무 세면 물이 논둑을 타고 흘러넘치면서 영양분을 빼앗고 심할 경우 벼까지 쓸어가 버린다. 농민들은 상류에 방죽을 만들어 물을 가두어두고, 필요에 따라 수문으로 양을 조절하며 사용했다. 그런데 홍수가 나서 방죽이 그 물을 감당하지 못하고 터져버리면, 세찬 물이 경작지로 쏟아져 농민의 생사가 달린 논을 흔적도 없이 파괴시켜버릴 수도 있었다. 역설적이게도 벼를 물에 잠기게 했던 홍수가 지나가고 나면 논을 바짝 말려버리는 가뭄이 찾아왔다. 홍수로 망가진 방죽이 더 이상 물을 가둬둘 수 없기 때문이었다. 판자촌빈민은 숲을 쳐내면서 자신들의 땅만 망가뜨린 게 아니었다. 수 킬로미터 아래 농업 인프라까지 망치는 데 일조하고 있었다. 이런 일이 벌어지고 있던 곳이 하필 양쯔 강 하류였다. 즉 판자촌빈민은 국가 최대 곡창지대의 심장부를 야금야금 파괴하고 있었다.

물론 이 지역 사람들이 문제의 핵심을 이해하지 못한 건 아니었다. 이 지방 출신인 학자 매증량梅曾亮은 1823년 자신이 어린시절을 보낸 산악지대 마을을 찾아가 예전 이웃들에게 판자촌빈민에 대해 묻는다. 돌아온 이웃들의 대답에 대해 오늘날 생태학자들이 덧붙일 말은 별로 없을 듯하다.

개활되지 않은 산악지대는 여전히 땅이 단단하고 바위들도 흔들림이 없다. 나무와 식물이 무성해서 여러 해 쌓인 나뭇잎들이 7~10센티미터 가량이나 땅을 뒤덮고 있다. 비가 내리면, 빗물은 썩은 잎들 위로 흐르다가 서서히 흙과 바위틈으로 스며들어 시냇물을 이룬다. 이런 물은 천천히 흐르고, 토양을 쓸어가지도 않는다. 반면 판자촌빈민들이 칼과 도끼로 산을 벌거벗기고, 호미와 곡괭이로 토양을 뒤덮은 곳은 흙이 느슨해지는 바람에 작은 비에도 모래와 바위들이 물과 함께 떠내려 가서 금세 협곡으로 흘러든다.

고지대 침식으로 인해 양쯔 강 하류 유역의 논들은 작은 비에도 물에 잠겼다. 이로 인해 쌀 가격은 급등했고 이는 다시 고지대의 메이즈 생산을 부채질 했다. 산림 황폐화가 가속화되면서 더 많은 하류의 논들이 툭하면 물에 잠겼다.

판자촌빈민이 산악지대로 이주해 들어간 이후 홍수는 어느 때보다 빈번해졌다. 송 왕조(960~1279) 때에는 제국의 곳곳에서 대략 2년에 세 번꼴로 초대형 홍수가 발생했다. 명 왕조(1368~1644)에서는 일부 농민과 많은 하카족 사람들이 법망을 피해 산악지대로의 이주해 들어가면서 산림을 파헤쳤다. 예측 가능하게, 홍수는 1년에 두 번꼴로 늘었다. 청(1636~1911)이 들어선 이후 산악지대로 이주를 국책으로 장려했다. 해가 지면 달이 뜨듯이, 쇄도하는 이민 물결은 쇄도하는 삼림 황폐 물결로 이어졌다. 이제 대형 홍수는 매년 6차례가 되었다. 설상가상 그 홍수가 집중된 곳이 중국의 대표적인 곡창지대였다. 역사학자 리쟝주李香菊는 남아 있는 개인문집과 현의 관보, 지방관청

사료보관소, 그리고 왕조의 재난구조 현황 등을 이 잡듯 뒤져서 청시대에 무려 1만 6,384건의 홍수가 발생했다는 사실을 밝혀냈다. 대다수는 사소한 물난리였다. 하지만 이 중 1만 3,537건이 양쯔 강 하류 및 황허의 곡창지대에서 발생했다는 점이 눈에 띄었다. 그리고 홍수는 점점 더 늘어났다. 1841~1911년 사이, 청은 초대형 홍수를 매년 13차례 이상 겪었다. 한 달에 한 번씩 카트리나(2005년 미국을 덮친 역사상 가장 강력한 폭풍 중 하나로 기억되는 허리케인)가 온 셈이다. "그 제국은 인구가 밀집한 지역에서 끊임없는 재난을 당하고 있었다." 그는 계속했다. "그 지역들은 제국의 백성들을 먹여살리는 중요한 곡창지대였다. 그러므로 홍수는 국가적 재난이었다."

1970년대 중국 기상청 연구팀이 지난 세기의 강우량과 기후를 확인하기 위해 여러 지역에 남아 있는 엄청난 분량의 기록들을 샅샅이 조사했다. 예상대로 과학적인 측정 자료는 거의 없었지만 구두로 남긴 자료는 많았다. 그들은 이를테면 "열흘 동안 여름비가 쉬지 않고 내려 강이 범람했다." "봄과 여름 홍수로 셀 수 없이 많은 사람과 동물이 물에 빠져 죽었다." "여름과 가을 홍수가 씨종자로 남겨둔 곡물까지 다 쓸어가 버렸다." "예닐곱 날 동안 폭우가 어찌나 세게 내렸는지 땅이었던 곳으로 배가 다녔다."라는 표현을 찾아냈다. 그리고 "엄청난 바람과 폭우로 가옥과 전답이 다 물에 잠겼다." 같은 문장을 만났을 때, 연구팀은 해당 지역에 1로 표시를 했다. 심각한 가뭄을 말하는 곳에는 숫자 5를 적었다. 그 사이 크고작은 기상변화에는 2나 3, 혹은 4를 적어넣었다. 그렇게 다소 주관적인 표현에 기대 그려낸 지도는 상황을 선명하게 드러내고 있었다. 중국 기상청이 작성한 지도책을 빠르게 넘기다 보면, 흡사 한 편의 환경재앙 애니메이션을 지켜

1823년의 중국 홍수

곡창지대
- ● 지속적이고 강도 높음: 1
- ● 단기간 지속: 2

베이징
다자어
황허강
양쯔 강
우한
난징
한강
원강
광저우
태평양

보는 느낌이 든다.

지도를 보며 놀란 나는 양쯔 강 하류 곡창지대 네 곳을 자세히 들여다보았다. 난징, 안칭, 우한, 그리고 주요한 북쪽 지류인 한강 상류 지역이었다. 1500~1550년 사이 이 지역에 표시된 1은 16개였다. 50년 동안 16차례의 초대형 홍수를 겪었다는 의미다. 1600~1650년 동안에는 1이 18개였다. 크게 보면 비슷한 수치였다. 차고 습한 소빙하기를 거치던 1700~1750년 동안에는 1이 무려 27개였다. 이후 소빙하기가 꼬리를 내리면서 이 지역의 강수량과 적설량도 줄어들었다. 그럼에도 불구하고 중국 농업의 핵심 생산지인 이 지역에서 1이라는 숫자는 지속적으로 증가했다. 1800~1850년 사이, 이 네 지역에서 집계된 대형 홍수만도 32회였다. 그런 홍수들은 강을 따라 수백 킬로미터씩 물폭탄을 쏟아부으며 전답과 마을을 쑥대밭으로 만들었다. 즉, 1이라는 숫자가 한 번씩 찍힐 때마다 수천 명의 삶이 파괴되었다는 의미다.

들불처럼 커지는 문제에 경악한 저장성 관료들은 1802년, 정부 차원에서 그 천한 판자촌빈민을 "그들이 원래 살던 곳으로" 돌려보내는 일에 착수하겠다고 발표했다. 나아가 정부는 산악지대에 옥수수를 심지 못하도록 법으로 금했다. 하지만 무용지물이었다. 1824년, 관료들은 저장성을 옥수수 제로지역으로 만들겠다며 다시 팔을 걷어붙였다. 종자 유통까지 단속하며 수선을 떨었지만 이번에도 정부 정책은 완전한 실패로 끝났다. 무능하고 부패한 제국의 중앙정부는 이미 돌이킬 수 없을 만큼 썩은 상태였다. 저장성 감독관들은 줄기차게 옥수수를 뽑아낼 인력을 파견해달라고 중앙정부에 요청했다. 응답은 없었다. 인류가 자신의 운명을 결정할 능력이 없다는 사실을 통렬하게 보여주는 현장이 바로 그곳이었다. 브레이크 없이 이어지던 개활지 만들기는 19세기로 접어들면서 급가속 페달을 밟아 더 무서운 속도로 내달렸다.

당시의 저장성 감독관 왕원방王元芳은 이런 상황을 도무지 이해할 수가 없었다. 물론 과거의 지주들이야 고지대 땅을 대여하는 게 재앙에 가까운 결과를 초래한다는 사실을 몰랐다고 치자. "그로 인해 현재(1850년) 물길은 진흙으로 막히고, 논밭은 모래 아래 파묻혔다. 산등성이는 속살을 다 드러낸 벌거숭이로 파헤쳐졌다. 관료든 백성이든, 모두가 이 대재앙이 어디서 왔는지를 안다. 그런데도 이 상황을 멈추기 위해 누구 하나 나서는 사람이 없다. 대체 왜일까!"

실패의 한 요인은 집단이주가 안고 있는 고질적인 문제에서 기인했다. 대규모 인구를, 그들이 오랫동안 일군 가정과 가족으로부터 고통 없이 떼어낸 집단으로 강제 추방하는 일은 결코 간단한 게 아니다. 따라서 대중의 지지를 먹고 사는 정부 입장에서는 이런 고통을 가하는 일에 몸을 사린다.

현실적으로 이미 수십 년 전에 고향을 떠나온 이들에게 또 다른 정착지를 마련해 준다는 것도 문제였다. 하지만 오스본은 중국 판자촌 빈민의 사례에서 최대 걸림돌은 욕지기 치미는 정부의 무능과 좌충우돌이 아니었음을 역설한다. 그 침식과정을 가속화한 가장 큰 문제는 전형적인 집단 이기주의였다. 법망의 허점을 이용해 지주들은 야산 임대를 통한 이득을 두둑하게 챙겼다. 경작소득과 달리 전대수익에는 세금이 붙지 않았다. 따라서 지주들이 소유한 고산지대의 임대 가능한 땅은 손쉽게 돈을 거둘 수 있는 소득의 원천이었다. 물론 이 결과가 부른 삼림 황폐화가 산 아래 자신들의 논밭을 쑥대밭으로 만들 수도 있었지만 말이다. 그럼에도 지주들이 임대를 멈추지 않은 이유는 간단했다. 홍수로 인해 발생하는 리스크가 지역 전체 불특정 다수에게 분산되는 반면, 임대료 수익은 100퍼센트 자기 수중에 떨어졌다. 이렇듯 이기주의에 눈먼 땅주인의 이해관계는 판자촌빈민의 고삐를 죄려는 정부의 모든 노력을 수포로 만들었다.

환경운동가들에게는 그야말로 악몽과도 같은 일이다. 눈앞의 작은 이익 추구로 인해 드넓게 펼쳐질 미래를 통째 재앙 속으로 밀어넣는 꼴과 다름없었으니 말이다. 끊임없는 홍수는 끊임없는 기근으로, 다시 끊임없는 소요 사태로 이어졌다. 피해를 복구하느라 나라의 근간이 흔들렸다. 어쩌면 아메리카 대륙의 실버는 명을 벼랑 끝으로 밀어낸 원흉이었는지 모른다. 여기서 한 발 더 나아가, 아메리카 대륙에서 들어온 작물들은 그러잖아도 휘청거리던 중국 제국의 주춧돌마저 걷어차 버리는 역할을 했다.

제국의 운이 다하는 데는 분명 여러 요소들이 작용했다. 안으로는 하카 신비주의자 집단이 이끈 반란으로 인해 짧은 동안 남동쪽 산악 지대에 판자촌빈민 국가가 들어서면서 나라를 찢어놓았다. 설상가 상, 함량 미달의 황제들이 연달아 배출되는 바람에 관료들은 무능과 부패에 흠뻑 젖어버렸다. 대외적 상황도 녹록지 않았다. 영국과 치른 두 개의 전쟁에서 패한 청은 국경 통제권을 넘겨주지 않을 수 없는 처지가 되고 말았다. 영국은 중국 땅에서 자유롭게 아편을 판매했고, 이를 금지하려던 정부는 아편 박멸전쟁의 소용돌이에 휘말렸다.

성공과 마찬가지로, 파국의 조상도 여럿이다. 중국을 마음대로 유 린했던 유럽 군대들조차 모르고 있었지만, 그들이 내달린 궤도는 이 미 콜럼버스의 대전환에 의해 탄탄대로처럼 잘 닦인 상태였다.

다자이가 남긴 교훈

반세기 넘도록 중국에서 가장 유명세를 떨친 마을 중 하나가 다자이 大寨였다. 고작 수백 영혼들이 사는, 메마르고 울퉁불퉁한 중국의 산 골마을. 이곳은 1963년 홍수로 마을이 통째 유린되었다. 그리고 훗날 이 마을의 트레이드마크가 된, 머리에 질끈 동여맨 수건과 함께 참화 를 딛고 당당하게 일어섰다. 홍수가 덮친 직후 그 지방 공산당 간부 는 정부 차원의 원조를 거부한 채 지역 자체의 힘만으로 마을을 재건 하겠다고 선언했다. 말 그대로, 그들은 불굴의 의지를 발휘해 완전히 새로운 마을로 거듭났다. 척박한 땅임에도 불구하고, 이후 그곳의 수확량은 치솟았다.

다자이가 거둔 성과에 흥분한 마오쩌둥은 수천의 지방 관료들을 관광차에 실어보내, 그곳을 견학하고 배우도록 독려했다. 그 작은 마을에서 사람들이 본 것은 손에 삽을 들고 산을 오르내리며 꼭대기부터 바닥까지 계단식으로 논을 만드는 노동자들이었다. 작업을 하다가 잠시 틈이 나면 혁명적인 마오쩌둥의 어록인 《붉은 보서*The Little Red Book*》를 읽었다. 마치 광신도 같은 분위기였다. 한 참관단은 굳은살이 박인 다자이 노동자들의 손을 보기 위해 꼬박 2주나 걸어 이 마을에 왔다. 당시의 중국 공산당원들은 단 한 자투리의 땅일지라도 일구어 곡식을 생산해내는 게 시급하다고 배웠다. 마오의 중국을 상징하는 슬로건이 이런 상황을 잘 설명해준다.

산을 없애라! 도랑을 메워 땅을 만들자!
숲을 밀어내고 토지를 개간하라!
농사를 짓고 싶다면, 다자이에게 배워라!

성과에 도취되고 당 관료들에 의해 등 떠밀린 그 마을 사람들은 산간지역에 부채꼴 모양으로 흩어져 벌판의 키 작은 나무들을 베어내고 산비탈을 도려낸 뒤 계단식 논밭을 만들었다. 그렇게 조성한 평평한 바닥마다 빼곡하게 작물을 심었다. 따가운 햇살과 굶주림을 견디며 그들은 하루 종일 일했고, 밤에도 불을 밝히면서 일했다. 심지어 그들은 계단식 논밭 사이, 경작이 불가능했던 가파른 경사면까지 농지로 전환했다. 내가 방문했던 한 마을의 경우, 농민들이 경작

가능한 땅을 20퍼센트나 늘렸다고 했다. 이 정도는 예삿일인 것처럼 보였다.

　다자이는 지질학적 괴물이라 할 황투고원黃土高原 안에 있었다. 영겁에 영겁이 쌓이는 세월 동안 바람이 이 사막을 휩쓸고 지나 서쪽으로 불면서 흙먼지와 모래를 중국 대륙으로 실어날랐다. 그 수천 년 동안 땅에 낙하해 쌓인 먼지가 이 지역을 거대한 토사 더미, 지질학자들이 '황토loess'라고 부르는 흙으로 뒤덮었다. 그 충적이 실로 대단해서 깊이가 20여 킬로미터에 달하는 곳도 있다. 이곳 황투고원의 총 면적은 프랑스와 벨기에 그리고 네덜란드를 다 합친 크기에 맞먹는다.

　황토는 젖은 눈처럼 뭉쳐지고 쉽게 허물어졌다. 수세기 동안 이 고원 사람들은 황토에 동굴을 파고 그 안에서 살았다. 야오동이라고 불리는 이 동굴 주거지는 꽤 아늑하다. 내가 묵었던 동굴에는 황토 덩어리에서 떼어낸, 연단 모양 침대가 있었다. 침대 옆 난로의 연통이 연단을 통해 나 있어 겨울에 침대를 따뜻하게 데워주었다. 그 밤에 야오동 벽을 바라보던 나는 문득 그 방이, 마치 과학실험 시추봉처럼 지구의 작용을 보여준다는 사실을 깨달았다. 일반적으로 흙은 세 개의 층으로 되어 있다. 단면을 보면 맨 위층은 얇은 막으로 죽은 낙엽과 약간의 나무, 그리고 기타 유기물로 이루어져 있다. 그 아래는 30센티미터 미만의 어두운 색 표토층으로, 부엽토가 포진해 있다. 그리고 맨 아래는 하토층으로, 색은 좀 엷지만 철과 점토 및 미네랄 성분이 풍부하다. 그런데 황토는 달랐다. 거대한 흙먼지 더미를 오려내 만든 그 방은 천정에서 바닥까지 제복처럼 일정한 색상이었다.

　진흙을 가지고 놀아본 아이들이라면 흙먼지 더미가 쉽게 씻겨 내려간다는 사실을 잘 안다. 미세토사 알갱이들은 "제각기 따로 노는 입자들 같다."라고 황투고원 양링시 토양과수자원보존연구회 토양전문과학자인 쳉펜리는 말했다. 흙먼지 알갱이들은 단단하게 뭉쳐지지 않는다. 그는 흙먼지 알갱이들이 흐르는 물에 씻겨 "아주 쉽게 운반된다"고 나에게 설명했다. 가파른 산에서 쓸려 내려간 흙먼지들은 아득히 먼 거리까지 이동한다. 황허는 황투고원을 크게 휘감아 돌며 관통한다. 그렇게 해서 황허는 전 세계 어디에서도 유례를 찾기 힘들만큼 어마어마한 미세토사를 중국의 노른자위 곡창지대인 화베이 평원 깊숙한 곳까지 운반한다.

평야 지대로 접어든 강의 유속은 점점 느려지고, 물살에 실려온 미세토사는 강바닥과 강둑 가장자리에 쌓였다. 그렇게 쌓인 토사는 토양을 비옥하게 만들었다. 그곳이 으뜸 곡창지대인 주요 이유이다. 하지만 토사는 강바닥 높이도 쌓아올렸다. 결과적으로 황허의 수위는 매년 3~10센티미터씩 상승했다. 세월이 흐르면서 강바닥은 주위 땅들에 비해 자그마치 12미터나 높아졌다. 밀밭에서 농사짓는 농부들이 강을 보기 위해서는 위를 올려다봐야 하는 상황이 빚어졌다. 공중에서 높이 흐르는 강물은 둑을 타넘어 저 아래 평야로 달리고 싶어 안달했고, 툭하면 범람해 화베이 평야를 쑥대밭으로 만들며 재앙적인 홍수를 만들어냈다.

이런 재앙은 수천 년 동안 중국인들에게 위협적이었다. 중국에서 황허는 "3년에 두 번씩은 둑이 터지고 100에 한 번씩은 물길이 변경되는" 강으로 유명했다. 그런데 18세기와 19세기의 침식은 둑이 터지고 물길이 변경되는 상황을 더욱 치명적으로 몰아갔다. 홍수를 다스리기 위해 청나라는 전문가로 이뤄진 조직을 만들어 무려 800킬로미터에 이르는 제방, 배수로, 댐과 수문, 그리고 강에서 갈라져 나가는 16개의 제2수로 공사를 했다. 만리장성에 버금가는 대규모 수자원 공사로, 민생을 돌본다는 차원에서는 만리장성보다 훨씬 의미가 깊었다. 이로써 아찔하게 복합적인 관개망을 국가가 통제하게 됐을 뿐 아니라, 베이징과 항저우(근대 상하이의 남쪽 항구)를 잇는 전 세계적으로 가장 긴 인공운하인 1,775킬로미터 대운하와 황허를 연결했다. 이 대형 프로젝트를 완성하느라 황제는 제국 예산의 10퍼센트는 족히 쏟아부었을 것이다.

그러나 중국 기상청 지도가 보여주듯이, 이처럼 압도적인 토목공사에도 불구하고 끊임없이 밀려온 미세토사 더미는 1780~1850년 사이 황허 둑을 12차례나 범람하게 만들었다. 6년에 한 번 꼴이다. 모든 홍수가 치명적이었지만, 특히 역사상 최악의 피해를 남긴 것으로 알려진 1887년의 홍수 때는 무려 100만 명의 사망자가 나왔다.

홍수의 원인이 황투고원의 산림 황폐에 있다는 사실을 모르는 사람은 없었다. 게다가 대부분의 개활이 정부의 정책에서 비롯되었으며, 그로 인한 홍수가 제국의 존립을 위태롭게 하는데도 정부는 손을 놓고 있었다. 판자촌빈민들에게 땅을 빌려준 지주들이 눈앞의 이익에 눈먼 것과 마찬가지로, 청 왕조는 국가의 운명을 결정지을 수도 있는 이 상황에 대해 수수방관했다. 만일 중앙정부에서 결단력 있게 문제 해결을 위해 나섰더라면 어떻게 됐을까? 결과는 아무도 모른다. 시도하지 않은 일이기 때문이다. 한 나라의 멸망을 부채질한 홍수는 청 왕조가 망하던 그 순간까지 지속되었다.

그리고 정말이지 믿기지 않게도 마오쩌둥은 황투고원에서 더 많은 개활을 주문했다. 지역 대부분이 이미 다 벌거숭이인 데다 그나마 발

딛기 힘든 가파른 경사면에만 나무들이 우거져 침식을 겨우 저지하는 상황이었다. 바로 이런 곳들이 1960~1970년대, 다자이 스타일의 계단식 논 만들기 운동의 타깃이 되었다. 흙덩어리로 얼기설기 쌓아놓은 계단 논의 가장자리는 지속적으로 떨어져 나갔다. 집중호우 직후에 내가 방문했던 황투고원의 어느 마을에서는 주민 절반이 나와 부슬부슬 떨어져 나가는 계단식 논 가장자리를 삽으로 탁탁 치며 다지고 있었다. 설령 계단식 논이 무사하다 해도, 토양의 영양분과 유기물은 빗물에 쉽게 씻겨 내려갈 수밖에 없었다. 황허 강변의 가파른 산간지역에 둥지를 튼 마을 주이토우에서 동굴집 사이로 난 좁은 길을 따라 걷던 나는 계단식 논이 빗물에 쓸려 속절없이 뜯겨져 나가는 현장을 두 눈으로 목격했다.

침식이 자양분을 제거해버린 탓에, 새로 심은 작물의 수확량은 급격히 떨어졌다. 수확량 유지를 위해 농부들은 새로운 땅을 개활해서 계단식 경작지로 만들었다. 이렇게 만들어진 논은 다가오는 홍수에 곧바로 쓸려나갔다. 오랫동안 중국의 환경을 연구해온 매니토바 대학교 지리학자 바츨라프 스밀Vaclav Smil은 저서 《나쁜 지구The Bad Earth》에서 이 같은 현상을 전형적인 '악순환의 쳇바퀴'라고 표현했다. 2006년 중국의 학자들은 다자이 시기에 침식으로 인해 황허에 유입된 토사의 양이 그 이전보다 3분의 1가량 늘었다고 발표했다.

결과는 모든 곳에서 뚜렷하고 끔찍하게 나타났다. 토질 악화가 불러온 수확량 감소는 어마어마한 수의 농민들을 유랑민으로 내몰았다. 내가 방문했던 산간마을 주이토우는 인구의 절반을 잃었다. "이는 역사상 가장 끔찍한 인간 노동력 낭비 중 하나였습니다." 스밀은 내게 말했다. "그런 행위가 얼마나 어리석은 짓인지는 아이들조차 알

수 있는 일이지요. 그 일에 수천 인력이 밤낮으로 동원되었습니다. 가파른 산의 산림을 벌목해내고 곡식을 심는 것이 어떻게 현명한 생각일 수가 있겠습니까?"

농업 한계지역에서 농민들은 옥수수를 심었다. 고비사막 끝자락인 주이토우 북쪽, 모래밭이나 다름없는 땅에 심어놓은 옥수수 밭을 둘러보았다. 1960년대까지만 해도 이 지역은 가시덤불이 무성하게 덮고 있었다. 그런데 마오가 지역 주민들에게 공격적인 식량 생산을 명령했다. 말하자면, 해변의 백사장에서 농사를 지으라는 의미와 같았다. 믿을 수 없게도, 이 지역 사람들은 실제로 마오의 말에 넘어가 모래밭에 옥수수를 심었다. 그 불모의 땅에서 자란 수숫대 꼭대기에는 엉글다 만 누런 옥수수가 달려 있었다. 옥상에도 마당에도, 죽은 수숫대가 쌓여 있었다. 소형 중국제 오토바이에 연결된 짐마차로 사람들은 집채만큼 쌓아올린 옥수숫대를 운반했다. 텅 빈 하늘에 떠도는 자욱한 흙먼지. 가벼운 바람에도 지독한 흙먼지가 일었다. 사막에서 실려온 먼지를 붙잡았던 황투고원이 이제는 그 먼지를 도로 내뱉고 있었다.

마오 이후의 중화인민공화국은 이 산림 벌채를 저지하기 위한 계획에 착수했다. 1981년 중국 정부는 11세 이상 신체 건강한 모든 시민은 "매년 3~5그루의 나무를 심으라"는 명령을 내렸다. 최근 중국 정부는 지구상 가장 큰 생태 프로젝트로 기록될 '쓰리 노쓰Three Norths' ('삼북방호림'이라고도 불린다) 프로그램에 착수했다. 북부, 북동쪽, 북서쪽 4,500킬로미터에 이르는 거대한 길이에 광대한 숲의 장막을 치는 게 그 골자였다. 황투고원의 프런티어까지 포함해서, 2050년 완성 예정인 그린 월 차이나Green Wall of China는 이론적으로 사막화와 모래

폭풍을 일으키는 바람을 잠재울 것이다.

이처럼 원대한 스케일에도 불구하고, 다자이가 남긴 유산인 토양 훼손은 하루아침에 복구되지 않았다. 그 파괴에 맞서는 것은 정치적으로 예민한 문제이기도 했다. 마오의 정책 실패를 인정하지 않고서는 어려운 문제였기 때문이다. 내가 그 지방 공무원들에게 "그 위대한 수령이, 방향을 잘못 잡은 것입니까?"라고 질문했을 때, 그들은 정중하게 대화의 주제를 바꿨다. 중국 정부가 새로운 방향으로 조타를 움직인 건 불과 지난 10년이다.

이제는 주이토우 농부들이 황투고원을 도려내 만들었던 많은 계단식 경작지가 자연으로 돌아가고 있다. 지역 주민들이 '3-3-3' 시스템이라고 부르는 것으로, 농민들은 전체 토지 중 가장 가파르고 침하가 발생하기 쉬운 곳 3분의 1에 나무를 다시 심고 있다. 침식을 막는 천연벨트인 셈이다. 다른 3분의 1에는 수확할 수 있는 과실수를 심었다. 그리고 나머지 3분의 1, 특히 이전의 침식으로 인해 비옥해진 곡저 유역 밭에는 농작물을 집중적으로 심었다. 보급이 한정된 거름을 그 땅에 집중적으로 뿌려주면 척박해진 다른 땅에서 거두던 곡식보다 더 많은 양을 수확할 수 있다. 어쨌든 이론적으로는 이렇다. 과도기를 잘 극복하도록 정부는 농민들에게 길게는 8년 간 보조금을 지급하고 매년 곡식을 배당하는 것으로 보상을 한다. 2010년까지 이 프로그램은 미국 아이오와 주 면적에 해당하는 14만 5,000제곱킬로미터(남한 면적의 약 1.5배) 넓이의 강 유역에 시행되었다.

얼핏 생각하기에 이런 프로젝트를 수행하는 데는 독재정부가 적합한 것 같다. 거주자들의 재산권이나 정치적 시위 따위를 걱정하지 않고 '이제부터는 기장 대신 아몬드 나무를 심으라'고 명령하면 그만이

니 말이다. 부락민은 한꺼번에 산으로 올라가 물고기 비늘같이 작은 구덩이에 수백 수천의 묘목을 심어야 한다. 농부들이 이 들에서 저 들로 옮겨가며 일하는 모습을 보며, 이 프로젝트의 기획자는 자부심에 가득 차서 자신의 성과만을 부각시켰다.

하지만 현실 세계에서 상황은 녹록치 않아 보인다. 성, 현, 그리고 부락 공무원들은 계획대로 심긴 무수한 '나무 수'에 따라 포상을 받는다. 그 지역 기후조건에 적합한 수종을 선택해 심었는지, 혹은 그 나무들이 유실수로 적합하지 않다는 전문가들의 조언을 충실히 이행했는지 여부와 상관없이. 이런 작업을 통해 한 푼도 이득을 보지 못하는 농부들이 차후에 나무를 정성껏 돌볼 인센티브는 전혀 없다. 조성한 나무에서 과일을 수확하거나 땔감으로 자르는 것은 불법이고, 그들의 집으로부터 수십 킬로미터 떨어진 곳의 침식을 막을 수 있을지 확신할 수도 없는 상황이다. 현실이 이러할진대 결과는 불 보듯 뻔하

1960년대부터 황투고원 전역의 중국 농민들은 산을 벌거벗기고 속살을 파낸 뒤 흙으로 된 다랑이 논을 조각해 넣었다(왼쪽 페이지 사진). 황투고원은 쉽게 침식되어서 비만 내리면, 크든 적든 계단식 논이 침식됐다(위쪽). 유지보수는 끝도 없는 일이었고, 종국에는 가파른 언덕의 계단식 논은 흔적도 없이 붕괴해버렸다(아래). 서 있기조차 쉽지 않아 보이는 가파른 언덕에 의지해 살아가야 하는 농민들은 겨우 입에 풀칠을 하면서 연명했다.

다. 그 뻔한 프로젝트가 산시성의 배후 도로면 여기저기에서 지금도 진행되는 중이다. 죽은 나무들, 물고기 비늘만한 구덩이 천지인 들판이 도로를 따라 수십 킬로미터나 줄지어 이어지고 있었다. "해마다 우리는 나무를 심습니다. 한 농부가 말했다. "하지만 살아남은 나무는 없습니다."

내가 방문했던 그 지역은 죽은 나무의 행렬이 마치 수 마일에 걸쳐 이어진 지도의 등고선처럼 산등성이에 점점이 박혀 있었다. 수확은 이미 글렀다. 게다가 농부들은 벌써부터 원 위치로 돌아가려고 안달을 했다. 그 나무 하나하나는 글로벌 실버 무역의 우연한 잔재를 되돌리려는 정부의 안쓰러운 몸부림이었다.

3부

유럽, 세상의 중심으로 올라서다

6장

농업, 산업이 되다

감자 전쟁

감자에 꽃이 피면, 다섯 갈래로 벌어진 꽃잎이 마치 통통한 보랏빛 별처럼 들판에서 하늘거린다. 일설에 따르면 마리 앙투아네트는 이 꽃을 너무 좋아해서 머리에 꽂고 다녔다고 한다. 앙투아네트의 남편 루이 16세도 이에 전염돼 단춧구멍에 감자꽃을 꽂았는데, 이게 대유행을 일으켜 프랑스 귀족들이 이 꽃을 단 채 사교장을 누볐다는 에피소드도 있다. 감자는 가지과에 속하는 식물로 말하자면 토마토, 가지, 담배, 파프리카, 그리고 벨라도나 같은 식물과 같은 가지에서 나왔다. 얼핏 뿌리처럼 보이지만, 땅속에 영양소를 저장하기 위해 줄기가 변형된 덩이줄기 작물이다. 감자의 싹이 트는 눈은 줄기에서 자라나온 잎에서 진화한 것이다. 감자 열매는 녹색 방울토마토처럼 생겼는데, 이 식물의 중대한 방어 시스템인 솔라닌이란 독성분으로 가득

차 있어 해충의 공격으로부터 보호해준다. 일반적으로 현대의 농부들은 이 씨앗은 쳐다보지도 않은 채 덩이줄기를 조각내 그 조각들을 심는다. 이런 목적으로 사용되는 덩이줄기를 '씨감자seed potatoes'라고 부르는데, 잘못된 언어가 일상적인 용어로 굳어진 대표적인 예라 할 수 있다.

오늘날 감자는 세계에서 다섯 번째로 중요한 작물이다. 총생산량으로 감자를 능가하는 건 사탕수수, 밀, 옥수수, 그리고 쌀밖에 없다. 감자의 최초 출생지는 안데스 지방이다. 우리가 흔히 마트에서 만나는 감자인 솔라넘 튜버섬Solanum tuberosum뿐 아니라 에콰도르, 페루, 그리고 볼리비아 지역에서만 먹고 있는 각양각색 모든 감자의 원산지는 안데스이다. 아르헨티나부터 미국 남서쪽에 이르는 모든 곳에서 발견되는 야생감자의 종류는 대략 20여 종이다. 그 이름과 생김의 유사함에도 불구하고 (영어에서 감자는 포테이토potato, 고구마는 스윗 포테이토sweet potato이다) 이 중 단 한 종도 고구마와는 연관성이 없다. 고구마는 전혀 다른 식물군임에도 사람들은 오랫동안 이 두 식물이 비슷하다고 생각해왔다. '포테이토potato'란 단어 역시 엉뚱하게도 티아노 말로 고구마인 바타타batata에서 유래됐다(고구마의 학명인 이포모아 바타타스Ipomoea batatas 또한 여기서 유래했다).

초창기 식물학자인 영국인 존 제라드는 1597년 "식물에 관한 지식이 전무하고 상식조차 없는 사람들이 이 식물에 말도 안 되는 이름을 멋대로 갖다 붙였다."라고 화를 냈다. 이 문제를 확실하게 바로잡고자 그는 자신의 저서 《식물 역사 개론generall historie of plantes》에서 감자에 '버지니아 포테이토Virginia potato'라는 명칭을 부여했다. 하지만 그 역시 남 욕할 처지는 못 되었으니, 사실 감자는 버지니아 출신이 아니었다. 그는 한 발 더 나아가 고구마를 '일반 감자common potatoes'*라고 불렀다.

감자는 약 4분의 3의 수분과 4분의 1의 녹말 성분으로 이뤄져 있다. 여기에 다량 섭취하면 괴혈병을 방지하기에 충분한 비타민도 함유하고 있다. 1925년, 두 명의 폴란드인 학자들이 감자(버터에 으깨서, 소금에 쪄서, 혹은 잘라서 오일과 함께 샐러드로 만들어) 외에 다른 음식은 일체 먹지 않고 167일을 버텼다는 기록도 있다. 기록에 따르면, 실험을 마친 학자들은 몸무게가 줄지 않았고 아무런 건강상의 문제도 생기지 않았다. 게다가 믿을 수 없게도 식단에 "변화를 주고 싶은 갈망"조차 느끼지 않았다. 역사적으로 볼 때 이 과학자들의 식이요법은 별 게 아니다. 1839년에 실시한 두 건의 설문조사를 보면, 아일랜드 일반 노동자들은 매일 평균 약 5.5킬로그램의 감자를 섭취했음을 시사한다. 감자를 보면 제일 먼저 아일랜드인이 떠오르는 것은 그렇다 치자. 그 덩이 작물은 모든 북부 유럽의 필수적인 식량이 되어서, 프로이센과 오스트리아는 1778~1779년에 '감자 전쟁'까지 치렀다. 두 진영이 전쟁 내내 총력을 기울인 일은 아군에게는 감자 확보를, 적에게는 감자를 손에 쥐지 못하게 하는 것이었다. 마침내 보헤미아의 감자가 동이 나면서 길었던 이들의 대치도 끝났다.

곡물에 비해 덩이줄기 작물은 생래적으로 생산성이 높다. 밀이나 벼는 알곡이 너무 잘 자라면 쓰러지는 바람에 치명적인 결과를 부르기 십상이다. 근대의 종자개량 학자들은 더 무거운 알곡을 감당하도록 대공이 짧고 튼튼한 벼와 밀 품종을 개발해냈다. 그렇다고 해도

---

* 고구마sweet potatoes는 얌이라고도 불렸는데 이 또한 전혀 잘못된 용어이다. 얌은 아시아와 아프리카를 원산지로 하는 전혀 다른 식물군에 속한다.

아이다호 포테이토만큼 무거운 알곡을 머리에 이고 있을 수는 없는 일이다. 땅 아래서 자라기 때문에, 이 덩이줄기는 식물의 다른 기관에 제약을 받지 않는다. 2008년 한 레바논 농부가 11.3킬로그램이나 되는 감자를 캐냈다.

많은 학자들은 솔라넘 튜버섬s. tuberosum의 유럽 도입을, 유럽사의 운명을 뒤집은 중대한 지점으로 보고 있다. 감자가 널리 주식으로 퍼진 시기가 북유럽에서 기근이 종식된 시기와 궤를 같이 하기 때문이다(메이즈 등 다른 아메리카 대륙 작물도 기근 종식에 한 역할을 했지만 북유럽에서의 역할은 적었다). 저명한 역사학자 윌리엄 맥닐은 감자가 제국주의로 가는 길을 터주었다고 힘주어 말한다. "급속도로 불어난 유럽 인구를 감자가 먹여살렸다. 미약했던 유럽 국가들이 1750~1950년에 걸쳐 전 세계로 지배권을 확장하는 힘은 여기서 나왔다." 감자로 인한 기근 종식 덕에 유럽에는 정치적 안정이 찾아왔다. 여기에 아메리카에서 온 은을 활용해 부유해진 유럽은 전 세계로 힘을 확장할 수 있었다. 말하자면 감자는 서세동점 시대, '서세'의 엔진에 연료를 공급해준 주인공이었다.

장기적인 관점에서 볼 때, 감자 도입에는 유럽의 기근 종식 못지않게 중대한 의미가 한 가지 더 있었다. 바로 유럽과 북아메리카에서 근대농업이라는 새로운 패러다임을 만들었다는 사실이다. 때로 농업의 산업화라 불리는 것이다. 풍요로운 수확을 가져옴으로써 농업전문가들로부터 엄청난 칭송을 들었지만, 환경운동가들에게 맹렬한 질타를 받았던 농업의 산업화는 세 개의 기둥이 떠받치고 있다. 품종개량, 고강도 비료, 그리고 공장생산 살충제. 이 셋은 모두 콜럼버스적 대전환과 톱니바퀴처럼 맞물린 동시에 감자 도입과도 얽혀 있었다.

콜럼버스적 대전환은 유럽과 북아메리카에 엄청나게 생산성 높은 감자를 선물했을 뿐 아니라 놀랍도록 생산적인 안데스 감자 재배기술도 가져다주었다. 대표적인 것이 세계 최초의 고강도 질소비료인 페루 구아노이다. 안데스 사람들은 수세기 동안 바닷새들이 연안 섬에 남긴 거대한 배설물 더미인 구아노를 채취해서 거름으로 사용했다. 이 사실이 알려지기 무섭게 수백 척의 선박들이 구아노를 흘러넘치도록 싣고 대서양을 가로지르기 시작했다. 그런데 이들 배에는 구아노만 실린 게 아니었다. 역사상 최악의 기근으로 기록된 아일랜드 대기근 당시 감자를 고사시킨 균류도 같이 타고 있었던 것으로 학자들은 추정한다.

감자잎마름병의 공포가 아직 뇌리에서 지워지지 않았을 때, 감자는 또 다른 외래 해충의 공격을 받았다. 바로 콜로라도감자잎벌레이다. 패닉에 빠진 농민들은 그 시기에 개발되었던 화학 농약으로 눈길을 돌렸다. 농민들은 두 팔을 걷어붙이고 비소제 농약을 온 들녘에 살포했다. 살충제 회사들은 점점 더 강력하고 효과적인 비소합성물을 생산하기 위해 경쟁을 벌였고, 이는 근대 농약산업을 가속화시켰다. 바로 근대농업 산업화의 세 번째 요소이다. 1950~1960년대에 접어들어 품종개량과 고강도 비료, 그리고 인공 농약이 과학적으로 결합되면서 농업생산성은 폭발했다. 이른바 녹색혁명이다. 이제 일리노이 주에서 인도네시아에 이르기까지, 전 세계 농장들은 몰라보게 변신했고 인류를 기근의 손아귀에서 빠져나오게 했다. 더불어 식량공급 문제를 둘러싸고 나날이 강도가 높아지는 정치적 논쟁을 촉발시켰다.

감자, 멜서스의 트랩에서 유럽인을 구조하다

1853년 알자스 출신 조각가 안드레아스 프리드리히가 독일 남서부 소도시 오펜부르크에 프랜시스 드레이크 경의 조각상을 대리석 대좌에 세웠다. 프리드리히는 드레이크를 수평선을 내다보는 전형적인 예언자로 묘사했다. 그의 왼손은 검의 자루에 놓고, 오른손은 감자를 쥔 채로. 대좌에는 '프랜시스 드레이크 경'이라는 이름 아래 다음과 같은 문장이 적혀 있었다.

> 우리 구주 탄생 1586년에
> 유럽에 감자를 전파한 드레이크를
> 땅을 경작하는 수백만의 사람들은
> 그를 불후의 은인으로 기억할지어다.

이 석상은 1939년 초 나치에 의해 끌어 내려졌다. 반유대주의 폭동인 크리스탈나흐트의 광란 속에서 벌어진 일이다. 사실 이 동상 파괴는 역사에 대한 테러라기보다 예술에 대한 테러였다. 감자를 유럽에 들여온 인물은 드레이크가 아닐 확률이 매우 높기 때문이다. 설령 드레이크가 감자를 유럽에 들여왔다고 해도, 그 대좌에 새겨진 문장은 번지수를 한참 잘못 짚은 꼴이었다. 솔라넘 튜버섬과 관련해 공적을 치하해야 할 사람이 있다면, 그건 바로 고대 야생감자를 최초로 작물화한 고대 안데스인들이었다.

지형적으로 안데스는 도저히 중요한 주식이 탄생됐을 법한 곳으로는 보이지 않는다. 지구상에서 두 번째로 높은 산맥인 이 지역은 남

오펜부르크 중심가에 세워졌으나 나치가 파괴해버린 프랜시스 드레이크 경의 기념비.

미 태평양 해안을 따라 줄줄이 이어진 봉우리들이 얼음 병풍을 치고 있다. 총길이가 8,855킬로미터에 달하며, 곳곳의 해발 고도는 6,700미터가 넘는다. 그 산맥을 따라 화산활동이 활발한 산들이 마치 벨트에 박힌 보석처럼 점점이 들어서 있다. 에콰도르에서만도 지난 100년 사이에 화산폭발이 일곱 차례나 일어났고, 칠레 서쪽 국경지역인 산호세는 1822년 이후 여덟 차례 화산폭발을 겪었다. 이 화산들은 팽팽하게 힘겨루기를 하는 두 개의 지각판이 서로를 밀어붙이면서 지진과 홍수 그리고 산사태에 방아쇠를 당기는 지질학적 특성과 관련이 있다. 설령 이 불안한 땅이 조용하다 해도, 기후까지 고분고분 협조를 해주는 건 아니다. 고지대 기온은 삽시간에 영상 23도에서 영하로 곤두박질치곤 한다. 공기가 희박해 열을 붙잡을 수 없기 때문이다. 난데없이 발생하는 돌풍은 유리를 산산조각내고, 차량을 도로에서 밀어내 버린다. 그 이름도 유명한 엘니뇨 현상은(이 이름 자체가 안데스에서 주조된 말이다) 해안에는 홍수를, 고지대에는 가뭄을 몰고 온다. 한 차례의 엘니뇨가 수 년 동안 지속되기도 한다.

안데스는 대체로 나란히 평행을 이루는 세 개의 산맥으로 구성되며, 각 산맥은 알티플라노altiplano라고 하는 고원에 의해 구획된다. 알티플라노(평균 고도 약 3,650미터)에는 이 지역 경작 가능한 땅 대부분이 몰려 있다. 마치 유럽인들이 알프스를 경작해서 살아갔던 것과 같다. 안데스 산맥의 깎아지른 동쪽 면은 고온다습한 아마존의 바람을 붙잡아서 끊임없이 비의 집중포화에 시달린다. 태평양에 면한 서쪽 면은 푄 현상에 의한 '비그늘'의 장막으로 덮인 탓에 지구상에서 가장 건조한 땅이다. 그 사이에 낀 알티플라노 대부분은 우기와 건기와 번갈아 존재하는데 강수량은 11월에서 3월에 집중되어 있다. 자연상태로 둔다면, 그곳은 전형적인 초원지역처럼 초목으로 뒤덮이게 될 것이다.

전혀 가망 없어 보이는 이 지형에서, 찬란한 고대 산악문명이 꽃을 피웠다. 버몬트대학교 지리학자 대니얼 W. 게이드Daniel W.Gade에 따르면 이 문명은 1492년경쯤에는 지구상 어떤 산악문명과 비교되지 않을 만큼 고도로 '진보한 수준'에 이르렀던 것으로 보인다. 또한 이집트 왕국들이 피라미드를 축조하던 바로 그 시기에, 안데스 사회도 그들 나름의 기념비적인 사원과 종교적인 광장을 갖추고 있었다. 에콰도르에서 칠레 북부에 이르는 지역에서는 오랫동안 강력한 제국들이 발호해 지역 패권을 놓고 각축전을 벌였다. 지상화와 동물 묘사로 유명한 나스카 문명, 챠빈데완타르Chavín de Huántar에 거대한 사원을 남긴 챠빈 문명, 조경기술에 탁월했던 와리Wari 문명, 전쟁과 일하는 장면부터 잠자는 모습과 성생활까지 다양한 일상을 묘사한 도자기 문화로 유명한 모체Moche 문명, 역사상 가장 높은 곳에 건설된 복합대도시 문명인 티와나쿠Tiwanaku(지구상에서 배가 다닐 수 있는 가장 높은 호수인 티티카카 호수를 중심으로 꽃피웠다), 모체 문명의 계승자이자 방사형으로 넓게 퍼진 찬찬Chan Chan을 수도로 삼은 치모르Chimor 문명 등등 그 수만도 엄청나다. 이들 중 오늘날 우리에게 가장 유명한 문명은 호전적인 잉카 문명이다. 잉카제국은 단숨에 안데스 산지 대부분을 장악하고 황금빛 휘황찬란한 도시와 거대한 도로망을 건설했다. 하지만 스페인이 가져온 질병과 스페인 병사들에게 속절없이 무너졌다.

중앙아시아와 이집트에서 문명의 역사는 밀과 보리의 발달과 밀접하게 맞물려 있다. 이와 마찬가지로 멕시코와 중앙아메리카 토착사회는 메이즈를 바탕으로 건설되었다. 아시아에서 중국의 역사는 쌀로 만든 종이 위에 쓰여졌다. 안데스 지역은 색다르다. 이곳 문명을 먹여살린 것은 곡물이 아니라 덩이줄기 작물과 뿌리작물로, 이 중 가장 중요한 작물은 감자였다.

칠레 남부에서는 무려 1만 3,000년 전부터 사람들이 감자를 먹은 것으로 보이는 고고학적 증거들이 발굴되고 있다. 현대의 솔라넘 튜버섬은 아니고 솔라넘 매갈리아S. maglia라는 야생종으로, 지금도 해안가에서 자생하고 있다. 안데스 문화가 어떤 경로를 거쳐 야생감자를 작물화했는지는 유전학자들이 아직도 투명하게 밝혀내지 못했다. 다만 고대 안데스 원주민들이 주로 씨앗을 이용해 구근을 길러낸 것으로 추정컨대, 그들은 다양한 감자 종자를 한 텃밭에 무더기로 뿌려서 셀 수 없이 많은 자연적인 교배종을 생산해냈을 것이다. 근대의 감자 역시 이 중 일부에서 생겨났을 가능성이 높다. 오늘날 감자 작물화 과정을 규명하려는 연구 중 가장 자주 인용되는 가설 하나는 다음과 같다. 오늘날의 감자는 4개의 서로 다른 종자가 교배되어 태어났다. 이 중 2개에는 '알수없음unknown'이란 꼬리표가 붙여졌다. 시기 역시 불분명하다. 다만 고고학자들은 안데스 사람들이 완전히 작물화된 감자를 기원전 2000년경쯤부터 먹었던 것으로 결론지었다.

얼핏 생각하기에 야생감자는 작물화하기에 적당한 후보처럼 보이지 않는다. 야생 감자알은 솔라닌과 토마틴에 그물처럼 둘러싸여 있다. 이 독 성분의 화합물은 곰팡이와 박테리아 그리고 인간 등 위험한 유기체의 공격으로부터 이 식물을 보호해줬을 것이다. 많은 식물의 경우 방어용 독 성분은 조리과정에서 분해된다. 예를 들어 많은 콩류는 열을 가하거나 물에 씻는 것만으로도 먹는 데 안전하다. 반면 솔라닌과 토마틴은 오븐이나 냄비의 열도 너끈히 견딘다. 안데스 사람들은 분명 흙, 정확히는 진흙을 섭취해 감자의 독소를 중성화했을 것이다. 알티플라노에 사는 과나코와 비쿠냐(라마의 야생 친척)는 독성 식물을 먹기 전 진흙을 핥아먹는다. 잎의 독 성분은 미세한 진흙 입자에 들러붙는다. 좀 더 엄밀히 표현하자면 '흡착된다.' 진흙과 결합한 유해성분은 동물에게 영향을 끼치지 않고 소화기관을 빠져나간다. 이 프로세스를 모방해 인디언들은 분명 진흙과 물을 섞어 만든 '소스'에 야생감자를 적셔 먹었을 것이다. 그러던 중 안데스 원주민들은 조금 덜 치명적인 종자를 교배해냈다.

하지만 서리에 대한 저항력이 점수를 따서 독 성분을 품고 있는 고대의 감자 품종이 지금도 더러 존재한다. 고산지대에서는 지금도 식탁에서 감자와 함께할 진흙가루 봉지를 시장에서 판매하고 있다.

안데스 인디언들은 유럽이나 북아메리카 사람들처럼 감자를 삶거나 구워서, 혹은 으깨서 먹었다. 하지만 인근 지역 사람들은 널리 알려지지 않은 형태로 감자를 섭취하기도 했다. 삶은 감자의 껍질을 벗겨 다진 후 말려서 만든 파파스 세카스papas secas나 고인 물에서 수개월 발효시켜 만들어낸 점성이 있고 군내가 나는 발효식품 토쿼쉬toqosh, 갈아서 물에 잠기도록 둔 뒤 가라앉은 녹말을 걸러낸 알미돈 드 파파almidón de papa(감자녹말), 그리고 가장 널리 먹었던 형태인 추뇨chuño는 다음과 같이 만들어진다. 감자를 넓게 펴서 영하의 밤에 얼도록 밖에 둔다. 그러면 감자 세포 내 얼음이 팽창하면서 세포막을 터지게 한다. 아침 햇살이 떠오르면 감자는 해동된다. 다음날 밤에도 같은 일이 반복된다. 냉동과 해동이 반복되는 동안 감자들은 말랑말랑하고 즙이 나는 방울로 변형된다. 수분을 짜내고 나면 마침내 추뇨가 완성된다. 딱딱한 혹이 다닥다닥 붙은 모양으로, 본래 감자 알의 3분의 2에 해당하는 부피와 무게다. 태양에 오래 노출된 탓에 색깔은 거무튀튀했다. 양념 맛이 강한 안데스식 찌개로 요리해서 먹는데, 이탈리아 중부에서 즐겨 먹는, 소스에 감자경단을 넣어 먹는 뇨키와 비슷하다. 추뇨는 실온에서도 수년 간 보관이 가능하다. 즉 추뇨는 흉작에 대비한 보험인 셈이다. 바로 정복국가 잉카제국 군사들을 지탱해주었던 음식이었다.

그때나 지금이나 안데스에서 농사는 지형과의 사투였다. 깎아지른 지형인 데다 침하 또한 끊임없는 위협이다. 인구의 절반가량이 경사각 20도가 넘는 땅에서 경작을 하며 살아간다. 쟁기질을 할 때마다 흙덩어리가 언덕 아래로 굴러 내려가는 비탈이란 얘기다. 그나마 토양 성분이 좋은 땅의 대부분은 산사태 지역 꼭대기에 앉아 있어서 침식에 매우 취약했다. 문제는 이뿐 아니었다. 열대성 기후인 이곳은 건기에는 물이 너무 없고, 우기에는 물이 너무 많다. 건기에는 바람이 박토薄土를 빗으로 빗듯 할퀴고 지나갔다. 우기에는 집중호우가 거즈처럼 수막을 형성하며 산을 타고 흘러내렸다. 빗물이 영양분을 다싣고 내려가 계곡이 범람하고 작물들은 물에 잠기곤 했다.

물을 관리하고 침식을 막기 위해 안데스인들은 4,047제곱킬로미터(서울 면적의 약 7배)가 넘는 면적의 계단식 경작지를 만들었다. 마치 계단처럼 조각되어 있는 안데스인의 경작지를 본 스페인 여행가 페드로 사르미엔토 드 감보아는 다음과 같이 경탄했다. "길이 200보 안팎에 폭 20~30보 테라스들이 줄지어 있는데, 앞면에 돌담을 쌓은 후 그 안을 흙으로 채웠다. 이 돌과 흙은 대부분 멀리서 가져온 것이다. 우리는 이것을 안덴스andenes(플랫폼)라고 부른다." 안데스라는 지명은 여기에서 유래했다. 말하자면 15세기 인디언들은 20세기 마오의 중국보다 훨씬 더 효과적인 방법으로 농지를 만들었다.

비교적 평평하고, 물이 있었던 티티카카 호수 주변 토착사회는 무려 1,250제곱킬로미터(서울 면적의 약 2배)에 이르는 유상구조형 토지를 건설했다. 직사각형 유상구조로 너비 수 미터에, 길이 20여 미터 혹은 수백 미터 단위의 땅들이 가지런하게 구획된 형태였다. 각각의 플랫폼들은 물의 깊이가 60센티미터에 이르는 도랑으로 분리되었다. 이 도랑의 물은 밤에도 열을 붙잡아둔다. 이곳은 기복이 심한 지형과 지표면 온도 변화로 인해 밤이 되면 작은 기류가 만들어지는데, 도랑의 따뜻한 공기와 플랫폼 주변 찬 공기가 섞이면서 작물 주위 온도를 섭씨 2도쯤 높여주는 역할을 했다. 한여름에도 밤 공기가 영하에 근접하는 곳에서 도랑이 매우 요긴한 역할을 해준 것이다.

1615년 안데스 지방 토착 귀족인 펠리페 구아만 포마 드 아얄라의 그림. 이 그림처럼 안데스 인디언들은 발쟁기로 밭을 갈았으며 뒤따르는 여성이 씨감자를 심는 식으로 경작을 했다.

대부분의 지역에서 유상구조형 토지는 꿈도 꿀 수 없는 일이었다. 따라서 인디언들은 작은 형태인 와초wach 혹은 와추wachu(두둑)를 건설했다. 흙을 갈아업어 만든 나란한 이랑들이다. 폭 약 60센티미터로, 같은 크기의 얕은 고랑으로 분리되어 있었다. 아메리카 대륙에는 가축화할 수 있는 대형 육서동물이 없었다. 그들이 키우는 라마는 덩치가 작아서 사람을 태우거나 쟁기를 끌 수조차 없었다. 농부들은 이 모든 일을 호미와 발쟁기로 해냈다. 발쟁기는 긴 나무 널빤지에 짧은 손잡이와 발판이 달려 있고 발판 아래 날카로운 돌이나 청동 혹은 구리 조각을 댄 농기구이다. 남자는 발쟁기를 들어올려 땅에 박은 뒤 발로 발판을 굴러 흙을 깊게 떠내기를 반복하는 식으로 밭을 일궜다. 한 걸음 한 걸음 뒷걸음질치며 쟁기질을 하다보면, 이랑과 고랑이 만들어졌다. 그러면 그의 아내가 마주보고 뒤따르며 괭이나 망치로 흙덩어리들을 잘게 부쉈다. 와초 맨 위의 구멍에 놓이는 것은 감자씨 혹은 작은 구근이었다. 감자알에는 최소한 눈이 한 개는 있어야 한다. 눈에서 감자의 싹이 움트기 때문이다. 열을 이룬 일꾼들이 고랑을 따라 일사분란하게 움직일 때는 노동요가 그 일에 보조를 맞추었다. 농부들의 휴식에는 치차(메이즈로 만든 맥주)와 한 줌의 씹는 코카 잎이 동반했다. 그렇게 하나의 들에서 작업을 끝낸 마을 사람들은 다음 들로 이동했다. 모든 사람의 들에서 파종을 끝낼 때까지. 집단 노동의 전통은 안데스 사회의 트레이드마크였다.

4~5개월이 지나면 농부들은 밭으로 몰려가 구근을 파내고, 다음 작물(보통은 안데스가 원산지인 곡물 퀴노아를 심었다)을 심기 위해 와초를 판판하게 다져놓았다. 독이 있는 열매만 제외하면, 감자는 단 한 자투리도 버릴 것이 없는 식물이었다. 잎은 라마와 알파카에게 먹이로 주고, 줄기는 조리용 연료로 썼다. 일부는 밭에서 곧장 연료가 되었다. 수확이 끝나자마자 가족들은 50센티미터 높이의 이글루 모양 화덕 안에 진흙을 발랐다. 그 안에 짚, 덤불, 약간의 목재(스페인 사람들이 온 뒤로 사람들은 소의 배설물을 사용했다)와 함께 수확한 감자 줄기를 넣고 화덕이 하얗게 달궈질 때까지 불을 땠다. 그런 뒤 재를 양 옆으로 밀치고는 갓 수확한 감자를 넣어 구워 먹었다. 고산지대 부락민들은 지금도 감자를 이렇게 해먹는다. 어둠발이 내려앉으면 화덕들은 붉은 빛을 발하며 산등성이에 점점이 박힌다. 뜨거운 감자에서 피어난 김이 맑고 차가운 공기 중으로 원을 그리며 피어올랐다. 사람들은 감자를 거친 소금이나 식용 진흙에 넣어 마을로 옮겼다. 감자 타는 냄새가 밤바람을 타고 족히 수 킬로까지 전해지곤 했다.

유럽 접촉 이전, 안데스 사람들이 구워 먹었던 감자는 지금 우리가 아는 감자알과는 달랐다. 안데스 사람들은 각기 다른 고도에 걸쳐 다양한 종자를 경작했다. 보통은 마을 단위로, 기후와 토양에 적합한 몇 가지 종자를 골라 심었다. 동시에 모든 사람들은 각자의 취향에 따라 조금씩 다른 감자를 곁들여 심기도 했다. 각각 자신만의 들쭉날쭉한 와초 땅뙈기에 말이다. 야생감자는 밭 가장자리를 차지했다. 결과는 카오스적 다양성이었다. 같은 고도 상에 있는 한 마을의 감자는 몇 마일 떨어진 다른 고도 마을의 감자와 완전히 달라 보였다.

농부들이 씨앗이 아닌 덩이줄기 조각을 심을 경우, 그 싹에서 난 결과물은 클론이다. 산업화된 국가들의 감자밭 풍경을 보면, 땅 전체를 유전적으로 동일한 품종이 뒤덮고 있다. 안데스인의 밭은 이와 딴판이다. 페루·미국 합동연구팀이 페루 중부 산악마을을 조사한 결과, 그곳 농부들은 집집마다 평균 10.6종류의 전통 종자, 즉 저마다 다른 이름을 지닌 원시품종을 기르고 있었다. 펜실베이니아주립대학교 칼 짐머Karl Zimmerer는 몇몇 마을을 방문하면서 무려 20여 종의 원시품종이 심어진 밭들을 다수 발견했다. 페루 국제감자센터는 4,900종 넘는 감자 표본을 보관하고 있다. 칼 짐머는 안데스의 단 한 뙈기 밭에 심어진 감자 범위가 "다양성에 있어서 미국 전체에서 수확되는 감자의 10분의 9를 넘는다"고 결론내렸다. 물론 그들이 기르는 감자가 다 원시품종은 아니다. 농부들은 시장에 내다팔기 위해 근대 아이다호 스타일의 종자를 키운다. 뭘 모르는 도시 촌놈들을 위한 맹탕 감자라고 말하면서.

그 결과 안데스의 감자는 한눈에 식별되는 단일종자가 아니라 유전적으로 연관성 있는 많은 개체들의 잡탕이었다. 감자 분류작업은

안데스 원주민은 수백 종의 감자 종자를 배양했다. 그리고 이들 중 대다수는 한 번도 남아메리카 지역을 떠나본 적이 없다.

분류학자(생물을 추정되는 유전적 계통에 의거해 분류하는 학자들)에게 수십 년의 두통거리였다. 분분한 논란과 해석의 여지는 있지만 학자들은 안데스 밭에서 재배되는 감자에 대한 분석을 통해 21, 9, 7, 3, 그리고 1품종으로 분류했다. 그리고 다시 각각을 복수의 종과 아종亞種, 품종, 형태로 쪼갰다. 논쟁이 일단락된 것은 아니지만, 오늘날 일반적으로 통용되는 종자 수는 크게 4개로 분류된다. 지금 우리가 재배하는 솔라넘 튜버섬의 경우, 가장 널리 받아들여지는 최근 연구를 통해 8개의 유형으로 구분했다. 각 유형마다 고유의 이름이 붙는다.

야생 상태 감자 종자의 혼란스러움은 이보다 더하면 더했지 덜하지 않다. 감자 유전학자인 하웍스는 1990년에 출간한 역작 《감자*The Potato*》에서 이름 있는 야생감자가 229종이나 존재한다고 발표했다. 하지만 그의 언급은 감자 종류에 대한 논쟁을 잠재우기에는 역부족이었다. 2008년 아메리카 대륙 전역에서 5,000여 종의 감자를 분석한 네덜란드 학자들은 하웍스의 229종을 포함한 감자 종을 10개의 그룹으로 대분류해서, 그들의 표현을 빌리자면 '종자의 묶음'을 정리했다. 중앙아메리카에서 안데스까지, 그리고 남아메리카 끝단에 이르기까지 분포한 이 식물 종자들은, 잡종의 광활한 바다 같은 늪지대에서 보일락 말락 하는 섬들처럼 펼쳐져 있다. 생물학 교과서의 다른 식물 종들처럼 "깔끔하게 가계도로 정리되지 않는 것이다." 네덜란드 감자학자들은 자신들이 야생감자를 "전인미답의 유전학 늪지대"라고 비유한 것을 두고 다른 분야 연구자들이라면 도저히 "받아들이기 어려운 일"이라고 자평했다.

물론 맨 처음 안데스로 쳐들어갔던 스페인인들은 이 모든 사실을 전혀 알지 못했다. 프란시스코 피사로의 지휘 아래 1532년 에콰도르에 상륙해 잉카를 공격했던 무리 말이다. 그들 역시 인디언이 둥근 물체를 먹는 것을 알아차렸고, 다소 의구심을 품으면서 이따금 얻어먹기는 했다. 이 새로운 먹거리에 대한 소식은 이후 급속히 번져나갔다. 채 30여년이 지나지 않아 스페인 농부들은 카나리아 제도처럼 멀리 떨어진 곳에서까지 감자를 재배해 프랑스와 네덜란드(당시는 스페인 제국의 한 조각이었던)에 수출할 정도였다. 감자에 대한 최초의 과학적 기록이 등장한 건 1596년이었다. 스위스 박물학자 가스파르 바우힌Gaspard Bauhin이 이 식물에게 솔라넘 튜버섬 에스컬렌툼Solanum tuberosum esculentum이라는 이름을 붙였다. 여기에서 근대의 솔라넘 튜버섬Solanum tuberosum이 나오게 됐다.

사람들은 프랜시스 드레이크가 해적질을 하던 중에 스페인 제국으로부터 감자를 훔쳤다고 생각하며 그에게 공을 돌린다. 드레이크가 그 비운의 로아노크 식민지(드레이크는 생존자를 구조했다) 창립자였던 월터 롤리*에게 감자를 주었던 듯하다. 롤리는 텃밭 관리인에게 자신의 아일랜드 부지에 감자를 심으라고 했다. 롤리의 요리사는 독 성분이 있는 열매를 식탁에 올렸다고 전해진다. 그러자 롤리는 이 식물을 밭에서 다 뽑아버리라고 지시했다. 배고픈 아일랜드인들은 쓰레기로 버려진 감자를 가져다 먹었다. 독일에 드레이크 동상이 들어선 연유가 여기에 있다. 하지만 그 스토리는 조금만 생각해봐도 개연성이 떨어진다. 설령 드레이크가 카리브 해안 약탈 과정에서 감자 몇 알을 탈취했다고 쳐도, 몇 달이나 이어진 항해에서 감자가 살아남았을 가능성은 거의 없다.

감자는 유럽에서 씨앗이 아닌 덩이 작물로 길러진 최초의 먹거리였다. 이 감자가 유럽에 상륙했을 당시, 맨 처음 받은 대접은 거센 의심의 눈초리였다. 정력제라고 생각하는 사람도 있었고 열병, 림프종, 혹은 나병을 일으킨다고 했다. 보수주의 끝판왕이라 할 러시아 정교회 사제들은 감자를 악의 화신이라고 맹렬히 규탄했다. 감자가 성경에 나오지 않는 것이 부정할 수 없는 명백한 증거라고 덧붙이면서. 감자를 상찬한 사람이 없었던 것은 아니다. 영국인 연금술사 윌리엄 샐먼은 1710년 이 구근이 "우리 몸에 자양분이 되고, 결핵을 회복시키며, 피부가 광택이 나게 한다."라고 강력히 주장했다. 유럽 계몽주의 시대 최초의 대백과사전이라 할 《백과전서Encyclopedia》(1751~1765)에서 철학가이자 비평가인 디드로는 중도적 입장을 취했다. "어떻게

---

* 롤리와 당대 사람들은 그의 이름을 라월리Rawley, 랄라Ralagh, 랄레이Raleigh 등 여러 이름으로 불렀다. 이 중 오늘날 가장 흔히 불리는 이름이 롤리이다. 그 자신 역시 '롤리'를 제일 많이 사용했다.

요리를 해도, 이 뿌리는 맛이 없고 전분 맛이 난다." 그는 계속했다. "즐겨 먹을 만한 음식은 아니지만, 단순히 먹을 것만을 원하는 사람들에게는 나름 풍부하고 균형 잡힌 영양을 제공한다." 디드로는 감자를 "바람이 나오는"(방귀를 뀌게 하는) 음식이라고 평했다. 그러면서도 그는 은근슬쩍 감자의 손을 들어줬다. "거친 일을 하는 노동자나 강인한 육체에게 방귀쯤이 뭐 대수인가?"

이런 반쪽짜리 환대 속에서 감자가 스페인 식민지 외곽에서부터 서서히 전파된 건 놀라운 일이 아니다. 1744년 기근이 프로이센을 강타했을 때, 감자 지지자였던 프리드리히 대왕은 소작농에게 감자를 먹을 것을 명했다. 영국에서 농민들은 감자를, 자신들이 증오하는 로마가톨릭의 선봉장으로 치부하며 강력히 규탄했다. "감자는 물러가라! 교황도 물러가라!" 1765년의 선거 슬로건이었다. 1862년이 되었을 때도 영국의 요리저술가 겸 가사자문가 이사벨라 비튼은 독자들에게 "감자 삶은 물은 절대 섭취해선 안 된다"고 경고를 했다. 프랑스는 이 새로운 작물을 받아들이는 데 특히나 굼떴다. 감자를 둘러싼 설전에 뛰어든 사람으로는 영양학자와 예방접종 운동가, 그리고 감자전도사로서 솔라넘 튜버섬 계의 조니 애플시드(미국 전역에 사과씨를 뿌리고 다녔다는 미국 개척시대의 인물. 본명은 존 채프먼이다)라 할 앙트완 파르망티에Antoine- Augustin Parmentier 등이 있었다.

약제학을 공부했던 파르망티에는 군복무 중 7년 전쟁에서 다섯 번이나 프로이센에 포로로 잡혔다. 그는 3년 간의 포로생활 동안 감자만 먹고 살았는데, 놀랍게도 그 식단으로 건강을 유지하는 데 아무런 문제가 없었다. 어떻게 그런 일이 가능했을까? 이 질문을 풀어보려던 노력이 그를 선구적인 영양 분석학자로 만들었다. 그는 최초로 음식의 성분을 탐구하고, 그 성분들이 인간 신체에 끼치는 영향을 밝혀내려 시도한 사람이었다. 1769~1770년, 때 아닌 눈과 비가 프랑스 동부지역에 대흉작을 몰고 왔다. 그러자 현지 학회에서는 "식량이 모자라는 시대, 사람들에게 영양을 공급해줄 대체 작물 선발대회"를 개최했다. 총 7건의 출품작 중 5개가 감자를 내세운 것이었다. 참가자들 중 가장 열성적이고 체계적이었던 파르망티에의 에세이가 당선작으로 선정되었고, 이것이 그의 감자전도사 인생의 시작이었다.

타이밍도 좋았다. 내리 4년 동안 대흉년이 이어진 뒤 왕위에 오른 루이 16세가 처한 당면 과제 중 하나는 곡물 가격 안정이었다. 빵 가격 폭등이 밀가루 전쟁을 촉발시켜, 82개 도시에서 300건 넘는 소요사태가 발생했다. 이 소요사태 내내 파르망티에는 지치지 않고 다방면으로 감자 먹기 캠페인을 펼쳤다. 프랑스가 감자를 먹기만 하면 빵과의 전쟁은 손쉽게 끝날 것이라고 강력하게 주장하면서. 부단한 노력은 결실을 거두었다. 왕은 감자꽃을 꽂기 시작하며 고위층 인사들에게 '올포테이토 연회'를 베풀었다. 파르망티에는 굶주린 상퀼로트(프랑스혁명 당시 하층민 공화당원)들이 훔쳐갈 것을 계산에 넣고 파리 끝자락 16만 1,840제곱미터의 땅에 감자를 심었다. 그의 예상은 적중했다. 디드로는 훗날 《백과전서》 증보판에서 감자에 대한 견해를 바꾸어 "감자는 독일, 스위스, 대영제국, 아일랜드 그리고 그 밖의 다른 나라들에서 인구 절반을 먹여살리는 열매다."라고 썼다.

감자 먹기 캠페인을 펼치면서 파르망티에는 부지불식 간에 유럽의 역사를 바꾸고 있었다. 유럽의 모든 감자는 호기심 많은 스페인인에 의해 대서양을 건넌 몇 개의 구근에서 나왔다. 유전학적인 관점에서 본다면, 유럽인들의 감자는 페루나 볼리비아에 있는 종자의 바다에서 한 스푼 떠낸 것이었다. 파르망티에는 자국 사람들에게 이 한정된 샘플을 광대한 스케일로 경작하도록 촉구하고 있었다. 감자는 구근 조각에서 자라난다. 따라서 파르망티에는 광활한 면적에 클론을 무수히 복사해서 심고 또 심는 방식을 장려한 셈이다. 진정한 단일 재배. 그가 그렸던 감자밭은 안데스 감자 조상들의 감자밭과는 혁명적으로 달랐다. 하나는 구성성분이 불분명한 잡탕이었고, 다른 하나는 동일한 품종의 질서정연한 나열이었다.

감자 도입이 유럽사에 끼친 영향력과 파급력은 실로 파격적이고 메가톤급이었다. 그러므로 색인에 솔라넘 튜버섬이 없는 유럽사 책은 무시해도 좋을 정도다. 스페인 은이 물가를 한껏 끌어올린 데다 냉한기후의 직격탄으로 작물이 다 죽어버린 소빙하기 유럽에서 기아는 익숙한 존재였다. 도시는 그나마 양식이 다소 조달되었다. 곡식 창고 앞에서는 무장한 경비들이 철통보안을 섰다. 하지만 시골 사람들은 벼랑 끝에서 허우적거리고 있었다. 수확에 실패하면 연쇄적으로 식량 폭동이 일어났다. 프랑스 역사학자 페르낭 브로델에 따르면, 1400년과 1700년 사이 유럽 전역에서 수천 건의 폭동이 발발했다. 폭동은 동시다발적으로 일어나거나 여기저기서 산발적으로 일어났고, 때로 여성들이 주도하기도 했다. 빵집이나 곡물창고, 방앗간을 습격해 음식을 강탈하거나 상인들에게 '공정' 가격을 강요하기도 했다. 아사 직전의 강도단이 대로변에 떼로 몰려들어 도시로 가는 곡물수송대를 습격했다. 이런 폭동은 유혈진압을 통해서만 누그러들었다.

18세기 프랑스에서 집계된 기근 통계를 이용해 브로델은 당시 상황을 설명한다. 1500~1778년, 국가 차원의 재앙적 기근이 40차례나 있었다. 10년에 한 번 꼴이 넘는다. 이 정도로도 경악할 수치이지만 현실은 이보다 훨씬 심각했을 것이라고 그는 썼다. "왜냐하면 수백 수천의 지방 마을들이 감내해야 했던 기근은 기록에서 누락되었기 때문이다." 프랑스만 유별났던 건 아니다. 영국에서도 1523~1623년에 전국적이고 광범위한 기근이 17차례나 있었다. 결코 가난하지 않았던 피렌체조차 "1371~1791년 사이 사람들이 굶주림에 시달린 해가 무려 111회였다. 곡식이 '충분한' 해는 고작 16번에 불과했다." 7년의 흉작 이후 한 번씩 돌아온 풍작. 유럽이라는 배는 대륙 안의 사람들을 다 태울 수 없었다. 유럽은 맬서스가 말한 트랩에 갇혔다.

고구마와 옥수수가 중국에서 그랬던 것처럼, 감자는(그리고 감자보다는 약하지만 옥수수도) 유럽을 맬서스 트랩에서 극적으로 구해냈다. 1760년대 잉글랜드 동부지역을 순회하던 영국의 농업경제학자 아서 영은 농업의 신기원을 두 눈으로 목도했다. 꼼꼼한 연구자였던 그는 농부들과 인터뷰를 통해 수확 품목과 규모를 파악한 뒤 일일이 기록했다. 그의 조사에 따르면 영국 동부의 에이커당(4,046제곱미터) 밀, 보리 혹은 귀리 연평균 수확량은 588~680킬로그램이었다. 반면 에이커당 감자 생산량은 11,605킬로그램이었다. 무려 18배에 달하는* 양이다. 아서 영은 감자가 영국인, 특히 가난한 영국인들을 기근에서 구원해주었다고 확신했다. "나에게는 소망이 있다. 감자를 더욱 널리 퍼뜨릴 수 있는 권한을 지닌 모든 이가, 그 일에 힘쓰는 것이다." 그

---

* 이 비교 사례는 실제보다 부풀려졌다. 곡물과 달리 감자에 다량 함유된 수분은 영양학적 가치가 없다. 과거 밀은 건조 성분이 88퍼센트였던 반면 감자는 22퍼센트였다. 따라서 아서 영이 조사한 에이커당 11,605킬로그램의 감자 산출량은 건조성분을 감안해 환산하면 에이커당 2,553킬로그램 정도에 해당한다. 마찬가지로 밀의 에이커당 653킬로그램 산출량도 건조성분을 기준으로 하면 에이커당 573킬로그램이다. 따라서 감자가 밀에 비해 생산량이 4배 더 많다고 보는 것이 타당하다.

는 "감자는 아무리 널리 장려해도 부족할 정도"라고 역설했다.

감자가 곡물과 동격이 될 수는 없지만 대체품으로는 가능하다. 유럽에서는 비옥하지 않고 잡초가 많아서(이런 땅은 한여름에 쟁기질이 가능하다) 농민들이 남겨둔 휴한지가 곡물 경작지의 절반에 육박했다. 영세 자작농들은 이런 땅에 무성하던 잡초를 뽑아낸 뒤 감자를 심었다. 감자는 생산성도 뛰어났으므로 적어도 칼로리 면에서는 두 배로 많은 식량 공급을 가능케 했다. "서유럽 역사에서 유사 이래 처음으로 결정적인 식량난 해결책을 한방에 찾아냈다." 벨기에의 역사학자 크리스 밴든브로크Chris Vandenbroeke는 단정적으로 말했다(입이 걸쭉한 독일 역사학자 요하힘 래드카우는 18세기 환경의 판도를 뒤집은 일대 혁신은 '감자와 질외사정의 도입'이었다고 쓰고 있다). 이제 감자(그리고 메이즈)는 안데스인들에게 그랬던 것처럼 유럽인에게도 중요한 의미가 되었다. 즉 유럽인들이 앞으로도 계속해서 의지할 수 있는 주식으로 자리잡았다. 아일랜드인의 약 40퍼센트는 감자 외에 별다른 고형식품을 섭취하지 않았다. 네덜란드, 벨기에, 프로이센 그리고 아마도 폴란드도 마찬가지여서 그 비율이 10~30퍼센트에 달했다. 서쪽 끝 아일랜드에서 동쪽으로 러시아 우랄산맥에 이르기까지 3,220킬로미터 일대 감자의 나라에서, 일상적인 기근은 거의 자취를 감췄다. 감자 덕택에 마침내, 그 대륙 사람들은 끼니마다 제대로 수저를 들어볼 수 있게 되었다.

감자로 인해 농작물 총생산량은 전반적으로 증가했다. 또 다른 커다란 장점은 더욱 안정적인 식량 공급이 가능해졌다는 사실이었다. 감자가 도입되기 이전의 유럽의 여름은 비축해놓은 곡식이 바닥을 보이는 배고픈 시절이었다. 감자는 불과 석 달이면 생장을 다하기 때문에 4월에 심어 곡식이 바닥난 7~8월에 캐냈다. 성장 시기가 짧았으므로 기상 이변으로 농사를 망칠 확률도 밀에 비해 확연히 낮았다. 전쟁으로 수탈되는 곳에서도 감자는 수개월 동안 땅 속에 숨겨놓을 수 있었다. 그러므로 약탈하는 군인들이 훔쳐가기 어려웠다(당시 군대는 원정에 군량을 가져가는 대신, 현지 농민들로부터 약탈했다). 아서 영이 인터뷰한 많은 농부들은 감자를 동물 사료로도 썼다. 어려운 시절에는 동물을 먹일 것이냐, 아니면 사람이 먹을 것이냐를 놓고 고민해야만 했다. 감자가 도입된 이후, 농민들은 그처럼 어려운 선택을 하지 않아도 됐다.

아서 영보다 몇 해 뒤에 책을 썼던 경제학자 애덤 스미스도 똑같이 감자라는 주제에 사로잡혔다. 애덤 스미스가 주목했던 점은 변변찮은 음식을 먹으면서도 월등한 건강 상태를 유지했던 아일랜드인이었다. "아마도 런던 땅에서 가장 기운에 세고 용모가 좋았을 지게꾼, 짐꾼, 석탄 배달부, 불운하게 매춘으로 삶을 이어갔던 사람들의 대부분을 차지했던 건 아일랜드의 최하위 계급 출신들인데, 이들이 보통 주식으로 삼았던 것은 이 덩이줄기 작물이었다." 오늘날 사람들은 그 이유를 잘 알고 있다. 단일음식 식단으로 생명을 지탱할 때, 감자보다 더 나은 음식은 없다. 감자에는 비타민 A와 D만 빼고 필수영양소가 다 있는데, 이는 우유로 섭취할 수 있다. 스미스가 살던 시절, 아일랜드 빈곤층의 식단은 감자와 우유로 이루어져 있었다. 그리고 아일랜드는 가난한 시민들로 가득했다. 17세기에 아일랜드를 정복한 영국은 좋고 쓸모 있는 땅은 다 차지해버렸다. 많은 아일랜드인은 소작농으로 전락했고, 그나마 소작료를 내고 농사를 지을 수 있는 땅도 습지의 작은 자투리에 불과했다. 이렇듯 열악한 땅에서 자랄 수 있는 건 감자밖에 없었다. 당시 아일랜드 소작농들은 유럽에서 제일 빈궁한 처지에 있었다. 그들이 먹을 건 감자밖에 없었고, 그 덕에 균형 잡힌 영양소를 섭취할 수 있었다. 애덤 스미스는 논리적인 결과를 끌어냈다. 포테이토가 들어온 이후로 "감자는 쌀을 주식으로 하는 국가의 쌀과 같은 역할을 했다. 게다가 똑같은 크기의 경작지로도 훨씬 더 많은 사람들을 먹여살렸다." 나아가 이렇게 추론했다. "인구는 증가할 것이다."

애덤 스미스의 말이 맞았다. 중국에서 고구마와 메이즈가 인구 붐의 산파 역할을 하던 그 시기, 유럽에서는 감자가 인구를 수직 상승시키고 있었다. 더 많은 감자는 곧 더 많은 인구였다(전 지구적 인구 붐은 호모제노센 맹공의 표식이자 효과였다). 감자가 유럽에 도입된 지 한 세기 만에 유럽의 인구는 대략 두 배가 되었다. 가장 큰 인구 붐을 맞이했던 나라는 어느 지역보다 감자를 많이 먹은 아일랜드였다. 1600년대 초반 150만 명이던 이 나라의 인구는 200년 후에 대략 850만 명으로 불어났다(더러 900만 혹은 1,000만 명에 도달했다고도 본다). 인구가 증가한 건 감자를 먹는 사람들이 더 많은 아이를 낳았다기보다 유아생존율이 높아졌기 때문이었다. 직접적인 효과는, 감자가 기아로 인한 죽음을 막아준 것이었다. 하지만 간접 효과의 공이 더 지대했다. 감자로 인해 영양상태가 좋아진 덕에, 그때까지 사망의 주범이었던 전염병으로 죽는 사람들이 확 줄어들었다. 그 실례가 노르웨이다. 기근 상황에서 한파는 오랫동안 치명적인 적이었다. 노르웨이는 1742년, 1762년, 1773년, 1785년, 그리고 1809년에 기근과 한파에 강타당했다. 그런데 감자가 왔다. 사망률이 그렇게 많이 낮아지지는 않았지만 인구가 한순간에 격감하는 일은 사라졌다. 기근과 한파라는 강스파이크가 꼬리를 내리면서 노르웨이 인구는 솟아올랐다.

　이런 기록들은 대륙 도처에서 찾을 수 있다. 소빙하기 시대의 짧은 작황기로 인해 직격탄을 맞곤 했던 스위스 산악지대 마을들도 감자로 구원을 받았다. 사실상 그들은 강성해졌다. 1815년 독일 작센지방이 프로이센에게 경작지 대부분을 잃었을 때, 난민들이 떼로 몰려들었다. 대거 유입되는 인구를 먹여살리기 위해 농민들은 밀을 다 뽑아내고 감자를 심었다. 우유가 부족해서 비록 충분한 영양 섭취를 할 수는 없었지만, 감자는 불어난 인구를 너끈히 먹여살렸다. 스페인 중부내륙 농부들은 올리브와 아몬드 나무를 쳐내고 감자를 심었다. 부락의 경제력이 성장했고, 인구 증가가 뒤따랐다.

　중국 인구 붐 요인이 아메리카 작물 하나만은 아니었듯, 유럽 인구 붐의 요인 역시 감자만은 아니었다. 감자의 도착 시점은 너무도 전면적이어서 일부 역사학자들은 '농업혁명'이라고 불리는 식량 생산 변화의 한복판에 감자를 위치시키기도 한다. 때맞춰 개선된 교통망은 수확이 풍족한 지역에서 빈약한 지역으로 식량을 용이하게 운송하도록 도왔다. 습지와 고지대 목초지가 농지로 개간되었다. 마을 공유지였던 땅이 개인 소유로 전환되면서, 많은 소규모 자작농들이 땅을 박탈당했지만, 농업의 기계화(새로운 소유자들은 농장에 투자만 한다면 지속적인 수익을 보장받을 수 있었다)가 진행되었다. 아서 영 같은 농업 개혁가들은 과학적인 영농법을 대중화하는 데 팔을 걷어붙였다. 대표적인 방법이 마구간의 두엄을 거름으로 사용하는 것이었다. 또한 농민들은 토양에 영양분을 충전시키는 여러 방법, 가령 클로버를 심어서 휴한지를 경작하는 방법을 알게 됐다. 이 방법을 맨 처음 실시한 것은 스페인의 무어인으로, 클로버는 과도방목過度放牧으로 몸살을 않는 목초지를 보호해주는 데 일조했다. 혁신은 농업 분야에만 국한된 건 아니었다. 아메리카의 은이 들어오면서 유럽인의 선박 건조 능력이 향상되고, 삶의 수준은 혁신적으로 개선됐다. 심지어 이 대륙이 점령한 식민지의 열악한 곳들마저 생활 수준이 향상되었다. 중국에서와 마찬가지로, 소빙하기도 주춤주춤 물러가기 시작했다.

2010년 하버드와 예일의 두 경제학자가 감자 적합성은 제외한 채 유사한 유럽 지역의 여러 사건을 비교함으로써, 감자가 유럽에 끼친 영향을 객관적으로 분석하려는 시도를 했다. 두 학자의 연구에 따르면, '가장 보수적으로 추산'해도 감자 자체만으로 유럽 인구 8분의 1이 증가했다. 얼핏 이 수치는 별것 아닌 것으로 보일지 모른다. 하지만 장기간의 유럽 인구 붐을 견인한 여러 요인들과 비교할 때 감자 도입은, 이를테면 근대문명을 견인한 증기기관의 발명에 필적하는 중대한 사건이었다고 두 학자는 결론지었다.

질소비료 구아노의 시대

그 섬 무리는 너무 지독한 악취를 뿜어서 가까이 접근하기조차 힘들었다고 한다. 페루 해안에서 21킬로미터, 리마에서 남쪽으로 805킬로미터 거리의 남아메리카 서쪽 연안에 봉분처럼 군데군데 솟아난 섬 무리. 그 위에선 아무것도 자라나지 않는다. 바로 친차 제도로, 인디언들이 긴 세월 동안 한 번도 정주한 적 없는 곳이다. 유일한 특징이라면 어마어마한 조류 군락이라는 것 정도? 페루 부비새, 페루 가마우지, 그리고 페루 펠리칸이 이곳에 둥지를 튼 대표적인 새들이다.

새들을 이곳으로 끌어모으는 건 심층해수를 수면으로 끌어올리는 페루 연안 해류이다. 물과 함께 떠오른 영양분으로 플랑크톤 잔치가 벌어진다. 식물성 플랑크톤은 동물성 플랑크톤의 먹이가 되고, 이는 다시 멸치 사촌 격인 앤초베타의 1차 먹이가 된다. 산더미처럼 무리를 이루고 사는 앤초베타는 다른 물고기들의 단골 먹잇감이다. 그리고 이들 포식자와 앤초베타는 페루 부비새, 가마우지, 펠리칸의 먹잇감이 된다. 이 새들은 까마득한 세월 동안 친차 제도에 둥지를 틀고 살아왔다. 세월이 쌓이고 쌓이면서 새들은 이 섬들을 구아노Guano 층으로 뒤덮었다. 그 퇴적층의 두께가 무려 45미터에 달했다.

구아노는 최고의 비료가 된다. 단순하게 설명하면 비료의 메커니즘은 식물에게 질소를 공급해주는 것이다. 식물은 태양에너지를 빨아들여 광합성을 한다. 이때 태양에너지를 빨아들이는 물질이 엽록소인데, 식물이 엽록소를 만들기 위해서는 질소가 필요하다. 질소는 또한 단백질과 단백질의 설계도인 DNA의 핵심 구성성분이기도 하다. 공기의 4분의 3을 이루는 성분이 질소가스지만, 식물의 입장에서는 그림의 떡일 뿐이다. 공기 중의 질소가스는 두 개의 질소 원자가 단단히 들러붙어 있는 형태여서 식물이 필요한 대로 이 둘을 분리해 사용할 수 없기 때문이다. 따라서 식물은 잘 분리되는 형태로 존재하는 토양에서 질소를 구하게 된다. 바로 암모니아(NH_3. 즉, 질소원자 1개에 수소 원자 3개), 아질산염(질소 원자 1개와 산소 원자 2개로 이뤄진 NO_2를 포함한 분자들), 그리고 질산염(질소 원자 1개와 산소 원자 3개가 결합된 NO_3를 포함한 분자들)이다. 이 모두는 농부가 원하는 만큼 존재한 적이 한 번도 없었다. 흙속 박테리아가 끊임없이 질산염과 아질산염을 분해해서 질소를 쓸모없는 질소가스로 되돌려놓기 때문만은 아니었다. 반복적으로 농사를 짓는 토지는 언제나 질소 고갈의 위험을 안고 있었다.

포유류가 배출하는 소변과 달리 조류 소변은 반고체 물질이다. 그래서 새들은 포유류에게는 불가능한 방식으로 소변을 겹겹의 산호초처럼 쌓아올릴 수 있었다(간혹 예외도 있는데, 동굴에 집단으로 서식하는 박쥐가 대표적이다). 하지만 조류라고 해도 친차 스타일의 구아노 퇴적(그 더미가 12층 건물 높이가 되는)은 드물다. 일단 몸집이 큰 조류여야 하고, 대규모 군락을 이뤄야 하며, 사는 곳에 배설해야(가령 갈매기들은 배설물을 번식 장소에서 멀리 떨어진 곳에 떨어뜨린다) 한다. 여기에 기후가 메말라서, 빗물에 구아노가 씻겨 내려가는 걸 막아야 한다. 페루 연안의 연강수량은 25밀리미터도 되지 않는다. 페루의 147개 구아노 섬 중에서도 가장 중요한 친차 제도는, 구아노 생산성이 가장 좋은 수백 수십만 페루 가마우지의 집이다. G. 에벌린 허친슨G. Evelyn Hutchinson의 권위 있는 논문 《척추동물 배설에 관한 생물지구화학》에 따르면 가마우지 한 마리당 연간 배출량은 약 15킬로그램이다. 친차에 사는 가마우지 종들만 매년 수천 톤을 생산해낸다는 계산이 나온다.

수세기 전 안데스 인디언들은 고갈된 토양을 구아노를 이용해 새로 북돋울 수 있다는 사실을 알아냈다. 양쪽에 바구니를 단 라마 행렬이 친차의 구아노를 가득 싣고 해안을 지나 아마도 산악지대 깊숙이까지 운반했을 것이다. 잉카제국은 구아노 구역을 구획해서 각 부락에 할당했다. 나아가 새들의 번식을 방해하거나 다른 마을의 구아노를 채취하는 사람에게 벌금을 부과했다. 포토시의 번쩍이는 은에 눈멀었던 스페인인들은 정복지의 원주민들이 사용하는 거름 따위에는 눈길조차 주지 않았다. 이 구아노를 처음으로 눈여겨본 유럽인은 1799~1804년에 아메리카 대륙을 여행했던 독일인 대학자 프리드리히 빌헬름 알렉산더 폰 훔볼트(1769~1859)였다. 식물학과 지리학, 천문학, 지질학, 인류학의 선구자로서 발부리에 걸리는 돌 하나에도 물리지 않는 호기심을 보였던 훔볼트의 레이더망에 페루 연안에서 총총거리며 오가던 원주민 구아노 보트 함대가 들어온 건 어쩌면 당연한 일이었다. "400미터 떨어진 곳에서도 그 냄새를 맡을 수 있었다." 라고 그는 기록했다. "암모니아 냄새에 익숙한 선원들은 아무렇지 않은 것 같았다. 하지만 우리가 접근할 때면 재채기 사례를 멈출 수가 없었다." 훔볼트가 유럽에 가지고 돌아온 수천의 샘플 중에는 이 페루 구아노도 소량 포함됐다. 그는 구아노를 프랑스 화학자들에게 보냈다. 성분 분석 결과 친차 구아노의 경우, 11~17퍼센트가 질소라는 사실이 밝혀졌다. 적당히 쓰지 않으면 뿌리를 태워버릴 수 있을 정도였다. 프랑스 과학자들은 비료로서 구아노의 잠재력을 설파하기 위해 입이 닳도록 열변을 토했다.

그러나 이들의 조언은 곧바로 받아들여지지 않았다. 유럽 농부들에게 구아노를 공급하기 위해서는 대서양 건너 대량의 조류 배설물을 운송해야 하는 난관이 놓여 있었다. 당연하게도 선박회사들은 이 프로젝트를 반기지 않았다. 상황은 수십 년 사이에 바뀌었다. 유럽은 불어나는 인구를 지탱하기 위해 전에 없는 고강도 농업으로 토양을 혹사시켰다. 영양분을 모두 잃고 황폐해진 토양은 유럽 전역 농업학자들에게 심각한 고민거리였다. 수확량이 이전 수준으로 돌아가거나 후퇴하기 시작했다. 토양 회복을 위한 긴급 처방이 절실했다. 바로 비료였다 당시에 최고로 쳐주는 토양 영양제는 도살장에서 뼈를 갈아 만든 골분이었다. 영국, 프랑스, 독일에서는 뼈를 수 가마니씩 제분소로 보내 가루로 만들었다. 토양 고갈의 두려움에 내몰려 골분의 수요는 수직상승했다. 가격이 상승하자 중간상들은 점차 불미스런 원재료로 뼈를 공급하기 시작했다. 전쟁이 발발했던 워털루나 아우스테를리츠 등지에서였다. "공공연하게, 대규모로 자행되던 행위가 이제는 의심의 여지없는 기정사실로 받아들여졌다. 죽은 병사들이 상업거래의 가장 중요한 품목으로 전락했다는 것 말이다."〈런던 옵저버 *London Observer*〉는 1822년 이렇게 논평했다. 신문은 나아가 "무덤 도굴꾼들이 전쟁터에서만 한정적으로 도굴을 할 것이라고는 보이지 않는다."라고도 썼다. "언급하기 매우 조심스럽지만, 크게 본다면 요크셔의 성실한 농부들이 매일 먹는 일용할 양식을 자기 아이들의 뼈에 빚지고 있다."

이런 상황에서 새의 배설물이 이상적인 비즈니스 아이템으로 보이기 시작했다. 1830년대 중반, 구아노 몇 포대가 유럽 항구에 처음으로 등장했다. 여기에는 유스투스 폰 리비히의 힘이 컸다. 선구적인 화학자였던 리비히는 최초로 식물이 영양분에 의존해서 살아간다는 사실을 피력한 인물이다. 대표적인 것이 질소였다. 그는 논문〈농업과 생리학에서의 응용유기화학 *Organic Chemistry in Its Application to Agriculture and Physiology*〉(1840)에서 질소가 전혀 없는 골분을 비료로 사용하는 세태를 비판했다. 그러면서 구아노의 효능을 한껏 추켜세웠다. "모래와 점토로만 이뤄진 토양조차 구아노 소량만 있으면 풍성한 수확을 기대할 수 있다."

리비히는 당시 명망 높은 학자였다. 감자와 옥수수처럼 생산성 높은 작물을 도입하는 등, 농업과 산업에서 혁신적인 사고방식을 도입한 과학계의 아바타였다. 그의 논문은 곧바로 여러 언어로 번역되었다, 영어로 된 책만도 4개 판본이었다. 대부분 지주였던 식자층 농부들은 리비히의 '구아노 예찬론'을 읽기 무섭게 이 새로운 비료를 사러 달려갔다. 수확량은 2~3배까지 늘었다. 자루에 든 비료! 가게에서 살 수 있는 풍요!

바야흐로 구아노 열풍이 들이닥쳤다. 1841년에 영국은 친차 제도에서 구아노 1,880톤을 들여왔다. 그리고 1843년에는 4,056톤, 1845년에는 21만 9,764톤을 수입했다. 페루는 40년 동안 1,300만 톤의 구아노를 수출하면서 대략 1억 5,000만 파운드를 벌어들였다. 오늘날 화폐로 치면 대략 130억 달러에 해당하는 액수였다. 집약적 근대농업의 시발점이 되는 사건이었다. 과학적 연구에 의해 입증된 영양분을 다른 장소에서 구입해 사용하는 관행 말이다.

구아노 러시를 통해 막대한 이익을 볼 것으로 기대한 페루는 친차 제도를 국유화했다. 하지만 아무도 이 섬에서 일하고 싶어하지 않는다는 사실이 곧 밝혀졌다. 새들 외에 그 섬들의 거주자는 박쥐, 전갈, 거미, 진드기, 흡혈파리밖에 없었다. 이 불모의 경사면에서는 풀한 포기조차 제대로 자라지 못했다. 설상가상 이 섬에는 물이 없었다. 단 한 방울의 물도 배로 실어날라야만 했다. 그 섬은 온통 구아노로 뒤덮여 있었다. 따라서 일꾼들은 태곳적부터 쌓인 배설물 위에서 먹고 자야만 했다. 비가 내리지 않았으므로, 구아노 내에서는 수용성 물질마저 한 번도 씻겨 내려간 적이 없었다. 질산암모니아 입자가 박혀 있어서 광부들의 삽 주위로 눈을 톡 쏘는 독성 연무가 피어났다. 지독한 악취를 풍기는 가루 형태의 구아노는 수레에 실려 이동한 후 레일을 타고 해안 절벽 꼭대기에 설치된 창고로 옮겨졌다. 그런 뒤 부직포로 된 튜브를 타고 바다에서 대기하고 있는 선박의 뱃속으로 수천 톤씩 투하되었다. 화물칸에 구아노가 쿵하고 내려앉으면 배는 유독성 안개로 휩싸였다. 일꾼들은 타르를 입힌 대마 마스크를 쓰고 있었다고 한 방문자는 전했다.

하지만 그 구아노는 그런 약한 방어막을 비웃었다. (…) 인부들은 구아노 창고에 20분 이상 머무를 수가 없었다. 곧 다른 조에 의해 구원을 받았고, 아무것도 걸치지 않은 갈색 피부가 구아노로 두껍게 덮인 채, 땀을 줄줄 흘리며 돌아왔다.

이런 끔찍한 조건을 견딜 일꾼을 구하기 위해 페루 정부는 높은 임금을 지불해야만 했다. 높은 인건비로 인해 수익성이 떨어지자 페루 정부는 수감자, 탈영병 그리고 아프리카 노예가 뒤섞인 일꾼들을 구아노 채굴에 몰아넣었다. 이런 조합이 어떤 결과를 가져올지는 뻔했다. 죄수와 탈영병들은 서로를 죽였다. 노예는 노예대로 본토에서 없으면 안 될 노동력이었다. 때문에 노예 소유주들은 노예 차출을 한사코 거부했다. 1849년 페루 정부는 구아노 광산 운영에 백기를 들면서, 페루 최대 목화농장 운영자이자 최대 노예 소유주인 도밍고 에일리아스Domingo Elías에게 독점 채굴권을 넘겼다. 정치적 수완이 좋고 병적으로 야심이 컸던 에일리아스는 페루의 임시 대통령을 역임하기도 했다. 시민 소요사태가 있던 시기에 간단히 자신을 국가의 통치자로 선포해버린 것이다. 독점권을 얻는 대가로 에일리아스는 구아노 채굴에 자신의 노예를 투입하기로 약속했다. 하지만 목화밭에 꼭 필

수천 명 중국인 노예들이 유럽에 비료로 수출될 구아노를 채취했던 친차 제도의 1865년의 광경. 수천 년 동안 바닷새들의 집이었던 이 섬들은 45미터 높이 구아노 층으로 덮여 있었다.

요한 자신의 노예를 보내기가 싫어졌다. 그는 정부를 움직여 이민자를 수입하는 상인들에게 보조금을 지급하도록 유도했다. 이 보조금을 받은 대표적인 수입업자가 바로 도밍고 에일리어스였다. 법안의 잉크가 채 마르기도 전에 그의 에이전트들은 벌써 푸젠에서 작업 중이었다. 문맹자들의 눈앞에 계약서를 흔들면서.

표준 계약이민하인 관행대로, 계약서에서 중국인들은 새로 발견된 캘리포니아 금광에서 통상 8년 간 일해 해상운임을 지불하는 것으로 되어 있었다(실제 목적지인 구아노 제도는 명시되지 않았다). 이런 책략은 그럴 듯해 보였다. 당시 미국 회사를 위해 일하는 에이전트들도 푸젠에 와 있었는데 철도 건설에 필요한 계약이민하인을 찾는다고 비슷한 거짓말을 했다. 허위 계약서에 사인한 사람들은 아모이(현재의 샤먼)에 있었던 절망스런 인간 격납고로 던져졌다. 나중에는 장소가 마카오로 옮겨진다. 계약서에 사인하길 거부했던 사람들 역시 납치되어 이 격납고로 끌려가는 일도 심심찮게 발생했다. 어두운 감금 상태에서 노예상인들은 그들의 귓불에 C라는 문자(표면적인 최종 목적지인 캘리포니아의 C)를 인두로 찍었다. 그들은 더 이상 일꾼이라는 이름으로 불리지 않았다. 그들의 새로운 명칭은 쯔자이zhuzai, 작은 돼지였다. "누구도 밖으로 나갈 수 없었다." 상하이의 역사학자 위뤼오젠吳若增의 기록이다. "반항하는 사람들은 채찍질을 당했고, 탈출을 시도할 경우 죽임을 당했다."

1800년대 중국인 디아스포라의 종착지는 페루만이 아니었다. 대부분 남성이었던 25만 명 혹은 그 이상의 쯔자이들 중 절반은 자의로 절반은 강제로, 절반은 알고서 절반은 모르는 채로 브라질, 카리브 해안, 미국 등에 당도했다. 그러나 페루는 단연 최악의 여정이자 가장 끔찍한 환경, 삶의 종착지로 대표될 법했다. 최종적으로 그곳에 끌려온 중국인의 숫자는 적게 잡아도 10만여 명에 달했다. 여정은 대서양을 건넜던 노예 선박과 다를 바 없었다. 쯔자이 8명 중 1명꼴로 배 안에서 죽었다. 대서양의 노예 선박처럼, 선상반란도 흔했다. 페루 행 선박에서 일어난 선상반란은 알려진 것만 11차례였다. 이 중 5건은 상처뿐인 성공을 거두기도 했다.

　중국인 대부분은 해안가 사탕수수나 목화 플랜테이션에서 일했다. 일부는 페루 정부가 구아노를 팔아 번 돈으로 건설하던 철도 건설에 투입됐다. 당시 친차 제도에는 늘 1,000~2,000명의 중국인들이 있었다. 에일리아스는 전형적인 분할통치 체제로 일꾼들을 통제했다. 반란을 미연에 방지하기 위해 중국인 노예들 위에 자신의 아프리카 노예를 감독관으로 두고는 살인적인 업무량을 할당한 것이다. 발작적으로 드러나는 야만성. 노예 위에 노예를 두는 방식의 불가피한 결과였다. 구아노 광부들은 하루 20시간씩, 일주일 내내 쉬지 않고 괭이를 휘둘러서 매일의 할당량을 채웠다. 자그마치 5톤의 구아노를. 급여 중 3분의 2는 방값(갈대로 만든 헛간)과 음식값(메이즈 한 컵과 바나나 약간)으로 뜯겼다. 그날의 할당량을 채우지 못하면 150센티미터 생가죽 채찍이 날아왔고 사소한 규정 위반에도 고문을 당했다. 섬 탈출은 불가능했다. 자살이 다반사였다. 다음은 한 감독관이 〈뉴욕 타임스*NewYork Times*〉 특파원에게 전해준 이야기다.

올해만 해도 60명 이상이 스스로 목숨을 끊었다. (…) 대개 절벽에서 몸을 던진다. 그들은 살았을 때와 똑같이, 개처럼 매장된다. 내가 해안에 처음 갔을 때, 익사한 사람 한 명(사고사인지 아닌지 여부는 확실치 않았다)이 구아노

위에 놓여 있었다. 아침나절 내내, 시신은 태양 아래 누워 있었다. 오후에, 그들은 시신을 흙으로 10센티미터쯤 덮었다. 남자는 거기에 영면했다. 많은 비슷한 형태의 더미들과 함께, 자신들이 채굴하던 공사장에서 불과 4~5미터 떨어진 곳에.

너무도 많은 중국인이 죽었으므로 감독관들은 구아노 섬 4,000제곱미터가량을 따로 떼어 묘지로 구획해놓았다.

구아노 노예에 대한 언론의 폭로는 국제적인 스캔들이 되었다. 이것이 에일리아스를 퇴출하고 제3자와 재계약할 수 있는 구실을 주었다. 정부로서는 뇌물을 수수할 2라운드가 시작된 셈이었다. 에일리아스는 공직자의 부패를 맹렬히 공격하며 두 차례나 쿠데타를 일으켜 황금알을 낳아주는 거위를 되찾으려 발버둥쳤다. 뜻대로 되지 않자 그는 1857년 합법적인 경로로 대통령 권좌에 도전했으나 성공하지 못했다.

구아노가 유럽과 북아메리카로 흘러 들어가는 내내, 페루 정부는 채굴 독점권을 에일리아스에게 맡긴 동시에 운송에서도 리버풀의 한 운송회사에게 전 세계 독점권을 주었다. 공급이 수요를 당해내지 못하는 상황에서 페루와 영국 운송회사는 원하는 대로 값을 요구할 수 있었다. 이 같은 행위를 갈취로 본 구아노 소비자들은 분노로 반응했다. 영국의 〈파머스 메거진Farmer's Magazine〉은 1854년 구아노에 대한 '강력한 독과점'에 항의하면서 소비자의 요구를 이렇게 대변했다. "우리는 단 한 번도 원하는 양만큼 공급받은 적이 없다. 우리는 훨씬 더 많은 구아노를, 훨씬 더 낮은 가격에 원한다." 그럼에도 페루가 이 물건으로 돈을 움켜쥐는 데만 몰두한다면, 합당한 해결책은 단 하나,

침략밖에 없었다. 구아노 섬을 점령하자!

오늘날의 관점에서 볼 때 이 같은 분노(법적 대응 위협, 전쟁의 먹구름, 구아노 해법에 대한 신문사설)는 어리둥절할 따름이다. 하지만 환경사학자 숀 윌리엄 밀러가 지적했듯이, 당시 농업은 "국가의 존폐가 걸린 핵심 기간산업"이었다. "한 국가의 토양 질과 비옥함에 의해 결정되는 농업생산력이 불가피하게 그 나라의 경제 성공을 판가름했다." 불과 몇 년 후면 유럽과 미국의 농업은 고강도 비료에 목매게 된다. 그 이후 비료 의존성은 단 한 번도 흔들려본 적이 없었다. 영국은 최초로 구아노를 채택한 나라이자 가장 큰 소비국이었다. 따라서 구아노를 가장 애타게 찾은 것도, 가장 많이 분개한 것도 영국이었다. 오늘날 석유 소비국들이 OPEC 산유국 멤버들에게 곱지 않은 시선을 던지듯이, 영국 구아노 소비자들은 구아노 담합에 분통을 터트렸다. 구아노로 돈을 번 재벌들이 파리 패션을 몸에 걸치고 보석을 주렁주렁 매단 매춘부들을 끼고 리마를 활개치고 다니는 사진을 보며 영국 소비자들은 울분을 참지 못했다.

영국은 리버풀에 있는 영국인 구아노 운송업체에 대해서는 철저한 침묵으로 일관했다. 그도 그럴 것이 그들은 구아노 운송 독점을 통해 거둬들인 돈으로 영국에서 가장 큰 건물 중의 하나를 짓고 있었다. 반면 미국인들은 가만히 있지 않았다. 그들은 영국인 운송업체에게 거세게 항의했다. 영국이 자국 소비자들에게 우선권을 주면서 미국은 구아노 줄의 맨 끝에 세웠기 때문이다. 분노가 원동력이 되어 미 의회는 1856년 '구아노 섬 법안Guano Islands Act'을 통과시켰다. 법안의 골자는 미국인이 어떤 구아노 섬이라도 발견하면 점령을 인정한다는 것이었다. 가장 큰 매장량을 자랑한 곳은 미국이 1857년에 점령한 나배사Navassa로, 아이티(히스파니올라 섬)에서 남쪽으로 80킬로미터 떨어져 있었다. 구아노 채굴 노동력은 남북전쟁 이후 자유 신분이 된 노예들로 구성되었다. 조건이 얼마나 열악했던지 이전에 노예로 살았던 그들이 간수들을 죽이면서 두 번이나 반란을 일으킬 정도였다. 그 사업은 여론의 뭇매에 시달리다 끝내 좌초했다. 구아노 섬 법안의 비호 아래, 1856~1903년에 사업가들은 94개의 섬과 암초, 산호섬 등에 대해 소유권을 주장했다. 미 연방정부는 이 중 66개에 대해 미국 소유임을 공식 인정했다. 구아노가 별로 없는 것으로 밝혀지자마자 그 섬들은 곧바로 버려졌지만 말이다. 현재까지 미국 관할로 남은 섬은 9개에 불과하다.

구아노는 근대농업의 새로운 패러다임을 만들었다. 근대농업은 리비히 이전과 이후로 나뉠 수 있다. 리비히 이후 농부들은 질소비료를 통째 들어부어야 할 대상으로 땅을 바라보게 되었다. 그 영양분은 먼 곳에서 배를 타고 오거나 멀리 있는 공장에서 제조되었다. 이제 농사에서 가장 중요한 건 먼 곳에서 질소 영양소를 공수하는 일이 되었다. 다량의 질소는 다량의 메이즈와 감자를 보장했다. 이런 시스템 덕에 수확량은 어마어마해졌고, 농작물이 그 지역의 생계유지 수단이던 시대는 종말을 고했다. 곡식이 아니라 농산물로 변모한 세상에서 수확물의 최종 종착지는 국제 교역시장이 되었다. 생산량을 극대화하기 위해 대형화된 농경지에 단일작물을 재배하는 게 관행으로 정착했다. 말하자면 농사의 시대와 작별을 고하고 산업형 단일 재배 시대로 접어들었다.

오늘날 많은 학자들은 2차 대전 후에 일어난 그린혁명, 다시 말해 관개시설 정비와 농업용 화학제품 개발, 고수확 작물 재배기술의 합작을 두고, 긴 세월 동안 둘러쳐졌던 지정학적 담장을 가뿐하게 뛰어넘은 기념비적인 순간이라고 정의한다. 하지만 애머스트 대학교 역사학자 에드워드 D. 메릴로Edward D. Melillo는 한 세기 전에 유럽과 미국이 구아노를 도입한 일이야말로 20세기의 그린혁명에 필적하는 거대한 녹색혁명이었다고 강력하게 주장한다. 이 사건은 지구상에 존재하는 거의 모든 인간의 삶을 전혀 다른 차원으로 변화시킨, 기술혁신 시리즈의 신호탄이었다는 것이다.

감자와 메이즈 그리고 구아노 이전 유럽인의 생활수준은 오늘날의 카메룬이나 방글라데시와 엇비슷했다. 당시 유럽인들의 삶의 질은 볼리비아나 짐바브웨보다도 낮았다. 평균 유럽인 소작농의 하루 섭취량은 수렵과 채집에 의존해 살았던 아프리카나 아마존 지역 사회보다도 적었다. 농작물 개량과 고강도 비료가 가져다 준 단일경작 시스템은 지구상 수억의 사람들이(먼저 유럽에서 시작해서 나머지 대부분의 세상) 맬서스 트랩을 탈출하는 걸 가능케 했다.* 전 세계인의 생활수준은 단기간에 2~3배로 껑충 뛰었다. 더욱 놀랄 일은 1700년에 10억 명을 밑돌던 우리 행성의 인구가 오늘날 70억 명으로 불어났다는 점이다.

구아노는 칠레 사막에 막대하게 매장된 질산염으로 대체되었다. 그리고 질산염은 다시 20세기 초 노벨상 수상자인 두 명의 독일인 화학자 프리츠 하버Fritz Haber와 카를 보슈Carl Bosch에 의해 발명되고 상

---

* 이 말로는 구아노의 영향력을 설명하는 게 충분치 않다. 역사학자 케네스 포메란즈는 "만일 구아노가 없었더라면 유럽(영국을 비롯해)에서 집중적으로 경작된 많은 토양들은 19세기에 이르면 심각한 황폐화에 직면했을 것이다."라고 주장한다. 만약 그랬다면, 대륙 대부분에 엄청난 재앙이 닥쳤을 것이라고 포메란즈는 확신한다.

용화된 공장생산 인공비료로 대체되었다. 성분과 생산방식은 변화했지만 그 기간 내내 비료는 농업에서 천금 같은 존재였고, 근현대 인간의 삶에도 천금 같은 역할을 했다. 매니토바 대학교 지리학자 바슬라프 스밀은 2001년 질소의 공장생산이 가져온 영향력을 분석한 빛나는 연구논문에서 다음과 같이 말했다. "만약 질소가 아니었다면, 현재의 지구상 인구 다섯 명 중 두 명은 존재하지 않았을 것이다."

구아노로부터 시작된 비료 사용은 어느 측면에서 봐도 인류사의 경이로운 위업이었다. 하지만 인간이 이룬 그 모든 위업과 마찬가지로 집약적 농업 역시 어두운 단면을 만들어냈다. 근대농업의 발판이 되어주었던 구아노 무역 또한 마찬가지였다. 바로 외래 해충의 대륙 간 이송과 전파였다. 물증이 드러나지는 않겠지만, 구아노를 실은 선박들이 초미세생물 히치하이커까지 함께 운반해왔다는 것은 학계에서 정설로 받아들여진다. 대표적인 것이 파이토프토라 인페스턴스 Phytophthora infestans이다. 파이토프토라 인페스턴스는 잎마름병을 초래해 식물을 고사시키는 병이다. 이것은 1840년대 유럽 전역 감자밭에서 폭발해 무려 200만 명의 인명을 앗아간 원인이 되었다. 희생자의 절반이 아일랜드인으로, 우리가 역사에서 대기근으로 알고 있는 사건이다.

대기근, 유럽을 박살내다

파이토프토라 인페스턴스Phytophthora infestans라는 이름은 말 그대로 '거머리 같은 식물 고사자'란 의미로, 이런 악명으로 대접받아도 할 말이 없을 것 같다. 파이토프토라 인페스턴스는 700개쯤 되는 난균류(균류+바닷말) 중 하나로, 수생균water molds으로도 알려져 있다. 생물학자들은 파이토프토라 인페스턴스를 바닷말의 사촌으로 여긴다. 농업 관련자들에게 파이토프토라 인페스턴스는 생김새나 행동이 곰팡이류와 비슷하게 보인다. 이 균은 6~12개의 홀씨가 담긴 포낭을 바람으로 날려보낸다. 포낭이 날아가는 거리는 보통 6미터 내외지만, 간혹 800미터 이상까지 날아가기도 한다. 이 포낭은 만만한 식물에 착지해 부화한다. 전문용어로 정포자(운동성 홀씨 혹은 유주자遊走子라고도 한다)라 부르는 것을 방출하면서. 꼬리가 두 개 달린 이 운동성 세포는 잎이나 줄기의 수분을 통해 식물의 미세한 숨구멍인 기공을 찾으면서 서서히 유영한다. 그러다 마침 그날의 온도와 습도가 알맞으면 정포자들이 발아해 기공을 통해 실처럼 기다란 필라멘트를 잎으로 뻗어 보낸다. 그 필라멘트에서 나온 촉수들이 식물 세포에 침투해 내부 메커니즘을 하이재킹하고, 공격당한 식물은 결국 자신보다 침략자를 먹여살리다가 끝난다. 잎에 검보라 혹은 갈색 반점이 생기는 최초의 뚜렷한 증상은 공격당한 후 5일 정도 지나야 나타나지만, 때는 이미 늦었다. 필라멘트가 식물 대부분에 만국기를 걸치고 있기 때문이다. 그 때쯤 그 난균류는 벌써 새 포자낭을 만들어 흩뿌리고 있다.

잎마름병은 물과 단짝이다. 정포자는 마른 잎에서는 발아하기 어렵다. 비는 잎에 붙어 있던 정포자가 땅으로 떨어져 지표면으로부터 15센티미터 아래까지 침투해 뿌리와 구근을 공격하도록 돕는다. 특히 취약한 부분은 구근의 눈이다. 파이토프토라 인페스턴스는 눈을 통해 단번에 안으로 치고 들어가 감자 외피를 퍼석퍼석하고, 옹이가 지고, 적갈색 점이 박힌 채 괴사하게 만든다. 병의 촉수들은 사악한 갈고리처럼 구근의 중심을 향해 뻗는다. 병든 조직과 살아 있는 조직의 경계가 불분명하기 때문에, 감염된 감자는 통째로 버려야 했다. 처분에도 신중을 기해야만 했다. 감염된 단 하나의 구근이 100만 개의 홀씨를 생성할 수 있기 때문이다.

파이토프토라 인페스턴스는 감자, 토마토, 가지, 파프리카, 그리고 털이 많은 가지과 풀들과 달콤쌉싸름한 맛이 나는 가지과류 식물을 희생양으로 삼는다. 충격에 휩싸인 유럽 학자들이 처음 감자밭의 대학살을 목도했을 때, 이들은 당연히 이런 상황을 야기한 매개체가 감자의 땅인 페루에서 왔을 것이라고 추정했다. 그러다 약 70년 전에 이 학설이 완전히 뒤집혔다. 생물학자들은 어떤 생물 종의 '다양성 중심지'(그 종이 가장 다양한 유형으로 존재하는 장소)를 해당 종의 발생지로 본다. 이를테면, 멕시코에는 어디에서도 볼 수 없는 수백 종의 메이즈가 분포하는데, 이는 메이즈가 멕시코에서 기원했음을 시사한다. 아프리카인은 백인이나 아시아인들보다 유전적으로 다양하다. 아프리카는 인류가 최초로 태동한 곳이다. 대충 이런 식이다. 멕시코 중부에는 다른 어디에서보다 다양한 종의 파이토프토라 인페스턴스가 분포하는 것으로 보였다. 그리고 주목할 사실은 파이토프토라 인페스턴스가 두 유형으로 존재한다는 점이다. 성적 특징이 없다는 점만 빼면 이들 난균류를 암과 수라 할 수도 있을 것이다. 즉 이들은 서로의 DNA를 결합해서, 일종의 알 형태인 난포자를 만들어낸다. 다시 말하면 파이토프토라 인페스턴스는 '유성' 생식과 무성 생식 둘 다가 가능하다. 유성에 따옴표를 한 것은 이 생명체들이 진정한 의미의 암수*는 아님을 상기시키기 위함이다. 하지만 오직 멕시코에서만 그 난균류는 유성생식을 한다. 멕시코 외 지역에서는 두 형태 중 하나는 없기 때문이다. 과학자들은 이런 사실과 멕시코 지역에서의 파이토프토라 인페스턴스의 다양성을 근거로 (18세기 이전의 멕시코에 솔라넘 튜버섬이 존재했다는 증거가 없음에도) 파이토프토라 인페스턴스가 멕시코에서 최초로 출현했다고 주장했다. 멕시코 감자에 대한 최초의 기록은 1803년 구아노 샘플을 가지고 멕시코에 가서 연구했던 알렉산더 폰 훔볼트에 의해서였다. 훔볼트는 스페인인들이 이 구근을 안데스에서 멕시코로 들여왔을 것으로 추정했다. 이 견해에 따르면 감자잎마름병은 감자가 그 땅에 들어오기 전부터, 수천 년 동안 멕시코에 존재하고 있었다. 게다가 잎마름병은 유럽보다 먼저 미국에서 목격되었다. 때문에 몇몇 학자들은 이 병이 미 대륙에서 퍼진 뒤 선박에 올라타 대서양을 건넜다고 풀이했다.

노스캐롤라이나 대학교 식물유전공학자 진 리스타이노Jean Ristaino 박사 팀이 진행해 2007년에 대단원의 막을 내린 장기간의 연구를 통해 이 이론은 뒤집혔다. 연구팀은 박물관 식물표본실에 보관돼 있던 감염된 감자샘플 186개의 DNA 분석을 통해 잎마름병을 검사했다. 가장 최근의 샘플은 1967년 것이었고, 3건은 대기근 시대인 1845~1847년 유럽에서 수집된 표본이었다. 리스타이노의 연구는 파고 들어가자면 복잡하지만, 기본 원리는 다음과 같다. 파이토프토라

---

* 유성과 무성 생식이 둘 다 가능하다는 말은 우리처럼 덩치가 큰 포유류에게는 좀처럼 이해가 안 된다. 하지만 미생물 세상에서 이것은 영리한 생존전략이다(가령 앞서 나왔던 말라리아 균인 플라즈모디움도 두 방식으로 증식한다). 유성생식은 평상시(호시절)에 유용한 증식 방법이다. 평상시에는 자손들이 본래의 유전형질을 가지고도 부모세대처럼 환경에 별 탈 없이 적응할 수 있기 때문이다. 반면 무성생식은 환경이 바뀔 때 아주 유용하다. 무성생식으로 유전인자를 뒤섞어 변종을 생산하면, 자손 대에서 바뀐 환경에 적응해 생존하는 데 도움이 되기 때문이다.

인페스턴스는 일반적으로 무성생식으로 증식되기 때문에, 시조 난균과 그 자손은 일반적으로 동일한 유전적 형질을 지닌다. 돌연변이로 인해 DNA가 마구 엉키는 아주 드문 경우를 제하고 말이다. 유사한 DNA 패턴을 지닌 유기체들을 일컬어 유전학자들은 같은 '하플로그룹haplogroup'에 속한다고 한다. 두 개의 개체가 같은 하플로그룹 안에 속한다면, 이들은 같은 조상에서 나왔다는 증거가 된다. 달리 말하면 서로 다른 하플로그룹들은 최근의 조상이 다르다는 표식이다. 리스 타이노 박사팀의 연구 결과, 안데스의 감자잎마름병에는 멕시코 잎마름병에 비해 엄청나게 많은 하플로그룹이 존재한다는 사실이 밝혀졌다. 즉 안데스 감자잎마름병이 본질적으로 종이 더 다양했다는 의미다. 더욱이 오래된 샘플 표본일수록 (무려 150년 동안이나 보존되어 있었던 샘플들) 안데스 쪽 잎마름병의 DNA와 거의 일치했다. "미국과 아일랜드 표본군은 안데스 표본군과 유전적으로 큰 차이가 나지 않았다."라고 그들은 기록했다. 안데스에서 온 잎마름병은 "먼저 미국에서 전염병을 일으켰고, 대기근을 낳았던 아일랜드에서 더 큰 전염병으로 타올랐다."

매우 유력한 설이 있다. 그 잎마름병이 벨기에로 향하던, 당시 그 지역에서 가장 중요한 항구였던 앤트워프 행 구아노 선박에 올라타 페루에서 유럽으로 건너왔으리라는 추정이다. 그 무렵 벨기에 서부 웨스트 플랑드르 주 인근 농부들은 감자에 병이 생겨 골머리를 앓고 있었다. 말하자면 유럽으로 들어온 식물 병충해(바이러스와 곰팡이)는 새로운 작물에 적응하면서 지금 우리가 말하는 '진화의 힘'을 시연하고 있었던 셈이다. 1843년 7월 웨스트 플랑드르 지역의회는 북미와 남미에서 다양한 감자 종을 수입하기로 결의했다. 그들 중 병충해에 덜 취약한 종이 있길 기대하면서. 이 종들의 원산지나 선적 방법에 대한 기록은 남아 있지 않다. 다만 남아메리카 감자가 안데스로부터 오지 않았더라면, 그게 더 이상한 일이었을 것이다.

그리고 이 감자들은 구아노 선박을 타고 이동했을 게 확실하다. 1532년부터 1840년까지 페루에서 유럽으로 직항한 선박은 거의 없었다. 처음엔 스페인이 포토시의 은 통제 차원에서 통행을 엄격하게 통제했기 때문이었다. 그러다가 포토시의 광물이 고갈되면서 은 선박 운항은 점점 뜸해졌다. 게다가 1820년대 볼리비아와 페루가 독립을 이루면서 그곳에서 출항하는 스페인 선박은 자취를 감췄다. 이제 유럽 선박들은 자유롭게 리마로 항해할 수 있었지만, 굳이 거기까지 가는 선박은 없었다. 그 신생국에는 빼먹을 거리도 없는 데다 정치적으로도 불안정했다. 독립 후 첫 20년 동안 페루에는 매년 한 번 꼴로 새로운 정부가 들어섰고, 대외적으로 5차례의 전쟁을 치렀다. 페루와 영국의 직항로는 1840년대가 되어서야 개통됐다. 오직 구아노 선박만이 있었다. 구아노 열풍이 불어닥치면서 매일 수십 척의 유럽 선박이 친차 제도로 드나들었다. 한 여행객은 1853년 120척이나 되는 선박이 구아노 부두에 무리지어 정박해 있는 광경을 보았다고 기록했다. 이후 또 다른 한 여행객은 160척을 보았다고 했다. 이 선박들 중 하나가 전혀 의도치 않게 감자잎마름병을 벨기에로 운반해서, 유럽 대륙 전체를 감염시켰을 개연성은 매우 높다.

웨스트 플랑드르에서 새 감자 종자의 필드 테스트는 1844년에 시작됐다. 그 해 여름, 한 프랑스 식물학자가 인근의 몇몇 감자에서 처음 보는 검푸른 멍 같은 점을 발견했다. 그 해 겨울엔 맹렬한 한파가 찾아왔다. 이 한파는 토양에 혹시라도 남아 있었을지 모를 잎마름병 포자나 난포자를 얼어죽게 만들었을 것이다. 하지만 병에 감염된 감자를 보관하고 있다가 이듬해 봄에 심은 사람들이 있었을 것이다. 1845년 7월, 프랑스 국경에서 10여 킬로미터 떨어진 웨스트 플랑드르의 코르트리크 타운에 감자잎마름병이 광범위하게 퍼졌다. 이로써 유럽 전역을 휩쓸게 될 전염병의 발사대에 불이 붙었다. 바람을 타고 이동하는 포자에 의해 그 난균류는 8월경에는 파리를 둘러싼 농장들에 흩뿌려졌다. 수주 후에는 네덜란드, 독일, 덴마크 그리고 영국까지 상륙했다. 패닉 상태에 빠진 유럽 각국은 해외에서 더 많은 감자를 주문하기 시작했다.

감자잎마름병이 아일랜드에서 최초로 보고된 건 1845년 9월 13일이었다. 10월 중순이 되면 영국 총리조차 이 전염병을 국가적인 재난 상황으로 인식하고 있었다. 아일랜드 농작물의 25~35퍼센트가 한 달 만에 사라졌다. 더블린대학교 경제학자이자 감자잎마름병 전문 사학자인 코맥 오그라다Cormac Ó Gráda는 아일랜드 농민들이 그 해 약 8,498제곱킬로미터(서울 면적의 14배, 아일랜드 총면적의 10퍼센트 이상임)의 땅에 감자를 심었다고 추정했다. 불과 두 달 만에 파이토프토라 인페스턴스는 나라 전역의 2,000~3,000제곱킬로미터에 육박하는 땅을 초토화시켰다. 이듬해의 양상은 더 심각해졌고, 강도는 해가 갈수록 세졌다.

아일랜드인 열 명 중 네 명은 감자를 주식으로 살아가는 형편이었다. 다른 사람들도 식량의 상당부분을 감자에 의존하고 있었다는 점을 상기해보자. 게다가 아일랜드는 유럽에서 가장 가난한 나라 중 하나였다. 그런데 감자잎마름병으로 나라 절반의 식량 공급이 끊겼다. 밖에서 곡물을 사올 돈도 없었다. 결과는 몸서리치게 참혹했다. 아일

감자 잎마름병 확산, 1845년

북해
10월 중순
9월 중순
8월 중순
오슬로
스톡홀름
코펜하겐
벨파스트
더블린
암스테르담
베를린
런던
코르트라크 (6월 말)
앤트워프
브뤼셀
프라하
태평양
파리
빈

랜드는 지구 종말을 맞은 듯 처참한 모습으로 바뀌어버렸다. 길거리에는 누더기만 걸친 사람들이 즐비했고, 도로의 배수로를 파고 들어가 임시 천막을 걸고 잠을 잤다. 사람들은 개와 쥐를, 그리고 나무껍질을 먹었다. 인육을 먹는 일이 비일비재했다는 이야기 역시 아마 사실이었을 것이다. 집에서 마지막 운명을 같이 한 일가족이 야생동물의 먹이가 되었다. 가까스로 살아남은 사람들을 이질, 천연두, 장티푸스, 홍역 같은 질병이 집어삼켰다. 사망 사유는 다 '열병fever'으로 기록되었다. 한 관찰자는 거지들을 "집 없고, 벌거벗고, 피골이 상접한 생명체"들이라고 묘사했다. 거지들이 떼를 이루어 부유한 집을 포위하고 구호품을 요구했다. 헤아릴 수 없이 많은 사람들이 죽어나간 서부 타운에서는 수십 구씩 시신을 집단 매장했다.

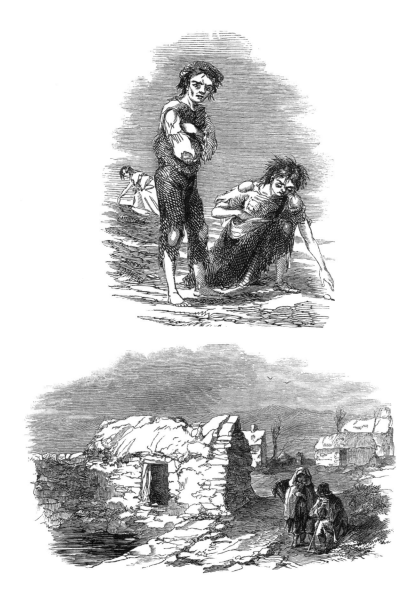

1847년. 〈일러스트레이티드 런던 뉴스Illustrated London News〉는 화가 제임스 마호니에게 기근에 강타당한 아일랜드 시골의 취재를 요청한다. 그는 처참한 피해 상황과 아사 직전의 거지들 모습을 그림으로 묘사해 신문에 게재했다. 이를 계기로 영국 대중이 아일랜드의 비극에 관심을 갖기 시작했다.

이렇듯 모든 토대가 붕괴한 상황에서, 세상은 만인의 투쟁의 장으로 변한다. 굶주린 사람들은 남의 밭에 몰래 들어가 땅에서 무를 훔쳐 먹었다. 농부들은 자신의 밭에 트랩을 설치해 이를 막았다. 지주들은 소작인들을 한꺼번에 내보낸 뒤 그들의 집을 허물었다. 머잖아 그 지주들도 파산의 길을 걸었다. 이웃끼리 음식과 거처를 놓고 싸웠다. 범죄는 폭발적으로 늘었다. 살인이 2년 새 두 배로 치솟고, 굶주린 사람들은 양식 마련을 위해 절도범이 되었다. 배를 채우기 위해 일부러 감옥에 가기도 했다. 감옥에서 석방된 두 명 중 하나는 다음 날 다시 "감옥으로 직행"했다. 줄어든 범죄는 강간 하나밖에 없었다. 강간을 범할 에너지조차 남아 있지 않았기 때문이다.

수백 수천의 절망적인 난민들이 낡은 '관선coffin ships'에 올라타며 탈출 행렬이 러시를 이뤘다. 한 승객은 "빛도 공기도 없는 좁은 공간에 몸들이 한데 뒤엉킨 채 오물과 함께 나뒹굴었다. 역한 냄새가 진동하는 공기를 들이마셨고, 몸에 병이 찾아왔다. 마침내 정신마저 병들었다."라고 회고했다. 배들은 바다에 떨어뜨리는 시신들로 궤적을 그리며 항해했다. 이민자 대부분이 미국이나 캐나다로 갔다. 퀘벡 근처 세인트 로렌스 강가의 그로세 섬 격리구역이 굶주리고 병든 수많은 인파로 채워졌다. 이곳의 집단매장지는 곧 이름 없는 수천의 주검으로 가득 찼다. 아일랜드에서 바닷길로 이역만리 떨어진 곳에서 생을 마감했지만 어차피 조국에 남아 있었더라도 파이토프토라 인페스턴스의 희생자가 되었을 것이다.

영국은 역사상 가장 큰 규모의 구호 프로그램을 가동했지만 턱없이 불충분했다. 아일랜드 민족주의자들은 영국이 이 재난을 기회 삼아 아일랜드를 '본래의' 생존용 농사에서 수출 지향적인 농업으로 탈바꿈시켰다고 비난했다. 즉 영국은 단순히 식량만 원조해준 게 아니었다. 사람들을 농토에서 끄집어내 집단농장으로 이주시키고는 급식소에서 음식을 제공했다. 그러는 사이 아일랜드인의 농토는 수출 친화적인 대규모 단지로 통합됐다. 일부 비판자들은 이 대기근 와중에 오히려 아일랜드 식량이 해외로 수출되었던 점을 지적한다. 최악의 재앙이 몰아닥쳤던 1846~1847년 사이에 아일랜드 곡식 43만 톤이 수출되었다는 것이다. "전능하신 신이 감자잎마름병을 보내주는 사이," 아일랜드 민족주의의 수장이었던 존 미첼은 커다란 소리로 외쳤다. "영국은 대기근을 조장했다."

영국인의 비정함에 대한 사례는 사실상 차고 넘친다. 아일랜드의 인구 고갈을 대놓고 반색하는 정치가도 더러 있었다. 이를테면 어느 정부 각료의 비서는 "우리에게 그들을 문명화시킬 수 있는 기회가 주어졌다."라는 망언을 했다. 무료배급소에 음식을 조달하는 것이 사실상 유해한 일이라고도 했다. "만일 더 많은 수가 굶주림으로 소멸되었더라면," 한 은행 간부는 해괴한 이론을 펼쳤다. "생존자들은 물질적으로 더 부자가 됐을 것이다."

반면 영국의 정책을 이해하는 사람들의 말은 다르다. 몇몇 정치인들의 혐오 발언은 대다수 영국인에게 받아들여지지 않았다고 그들은 반박한다. 게다가 굶주린 사람들에게 음식을 제공하기 위해 한 장소에 모이도록 하는 건 당연하지 않은가? 흩어져 있는 사람들에게 엄청난 양의 음식을 배급하는 일은 오늘날에도 결코 쉬운 작업이 아니기 때문이다. 게다가 값싼 음식을 사기 위해 값비싼 육류와 일부 곡류를 팔았던 대다수 수출업자는 아일랜드인들이었다고 주장했다. 결과적으로 전례 없는 재앙에 대한 영국의 대처는 실패로 돌아갔고, 끔찍한 상황은 개선되지 않았다. 그럼에도 불구하고 영국 쪽 옹호자들의 주장에 따르면, 그것이 곧 도덕성 실종은 아니었다.

영국의 과실이 어느 정도이든, 아일랜드 대기근이 가져온 결과에는 논란의 여지가 없다. 기근은 아일랜드를 반토막냈다. 100만 명 넘는 희생자를 낸 이 대기근은 전체 인구대비 손실비율로 따질 때 역사상 전례가 없는 재앙이었다. 비슷한 기근이 미국에 온다면, 4,000만 명(현재 미국 인구는 3억 2,000만 명이다) 가량이 죽을 것이다. 이보다 더 심각했던 유일한 기근은 구소련의 1918~1922년 기근밖에 없다. 감자잎마름병 이후 10년 간 200만 명이 추가로 아일랜드를 탈출했다. 더욱 많은 수가 다음 10년에도 뒤따랐다. 인구를 사정없이 난도질하면서, 아일랜드는 좀처럼 자립 기반을 되찾지 못했다. 1960년대까지도 1840년대 인구의 절반 상태에 머물렀다. 오늘날까지도 아일랜드는 유럽에서, 아니 아마도 전 세계 비슷한 나라들 가운데 유일하게, 150년 전보다 인구가 더 적은 나라라는 암울한 꼬리표를 달고 있다.

아일랜드가 병충해에 취약했던 이유

대기근이 드리운 상처가 너무도 컸던 탓에, 역사학자들은 그 후로 한 세기가 넘도록 이 사건을 들춰볼 엄두조차 내지 못했다. 1970년대 이후가 되어서야 이 기근은 수백 권의 책과 논문의 주제로 떠올랐다. 다만 그 모든 집중포화 속에서도, 재앙의 근원이었던 파이토프토라 인페스턴스에 대해 관심을 보인 학자는 놀랍도록 적었다. 유감스럽게도 그 난균류가 산업화된 근대농업에 가해진 최초 재난의 주연배우였는데도 말이다.

파이토프토라 인페스턴스는 놀라운 민첩성으로 아일랜드에 상륙해서 인간이 손 써볼 겨를도 없이 그 나라를 장악했다. 섬나라인 아일랜드는 웨스트 플랑드르와는 1,300여 킬로미터 떨어져 있다. 또 이 둘 사이에는 북해와 아일랜드 해가 있다. 잎마름병의 홀씨는 연약하다. 한 시간만 태양광선에 노출되어도 발아할 확률이 5퍼센트대로 뚝 떨어진다. 비행 중 부슬비만 내려도 낙하한다. 그리고 보통은 30~50 킬로미터 이상은 바람을 타고 날지 못하는 것으로 알려져 있다. 그런데 미국 워싱턴 주에 사는 세 명의 과학자가 실험을 했다. 그 결과 강력한 바람, 서늘한 온도, 직사광선이나 비가 없는 조건이 완벽하게 맞아떨어질 경우, 잎마름병 포자는 최대 110킬로미터까지 이동할 수도 있다고 결론지었다. 물론 그 경우에도 생존율은 5퍼센트 이내에 머물지만. 북아일랜드 일부 지역을 제외하면 아일랜드 해의 폭은 110 킬로미터보다 넓다. 이 실험 결과가 정확하다면, 잎마름병 홀씨는 영국 남동부에서 북서부로 이동한 뒤 스코틀랜드와 북아일랜드 사이 해협 상공을 날아서 벨파스트에 이르는 여정으로 아일랜드에 상륙했을 것이다. 경이로운 여정이다(정확하게 말하자면 이들은 '홀씨spores'가 아니고 잎마름병에 의해 방출된 '홀씨주머니sporangia'이다. 하지만 여기서 그런 차이점은 무시하겠다).

아일랜드에서 그 잎마름병이 최초로 보고된 건 1845년 9월 13일이었다. 그 이후 아일랜드에서는 30일 중 24일 비가 내렸다. 때론 장대비가. 이런 비에도 불구하고 파이토프토라 인페스턴스는 어디에서도 볼 수 없었던 무자비함으로 이 나라 전역을 강타했다. 그렇다면 아일랜드에서만 유난히 잎마름병이 득세했던 요인은 무엇이었을까. 첫째는 감자 수 자체만으로도 잎마름병의 과녁이 넓어졌다는 점이다. 두 번째 답은 유니폼을 차려 입은 듯 획일화된 단일경작이었다. 역사학자 오그라다에 따르면, 아일랜드 땅 절반을 생산성이 빼어난 단일 품종이 장악하고 있었다. 바로 럼퍼 감자이다. 많은 아일랜드 사람들은 공동소유 농장에 둘러싸인, 클래챈이란 밀집 농가에서 모여 살았다. 말하자면 단 한 종의 덩이작물, 게다가 단 한 품종의 복제품에 둘러싸여 있었던 아일랜드 서부지역 클래챈은 지구상에서 가장 획일화된 생태시스템 가운데 하나였다.

아일랜드 농부들은 수백 년 전부터 떼를 입힌 흙판을 매트처럼 얇게 떼어내 뒤집은 뒤, 넓고 길게 뻗은 둔덕 위에 여러 겹으로 포개올려 농사를 지었다. 이 시스템은 '레이지 베드lazy-bed' 경작법이라고 불린다(이 명칭은 영국인들이 감자에 붙인 별명인 레이지 루트lazy root에서 유래한 듯하다). 둔덕의 폭은 120센티미터 정도, 고랑보다 30센티미터 정도 높이 솟아올라 있었다. 그 모습은 안데스 사회의 이랑으로 된 밭 와초를 떼어다 붙여놓은 듯 비슷했다. 와초처럼 질퍽한 토양 위에 구축된 둔덕은 날이 밝으면 더 빨리 데워지고 저녁에는 평평한 주변의 지면에 비해 열을 더 오래 담아두었다. 안데스나 아일랜드처럼 서늘한 곳에서 이런 방식은 크나큰 이점으로 작용했다. 떼를 입힌 여러 층의 흙판으로 이루어진 둔덕들은 영양분이 고농축된 토양이기도 했다. 농부들은 농작물을 가지런히 심을 수 있었고, 자연적으로 잡초는 설 자리가 없었다. 별도로 쟁기질을 하지 않았기 때문에 뿌리는 침식에 견딜 만큼 튼튼한 조직으로 자라났다. 수확 이후에는 풀들이 재빨리 돋아나 자양분을 공급하는 데도 도움을 주었다.

이러한 장점에 어두웠던 18세기 농업개혁가들은 레이지 베드나 와초 ·방식을 비효율적이고, 생산성이 낮은 근대화의 걸림돌이라고 비난했다. 앤드류 와이트Andrew Wight와 제드로 툴Jethro Tull 같은 운동가들은 농부들에게 깊고 철저한 쟁기질로 토양의 양분을 방출해 땅을 비옥하게 만들고, 주어진 땅에 가능한 많은 곡식을 심으라고 촉구했다. 나아가 많은 비료(당시는 두엄이었고, 이후 구아노로 대체되었다)를 땅에 뿌리며, 가차 없는 김매기로 작물의 성장을 보호하는 동시에 효율적인 수확으로 산출량을 극대화해야 한다고 주문했다. 기술과학 신봉자들은 공장에서 만들어낸 트랙터, 로터리, 콤바인 등을 이런 목적을 위해 신이 내려주신 연장이라고 보았다. 이런 기계들을 가동하기 위해서는 땅이 평평해야만 했다. 둔덕을 오르내릴 수 없는 기계를 위해 레이지 베드는 없어져야 했다. 개혁가들은 다른 건 둘째 치고라도 둔덕 사이의 고랑은 공간 낭비라고 주장했다.

와초는 영국과 아일랜드, 스칸디나비아 반도와 발트 해 국가, 프랑스부터 폴란드에 이르는 유럽 대륙에서 지배적인 농법이었다. 하지만 새로운 방식이 자리를 잡으면서 대략 1750년 전후로 자취를 감추었다. 농업 개혁 지상주의자였던 에드먼드 머피Edmund Murphy가 "감자 작물에 특별한 관심을" 가지고 동쪽으로 더블린과 서쪽으로 골웨이만까지 전국을 가로질러 "농업 시찰"을 하던 때인 1834년경에 아일랜드의 와초는 거의 사라지고 없었다. 머피는 한때 레이즈 베드(와초)로 뒤덮였던 경작지가 판판으로 변한 모습을 보고는 "완전히 대체되었다. (…) 현재 이 나라의 변화만큼 급속한 농업 발전을 선명하게 보여주는 곳은 없다."라고 목청을 높였다.

이 같은 근대 경작방식으로의 이행이 어떤 결과를 불러왔는지 살펴보기 위해 오스틴 텍사스대학교 마이클 D. 마이어스는 북부 아일랜드에 여섯 개의 밭을 실험용으로 조성했다. 셋은 레이지 베드로, 셋은 후에 이를 대체한 평평한 밭으로. 그는 단순한 이랑과 고랑 구분만으로도, 이랑 상단과 고랑 밑바닥 사이에 놀라울 정도로 확연한 온도 및 습도 차를 지닌 복잡한 지형이 만들어지는 것을 발견했다. 식물 질병 전문가들은 파이토프토라 인페스턴스에 유리한 온도와 습도 조건을 '잎마름병 인자세트'로 공식화했다. 잎마름병 인자세트 점수가 높을수록, 감자에서 잎마름병 포자 발아 확률은 높다. 마이어스의 레이지 베드는 평평한 밭에 비해 잎마름병 인자 점수가 절반밖에 되지 않았다. 잎마름병 포자는 상대적으로 따뜻하고 건조한 상태인 둔덕 맨 상단에서 발아할 가능성이 현저히 낮았다. 게다가 물이 고랑으로 빠지는 구조이기 때문에, 자라나는 감자알과 멀리 떨어져서 정포자를 상대적으로 안전하게 운반해간다. 더불어 레이지 베드에는 독초들이 뿌리 내릴 자리가 없었고, 비료를* 많이 주지 않아도 됐다.

레이지 베드 농법 반대자인 머피가 농업 시찰을 나갔던 이유는 당시 병충해가 아일랜드 감자를 강타하고 있었기 때문이다. 이때가 1834년으로 잎마름병 10년 전이었다. 그가 우려했던 해충은 새로운 작물에 적응하고 있던 일반 병충해인 바이러스, 박테리아, 선충류 등이었다. 그 해충들이 새로운 작물과 함께 진화함에 따라 흉작이 이어졌다. 1814~1845년 사이 14차례의 흉작이 있었다(물론 이들 중 어떤 것도 대기근에는 범접할 수 없었지만). 텍사스대학교 마이어스 박사는

---

* 개혁가들이 그 참사에 기여한 게, 비단 레이지 베드 반대 캠페인만이 아니었을지 모른다는 생각이 든다. 파이토프토라 인페스턴스는 유럽 전역에서 폭발적으로 퍼졌다. 때문에 사람들은 그 잎마름병이 혹시라도 인간의 활동에 의해 전염된 것은 아닌지 의심하기

이러한 병충해를 야기했던 요인 중 하나로 레이지 베드 경작 방식 포기를 꼽았다. 이는 뜻하지 않게 식물 병충해를 조장했다(유럽에 그처럼 광범위했던 감자 전염병이 안데스에는 없었다는 것을 주목할 필요가 있다). 그 잎마름병은 새로운 과학적 농업의 이점(감자라는 단일 품종을, 더구나 바이올로지보다는 테크놀로지에 의해 형성된 지형을)을 영리하게 이용했던 최신·최악의 병원균이었을 뿐이다.

대기근은 근현대 농업이 마주한 최초의 재앙이었다. 근대 과학이나 기술에 사로잡힌 신농법이 없었더라면 감자잎마름병은 그처럼 광범위하고 위력적이지 못했을 것이다. 아일랜드의 재앙에 경각심을 느낀 프랑스, 벨기에, 영국, 그리고 네덜란드 정부는 재빨리 생물학자들에게 도움을 청했다. 하지만 그 기세는 쉽사리 누그러들지 않았다. 이후 40년 동안 학자들은 감자잎마름병 원인을 오존, 대기오염, 정전기, 화산활동, 증기기관차에서 나오는 매연, 과도한 습기나 열, 당시 도입된 유황성냥 가스, 우주에서 오는 자기장, 여러 벌레(진딧

도 했다. 생태학적 모델들은 병충해가 "자연환경에 의한 자연적 요인보다 사람이 개입할 때 좀 더 확산 가능성이 더 높다는 것"을 시사한다. 1840년대 초에 적어도 새로운 상품이 유럽 전역 농장에서 갑자기 출현했다. 바로 구아노이다. 리마에서 리버풀로 오는 길목에서, 잎마름병에 걸린 감자가 찢어진 자루에서 쏟아져 적적되어 있던 구아노 더미 위에 포자를 퍼뜨렸을 수 있다는 건 쉽게 상상 가능하다. 잎마름병의 홀씨는 토양에서 40일이나 생존할 수 있다. 만일 그 토양이 여행의 끝 무렵에 감염되었다면, 잎마름병을 퍼뜨리고도 남을 시간적 여유가 생긴다. 아일랜드는 구아노 사용이 적지 않은 장소였다. 1843년 즈음에는 아일랜드의 32개 카운티 중 적게 잡아도 11개에서 구아노를 사용하고 있었다. 농부들은 여전한 열성으로 종자를 교환하거나 빌려오고 있었다. 파이토프토라 인페스턴스가 혹시 구아노 더미를 통해 유입되지 않았을까 하는 궁금증이 자못 나를 솔깃하게 한다(또 다른 해충인 감자시스트선충은 정확히 이 방식으로 일본을 공략했다). 잎마름병이 강타한 후, 아일랜드의 일부 진보적인 농부들은 감자 생산량을 종전으로 되돌릴 수단을 대대적으로 홍보한다. 바로 구아노 대량 처방. 대기근 내내 끊이지 않고 비료를 실은 배는 아일랜드로 들어왔다.

많은 안데스 사람들은 와초(아래, 볼리비아의 티티카카호수 근처)라고 하는 넓다란 둔덕에서 오랫동안 감자를 길렀다. 이를 통해 축축한 땅을 말림으로써 균류 및 해충을 차단했던 것으로 입증되었다. 영국에서 레이지 베드라고 이름붙인 이 농법은(위, 1920년대 아일랜드) 아일랜드에서 19세기 초반까지 일반적이었다. 최근의 연구를 보면 레이지 베드 농법 포기가 이 나라의 감자잎마름병 확산에 일조해 대기근을 가중시킨 것으로 풀이된다.

물, 무당벌레, 장림노린재), 혹은 감자 자체의 취약성 탓으로 돌렸다. 애머스트 대학교 박물학자 에드워드 히치콕은 "우리의 감각으로는 인식할 수 없는 매우 미세한 대기 중 매개체가 원인이다."라고 말하기도 했다. 소수의 학자들이 균류가 그 원인이라고 지목했으나, 이들의 의견은 묵살되었다. 그 어떠한 대책도 나오지 않았다. 간절한 도움의 손길을 과학에게 뻗어보았지만 과학도 대답해줄 수 없었다.

해충과의 전쟁

1861년 8월, 딱정벌레 무리가 미국 캔자스 주 북동부에 사는 농부 토머스 머피의 4만 제곱미터에 이르는 감자밭을 습격했다. 이름도 안성맞춤이다. 머피는 아일랜드에서는 매우 흔한 성으로, 감자의 속어로도 쓰인다. 머피의 머피에(감자의 감자에) 너무도 많은 딱정벌레가 몰려들어 우글거리는 바람에 감자 잎이 거의 보이지 않았다. 그가 감자에서 벌레들을 털어 바구니에 긁어 담았는데, "순식간에 약 70리터나 모아졌다." 벌레 길이가 0.8센티미터라는 걸 감안하면 기가 막힌 상황이었다. 사정이 달랐더라면, 머피는 오렌지색 몸에 호피무늬처럼 가느다란 검정 줄이 박히고 앞날개를 가진 이 딱정벌레를 예쁘다고 여겼을지도 모른다. 하지만 이 미물들은 엄청난 속도로 머피의 감자들을 먹어치우고 있었다.

떼로 달려들어 감자를 급습하기 전까지는 머피가 한 번도 본 적 없는 벌레였다. 그건 벌레들의 방문을 받은 머피의 이웃이나 그 해 여름 이들의 습격을 받았던 아이오와와 네브래스카 농부들도 마찬가지였다. 그 벌레들은 감자 재배자들을 공포로 몰아넣으면서 북쪽으로 동쪽으로 계속 진격해 1년 사이에 100~150킬로미터까지 범위를 넓혔다. 1864년에는 일리노이 주와 위스콘신, 그리고 1870년에는 미시간 주까지 접수했다. 7년 후에는 메인 주에서 노스캐롤라이나 주까지 감자를 습격하고 있었다.

일화 하나를 소개하자면 이 작은 벌레 무리가 근처 기차역에 잠시 멈추었을 때였다. 벌레들이 기차로 달려들어 흡사 바퀴가 기름에 빠진 듯 보였으며, 실제로도 바퀴가 움직이지 않는 지경에 이르렀다. 강력한 태풍이라도 와서 벌레들을 바다로 쓸어가면, 그들은 다시 해변으로 올라와 반짝이는 오렌지빛 카펫이 깔린 듯한 풍경을 연출했다. 뉴저지 주에서 뉴햄프셔 주에 이르는 해변이 이렇게 오염됐다. 농부들은 그 생명체가 대체 어디서 왔는지, 그리고 자신들의 감자밭을 먹어치우는 것을 어떻게 하면 막을 수 있는지 알 수 없었다.

대기근의 기억이 아직 생생한 유럽인들은 이 같은 감자 유린 소식에 몸서리를 쳤다. 회사들은 수천의 벌레 모형을 제작해 농부들이 머피의 벌레를 쉽게 알아볼 수 있도록 도왔다. 독일은 1870년 미국 감자에 대해 사상 최초였을지 모르는 농산물 격리조치를 시행했다. 프랑스, 러시아, 스페인, 그리고 네덜란드도 그 뒤를 따랐다. 다만 가장 두려움이 심했을 영국은 미국 감자 수입 금지조치를 하지 않았다. 무역전쟁을 촉발하고 싶지 않았기 때문이다. 그 벌레들은 간혹 배의 화물칸을 통해 유럽으로 들어오기는 했지만, 곧바로 사라졌다. 그러다 제1차 세계대전이 터지면서 각국 정부가 벌레 유입 감시의 끈을 늦추는 사이, 그 딱정벌레는 프랑스에 교두보를 마련하고 곧장 동쪽으로 진군했다. 그리고 오늘날까지 아테네에서 스톡홀름에 이르는 유럽 일대를 점령하고 있다. 아메리카 대륙에서는 멕시코 남중부에서 캐나다 북중부까지 영역을 확장했다. 상당수 생물학자들은 이 벌레가 아시아 동부와 남부까지 확산해 전 세계 일주를 완성하지나 않을까 우려하고 있다.

머피의 딱정벌레를 곤충학자들은 렙티노타르사 데시밀리니애타라 부르고, 농업관계자들은 콜로라도 감자잎벌레라고 칭한다. 하지만 이 벌레는 콜로라도에서 온 것도 아니다. 더욱이 이 벌레는 애초 감자에는 손톱만큼의 관심도 없었다. 이 벌레의 원산지는 남중부 멕시코로, 이곳에서 이 벌레의 주식은 버팔로버buffalo bur(솔라넘 로스트라툼Solanum rostratum)이다. 흐느적거리는 줄기가 무릎까지 올라오는 감자 친척으로, 잎 모양이 참나무 잎과 약간 닮았다. 인간의 입장에서 볼 때 이 식물은 성가시게 가시가 많은 식물로, 작은 밤송이 모양 씨주머니가 머리나 옷에 들러붙을 경우 장갑 없이는 떼어내기가 힘들다. 생물학자들은 이 버팔로버가 스페인 점령 이전에는, 즉 콜럼버스적 대전환의 중개자인 스페인 사람들의 말과 소가 아메리카에 들어오기 전까지는 멕시코에서만 자생하던 종이라고 믿는다. 인디언들은 이국 땅에서 온 대형 가축의 진가를 단번에 알아봤고 기회만 되면 훔쳐서 자신의 부족이 타고 먹을 수 있도록 북쪽으로 보냈다. 버팔로버는 분명 말의 갈기나 소의 꼬리 혹은 원주민의 안장 같은 곳에 달라붙어 이동했을 것이다. 그 벌레 역시 버팔로버를 따라 왔다. 텍사스에 도착한 버팔로버는 봄이면 남쪽에서 북쪽으로 이주하는 들소 무리를 따라 이동했을 가능성이 높다. 드디어 1819년경 딱정벌레가 중서부 지방(시카고를 중심으로 로키산맥에 이르는 지역)에 도착했다. 이 무렵 한 동식물 연구자가 미주리 강을 따라 자라난 버팔로버를 먹이로 서식하는 딱정벌레를 목격했다. 바로 거기서, 딱정벌레는 경작되고 있는 감자와 처음으로 마주쳤다.

우연이 개입했다. 멕시코에서 이 딱정벌레는 버팔로버만 먹고 살았다. 솔라넘 튜버섬 같은 건 쳐다보지도 않았다. 실제로 그 벌레들을 감자잎 위에 놓아도 곧바로 다른 먹이를 찾아 떠날 정도였다. 그런데 19세기 중반 미 중서부에서 아주 사소한 돌연변이를 지닌 딱정벌레가 태어났다. 두 번째 쌍의 염색체상에서 특정 부위가 사소한 변화를 일으켜 작은 DNA 조각 하나가 거꾸로 뒤집어졌다. 물론 딱정벌레의 모양이 달라지거나 생식 능력에 영향을 끼칠 정도로 대단한 돌연변이는 아니었다. 하지만 그 변이는 벌레의 식성을 버팔로버에서 친척인 감자로 넓히는 데는 충분했던 모양이다.

"한 쌍의 후손은, 방해요소만 없다면 1년 동안 6,000만 이상의 개체수로 불어난다." 1875년 〈뉴욕타임스〉는 이렇게 추산했다. 단순히 수치만의 문제가 아니다. 핵심은 명확하다. 단 한 개, 단 한 번의 우연한 유전학적 사고가 전 세계적인 문제를 야기하기에 충분하다는 점이다. 이 딱정벌레는 오늘날까지 감자에게 가장 파괴적인 해충이다. 신문기사는 이렇게 이어진다. "이 역병의 치명적인 특징이 있다. 콜로라도 딱정벌레는 한 지역의 농업이 끝장날 때까지 들러붙는다는 점이다. 대략 7~8년 연속으로 유린해 감자의 씨가 마르기 전에는 그 자리를 절대 떠나지 않는다. 이런 상황에서 우리가 할 수 있는 유일한 방책은 대대적인 벌레 소탕작전을 펴는 것 외에 도리가 없다."

소탕작전이라면 무엇을 무기로 한단 말인가? 농부들은 가능한 모든 방법을 동원했다. "벌레들을 으깨면서 집는 특수 핀셋을 제작하고, 덜 매력적인 감자 품종을 찾아내고, 딱정벌레의 천적(무당벌레, 장수벌레, 타이거벌레)들을 퍼뜨리기도 했다. 시즌마다 감자밭을 옮겨서 딱정벌레가 땅속에서 겨울을 날 수 없게 하고, 밭 주위에 버팔로버를 빙 둘러 심기도 했다." 미 곤충학회 창립자이자 수장이었던 찰스 발렌타인 라일리Charles Valentine Riley의 말이다. 아이오와에 사는 한 농부는 말이 끄는 딱정벌레 제거기를 자랑했다. 말 뒤에 상자를 매달아 갈퀴로 훑어 벌레들이 상자에 담기게 하는 장치였다. 농부들은 감자에 석회석을 끼얹거나 황을 살포하거나 재로 덮어보고, 담배 즙을 분사하기도 했다. 콜타르를 물과 섞어 딱정벌레에게 뿌리기도 했다. 어느 농부는 와인을 뿌렸다고도 한다. 등유를 써본 이들도 있었다. 죄다 소용이 없었다.

벌레들은 최초로 식물을 경작했던 신석기혁명 이래 끊임없이 농부들을 괴롭혔다. 하지만 산업화된 대규모 농업은 말하자면 그 패러다임을 변화시켰다. 수천 년 동안 감자딱정벌레는 멕시코 산악지대에 흩어져 있던 버팔로버에 의지해 그럭저럭 살았다. 대조적으로 잘 가꿔진 단일 품종이 줄지어 먹기 좋게 늘어선 아이오와 감자농장은 식량의 보고였다. 감자에 적응함으로써, 이 딱정벌레는 그 어느 때보다 가열차게 종족 번성에 힘을 쏟을 수 있게 됐다. 개체수는 폭발했다. 마찬가지로 다른 병충해들도(이 감자딱정벌레는 대표적인 사례일 뿐이다) 같은 기회를 활용할 수 있게 되었다. 하나하나의 새로운 거대한 농장은 그것을 이용할 수 있는 종에겐 기막힌 부의 신천지였다.

그 어느 때보다 비슷비슷해진 농장들은 그 자체로 호모제노센 세상을 단적으로 보여주는 표상이었다. 이들 농장에서는 단일종자의 몇 품종만을 골라 심었다. 때문에 병충해가 극복해야 할 자연 장벽

역시 한층 헐거워진 셈이었다. 가령 어느 한 종의 벌레가 특정 농장의 감자에 적응한다면, 같은 품종이 심긴 다른 농장에 적응하기 위해 따로 노력할 필요가 없게 된다. 간단하게 말해 동일한 음식의 바다에서 이리저리 점프만 하면 되는 상황이다. 게다가 철도와 증기선, 그리고 냉동차 등 근대 발명품들 덕에 벌레의 이동 역시 그 어느 때보다 용이해졌다. 즉 벌레들에게 풍성한 타깃을 선사해준 것은 농업의 산업화만이 아니었다. 더 빨라지고 촘촘하게 연결된 운송망은 먼 곳에 서식하던 해충들의 이동을 훨씬 쉽게 도왔다. 1898년 라일리의 후임으로 곤충학회 회장에 오른 하워드는 미국에 존재하는 최악의 해충 70종 중 자그마치 37종이 최근에 유입된 것이라고 추산했다(그 중 6종의 출생지는 끝내 확신하지 못했다).

19세기 후반은, 그야말로 해충의 시대라고 해도 과언이 아니었다. 멕시코 국경에서 흘러 들어온 목화바구미가 미국 남부의 드넓은 면화밭을 초토화시키자 사우스캐롤라이나 주지사는 그 벌레 퇴치를 위한 거국적 금식과 기도회를 위해 하루를 임시공휴일로 선포했다. 오스트레일리아 벌레인 귤나무 해충은 캘리포니아 귤 산업을 좌초시켰다. 유럽에서 유입된 느릅나무잎벌레는 미국 각 도시 느릅나무들을 유린한다. 이름과 달리 아시아로부터 도입된 네덜란드 느릅나무벌레는 한 술 더 떠서 미시시피 동부의 모든 느릅나무를 초토화했다. 은혜를 갚기라도 하듯 미국은 프랑스와 이탈리아 포도나무 대부분을 쑥대밭으로 만든 필록세라(포도나무뿌리진드기)를 역수출했다.

유럽 와인업계를 구원한 사람은 미국 곤충학회 회장이던 라일리였다. 그는 미국 포도나무 뿌리에 유럽 포도나무 줄기를 접붙였고, 마침내 진드기에 저항력을 지닌 품종을 개발해냈다. 이후 수십 년 동안

1877년 런던에서 발행된 신문 〈퍼니 폭스*Funny Folks*〉의 수많은 별쇄본 표지그림 중 하나. 콜로라도 감자잎벌레가 도착하지나 않을까 불안에 떠는 영국 농부들의 모습을 그렸다.

프랑스와 이탈리아 대부분의 포도넝쿨은 미국 포도나무 뿌리를 지니게 됐다. 감자 관련 솔루션은 조금 더 극적으로 개발되었다. 바로 패리스 그린Paris Green(아세트산아비산 구리가 주성분인 황록색 도료).

패리스 그린이 살충에 효과적이라는 사실은 한 농부에 의해 발견되었다고 한다. 그는 덧문에 페인트 칠을 하고 난 뒤 홧김에 남은 페인트를 딱정벌레가 우글거리는 감자밭에 던져버렸다. 그 페인트 통의 에메랄드빛 색소는 패리스 그린으로, 비소와 구리가 주성분이었다. 18세기 후반에 개발된 이 물질은 페인트와 직물, 그리고 벽지에 흔히 쓰였다. 패리스 그린이 딱정벌레 퇴치에 그만이라는 사실이 널

리 퍼졌고, 농부들은 그것을 밀가루로 희석한 분말을 감자에 뿌리거
나 물과 섞어 분사했다.

패리스 그린은 간단하면서도 확실한 해결책이었다. 그 염료를 구
입해서 사용설명서에 따라 밀가루나 물과 혼합해 스프링클러나 더스
트 박스로 살포하기만 하면 감자딱정벌레는 죽었다. 감자 경작자들
에게 패리스 그린은 신이 내린 선물이었다. 막 태동한 화학산업계에
도 패리스 그린은 대충 조합해서 개발할 수 있는 큰 건수였다. 비소
가 감자딱정벌레를 죽인다면, 다른 해충에 안 될 이유가 없잖은가?
패리스 그린을 목화벌레, 사과나무벌레, 사과나무나방, 느릅나무잎
벌레, 향나무송충이, 블루베리의 역병, 막가지벌레에 살포하는 걸 망
설일 이유가 뭐란 말인가? 비소는 이 모든 것을 죽였다. 목화바구미
에 호되게 당해 휘청거리고 있던 면화 농부들에게도 그건 신이 내려
준 물건이었다. 신이 난 과학자와 공학자들은 분무기, 살포기, 분사
기, 살수기, 압력 밸브, 조절식 브라스노즐 등을 개발했다. 분말은 액
체로 바뀌었고 구리−비소 혼합물은 납−비소 혼합물로, 그리고 칼
슘−비소 혼합물로 바뀌었다.

패리스 그린이 효과가 있다면, 또 다른 비소 함유물 염료를 상품화
해보면 어떨까? 다른 화학제품들을 농작물에 뿌려보는 건 어떨까?
1880년대 중반, 한 프랑스 학자가 포도밭에서 노균병을 박멸하게 될
바로 그 보르도액Bordeaux mixture을 만들어냈다. 연구자들은 새로 갖게
된 화학무기를 다른 해충에게 겨누었다. 자신들이 손에 쥔 화학제품
이 패리스 그린만큼 치명적이기를 기대하면서. 곧바로 그들은 황산
구리가(오 해피 데이!) 오랫동안 찾아왔던 감자잎마름병의 해법이라는
사실을 발견해냈다. 감자밭에 패리스 그린과 황산구리를 함께 분사

하면 딱정벌레와 잎마름병을 한꺼번에 퇴치할 것이었다.

농부들은 처음부터 패리스 그린과 황산구리가 독성을 품고 있다는 사실을 알았다. 살충제로서의 효능을 발견하기 이전부터, 패리스 그린으로 인쇄된 벽지를 바른 집에서 살면 병이 난다는 사실을 그들은 잘 알았다. 이 같은 독성 물질을 먹는 식물에 살포한다는 게 농부들로서는 못내 께름칙했다. 농약과 살충제와 살진균제가 토양에 침전되어 누적되는 것에 우려를 품었다. 자신과 일꾼들이 위험한 화학약품에 노출되는 것도 걱정스러웠다. 테크놀로지의 대가를 치르게 될 수도 있다는 조바심이었다. 그 모든 두려움은 곧 현실화됐다. 다만 이런 문제들은 부분적으로 조정되고 개선되었다. 정작 농부들은 더 근본적인 걱정거리에 대해서는 오랫동안 고민조차 하지 않았다. 이 화학약품들도 듣지 않게 될 날이 오리라는 사실 말이다.

콜로라도 감자잎벌레는 유전적인 측면에서 놀라운 다양성을 지니고 있다. DNA에 이례적으로 막강한 무기를 탑재하고 있다는 의미다. 전문용어로 말하자면 딱정벌레 군은 높은 이종접합성heterozygosity을 가지고 있다. 따라서 이들 개체군은 새로운 위협이나 환경이 닥치면 재빨리 적응한다. 농부들에게는 매우 불행한 일이다. 물론 새로운 환경에는 살충제도 포함된다. 고작 1912년이 되었을 때, 몇몇 딱정벌레가 패리스 그린에 내성 징후를 보였다. 하지만 농부들은 미처 알아채지 못했다. 그도 그럴 것이, 농약업계가 신종 감자딱정벌레를 박멸할 만큼 한층 강화된 비소 혼합물을 계속해서 내놓고 있었기 때문이다. 1940년대로 접어들자 롱아일랜드 농부들은 경작지를 유지하기 위해 더욱 독해진 최신 비소 농약인 비산칼륨을 농장에 투입해야 하는 상황에 처했다. 농부들에게는 다행스럽게도 2차 대전 직후 스위스 농부들이 전혀 새로운 유형의 감자딱정벌레 살충제를 만들어냈다. 바로 DDT. 유례없이 광범위한 지역에서 유명세를 탔던 벌레 퇴치용 화학약품이었다. 농부들은 너도나도 DDT를 구입했고, 경작지에서 벌레들이 사라지자 의기양양해했다. 그런 자축은 7년 간만 지속되었다. 딱정벌레는 곧바로 적응했다. 감자 재배 농가에서는 새로운 화학약품을 요구했다. 업계는 다시 딜드린dieldrin을 제공했다. 딜드린의 약발은 3년 간 지속됐다. 1980년대 중반이 되자 이들 살충제는 딱 한 시즌만 약발이 먹혔다.

비평가들이 일명 '독성의 쳇바퀴'라고 부르는 것으로, 농부들은 이제 다채로운 퍼레이드 행렬처럼 이어지는 치명적인 독 성분을 매해 열두 번 이상 감자밭에 살포했다. 많은 작가들이 이런 상황을 규탄했지만 《욕망하는 식물The Botany of Desire》에서 마이클 폴란Michael Pollan이 묘사한 문장보다 더 멋들어진 말은 없을 것 같다. 폴란이 표현했듯이, 대규모 감자 재배 농부들은 이제 너무도 많은 훈증제와 살균제, 제초제, 살충제, 방충제를 땅에 쏟아부어 속칭 '깨끗한 땅clean land'이라고 부르는 그럴싸한 말을 탄생시켰다. 감자를 제외한 생명체는 깨끗하게 제거한 땅 말이다. 게다가 식물 재배 시즌에는 보통 일주일에 한 차례씩 농작물에 화학비료가 살포된다. 며칠만 비가 내리지 않으면, 분말과 액체물질이 토양 표면에 쌓여 화생방전 실험을 방불케 하는 잔류물질이 생겼다. 내가 살고 있는 북동부 지역 농부들은 자신의 아이들이 경작지 근처에 얼씬도 못하게 단속한다. 그러니 유기농 맹신자가 아니더라도, 식량 생산이 곧 맹독 살포작업으로 변질된 현대의 농사 시스템이 의심스럽고 우려스럽기는 매한가지다.

설상가상 많은 학자들은 화학의 공습이 결국은 역효과만 낳는다고 생각한다. 강력한 농약은 타깃 해충뿐 아니라 그 벌레의 천적까지 함께 없앤다. 특정 해충이 살충제에 내성을 갖게 되면 이들의 앞날은 종종 이전보다 더욱 밝아진다. 이전에 그들을 저지했던 모든 천적이 사라져버린 덕이다. 역설적이게도 살충제가 오히려 유해한 벌레 개체수 증식만 가중시키는 꼴이 되는 셈이다. 이전보다 훨씬 더 강력한 화학무기로 이들을 제어하지 못한다면. 살충제에 소탕되고 만 천적 덕에 개체수가 조절된 '2차 해충'들도 이득을 본다. 여기서도 마찬가지로 산업계는 해결책을 가지고 있다. 더 독한 살충제 말이다. 2008년 한 연구 팀은 〈아메리칸 감자 연구 저널〉에서 "더 많은 새로운 화학약품이 가까운 미래에 상용화될 것으로 전망된다."라고 발표했다. 물론 낙관은 금물이다.

그렇다고 콜로라도 감자잎벌레 퇴치 과정에서 작동했던 사이클, 즉 끊임없는 살충제 투여-내성-새로운 살충제 개발의 고리를 완전히 끊을 것이라고는 장담할 수 없다. 우주선을 쏘아올리는 기술과학 시대에도 콜로라도 감자딱정벌레는 감자 생산자들에게 가장 막강한 위협이다.

잎마름병도 귀환했다. 스위스 학자들은 이전에는 멕시코에서만 발견되었던 파이토프토라 인페스턴스 난균류의 새로운 유형이 1981년 유럽으로 가는 길을 찾아냈다는 사실을 알고는 경악했다. '유성' 증식이 가능해졌다는 것은, 감자잎마름병이 엄청난 유전학적 다양성을 지니게 되었다는 것을 의미한다. 말하자면 화학전에 적응할 수 있는 더 강력한 무기를 탑재한 셈이다. 미국에서도 유사한 일이 있었다. 이 두 경우 모두 새로운 변종은 더욱 치명적이었고, 현재 최강의 잎마름병 치료제인 메탈락실metalaxyl에도 저항력이 생겼다.

아직 뾰족한 대안은 나오지 않았다. 내가 이 책을 쓰고 있는 시점 (2009년)에도 감자잎마름병이 미국 동부 해안의 토마토와 감자 대부분을 초토화했다. 유난히 비가 많았던 여름 날씨에 내가 사는 곳 주변 모든 채소밭이 질퍽한 땅으로 변했다. 비에 잠기지 않았던 내 텃밭의 토마토는 거의 해를 입지 않았다. 정확한 사실이든 아니든, 우리 동네 사람은 그 공격이 콜럼버스적 대전환 탓이라고 말한다. 좀 더 구체적으로 그는, 종묘회사에서 박스에 담아 판매한 토마토 모종 위에 타고 도착한 잎마름병을 책망했다. "이 토마토 묘목은 중국에서 온 것입니다." 그는 이렇게 덧붙였다.

7장

검은 금의 세상

벌레와 새가 없는 숲

보통 사람들의 눈에는 영락없이 숲처럼 보이는 풍경이지만, 생태학자들은 절대 그렇게 부르지 않을 듯하다. 그 숲은 중국 남부 끝자락인 롱앤러 마을 외곽, 낮은 산지 수십 킬로미터 일대에 펼쳐져 있다. 라오스 국경과는 불과 60킬로미터 떨어진 거리다. 중국 다른 농촌지역에 비해 윤택한 이 마을은 집집마다 창에 커튼을 두르고, 담장은 페인트로 잘 단장되어 있다. 도로에 면한 주택의 지붕 위로는 태양열전지판과 위성 수신안테나 접시들이 삐쭉삐쭉 솟아 있다. 택시가 마을 끝자락의 동물 축사와 창고를 지나자 나는 바로 그 숲속에 들어와 있었다.

15미터쯤 되는 나무들은 내 눈에 근사하게 보였다. 가지는 얼룩덜룩한 회녹색이고, 윤기 나는 진녹색 잎의 뒷면은 희끄무레한 빛이었다. 그 숲은 단일종 수목으로 통일되어 있었다. 나무가 심긴 시기 역시 1945년 전후로 똑같았다. 그 시기를 전후해 정부에서 한꺼번에 심었다고 했다. 발목 위로 올라오는 다른 식물 종은 남김없이 벌초되어 있는 점도 매우 인상적이었다. 그 결과 2.5미터 간격으로 줄지어 심긴 나무들만이 머리 위로 빼곡하게 차양을 만들어내는 그곳은 잘 조경된 생태공원처럼 보였다. 모든 나무의 몸통에는 나선을 그리며 타고 내려오는 칼날 너비의 절개된 홈이 나 있었다. 그 홈의 맨 끝단에 폭 7센티미터 내외의 길쭉한 플라스틱판이 꽂혀 있었다. 그리고 그 아래에 작은 사기그릇과 그릇받침대가 있었다.

이 나무의 학명은 히비어 브라질리엔시스Hevea brasiliensis, 파라Pará(브라질 북부지역) 고무나무이다. 이 마을 사람들은 나무껍질을 오려낸 자리에 액체 유도장치처럼 플라스틱판을 부착해놓았다. 속살에서 송송 솟아나온 우윳빛 점액질 수액(라텍스latex, 라틴어 '리퀴드liquid'에서 유래)이 플라스틱 판을 따라 방울방울 흘러내려 사기그릇 안에 모였다. 계절과 나무에 따라 다르지만 라텍스는 무려 90퍼센트가 수분이다. 나머지 대부분은 천연고무 입자로 구성되어 있다. 흔히 '천연고무'라고 하면, 값비싼 친환경 수제품을 파는 뉴에이지 양품점이 연상될지도 모르겠다. 하지만 천연고무는 중요한 산업소재로, 최첨단 제조업계에서 목말라 하는 물건이다. 히비어 브라질리엔시스에서 나는 천연고무는 롱앤러와 인근 수십 개 마을을 궁핍의 구렁텅이에서 구출해주었다.

차를 타고 10~15분쯤 달린 후 주위를 둘러보았다. 눈 아래 낮은 계단식 밭으로 물결치는 완만한 언덕이 펼쳐졌다. 그곳에 고무나무들이 줄지어 심겨 있었다. 그 산비탈 너머 야산들에도 아스라이 포개져 담요처럼 물결치는 주름들이 보였다. 연무 낀 오후에 먼 곳

나무에 박힌 플라스틱 조각과 라텍스를 모으는 그릇이 이 나무가 고무나무라는 것을 말해준다. 라오스 국경 근처 중국 자치구인 시상반나 고무 플랜테이션의 풍경.

의 색상들이 희미하게 펼쳐졌다. 눈에 보이는 모든 식물이 고무나무였다. 택시운전사는 나의 길동무가 되어주었다. 그는 어릴 적 이후로 이곳에 처음 와봤다고 했다. 그때 이 산은 새들과 포유류로 가득했었다. 그 모든 것이 고무로 대체되었다. 그 숲은 내가 지금껏 걸어본 숲 중 가장 고요했다. 벌레소리도 새소리도 들리지 않았다. 오직고요함뿐이었다. 이따금 바람 한 점이 재빠르게 불면 잎들은 반짝이는 윗면을 잠깐 보여주며 작은 깃발처럼 나부꼈다. "남은 게 없네요."라고 말하던 그는 끝내 분노를 감추지 못했다. "베어내고 또 베어내고, 심고 또 심고…. 젠장!"

　고무나무는 불과 100년 전쯤 처음으로 고향인 브라질에서 이곳 아시아로 한줌 들어왔다. 그리고 이제 그 나무들의 후손이 필리핀, 인도네시아, 말레이시아, 태국 그리고 중국의 곳곳을 뒤덮고 있다. 히비어 브라질리엔시스는 국경을 넘어 라오스와 베트남까지 그 세력을 뻗어가고 있었다. 지금 동남아시아 생태계를 주름잡는 이 고무나무는 1492년 전에는 아마존 근처 이외 지역에서는 전혀 존재하지 않았다. 사실상 고무는 이처럼 엄청나게 넓은 지역에 군림하고 있어서, 식물학자들은 단 하나의 감자잎마름병 같은 전염병이 생태학적 재앙을 불러올 수도 있다는 점을 오랫동안 경고해왔다. 나아가 글로벌 경제 붕괴까지.

롱앤러 마을에서 나는 이 집 저 집을 방문해 농부들과 고무에 대한 이야기를 나누었다. 그들 대부분은 고무가 가져다 준 기회에 감사를 표했다. 고무는 식탁의 음식을 마련해주었고, 아이들의 학비를 내주었고, 도로를 건설하고 보수해주었다. 감자와 구아노가 유럽인에게 맬서스의 트랩에서 탈출하는 계기를 마련해주었듯이(어쩌면 잠시 동안일지 모르지만), 고무는 오랫동안 동물과 사람이 감당했던 노동을 기계에 전이시키는 경제 시스템, 즉 산업혁명을 가능케 해준 물질이다. 고무는 지난 한 세기 반 동안 서양의 부를 폭발시킨 물질이다. 이곳 주민들은 말하자면 고무 수혜의 끝자락을 잡은 사람들이다. 새 한 마리 없이 가지런하게 자라난 나무 밭을 둘러보는 내내, 이 나무에 고마움을 전하던 주민들의 음성이 귓전을 맴돌았다. 그리고 다른 음성들도 증기처럼 일어났다. 좋은 쪽이든 안 좋은 쪽이든, 삶을 이 식물에 의탁했던 무수한 사람들 말이다. 불운한 운명의 노예들, 비전을 품었던 공학자들, 탐욕적인 기업가들, 병적 집착에 사로잡혔던 과학자들, 제국의 정치가들. 이 이질적인 풍경은 전 세계 도처 수많은 사람들의 손을 거쳐 만들어진 것이다. 그것은 1945년보다 훨씬 오래 전부터 시작된 이야기였다.

천연고무가 산업용품으로 거듭나기까지

1526년 5월, 스페인 주재 베니스 대사 안드레아 나바제로는 세비야에서 개최된 왕실을 위한 행사에 참석했다. 그 7년 전에 에르난 코르테스가 멕시코를 침략해서 트리플 얼라이언스(아즈텍제국)를 전복시켰다. 왕과 여왕은 느닷없이 새로 생긴 수백만 백성들의 처리 방법을 결정해야 했다. 원주민은 태생적으로 열등한 민족이기 때문에 노예로 삼아야 한다는 주장과 기독교로 개종시켜 온전한 스페인 백성으로 품어야 한다는 의견이 맞섰다. 원주민을 스페인인으로 개종시켜야 한다고 주장했던 스페인 교회파는 그 사람들이 결코 열등하지 않다는 것을 입증하기 위해 인디언 무리를 세비야에 데려왔다. 그리고 인디언들을 팀으로 나눠 메소아메리카 스포츠 경기인 울라말라이즈틸러ullamaliztli의 쇼케이스 버전을 선보이게 했다. 바로 그 행사에 베니스 대사 나바제로가 참석하고 있었다.

호기심이 왕성했던 그는 고전 시와 과학서적을 번역하고 베니스 역사책을 집필했으며 손수 생물 실험을 수행하기도 했다. 1522년에는 개인 식물원을 조성했는데, 그 대륙에서 최초로 알려진다. 인디언의 울라말라이즈틸러에 사로잡힌 그는 이를 저글링(로마에서 팀 경기로 공연되었지만 그 외 유럽 지역에는 알려지지 않은 퍼포먼스였다)과 비슷한 퍼포먼스로 생각했던 것 같다. 울라말라이즈틸러는 두 팀이 경기장 양쪽 끝에 세워둔 후프에 공을 넣기 위해 겨루는 경기로, 축구의 초기 버전이라고 봐도 무방하다. 공이 땅을 닿아서는 안 되며, 선수들이 엉덩이와 가슴 그리고 허벅지만을 이용해 공을 쳐내야 한다는 점만 제외하면 축구와 매우 유사하다. 천으로 허리만 겨우 두르고, 손가락 없는 장갑 같은 손목 보호대를 차고, 선수들은 주먹만한 공을 이리저리로 쳐냈다. "기술이 뛰어나서 곡예를 보는 것 같았다." 라고 나바제로는 보고했다. "공을 살리기 위해 바닥에 닿을 정도로 몸을 낮게 날리기도 했다. 그 모든 동작이 엄청난 속도로 진행되었다."

그런데 나바제로에게 게임보다 더 경탄스러웠던 것이 있었으니 그들이 가지고 노는 공이었다. 유럽의 공은 보통 가죽으로 만들어서 안에 양털이나 깃털을 채워넣었다. 인디언의 공은 차원이 달랐다. "놀라울 정도로 팡팡 뛰어올랐다"고 나바제로는 묘사했다. 하늘로 치솟았다가 아래로 곤두박칠 치는 모습이 그 전에 봤던 어떤 것과도 달랐다. 그는 인디언의 공이 "매우 가벼운 나무의 골수"로 만들어졌다고 추측했다. 함께 경기를 관람했던 나바제로의 친구 피에트로 마티레 당에라 역시 놀랍기는 마찬가지였다. 인디언이 "바닥에 닿았던 공을 튕기듯 탁 치자 엄청난 도약을 해서 공중으로 솟아올랐다"고 당에라는 기록했다. "그 무거운 공이 어떻게 그런 탄성을 지니는지 도무지 이해할 수가 없다."

왕실의 역사기록자였던 곤살로 페르난데즈 드 오비에도 발데스 Gonzalo Fernández de Oviedo y Valdés는 그나마 조금 자세했다. 스페인의 아메리카 진출에 대해 쓴 최초의 공식기록서인 《인디언 일반사와 자연사 General and Natural History of the Indies》(1535)에서 그는 당시 스페인에는 없었던 단어 '바운싱 bouncing'을 설명하려고 무던히 애를 썼다. "그 공들은 속이 빈 우리의 공보다 훨씬 높고 길게 점프했다. 단지 손에서 미끄러져 바닥에 살짝 닿기만 해도 시작점보다 훨씬 높이 솟아오르며 점프를 했다. (…) 튀어오르기를 몇 번이나, 자꾸자꾸, 높이

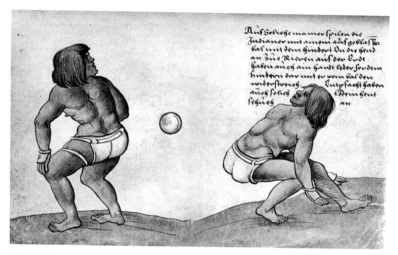

독일인 화가 크리스토프 바이디츠 같은 유럽인들은 1520년에 펼쳐진 원주민 투어공연을 보며 열광했다. 원주민의 몸놀림이나 그들이 사용하는 고무공은 유럽에서 봤던 어떤 것과도 달랐다.

를 점점 줄여가면서. (…) 마치 속이 빈 공처럼, 아니 그보다 훨씬 가볍게." 이 신기하고 탄성이 큰 공을 인디언들이 합성재료로 만들었다고 그는 기록했다. "나무 뿌리와 잎과 수액, 그리고 다른 물질들의 합성 혼합물이 굳으면 스펀지 비슷한 것이 되었다. 스펀지 같다는 것은 구멍이나 기공이 있다는 의미가 아니다. 가볍고 말랑말랑했다는 면에서 그렇다는 말이다." 당장 의구심에 찬 질문들이 쏟아졌다. "가벼웠다고?" 나무 원료와 합성재료를 혼합해서 만든 거라면, "오히려 더 무거워야 정상 아닌가?"

나바제로, 당에라, 그리고 오비에도 모두 어리둥절할 만했다. 신소재를 난생 처음으로 접하기는 그들도 다를 바 없었으니 말이다. 사실 그 공은 고무로 만들어졌다. 화학 용어로 탄성중합체elastomer라는 것으로, 이런 이름이 붙은 이유는 탄성중합체의 늘어나고 튀어오르는 성격 때문이다. 그때까지 이 물질을 접했던 유럽인은 단 한 명도 없었다.

공학자들에게 탄성중합체는 무궁무진하게 유용한 물질이다. 우리 집의 생활용품과 가전제품, 작업장에 있는 모든 기계의 구석구석과 연결 부위에는 반드시 고무가 끼워져 있다. 테이프, 절연체, 우비, 접착제, 신발류, 엔진 벨트와 O링, 의료용 장갑과 호스, 풍선, 구명조끼, 자전거 타이어, 자동차, 트럭, 비행기, 그리고 열거하기 힘들 정도로 수많은 제품들. 이 모든 것들이 한순간에 짠, 하고 나타난 건 아니었다. 1740년대가 되어서야 겨우 고무는 기지개를 폈다. 그리고 1805년 초의 간단한 실험이 고무가 어쩌면 유용한 물질이 될 수도 있겠다는 실마리를 제공했다.* 과학자 존 고프John Gough가 고무가 늘어날 때 열이 발생한다는 사실을, 즉 고무를 이해하는 열쇠를 발견했지만 1820년대 방수용 장화가 발명된 후에야 비로소 고무는 날아올랐다.

날아올랐다는 것은 유럽인과 북아메리카인에게 그랬다는 뜻이다. 남미 인디언들은 이미 수백 년 전부터 고무를 사용하고 있었다. 그들은 고무나무의 몸통에 V자 모양 생채기를 내서 우웃빛 수액을 짜냈다. 라텍스가 V자의 꼭짓점에서 그릇으로 방울방울 흘러내렸다. 그릇은 보통 속을 파낸 박을 이용했다. 태피사탕 만드는 모습을 연상시키는 과정으로, 인디언들은 야자나무 너트의 강력한 화력에 힘입어 천천히 끓이고 늘려서 라텍스에서 고무를 추출해냈다. 고무가 준비

---

* 맹인으로 태어난 고프는 감촉을 통해 고무의 특성을 입증했다. 그는 넓은 고무줄 조각의 양 끝을 잡아당긴 후 열에 엄청 민감한 '입술을' 대보았다. 그는 나아가 열을 가하면 고무가 늘어난다는 사실도 알아냈다.

되면 딱딱한 파이프나 접시 혹은 틀에 부어 원하는 모양으로 만들어 냈다. UCLA 지리학자로 아마존을 집중 연구했던 수잔나 헥트는 원주민들이 오래 전부터 천에 고무를 입히는 방식으로 모자와 옷의 방수 처리를 했다고 확신한다. 아마존의 유럽인 식민개척자들은 18세기 후반경부터 고무 처리된 의복을 제작했다. 부글부글 끓고 있는 라텍스 솥에 장화 모양 몰드를 담가 만들어낸 부츠 몇 켤레가 미국행 길에 올랐다. 보스턴, 필라델피아 그리고 워싱턴 D.C 등은 늪지대 위에 건설된 도시들이었다. 당연히 길은 질척질척한 진창에다 인도도 따로 없었다. 고무부츠는 빅히트를 쳤다.

'고무 열풍'의 진앙지로 알려진 곳은 보스턴 북쪽 매사추세츠의 살렘이었다. 1825년 살렘의 한 젊은 사업가가 브라질에서 고무신 500켤레를 수입했다. 이로부터 10년 뒤 수입된 고무신은 40만 켤레가 넘었다. 미국인 40명당 한 명꼴에 해당하는 수치이다. 아마존 하구 작은 마을 원주민들은 보스턴 상인의 주문에 따라 수천 켤레의 고무신을 제조했다. 고무가 코팅된 천으로 만든 옷은 쫄깃쫄깃한 하이테크 제품이었다. 완벽하게 현대적인 제품. 고무용품 판매점은 문전성시를 이루었다.

하지만 곤두박질은 필연이었다. 고무를 입힌 옷과 고무부츠 아이디어는 현실보다는 상상의 영역에 가까웠다. 현실에서 그 상상을 실현하는 일은 그리 간단치 않았다. 날이 추워지면 고무신은 쩍쩍 갈라지고, 기온이 높아지면 녹아버렸다. 겨울 끝 무렵 신발장에 넣어둔 고무부츠는 이듬해 가을에는 웅덩이로 변해 있었다. 냄새도 고약해서 대개 마당에 매장당하는 것으로 끝이 났다. 상원의원과 장관직을 거쳤던 대니얼 웹스터가 선물로 받은 망토와 옷의 운명에 대한 일화는 유명하다. 그는 추운 밤에 이 옷을 착용했는데 목적지에 도착했을 때쯤엔 고무망토가 딱딱하게 굳어서 대문 앞에 세워두어야 했다. 아마도 모자는 그 옷 위에 얹어두지 않았을까? 한 문학비평가는 "지성 있는 젠틀맨이라면 다들 대학시절 야밤의 전투에서 돌처럼 굳은 인디언 고무신발이 그 어느 것과도 견줄 수 없는 가공할 무기였음을 기억할 것이다."라고 말했다. 고무 판매업자에게 반송된 고무 제품이 홍수를 이뤘다. 고무의 인기는 순식간에 사그라들었다.

고무 거품이 꺼지기 직전인 1833년, 파산한 실업가 찰스 굿이어가 고무에 흥미를 보이기 시작했다. 이후 고무는 그에게 평생의 집착이 되었다. 모두가 고무에서 발을 빼고 있을 때, 굿이어는 특유의 사업가적 촉으로 고무 사업을 위한 투자자를 찾아나선다. 굿이어는 온도에 변하지 않는 고무제품 개발 계획을 발표한 지 몇 주 후부터 채무자로부터 빚독촉에 시달리기 시작했다. 화학적 지식이 전무했음에도, 고무조각을 밀방망이로 쳐대는 동안 그의 결심은 더욱 굳건해졌다. 여러 해 동안 굿이어는 궁핍에 시달리며 미 북동부를 전전했다. 가보를 전당포에 맡긴 뒤 굶주린 아내와 아이들을 매달고 자신을 쫓는 집행관을 따돌리면서. 그 기간 내내 그는 좀 더 단단한 고무가 만들어지길 고대하면서 갖가지 유독성 화학물질을 이리저리 때려맞추기 식으로 고무와 섞어보고 있었다. 그의 일가족은 스탠튼 섬에서는 버려진 고무공장에서 살았다. 매사추세츠에서도 버려진 고무공장을 전전했다. 코네티컷에서는 소돔달동네(이름만으로도 어떤 곳인지 상상이 된다)라고 부르는 곳의 판잣집에서 살았다. 때로 불도 안 들어오고 음식도 없는 상태로 버텨내는 사이에 굿이어는 두 아이를 잃었다.

꿈에서 다른 고무 집착증 환자가 말해준 것에서 힌트를 얻은 굿이어는 고무에 황을 섞어보기 시작했다. 아무 일도 일어나지 않았다. 그러다 우연히 황 처리된 고무 덩어리를 장작 난로 위에 떨어뜨렸는데, 마술처럼 고무가 녹지 않았다. 겉은 불에 그을렸지만 내부는 고온에서도 형태와 탄성을 그대로 유지하는 새로운 종류의 고무로 변신해 있었다. 굿이어는 이 우연한 발견을 재생하는 데 전력을 쏟았다. 하지만 실험장비를 마련할 능력이 없어서 이 집 저 집 문전걸식하듯 다니며 난로를 사용하게 해달라고 부탁했다. 황 가공처리는 종종 성공하거나 실패로 돌아갔다. 그는 좌절감, 배고픔 속에서도 신들린 듯 작업을 계속했다. 그가 다시 빚으로 감옥에 던져졌을 때, 그는 지인에게 감옥으로 재료를 보내달라고 편지를 썼다. "여기 이 자리에서 손수 인디언 고무공장을 운영할 수 있도록." 어렵사리 돈을 빌려서 빚을 갚고 석방됐지만, 한 달 뒤 그는 또 다른 감옥에 있었다.

그 과정에서 그는 한 영국인 청년을 만났다. 굿이어는 청년에게 성공적인 샘플 몇 개를 건네면서 영국에서 투자자를 찾아봐 달라고 부탁했다. 이 사람 저 사람의 손을 거친 5센티미터 길이의 황 처리된 고무줄 두 토막이 1842년 가을, 맨체스터의 엔지니어로서 고무 처리법을 연구하던 토마스 핸콕의 실험실에 당도했다. 핸콕은 이 고무 토막의 출처는 알지 못했다. 다만 뜨거운 온도에서도 녹지 않고 추운 날씨에도 굳지 않는다는 사실만은 대번에 알아챘다. 여기서 쟁점은 과연 핸콕이 굿이어의 업적을 베꼈는가 여부이다. 굿이어의 샘플로부터 핸콕이 얻은 정보가 어느 정도였는지는 분명치 않다. 훗날 핸콕은 누군가에게 받은 "그 고무쪼가리를 눈여겨보지도 분석하지도 않았다."라고 강하게 주장했다. 하지만 사실이라면, 그것이야말로 스스로 호기심 제로라고 이마에 써붙이고 다니는 것과 다름없지 않은 가? 사실이야 어찌됐든 핸콕은 굿이어에 비해 훨씬 조직적이었던 데 다 지식도 풍부했고, 제대로 된 연구장비도 갖추고 있었다. 그는 일 년 반 동안 체계적인 실험을 수백 차례 수행했다. 그리고 마침내 녹 인 유황에 담근 고무가 추운 날씨에 신축성이 유지되고 더운 날씨에 도 고체 상태로 머무는, 전혀 다른 물질로 변신한다는 것을 알아냈 다. 후에 그는 이 과정을 로마신화에 나오는 불의 신 이름을 따서 '경 화vulcanization'라고 이름 붙였다. 영국 정부는 핸콕에게 1844년 경화 에 대한 특허를 주었다.

3주 후 미국 정부도 굿이어의 경화에 부랴부랴 특허를 수여했다. 하지만 특허 내용을 잠깐만 들여다봐도 굿이어가 경화 과정을 조금 도 이해하지 못하고 있었음이 훤히 드러난다. 굿이어가 고무의 경화 에 매개체 역할을 한다고 주장한 핵심성분은 금속 성분 염료인 백연 이었다. 그러나 고무의 경화에 끼치는 효과는 "굳이 찾아봐도 매우 부차적"이라고 매사추세츠대학교 중합체연구센터 브라이언 코플린 교수는 말한다. "핸콕의 실험은 표준처리 방법이 아니기 때문에 확실 치 않지만, 아마 약간의 촉매 효과는 있었을 듯하다." 반면 핸콕의 특 허 내용은 "꽤 정확했다"고 코플린은 말한다. 핸콕은 끓는점 바로 위 인 섭씨 115~121도로 가열된 황에, 연화된 고무를 넣고 저었다. 여 기서부터는 열을 더 가하면 가할수록 그만큼 탄성을 더 잃었다. "이 내용이 바로 내가 학생들에게 가르치는 것입니다." 코플린은 내게 말 했다.

굿이어는 경화의 레시피를 정확히 이해하지 못했다. 하지만 고무 의 사업성은 기막히게 꿰뚫고 있었다. 그는 이전에 듣도 보도 못했

고무를 산업용 물질로 변신시킨 경화 과정을 누가 발명했는지는 규명하기 어렵다. 맨 처음 그 발상을 해낸 이는 찰스 굿이어(왼쪽)이다. 하지만 굿이어는 결코 그 과정을 완전히 이해하지 못했다. 토마스 핸콕(오른쪽)은 그 원리를 정확히 파악해 굿이어보다 먼저 특허를 획득했다. 다만 핸콕은 굿이어의 샘플에서 영감을 얻었을 것으로 짐작된다.

던 방법으로 고무를 홍보했다. 그는 1851년 런던 수정궁에서 열린 세계 최초 박람회에서 그럴 필요가 있을까 싶게 전체 부스를 고무로 도배했다. 여기에 자그마치 3만 달러가 들었다. 4년 뒤에는 5만 달러를 빌려 한층 더 거창해진 고무 부스를 세계 두 번째 박람회장인 파리 유니버설 전시장에 차렸다. 파리 사람들은 대도시인의 우쭐함도 잊은 채 바보처럼 입을 벌리고 고무 프레임으로 장식된 굿이어의 거울 달린 화장대를 감상했다. 위에는 대량의 고무빗과, 고무손잡이로 만든 브러시가 전시돼 있었다. 고무로 바닥을 깐 부스 중앙에는 딱딱한 고무책상이, 그 위에는 고무 잉크통과 고무펜이 놓였다. 고무 벽 구석의 고무우산대에는 고무로 만든 우산이 차렷 자세로 서 있었다. 그 두 벽에는 고무캔버스에 그려진 그림이 걸려 있었다. 무기 팬들을 위해서는 고무칼집에 꽂힌 칼 한 벌과 장검 한 벌, 그리고 고무개

머리판으로 된 총이 있었다. 고무의 불쾌한 냄새만 빼면 굿이어의 전시는 대성공이었다. "나폴레옹 3세는 그에게 레지옹 도뇌르Légion d' honneur 훈장을 수여했다."라고, 외교관이자 역사학자인 오스틴 코츠 Austin Coates는 기록했다. "그리고 파리 궁정은 파산한 그를 감옥에 보냈다." 굿이어는 훈장을 감옥에서 받았다. 그는 아내의 물건을 팔아서 집에 오는 여비를 마련했다. 4년 후, 그는 빚 구덩이 속에서 생을 마감했다.

그가 죽은 후 미국인들은 굿이어를 비전을 지닌 인물이었다고 치켜세우며 뒤늦게 야단을 떨었다. 위인전은 불굴의 의지를 지닌 아이콘으로 그를 찬양했고, 거대 타이어 회사가 그의 이름을 따서 이름을 지었다. 반면 "핸콕은 FM식 대접을 받았다. 살아생전에 합당한 존경, 사후 점점 빛이 바랜 주목, 사후 100주년 기념우표 발행, 그 뒤로는 ⋯."이라고 코츠는 묘사했다.

한편 황이 어째서 고무를 경화하는지는 굿이어나 핸콕 둘 다 전혀 몰랐다. 마찬가지로 천연고무가 튀고 늘어나는 이유도 몰랐다. 19세기의 과학자들에게도, 16세기 스페인인들과 똑같이, 톡톡 튀는 공은 신비하기만 했다. 얇은 함석판을 잡아 늘려보면 약간 늘어나다가 뚝 끊겨 두 조각이 된다. 반면 고무밴드는 원래 길이에서 세 배까지 늘릴 수 있고, 곧바로 원래 형태로 돌아간다. 어째서 그럴까? 그리고 어째서 고무에 황을 가했을 때 더운 여름에 녹는 것이 멈추었을까? "아무도 몰랐습니다." 코플린은 내게 말했다. "그건 거대한 수수께끼였어요. 게다가 이를 진지하게 연구하려는 화학자가 거의 없었기 때문에 오랫동안 밝혀지지 않은 채 남아 있었습니다."

화학계에서 19세기 후반기는 숨 가쁘고 극적인 시대였다. 과학자들은 마침내 굴속에서 잠자고 있던 물질계 질서를 해독하고 있었다. 이들은 원자가 결합해서 분자를 만드는 규칙들을 발견하면서, 그리고 분자는 정확하게 공식화할 수 있는 규칙적인 입자를 형성한다는 것을 알아가면서 화학 주기율표에 원소들을 하나하나 채워넣었다.

이렇게 깔끔하게 정리된 바둑판에 고무의 자리는 없었다. 화학자들은 고무분자에서는 그 공식을 끌어내지 못했다. 고무를 대상으로 한 많은 실험에서 학자들은 상식적으로 이해할 수 없는 결과만 얻었다. 분석을 통해 각각의 고무분자는 탄소와 수소 원자로 이루어져 있다는 점은 밝혀냈다. 여기까지는 문제가 없었다. 하지만 과학자들은 수천의 원자로 이루어진 점보사이즈 분자에 탄소와 수소가 겹겹이 쌓여 있는 모습을 확인하고는 고개를 가로저었다. 학자들로서는 도대체 납득이 안 되는 상황이었다. 분자란 물질의 기본 구성단위이다. 그리고 그 어떤 구성단위도 고무처럼 클 수는 없었다.

화학자들이 명쾌하게 내린 결론은, 고무가 콜로이드(교질)라는 점이었다. 촘촘하게 무리지은 한 개 혹은 그 이상의 입자가 산재해 있는 상태 말이다. 대표적으로 아교가 콜로이드이며 피넛, 버터, 베이컨의 지방, 진흙 모두 콜로이드이다. 콜로이드는 여러 종류 물질이 뒤죽박죽 얽혀 있기 때문에, 기본 구성요소가 따로 없다. 하나의 기본 구성단위를 찾는 일은 쓰레기 더미에서 분자 구성단위를 찾으려 애쓰는 것과 같다. 고무를 두고 한 독일인 화학자는 쉬미런지미 Schmierenchemie라고 조소했다. 쉬미런지미란 사전적으로 '기름보자기 화학grease chemistry'을 뜻한다. 코플린은 이를 두고 "테스트 비커 바닥에 눌러붙은 찌꺼기에 대한 화학" 정도로 해석하면 될 것 같다고 했다.

그럼에도 불구하고, 몇몇 화학자들은 고무에 대한 동료 화학자들의 조소를 개의치 않았다. 대표적인 인물이 스위스 취리히연방공과대학교 헤르만 슈타우딩거Hermann Staudinger였다. 저명한 과학자인 그는 이미 커피와 고추의 기본 풍미를 화학공식을 통해 밝혀내기도 했다(슈타우딩거를 인스턴트 커피를 전 세계에 퍼뜨린 장본인이라고 비난해도 부당하지 않다). 그는 제1차 세계대전 시기에 '고분자화합물'(그가 명명한 이름)은 상상을 초월할 만큼 거대한 기본 구성단위를 가지고 있다는 직관적인 확신을 가지고 고무 연구에 뛰어들었다. 성공적인 과학자의 독불장군 스토리에 익숙한 독자라면 슈타우딩거에게 격렬한 반대가 몰렸다는 사실에 그리 놀라지 않을 것이다. 그는 자신의 가설에 대한 증거를 차곡차곡 쌓아올렸고, 그러면 그럴수록 반대자들의 저항은 비이성적인 독설로 변했다. 그가 1925년 취리히를 떠나 프라이부르크대학교로 가게 되었을 때, 그는 고별 강의에서 동료들에게 성토를 당했다. 사실 이런 적대감은 그의 전투적인 성향에 의해 촉발된 측면도 있다. 한번은 그가 대학 도서관 책 표지에 "이 책은 과학 업적이 아니고 선전용이다."라는 비하 발언을 붙이는 것으로 라이벌이 출간한 책을 조롱했다. 어쨌든 슈타우딩거 이야기의 대단원은 이 동네 사람들의 일반적인 해피엔딩으로 끝났다. 1953년, 스톡홀름은 그에게 노벨화학상을 수여했다.

슈타우딩거는 고무와 같은 탄성중합체들이, 길다란 체인 형태의 분자로 되어 있다는 사실을 입증해냈다. '길다란'이란 단어는 매우 정확한 표현이다. 연필 두께만한 고무분자가 있다고 가정하면, 그 길이는 축구장 길이만할 것이다. '체인' 역시 딱 정확한 표현이다. 모든 고무분자는 수천수만의 동일하고 반복적인 링크로 이루어져 있으며, 링크 하나하나는 5개의 탄소원자와 8개의 수소원자로 이루어진다. 일반 고체의 분자들, 말하자면 구리선과 같은 분자들은 질서정연하게 배열돼 있다. 고무분자는 정반대다. 완전 뒤죽박죽으로, 체인들이 구별되지 않는 형태로 엉켜 있다. "이해하기 쉽게 비유하자면 스파게티 한 접시를 상상하면 돼요." 코플린은 내게 설명했다. "하지만 이 누들이 100미터쯤 된다는 점에서 이 비유가 완벽하게 들어맞진 않겠네요." 고무밴드를 잡아 늘리는 것은 엉켜 있던 그 분자들을 잡아당겨서 병렬로 나란히 정렬하는 것과 같다. 마치 박스 안의 스파게티 면 가닥처럼. 엉킴이 풀리면서 분자들은 실 더미에서 풀려나 온전한 길이로 펴진다. 고무가 늘어나는 것은 이 때문이다. 대조적으로 틈 없이 나란히 배열된 구리분자는 늘리기가 매우 어렵다. 말하자면 난삽하게 엉켜 있는 끈을 잡아당기는 것과 완전히 펴져 있는 끈을 잡아당기는 것과의 차이와 같다. 게다가 체인을 곧게 당기는 데 필요한 에너지가 고무를 늘릴 때 열을 발생시킨다. 가하는 힘이 줄어드는 즉시 그 고무분자들은 무작위로 움직여 분자들을 다시 뒤엉키게 한다. 이렇게 고무는 본래의 크기로 다시 수축된다.*

천연고무 덩어리에 열을 가하면 고무의 체인이 헐거워져서 중구난방으로 미끄러져 흘러내리고, 원래보다 훨씬 더 카오스적으로 뒤죽박죽이 된다. 어떤 모양의 고무이든, 열 앞에서는 본래 형태를 잃어버리고 웅덩이로 변한다. 경화는 이를 방지한다. 고무를 황에 담그

---

* 긴 분자 물질을 보통 폴리머라고 부른다. 폴리머에는 여러 유형이 있는데 우리에게 익숙한 폴리머 형태로 실크나 울 같은 섬유조직, 빵의 단백질 성분인 글루틴, 달걀흰자의 알부민과 같은 것들이 있다. 탄성중합체는 독보적으로 특이한 특징을 지닌 특수한 형태의 폴리머이다.

면 황원자로 이뤄진 화학물질 '다리'에 여러 고무분자들이 서로 결합하는 화학작용이 일어난다. 그 결합들은 엄청나게 변화무쌍해서 가령 단단해진 고무밴드는 실상 단 한 개의, 거대하게 교차결합된 분자가 된다. 말하자면 분자들이 서로 굳게 결박해 변형에 저항한다. 특히 일렬로 정렬할 경우, 엉키는 것도 어렵고 양극한의 온도에도 내성이 강하다. 고무는 그렇게 형태가 무한대인 물질로 재탄생된다.

경화로 인한 영향력은 실로 무궁무진하다. 자동차와 자전거의 주축을 이루는 공기주입식 고무타이어는 눈에 띄는 선명한 예일 뿐이다. 고무는 전기의 상용화를 가속시켰다. 고층빌딩의 고압전선 배선에 절연이 안 된다고 상상해보자. 혹은 식기세척기나 세탁기 그리고 건조기 같은 가전제품 엔진의 모션을 송신하는 벨트가 없다고 상상해보자. 겉으로 보이지 않지만 더욱 중요한 쓰임새는 따로 있다. 모든 연소기관 내부에는 여러 파이프와 밸브가 내장처럼 자리잡고 있는데, 이곳을 물, 기름, 가솔린 등이 압력 상태로 흐르고 있다. 이 부품들이 완벽하게 제작되지 않는다면, 엔진 진동으로 인해 헐거워진 접합부에서 치명적인 유독가스나 유독성 액체가 유출되는 상황이 초래된다. 탄성이 있는 고무 개스킷과 와셔, 그리고 O링이 보이지 않는 곳에서 제 역할을 하며 그 간극을 메워주기 때문에 이런 불상사는 거의 발생하지 않는다. 고무가 없었더라면 모든 가정은 보일러에서 천연가스, 가열된 오일, 이산화탄소가 누출되는 위험한 상황을 달고 살아야 했을 것이다. 그야말로 가공할 죽음의 덫이다.

"산업혁명에 필수적이었던 세 개의 핵심 원자재는…," UCLA의 핵트는 말한다. "철강, 화석연료, 그리고 고무였다." 유럽과 북아메리카에서 무서운 기세로 산업화되었던 모든 국가들은 철강과 화석연료는 원하는 만큼 손에 넣을 수 있었다. 때문에 고무의 안정적인 공급은 이들에게 사활을 건 전쟁이었다.

욕조 안의 여인

우리 집 거실에는 할머니의 숙부, 혹은 고조숙부의 초상화가 걸려 있다. 둘 다 이름이 네빌 버고인 크레이그Neville Burgoyne Craig였다. 그 그림은 할아버지가 골동품 가게에서 발견했는데, 할아버지는 그 초상화를 피츠버그 최초로 일간지를 발행했던 선대 크레이그(1787~1863)라고 생각했다. 하지만 19세기 후반 화풍으로 미뤄볼 때 그림의 주인공은 후대 크레이그(1847~1926)였을 가능성이 높다. 엔지니어였던 그는 서른한 번째 생일 일주일 후에 고무로 돈을 벌겠다며 아마존 행 배를 탔다.

크레이그가 아마존에서 하려던 일은 고무와 직접 관련된 건 아니었다. 고무 수송용 철도를 건설하는 일이었다. 그 당시에도 천연고무의 원료인 라텍스는 히비어 브라질리엔시스에서만 얻을 수 있었다. 아마존 유역이 원산지인 이 나무는 브라질과 볼리비아 국경지대에 널리 분포했다. 이 지역에서 가장 가까운 항구는 태평양에 면한 곳으로, 안데스 산맥 너머에 있었다. 고무를 이 항구들로 가져가기 위해서는 얼음으로 뒤덮인 높은 산맥을 통과해야만 했다. 그게 끝이 아니었다. 라텍스를 영국으로 실어나르기 위해 선박들은 남미의 해안선을 타고 쭉 내려간 뒤 휘몰아치는 거센 폭풍이 기다리고 있는 남미 끝단 꼭짓점을 돌아 대서양을 건너야 했다. 장장 1만 9,000킬로미터에 이르는 험난한 여정이었다. 1871년 왕립지질연구회는 고무를 아마존의 서쪽에서 런던으로 이송하면 4배나 빠를 것이라는 계산을 해냈다. 마데이라 강을 이용해 아마존 강으로 보낸 뒤 대서양으로 빠지는 것이다. 난제는 마데이라 강 하류 368킬로미터 구간을 가로막고 있는 폭포와 사나운 급류였다. 반면 볼리비아 쪽에서 흐르는 4,800여 킬로미터 마데이라 구간은 운항이 가능해서 방대한 고무와 여러 물자수송 수단이 되었다. 동쪽은 곧장 넓은 아마존으로 연결되고, 그 물길을 따라가면 대서양이 나왔다. 다만 강 하류 끝 통과할 수 없는 구간이 브라질의 작은 시골마을 산투안토니우였다. 내 조상은 바로 그 산투안토니우 급류를 우회할 철도를 건설하러 간 것이었다.

피츠버그에서 태어난 크레이그는 예일대학교에서 공학을 전공해 대학원까지 마쳤다. 그는 우수한 학생으로서 두 차례나 대학교 수학상을 수상했으며, 졸업도 하기 전에 미 정부 해안측량과에 스카우트되었다. 5년 후에는 진취적인 일을 찾아 필라델피아 철도 건설회사인 P.&T. 콜린스에 입사했다. 이 회사가 당시 볼리비아 정부가 인가한 마데이라 철도 건설 계약을 따냈다. 회사 대표인 콜린스 형제는 자신들의 풍부한 철도 건설 경험 패가 한 번도 탐험한 적 없는 아마존 패보다 우세할 것으로 믿었다. 1878년, 이 회사는 열의에 불타는 엔니지어와 일꾼들을 태운 선박 두 척을 필라델피아에서 아마존으로 보냈다. 크레이그는 첫 번째 배에 타고 있었다.

훗날 회고록에서 기술했듯이, 겨울 돌풍으로 인해 아마존으로 가는 여정은 몹시 위험했다. 맙소사! 작고 열악했던 두 번째 선박은 버지니아 제임스타운 남쪽 앞바다 160킬로미터 해상에서 폭풍이 삼켜버렸고, 이로 인해 80명 넘는 사람이 한꺼번에 수장되었다. 당시 필

라델피아 사회는 이 참사에 침통
해했고, 회사는 당장 잃어버린 인
력을 대체하는 데 어려움을 겪었
다. 사업이 추진력을 잃어갈 즈
음, 콜린스는 새로운 인력 공급원
을 발굴해냈다. 크레이그의 책에
따르면 "몇몇 동부 대도시 슬럼가
사람들로 행색이나 용모, 그리고
언행이 걸어다니는 다윈 이론의
견실한 증거품이었다." 대부분 남
부 이탈리아 출신 이민자들이었

네빌 B. 크레이그

던 그들은 정치적 신념 때문에 조국에서 배척된 부류였다. 내 조상의
부정적인 기록이 보여주듯 당시 사회에서 이들 이탈리아인에 대한 편
견은 매우 강했다. 미국에 갓 도착한 그들에게 결국 절실한 건 일자
리였고 콜린스 형제는 이들의 절박함을 악용해 첫 번째 선박에 탄 노
동자들에게 지급했던 2달러보다 적은 금액인 1.5달러에 사인하게 했
다. 회사는 반정부 운동을 했던 그들이 나중에 이 사실을 알게 되거
나 이런 사실을 결코 용납할 수 없으리라는 생각은 아예 떠오르지 않
았던 모양이다.

　한편 크레이그는 철도역 건설이라는 임무 수행을 위해 눈썹을 휘
날리며 아마존과 마데이라를 오가고 있었다. 그리고 루트 측량작업
에 착수했다. 그는 이탈리아인들이 대체 인력으로 도착했을 때에야
두 번째 배의 운명을 전해들었다. 도착하기 무섭게 이탈리아 이민자
들은 자신들만 적은 임금을 받는다는 사실을 알아챘다. 며칠이 지

나지 않아 그들은 파업을 일으켰다. 크레이그를 비롯한 건설감독관들은 레일 건설용 철제로 우리를 만든 뒤 총구를 겨누며 파업자들을 그곳에 가뒀다. 회고록을 읽는 내내 나는, 안타까운 마음으로 일꾼들을 강제로 가두는 행위가 공사 일정에 역효과만을 불러온다는 걸 크레이그가 깨닫길 바랐다. 우여곡절 끝에 파업자들은 현장에 복귀했지만, 심사가 잔뜩 뒤틀려서 나무를 쳐내고 있었다. 그리고 몇 주후, 75명 상당의 인원이 현장을 이탈해 볼리비아로 넘어갔다. "그들의 탈출은 성공하지 못했을 것"이라며 크레이그는 원색적으로 비난했다. 아마도 "입이 전혀 고급스럽지 않은 인육을 먹는 파렌틴틴스Parentintins인(인근의 원주민 부족. 흉포함으로 공포 분위기를 조성하면서 잠재적인 식민개척자들의 몸을 사리게 했다)의 음식으로 제공되어 그들을 흡족하게 해주었을 가능성이 높다."

어쩌면 그 일꾼들의 탈주가 잘된 일이었는지 모른다. 원정팀의 식량이 바닥나고 있었기 때문이다. 제임스타운 식민개척자들과 마찬가지로 크레이그 일행도 먹을거리가 지천인 숲에서 굶주리고 있었다. "10년 전에 독일인 엔지니어 프란츠 켈러Franz Keller가 모조스 인디언의 안내를 받아 마데이라의 급류를 측량한 일이 있었다. 인디언들이 그에게 음식으로 내어준 것은 주로 거북이었다. 그는 맨날 똑같은 음식만 식탁에 올라오는 것에 불평을 늘어놓았다. 켈러는 피라루크를 더 좋아했다. 아주 큰 철갑물고기로, 아마존 사람들은 거대한 피라루크를 주로 바비큐로 해먹었다. 그리고 그는 아마존 매너티(바다소)도 좋아했다. 둥글넓적하게 생긴 바다 포유류로 잘 조리하면, 꼭 돼지고기 맛이 났다."라고 크레이그는 썼다.

아마존 서부지역에는 그밖에도 식용 양서류, 물고기, 포유류 등 식

량자원이 어마어마하게 풍부했다. 농업 유전학자들은 오랫동안 그
철도 노선 부근인 브라질과 볼리비아 국경지대가 땅콩과 브라질 잠
두콩(카나발리아 플레이지오스퍼마Canavalia plagiosperma), 그리고 두 종의
고추(캡시컴 백캐팀Capsicum baccatum, 캡시컴 퓨베슨스C. pubescens)가 최초
로 발원한 지역이란 증거를 밝혀냈다. 그리고 최근의 연구에 따르면
이곳에서 담배, 초콜릿, 복숭아야자(백트리스 가시패스Bactris gasipaes,
아마존 주산물 과일)가 작물화되었다. 무엇보다도 전 세계인의 주식
중 하나인 마니오크manioc(카사바나 유카로 알려진 매니핫 에스큘렌타
Manihot esculenta)가 작물화된 지역이었다는 증거가 속속 나오고 있다.
내 조상과 그 일행들은 지구 농업의 심장부에서 음식이 없어 아사 직
전에 이르렀다.

굶주림으로 다섯 달을 보낸 후에야 크레이그는 강의 본류가 아닌
작은 지류에서 물고기를 잡아야 한다는 것을 현지인들에게 배웠다.
인디언들은 아마존 물고기들이 잘 반응하지 않는 갈고리나 낚싯대
대신 스트라이츄노스Strychnos(독약이라는 의미임) 나무로 만든, 물고기
를 마비시키는 약을 물 위에 살포해서 물고기를 잡았다. 일시적으로
숨을 쉴 수 없게 된 물고기들이 물 위로 떠오를 때 양동이로 물고기
를 떠내기만 하면 되었다. 크레이그와 그 대원들은 낚싯대를 내던지
고 독약 만드는 방법을 배웠다. 나아가 야자열매와 마니오크를 알게
된 그들은 키우던 콩과 당근도 내팽개쳤다.

그 벤처를 전복시킨 건 말라리아였다. 이 해안에 아프리카 노예와
플라스모디움이 들어온 것이다. 추정컨대 아마도 17세기경에는 어
떤 외부인도 발을 들여놓고 싶지 않은 열병 마을들의 집합소로 이 아
마존 분지가 변해버렸을 터였다(3장에 다룬 내용이다). 그런데 고무 경

화기술이 사람들을 다시 이곳으로 불러모았다. 유럽과 미국 산업계가 고무에 목을 매는 상황에 처하면서 시작된 현상이었다. 초창기 대부분의 고무는 아마존 강 하구 항구도시 벨렝 도 파라 근처에서 채취했다. 고무나무 한 그루가 하루에 생산해낼 수 있는 양은 28그램이고, 고무를 짜낼 수 있는 날은 한 해에 고작 100~140일이다. 게다가 몇 년에 한 번씩은 회복 기간이 필요했다. 수요가 늘면서 벨렝 고무 채취자들은 나무를 혹사시켰고, 많은 나무가 고사했다. 여기에다 1877~1879년, 북동부 해안 전 지역에 극심한 가뭄이 들었다. 이 시기에 무려 50만 명이 목숨을 잃었다. 강타당한 벌판과 이미 다 털어먹은 고무나무를 버리고 콜레라, 천연두, 결핵, 황열병, 각기병을 피해 오지 사람들(재앙을 당한 자들이란 뜻의 플래지라도스flagelados라고 불렸다)은 당시 새로 등장한 아마존 증기선에 올라탔다. 고무로 생계를 꾸릴 희망으로, 그들은 수천 명씩 무리를 지어 내륙으로 들어갔다. 돈이나 정치적 영향력이 있었던 사람들은 현지 관료들로부터 땅에 대한 소작권과 채취권을 얻었다. 피도 눈물도 없이 야심으로만 가득했던 그들은 채취되지 않은 히비어 브라질리엔시스를 찾아 새로운 살림을 차렸다. 그런 식으로 그들은 약 2만 5,000개의 고무농장을 만들었다고 브라질 역사학자 로베르토 산토스Roberto Santos는 추산한다. 대부분은 소규모 농장으로, 전체적으로 15만 명 넘는 일꾼을 고용하고 있었다. 이민자 인파는 말라리아에게 새로운 먹잇감을 제공했다. 1867년 마데이라를 여행했던 독일인 켈러는 말라리아를 전혀 보지 못했다. 반면 10년 후 이곳에 도착한 네빌 크레이그가 본 상황은 딴판이었다.

끔찍하게 많은 사람들이 죽어나갔다. 크레이그는 1878년 2월 19일산투안토니우에 상륙했다. 3월 23일 두 번째 배가 도착했고 일꾼의 숫자는 약 700명으로 불어났다. 5월 말이 되었을 때, 말라리아가 그들 중 절반을 무력하게 만들었다. 7월 말에는 일꾼의 3분의 2가 아파서 일을 할 수 없는 지경에 빠졌다. 그로부터 3주 후, 환자는 4분의 3으로 늘었다. 그 중 35명이 목숨을 잃었다. 릴레이로 이어질 죽음의 서막이었다. 1879년 1월경까지 살아남은 사람은 120명에 불과했다. 이들 중 절반 넘게 병에 걸린 상태였다. 그 다음 달에 내 조상은 콜린스의 사업이 '완벽한 실패'를 기록했다고 적었다. 그 철도사업에 투자한 영국 은행가는 선례를 남길 것을 우려해 (아마도 소송을 예상하고서) 생존자들의 누적임금 지불을 거부했다. 병들고 파산한 채 거지가 된 크레이그와 100여 명의 패잔병들은 아마존 강을 따라 벨렝까지 맨발로 걸었다. 그들은 거기서 차비를 구걸해 고향으로 돌아왔다. 그들이 벨렝 항구에서 배회하고 있던 즈음, 유럽과 미국의 사업가들은 철도 건설을 위한 다른 총알을 장전하고 있었다. 고무는 너무도 확실하게 돈이 되는 사업이었으므로, 프로젝트를 여기서 접을 수는 없었다.

역사적으로 볼 때 미친 붐과 폭락을 오르내렸던 그 모든 것들 중에서도 고무는 단연 독보적이다. 브라질 고무 수출은 1856부터 1896년 사이에 10배로 늘어났다. 그것이 1912년에는 다시 4배가 되었다. 정상적인 경우, 공급이 이 정도로 늘면 가격 폭락이 따르는 게 일반적이다. 그런데 고무는 이 와중에도 가파른 가격 상승이 이어졌다. 고무로 일확천금을 번 일화에 솔깃해진 투자자들이, 벌집에 벌이 꼬이듯 고무 시장으로 몰려들었다. "미망인들이나 심지어 성직자까지도 전 재산을 투자했다." 〈뉴욕 타임즈〉의 보도다. 가격은 점점 올라갔다. 얼마나 높이? 의미가 닿는 수치를 제공하기는 어렵다. 투자 열기로 인해 시장이 예측할 수 없게 급등락을 반복했기 때문이다. 1910년의 단적인 예를 하나 들자면, 뉴욕에서 고무는 파운드당 1.34~3.06 달러 사이를 요동쳤다. 여기에다 인플레이션과 경제공황, 불안정한 정세로 인해 브라질, 영국, 그리고 미국 통화 가치가 어지럽게 춤추었다. 이런 상황에서도 고무 가격은 미친 듯이 뛰었다. "치솟는 가격은 고무 제조업체들을 잿빛으로 변하게 했다." 〈타임스〉가 1910년 3월 20일 보도했다. "제조업자의 공정을 거쳐 사용 가능한 원료가 된 고무 1온스(약 28그램)에 순은과 맞먹는 가격이 매겨졌다."

그 신문이 과장한 것만도 아니었다. 최근 한 경제학자는 런던의 평균 고무 가격이 1870년부터 1910년 사이에 대략 3배 뛰었다고 추산해냈다. 이 통계는 표면적으로 보이는 것보다 훨씬 더 주목할 만하다. 고무 가격을 두고 생겼던 일과 1900년 텍사스에서 대규모 유정이 발견된 후 석유 가격에 생긴 변화를 비교해보면 금방 알 수 있다. 1900년에 전 세계 석유생산량은 고작 2배로 늘었다. 그러자 가격이 폭락했고 석유 가격은 꼬박 20년 동안 1900년 수준으로 회복하지 못했다. 고무 생산량이 여러 배속으로 증가하고 있었는데도 가격은 3배로 상승했다는 건, 천연자원 관련 경제학자들로서는 도무지 믿기지 않는 현상이었다. "진짜 꿈같은 일이죠!" 매사추세츠 주 웬체스터 전력에너지경제연구소 마이클 C. 린치Michael C. Lynch는 이렇게 말했다. "하지만 사람들이 고무에 미치지 않으면 그게 더 이상한 거죠."

이 교역에서 경제 중심지는 벨렝이었다. 벨렝은 1616년 지구상에서 가장 거대한 강 하구에 건설된 항구도시지만, 타고난 지정학적 이점에 비해 그 활용가치가 미미했었다. 아마존에서 유입되는 엄청난 토사 때문에 항구의 수위가 낮아져 위험했기 때문이다. 설상가상 아마존이 바다에 토해내는 막대한 유량으로 인한 강풍과 물줄기가 이 도시를 브라질의 나머지 지역으로부터 고립시켰다. 믿기지 않게도 벨렝에서 리스본까지의 거리는 리스본에서 리우데자네이루까지 거리보다 훨씬 가까웠지만, 그 도시의 인구는 결코 2만 5,000명을 넘지 못했다. 그러다 고무 붐이 일면서 아마존 예찬자들이 오랫동안 꿈꿔온 도시로 부상하는 걸 가능케 해주었다. 약동하며 성장하는 경제 중심지.

아메리카에 파리를 건설한다는 일념으로, 벨렝의 신흥 고무 부자들은 조약돌로 포장된 도로를 따라 야외 카페와 유럽 스타일의 산책용 공원을 조성했다. 또 열대기후에 맞도록 공기순환을 촉진하는 유달리 높고 폭이 좁은 창문을 낸 멋들어진 저택들을 너도나도 지었다. 사교의 중심은 신고전주의식 양식으로 완공한 씨애트로 드 파자였다. 여기에서 고무 재벌들은 칸막이 특석에 앉아 시가를 태우며 까샤사cachaça(브라질인들이 애호하는 술. 사탕수수를 원료로 한 도수 높은 증류주이다)를 음미했다. 대로에 그림자를 드리우는 키 큰 망고나무는 항구까지 이어지고, 여기서 일꾼들은 강의 상류에서 온 고무 덩이를 찢어 돌이나 나뭇조각 같은 불순물이 섞여 있지는 않은지 검사했다. 검사를 마친 고무는 마치 해안가에 잠자고 있는 짐승처럼 줄지어 늘어선 어마어마한 물류창고로 보내졌다. 고무는 모든 곳에 있었다고 한 방문객은 1911년에 기록했다. "도로 위에도, 거리에도, 트럭 위에도, 집채만한 창고에도, 그리고 대기 중에도 그것이 있었고, 냄새가 진동했다." 사실상 그 도시의 고무 구역은 어찌나 강력한 냄새가 진동했는지, 사람들은 고무 냄새 강도만으로 그 도시의 어느 지역에 있는지 분간할 정도였다고 한다.

벨렝은 다만 고무 무역의 금융 및 경제 중심지였다. 고무 집산지는 따로 있었는데, 마나우스Manaus라고 하는 내륙도시였다. 마나우스는 강을 따라 내륙으로 1,600킬로미터 거슬러 올라간 곳으로, 두 개의 거대한 물줄기가 만나 명실상부한 아마존 강을 형성하는 지역이다. 이곳은 지구상에서 가장 외딴 곳에 형성된 도시 중 하나이다. 동시에 가장 부유하고, 무모하고, 향락적이고, 기세등등한 도시 중 하나이기도 하다. 도시는 강 북쪽 네 개의 산봉우리를 따라 중구난방 뻗어나 갔다. 봉우리 하나의 정상에는 예수회 성당이 자리잡고 있었는데, 디자인이 너무도 금욕적이어서 그 옆 봉우리에 군림한 흉물을 꾸짖는 듯 보였다. 이탈리아산 대리석과 베니스산 샹들리에, 프랑스제 타일, 파리식 거울장식과 스코틀랜드산 철제로 뒤범벅된 허영심의 끝판왕, 오페라하우스 씨애트로 아마조나스Teatro Amazonas가 바로 그것이었다. 1897년에 완공된 이 건물은 재정 낭비의 상징과도 같았다. 관람석 좌석이 겨우 658개로, 건물 공사비용은 고사하고 공연자들의 초대 비용조차 충당이 안 되는 규모였다. 이 오페라하우스 언덕 아래 블랙& 화이트 마블링 패턴의 넓적한 보도블록이 깔린 인도가 홍등가와 고무 물류창고, 신흥 부호들의 호화주택이 늘어선 길을 따라 선창가까지 죽 이어졌다. 선창가에는 두 개의 거대한 플랫폼이 강을 따라 놓이고 그 밑을 수백의 목재 기둥이 떠받치고 있었다. 주지사 에두아르도 리베이로Eduardo Ribeiro는 돈에 원수라도 진 사람처럼 미친 듯이 돈을 퍼부어 도시의 토목공사를 해댔다. 바둑판 모양으로 근대식 도로를 구획하고, 포르투갈에서 가져온 조약돌로 도로를 깔고(아마존에는 작은 돌이 없었다), 당시 전 세계에서 가장 현대적인 시내전차(총 길이 24킬로미터 트랙) 도로 설계를 관리감독하고, 세 개 병원(유럽인 전용,

정신병원, 일반인용)의 건축을 지시했다. 그 초현대 도시의 설계자 리베이로는 향락적인 매춘업소를 비롯해 도시가 제공하는 모든 것에 자신의 몸을 내맡겼다. 그리고 그 중 한 곳에서, 역사학자 존 헤밍이 섬세하게 표현한 "광란의 섹스파티"를 벌이다 생을 마감했다.

그 도시의 사창가는 고무 채취자와 현장감독들을 위한 것으로, 남자들은 대개 외딴 지류에서 수개월 동안 노동에 지친 몸을 이끌고 마나우스로 들어왔다. 고무 사업가와 관리자들은 대부분 현지에 정부를 두고 있었다. 그들은 온갖 퇴폐적인 방식으로 놀아났다. "손님들은 이곳에 도착하자마자 나체로 목욕을 하고 있는 트리에스타(이탈리아) 출신 사라 루보스크의 샴페인 욕조를 핥기 위해 무릎을 꿇었다." 헤밍은 이 지역의 역사에 관해 쓴 책 《고무나무*Tree of Rubbers*》(한국어판 제목 《아마존》)에서 이렇게 묘사했다. 헤밍이 "욕조 안의 여인"이라고 칭한 그녀는 발데마르 숄츠*Waldemar Scholtz*의 정부였다. 숄츠는 최근 이 도시로 이민 온 실세 고무 사업가이자 오스트리아 명예영사였다. 거기서 몇 블록 떨어진 곳에는 카니발 무용수를 겸한 유명한 콜걸 아리아 라모스가 살았는데, 아리아가 사냥에서 사고로 목숨을 잃자 그녀의 부유한 팬이 실물 크기 조각상을 묘지에 세워주기도 했다. 술에 젖은 카페와 향락가로 차고 넘치던 이 도시에서는 날이면 날마다 카우보이식 술집 난동이 일어났다. 그야말로 세기말 붐 타운의 전형이었다. 총기 난동에 대한 불안으로 거리는 한시도 편치 않았고, 고액권 지폐로 시가에 불을 붙이는 치기가 난무했다.

철철 흘러넘치는 부. 말 그대로 돈이 나무에 주렁주렁 열렸다. 이처럼 전략적인 원자재를 두고, 안팎으로 정치·경제적 이권이 꼬여드는 것은 당연했다. 대내적으로 고무의 이권은 열두세 개의 무역상들에 의해 지배되었다. 이를 총괄 관리한 곳은 샴페인 욕조 속의 여자를 정부로 두고 있었던 남자가 소유한 숄츠 앤 컴퍼니Scholtz & Co였다. 숄츠 앤 컴퍼니처럼 무역상들은 모두 유럽인이었다. 냉혹하고 파리한 안색에다 잘 다듬은 콧수염과 포마드 바른 턱수염을 가진 그들은 수염이 없는 인디언과 확연히 구분되었다. 그들은 전형적인 중간상인으로, 내륙에서 실어온 고무를 하적해 창고에 보관했다가 아마존 하구로 보냈다. 여기서 다시 유럽인들이 운영하는 또 다른 무역회사들이 유럽과 북아메리카로 고무를 수출했다. 고무 자체는 또 다른 민간 업체들로부터 공급받았다. 그런 업체들은 내륙에서 가장 결정적인 자원을 통제했다. 바로 인간 자원이었다.

라텍스는 공기에 노출되면 바로 엉겨붙는다. 때문에 채취자들은 4~5개월의 채취 시즌에 쉴 새 없이 나무에 홈을 내는 작업을 반복해줘야만 했다. 그리고 매일같이 정성껏 나무를 돌봐야 했다. 또한 라텍스가 굳어서 작업이 어려워지기 전에 한시라도 빨리 생고무로 가공해야만 했다. 라텍스 채취와 가공 둘 다, 여간한 신경과 애정 없이는 불가능했다. 게다가 이 모든 공정을 말라리아가 우글거리는 외딴 지역에서 수행해야만 했다. 나무를 좀 더 쾌적하고 편리한 장소로 옮길 수도 없는 노릇인 데다 라텍스는 액체 상태에서 이송하기에는 너무 무거웠다. 질병과 유럽인의 동시 공습은 토착 원주민을 무자비하게 난도질했다. 유럽인들이 그들을 대체할 수는 없었다. 고무에 대한 수요는 자고 나면 늘어나는 판국인데, 원주민 고갈로 인해 노동력 확보는 날이 갈수록 힘들어졌다. 인력 문제를 해결하기 위한 수많은 대안이 나왔다. 하지만 그 대부분은 야만적이었다.

처음에 고무 붐은 궁핍한 원주민에게 일자리를 제공해주는 신의 선물처럼 보였다. 다량의 일손이 필요했던 고무농장들은 현지 인디언들을 고용했다. 강 하류에서 무일푼 농사꾼들을 실어오고, 볼리비아에서 속임수를 써가며 사람들을 꾀어오기도 했다. 경제 이론상으로 볼 때 인력 부족은 고무농장들이 높은 임금과 편안한 작업환경을 약속해야 할 것처럼 비춰진다. 그들은 종종 그랬다. 하지만 약속됐던 임금은 뱃삯과 생필품 구입비, 숙식비로 갈취당했다. 좋은 급여를 받아도 빚에서 벗어나지 못했으며 말라리아, 황열병, 각기병의 희생자가 되었다. 더 나은 조건을 찾아나서는 것을 차단하기 위해 업주들은 일꾼들을 무장한 간수가 지키는 현장의 허름한 숙소에 가두었다. 네빌 크레이그의 보스인 철도 수석엔지니어는 마데이라 강 중류지역을 지배했던 고무 농장주를 방문했었다. 발코니로 4면을 빙 두른 3층짜리 거대한 저택에 사는 농장주를 방문하고 온 그는 다음과 같이 기록했다. 그 농장주는 "볼리비아 하인과 그 가족들의 시중을 받으며 마치 중세 시대 귀족처럼 군림했다. 농장주들은 일꾼들에게 절대군주였다."

고무 붐이 안데스 산기슭인 강의 상류에 뻗치기 전인 1890년대 무렵까지, 이곳 원주민은 유럽인과 접촉 없이 살아가고 있었다. 히비어 브라질리엔시스는 산기슭 서늘한 공기에서는 살지 못했다. 이 지역에는 카우쵸caucho라고 하는, 품질이 낮은 고무를 생산하는 카스틸라 엘라스티카Castilla elastica 고무나무 종이 주로 서식했다. 메소아메리카 인디언들은 카스틸라 나무에서 고무를 채취했지만 경제적인 가치는 거의 없었다. 게다가 아마존 카우체이로스caucheiros(카우쵸 채집꾼)들은 카스틸라 나무를 절개한 부위가 병을 야기한다고 믿었기 때문에 고무를 채취하면서 나무를 절단내버렸다. 그렇게 순식간에 카스틸라는 초토화되었다. 카우체이로스들은 나무를 지속적으로 활용하는 데 에너지를 낭비하지 않고 닥치는 대로 잘라서 껍질을 도려내고 쓰러진 나무통 밑에 낸 구멍으로 라텍스를 받아냈다. 이런 채취자들은 나무 한 그루에서 수백 킬로그램씩 라텍스를 뽑아낸 뒤 박리다매로 승부했다.

카우체이로스들이 한 번 수확한 나무들은 곧장 끝장이 나버렸기 때문에 당연히 이 세계에서는 새로운 지역에 맨 먼저 온 사람이 임자였다. 목표는 최대한 짧은 시간 안에 최대한 많이 뽑아내는 것이었다. 자신의 도끼가 쉬고 있는 그 순간에, 다른 사람들은 다시는 채취할 수 없는 나무들을 찍어내 우윳빛 액체를 받고 있었다. 작업 대원들은 한 번 숲에 들어오면, 수주 혹은 수개월씩 노획한 무거운 카우쵸를 메고, 이 나무에서 저 나무로 트레킹을 했다. 가파르고 진흙투성이인 밀림을 헤치면서. 이런 일을 하자고 외부에서 숲속으로 들어오는 사람은 없었다. 카우체이로스는 따라서 이미 이곳에 살고 있던 사람들에게 의존했다. 바로 인디언이었다. 이런 상황은 학대를 불러왔다. 그리고 이를 위해 대기 중인 사람은 늘 있게 마련이다.

그런 사람들 중 한 명이 카를로스 핏즈카랄드Carlos Fitzcarrald였다. 페루 이민자 2세인 그는 발음하기 힘든 '핏제랄드Fitzgerald'에서 개명한 이름이다. 1880년대 후반부터 핏즈카랄드는 카우쵸 싹쓸이에 수천의 인디언들을 강제로 동원했다. 브라질 작가이자 공학자였던 유클리데스 다 쿤하Euclides da Cunha는 당시 아마존 서쪽 지역을 탐방했다가 카스틸라가 풍부했던 마쉬초 인디언의 보금자리를 핏즈카랄드가 침입했던 일화를 들었다. 그 카우체이로스는 총잡이 한 대대를 이끌고, 마쉬초 추장 앞에 몸소 나섰다.

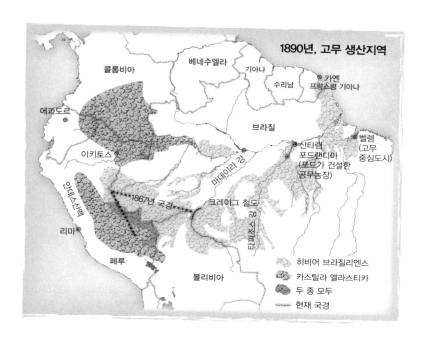

그가 추장에게 자신의 무기와 장비를 보여주었다. 물론 자신이 이미 진압한 부족으로 구성된, 생김새가 가지각색인 소규모 혼성 군대를 과시하면서. 그런 뒤 그는 불필요한 힘만 낭비할 뿐, 결국은 피바다가 될 전투 상황을 미리 경고하기로 한다. 마쉬초 추장이 기껏 반응한 것은 핏즈카랄드에게 가지고 있는 화살이 무엇인지 묻는 거였다. 원정대는 웃음을 지으며 윈체스터 라이플 총에서 총알을 하나 꺼내 건네주었다. 원주민 추장은 그 작은 탄환을 한동안 이리저리 돌려보다가 총알을 가슴에 대고 그으며 몸에 상처를 내려고 했다. 그런 뒤 추장은 자신의 화살을 꺼내 둘로 쪼개서 자기 팔을 쑤셨다. 고통에 개의치 않고 짐짓 웃음까지 지으며, 그는 화살촉을 따라 흘러내리는 피를 자랑스레 음미했다. 그리고 일언반구도 없이, 어이없어 하는 원정대를 두고 마을로 돌아갔다. 그 우월감이 완전한 착각이었음을 곧 깨닫게 될 거라고는 상상조차 못한 채.

그로부터 30분 후, 반항적인 추장을 비롯해 대략 100명 넘는 마쉬초 인디언들은 살해되어 강둑에 진열되었다. 이 에피소드를 기리는 의미에서 이곳은 플라야 마쉬초(마쉬초 호수)라는 이름으로 오늘날까지 불린다.

이런 식으로 그들은 거친 지역을 하나씩 접수했다. 카우체이로스들은 전광석화의 속도로 일을 해치웠다. 그들은 주변을 철저히 수색해서 눈에 띄는 모든 사람을 죽이거나 노예로 삼았다. 그 카우체이로스들은 카우쵸 나무가 마지막 한 그루도 남지 않을 때까지 그곳에 머물렀다. 그렇게 그들은 왔고, 파괴했고, 떠났다.

이보다 더욱 그악스런 카우체이로스는 훌리오 세자르 아라나Julio César Arana였다. 페루의 모자 제조업자 아들이었던 아라나는 당시 페루와 콜롬비아가 영유권을 주장하던 푸투마요 강 상류 56,980제곱킬로미터(남한 면적의 절반 정도)를 아우르는 지역을 사실상 지배했다. 이곳은 콜롬비아 군이 주둔하는 지역이었는데, 콜롬비아가 내전에 휘말리는 상황이 찾아왔다. 페루인 아라나는 이 틈을 놓치지 않았다. 라이벌 카우체이로스들을 제쳐버린 그는 이 구역으로 밀고 들어갔다. 높은 임금을 주면서 외부의 노동력을 끌어들이고 싶지 않았던 그는 토착민에게 의존하기로 했다. 처음에 원주민들은 칼이나 도끼, 그 밖의 물품과 물물교환하는 식으로 노동력을 제공했다. 하지만 아라나의 요구는 점점 과도해졌다. 원주민들이 이에 순순히 따르지 않자 아라나는 인디언을 무력진압해 노예로 삼아버렸다. 이렇게 해서 1902년쯤이 되었을 때는 다섯 개의 인디언 부족을 자신의 휘하에 두었다. 이후 그의 땅에서는 어느 때보다 많은 카우쵸가 흘러나왔다.

아라나는 가족과 함께 마나우스에서 귀족생활을 하며, 그 도시에서 가장 큰 도서관을 보유하는 등 저명인사로 명성을 얻었다. 그러는 동안 푸투마요 강에서는 그의 앞잡이들이 당국 관리들에게 뇌물을 먹이고, 경쟁자들을 가차 없이 처단하면서 아라나의 왕국을 확장하고 있었다. 그는 바베이도스에서 수입한 100명 남짓 건장한 폭력배들이 인디언 노동력을 통제하도록 했다. 고립된 열대우림 지역에서 전적으로 아라나에게 매여 있었던 바베이도스 남자들은 주어진 명령을 어김없이 집행했다. 아라나의 직원이 아니면 그 누구도 외부에서 푸투마요로 들어가는 것이 허락되지 않았다. 주문제작된 23척의 배는 그의 지배를 한층 강화하고 있었다.

그러던 1907년 12월, 두 명의 미국인 여행자들이 우연히 이곳을 방문했다. 아라나의 갱단에게 아내를 납치당한 카우체이로스를 본 두 청년은 의협심으로 갱단에 맞섰다. 아라나의 사설경비대원들은 그들을 구타하고 건물 지하에 있는 납골당 같은 방에 가둬버렸다. 그들은 간수들이 "아홉 살부터 열대여섯 살까지 다양한 연령대의 어린 여자아이 열세 명"과 재미를 보고 있는 장면을 목격했다. "건물 근처와 저쪽 장작더미 주변에 병들어 죽어가는 사람들이, 죽음이 그들을 고통에서 해방시켜 줄 때까지, 쓰레기 더미처럼 방치돼 있었다. 지치고 병든 다른 동료들이 부패 직전에 이른 시신들을 강으로 운반해 던져버렸다. 이 중 상당수는 이미 부패가 진행되고 있었다." 그 여행자들은 "거대 미국 국영기업의"의 대리인이라고 주장해서 가까스로 그곳을 빠져나왔다.

이 중 한 청년이 아라나의 만행을 세상에 폭로하기로 결심했다. 그의 이름은 월터 하덴버그Walter Hardenburg. 뉴욕 북부지방 농부의 아들

훌리오 세자르 아라나.

로 명석하고 부지런했던 그는, 독학으로 공학과 측량사 공부를 했다. 그가 친구들과 아마존에 간 건, 새로운 미국 회사가 건설하려 하던 마데이라 철도 작업에서 일자리를 얻으려는 막연한 기대 때문이었다. 《고무나무》에서 헤밍이 말했듯, 하덴버그는 처음부터 정의를 구현하고자 한 인물은 아니었다. 하지만 그는 자신이 본 현실에 격분했다. 그는 아라나의 잔학상에 대한 자료를 모으기 위해 아마존 상류에 있는 페루의 이키토스로 갔다. 이곳은 아마존 하구에서 내륙으로 3,220킬로미터 거리에 자리한 곳으로, 오늘날에도 종종 세상에서 도로로 닿을 수 없는 가장 큰 도시로 표현된다. 이곳도 당시 마나우스처럼 붐을 이루던 선착장을 갖춘 내륙 도시였다. 가장 큰 차이점은 훨씬 작은 데다 훌리오 세자르 아라나가 완벽하게 지배하고 있다는 점이었다. 엄청난 신변 위험을 불사하고 하덴버그는 잔혹행위의 목격자를 찾아내 증언을 확보하면서 1년 5개월을 이키토스에서 보냈다. 그러고는 마지막 남은 여비를 털어 1908년 6월, 영국으로 건너갔다. 여론을 일으키기 위해서였다. 그로부터 15개월 후, 아라나의 만행을 폭로한 신문기사가 세상에 나왔다.

그 무렵 아라나는 런던에서 주식회사를 만들었다. 주식 상장을 통해 돈을 끌어들이려는 계책이었다. 한 세기 후에 소프트웨어 회사들이 따라하게 될 방식으로, 회사 이사회는 점잖고 교양 있는 영국인들로 구성됐다. 그들은 아라나가 고무 영토에 정당한 권리를 가지고 있으며, 회사의 수익으로 수천의 인디언을 교육시키고 있다는 거짓말을 철석같이 믿었다. 따라서 이제 아라나의 노예 문제는 영국의 문제가 되었다. 국가 차원의 조사가 시작되었고 일년 가까이 영국 전역이 이 일로 시끄러웠다. 영국 정부는 아일랜드 태생의 인권운동가 로저 케이스먼트Roger Casement*(그는 벨기에 왕 레오폴트 2세에 의해 콩고에서 자행된 잔학상을 폭로한 적이 있었다)를 대표로 하는 진상조사단을 파견했다. 케이스먼트는 푸투마요를 여러 차례 오가며 고문과 살인에 대한 상세한 증언을 확보함으로써 하덴버그의 고발을 확증했다. 이 사건을 두고 왜곡된 내셔널리즘에 빠진 페루 정부는 외국의 간섭에 맞선 자국 국민 보호 차원이라며 영국의 조사를 묵살하려 들었다. 그럼에도 불구하고 아라나의 제국은 붕괴하고 그는 1952년에 무일푼으로 죽었다.

정정이 불안했던 이 국경지대에 고무 제국을 세우려 했던 세력이 비단 아라나뿐이었을까? 유럽과 미국의 정재계 수장들은 자국 경제의 사활이 걸린 원자재가 외국인에 의해 좌지우지되는 것에 격분했다. 이렇게 해서 벌어진 상황을 두고 헥트는 '아마존 쟁탈전'이라고

---

* 케이스먼트는 영국으로부터 기사 작위를 수여받았지만 훗날 영국 외무성을 사퇴하고 아일랜드 독립에 몸을 바쳤다. 그는 독일 황태자를 만나 무기 지원을 부탁하기 위해 독일을 방문하기도 했다. 그 계획이 발각되었고, 케이스먼트는 독일 잠수함이 아일랜드 해변에 내려놓자마자 체포되었다. 반역죄로 사형을 언도받은 그를 위해 친분 있는 유력인사들이 법원에 탄원을 했다. 불운하게도 케이스먼트는 게이였고, 별 생각 없이 자신의 성생활을 상세하게 기록한 일기가 그의 운명을 확정지었다. 그는 명예를 박탈당한 채 1916년 8월 3일 교수형에 처해졌다.

훌리오 세자르 아라나는 바베이도스에서 수입한 간수들(왼쪽)로 아마존 강 상류에서 개인의 고무 왕국을 통제했다. 현지인들과는 안면이 없었고 아라나에게만 종속돼 있었던 그들은 아라나가 내리는 모든 명령을 즉각적·야만적으로 집행했다. 작업을 제대로 수행하지 못한 노동자에게는 '아라나라는 표식'이 주어졌다. 그리고 피부가 벗겨질 때까지 채찍질을 당했다(오른쪽).

명명했다. 당시 기아나를 식민지로 삼고 있던 프랑스는 고무가 많은 남쪽 국경으로 영토를 확장할 욕심에 군대를 밀림으로 투입했다. 브라질도 같은 행동에 들어갔다. 군 대치 상황이 벌어졌다. 이 상황에서 벨기에 국왕 레오폴트 2세는 고무를 자신이 관리함으로써 이 분쟁을 해결하겠다며, 아무도 반기지 않을 제안을 했다. 밀림에서 군대를 유지할 수 없었던 프랑스는 1900년 아마존에서 짐을 쌌다. 반면 영국은 자국의 식민지가 고무 영토까지 뻗어 있었다는 주장으로 다소의 이득을 챙겼다. 물리력에 의존하는 대신 영국은 왕립지리학회를 파견했다. 학회는 과학적으로 보이는 관측 결과(분쟁 조정자로 선발되었던 이탈리아 외무부장관에게는 충분했던 증거)를 제시했다. 그리하여 영국령 기아나는 약간의 고무 영토를 획득했다.

　브라질 입장에서 고무 무역의 가장 위협적인 존재는 미국이었다. 맨 처음 아마존에 대한 야욕을 드러낸 미국인은 매튜 폰테인 모리

Matthew Fontaine Maury(1806~1873)로, 그는 미 해군관측소의 창립자이며 근대 해양학의 선구자이기도 했다. 노예제도의 골수 옹호자였던 모리는 1850년대 당시에도 남부가 북부에게 정치적 영향력을 빼앗기지나 않을까, 두려움에 사로잡혔다. 남부는 북부를 감당할 정도로 충분히 크지 않았기 때문이다. 그는 팸플릿을 제작해서 자신이 생각하는 해결책을 대대적으로 배포했다. 바로 미국이 아마존 분지를 합병해야 한다는 내용이었다. 아마존이 미국의 일부라는 모리의 논리는 해류가 아마존이 바다로 토해내는 강물을 카리브 해 쪽으로 밀어올리고, 이것이 다시 미시시피 강이 토해내는 강물과 만나기 때문이라는 것이었다. 모리는 해양지리학적으로 볼 때 이런 현상이야말로 아마존이 남아메리카가 아니라 북아메리카의 한 부분이라는 증거라고 했다. "아마존 유역은 우리 남부 주들의 안전보장을 위한 천연밸브이다. 그러므로 미국 노예 소유주들은 재산과 부동산을 가지고 가서 그 하구에 정착해 혁명을 일으키고, 미합중국으로 편입하고, 앵글로색슨화해야 한다." 그는 이렇게 주장했다. 이 같은 비전 아래 모리는 지도제작자 두 명을 보내 아마존 지도를 그리게 했다. 남부 플랜테이션 소유주들은 서둘러 아마존에 가서 정착해라, 그리고 강 유역을 미합중국의 가장 큰 노예 주로 편입시켜라… 남북전쟁에서 패하기 전까지, 모리의 이런 주장에 관심을 기울이는 남부 플랜테이션 업자는 없었다. 한데 전쟁에서 패한 후, 밀림에 노예사회를 재건하겠다는 희망을 품은 1만 명의 남부 사람들이 아마존으로 몰려갔다. 그들 중 수백 명을 제외한 남부 사람들은 꽁지가 빠져라 되돌아 나왔다. 그곳에 남았던 소수의 독종들은 아마존 하류에 산타렘 타운이라는, 일종의 남부 소행성을 형성했다.

모리가 보기에 미국 정부는 아마존 지역을 직접적으로 합병할 뜻이 없는 듯했다. 하지만 미국은 대리를 통해서 고무 국가를 지배하려는 속내를 품고 있었다. 볼리비아를 이용하는 전략이었다. 오랫동안 이 지역에서 브라질과 영토 다툼을 벌여온 볼리비아는 1870년대의 간단한 전쟁에서 남쪽 영토를 내주는 대신 아크리 강 북쪽 유역을 조금 얻은 상태였다. 그런데 나중에 이 지역이 히비어 브라질리엔시스가 엄청나게 풍부한 곳이라는 사실이 드러났다. 하지만 애석하게도 이 지역 모든 강줄기들, 즉 주요 운송망은 브라질의 손아귀에 있었다. 아크리 강은 안데스 산지 해발 고도 3,350미터에 자리잡은 볼리비아 수도 라파스에서보다 브라질로부터의 접근성이 어마어마하게 좋았다. 이런 지리적인 여건을 악용해 브라질 불법 채취자들은 국경을 넘어 아크리 강으로 들어왔다. 가난한 나라 볼리비아는 효과적으로 군사 대응을 할 여력이 없었다. 볼리비아는 결국 아크리 강 고무 채취권을 U.S 신디케이트에 팔았다. 이제 아크리 강 유역의 브라질 불법 거주자들은 힘 없는 볼리비아가 아니라 부유한 미국 정부와 연계한 사업가들과 싸워야 했다. U.S 신디케이트 담당자들은 아마존에 군함을 파견하라고 미국 정부에 로비를 했다. 함대가 파견됐지만 마나우스 근처에서 입국을 거부당해 되돌아갔다.

이런 움직임에 분노한 아크리 강 유역 브라질 사람들은 볼리비아의 지방 중심도시인 코비하를 기습하기로 했다. 거사일로 잡은 날은 볼리비아의 국경일인 1902년 8월 6일이었다. 국경일 축제를 즐기고 만취해 막사에 널브러져 있던 코비하 주둔군은 총 한 방 쏴보지 못하고 도시를 빼앗겼다. 않느니 죽는다는 말은 딱 여기에 적용된다. 볼리비아 군대가 라파스 고도에서 내려오는 데 3개월이 걸렸고, 그 때쯤 상황은 정리된 상태였다. 이제 아크리 강은 브라질 땅이 되었다. U.S 신디케이트는 산산조각 나고, 이전에 아크리의 중심도시였던 코비하는 국경도시가 되어 있었다. 오늘날 그 전쟁의 자취는 코비하 공항 입구에 세워진, '아크리의 영웅들'을 추앙하는 기념비에서만 찾을 수 있다.

아크리에서의 승전은 브라질 승리의 결정타였다. 고무 지배권에 관한 거의 모든 도전을 물리친 브라질은 사활이 걸린 이 탄성물질을 어느 때보다 많이 생산해냈다. 나아가 브라질은 생산하지 않는 고무에 대한 무역까지 통제하고 있었다. 수백 수천의 사람들이 이 숲에 생계를 의탁했다. 이런 상황은 1990~2000년대 환경운동가들이, 아마존의 환경 파괴를 야기하는 목장 대신 고무 채취처럼 숲이 주는 것을 얻으며 지속가능한 삶을 살아야 한다고 주장했던 내용과 판박이처럼 닮아 있다. 하지만 브라질의 상황을 들여다보면, 이런 주장이 얼마나 부질없고 현실과 동떨어져 있는지가 여실히 드러난다.

위캄이 만들어낸 세상

고무회사에서 온 그 사내가 반남마 마을에 도착하자 사람들은 그를 보려고 이 집 저 집에서 쏟아져 나와 한데 모였다. 슬리퍼와 낡은 티셔츠를 입은 그들이 마을회당 건물 앞 맨 바닥에 쪼그리고 앉았다. 그들 뒤를 조용한 아낙네와 아이들이 소행성 띠 모양으로 둘러싸고 있었다. 깔끔한 재킷을 입은 직원이 요란스레 악수를 청했다. 그가 마술사처럼 현란한 손놀림으로 사람들에게 담배 한 개비씩을 나눠주었다. 사람들은 담배를 셔츠주머니나 귀 뒤에 꽂아넣었다. 고무회사에서 나온 그 사람이 우스갯소리를 하자 남자들이 까르르 웃었다. 한 박자 늦게 아낙네들도 웃었다.

반남마는 라오스 민주공화국 북서쪽 한 귀퉁이에 위치한, 그 지역의 주도로이자 유일한 2차선 도로를 끼고 한참을 올라가야 하는 산악마을이다. 이곳은 라오스와 미얀마, 중국 3개국이 국경을 맞대고 있는 골든트라이앵글의 끝자락으로, 마약 거래로 악명 높았던 지역이기도 하다. 이곳 주류 계층의 한 무리는 1949년 마오쩌둥이 중국을 접수할 때 피난 온 국민당 군 장성의 날라리 2세들이다. 이들은 다시 1960년대 미얀마 공산주의 운동에서 갈라진 게릴라 잔당들에 흡수되거나 대체되었다. 이 게릴라들에게 중국이 뒷돈을 대주고 있었기 때문에, 골든트라이앵글의 마약 거래를 일망타진하려는 여러 번의 노력이 성과를 거두지 못한 건 전혀 이상할 게 없다. 그러다 범법자들이 국경에서 활보하는 것에 진력이 난 중국 당국은 1990년대부터 기업 자본주의라는 신무기로 그곳을 공략하기 시작했다. 세금과 관세 보조금(일부는 미국에서 나온 마약퇴치기금)으로 힘을 얻은 중국 회사들은 라오스 국경 너머 조그맣고 가난한 여러 마을에 거침없이 고무 플랜테이션을 조성했다. 이런 마을들 중 하나가 반남마였다. 담배를 나눠줬던 그 사내는 이 마을 5.3제곱킬로미터 땅에 히비어 브라질리엔시스를 심으라고 설득했던 장본인이었다.

자신을 미스터 챈이라고 소개한 그 고무 사내는, 이 벤처가 완전히 성공적이지는 않았다고 말했다. 고무나무는 찬 공기와 바람을 좋아하지 않기 때문에 고온에다 태양이 잘 드는 언덕배기에 심어야 한다. 게다가 고무를 채취하려면 7년 동안 정성으로 가꾸며 기다려야만 했다. 미스터 챈은 반남마 주민들이 히비어 브라질리엔시스을 재배한 경험이 전무해서 여러 시행착오를 겪었다고 말했다. 고도가 맞지 않았고, 물을 충분히 주지 못한 탓도 컸다. 5.3제곱킬로미터에 무럭무럭 자라나는 키 큰 나무를 기약했건만, 2제곱킬로미터에도 못 미치는 땅에 땅딸나무들만 서 있다고 했다.

이런 차질에도 불구하고 라오스에서 고무는 붐을 일으켰다. 반남마 지역 인근 임야지대 수십 킬로미터가 중국 회사들의 지시에 따라 말끔하게 면도돼 있었다. 깔끔하게 면도된 땅 여기저기에, 어린 고무 묘목들이 아침에 올라온 수염처럼 솟아오른 모습이 보였다. 서쪽의 국경 근처에는 거대 지주회사인 차이나–라오 루이펑 러버China-Lao Ruifeng Rubber가 3,000제곱킬로미터(서울 면적의 5배) 면적에 벌채와 식목을 하고 있었다. 또 다른 회사인 윈난 내추럴 러버Yunnan Natural Rubber 역시 1,680제곱킬로미터 땅을 뒤엎는 사업을 추진 중이다. 샌디에고대학교 교수인 경제학자 웨이이쉬Weiyi Shi가 독일개발기관 GTZ에 보고한 자료에 따르면 더 많은 계획들이 줄지어 있다. 이 지역은 좁은 도로를 요란하게 오가는 트럭에 실을 라텍스를 생산하기 위해 맞춤제작된 '오가닉팩토리'로 변신중이다.

그런데 이 같은 생태학적 격동을 가장 실감나게 겪은 인물 하나를 꼽아보라고 한다면, 헨리 알렉산더 위캄Henry Alexander Wickham이야말로 그 대표자일 것이다. 위캄의 삶을 한마디로 평하기는 어렵다. 그는 도둑놈으로 불리거나 애국자 혹은 근대 산업계의 중대한 인물로 평가된다. 혹은 3개 대륙에서 벤처사업을 말아먹은 풍운아라고 칭해지기도 한다. 내가 생각하기에 그를 가장 잘 설명하는 표현은 '콜럼버스적 대전환 의식을 지녔던 인간 매개체'가 아닐까 싶다. 위캄은 1846년, 런던의 명망 있는 변호사와 웨일스 출신 모자공장 사장

딸 사이에서 태어났다. 네 살 되던 해에 그는 아버지를 콜레라로 여읜다. 남겨진 가족들은 사회적 사다리를 한 계단씩 내려갔다. 위캄은 기울어진 가세를 제자리로 올려놓기 위해 평생을 발버둥쳤다. 성공을 갈망하던 그는 열대작물 플랜테이션 벤처에 미쳐서 결혼생활을 망치고 식솔들을 잃으면서까지 세계 여기저기를 누볐다. 브라질에서는 마니오크, 오스트레일리아에서는 타바코, 그리고 온두라스에서는 바나나, 뉴기니 앞바다 칸플릭트 제도에서는 코코넛 벤처를 시도했으나 헨리 위캄은 손 대는 사업마다 줄줄이 말아먹었다. 브라질 사업에서는 어머니와 누이들을 잃었고, 가족이 아니면 무인도였을 섬에서 일군 코코넛 플랜테이션에서는 그동안 불평 한 마디 없이 고생과 궁핍을 견뎌온 아내가 마침내 코코넛과 자신 중 하나를 택하라고 요구했다. 위캄은 코코넛을 선택했고, 그는 두 번 다시 아내의 얼굴을 보지 못했다고 한다. 말년에 위캄이 사회적으로 존경받는 인사가 됐음에도 말이다. 청중의 박수갈채를 받으며, 위캄은 앵무조개 넥타이 핀과 은단추로 장식한 의복을 입고 화려한 연단에 올랐다. 왁스 입힌 콧수염은 마치 애니메이션 캐릭터처럼 턱 밑까지 빳빳하게 말려 있었다. 그는 일흔넷의 나이에 작위를 받았다.

위캄에게 그런 영예를 안겨준 업적은 '밀수'였다. 위캄은 1876년 브라질에서 7만 개의 고무나무 씨앗을 밀수해 영국으로 들여왔다. 이 일을 지령했던 인물은 학자이자 모험가였던 클레먼츠 R. 마크햄 Clements R. Markham으로, 그 자신이 나무 밀수 방면에 이미 상당한 일가견이 있었다. 마크햄은 젊은 시절 안데스 산지에서 영국의 기나피나무 밀수작전을 손수 지휘했다. 기나피나무 껍질은 당시 유일한 항말라리아 약품이었던 퀴닌의 재료였다. 이를 독점하고 있던 페루, 볼리비아, 에콰도르는 눈에 불을 켜고 기나피나무의 해외유출을 감시했다. 마크햄은 세 팀으로 나눠 진행한 기나피나무 밀수작전의 총감독을 맡아 한 팀을 직접 이끌기도 했다. 그들은 보급품도 없는 상태로 경찰의 눈을 피해 수천 그루 묘목을 특수제작된 궤에 몰래 넣은 후 어깨에 멘 채 걸어서 산을 내려왔다. 세 팀 모두 기나피나무를 획득해, 식민지 인도에서 성공적으로 재배했다. 마크햄의 프로젝트는 수천의 목숨을 구해냈다. 에콰도르, 페루 그리고 볼리비아에서 기나피나무의 개체수가 줄어들고 있었기 때문이다. 과도하게 나무 껍질이 벗겨진 기나피나무는 쉽게 죽었다. 마크햄은 이 성공을 타고 승승장구해 식민지관리국(영국 식민지였던 인도, 버마, 파키스탄, 예멘 지역 통치를 총체적으로 관리하던 영국 정부기관) 관할기관의 국장직에 오른다. 한 번 했던 일을 두 번은 못하랴. 더구나 고무나무는 자국 산업의 생사가 달린 재료였다. 그는 고무나무 밀수를 시도해보기로 결심했다. "지난번 기나피나무 밀수가 가져온 결과는 너무나도 만족스러웠다." 영국 산업의 미래가 고무에 달려 있기 때문에, 그는 자신의 밀수가 곧 국가 번영을 외국인의 손에서 회수하는 것이라고 생각했다. "물에 떠다니는 모든 증기선, 레일 위의 기차들, 땅에 서 있는 공장들 모두 증기기관을 달아야만 돌아가는 현실을 고려할 때, 인디언 고무를 들여오는 것이야말로 우리의 당면과제이다." 마크햄은 그렇게 주장했다. "항구적이고 안정적인 고무 공급망 확보는 백번을 강조해도 지나치지 않다." 고무 공급망을 확보한 사람에게는 대대손손 영광이 따라다닐 것이었다. 그리하여 마크햄은 1870년에 고무 씨앗을 구해오는 사람에게 영국 정부가 돈을 지급하겠다는 내용을 널리 공표했다. 그렇게 해서 도착한 씨앗을 런던 남서쪽 큐Kew에 있는 왕립식물원Royal

헨리 위캄

Botanic Gardens(보통 큐왕립식물원이라고 한다)에 심었다. 여기서 성공적으로 자란 묘목들이 다시 아시아의 영국 식민지들로 보내졌다.

실은 위캄보다 먼저 기대를 걸었던 두 명의 탐험가가 고무 씨앗 여러 묶음을 보내왔지만, 둘 다 싹을 틔우지 못했다. 위캄은 세 번째 믿는 구석이 되었다. 고무는, 브라질의 마니오크 플랜테이션에서 처참하게 실패했던 위캄에게 탈출구가 되어주었다. 위캄은 자신이 보낸 모든 씨앗을 식민지관리국이 사준다는 약속을 마크햄으로부터 받아내자마자 주변인들까지 동원해 고무 씨앗을 수집했다. 그의 플랜테이션은 아마존 강 하구에서 644킬로미터 떨어진 산타렘에 있었다. 그곳의 고무타운은 원주민 도시 위에 세워졌던 예수회 선교건물 자리에 조성된 것이었다. 이곳은 또한 이전 남부연합의 중심지(앞서 매튜 폰테인 모리에 의해 기획되고 주창되어 미국 남부 사람들이 몰려갔던 아마존 지역)이기도 했다. 남부연합 구성원들의 도움으로 위캄은 약 7

만 개의 씨앗을 채집했다. 선금으로 받은 돈은 그의 부부가 영국으로 돌아가는 뱃삯으로는 차고 넘치는 액수였다(그는 아무 예고도 없이 남동생 가족과 홀아비가 된 처남을 브라질에 남겨두고 떠나왔던 것으로 보인다). 런던에 돌아온 그가 느낀 냉담한 반응으로 미루어볼 때, 그가 모은 수많은 고무 씨앗 중 4분의 3에 대해서는 계산을 해주지 않을 셈이었던 것 같다. 또한 그들 중 2,700개의 씨앗에서만 싹이 튼 것에도 시큰둥한 반응을 보였다. 자연환경사학자 워런 딘은 겨우 2,700개에서만 싹이 튼 것으로 미뤄볼 때, 위캄과 그 일행들이 씨앗의 생존력은 생각지 않고 가능한 많은 씨앗을 쓸어담는 데만 급급했다고 말한다.

오늘날 위캄은 브라질에서는 나쁜 놈으로 통한다. 여행가이드는 그를 "도둑놈 중에서도 상도둑놈"이라고 언성을 높인다. 소위 오늘날 '산업스파이'의 원조라는 것이다. 아마존 지역 주류 경제사에서 그의 행위는 "국제법상 전혀 변호의 여지가 없는 행위"로 공격당한다. 곧이곧대로 따져보면, 이 주장은 사실이 아니다. 당시 브라질에는 산업스파이 처벌 규정도 없었을 뿐더러, 누군가 위캄을 저지하려 했던 증거도 없다. 영국은 딱히 그 일을 비밀리에 진행하지도 않았다. 오히려 런던 신문들은 마크햄의 고무 밀수작전에 나발을 불어댔다. 산타렘 당국 역시 영국의 어떤 정신 나간 작자가 고무 씨앗을 싹쓸이하고 있다는 사실을 정확히 인지했었다. 게다가 브라질 역시 두 팔 걷어붙이고 해외 종자를 밀수하지 않았던가? 오늘날 브라질의 주요 수출 농산물로는 콩(대두), 쇠고기, 설탕, 그리고 커피가 있다. 이중 어떤 것도 그 원산지는 아메리카가 아니다.*

---

* 1727년 브라질 외교관 프란시스코 드 메로 팔레타Francisco de Melo Palheta가 국경분쟁협상을 위해 프랑스령 기아나의 카옌을 방문했다. 기발한 수를 써서 그는 커피 묘목을 획득

더욱 의미가 있는 건, 유용한 종자들이 원산지에서 다른 지역으로 이동한 것이야말로 인류 전체를 놓고 봤을 때 거대한 축복이었다는 사실이다. 가령 안데스에서 생산되는 퀴닌은 채취자들이 안데스의 기나피나무를 빠짐없이 찾아낸다 해도 전 세계 수요에 턱없이 못 미쳤다. 마크햄의 산업스파이 질이 무수히 많은 아프리카인과 아시아인의 목숨을 때이른 죽음으로부터 구해냈다. 감자가 유럽에 전파되고 고구마가 중국에 전래된 건 사회적·환경적으로 일부 부작용을 낳았지만, 다른 한편으로 수백 수천만의 유럽인과 중국인을 기근으로부터 구해냈다. 종자 이동으로 인한 가늠할 수 없는 축복은, 그로 인한 가늠할 수 없는 피해보다 언제나 우세하다. 비록 자유무역 신봉자들이 주장하는 것보다는 이득이 적다고 할지라도. "심지어 국경을 넘는 씨앗 전파는 비록 추악한 자본주의의 영리 목적이거나 제국주의 침략의 일환일지라도 인류 전체 삶을 확장하고 향상시키는 선봉장이 되어왔다."

위캄이 런던에 모습을 보이고 두 달 후, 큐왕립식물원은 고무나무 묘목을 해외로 내보내기 시작했다. 대부분 스리랑카였다. 위캄은 고무나무가 축축한 땅에서는 제대로 자라나지 않으므로 습지나 강둑과 떨어진, 양지바른 언덕배기에 심어야 한다고 조언했다. 하지만 위캄을 못마땅해 하던 농장 관계자들은 그의 조언을 무시했다. 거꾸로 그들은 고무나무 묘목을 숲의 그늘진 습지대에 심었다. 설령 고무나무

했다. 그가 유혹했던 주지사의 부인으로부터 작별 선물로 받은 것이라고 전해진다. 프랑스 식민지법에 의하면 커피 반출은 외국인에게는 엄격하게 금지되어 있었다. 역사학자 워런 딘은 로맨스가이 팔레타가 브라질로 밀수해간 그 묘목이 "한 세기 반 동안 브라질 경제를 떠받친 대들보 즉 커피 산업"을 출범시켰다고 쓰고 있다.

가 잘 자라났다 하더라도 1876년의 스리랑카 영국 식민지는 새로운 플랜테이션 조성에 관심을 둘 만한 상황이 아니었다. 20년 전에 그들은 이 섬나라의 산지 2,072제곱킬로미터(서울 면적의 3.4배)에 커피나무 밭을 조성했다. 그리고 이를 돌보도록 25만 명의 인도인을 유입시켰다. 그러던 1869년, 그때까지 본 적 없던 균류가 "8,000~12,000 제곱미터"의 커피를 감염시켰다. 3년 후 스리랑카 식물원 소장은 "단 한 농장도 그 병을 피해가지 못했다."라고 보고했다. 위캄의 고무나무 묘목들이 도착한 때는 파산 직전의 식민개척자들이 병든 커피나무를 한창 녹차나무로 바꿔 심던 때였다(커피 역병은 영국이 사랑한 뜨거운 음료가 커피가 아니고 티가 된 이유로 간혹 지목된다). 이런 판국에 그 누가 갓 심은 녹차 밭을 갈아엎고 다시 고무나무를 심고 싶어 하겠는가. 1890년대, 스리랑카를 덮쳤던 커피 녹병이 말레이시아와 인도네시아를 강타했다. 어쩔 수 없이 새로 시작해야 했던 플랜테이션 업자들은 스리랑카에서는 대접받지 못했던 고무나무에 눈을 돌렸다. 얼마 안 가 그들은 말레이시아에서 돈을 쓸어담았고, 네덜란드 식민지 인도네시아 역시 위캄의 고무나무를 심었다. 그들을 보며 확신을 얻은 스리랑카는 고무나무를 다시 보기 시작했다. 1897년 말레이시아와 스리랑카의 고무 플랜테이션 면적은 4제곱킬로미터에 불과했다. 15년 후 이 면적은 2,630제곱킬로미터 이상으로 불어났다. 처음으로 아시아의 고무 생산량이 고무의 홈그라운드인 아메리카의 고무 생산량을 추월했다. 가격은 폭락하고, 브라질 고무산업은 한 줌 재로 주저앉았다.

마나우스에서는 먹구름이 다가오는 것을 그 누구도 알아채지 못했다. 현재 누리는 행운과 부귀영화가 영원히 끝나지 않을 것이라고 맹

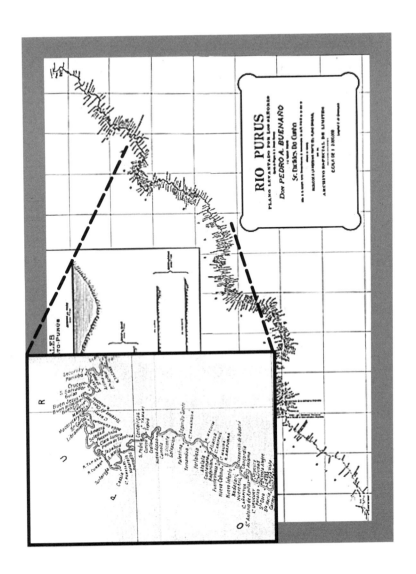

고무 붐이 절정을 이루던 때, 브라질은 서쪽 국경 분쟁지역에 엔지니어 겸 작가였던 유클리데스 다 쿠냐를 파견해 조사하도록 했다. 다 쿠냐는 아마존 지류인 푸루스 강변을 따라 줄지어 있는 수백의 고무 가공시설을 확인했다(왼쪽). 이 시설들은 라텍스를 가열하는 데, 그리고 생산된 고무를 강의 하구로 실어나르는 증기선의 연료로, 어마어마한 양의 목재를 집어삼켰다. 이는 열대우림 파괴의 최초 표본이었다.

신하는 인간의 어리석음에 대한 증거가 혹시 더 필요하다면 바로 여기에 있다. 그 도시는 한순간에, 풀썩 주저앉았다. 오페라하우스는 문을 닫고, 대저택들은 버려졌다. 그곳의 고무 사업자들은 한 개의 대륙만한 크기에 산재한, 고무나무가 열을 지어 촘촘하게 자라는 밭에서 생산되는 라텍스 생산력을 도저히 따라잡을 수 없다는 사실을 알고 충격에 휩싸였다. 절망감에 빠진 아마존의 사업가들은 자신들도 플랜테이션을 시도해봐야겠다는 생각조차 하지 못했다. 아마존에서 처음으로 재기를 시도한 것은 1922년에 이르러서였다. 영국이 아시아 식민지에서 과잉 생산된 고무를 가격 담합을 통해 안정화하려 하자 많은 사업가들이 이에 분개해 들고 일어난 것이다. 그들 중에 전 세계 최대 타이어 제조업자 하비 파이어스톤과 최대 자동차 제조업자 헨리 포드가 있었다. 파이어스톤은 라이베리아에 거대 고무 플랜테이션을 조성하는 것으로 대응했다. 포드 역시 이에 지지 않은 규모를 아마존에 구축했다.

포드가 고른 부지는 타파조스 강으로, 위캄이 고무나무 씨앗을 모았던 산타렘 근처였다. 일이 잘못되려고 그랬는지 포드가 고용한 브라질 중개인은 자신이 소유하던 타파조스 강 상류 약 10,360제곱킬로미터(서울 면적의 17배)를 1927년 포드에게 팔았다. 인력 유치를 위해 포드는 이곳에 병원, 학교, 쇼핑가, 극장, 감리교 교회, 그리고 숲으로 둘러싸인 통나무 방갈로까지 완비된, 미시간 중산층 도시를 그대로 재현했다. 야산에는 아마존 유역의 유일한 18홀 골프장도 들어섰다. 포드의 이미지처럼 반듯하고 질서정연한 이 타운은 마나우스와는 정반대였다. 이 프로젝트에 즉시 '포드랜디아'라는 이름표가 붙었다. 캔자스대학교 토양지리학자 윌리엄 I. 우즈William I. Woods는 "포드랜디아는 얕은 산지 지형으로, 수풀 제거는 거대한 침식과 배수 문제를 초래했다"고 설명한다. 침식을 막기 위해 그 회사는 땅을 계단식으로 만들었고 이것은 "괴물처럼 돈을 먹는" 작업이었다. 우즈에 따르면 어쨌든 그 토양에는 모래가 너무 많았다. 설상가상 타파조스 강 217킬로미터 상류 지점이었던 그곳은 건기에 수심이 낮아 원양항해선을 댈 수가 없었다. "설혹 성공적으로 고무가 났다 해도, 배로 운반할 수가 없었다."

포드에게 다음 몇 해는 불운의 연속이었다. 첫 시즌에 고무나무가 다 죽고 나서야 그 회사는 히비어 브라질리엔시스는 파종 시기가 따로 있다는 사실을 알게 됐다. 또한 증기선의 대금을 치르고 나서야 그 땅의 나무를 벌목하는 비용이 목재 판매비용으로 상쇄되지 않는다는 점을 깨달았다. 게다가 10여 제곱킬로미터 땅에 고무나무를 다시 심고 나서야 아마존에 고무나무만 좋아하는 마이크로시쿨러스 울레이Microcyclus ulei라는 균류가 있다는 사실을 알았다. 어쩌면 그 회사는 마이크로시쿨러스 울레이가 존재한다는 사실은 알고 있었을지 모른다. 다만 그 회사가 계산에 넣지 않았던 것은 그것을 막을 길이 없다는 사실이었다.

마이크로시쿨러스 울레이는 남아메리카 잎마름병 인자이다. 이 병은 히비어 잎에 포자가 떨어지는 순간 시작된다. 감자잎마름병 포자처럼, 두 개의 세포로 이루어진 잎마름병 홀씨에서 뿌리 같은 가는 관이 자라나와 옆으로 기어가듯 잎 표면을 타고 뻗어나간다. 이 관의 끝에 붙어 있는 흡착기(기생성 균류 균사 끝에 있는 흡반상吸盤狀 기관)는 직각 턴을 실행해서 잎의 내부 세포조직으로 파고든다. 잎의 방어력에 따라 감염 양상은 다양하게 나타난다. 하지만 십중팔구 승자는 균류다. 내부 침투에 성공하고 나면 포자를 생성해서(아주 많이 많이) 잎 뒷면에 맺힌다. 이들은 비가 오면 자유롭게 낙하하거나 잎들끼리 부대끼는 동안 떨어져 나오기도 한다. 그후 남는 건 괴사해서 검게 변한 잎들이다. 괴사한 잎은 나무에서 떨어져 나온다. 이렇게 잎마름병은 히비어 브라질리엔시스를 고사시킨다. 내가 두 눈으로 목도한, 잎마름병에 걸려 잎이 듬성듬성 달린 나무들은 마치 누군가가 토치로 잎을 군데군데 지져놓은 것처럼 보였다. 많은 나무들이 한 번의 병치레에서는 살아남는다. 하지만 성장에 지장을 받는다. 두세 번의 병치레를 거친 나무들은 결국 죽고 만다.

마이크로시쿨러스 울레이 포자는 태어난 잎에서 떨어져 나온 후에는 그리 오래 살아남지 못한다. 야생 히비어 나무들은 넓은 공간에 걸쳐 듬성듬성 자란다. 때문에 한 나무가 잎마름병에 무릎을 꿇어도 나머지 나무들까지 공격받기에는 거리가 멀다. 플랜테이션은 정반대다. 나무들이 촘촘하게 서 있어서 위쪽의 잎들은 이웃하는 나무의 잎과 닿아 엉킨다. 포자는 날다람쥐처럼 이 나무에서 저 나무로 뛰어다닌다. 혹은 포자가 플랜테이션 일꾼들의 옷이나 손톱 밑에서 이동한다. 이런 불상사가 바로 포드랜디아에서 일어났다.

비아냥대기 좋아하는 사람들에게는 고맙게도, 포드가 잎마름병으로부터 공격을 당한 때는 마침 그가 정통한 고무 전문가 제임스 R. 위어James R. Weir(그는 식물병리학자로 미 연방균류협회 국장을 지냈다)를 막 영입한 시점이었다. 포드 자동차에 들어간 위어의 첫 업무는 많은 고무농장의 고향인 인도네시아 수마트라 섬 출장이었다. 이곳 플랜테이션 업주들은 생산성 좋은 수종을 발굴해 튼튼한 뿌리에 접붙이는 식으로 탁월한 종자를 개발해냈다. 30년 동안 이들은 생산성 높은 고무나무 복제품을 엄청나게 찍어냈다. 위어는 1933년 12월, 이들 고무나무 묘목 2,046개를 구입했다. 브라질 사람들이 위캄을 막지 못했던 것과 마찬가지로 수마트라 사람들도 위어를 막지 못했고, 위어는 나중에 이 문제를 두고 적잖이 시끄러운 상황에 처했다. 그가 출발한 지 5개월이 지나서야 아시아 고무 생산자들은 두 번째의 강력한 카르텔을 형성했다. 그리고 "잎, 꽃, 씨, 묘목, 나뭇가지, 뿌리 혹은 고무식물의 살아 있는 어떤 부분"도 반출할 수 없도록 법으로 명시했다. 이때쯤이면 위어는 싹이 튼 귀중한 묘목을, 마이크로시쿨러스 울레이에 의해 초토화됐던 브라질 땅으로 가지고 왔다.

마이크로시쿨러스 울레이는 수많은 변종으로 진화했다. 살진균제로 한 종을 박멸하면 다른 종이 다시 고개를 들이밀었다. 위어는 저항력이 있는 종자를 찾아 비상 테스트 프로그램을 가동했다. 그동안 그는 기존 고무나무 밭으로부터 128킬로미터나 떨어진 타파조스 강 하구의 좋은 땅에 완전히 새로운 무균 플랜테이션을 설립하고 있었

476

다. 그는 그곳을 수마트라에서 공수한 생산성 좋은 복제품으로 채웠다. 변종 잎마름병은 위어가 야심차게 조성한 플랜테이션을 기존 속도보다 훨씬 빠른 속도로 파괴했다. 라텍스 생산성만을 기준으로 나무를 선택하다 보니, 아시아 농부들은 자신도 모르는 사이에 잎마름병에 아주 취약한 품종을 만들어냈던 것이다. 이 재앙으로 사실상 포드랜디아의 문은 닫혔다. 비록 공식적인 백기를 든 건 1945년이었지만. 포드의 운명은 브라질인에게 아마존에서 고무 플랜테이션은 가망이 없다는 체념을 심어주기에 충분했다. 포드가 브라질 땅을 매입했을 때 전 세계 천연고무 생산량의 92퍼센트는 아시아에서 생산되고 있었다. 그리고 포드랜디아가 끝난 5년 후에 그 수치는 95퍼센트가 되었다.

1차 대전 중에 출현한 합성고무도 아시아인들의 고무사업을 위축시키지는 못했다. 화학산업의 놀라운 개가인 건 분명하지만, 천연고무가 지닌 마모와 진동에 대한 저항성은 합성고무가 도저히 넘을 수 없는 장벽이었다. 천연고무의 시장점유율은 지금도 40퍼센트가 넘으며, 그 수치는 완만하게 오르고 있는 추세다. 천연고무여야만 의료용 살균기에서 스팀 살균되어 냉동고에 보관하는 것이 가능하며, 유리와 강철에 완벽하게 부착될 수 있다. 대형 비행기와 트럭 타이어는 100퍼센트 천연고무로 만들어진다. 그 이전의 바이어스플라이 타이어bias-ply tires(접지면의 중심선에 비스듬한 섬유층으로 강화한 타이어)는 합성고무로만 만들어진 반면, 레디얼 타이어radial tires에서는 사이드월 sidewall(타이어의 접지면과 테두리 사이)에 천연고무가 들어간다. 하이테크 제조업체와 가스·수도·전기 사업에서도 고성능 천연고무 호스, 개스킷, 그리고 O링을 사용한다. 콘돔 제조업체도 사정은 마찬가지다. 브라질에 남아 있는 몇 안 되는 천연고무 기업은 아마존 서쪽에 있는 콘돔 공장이다. 전투 상황을 견뎌낼 자재가 필요한 군수업은 주요한 고무 소비자이다. 이 때문에 미국은 한국전쟁 당시 중국에 고무 봉쇄조치를 내리기도 했다.

이 봉쇄조치를 겪은 중국은 고무의 자체 생산 필요성을 절감했다. 맙소사! 그런데 이 나라는 이 열대 품종을 심을 만한 땅이 손바닥 정도밖에 되지 않았다. 가장 대표적인 지역이 윈난성 최남단 시솽반나로, 라오스 및 미얀마와 국경을 맞대고 있다. 중국의 두 소수민족인 다이족과 아카족의 터전인 시솽반나 자치주는 전체 중국 면적의 0.2퍼센트에 불과하다. 하지만 중국에서 가장 기온이 높은 이 땅에는 고등식물 품종의 25퍼센트, 조류 36퍼센트, 포유류 22퍼센트가 자생한다. 뿐만 아니라 상당수 양서류와 민물고기종이 분포하는 지역이다.

일찍이 1904년부터 소수의 사람들이 고무사업에 발을 담갔다. 하지만 노력은 지속되지 못했다. 그러던 1960년대, 중국 인민해방군이 이 지역을 고무 메카로 탈바꿈시키는 작업에 들어갔다. 시솽반나 플랜테이션은 사실상의 군사기지였다. 외부인의 출입은 통제되었다. 외부인에는 근처에 사는 다이족과 아카족도 포함되었다. 청 정부처럼, 마오의 중국도 산악 소수민족에게 경계의 눈초리를 거두지 않았다. 이곳으로 한족 10만 명이 유입됐다. 혁명의 열기에 취한 이들 대부분은 멀리 떨어진 성省이나 도시 학생들이었다. 집단노동에 투입된 그들은 "중국은 고무가 필요하다!" 라고 목청을 높였다. 공산당 정부는 쉼없이 그들을 선동했다. "동지 여러분이 조국을 위해 몸 바칠 수 있는 기회가 여기에 있다." 일꾼들은 매일 새벽 3시에 눈을 떠서 숲을 파헤치는 작업에 나섰다. 시솽반나의 일꾼으로 일했던 사람이 《자연과 벌인 마오의 전쟁*Mao's War Against Nature*》 저자인 인류학자 주디스 샤피로*Judith Shapiro*에게 증언한 내용이다.

우리는 새벽 3시에 일어나 아침 7~8시까지 나무를 베어낸 뒤 원난성 취사부대에서 보내준 쌀죽으로 아침을 먹었다. 매일 마오 주석의 〈어록*Three Articles*〉을 낭독하고 학습하며 자본주의와 수정주의에 맞서 투쟁했다. 아침을 먹으면 다시 점심때까지 일했다. 식사 후 곧장 작업에 돌입해 저녁 6시까지 일했다. 이후 씻고 저녁을 먹고 나서, 다시 몇 시간의 학습과 자아비판 시간을 가졌다.

마오 정부는 식물학자들의 권고를 반혁명적 사상이라고 조롱하면서, 폭우나 서리로 나무들이 죽어나가는 고도에 반복적으로 고무나무를 심었다. 같은 장소에 심고 또 심고…. 사회주의는 결국 자연도 정복할 것이라고 고집하면서 말이다. 이 광풍은 산비탈을 황폐화하고, 침하를 악화하고, 개울을 파괴했다. 실상 고무는 생산해내지도 못했다. 1970년대 후반, 중국은 경제개혁을 단행했다. 하방을 통해 사상교육을 받던 젊은이들은 고향으로 돌아가고, 지방의 노동력 부족은 심각해졌다. 그 덕에 현지 다이족과 아카족에게도 고무농장 설립이 허용되었다. 이들은 효율적이고 효과적이었다. 1976년부터 2003년 사이, 고무에 바쳐진 땅의 면적이 10배로 확대되면서 종전 50.8퍼센트였던 시솽반나 자치주 열대우림 숲은 10.3퍼센트로 쪼그라들었다. 시솽반나 자치주는 히비어 브라질리엔시스의 바다가 되었다.

평평한 아마존 분지와 달리, 시솽반나는 온통 산악지형이다. 경사면에 심은 나무들은 태양광선에 노출되고, 뿌리가 물에 잠기는 일 없이 잘 자랐다. 뿌리가 물에 잠기는 것은 아마존에서 항존했던 리스크로, 이는 뿌리를 상하게 했다. 시솽반나 자치구 중심도시 징훙에 있는 열대작물연구소 휴저우융에 따르면, 이곳은 고무가 자라날 수 있는 최하한선 기후이다. 따라서 경작자들은 어떤 환경에서도 잘 견디는, 튼튼한 나무를 선택했다고 한다. "시솽반나는 고무 생산성 면에서는 전 세계 어느 곳보다 앞서 있습니다."라고 그는 말한다.

성장가도를 달리는 중국이 세계 최대 고무 소비국으로 부상하면서 이곳의 고무 생산공간은 태부족한 상황이 되었다. 한 뼘의 땅이라도 보일라 치면 고무나무를 꽂아넣던 농부들은 군침을 흘리며 국경 너머 라오스 땅을 탐냈다. 라오스는 영국과 비슷한 면적(남한의 4.6배)이지만 인구는 600만 명이 채 안 된다. 아시아에서 인구밀도가 가장 낮은 국가이다. 이미 1994년부터 라오스 북쪽 몇몇 국경마을은 고무나무를 심기 시작했다.

하지만 재배가 본격화된 것은 중국 당국이 '밖으로Go Out!' 전략을 표방하기 시작한 1990년대 말 부터였다. 중국 당국은 자국의 회사들이 해외에서 담배사업을 추진하도록 적극 밀어붙였다. 이 같은 방침에 따라 미얀마와 라오스 국경지역에서 담배와 고무나무 재배가 본격화했다. 겉으로 내세우는 명분은 '아편 퇴치 프로그램의 일환'으로 민영농장을 지원한다는 것이었지만, 사실상 중국 당국의 강력한 개입 아래 군이 관리하는 농장들에게 보조금을 지원하는 형태였다. 중국은 국경 너머에서 고무나무를 경작하는 중국인 회사들에게 초기비용의 80퍼센트까지 지원하는 한편 대출이자 혜택을 주었다. 추가로 중국으로 반입되는 고무에 한해 무관세 혜택까지 부여했다. 당연히 보조금을 지급하는 과정은 투명하지 않았다. 경제학자 웨이이쉬는 내게 말했다. "보조금 지원 정책에서 투명성이란 처음부터 기대할 수도 없었어요. 인맥이 판을 쳤죠."

이런 조건을 마다할 이유가 없는 중국의 기업가와 소규모 농가들이 국경 너머로 몰려갔다. 이들은 중국 쪽에 살고 있는 다이족과 아카족을 고용해서, 라오스에 사는 그들의 먼 친척과 협업하도록 했다. 대다수 라오스인은 전기나 수돗물이 없는 시골마을에서 살고 있었다. 학교와 병원은 꿈도 꾸지 못했다. 가난한 라오스 사람들은 빈곤을 탈출할 절호의 기회를 찾아 고무 열차에 편승했다. 그리고 중국계 농장들과 계약을 체결했다. "사실은 중국도 우리 못지않게 못 살았습니다." 한 마을의 이장이 내게 말했다. "이제 그들은 부자가 되었습니다. 그들에겐 오토바이도 있고 자동차도 있습니다. 고무나무를 심었기 때문이죠. 우리도 그들처럼 되고 싶습니다."

현재 라오스에 얼마나 많은 히비어 브라질리엔시스가 심겼는지 정확히 아는 사람은 아무도 없다. 정부는 실태조사를 할 만한 여력이 안 된다. 시카고대학교 인류학자 야요이 후지타에 따르면, 2003년 국경 근처 씽 지방에 있던 고무나무 면적은 0.78제곱킬로미터였다. 3년 후, 그 면적은 44제곱킬로미터로 폭증했다. 다른 지역이라고 다르지 않다. 라오스 정부는 2010년 기준 고무나무가 덮고 있는 국토 면적을 1,813제곱킬로미터로 추산했다. 불과 4년 만에 41배가 늘어난 규모이다. 이후에도 개활지 증가 속도는 더하면 더했지, 결코 덜하지는 않았다. 그 개활*로 인한 여파 역시 마찬가지다.

"5,180제곱킬로미터 면적에서 고무나무를 경작하려면, 20여만 명의 인력이 필요합니다." 라오스 북부 행정수도인 루앙남타의 도시전문가 클라우스 골드니크는 내게 말했다. "그런데 이 행정구역 전체 인구가 12만 명에 불과합니다. 유일한 방법은 중국인 일꾼들을 불러오는 것이죠. 이 지역 상당수 사람들은 숲에 기대 살아갑니다. 숲이 사라지고 나면 생존 자체가 어려워지죠." 그는 덧붙였다. "고무나무를 심는 대가로 외국계 회사들은 보상금을 줍니다. 한 그루에 약 1.50달러죠. 가난한 정부에게 더 많은 나무는 더 많은 돈을 의미하죠."

대부분의 초창기 플랜테이션은 마을 사람들 독자적으로 혹은 영세한 중국 플랜테이션들과 협업으로, 1만~2만 제곱미터 땅을 개간하는 수준이었다. 그리고 시간이 지나면서 거대 중국 기업들이 하나 둘 들어왔다. 이들 중에는 앞서 말한 국영기업도 포함되었다. 고무나무는 다 자라기까지 7년이 걸린다. 따라서 회사는 당연히 그 나무들을 심고 관리할 사람들과 장기계약을 체결하려 했다. 나는 중국 회사인 후이펑 러버와 루앙남타 지역 3개 시골마을 간에 체결한 계약서를 살펴볼 기회를 얻었다.

중국어와 라오스어가 병기된 계약서는 총 24개 조항으로 되어 있었다. 세 개 조항은 후이펑 측과 마을 측의 법적 구속력에 관한 의례 조항이었다. 그리고 18개 조항에 걸쳐 회사 측 권리와 특권을 설명하고 있었다. 반면 단 1개 조항에서 마을의 권리와 특권을 명시했다. 잠

---

* 하와이 동서문화연구소의 제퍼슨 폭스 연구팀은 동남아시아에 고무가 끼치는 영향력을 평가하고 있다. 그는 베트남이 고무산업 지역을 3,885제곱킬로미터까지 늘리는 계획을 실행중이라는 사실에 주목한다. 이 중 4분의 1은 라오스 남부지역이다. 2009년 1월, 폭스는 라오스 남부의 거대한 플랜테이션을 답사했다. 그는 "그 지역 소규모 자작농들이 베트남인 투자자들에게 땅을 내준 뒤 지속적으로 자신의 땅으로부터 밀려나고 있다."라고 말했다.

깐 본 것이라 수치에 사소한 오차는 있을지 모른다. 마을 대표와 고무회사 대리인이 계약서에 명시된 자신들의 권리를 각기 다른 언어로 내게 말해주는 동안, 나는 그 계약서를 재빠르게 넘겨보았을 뿐이다. 그럼에도 후이펑 중역이 계약서에 펜으로 서명한 반면, 마을 측 대표자는 손가락 지문으로 서명한 부분이 인상 깊었다. "각 마을은, 합의된 면적의 땅에 고무나무를 심는다."라고 계약서에 명시돼 있었다. 그리고 "후이펑은 마을 내 길과 마을에 닿는 고속도로를 개보수한다." 하지만 회사는 재량에 따라 땅에 대한 권리를 되팔 수 있으며, 그 나무를 관리할 사람으로 회사가 원하는 사람(중국인도 포함)을 고용할 수도 있었다. 고무에서 나오는 수익금의 70퍼센트는 마을 몫이었다. 단 "작황 실적에 따라서." 내가 보기에 이 조항이야말로 커다란 구멍이었다. 회사와 마을 간에 맺은 이런 내용의 계약은 중국에서는 통상적이다(6장에서 방문한 푸젠 산간 담배 밭도 이런 내용의 지배를 받았다). 다만 루앙남타 사람들이 맺은 계약은 더욱 더 심각해 보였다. 그 계약서는, 한쪽 당사자는 변호사의 면밀한 검토를 거친 반면 다른 쪽은 변호사의 '변'자도 잘 모르는 상태에서 도출된 서류였다.

그 도로변을 따라 조성된 또 다른 마을 반송마에서 계약 협상을 진행한 마을 대표자는 서른 살 정도로 보였다. 우리가 찾아갔던 날, 그는 하얀 티셔츠와 뮌헨 로고가 박힌 트레이닝 반바지 차림이었다. 곁에는 색 바랜 헬로키티 담요에 여자아이를 감싸 안은 그의 부인이 서 있었다. 나는 그에게 고무회사의 이름과 그 마을이 얼마나 많은 면적을 제공하기로 했는지, 수익금 배분율은 얼마나 되는지 물어보았다. 그는 질문들에 답하지 못했다. 그가 바보여서가 아니었다. 그는 한눈에도 스마트하고 상황 판단이 빠른 사람이었다. 다만 나의 질문 내용이 대외비였기 때문이다.

현대 경제의 대리인에게는 세 가지 능력이 요구된다. 즉 거시적인 안목과 상황 판단력, 그리고 사업 예측력이다. 10여 년 전만 해도 반송마에서 이런 능력은 필요치 않았다. 사실상 이런 것들은 오히려 역효과를 가져왔을지도 모른다. 약육강식의 글로벌 자본주의 세상으로 덥석 뛰어든 그 마을 대표는 마데이라 강에 갔던 네빌 크레이그만큼이나 총 없이 전쟁에 나온 격이었다. 그가 원하는 자본주의의 열매, 즉 중국제 오토바이와 일본제 TV와 유럽 스포츠팀 로고가 그려진 나일론 티셔츠로 드러난 비전은, 해피앤드로 귀결될 가능성이 네빌 크레이그보다 조금도 높아 보이지 않았다.

후이펑은 이미 고무나무 묘목을 심고 관리할 중국인들을 수배해 놓은 상태였다. 마을 이장은 자신과 마을 사람들이 오직 고무나무를 접붙이고, 라텍스를 채취하고, 고무를 가공하는 노동력으로 소비되리라는 사실은 모르고 있었다. 다만 중국인과 함께 일하면 원하는 오토바이를 사고, 그리하여 가파른 언덕길을 더 이상 고생스럽게 걸어서 오르내리지 않아도 된다는 것만은 잘 알고 있었다. 헬로키티 담요에 싸인 아이가 자라서 성년이 될 즈음이면, 지금 반송마가 걸어 들어간 세상의 실체에 대해 아버지보다는 더 잘 알 수 있을 것이다. 후이펑과 마을 간 계약은 향후 30~40년 동안 유지될 것이다. 그때쯤 아버지가 서명했던 계약서의 내용을 그 아이는 어떻게 여길까? 자못 흥미로운 문제이다.

지구 반대쪽에 이식된 고무나무

그날 아침은 맑고 청명했다. 안 좋은 조짐이다. 시솽반나 열대식물원으로 통하는 육교 위에서 나는 산마루를 휘감은 희미한 안개를 볼 수 있었다. 연구원들은 햇빛이 드는 쪽의 사무실 창 커튼을 쳤다. 1959년에 설립된 이 식물원은 시솽반나 고무산업과 성장을 함께 해왔다. 20여 명 과학자들은 지역생태계 변화로 인한 영향을 모니터링 해왔다. 그 변화는 여러 모로 달갑지 않았다. "고무나무를 좋아하는 사람은 이곳에 단 한 명도 없습니다." 한 연구원이 말했다. "여기서 일하다 보면, 다들 저절로 생태운동가가 됩니다."

그 골든트라이앵글은 무려 254센티미터나 되는 연간 강수량을 기록하는 지역이지만, 5월과 10월에 4분의 3이 집중되어서 나머지 기간 동안 수풀은 아침 안개의 수분에 의존해 살아간다. "1980~1990년대를 돌이켜보면, 그때는 점심 때까지도 안개가 끼어 있었습니다." 열대식물원에서 일하는 생태학자 탕 지안웨이의 말이다. "지금은 11시면 안개가 사라집니다." 그가 들려주는 '가장 분명한' 변화는 눈에 띄게 달라진 수자원 상황이다.

이런 상황을 초래한 원인은 전적으로 고무나무에 있다고 탕은 말했다. 히비어 브라질리엔시스는 1월에 잎을 다 벗은 뒤 3월 말에 새잎이 솟아난다. 잎의 부재는 숲이 이슬을 보유할 표면이 더 적어진다는 걸 의미한다. 특히 건기에는 수분 흡수 능력을 떨어뜨려서 증발되는 수분 양이 3배로 치솟는다. 이는 다시 토양 침식을 경악할 수준인 45배로 확 들어올린다. 설상가상 새로운 잎의 집중성장기인 4월은 건기 중에서도 가장 무덥고 건조한 시기다. 성장을 위해 뿌리는 지표

시상반나 땅 중 고무나무 식재가 가능한 거의 모든 땅은 이미 개간되어 고무나무가 심어졌다(위).
이 변화는 환경을 심각하게 바꿨다. 이 지방의 아침 안개가 용수 공급과 함께 자취를 감췄다. 중
국 회사들은 고무에 적당한 중국 내 땅을 다 동나게 만들고는 국경 건너 라오스 북부지역으로 이
동했다(아래, 갓 벌채된 야산 둔덕).

면 1~2미터 아래에서 물을 빨아올린다. 고무 채취는 새잎이 돋아날 때부터 시작해 가을까지 계속된다. 빼앗긴 수액을 다시 만들기 위해 뿌리는 더 많은 물을 지반으로부터 빨아올린다. 얼마나 많은 물을? 탕은 펜과 종이로 대충 계산을 했다. 하루 채취되는 라텍스는 0.5킬로그램. 한 달 20일로 잡고, 1에이커(4,046제곱미터)에 180그루…. 양질의 라텍스는 60~70퍼센트가 수분이다. 이런 가정 아래 대충 계산해보니 에이커당 매년 필요한 물은 2,000킬로그램이었다. 실질적으로 산지의 모든 물을 고무 생산자들이 탱크로리에 퍼담아 가져가 버리는 셈이다. "많은 개천이 마르고 있습니다." 탕이 계속했다. "식수가 없어 마을 사람들은 이사를 해야 할 지경입니다." 이제는 이 영향이 국경을 넘어 라오스와 태국으로 번져가고 있다고 그는 말했다. 이것은 동남아시아의 광범위한 지역을 서서히 변모시킬 것이다. 이런 변화가 어떤 결과를 가져올지는 예측하기 쉽지 않다.

생태학자들의 우려를 귀담아듣기 시작한 시솽반나는 2006년부터 모든 땅의 용도 변경을 불허함으로써 새로운 고무나무 식목을 단속하고 있다. 하지만 이 정책이 실효를 거둘 수 있을지는 미지수다. 웨이이쉬가 지적했듯이 이 정책은 중국의 새 토지개혁법에 위배된다. 설령 시솽반나 농부들이 내일 당장 히비어 브라질리엔시스 식목을 멈춘다고 하더라도, 이미 득세한 고무나무들은 남아 있는 숲을 계속 침범할 것이다.

열대식물원 내 탕의 사무실은 경사진 고무나무 플랜테이션으로 에워싸여 있었다. 이 나무들은 고수확 품종에 접붙인 것들이다. 즉 압도적 다수의 동남아시아 고무나무들은 클론이라는 의미다. 그리고 이런 복제품을 탄생시키는 데 사용된 절대다수의 나무들은 헨리 위캄의 원정에서 살아남은, 몇 안 되는 싹으로부터 나왔다. 한 조각에서 작은 조각이 나오고 그 조각에서 또 더 작은 조각이 나오고. 말하자면 이 나무들은 위어가 포드랜디아에 가져갔던, 마이크로시쿨러스 울레이에 매우 취약했던 품종들이기도 하다.

중국인들은 푸른 장막의 대장관을 연출하는 이 고무나무 플랜테이션을 기꺼이 '숲'이라고 부른다. 현지인들은 휴한 농경지를 고무나무로 채워서 정부의 자연보호 지침을 준수한다. 고무나무의 면적이 증가하면서 병충해의 타깃도 증가했다. "생태학 역사가 주는 교훈입니다." 탕은 내게 말했다. "농작물의 병은 어느 때든 들이닥칩니다. 그들이 여기로 오는 길을 발견한다면, 시간문제일 뿐이죠."

백년 간의 동남아시아와 브라질 간 단절, 나아가 동남아시아 국가들 사이의 단절은 고무나무 플랜테이션을 안전하게 지켜주었다. 하지만 세상은 그 어느 때보다 긴밀하게 연결되고 있다. 아직까지 아마존과 동남아시아 사이의 직항노선은 없지만, 머잖아 생길 것이다. 게다가 2008년 4월, 사상 최초로 캄보디아, 중국, 라오스, 미얀마, 태국을 잇고 말레이시아와 싱가포르까지 연결되는 고속도로가 개통됐다. 싱가포르에서 윈난성 성도인 쿤밍까지, 트럭으로 3일이면 주파할수 있다. 언제 어느 때고 브라질의 마이크로시쿨러스 울레이가 이곳에 당도한다면, 곧장 치고 들어갈 교통편이 마련된 셈이다. "10년 혹은 20년 안에 이곳의 나무들은 전멸할 거라 봅니다." 탕은 이렇게 덧붙였다. "동남아 다른 국가의 나무들도 마찬가지겠지요."

이런 재앙이 닥칠 경우, 수습에는 말할 수 없는 세월이 필요할 것이다. 다시 상기해봐도 산업혁명은 강철과 화석연료, 그리고 고무라는 세 기둥에 의존해왔다. 이들 셋 중 하나가 어느 날 홀연히 사라져

버린다면, 실로 달갑지 않은 결과가 나타날 것이다. 타이어가 없는 자동차, 개스킷과 봉합이 존재하지 않는 전기발전소, 혹은 살균 소독된 고무호스나 장갑이 없는 병원을 상상해보라. 고도로 산업화된 현대사회에서는 이런 지각변동을 개인들이 몸소 체감할 수밖에 없다. 따라서 유엔 산하기관이나 미 국방부의 생화학무기 리스트에는 마이크로시쿨러스 울레이가 올라가 있다. 고무를 대신하기 위해 합성고무가 개발되고 있지만 여전히 불완전한 대체재일 뿐이다. "나는 합성고무 타이어로 이륙하는 747에는 절대로, 내 목숨을 맡기지 않을 것입니다." 미 국방부 조달청의 한 국장은 내게 말했다.

육종학자들은 병충해에 내성이 강한 신품종 개발에 열을 올리고 있다. 하지만 진전은 느리다. "지금까지 나온 모든 조치는 그 질병에 효과가 없었다."《식물학 연감*Annals of Botany*》2007년판은 이렇게 명시했다. 최신 과학기술로도 "나무 잎마름병과 그로 인한 대규모 피해를 방지하는 데 성공하지 못했다." 아시아 과학자들은 1981년 플랜테이션의 품종 다양화를 위해 브라질로부터 좀 더 많은 나무를 뽑아왔다. 몇 년 간의 분석을 거쳐 이 나무들을 생산성이 높은 종자와 이종교배중이다. 프랑스의 과학자들은 2006년 완벽한 저항력을 지닌 클론을 얻게 됐다고 발표했다. 하지만 이 품종에 선뜻 손대려고 하는 플랜테이션 업주는 없었다. 새로운 작물 도입에는 위험 부담이 따른다. 브라질, 중국, 라오스에서 만나 이야기를 나눈 생태학자들은 하나같이 아시아가 50년 전과 똑같이 잎마름병에 무방비 상태라고 생각하고 있었다.

시쌍반나를 방문하던 때, 나는 몇 달 전 브라질에 신고 간 신발 차림이었다. 그 포자는 연약하기 때문에 내가 전염병을 초래하지는 않앞을 거라고 확신한다. 그럼에도 나는 살진균제를 신발에 뿌렸다. 중국이나 라오스 국경지대 입국심사 공무원 중 그 누구도 내 여권에 첨부된 두 건의 브라질 비자 및 내가 잎마름병 진앙지인 마나우스를 경유해 이곳에 왔다는 사실을 보여주는 입국 스탬프에 눈 하나 깜짝하지 않았다. 잡음 없이 볼 일을 보고 싶었던 나 역시 굳이 그런 사실을 입에 올리지 않았다.

하지만 문제는 언젠가 터진다. 그렇게 콜럼버스적 대전환의 사이클이 완성될 것이다. 한때 그곳에 주었던 선물을 앗아가면서, 나무들은 빠르게 죽어나가리라. 그 전염병은 우주에서도 충분히 볼 수 있는 넓은 면적을 뒤덮을지 모른다. 불로 지진 듯한 검은 점이 중국 땅 끝 지점에서 인도네시아 땅 끝까지 산재할 때, 그때 비로소 전 세계가 이 병과 싸우기 위해 합동 대응팀을 꾸리고, 대응책을 모색하게 되리라. 더불어 그 일을 겪은 후에야 비로소, 플랜테이션 업자들은 우리가 호모제노센 세상, 아시아와 아메리카가 점점 더 똑같아지는 시대에 살고 있음을 불현듯 자각할 것이다.

4부

세상을 바꾼 어느 아프리카인

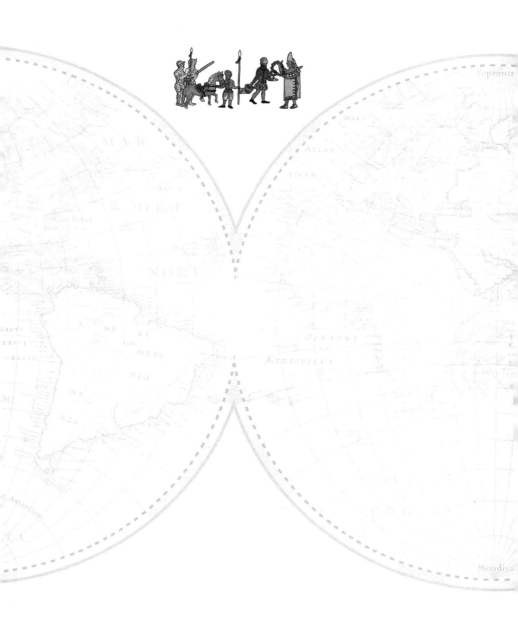

8장

차원이 다른 인종의 뒤섞임

조니 굿 루킹

1520년대, 혈혈단신의 한 사내가 멕시코시티 서문으로 통하는 외곽 고속도로 변에 작은 예배당을 세웠다. 예배당 모습에 대한 구체적인 기록은 없지만 달랑 두 개의 방으로 이뤄진, 흙벽돌 건물이었을 것이다. 방 하나는 십자가와 제단이 있는 예배당이고, 다른 하나는 이를 짓고 관리했던 이가 머물던 방이다. 건물 옆에는 그가 농작물을 기르던 텃밭이 딸려 있었다. 교회 이름은 '순교자들의 예배당' 혹은 조금 더 인상적으로 '1만 1,000명 순교자의 예배당.' 아메리카 본토에 세워진 최초의 교회였을 것이다.

이 예배당을 지은 사내의 이름은 후안 가리도Juan Garrido. 이 스페인 남자의 배경에 대해 우리가 아는 유일한 단서는 그가 본래 스페인 사람이 아니며, 본명 역시 가리도가 아니었다는 점이다. 역사 기록에서 그가 최초로 등장하는 것은 1477년으로, 당시 섭정이었다가 장차 포르투갈 왕이 될 주앙 2세João II가 스스로를 호아오 가리도João Garrido(João는 스페인어에서 후안Juan 혹은 존John에 해당함)라 칭하는 아프리카 노예에게 자유를 주었다는 기록이 남아 있다. 소년이던 시절 노예로 잡혀 포르투갈어를 배운 호아오 가리도는 기니나 모리타니 남부의 여러 노예회사에서 통역을 하다 "노예 상태로 되돌아가지 않겠다는 갈망으로, 그리고 자유에 대한 갈망으로" 배에 올라탔을 것이다. 하지만 가리도는 아프리카에서 자유롭게 사는 걸 원치 않았다. 그리고 대담하게도 그는 포르투갈 행을 택했다. 어쩌면 그가 남아프리카 그룹과 반목했던 북아프리카 베르베르인이기에 가능했던 것인지 모른다(이런 추정은 가리도의 노예해방문서를 찾아낸 앨러스테어 손더스Alastair Saunders 덕택에 가능했다). 베르베르인은 다른 아프리칸에 비해 피부색이 연하다. 가리도는 노예무역 통역에 없어서는 안 될 인물이었음이 틀림없다. 이는 장차 왕이 될 사람이 노예무역에서 계속 일을 해준다는 조건으로 그에게 일반 기독교 포르투갈인들처럼 완전한 자유 신분을 준 것을 통해 알 수 있다.

이 호아오 가리도가 훗날 멕시코에서 예배당을 세웠던 그 후안 가리도였을까? 그 십중팔구 아닐 것이다. 가리도의 생애를 연구한 펜실베이니아주립대학교 역사학자 매튜 레스톨Matthew Restall에 따르면, 그가 멕시코에 왔을 때는 60세가 다 된 나이였다. 그렇다고 해도, 수천 수만의 이베리아 반도 노예들 사이에서 가리도란 이름은 결코 흔한 게 아니었다. 즉 이 두 사람은 연관성이 있을 확률이 매우 높다. 예배당을 지은 것으로 알려진 후안은 호아오의 아들 혹은 사촌이었을 수도 있다고 레스톨은 추정한다. 나아가 그는 또 다른 추정을 한

깃털 모자를 손에 들고 트리플 얼라이언스(아즈텍) 최고지도자 모테쿠조마에게 다가서는 정복자 에르난 코르테스. 그의 뒤에서 말을 잡고 서 있는 인물은 아프리카인으로, 십중팔구 후안 가리도 이다. 이 그림의 출처는 디에고 두란의 멕시코 정복에 대한 유명한 저술 《뉴스페인의 인디언 역 사》이다.

다. "멕시코에 교회당을 세운 후안 가리도는 최초로 자유를 얻은 호 아오 가리도의 노예였다가 자유 신분을 얻어 주인의 이름을 받아들 인 베르베르인, 혹은 뮬라토인 호아오 가리도란 이가 아프리카에서 데리고 왔던 노예가 아니었을까?"

그의 아버지나 삼촌처럼 혹은 이전 주인처럼, 예배당을 지은 후안 가리도 역시 기회를 포착하는 안목이 특출났다. 그는 포르투갈에 머 무는 대신, 콜론이 아메리카의 존재를 유럽인들에게 드러낸 직후의 스페인으로 갔다. 그리고 당시 아메리카 무역 중심지로 약동하던 세 비야에서 7년을 보냈다. 대를 이어 사용한 이 이름을 통해 우리는 그 가 지닌 성격의 일면을 엿볼 수 있다. 후안 가리도Juan Garrido는 문자 그대로 안목이 좋은 존(조니 굿 루킹)이다.

푸에로토리코 인류학자 리카르도 앨레그리아가 쓴 가리도 전기에 따르면, 후안 가리도는 16세기 초반 대서양을 건너 히스파니올라 섬에 상륙했다.

어떤 정복자에도 뒤지지 않을 만큼 공격적이고 혈기충천했던 그는 현지 부총독 후안 폰세 데 레온 이 피게로아의 눈에 들었고, 푸에르토리코 섬 정복전쟁에 수행원으로 동행했다. 제정신이 아니었던 폰세 데 레온이 '늙지 않는 샘'을 찾아나섰다가 운이 다했을 때에도 가리도는 그 헛된 모험의 현장에 같이 있었다(이 과정에서 그들은 대서양 정반대 해변에서 최초로 플로리다를 터치다운한 사람이라는 기록을 남겼다). 스페인이 카리브 해의 대여섯 개 섬에서 대대적인 인디언 토벌에 나섰을 때에도 총을 찬 가리도는 그 자리에 있었고, 에르난 코르테스가 트리플 얼라이언스를 정복하는 장면에서도 그는 버젓이 코르테스의 옆자리를 지키고 있었다.

트리플 얼라이언스란 우리가 흔히 아즈텍으로 알고 있는 제국이다. 하지만 아즈텍이라는 용어는 19세기 발명품으로, 역사학자들은 근래 들어 이 명칭을 가급적 사용하지 않는 추세다. 이 제국은 중부 멕시코에 있던 세 개 도시국가의 군사연맹체였다. 텍스코코Texcoco, 틀라코판Tlacopan, 테노치티틀란Tenochtitlan. 이 중 마지막인 테노치티틀란은 단연 강력한 국가였다. 스페인이 아메리카 대륙에 왔을 때, 트리플 얼라이언스는 멕시코 허리부분을 이 바다 끝에서 저 바다 끝까지 통치하고 있었다. 특히 테노치티틀란은 스페인의 어느 도시보다 더 크고 부유했다.

노련한 정치적 수완 못지않게 능란한 지략가이기도 했던 코르테스는 주변 적대 세력들을 조종해 제국을 공격하게 만든 뒤 최고 자리에 앉았다. 하지만 트리플 얼라이언스의 황제를 자신의 궁에 볼모로 잡고 있었음에도 불구하고 최초 공습은 참패를 당했다. 사실상 스페인인들은 구사일생으로 테노치티틀란을 벗어났다. 그렇게 모든 것이 끝날 것 같던 순간, 천운이 코르테스의 손을 잡았다. 천연두 바이러스가 개입한 것이다. 그 바이러스는 이전에 본 적 없던 무서운 전염성으로 멕시코 중앙부를 휩쓸면서, 불과 몇 개월 사이에 인구의 3분의 1 이상을 앗아갔다.*

트리플 얼라이언스가 전염병으로 휘청거리던 1521년 5월, 무려 20만 명의 스페인-인디언 연합군이 2차 공격을 감행했다. 테노치티틀란은 흡사 베니스처럼 섬이 성단처럼 밀집된 구조였는데, 대부분은 인공으로 조성된 서쪽 호수 근방 13킬로미터에 달하는 곳에 분포하고 있었다. 메트로폴리스를 중심으로 거미줄 같은 방조제 도로가 조성되고, 그 사이사이에 그물망처럼 얽혀 있는 댐과 수로 및 개폐장치는 우기에 물로 가득 차서 외부세력이 접근하는 걸 차단하는 한편, 건기에는 도심에 골고루 물을 배분해주었다.

코르테스의 전략은 삼엄하게 방어되는 방조제 도로를 피해 도시로 침투하는 것이었다. 도시를 둘러싸고 참호 역할을 하는 수로의 물을 빼고 흙을 채워넣어 마른 땅을 만든 후, 방어벽이 약한 변두리부터 공략하는 셈법이었다. 포위 작전 내내 공격자들은 낮에 방조제를 뜯어낸 후 돌과 흙으로 수로를 채워넣었고, 트리플 얼라이언스는 밤 동안 그 둑을 다시 조립하고 운하에 물을 채워넣기를 반복했다. 6월 30

---

* 콜럼버스적 대전환의 이런 끔찍한 사례는 종종 프란시스코 데귀아Francisco de Eguía 혹은 바귀아Baguía란 아프리카 노예의 몸을 통해 유입되었다고 전해진다. 또 다른 연구자들은 병의 운반자가 스페인을 보조했던 쿠바 인디언이라고 주장한다. 반면 레스톨은 "최초 감염자를 아프리카인 혹은 인디언으로 추정하는 것은 스페인의 전형적인 희생양 찾기"에 불과하다고 말한다. 한편으로 이런 논쟁은 스페인이 병인으로 비추어지는 걸 극도로 꺼렸을 만큼 결과가 치명적이었음을 시사한다.

오늘날의 아티스트가 재현한 테노치티틀란 모형도. 스페인인들은 맨 처음 이 도시를 보았을 때 아연실색했다. 이 도시는 스페인의 어느 도시보다 웅장했다. 도시를 에워싸고 16킬로미터의 방조제(이미지의 맨 오른쪽)가 거미줄처럼 뻗어 있었다. 이 방조제는 염분기 있는 물로부터 담수호를 분리해주는 구실을 했다. 담수호들은 치남파라고 부르던 인공 농장들에 물을 공급해주었다.

일. 트리플 얼라이언스는 테노치티틀란의 서쪽 방조제 도로 초입 여울에 함정을 설치하고 매복했다. 그러고는 갈대로 뒤덮인 얇은 물길 위의 다리를 붕괴시켰다. 침입자들이 그 다리를 건너 돌격할 때 "다리가 통째로 무너져 내려, 그 위에 있던 스페인인과 인디언 모두 끌고 들어갔다."고 16세기 역사기록자 디에고 두란은 썼다. 카누를 타고 활, 창, 훔친 스페인의 검으로 무장한 아즈텍 병사들이 갈대밭 매복 장소에서 솟아오른 듯이 나타났다. 염분기 강한 물에서 허우적거리던 스페인 병사와 말들은 속수무책 희생제물이 되었다. 코르테스마저 부상을 입은 채 하마터면 사로잡힐 뻔했다.

가까스로 살아남은 침입자들이 도망갈 때, 등 뒤에서 천지가 떠나갈 듯 북소리가 울렸다. "우레와 같은 그 소리가 12킬로미터 아니 20킬로미터까지 따라왔다"고 콘키스타도르인 베르날 디아즈 델 카스티요는 훗날 진술했다. 스페인 병사들은 꽁지가 빠져라 줄행랑을 쳤다. 가까스로 수로를 건넌 뒤 돌아보니 트리플 얼라이언스 병사들이 물이 뚝뚝 흐르는 스페인 포로들을 피라미드처럼 생긴 신전 꼭대기로 끌고 갔다. 공포심을 주고 사기를 떨어뜨릴 목적으로 트리플 얼라이언스 사제와 병사들은 포로의 가슴을 찢고 심장을 꺼낸 뒤 발로 차서 신전 계단 아래로 굴려 떨어뜨렸다. 아침이 밝아오자 그들은 아직 살아 있는 포로 하나를 수로 가장자리까지 걸어가도록 했다. 그리고 포로의 전우들이 지켜보는 가운데 "몸을 갈기갈기 찢었다." 두란은 포로가 "잘생긴 세비야 사람"이었다고 기록했다. 후에 테노치티틀란을 정복한 코르테스는 그대로 갚아주었다. 코르테스의 군대와 원주민 동맹들이 산산조각난 도시를 난도질하고, 남자들을 도륙하고, 여자들을 강간할 때도, 후안 가리도는 거기 있었다.

후안 가리도는 이 전투에 직접 참여했을 수도 있다. 혹은 그때 희생된 스페인 사람들과 잘 아는 사이였을 수도 있다. 어찌됐든 매복이 일어난 지점에서 스러져 간 스페인 병사들의 무덤이자 기념비로서 예배당을 건설하도록 코르테스에게 지시받은 사람은 후안 가리도였다. 간단하게 설명하자면 예배당 건설은, 그 정복자가 폐허로 변한 인디언의 도시 테노치티틀란 위에 스페인식 멕시코를 건설하면서 자신의 측근에게 맡긴 임무 중 하나였다.

그렇게 조니 굿 루킹은 새로 들어선 도시국가에서 최고권력자의 수석비서관쯤으로 발돋움했다. 그뿐 아니었다. 시가지를 따라 늘어선 가로수 지킴이(관련 기록은 없지만 아마도 사람들이 연료용으로 베어 가는 것을 막는 자리였을 것이다), 도시의 수도 관리자(테노치티틀란은 비가 거의 내리지 않아 산악지대 샘으로부터 송수로를 통해 물을 공급받았다), 그리고 도시의 대변인(이 직책에 대해 레스톨은 "치안판사, 경매인, 사형집행인, 금은 관리 총책, 그리고 문지기와 간수"를 총괄한 자리였을 것이라고 말한다)을 겸했다. 여기에 더해 가리도는 1535년 코르테스의 말년을 망하게 만들었던 원정에도 동행했다. 모든 스페인 탐험가들에게 지상목표였던 중국행 바닷길을 개척하기 위해 말년의 코르테스는 멕시코를 횡단하는 길을 탐험했었다.

이렇게 많은 직책을 가졌던 가리도가 세운 가장 큰 공헌은 따로 있었다. 어느 날, 코르테스는 스페인에서 보내온 쌀 포대자루에서 빵밀(트리티쿰 애스티붐Triticum aestivum) 알곡 세 알을 발견했다. 그는 자신의 왼팔인 가리도에게 당시 일종의 실험농장 역할을 하던 예배당 텃밭에 그 밀알을 심으라고 지시했다. "이 중 두 개가 자라났다"고 역사가 프란시스코 로페스 데 고마라는 1552년에 보고했다.

> 이 중 한 개에서 180개의 밀알이 나왔다. 그들은 이 밀알들을 훑어서 이듬해에 다시 심었다. 그리고 차츰 셀 수 없는 밀알을 수확했다. 하나(낱알)가 100개, 300백 개로 불어났다. 땅을 관개해 손으로 심으면 훨씬 더 많은 수까지, (…) 흑인이자 노예였던 자에게 엄청난 은혜!를 입었다.

밀은 빵과 케이크를 만들어 배불리 먹거나 맥주를 벌컥벌컥 마시고픈 정복자들의 갈망만을 충족시키지 않았다. 정치적으로 막강한 성직자들의 미사 집전에서 빵은 필수품이었다. 스페인 사람들은 거듭해서 히스파니올라에 트리티쿰 애스티붐 재배를 시도했으나, 덥고 습한 기후라 성공을 거두지 못하던 차였다. 그런데 가리도가 마침내 밀 수확에 성공했다. 그의 밀은 열화와 같은 환영을 받았다. 이국 땅에서 맛보는 고국의 맛이었다. 곧 빗살무늬 태슬 모양의 밀 벼슬은 멕시코 전역을 황금빛으로 물들이며 메이즈와 산림을 대체했다. 그뿐만이 아니다. 멕시코 농부들의 말에 따르면, 가리도의 트리티쿰 애스티붐을 스페인 사람들이 텍사스로 가져갔고 여기서 밀은 다시 미시시피까지 퍼져나갔다. 만일 이 말이 맞는다면, 19세기에 미국 중서부를 완전히 탈바꿈시킨 거대한 밀밭과 밀은 어느 야심 많은 아프리카인이 멕시코시티 외곽 도로변 예배당 텃밭에서 싹틔웠던 두 개의 밀알에서 나온 셈이다.

조니 굿 루킹은 아메리카에서 최초로 밀 재배에 성공함으로써 콜럼버스적 대전환의 중재자 역할을 수행해냈다. 하지만 그보다 먼저 주목해야 할 사실이 있다. 코르테스나 다른 외국인들과 마찬가지로, 가리도 자신이 이 콜럼버스적 대전환의 '중대한 한 조각'이었다는 점이다.

앞서 나는 콜럼버스적 대전환과 관련해 점점 진화하는 학자들의 견해를 설명했다. 나는 먼저 대서양을(2장과 3장) 살펴보았다. 여기서 변환을 초래한 가장 중요한 매개체는 미세생명체의 아메리카 유입이었다(인디언 사회를 전멸시킨 질병들, 그리고 플랜테이션 노예제도를 조장했던 말라리아와 황열병). 다음으로 나는 태평양을 다루었다(4장과 5장). 이곳에서 중요한 요인은 아메리카 농작물이었다. 이들 작물 도입은 인구를 부양하는 데 지대한 역할을 했으며, 간접적으로는 어마어마한 환경 파괴를 야기했다. 다음 장(6장과 7장)에서는 콜럼버스적 대전환이 18세기 농업혁명과 19세기 산업혁명에서 핵심 역할을 수행했다는 사실을 환경사학자들이 어떤 과정을 거쳐 믿게 되었는지를 보여주었다. 이 둘 다 처음으로 유럽에서 일어났으며, 그로 인한 생태학적 힘이 가져온 정치·경제적 영향력은 막대했다. 즉, 지구상 힘의 중심이 서구로 이동하는 것이 가능해졌다. 나는 이 모든 과정에서 인류가 행한 역할을, 단지 다른 종을 멋대로 배포하고 때로 그 결과에 놀라기도 하는, 메가폰을 잡은 연출자처럼 묘사했다. 하지만 생물학자의 관점에 볼 때 호모 사피엔스 역시 다른 모든 종과 별반 다르지 않게 대전환 과정에서 위치이동과 재배열을 겪은 종 중 하나에 불과했다. 인간은 콜럼버스적 대전환을 야기했을 뿐 아니라 스스로 거대한 물결 속에서 이리저리 휩쓸리고 휘둘렸다. 이번 장의 주제는 바로 우리 종 자체가 겪은 여러 격동이다.

수천 년 동안 유럽인들은 유럽 대륙에서만 발견되었다. 마찬가지로 아프리카 밖에서 발견되는 아프리카인은 손으로 꼽을 정도였고, 아시아인들도 마찬가지였다. 지금 우리가 아는 한, 1492년 이전까지는 유로아프리카 대륙에 사는 그 누구도 아메리카 원주민을 실제로 본 적이 없었다(일부 학자들은 영국 어선들이 콜론보다 수십 년 앞서 대서양을 건넌 적 있다고 말하지만, 아시아나 아메리카 대륙에서 유럽인 혹은 아프리카인 지역공동체의 흔적은 찾아볼 수 없다). 콜론의 항해는 미증유의 호모 사피엔스 대이동 및 지구상 재배치라는 신기원을 열어젖혔다. 말하자면 인류판 콜럼버스적 대전환인 셈이다. 게임판 여기저기에 던져지는 주사위들처럼, 사람들이 지구본 여기저기에 흩뿌려졌다. 유럽인은 아르헨티나와 오스트레일리아의 주류가 되었고, 아프리카인들은 상파울루에서 시애틀에 이르기까지 널리 퍼졌다. 세계 곳곳에는 차이나타운이 우후죽순 생겨났다.

　이런 인구 이동에서 주축을 담당한 것은 아프리카 노예무역이었다. 그러니까 코르테스보다는 가리도가 그 주축이었다. 오랫동안 아프리카 노예 규모는 완벽하게 파악되지 않고 있었다. 그 수치를 파악하려는 최초의 시도였던 필립 커틴의 저서 《대서양 노예무역: 통계조사 The Atlantic Slave Trade: A Census》가 출간된 게 1969년이었으니, 노예제가 폐지된 지 100년이나 지난 시점이었다. 커틴의 연구에 자극받아서 애틀랜타 에모리대학교 데이비드 엘티스와 마틴 핼버트가 놀랄 만한 프로젝트를 진행했다. 이 과정에서 10여 개국 학자들이 여기저기 흩어져 있던 3만 5,000개의 노예 항해기록을 취합해 온라인 데이터베이스로 구축했다. 이 연구 결과가 2009년 책으로 출간되었다. 책에 따르면 1500년부터 1840년 사이(노예무역의 전성기) 대서양을 건너 아메리카로 이동한 노예 수는 무려 1,170만 명에 달했다. 이전의 어떤 인간 이동에서도 볼 수 없던, 막대한 규모의 이동이었다. 이 기간에 아메리카로 이주해온 유럽인은 340만 명으로 추정된다. 아메리카에 온 아프리카인과 유럽인 비율은 줄잡아 3대1이었다.

　이 수치가 드러내는 함의는 표면적인 숫자보다 훨씬 충격적이다. 교과서에서는 보통 미국 역사를 미개척지인 아메리카 대륙에 유럽인들이 들어와 정착했다는 관점으로 서술한다. 사실 이 반구에서는 인디언들이 멀쩡하게 잘 살고 있었다. 수천만에 이르는 인디언들이. 더욱이 아메리카 대륙으로 건너왔던 절대다수는 유럽인이 아닌 아프리카인이었다. 이들은 곧 인디언이 관할하지 않는 땅에 자리를 잡고 다수 인구집단을 형성했다. 엘티스는 수적으로만 따지면 19세기 후반까지도 "아메리카 대륙의 풍경은 유럽이 아니라 아프리카 대륙이 확장된 모습이었다"고 말한다.* 이 엄청난 변화는 우리 호모 사피엔스의 역사에서 중대한 획을 그은 터닝 포인트였다.

콜론 이후 300년 동안 대서양을 건너온 새로운 이민자들은 아메리카에 도시를 건설하고 집, 교회, 술집, 창고, 축사를 지었다. 이들은 숲을 개활하고, 논밭에 곡식을 심고, 도로를 깔았다. 그리고 이전에는 아메리카에 존재하지 않았던 소와 말과 양을 키웠다. 그들은 배를 만들고 물방앗간을 짓느라 숲을 발가벗겼고 새로 도착한 다른 이들과 쟁탈전을 벌였다. 이 과정에서 사람들은 아메리카 지형 전체를 자신들의 구미에 맞게 리모델링해서 완전히 새로 만들었다. 그렇게 생태적·문화적으로 기존의 것과 새로운 것들이 마구 뒤섞이며 전혀 다른 세상이 탄생했다.

그리고 우리 종의 역사에서 터닝 포인트라 할 대전환을 가져온 것은 주로 아프리카인의 손에 의해서였다. 초창기 새로운 도시의 거리를 메운 군중은 대부분 아프리카인들이었다. 새로운 농장에서 밀과 쌀을 재배했던 농부들은 대부분 아프리카인 농부였다. 당시 가장 큰 교통수단이었던 강에서 배의 노를 저었던 사람들도 대부분 아프리카 사람들이었다. 배 위에, 전쟁터에, 그리고 제분소에 있던 남자여자들도 대부분 아프리카 남자여자들이었다. 노예제는 근대 아메리카 설립의 근간이었다.

19세기로 접어들자 훨씬 거대한 이민자 물결이 들이닥쳤다. 이번

---

* 뉴잉글랜드(미국 북동부 6개 주) 지역은 예외였다. 이곳은 영국 이민자들이 자리잡은 아주 작은 부분에 지나지 않았다. 그 아래 남부지역 식민지들이 훨씬 더 규모가 컸다. 18세기 말까지만 해도 영국인들이 차지한 아메리카 땅에는 아프리카 노예들이 2대1 정도로 유럽인 수를 능가했다.

물결에서 주를 이룬 것은 유럽인들이었다. 이 두 번째 이주 물결이 아메리카의 인구 구성비를 바꾸었다. 이제 이 반구 대부분 지역은 유럽인 후손이 주류를 이루었다. 두 번째 이주 물결에 올라탄 유럽인들은, 300년 넘는 기간 동안 아프리카인이 지나가면서 닦아놓은 길을 따라 자신들이 들어오고 있다는 사실은 짐작조차 못하고 있었다.

사실상 호모 사피엔스의 전지구적 확산을 가져왔던 두 차례의 터닝포인트가 시작된 곳은 모두 아프리카였다. 첫 번째는 인류 원조의 출발인 7만 년 전 혹은 그보다 더 오래 전 일로, 그들의 고향인 아프리카 동쪽 평원에서 출발했다. 두 번째는 대서양을 건넌 노예무역으로, 이번 장의 주제인 인간판 콜럼버스적 대전환이라 할 이동이었다. 노예무역은 이주 물결의 가장 큰 기폭제로, 오랜 세월 아프리카, 아메리카, 아시아, 유럽을 따로 분리했던 지리적 장벽을 무너뜨렸다. 이번 장에서 나는 이와 관련된 두 개의 이야기를 다룰 것이다. 첫 번째는 아프리카인의 이주를 강제했던 플랜테이션 노예제도의 등장이다. 그리고 두 번째는 노예들이 의식하지 못하는 사이에 조장했던 기상천외한 문화 혼합이다. 다음 장에서는 아메리카 대륙의 가장 큰 인구집단이었던 아프리카인과 인디언들이 어떤 식으로 상호작용했는지를 살펴볼 것이다. 대개 유럽인의 눈 밖에서 일어난 블랙피플과 레드피플 간 만남은, 그들의 삶을 위협하는 유럽인들에 대한 저항운동에 집중되었다. 이는 오늘날까지 그 여파가 남아 있는, 반구 전역에서 들끓었던 반란이었다.

조니 굿 루킹은 이 태풍의 소용돌이 한가운데, 온갖 인종이 모여 폭발할 듯 비등했던 멕시코시티에서 가족과 함께 살았다. 아프리카인 노예, 아시아인 장사꾼, 인디언 농부들과 막일꾼, 그리고 유럽 선교사와 상인들과 2류 귀족들이 뒤엉켜 살며 현기증 나는 잡음으로 북적이던 곳. 이 도시는 망명자들의 도시였고, 최초의 다문화 복합도시였다. 대다수 도시 거주민은 바다 건너에서 태어났거나 바다 건너에 조상을 둔 사람들이었다. 이 도시는 콜럼버스적 대전환의 원형이라 할 가리도, 아프리카인으로 태어나 유럽인이 되었다가 다시 아메리카인이 된 사내로 대표되는 인간 군상이 건설한 세상이었다.

그는 스페인 여자와 결혼했으며(높은 신분의 표시이다. 멕시코에 들어온 스페인 여자가 흔치 않았기 때문이다), 세 명의 아이를 두었고, 예배당 근처 도심의 고급 주택가에 거주했고, 역사의 대전환에 참여했었다는 사실을 스스로 잘 알고 있었다. 그럼에도 불구하고 그는 낙심했고, 자기 삶에 불만족스러워 했다. 어찌나 같이 사는 게 힘들었던지, 한번은 그의 아내가 아프리카 여성에게 돈을 주고 마녀를 사서 그를 또 다른 원정에 참여하도록 주술의식을 벌였다. 나이 50대 즈음이던 1538년, 그는 법원에 탄원했다. 더불어 왕에게 간청하는 글을 올렸다. "내 업적에 대해, 스페인 정부가 나에게 해준 알량한 처우가 아닌 적절한 보상을 해주시오. 내가 국가를 위해 한 일에 걸맞은 보상을…." 탄원서를 제출하러 스페인에 갔을 때, 그는 자신이 데려간 인디언 하인을 노예로 팔아 약간의 돈을 마련했다(그 하인은 고소를 했고 판매는 취소되었다).

갖은 노력에도 불구하고 가리도의 탄원은 묵살되었다. 노예로 팔려가 정복자의 대열에 합류했고, 코르테스의 심복 자리를 꿰찼으며, 무슬림 신자로서 애니미즘 땅에서 크리스천과 결혼했을 만큼 특출났던 사내…. 그런 가리도의 종적마저 사라지고 말았다는 사실은 그 시대와 장소가 그야말로 카오스적이었음을 말해준다. 그 탄원 이후 가리도의 자취는 끊긴다.

가리도 평전 작가 앨레그리아에 따르면, 아마도 가리도는 그 일 이후 10년쯤 지나 생을 마감했고, 그 탄생에 자신이 일조했던 새로운 도시의 격랑과 소음 속에 묻혔다.

좋지 않았던 시작

이 전쟁의 기획자들은 그로 인한 결과와 대책은 전혀 고려하지 않았다고 봐도 무방할 것 같다. 이 전쟁의 기원에 대해서는 학자마다 의견이 엇갈리지만, 전쟁 수행 명분은 명명백백했다. 서방세계 지도자들에게 문명의 위협으로 간주됐던 중동의 독재자 축출이었다. 감명 깊은 연설 끝에 결성된 다국적 연합군은 자신들이 아는 한 지구상 핵이었던 동방 도시를 향해 출정했다. 싱거울 정도로 간단한 전투 끝에, 연합군은 그곳을 장악했다. 그 다음에 무얼 할지는 그들의 일정표에 없었다. 연합군 총사령관은 간단하게 '목표 달성'을 선언하고는 집으로 돌아갔다. 피골이 상접한 상태로 시 외곽에 남겨진 병사들은 점차 흥기하는 무슬림을 상대해야만 했다.

1096년에 시작된 제1차 십자군 원정에서 일어난 일이다. 새로 탈환한 예루살렘을 통치하도록 임명된 이는 고드프르와 드 부용Godfrey of Bouillon이었다. 그는 남은 병사들과 전쟁에 동행했던 주교, 부주교, 사제, 어중이떠중이 수도사 무리, 그리고 종교지도자를 따라온 평신도(총알받이)들과 귀중한 군수물자를 지원한 바티칸 상인들에게 먹고 살 길을 마련해줘야 했다. 그들 입장에서 선택지는 하나였다. 본래 무슬림 소유였던 것을 차지하기. 유럽에서 몰려온 이방인들이 도시 주변부를 점거하더니 이웃 지역까지 차지해버렸다. 가령 베니스인들은 티레(레바논 남부 항구도시)에 눌러앉았고, 몰타 기사단(최근에야 이런 이름으로 알려진)은 예루살렘 땅을 5분의 1이나 차지했다. 도시 외곽에 눌러앉았던 십자군원정대는 200개가 넘는 거대 농장을 접수해 올리브, 와인, 오렌지, 대추야자, 무화과, 밀, 보리 같은 농작물을 키웠다. 이 중 우리가 가장 주목해야 할 품목은 새로 농장 주인이 된 유럽인들이 전에 한 번도 본 적 없었던 끈적이고 거친 작물로, 그 지역 사람들이 알쥬커al-zucar라고 부르던 식물이다. 우리가 다 아는 말로 사탕수수이다.

사탕수수는 뉴기니에서 약 1만 년 전에 최초로 작물화되었다. 이 식물의 절반을 차지하는 물질은 자당 성분으로, 과학자들에게는 $C_{12}H_{22}O_{11}$이고, 일반인들이 '정제당'으로 알고 있는 하얀 가루물질이다. 화학용어 사전에서 '설탕'은 비슷한 화학구조식과 속성을 가진 수십 개 유형의 탄수화물 중 한 종이다. 자당sucrose은 이 그룹 가운데 평범하기 그지없는 멤버 중 하나일 뿐이다. 즉 과당fructose(꿀과 과일주스의 주요한 설탕) 한 분자와 포도당glucose(대부분의 동물 신체에 에너지를 제공하는 유형) 한 분자가 결합된 물질이다. 하지만 문화적·역사적·심리학적으로, 나아가 유전학적인 측면에서도 자당은 결코 단순한 물질이 아니다. 단맛은 짠맛이나 매운맛과 달리 시대와 장소를 불문해, 사랑이나 영적인 갈구처럼 인간 존립에 불가결한 부분으로 간주된다. 과학자들 사이에서도 $C_{12}H_{22}O_{11}$가 정말로 중독성이 있는 물질인지, 아니면 사람들이 그렇게 느낄 뿐인지 논쟁 중이다. 둘 중 어느 쪽이든 설탕은 인류사에서 놀라울 만큼 강력한 힘을 발휘했다.

사탕수수는 열대지방에서는 손쉽게 기를 수 있다. 하지만 줄기가 바로 삭아서 냄새 나는 갈색 덩어리로 변해버리기 때문에 다른 지역까지 운송하는 것은 어려웠다. 따라서 단것이 먹고 싶은 사람들은 직접 재배하는 수밖에 없었다. 이 작물은 꾸준히 북쪽과 서쪽으로 전진해서 중국과 인도까지 침투했다. 그 사탕수수는 벼과의 속씨식물 싸카럼Saccharum 풀에 속하는 2개 종이 결합해서 나온 잡종이었다. 그러다가 B.C. 500년경 인도의 한 이름 없는 천재발명가가 말이나 소의 동력을 이용해 사탕수숫대에서 즙을 짜내는 압착기를 발견하면서 부패 문제는 극적으로 해결되었다. 그는 이 즙을 가열해 딱딱하고 황갈색이 도는 덩어리, 거의 순수한 $C_{12}H_{22}O_{11}$를 생산해내는 데 성공했다. 이제 설탕은 저장이 가능해졌고, 상자나 항아리에 담아 먼 곳에 내다 팔 수 있게 됐다. 단맛 산업이 태동한 것이다.

중동 대부분 지역은 사탕수수를 재배하기엔 건조했지만, 사람들은 어떻게든 길을 찾아냈다. 이란, 이라크, 시리아 등지에서는 강에서 물을 끌어와 사탕수수를 재배했다. A.D 800년경이 되었을 즈음 사탕수수는 특히 현재의 레바논과 이스라엘에 면한 지중해 동쪽 지역에서 쉽게 볼 수 있었다. 바로 이곳이 십자군 원정대가 "알쥬커라고 하는, 꿀 같은 물질로 가득한 수숫대"와 생애 처음으로 마주쳤던 장소이다. 이 표현은 12세기 아헨의 역사기록자 앨버트의 기록에서 나왔다.

다음은 작가 마이클 폴란이 묘사한 아들의 첫 설탕 경험이다. 첫 생일을 맞은 아이가 생크림케이크 위에 뿌려진 설탕을 맛보던 날의 풍경을 그는 다음과 같이 그려냈다.

단맛이 주는 쾌감으로 아이는 황홀경에 빠진 듯했다. 조금 전까지 나와 함께 있었던 시공간이 아닌 다른 차원에 있는 듯한 표정이었다. 한 번씩 설탕 맛을 볼 때마다, 아이는 경이로운 표정으로 나와 시선을 맞추었다(나는 아이를 무릎에 앉힌 채, 천상의 맛을 기다리는 아이의 입 안에 포크로 케이크를 대령하는 중이었다). 아이는 나에게 이렇게 외치는 듯했다. "당신 세상에도 이런 맛이 있나요? 나는 오늘부터 이 맛에 모든 것을 바칠래요."

이와 똑같은 일이 레바논의 십자군 원정대에도 일어났다. 성직자, 기사, 평신도, 말단병사 할 것 없이, 알쥬커의 단맛에 매료되었다. "극한의 즐거움을 주는 것." 아헨의 앨버트는 명쾌하게 정의했다. 설탕을 맛볼 수 있는 기회 자체만으로 "그들이 지금껏 겪은 고난을 보상받은 느낌"이었다. 폴란의 아들처럼, 이 천상의 맛이 일생을 두고 갈망의 대상으로 자리잡기에는 단 한 번의 경험으로 충분했다. "성지 순례자들에게 그 맛은 절대 충족될 수 없는 맛이 되었다."

그 땅의 새로운 주인이 된 십자군 원정대는 사탕수수에서 비지니스 기회를 보았다. 바로 $C_{12}H_{22}O_{11}$를 유럽으로 수출하는 것 말이다. 이들 십자군 원정대의 최초 설탕 중심지였던 티레의 대주교는 "아주 귀하디귀한 식재료로, 인간과 인간의 건강에 요긴한 물건이다."라고 기록했다. 설탕은 유럽에서 후추나 생강처럼 귀한 대접을 받았다. 왕족과 극소수 귀족의 식탁에나 오르는 진상품이었다. 낙오됐던 십자군 원정대는 유럽 대륙 부호들의 단맛 갈망에 불을 지펴 돈을 벌어들이기 시작했다.

단맛만큼이나 중요한 문제가 있다. 바로 설탕 생산방식인 플랜테이션 기업농업이다. 플랜테이션이란 수확한 작물을 먼 곳에 판매할 목적으로 만들어진 거대한 농장이다. 생산 극대화를 위해 보통 광활한 땅에 단일작물을 심는다. 거대한 노동력 단위가 필수요건이다. 특히 파종기와 수확기에는. 상하기 쉬운 농산물의 특성 때문에, 플랜테이션에서는 가공 과정을 거쳐 농작물을 내보낸다. 말린 담뱃잎, 올리브오일, 열처리된 라텍스, 발효차, 말린 커피콩이 대표적인 경우다. 여기에 생산물을 운반할 수 있는 운송수단이 반드시 필요했다. 따라서 가공설비와 노동력을 갖춘, 항구 혹은 대로변에 인접한 넓은 땅이 플랜테이션 공식으로 자리잡았다.

마치 이 같은 공식을 위해 태어난 듯한 농산물이 사탕수수이다. 제아무리 설탕 맛에 미쳐 있는 재배자라도, 전체 수확량을 집에서 소비할 수는 없다. 반드시 바깥세상에 팔아치워야 한다. 정제작업만 마치면, 설탕을 쉽게 포장해서 원거리까지 운반할 수가 있었다. 게다가 설탕 시장은 해외에 널리고 널려 있었다. 감히 인간의 단맛 욕구를 평가절하한 사람은 지금껏 단 한 명도 없었다. 이런 상황에서 경작자들에게 가장 큰 난제는 노동력 확보였다. 일꾼 없이는 밭도, 압착기도, 가마솥도 무용지물이었다. 이런 불상사를 막기 위해, 플랜테이션 업주들은 인력 확보에 만전을 기했다. 2008년 프로방스대학교 역사학자 모하메드 아우어펠리Mohamed Ouerfelli의 저서에 따르면, 이슬람의 사탕수수 플랜테이션에서는 상당히 높은 임금을 지불함으로써 인력 문제를 해결했다. 유럽인이 소유한 플랜테이션들도 초반에는 같은 전략을 썼다. 아우어펠리 박사는 실제로 시칠리아의 사탕수수 플랜테이션에서 일하기 위해 유럽 다른 지역에서 이민 간 사람들이 다수 있다는 사실을 밝혀냈다. 하지만 시간이 흐르면서 유럽의 사탕수수 플랜테이션 업주들은 생각을 고쳐먹기 시작했다.

1차 십자군원정 후에는 유럽 가톨릭교도들이, 그리고 이후에는 반무슬림 세력이 무슬림 소유이던 사탕수수 플랜테이션을 빼앗기 시작했다. 그렇게 빼앗은 땅은 비잔틴 제국의 키프로스 섬, 크레타 섬, 시칠리아 섬, 마조르카 섬부터 스페인 남부(이슬람 제국은 후에 이 중 일부를 되찾는다)에 이르기까지 점점 넓어졌다. 하지만 설탕을 아무리 많이 생산해도 유럽인들의 수요를 충족시키기에는 부족했다. 결국 사탕수수 재배에 적합한, 무덥고 강수량이 풍부한 지중해 연안지역은 금세 동이 나버렸다. 그러자 포르투갈은 해외로 눈을 돌려, 15세기 이후 항로 개척을 통해 소유하게 된 대서양 열도를 주목했다. 마데이라 제도(앞서 남미 아마존 고무 생산지의 마데이라 강과 이름이 같다), 아조레스 제도, 카보베르데 제도, 그리고 상투메 섬(세인트 토마스)과 프린키페 섬. 이에 질세라 스페인은 다른 섬들이 몰려 있는 카나리아 제도로 갔다.

그 시작점이라 할 마데이라는 여러 면에서 가장 중요하다. 마데이라가 선례를 만들어 이후의 패턴으로 굳어졌기 때문이다. 모로코 해안에서 약 1,000여 킬로미터 떨어진 마데이라는 12개 남짓 섬들도 이뤄진 열대 군도이다. 이 중 가장 큰 두 개의 섬이 포르투산투 섬과 군도 이름이기도 한 마데이라 섬이다. 둘 다 화산폭발로 생긴 봉우리이지만 포르투산투는 낮고 부분적으로 해변으로 둘러싸인 반면, 마데이라는 깎아지른 듯 높은 절벽 일색이다.

두 섬은 오랜 기간 동안 무인도였다. 그러던 1420년, 포르투갈 왕실의 소지주 두 명과 리스본(당시 리스본은 대항해의 중심지였다. 지금으로 치면 실리콘밸리처럼, 전 세계 과학자와 엔지니어들이 이 도시에 몰려들었다 — 옮긴이)에 거주하던 제노바 항해사 바르톨로메우 프레스

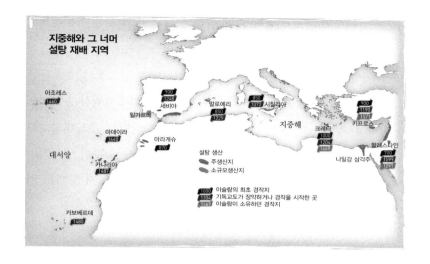

지중해와 그 너머
설탕 재배 지역

아조레스
1460

세비야
900
1248

알가르베
850
1229

말로에리
850
1072 시칠리아

마데이라
1440

마라게슈
870

카나리아
1487

대서양

지중해

크레타
1000
1204
1669

키프로스
900
1190
1571

설탕 생산
주생산지
소규모생산지

설탕 생산
주생산지
소규모생산지

1000 이슬람의 최초 경작지
1204 기독교도가 장악하거나 경작을 시작한 곳
1669 이슬람이 소유하던 경작지

나일강 삼각주

팔레스타인
700
1099
1231

카보베르데
1480

트렐로Bartolomeu Perestrello가 이끄는 원정팀의 손을 타고 말았다. 프레스트렐로라는 이름은 사후 20년쯤 지나서부터 역사서의 주석을 장식하게 된다. 그의 딸이 콜론과 결혼했던 것이다. 아마 그 딸은 부친과 함께 이 섬에서 살았고, 프레스트렐로가 소유했던 해도를 물려받았을 것이다. 그는 살아생전에는 마데이라에 가지고 갔던 토끼로 유명세를 탔다. 정확히 말하자면 포르투산투 섬으로, 그곳은 그들 일행이 최초로 정박했던 곳이다. 프레스트렐로의 짐에는 임신한 토끼가 있었는데, 선상에서 새끼를 낳았다. 도착한 즉시 그는 토끼와 새끼들을 방목했다. 추정컨대 사냥을 목적으로 그렇게 했을 것이다. 경악스럽게도 토끼들은 "그 땅을 다 덮어버릴 기세로 번식했다." 포르투갈 왕실문서 담당자였던 고메스 에이네스 드 주라라가 1453년에 털어놓은 경험담이다. 누가 토끼 아니랄까봐, 개체수가 늘어난 토끼들은 식민 개척자들의 텃밭은 물론이고 눈에 보이는 것들을 닥치는 대로 먹어치웠다. 주라라는 그 포르투갈인들이 "수없이 많은 토끼를 잡아 죽이고 또 죽여도 여전히 사방에 토끼가 넘쳐났다. 토끼들 등쌀에 파괴되지 않고 살아남은 건 우리 인간밖에는 없었다."라고 썼다. 자신들이 만든 어이없는 소동에 항복한 원정팀은 마데이라 섬으로 철수했다.

생태계 변화에 대한 주라라의 입담이 너무 맛깔스러워서 스토리의 신빙성을 의심을 하는 사람도 있다. 하지만 주라라는 주도면밀하고 객관적인 작가로 평가받는 인물이다. 게다가 토끼 소동이 벌어지던 시기에 그 섬을 방문하고 있었다. 그가 글을 쓰던 때까지 토끼는 여전히 골머리였다.

스페인이 카나리아 제도를 점령했을 때에도 대동소이한 해프닝이 발생했다. 식민개척자들은 이 제도에서 두 번째로 큰 섬인 푸에르테벤투라 섬에 당나귀를 가져갔다. 여기서도 그 동물은 탈출했고, 개체수를 불린 당나귀 떼가 논이고 밭이고 할 것 없이 난장판을 만들었다. 때문에 "당국이 모든 거주자와 개를 총동원해 당나귀 떼를 도살하는 데 사력을 다했다."라고 당시 이곳에 살았던 한 역사학자가 기록했다. 광란에 가까운 동물 도륙이 재현된 것이다.

포르투갈인들이 포르투산투 섬을 무대로 겪은 토끼 카오스는 생태계 파손의 서곡에 불과했다. 그들은 마데이라 섬에서 더 심각한 생태계 파괴를 가했다. 비교적 공터가 많았던 포르투산투와 달리 마데이라 섬은 빽빽한 숲으로(마데이라라는 이름은 포르투갈 어로 '나무'를 뜻한다) 새까맣게 뒤덮여 있었다. 최초 정착민들이 작물을 심기 위해서는 숲을 밀어 없애야만 했다. 그들은 가장 간단한 방법을 사용했다. 불이다. 하지만 불길은 곧 통제력을 벗어났고 섬의 대부분을 삼켜버렸다. 그 포르투갈인들은 바다로 피신했다. 목까지 차오르는 물속에서 하늘 높이 치솟아오르는 불길을 바라보며, 그들은 이틀을 버텼다.

그 불은 마치 7년 대환란(성경에서 천년왕국이 임하기 전의 말세 7년 동안에 찾아오게 될 거라고 말한, 상상을 초월한 큰 환란)처럼 꺼지지 않고 계속되어 땅 밑의 뿌리까지 죄다 태워버렸을 것이다. 정착민들은 불태운 땅에 밀을 심어 포르투갈에 수출했다. 그러다가 1440년대가 되면서 그곳의 열대성 기후에 더 적합한 작물이 따로 있다는 사실을 터득했다. 바로 사탕수수다.

기상학적으로 마데이라는 사탕수수를 재배하기에 최적의 장소였지만, 지형적으로는 최악이었다. 이 섬에는 경작에 적합한 평평한 땅이 거의 없었다. 설상가상 그 희소한 평지마저 두 개의 화산섬(둘 중 가장 높은 것은 해발 1,800미터였다) 봉우리 사이에 있는 세 군데 땅으로, 높고 접근이 쉽지 않은 곳에 자리잡고 있었다. 나머지 지형은 깎아지른 절벽이어서 심지어 어떤 곳은 가축이 언덕 아래로 굴러떨어질 것을 염려해 소들을 일생 동안 밖으로 내보내지 않고 좁은 축사에만 가두어 키울 정도였다(여행가이드는 '소들이 불행한 섬'이라고 마데이라를 소개한다).

최초 정착민들이 대부분의 땅을 분할해서 나누어 가졌기 때문에 후발주자들은 소작 형태로 경작지를 임대하거나 임자 없는 땅을 계단식으로 일굴 수밖에 없었다. 두 경우 모두 산 정상에서 흘러 내려오는 물을 끌어와야만 했다. 즉 돌투성이 산을 꽈배기처럼 휘감고 돌며 터널과 도랑으로 이루어진 문어발식 수로망을 조성해야 한다는 의미였다. 여러 장애에도 불구하고 설탕 산업은 대호황을 이뤘다. 당대의 저명한 역사학자 알베르토 비에이라Alberto Vieira에 따르면, 1472~1493년 사이에 사탕수수 생산량은 무려 1,000배로 폭증했다. 누구라도 예측하겠지만 가격이 폭락했다. 엄청난 수익을 올리던 플랜테이션 업자들은 하루아침에 파산 위기에 처했다. 손실을 메우는 유일한 길은 생산량을 대폭 늘리는 것뿐이었다. 새로 계단식 밭을 만들고, 수로를 더 파고, 제당소도 더 지었다. 당장 일손이 턱없이 부족해졌다. 사탕수숫대를 쳐내고, 즙을 짜내고, 설탕을 가마솥에서 끓이고, 정제된 상품을 선적하려면 사람이 필요했다. 깊이 고민할 필요도 없이, 일부 식민개척자들은 치명적인 결정을 했다. 노예를 사들인 것이다.

어떤 의미에서는 전혀 새로운 일이 아니었다. 이베리아 반도에서는 적어도 로마 시대부터 노예가 존재했다. 최초의 노예들은 대부분 슬라브족 국가('노예slave'라는 단어도 여기서 유래했다)에서 끌려왔다. 하지만 수백 년의 간극을 두고 노예의 주요 공급원은 이제 생포된 무슬림 병사들로 변했다. 본래 그들은 집안일을 하면서 하인들과 동등한 대우를 받았다. 그라나다대학교 역사학자 안토니오 도밍게스 오르티스Antonio Domínguez Ortiz에 의하면, 애초 노예는 "사치품목"으로서, 소유자의 부와 사회적 위치를 보여주는 살아 있는 증표로 효용가치를 지녔다. 포획된 무슬림 혹은 아프리카인을 불러 와인을 따르게 할 수 있는 능력은, 그 사람이 이국적인 인간 종을 소유하기에 충분할 정도로 유력한 인물이란 증거였다. 자비로운 시스템은 아니었지만, 이는 애덤 스미스가 노예 노동력에 수반되는 문제점으로 규명했던 살인, 모반, 폭동 등과 같은 문제들과는 충분할 정도로 멀리 떨어져 있었다. 노예에게는 돈을 버는 것이 허용되었다. 가령 노동을 통해 번 돈으로 자유를 살 수도 있었다. 그런 식으로 해방되는 노예들이 심심찮게 나왔다. 오르티스는 다른 변수가 없었더라면, 이베리아 노예제도는 노예 주인이 정해진 기간 동안 노예들로부터 노동력이 아닌 돈

펄펄 끓는 김과 열기로 가득한 사탕수수 제분소는 수많은 노동력을 요구했다. 1600년경의 판화인 시칠리아 제당소 장면처럼(피렌체를 주무대로 활동했던 플랑드르파 예술가 얀 반 데르 스트래트의 그림을 기반으로 했다).

을 착취하는 권한을 지닌 제도로 정착되었을지도 모른다고 추정했다.

그런데 마데이라 섬에서는 이베리아 노예제도의 성격이 완전히 변형되었다. 하기야 사실상 이베리아의 유럽인들은 작은 땅을 소유했으며 하인을 감당할 여력도 없었다. 노예를 살 수 있었던 사람들조차 두세 명 이상 부릴 수 있는 이는 매우 드물었다. 노예들 출생지도 우리가 흑인 노예들의 고향으로 알고 있는 아프리카 서안 허리춤의 기니 만이 아니었다. 맨 처음 그곳으로 끌려온 노예들은 죄수들, 관체족(카나리아 제도 원주민), 베르베르인(북서아프리카 종족으로, 포르투갈과는 오랫동안 앙숙이었다), 그리고 콘베르소converses(반강압적으로 기독교도로 개종한 이베리아 반도 내 유대인과 무슬림. 포르투갈과 스페인 사람들의 눈에 이들은 잠재적인 불순분자였다) 등등 운 없는 인종의 잡탕이었다. 그럼에도 불구하고 플랜테이션 농업과 아프리카 노예의 결합이 걸음마를 뗀 곳은 (비록 비척비척 걸음마를 시작했지만) 다름 아닌 바로 이곳 마데이라였다. 시간이 흐르면서 죄수들, 관체족, 베르베르인, 그리고 콘베르소는 아프리카 서안 허리춤에서 온 노예들로 대체되었다고 비에이라는 말한다. 아프리카인이 사탕수수를 기르고 설탕을 만들었다. 그리고 노예의 수는 설탕 산업의 흥행과 그 궤를 같이했다. 바야흐로 플랜테이션 노예제도가, 추악한 얼굴을 세상에 들이밀었다. 비에이라의 말을 빌리자면 마데이라는 "사회적으로, 정치적으로, 경제적으로 그 추악한 제도가 고개를 치켜든 곳이었다."

하지만 마데이라에는 두 개의 다른 요소가 빠져 있었다. 바로 말라리아와 황열병의 주범인 초미세생명체이다. 이 두 요소 모두 1486년 포르투갈이 점령한 아프리카 기니 만의 상투메 섬과 프린키페 섬에는 풍부했다. 마데이라처럼, 따뜻한 기후에다 화산폭발로 인한 양질의 토양과 풍부한 강수량 덕에 삼림이 빽빽하게 우거진 무인도 섬이었다. 말하자면 $C_{12}H_{22}O_{11}$ 생산에 그만인 곳이었다. 그리고 마데이라와 똑같이, 이 섬을 선점한 이들은 유럽인을 단맛으로 현혹해 돈을 우려내고 싶어 안달이 난 소인배 귀족들이었다. 하지만 상투메 섬과 프린키페 섬이 마데이라와 결정적으로 달랐던 게 있었다. 바로 아프리카 말라리아를 전염시키는 데 최고의 선수였던 어나펄리즈 감비아와 황열병을 전염시키는 데 최고의 선수였던 아에데스 아에기프티로 득실거렸다는 사실이다. 흡사 자연상태의 과학 실험과 비슷하다. 하나의 변수를 바꾼 뒤 무슨 일이 벌어지는지 보는 것.

최초 두 차례의 상투메 섬 상륙작전은 실패했다. 질병으로 궤멸당한 것이다. 1493년 세 번째 대규모 시도 만에 포르투갈 사람들은 상륙에 성공했다. 노예 노동력을 대거 동원한 인해전술 덕이었다. 섬에 상륙한 죄수와 불순분자들 무리에서 단연 시선을 사로잡은 건 부모로부터 강제로 떼어내 데려온 2,000여 명 유대인 어린이였다. 플랜테이션 업주와 설탕공장 업주, 범죄자들, 어린이들 가리지 않고 그 섬에서 줄줄이 죽어나갔다. 6년 후 이 아이들 중 600명만이 살아남았다. 그러든 말든, 그 식민지는 전진하고 또 전진했다. 네덜란드 세력이 두 번째 섬인 프린키페에, 이곳을 설탕 중심지로 탈바꿈시킬 작정으로 1599년에 상륙했다. 그 침입자들은 고작 넉 달 만에 데려온 사람들 80퍼센트를 잃고 철수했다. 일년 후 네덜란드는 새로운 전략을 가지고 컴백했다. 상투메 섬을 점령한 것이다. 그러나 고작 2주 만에 1,200명의 사상자를 내고 부랴부랴 철수했다. 유럽인들은 그렇게 정해진 수순이라도 밟듯 그 섬을 침입했다가 죽어나가기를 반복했다.

포르투갈 정부는 눈엣가시 같은 성직자들의 유형지로 그 섬을 사용하기로 했다. 고위 성직자 처형을 법으로 금한 바티칸에 보란 듯 테크니컬 파울을 범하면서, 포르투갈은 정부 정책에 반대하는 성직자들을 사지로 몰아넣었다. 식민정책이 시작되고 60여 년이 흐른 1554년에도 여전히 상투메 섬에 거주하는 유럽인은 1,200명 수준에 머물렀다. 그 수마저 1600년이 되었을 때는 200여 명으로 줄었다. 그러다 보니 노예 숫자가 주인을 훌쩍 넘어서서, 1:100 비율에 육박했다. 1785년의 공식 집계에 따르면, 그 섬에 사는 순수 유럽 혈통은 딱 네 명!이라고 적혀 있다. 식민지에 인구를 유치하려는 노력의 일환으로 왕실은 새로 이주하는 모든 유럽인 남성에게 아프리카인 여성 노예를 선사하는 정책을 실시했다. 산아장려책과 더불어서. 이런 정책도 이민자 수를 늘리지 못했다. 그곳은 사지였다. 심지어 바티칸에서 임명된 주교조차 그곳에 들어가길 거부했다. 40년 간 주인 없이 공석으로 비워져 있던 그 자리에 1675년 마침내 엄청난 용기를 가진 새로운 사제가 나타났지만 상륙한 지 두 달 만에 죽었다. "상투메 섬에 입구는 있지만 출구는 없다." 포르투갈 속담이다.

식민개척자가 태부족했음에도 그 식민지는 번창했다. 물론 한동안이었지만. 그 붐이 정점이었을 때 상투메는 마데이라의 4배에 이르는 설탕을 수출했다. 섬 지표면의 3분의 1이 사탕수수로 도배되었다. 엄청난 숲이 설탕제당소의 아궁이 속으로 사라졌다. 그곳에 들어가려는 유럽인이 극소수였기 때문에, 그 땅은 마데이라처럼 조각조각 잘게 나뉘지 않았다. 대신 상투메는 각각 수백 명의 노예를 거느린, 수십여 개의 거대 플랜테이션으로 구획되었다. 멀리서 보면 그 플랜테이션들은 장난감 도시처럼 보였다. 플랜테이션은 운영자와 가족들(한계 없는 축첩제도 덕에 가족 구성원 상당수는 혼혈이었다)이 기거하는 '웅장한 목조건물' 주위를 노예들의 헛간이 교외마을처럼 오밀조밀 둘러싼 형태였다(실제 소유주들은 할 수만 있다면 포르투갈에 남아 있었다). 열병으로 시달렸던 이곳의 소수 유럽인들은 사슬에 결박된 수천의 노예 일꾼을 잔혹하게 다루었다. 한마디로 상투메 섬과 프린키페 섬은 착취국가의 원형이었다.

1560~1570년대에 접어들어 브라질 신흥 거대 플랜테이션의 맹공이 시작되면서 이 두 섬은 설탕 시장에서 낙오되고 말았다. 하지만 이를 계기로 마데이라 섬과 상투메 섬은 전혀 다른 길을 걷게 된다. 그 원인이 밝혀진 건 얼마 되지 않았지만 마데이라에는 말라리아와 황열병이 없었다. 그곳에는 두 질병의 매개숙주인 모기가 없었기 때문이다. 질병이 없었던 덕에 부유한 유럽인(상당수는 포르투갈인이 아

니었다)이 따뜻한 이 섬으로 이주했고, 그들이 저택과 궁전을 지은 뒤 주변에 성당, 병원, 수녀원, 학교, 정부청사 등의 근린시설을 세웠다. 당시에도 가치 있는 투자였던 이 시설들은 오늘날 관광명소로도 가치가 높다. 농장 자체만 놓고 봐도 전적으로 단일작물에 기대는 방식이 아니었다. 주인과 그에 딸린 가족들, 그리고 부대시설 관리자들을 먹여살려야 했기 때문이다. 마데이라의 사탕수수 산업이 붕괴했을 때, 이들은 피땀으로 일군 집과 땅 그리고 부대시설을 포기하고 떠나기를 주저했다. 대신 그들은 새로운 종목으로 갈아탄다. 오늘날 마데이라 와인이라고 불리는 강화 열처리 와인이다.

양보다 질이 중시되는 와인사업은 플랜테이션에 적합하지 않았다. 설탕 사업이 정점으로 치닫던 1552년, 이곳 거주자 열 명 중 셋은 노예였다. 40년 후 브라질 설탕이 하얀 파도처럼 대서양을 건너 이곳을 덮치면서 그 수치는 스무 명 중 한 명꼴로 줄어들었다. 마데이라 사람들은 노예들에게 자유를 주는 게 대세였다. 사탕수수 농장을 운영하지 않는 한, 노예들을 먹여살리는 것보다 그게 더 경제적이었다. 자유민이 된 노예들은 섬을 벗어날 길이 없었고, 이제 와인 프레스와 지하저장고를 보유한 이전 주인의 소작인 혹은 소작농으로 들어갔다. 끊임없이 기근을 목도하면서도 자유의 몸이 된 노예들은, 지구 반대쪽 중국 산악지대에서 감자에 의존해 살아남은 판자촌난민처럼, 살아남았다. 하지만 진정한 의미에서 살아남은 건 마데이라 섬이었다. 마데이라는 사람들이 몰리는 곳이 되었다. 19세기 말부터 이 섬은 관광명소로 인기를 끌었다. 이곳을 소개하는 여행책자들은 "말라리아 열병과 같은 위험한 질병 후 휴양이나 요양이 필요한 사람들 위한 메카"라고 자랑하고 있다.

반면 상투메 섬을 휴양지 혹은 말라리아 요양지라고 광고하는 사람은 없다. 이곳 경제 역시 브라질 설탕의 맹공이 시작되기도 전에 붕괴됐다. 하지만 상투메 섬은, 마데이라와 달리 변화에 적응해 살아남지 못했다. 오히려 점점 더 극악한 진창으로 빠져들었다. 지켜야 할 시설도 없었던 이 섬의 바다 건너 지주들은 아프리칸-유럽인 관리자들이 속빈 강정 같은 대농장에서 유럽인 노예 선박에 대줄 곡식을 설렁설렁 기르는 것만으로 만족했다. 일부 플랜테이션 업자들은 상투메 섬에서 사업을 접고 브라질로 옮겨갔다. 이전의 관리감독자 신분이었던 사람들 중 일부는 땅을 구매한 뒤 그 땅을 돌볼 노예를 샀다. 개중에는 이전 노예들도 있었다. 18세기 중반으로 들어서면서 상투메 섬 식민지 주인나리는 '크리올Creoles'(해방된 노예와 포르투갈인 사이에서 태어난 혼혈인종)이라는 신흥 엘리트층으로 대체되었다. 경영층만 교체됐을 뿐, 플랜테이션 경영방식에는 눈곱만큼의 변화도 없었다. 팔 것도, 그것을 사줄 고객도 거의 사라진 상태에서 좀비 기업들만 발버둥을 쳤다. 이전의 사탕수수 밭을 숲이 뒤덮고, 식민지 빌딩이 다 무너져 구르는 돌멩이가 되어도, 노예들은 여전히 채찍질을 당하며 살고 있었다.

저항이 끊일 날이 없었다. 노예들에게는 주인이 포르투갈인이든 아프리칸-포르투갈인이든 혹은 아프리카인이든 차이가 없었다. 기회만 있으면 탈출했다. 도망자들은 힘을 합쳐 숲속에서 무장단체를 구성했다. 이들의 공격을 방어하기 위해 지주들은 나무로 된 망루를 구축하고 총을 휴대한 노예를 세워두었다. 결과적으로 볼 때, 그 파수꾼은 그다지 열심이지는 않았던 것 같다. 1595년의 반란에서 무려 5,000명의 노예들이 사탕수수 제당소 30곳을 파괴했다. 그 파괴 행위는 이해가 되는 만큼이나 의미도 없었다. 어쨌든 제분소들은 문을 닫았다. 하지만 폭력으로 얼룩진 대치국면 속에서 플랜테이션 업자들과 도망자들 간 게릴라전이 200년 가까이 계속되었다.

상투메 섬의 플랜테이션은 결국 다른 농작물로 갈아타는 길을 택했다. 코코아(브라질 원산지)와 커피(대륙 반대편 아프리카가 원산지). 수익성 좋은 사업은 수백 명의 포르투갈인을 다시 불러들였고, 그들은 크리올의 땅과 노예를 몰수했다. 20세기 초반이 되면 이 섬의 경작 가능한 거의 모든 땅을 코코아와 커피가 뒤덮는다. 노예제는 법적으로 이미 오래전에 폐지되었다. 하지만 포르투갈은 아프리카 식민지에 특별세를 매기는 방법으로 사실상의 노예를 용인했다. 세금을 내지 못한 사람들은 상투메 섬으로 끌려가 빚 탕감을 구실로 노역을 했다. 그들은 밤이면 플랜테이션의 다 허물어진 막사 안에 갇혀 지냈다. 다른 국가들이 새로운 생산기술로 초콜릿 산업에 뛰어들면서 이 섬의 구태의연한 코코아 플랜테이션은 조금씩 경쟁력을 잃어갔다.

1950년대에 들어서자 이 섬에도 독립운동 열풍이 불었다. 그들의 1차 목적은 플랜테이션 시스템 붕괴였다. 1975년 포르투갈이 마침내 물러갔을 때, 이곳에서 태어난 신생 독립국 상투메 프린시페는 지구상에서 가장 가난한 나라 중 하나였다. 새로 들어선 정부는 플랜테이션을 국유화해서 15개의 슈퍼플랜테이션으로 묶었다. 그러고는 이전과 하등 다를 바 없는 방식으로 운영을 했다.

대서양을 건너 아메리카로 건너갔던 것이 바로 이 시스템이었다.

신세계의 탄생

후안 가리도처럼, 에르난 코르테스도 실의에 빠져 생을 마감했다. 트리플 얼라이언스를 제압한 후 그는 오악사카주 유역의 후작 작위를 하사받았고, 정복한 땅에 대한 선택권이 주어졌다. 그가 선택한 곳은 멕시코 중부 및 남부에 산재한 6개의 광대한 땅 덩어리였다. 총 2만 제곱킬로미터로, 엘살바도르 면적에 육박하는 규모였다. 가장 큰 덩어리는 온화한 멕시코시티 남부 평야지역 5,700제곱킬로미터였는데, 대궐처럼 웅장한 성벽으로 둘러쳐진 코르테스의 집이 이곳에 있었다. 매우 호사스러워서, 폭 5미터 넘는 태피스트리만도 22개였다. 댄디 취향이 강했던 이 정복자는 섬세한 자수가 놓인 벨벳재킷이나 진주알이 촘촘이 박힌 목욕가운을 입고 태피스트리 사이를 느긋하게 거니는 것을 즐겼다.

영지 획득 후에도 코르테스는 넘치는 에너지를 주체하기 힘들었던 모양이다. 그는 지치지 않고 벤처에 몸을 던졌다. 은광을 파고, 소목장과 돼지농장을 일구고, 금광을 찾아나서고, 태평양 연안에 조선소를 건설하고, 멕시코시티에 일종의 쇼핑몰을 만들고, 옥수수와 콩과 가리도의 밀을 길렀다. 또 수익의 일부를 배분받는 조건으로 돈과 물품과 가축과 노예 대여업을 했고, 누에(이들의 먹이인 뽕나무도)를 수입했으며, 자신을 기념하는 거대한 석조물을 세웠다. 그가 1523년에 기르기 시작한 사탕수수는 이 목록에서도 단연 상단을 차지했다.

코르테스가 이런 사업에만 전념했더라면 엄청난 부를 거머쥐었을 것이다. 하지만 그는 정복할 새로운 왕국을 찾아다니는 일을 한시도 멈추지 않았다. 그는 과테말라로 진격했으며, 페루에 탐험 선단을 보

에르난 코르테스 소유의 땅, 1547년

카리브 해

모렐리아

멕시코시티
툴루카
코르나바카
틀라스칼라
푸에블라
구 베라크루즈
베라크루즈

탁스코

툭스틀라

아카풀코

오악사카

태후안테펙

◯ 영지 영역
꽃 사탕수수밭
★ 광산
￢ノ 주요도로

태평양

낼 계획을 세웠다. 중국으로 가는 루트를 찾아 태평양까지 진출했고, 도중에 죽을 고비를 만나기도 했다. 이 모든 과정 내내, 그는 노골적으로 왕실의 명령을 거슬렀다. 급기야 가지고 있던 돈은 바닥나고, 주변 사람들의 인내력도 바닥났다.

1540년, 그는 자신과 측근들이 지금껏 거둔 공적에 대한 보상을 해달라고 왕에게 청하기 위해 스페인으로 돌아갔다. 코르테스가 왕을 알현하기 위해 동분서주했지만 카를로스 5세Carlos V는 그의 청을 계속 물리쳤다. 코르테스로서는 왜 왕이, 충동적이고 믿을 수 없으며 강력한 힘을 가진 새로운 귀족의 탄생을 우려하는지 도무지 가늠할 수 없었다. 출처가 분명치 않은 이야기를 토대로 볼테르가 남긴 기록에 따르면, 한번은 코르테스가 왕의 마차 앞으로 다짜고짜 뛰어들었다. 카를로스 5세는 노여워하며 대체 어느 놈이냐고 물었다. 그러자 코르테스가 "폐하의 조상이 물려주신 나라보다 더 많은 땅을 폐하께 바친 바로 그 사람입니다."라고 답했다.

타이밍은 최악이었다. 코르테스가 카를로스 5세 주위를 맴돌고 있을 때, 그 왕은 인권운동사 및 타의 추종을 불허할 독설이라는 측면에서 독보적이라 할 책《인디언 몰락에 대한 간략한 기술》의 저자 바르톨로메 데 라스 카사스 신부와 한창 담론 중이었다. 책 집필을 막 끝낸 불같은 성격의 이 도미니크회 사제는 충격에 휩싸인 어전에서 자신의 초고를 큰 소리로 낭독했다. 카사스 신부는 정복자 코르테스로 대표되는 스페인의 멕시코 정복을 "인디언에게 폭정과 탄압을 일삼는 불의의 결정판"이라고 낙인찍었다. 그는 "끝없이 지속되는 고통을 견뎌야 하는 인디언 노예제도는 차라리 단칼에 목을 잘리는 것보다 더한 고통"이라고 맹비난했다. 스페인 제국의 이름으로 자행되는 극악무도한 행위에 대한 카사스의 생생한 묘사를 읽은 카를로스 5세는 고민에 빠졌다. 왕은 자문위원단을 꾸려 아메리카 식민지의 인디언 처우에 대해 철저하게 조사하라고 명했다.

왕은 자신이 태어나기 전부터 스페인 왕실이 인디언을 제국의 신민으로 규정하는 문제에 대해 사려 깊게 고심했다는 사실을 잘 알았다. 그의 조부모였던 페르난도 왕과 이사벨 여왕은 전혀 생각지도 못했던 다수의 백성을 통치하게 되었다는 사실을 콜론으로부터 보고받았을 때 놀라움을 금치 못했다. 신앙심 두터운 가톨릭 신자였던 두 군주는 그 정복이 신이 보시기에 합당한 일인지를 제일 먼저 고민했다. 그럼에도 새로운 땅에는 스페인 제국이 염원해온 바, 부국강성을 가져다 줄 무한한 잠재력이 있었다. 다만 아메리카의 부를 거머쥐는 일은, 스페인에 전혀 해를 가하지 않은 수많은 사람들을 새로운 백성으로 복속시키는 일을 수반해야 했다.

페르난도와 이사벨은 인디언 땅이 스페인 왕국과 수세기 동안 앙숙 관계였던 이슬람 제국과 다르다는 걸 잘 알았다. 그들 관점에서 무슬림 군대는 노예로 삼는 것이 정당했다. 그들은 스페인 대부분의 땅을 정복하고, 스페인 백성을 착취했으며, 이슬람을 껴안고 기독교는 배척했다(같은 이유로 이슬람 제국들도 스페인 전쟁포로들은 거리낌 없이 노예로 삼고 팔아넘겼다). 대조적으로 아메리카 인디언은 스페인에게 해를 가한 적이 없었다. 기독교 자체를 알지 못했으므로, 기독교를 배척한 것도 아니었다. 1493년, 교황 알렉산데르 6세Alexander VI는 히스파니올라의 타이노족에 대한 "완전히 자유롭고 전면적인 권한과 정당성, 그리고 사업권"을 그 국왕과 왕비에게 인정해주었다. 다만 단서가 붙었다. "가톨릭 신앙으로 가르칠 수 있는 학식과 소양을 지녔다고 입증된, 신실하고 신을 경외하는 사람"을 보낸다는 조건이었다. 즉 피정복민을 구원에 이르게 할 목적에서만 정복이 용인된다는 의미였다.

하지만 실제 신대륙으로 건너간 스페인 사람들은 복음에는 전혀 관심 없는 부류였다. 그나마 소수의 신실한 사람들조차 인디언의 영혼보다는 그들의 노동력에 더 관심을 가졌다. 대표적인 사례가 콜론이다. 종교적 신념과 열정만큼은 누구에게도 뒤지지 않는 인물이었지만, 1495년에 갤리선 노예로(지중해에서는 갤리선이 여전히 일상적이었다) 포획한 타이노인 550명을 이사벨라 여왕에게 하사함으로써 여왕을 경악케 했다. 콜론은 전쟁포로를 노예로 삼는 것은 정당하다고 항변했다. 자신은 오랫동안 스페인이 적군을 처우해왔던 방식 그대로, 라 이사벨라를 공격한 인디언들을 처우했을 뿐인데 뭐가 잘못됐냐고 물었다. 게다가 그 인디언들이 차후에 일으킬지도 모를 반란을 미연에 방지하는 조치라고도 했다. 여왕은 동의하지 않았다. 세비야의 노예시장에 차츰차츰 쇠고랑을 찬 타이노인들이 흘러들어 오는 것을 보면서 여왕의 분노 지수도 서서히 높아진다. 1499년, 여왕의 분노가 폭발했다. 여왕은 스페인이 획득한 모든 인디언을 아메리카로 돌려보내라고 명령했다. 이에 불응하는 자에 대한 처벌은 사형이었다.

사실 여왕을 분노하게 만든 건, 식민개척자들의 주제 넘는 경거망동이었다. 그들은 왕실의 명을 어기고 애꿎은 사람들을 노예화했다. 하지만 여왕은 자신이 본질적인 문제를 놓치고 말았다는 사실을 깨닫지 못했다. 한편으로 교황이 스페인 정복을 허락했던 것에는 선교사를 보내 인디언을 개종한다는 단서가 붙어 있었다. 하지만 이것은 많은 사람을 노예로 만들게 되면 달성하기 어려운 목표였다. 다른 한편으로 여왕은 식민지가 제국의 번영과 융성에 기여하길 기대했지만, 이 역시 노동력 확보 없이는 불가능한 목표였다. 스페인은 영국과 달리 계약이민하인 같은 시스템이 없었다. 또한 영국과 달리, 감언이설로 꾀어 바다 건너 대륙으로 데려갈 무직자 무리도 없었다. 결국 스페인 군주들이 식민지에서 재미를 보기 위해서는 인디언 노동력에 의존할 수밖에 없음을 인정해야 했다.

1503년 그 군주들은 이 딜레마에 대한 답을 내놓는다. 이른바 '엥코미엔다(위임) 제도'이다. 스페인의 개척자 개인이 토착집단의 법적 후견인으로 위임돼 인디언의 안전과 자유, 그리고 종교적 교화를 책임지고 관할하는 걸 골자로 하는 법이었다. 실상은 보호를 명분으로 인디언 갈취를 일삼게 된 전형적인 형식이었다. 인디언들은 '안전보장'에 대한 대가로 스페인 위임자에게 노동력을 제공해야만 했다. 엥코미엔다를 앰던 스미스가 제기한 노예제도 반대에 부합하는 시도로 볼 수도 있다. 스페인 군주들은 이런 식으로 인디언 노동력을 통제함으로써 반란의 여지를 줄일 수 있다고 생각했다. 더불어 인디언 고용은 스페인에게도 득이 될 터였다.

취지대로 이루어질 리 만무한 정책이었다. 엥코미엔다는 인디언뿐 아니라 정복자들에게도 푸대접을 받았다. 엥코미엔다에 따르면 히스파니올라의 인디언들은 법적으로 자유로운 백성이었지만 타운과 촌락은 여전히 원주민 족장들의 지배하에 있었다. 그러나 그 족장들에게는 실질적인 힘이 없었으므로, 일꾼들은 노예로 취급되었다. 법적 후견인들은 타이노족 대표들과의 협상을 끔찍이도 싫어했다. 온갖 수단과 별별 작전을 꾀해야만 하는 일이었기 때문이다. 원주민 일꾼들은 엥코미엔다 계약을 피하려고(피할 수만 있다면 누구라도 나타나지 않았을 것이다) 시골 외지로 숨어들었다. 일가친척이나 지인 혹은 뜻을 같이 하는 인디언 수장들이 행방을 숨겨주었다. 타이노 입장에서 그 정책은 자신들을 노예화하기 위한 명분에 지나지 않았다. 법대로라면 세례를 받은 인디언 크리스천은 노예로 삼을 수 없고, 스페인 크리스천과 똑같은 대우를 받을 자격이 주어졌다. 식민개척자들은 이에 반발했다. 그들은 인디언이 사실상 유럽인보다 열등한 인간이라고 믿었다. 따라서 개종을 했든 안 했든, 인디언을 강제로 부려먹을 수 있다고 여겼다.

멕시코 정복자 코르테스는 세상에서 그 누구보다도 많은 노예(비자유) 인디언을 보유하고 있었을 것이다. 상시 부리는 토착인 노예만도 수천 명이 넘었으며, 매년 농장에 2만 4,000명의 노예를 부역자로 강제 징발했다(이들은 고향마을에서 징발되어 한 번에 일주일씩 일을 했다). 끝없이 펼쳐진 농장에 사탕수수를 심고, 가마솥에 쓸 장작을 마련하고, 사탕수수에서 설탕을 정제하고, 수력 사탕수수 제당소를 짓고, 돌과 어도비 벽돌로 된 2층 저택을 짓는 데 강제로 끌어온 인디언들의 손이 사용됐다. 정치적 동향을 예의주시하고 있었던 코르테스는 분명 인디언 정책에 대한 왕의 의중을 눈치 챘을 것이다. 왕이 진상조사를 명했던 자문위원단은 1542년 4월, 카를로스 5세에게 "뉴인도 제도와 인디언들에게 일어나고 있는 잔혹행위를 시정"하라고 청하는 보고문을 올린다. 7개월 후 카를로스 5세는 이에 대한 응답으로 이른바 신법을 발표했다. 인디언 노예를 전면 금지하는 법령이었다.

그 신법에는 커다란 구멍이 있었다. 스페인 당국에 저항하다 포획된 인디언을 노예로 삼는 건 여전히 합법이었다. 따라서 당국에 저항했다고 우기기만 하면 그만이었다. 노예제를 암묵적으로 인가해준 거나 다름없었다. 그럼에도 그 신법은 식민개척자들의 분노를 샀고, 페루에 새로 부임한 총독이 이 법을 시행하려고 하자 그를 참수하는 일이 벌어졌다. 뉴스페인(파나마 북쪽 스페인령) 총독은 전면 시행에 앞서 신중하게 이 법에 유예기간을 두기로 했다. 이러한 소란에도 불구하고 대세는 분명했다. 코르테스 같은 정복자들이 인디언을 강제로 노역시키는 일은 점차 어려워질 판이었다.

왕의 자문위원단이 보고문을 낸 지 몇 주 뒤, 코르테스는 아프리카 노예 500명을 수입하기로 두 명의 제노바 상인과 계약을 체결했다. 아메리카 본토 최초의 대규모 아프리카 노예 계약이자, 노예무역 역사를 통틀어 손에 꼽힐 만큼 굵직한 계약이었다. 2년 뒤, 포획된 노예 100명을 태운 1차 노예선이 멕시코 만 베라쿠르즈에 도착한다. 대서양 노예무역 도래의 신호탄이었다.

사실 아프리카인들이 아메리카에 흘러들어 오기 시작한 시점은 콜럼버스가 처음으로 대서양을 횡단하던 무렵으로 거슬러 올라간다. 2009년 미국-멕시코 합동 고고학자팀이 라 이사벨라 묘지의 유해 중 3구가 아프리카인 혈통(치아에서 아프리카 생물에 풍부한 음식물의 생화학적 특징이 발견됐다)으로 보인다고 발표했다. 라 이사벨라를 건설한 지 7년으로 접어든 1501년, 엄청난 수의 아프리카인이 히스파니올라 섬으로 유입되었다. 이에 경각심을 느낀 스페인 왕과 여왕은 더 이상의 아프리카인이 그 섬에 상륙하는 걸 허용하지 말라고 그 섬 총독에게 명했다(출입 금지 리스트에는 유대인과 기독교로 개종한 유대인, 그리고 그리스정교로 개종한 '이단자'들도 있었다). 물론 예외가 있었다. 기독교 국가에서 출생한 아프리카인 혈통은 상륙을 허용했다. 노예 상인들은 자신의 '물건'이 스페인이나 포르투갈 출신이라고 주장하면서 어떻게든 돈을 벌었다. 몇 달이 지나자 그 섬 총독은 왕과 여왕에게 출신지나 종교 여하를 막론해 모든 아프리카인의 히스파니올라 상륙을 금지하게 해달라고 청원한다. "그들은 도망쳐 인디언에게 합류한 뒤 그들로부터 못된 관습을 배워서, 사로잡을 수도 없습니다." 이 내용을 곧이 곧대로 믿는 사람은 아무도 없었다. 식민개척자들에게 아프리카인은 질병에 강한 듯 보였고, 탈출을 도울 현지 인맥이나 배경이 없었으며, 자신들에게 유용한 기술까지 보유하고 있었다. 많은 아프리카 사회는 철을 다루는 기술과 승마술로 유명했다. 산토도밍고에 배를 대는 노예선 선박은 날이 갈수록 늘어만 갔다.

아프리카에서 온 노예들은 식민개척자들의 바람처럼 호락호락 통제되지 않았다. 애덤 스미스의 말처럼 무시무시한 노동력이었다. 병을 가장하고, 고의 태만을 일삼고, 비품을 잃어버리고, 장비를 부수고, 값진 물건을 훔치고, 사탕수수 운반용 가축을 불구로 만들고, 다

된 설탕을 일부러 망쳐버리고…. 이 모든 리스크는 플랜테이션 노예제에 수반되는 불가분의 요소였다. 정치학자 제임스 스콧은 자신의 연구논문에서 "힘없는 자들의 무기"라는 표현을 썼다.

하지만 그 노예들이 고지대로 탈출했을 때는, 더 이상 '힘없는 자들'이 아니었다. 유럽인의 눈을 피해 산속 깊은 곳으로 숨어든 그들은 자신들을 사슬로 속박했던 산업에 대해 파괴를 일삼았다. 100년 넘게, 아프리카 비정규군은 히스파니올라 각지에 걸쳐 고삐 풀린 망아지처럼 퍼졌다. 산악지대의 계곡에서 채취한 금으로 스페인 상인들과 옷감, 술, 철(노예 신분에서 탈출한 대장장이들은 철로 화살촉과 검을 만들었다)을 은밀하게 교환해 활동자금을 마련하면서. 히스파니올라의 설탕 생산자들이 섬을 버리고 아메리카 본토로 이전해 간 건 너무나도 당연한 선택이었다. 멕시코 땅에는 엄청나게 넓은 토지와 더 많은 인디언 노동력이 기다리고 있었다. 무엇보다 그곳에는 설탕공장에 테러를 가해서 골머리를 앓게 했던 수천의 게릴라들도 없었다(히스파니올라 섬 노예반란 활동에 대해서는 9장에서 자세하게 다룬다).

히스파니올라 섬에서 아메리카 본토로 장소를 갈아탄 사탕수수 제분업자 중 한 사람이 바로 에르난 코르테스였다. 그가 10대 때 아메리카 대륙에서 처음으로 발을 밟은 곳은 원래 히스파니올라 섬으로, 아주아 드 콤포스텔라Azúa de Compostela 정착지에서 설탕 제조의 사업적 가치를 직접 목도했다. 멕시코에서 획득한 새 영지에서도 그가 최우선적으로 건설하려 했던 건 사탕수수 제당소였다. 비록 타고난 모험가 기질로 인해 완공까지는 10여 년이 소요됐지만. 온난하고 강수량이 풍부한 베라쿠르즈 항 주변에 사탕수수 농장이 옹기종기 들어서기 시작했다. 그리고 멕시코 만을 따라 재배 지역이 넓어지면서 여러 엥코미엔다(스페인령)에 사탕수수 제당소들이 속속 들어섰다.

이로 인해 1550~1600년 사이에 설탕 생산량이 엄청나게 늘었음에도 가격은 3배로 치솟았다. 경제학자들은 이런 현상(공급 증가에도 가격이 상승하는 것)을 두고 공급을 넘어서는 폭발적인 수요가 발생했다고 할 것이다. 빙고! 스페인의 트리플 얼라이언스 정복 이후 이곳 시민들도 C12H22O11의 단맛을 알게 되었다. 유럽인과 마찬가지로 멕시코 중부 사람들도 단맛에 물릴 줄 모르는 갈망을 가지고 있음이 곧 드러났다. 1580년대 역사학자 호세 데 아코스타는 "혹시 미친 게 아닐까 싶을 정도로, 인디언들이 설탕과 설탕조림 식품을 빨아들였다."라고 말하면서 혀를 내둘렀다.

아메리카 대륙에 아프리카인들이 찔끔찔끔 흘러들어 오던 시기는 먼 옛날 일이 되었다. 멕시코에 이어 브라질의 설탕 생산량이 늘어나면서 마치 수문이 열린 듯 아프리카 노예가 쏟아져 들어왔다. 1550~1650년 사이, 즉 코르테스의 첫 노예 계약 이후 대략 100년 사이에 노예 선박이 아메리카에 실어나른 아프리카인이 65만 명을 헤아렸다. 스페인령 아메리카와 포르투갈령 아메리카를 합산한 수치로, 두 국가의 비율은 엇비슷했다(이때까지만 해도 영국, 프랑스를 비롯한 유럽 국가들은 노예무역에 참여하지 않고 있었다). 이 지역의 아프리카 이주민 수가 유럽인 수를 두 배 넘게 앞질렀다. 스페인과 포르투갈이 가는 곳은 어디라도, 어김없이 아프리카인들이 그림자처럼 따라갔다. 곧 아메리카 도처에서 유럽인보다 아프리카인을 더 흔하게 볼 수 있는 상황이 됐다. 전혀 예측하지 못했던 결과를 동반하면서.

스페인 정복자들이 과테말라와 파나마를 공격할 때도 그 옆에는 아프리카인들이 있었다. 어떤 이는 병사로, 어떤 이는 하인으로, 또 어떤 이는 노예로. 이들은 페루와 에콰도르에 한 번에 수천 명 단위로 들이부어졌다. 잉카 정복자 프란시스코 피사로와 그 가족 역시 정복 초반기에 250차례 넘는 노예 수입 허가를 받았다. 리오그란데에서는 아프리카인들이 인디언 그룹에 동화되었고, 심지어 자신의 이전 주인들을 공격하는 데 가담하기도 했다. 한 놀라운 보고에 따르면, 이들을 원주민 삶으로 끌어들이는 데 이용된 건 환각효과가 있는 페요테peyote(페요테 선인장에서 채취한 마약)였다고 한다(일부 스페인인들도 이 때문에 인디언에 가담했다). 그런가 하면 아프리카에서 태어나 멕시코에서 노예 신분이 된 후안 밸리엔테Juan Valiente는 정복자 페드로 드 페드로 데 발디비아가 1540년 칠레를 침략했을 때 정식 파트너로 가담했으며, 침략이 성공한 후 포상으로 농장과 인디언 노예를 하사받았다. 하지만 자유인이 된 그가 멕시코에 정착한 직후인 1553년, 원주민 봉기가 일어나 발디비아 강변에서 죽음을 맞이했다.

아프리카 노예들은 1526년, 지금의 미국 땅(아마도 조지아 해안)에 유럽 최초로 스페인이 세운 식민지 산 미구엘 드 괄다페San Miguel de Gualdape 건설에도 중요한 역할을 했다. 노예에 의해 건설된 최초의 식민지인 산 미구엘 드 괄다페는 또 하나의 기록을 가지고 있다. 리오그란데 강(미국과 멕시코 경계) 이북에서 최초로 노예가 반란을 일으킨 장소가 바로 그곳이었다. 그 반란은 창립된 지 몇 개월 안 된 식민지를 불태워 끝장내 버렸다. 반란을 도모했던 노예들이 도망쳐 현지 괄레 인디언Guale Indians에게 흡수되어 정착했다는 것이 정설로 받아들여진다. 만일 이게 사실이라면, 그 흑인 노예들이야말로 바이킹 이후 대서양을 건너온 이들 중 현재까지 미국 땅을 지키는 최초의 정주자인 셈이다.

17세기로 들어서면서 아프리카인은 스페인 세상 그 어디든 존재했다. 아르헨티나에서는 여섯 개의 노예 수입회사가 안데스의 은광 도시인 포토시에까지 노예를 대고 있었다. 페루의 경우, 리마 인구의 절반 넘는 비율이 아프리카인 혹은 아프리칸 혈통이었다. 또한 아프리카 노예들은 파나마의 태평양 해안에서도 선박을 건조하고 있었다. 그러는 동안 점점 더 많은 노예가 지금의 콜롬비아 카르타헤나로 쏟아져 들어왔다. 1633년 예수회 사제 요제프 페르난데스는 그렇게 들어오는 노예가 매년 1만~1만 2,000명에 육박했다고 주장했다. 당시 그 도시에 상주한 유럽인은 채 2,000명이 되지 않았고, 그들 대부분은 노예무역에 생계를 의존하고 있었다. 불법적으로 아프리카인을 내려놓는 대가로 받는 뇌물이 그들의 주요 수입원이었다.

반면 포르투갈령 브라질은 더딘 속도로 아프리카인에게 눈길을 돌렸다. 그곳은 인디언이 많아서 16세기 말까지는 수입되는 노예가 거의 없었고, 이후 수십 년 동안에도 주춤주춤 노예선이 들어왔다. 브라질이 아프리카인 노예로 눈길을 돌리게 된 데는, 그곳 예수회 사제들에게 부분적으로 책임이 있다. 사제들은 인디언을 노예로 삼는 것은 죄악이라고 설파했다. 반면 아프리카인을 노예로 쓰는 건 공정하다고 주장했다(예수회는 자신들이 설교한 그대로 실천했다. 예수회가 운영하는 설탕공장에서는 아프리카인들만 쇠고랑에 묶인 채 일을 했다).

코르테스는 멕시코에, 아마도 사상 최초였을 목장을 설립했다. 그가 가축을 돌볼 일꾼으로 고른 것은 원주민이 아니었다. 그들에게는 소와 말을 돌보는 기술이 없었기 때문이다. 아프리카는 수천 년 동안 목축과 말 타기의 메카였다(당시의 아프리카는 지금처럼 낙후한 상태가 아니었다. 오랜 세월 동안 아프리카는 농업과 야금술에서 선진기술을 자랑했다. 오늘날로 치면 코르테스는 선진 기술자들을 데려온 셈이었다 — 옮긴이). 코르테스의 목장에서 일한 최초의 일손은 아마도 아메리카 본토 최초의 카우보이 후예들이었을 것이다. 수천의 아프리카 노예들이 뒤이어 들어왔다.

한편 아르헨티나로 끌려온 아프리카 흑인 노예들은 도시의 번잡함과 플랜테이션을 피해 팜파스 평야지대로 달아났다. 훔친 소와 말 떼를 몰고 간 그들은 초원을 무대로 떠돌며 서부 아프리카 평원과 유사한 목가적인 삶을 재현했다. 이들의 삶을 "자유로운 삶, 누구에게도 구속되지 않는 삶"이라고, 1870년대 아르헨티나 시인 마틴 피에로는 노래했다. 후에 가우초gauchos라 불리게 된 그들은 미국 서부의 카우보이처럼 아르헨티나 초원의 상징으로 자리잡는다.

아프리카인판 디아스포라의 가장 생생한 예는 에스테반Esteban, 에스터밴Estevan, 에스터배니코Estevanico, 혹은 에스테바니코 드 도란테스Estebanico de Dorantes 등 여러 이름으로 알려진 사내다. 아랍어를 구사하는 무슬림으로 태어나 기독교도가 된 그는 모로코 아젬무어에서 성장했다. 16세기에 내전과 가뭄으로 고통받던 모로코에서 절박하게 이베리아 반도로 도피한 수천 명 단위 이주민들은 생존을 위해 노예가 되거나 기독교도로 개종했다. 이들 중 상당수는 아젬무어 출신인데 에스테반이 아이였을 무렵 불안한 이곳의 정세를 틈타 포르투갈이 아젬무어를 점령했다. 난민 대열에 휩쓸려 들어온 에스테반은 아마도 리스본에서 스페인 소귀족이었던 안드레스 도란테스 드 카란사Andrés Dorantes de Carranza에게 팔렸던 듯하다. 피난민 대열에 휩쓸린 에스테반은 리스본으로 흘러들어 온 뒤, 스페인 소귀족이었던 안드레스 도란테스 드 카란사Andrés Dorantes de Carranza에게 팔렸다. 그의 주인 도란테스는 코르테스의 위업 재현을 꿈꾸는 돈 많은 야심가였다. 도란테스는 에스테반을 뒤에 달고 해외 원정단에 참가했다. 이 원정단을 이끈 인물은 카스티야 공작 팬피 로 드 나르바에스Pánfi lo de Narváez. 운과 판단력만 빼고, 지도자에게 요구되는 자질을 두루 갖춘 사람이었다.

나르바에스 휘하에 모인 400명 남짓 남자들 중에는 다수의 아프리카인도 끼어 있었다. 그들은 1528년 4월 14일, 플로리다 남부에 상륙했다. 그러나 일행이 금광을 좇아 플로리다 만 해안으로 접근하던 중 재앙이 꼬리를 물고 이어졌다. 나르바에스는 바다에서 실종되었고 인디언, 질병, 그리고 굶주림이 남은 사람들을 차례차례 집어삼켰다. 약 일년 후 생존자들은 얼기설기 엮은 누더기 배에 올라타 히스파니올라로 탈출을 도모했다. 하지만 그들이 내동댕이쳐진 곳은 텍사스 해안이었고, 남아 있던 생필품마저 몽땅 잃은 상태였다. 애초 400명 중 남은 사람은 단 열네 명이었다. 그마저 곧 네 명으로 줄었다. 그 중 한 사람이 에스테반이고, 다른 한 명은 에스테반의 주인 도란테스였다.

네 남자는 차마 말하기조차 힘든 고초를 겪으며 멕시코를 향해 서쪽으로 발길을 옮겼다. 그들은 거미와 개미알, 그리고 야생 배로 허기를 달랬다. 가재도구는 이미 다 잃고, 알몸뿐이었다. 때로 노예가 되고, 때로 고문을 당하는 등 온갖 굴욕을 감내했다. 그렇게 서로 다른 인디언 부족들을 거쳐 가는 동안, 그들은 심령치료사나 도사쯤으로 받아들여지기 시작했다. 원주민들은 네 사내의 스릴 넘치는 여정 자체를 신기하게 여겼다. 게다가 벌거벗은 몸에 수염으로 얼굴이 뒤덮인 사내들이 마성을 지니기라도 한 것처럼 믿었다. 물론 인디언들이 이유 없이 그렇게 믿은 건 아니었다. 에스테반과 그 일행은 주문과 십자가 성호로 사람들의 병을 낫게 해주었다. 일행 중 하나였던 스페인 남자는 죽은 사람을 되살리기도 했다. 적어도 그렇게 전해진다. 이들은 팔에는 조개껍질을, 다리에는 깃털을 두르고 돌칼을 몸에 차고 다녔다. 치유자로서 방랑을 거듭하는 동안 그들을 따르는 무리가 생겼다. 그 수가 수백 명이었다. 은혜를 입은 환자들은 호의를 베풀었다. 아낌없는 음식과 귀금속, 그리고 600개의 말린 사슴심장.

무리에서 에스테반은 정찰과 특사 임무를 맡았다. 이들이 캘리포니아 만을 따라 멕시코 중앙 산악지역까지, 미국 남서부 지역 수천 킬로를 횡단하는 동안 차례차례 나타나는 새로운 부족과 접촉하고 화해를 도모하는 일이 그의 몫이었다. 어떤 면에서 보면, 에스테반은 무리의 영도자였다. 매번 새로운 그룹과 마주칠 때마다 샤머니즘 박을 세차게 흔들면서 자신들이 누구인가를 납득시킨 에스테반의 손에 스페인인들의 목숨이 달려 있었다.

네 명의 나르바에스 호 생존자들이 멕시코시티에 입성한 건, 그들이 출발한 지 8년이 지났을 때였다. 세 명의 스페인 사람들은 그곳에서 대대적인 환영과 영예를 얻었다. 그러나 에스테반은 다시 노예가 되어 팔려갔다. 새 주인은 안토니오 드 멘도사Antonio de Mendoza, 뉴스페인 총독이었다. 멘도사는 곧 에스테반을 북쪽으로 가는 정찰대 길잡이로 임명했다. 이렇게 해서 에스테반은 다시 도로 위에 섰다. 이 원정팀은 일곱 개의 황금도시를 찾고 있었다. 전하는 바에 따르면, 8세기 무슬림 침입을 피해 달아났던 포르투갈 성직자들이 이들 도시를 건설했다고 한다. 수십 년 간 스페인과 포르투갈에서 온 사람들은 이 도시들을 찾아헤맸다. 이 일곱 개의 황금도시는 스페인판 사스콰

치(미국 북서부 산속에 산다는 사람 같은 큰 짐승) 혹은 예티였다. 대체 왜, 사람들이 미국 남서부에 이 황금도시가 있다고 상상하게 됐는지는 아직도 설명되지 않는 미스터리다. 아무래도 한동안 잠잠하던 전설의 도시 탐험 열정에 나르바에스 호 생존자들의 모험담이 불을 지폈고, 멘도사가 그 불속으로 뛰어든 것인지도 모를 일이다.

이 원정팀의 인솔자는 프란치스코회 선교사 마르코스 데 니자 Marcos de Niza, 불타는 열정으로 똘똘 뭉친 사람이었다. 멘도사는 에스테반에게 니자의 지시에 복종할 것을 신신당부했지만, 그는 명령에 따를 생각이 추호도 없었다. 원정팀이 북쪽으로 전진해나가면서, 에스테반을 기억하고 있는 인디언 부족들과 조우하게 됐다. 에스테반은 스페인 복장을 벗어버리고는 깃털장식, 표주박, 거북등껍질로 치장한 뒤 영매처럼 방울을 흔들었다. 어느덧 다시 수백 명의 추종자가 몰려들었다. 에스테반은 치유의식을 멈추고 제공받는 술과 여자를 거부하라는 니자의 명령도 무시했다.

그 원정단의 주인공은 다른 누구도 아닌 자기 자신이라고 에스테반은 굳게 믿었다. 그는 추종자들과 함께 지금의 미국 국경을 건넌 후 나머지 일행을 제치고 저만치 앞서 가버렸다. 다시 또 한 번, 에스테반은 바다 건너에서 온 그 누구도 밟아본 적 없던 땅을 밟으며 이동하고 있었다. 이들이 갈라진 지 한참 후에 니자 일행은 부상당해 피가 낭자한 에스테반의 수행원 일부와 마주쳤다. 그들의 전언에 따르면, 에스테반 무리가 현재의 애리조나 주와 뉴멕시코 주 경계 산악지대에 이르렀을 때, 아위쿠족이 건설한 주니 타운(스페인 유입 시기 가장 큰 주니족 거구지역)과 맞닥뜨렸다. 이곳은 제단처럼 계단을 타고 올라간 사암 언덕에 조성된 2~3층짜리 주택 군락으로, 그곳 통치자는 적대감을 드러내며 에스테반 일행을 거부했다. 그러고는 물과 음식도 제공하지 않은 채 마을 밖 헛간에 에스테반 일행을 가두었다. 다음날 에스테반은 일행과 함께 탈출을 감행하던 중 살해되었다.

주니족이 말하는 이야기는 다르다. 내가 이야기들이라고 표현한 이유는, 이에 관해 여러 버전이 구전되기 때문이다. 내가 들은 이야기에 따르면 에스테반은 거부당하지 않았다. 오히려 아워쿠 사람들로부터 영접을 받았다. 그들은 에스테반의 불가사의한 여행과 행적에 대해 익히 들어 알고 있었으며, 그래서 에스테반을 그곳에 붙잡아두고 싶어했다. 그것도 아주 간절하게. 내가 들은 이야기는 적어도 그렇다. 살과 뼈와 머리카락을 두른 인간 중에서 그처럼 경이로운 인물은 일찍이 본 적이 없었고 정신세계는 가늠이 안 되게 무량했다. 그러므로 어떤 희생을 무릅쓰더라도 꼭 붙들어두고 싶은 대상이었다. 그의 출발을 막기 위해서 아워쿠 사람들은 에스테반의 발을 자르고 정성을 다해 반듯이 뉘였다. 그리고 이 초자연적 존재를 맘껏 만끽했다. 에스테반은 그 상태에서 수년을 살았다고 전해진다. 이렇듯 비범한 인물에게 걸맞은 존경으로 대접받으면서. 언제나 다리는 똑바로 편 채로 바로 누워 있었고, 그의 발감개는 늘 정성스레 다루어졌다.

그의 마지막에 대한 모든 이야기는, 인디언 사회 내부에서 전해 내려오는 스토리이다. 그의 실제 운명에 대해서는 누구도 확실하게 모른다. 그러나 한 가지 분명한 게 있다. 그렇게나 무수하게 생사의 다리를 건넜던 사람도 결국에는 수많은 스페인 사람들이 사로잡혔던 망상증에 빠져 있었다는 점이다. 그는 자신을 탄생시킨 뒤섞인 세상을 이해한다고 생각했고, 자신이 세상의 리모컨을 쥐고 있다고 착각했다. 자신들이 만든 것이 천길 낭떠러지에 지은 누각에 불과하다는 사실을 그들은 미처 몰랐다.

가문의 영예

1521년 8월 13일, 살육과 혼돈의 도가니 속에서 테노치티틀란은 문패를 내렸다. 무너져 내리는 도시의 외곽 수로에서 스페인 군대는 카누로 이뤄진 소함대를 발견했다. 스페인 측 기록에 따르면 카누가 갈대밭에 숨어 있어서 필사적인 수색 끝에 발견했다고 전한다. 원주민 측 기록에는 투항하기 위해 침략자들을 찾아나서던 중이었다고 묘사된다. 역사학자들은 오늘날 후자의 해석에 무게를 싣는다. 도시가 붕괴되는 혼란 속에서 몸을 숨기는 것 자체는 매우 간단했을 것이다. 카누에 타고 있던 사람들은 굳이 발각을 피하려고 애쓰지 않았던 것으로 보인다.

이 카누 중 하나에 트리플 얼라이언스의 마지막 왕 콰우테모크 Cuauhtemoc가 타고 있었다. 다른 배에는 그의 부인과 가족이 타고 있었다. 유럽의 왕실이 즐겨 사용했던 방식처럼, 테노치티틀란의 통치자들도 대대로 고귀한 혈통끼리 정략결혼을 통해 권력을 강화해왔다. 또한 유럽처럼 통치자들은 다처제를 통해 후계자 확보에 만전을 기했다. 따라서 콰우테모크 가문의 가계도는 복잡했다. 그리고 이는 앞으로 한층 더 복잡하게 전개될 터였다.

배 안에 있었던 콰우테모크 왕은 당시 20대로, 코르테스의 1차 테노치티틀란 공략 시기 동안 코르테스의 궁 안에 인질로 잡혀 있었던 저 유명한 '몬테수마' 모테큐조마 2세의 조카였다. 모테큐조마는 코르테스의 군대를 테노치티틀란에서 몰아내는 반격 과정에서 죽음을 당했다. 그의 죽음에 대해서는 의견이 분분하다. 뒤이어 왕위에 오른 쿠이틀라우악 왕은 즉위하자마자 정통성 확보 차원에서 모테큐조마의 딸로, 1차 공격 때 이미 한 차례 미망인이 됐던 테큐이치팟진과 혼인했다. 하지만 이 후계자(쿠이틀라우악 왕)는 재위 두 달도 안 된 상태에서 스페인·인디언 연합군이 제2차 테노치티틀란 공격을 개시했을 때 천연두로 죽었다. 뒤를 이어 당시 18세였던 콰우테모크가 왕좌를 차지했다. 콰우테모크 역시 재빠르게 앞서 사망한 후계자와 똑같은 이유로 테큐이치팟진과 결혼했다. 도시가 불타던 때 카누에 타고 있던 부인이 바로 그녀, 테큐이치팟진이었다.

인질로 잡혀 있을 때 모테큐조마는 코르테스에게 자기 가족의 보호를 부탁했다. 이 황제에게는 19명의 아이들이 있었다. 하지만 천연두가 유행하는 전쟁 통에 그 모두의 안위를 챙기는 건 보통 일이 아니었다. 결국 천연두의 등쌀을 못 버티고 열아홉 명 아이 중 셋만 살아남았다. 테큐이치팟진(스페인인들은 발음하기 쉽게 이사벨이란 유럽식 이름을 부여했다) 역시 생존한 모테큐조마의 자녀 중 한 명이었다. 그 중 테큐이치팟진만이 정실에게서 난 딸이고, 나머지 두 아이는 소실 소생이었다. 왕국이 망하던 때 세 딸 모두 청소년기로 접어들고 있었는데, 놀랍게도 두 번이나 미망인이 된 테큐이치팟진의 나이는 그때 겨우 열두 살이었다.

코르테스는 이들을 트리플 얼라이언스의 정통성 있는 지배자로 간주했다. 그 중 핵은 단연 테큐이치팟진이었다. 그 정복자는 자신이 식민지 통치를 위해 최우선으로 완수해야 할 과제가 원주민 뿌리에 스페인 권력을 접목시키는 일이라 생각했다. 즉 인디언 체제 위에서 유럽인들이 통치하는 방식이었다. 이를 위한 수순으로 그는 모테큐조마를 인질로 삼고 있는 동안, 모테큐조마가 자발적으로 트리플 얼라이언스에 대한 통치권을 카를로스 5세에게 이양할 것을 단도직입적으로 요구했다. 이에 따라 인디언 지배층은 이제 훌륭한 스페인 백성이니 당연히 스페인 엘리트들과 동등하게 대우받아야 했다. 두 그룹은 동등한 조건으로 뒤섞일 것이었다. 코르테스는 테큐이치팟진을 임신시킴으로써 임무를 자연스럽게 진척시켰다.

하지만 그 전에 코르테스는 조금 뜸을 들였다. 테큐이치팟진은 아직 콰우테모크와 혼인 상태였다. 1525년, 트리플 얼라이언스의 통치자가 스페인에 대항해 모의를 꾸몄다고 주장하면서 코르테스는 콰우테모크를 처형해버렸다. 그런 뒤 그는 자신이 각별히 총애하던 콘키스타도르와 테큐이치팟진의 결혼을 주선했다. 그녀의 네 번째 남편은 몇 달 후에 사망했다. 코르테스는 이제 갓 열여섯 살 된 미망인을 자신의 넓은 거처로 데려온다. 바로 이곳이 그녀가 임신을 하게 된 곳이자, 코르테스가 총애하던 또 다른 콘키스타도르와 다섯 번째 결혼을 진행시킨 장소이다. 그리고 1528년, 레오노르 코르테스 목테주마Leonor Cortés Moctezuma가* 그 결혼식 4~5개월 후에 태어났다.

레오노르만이 코르테스의 유일한 혼외자는 아니었다. 그 부부는 못해도 네 명의 혼외자를 더 두었다. 또한 레오노르만이 유일한 반인디언 혼혈아이는 아니었다. 트리플 얼라이언스 공습 내내 코르테스

---

* 오늘날 학계에서 가장 널리 사용되는 황제의 이름은 '모테쿠조마Motecuhzoma'이다. 당시 스페인 사람들은 그를 '목테주마Moctezuma'라고 불렀다. 바로 그 이름이 손녀에게 붙여진다.

15~16세기 아메리카 왕가 가계도

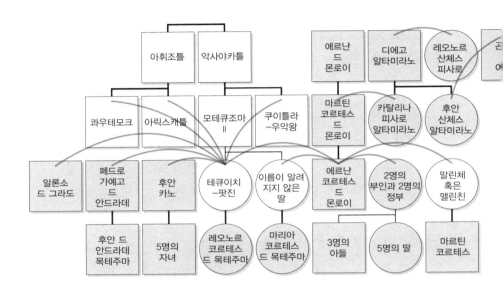

멕시카(왕족)

스페인(정복자)

잉카(인디언)

멕시카-스페인 혼합

잉카-스페인 혼합

배우자 혹은 정부

혹은 | 직계 후손

동복 형제

이복 형제

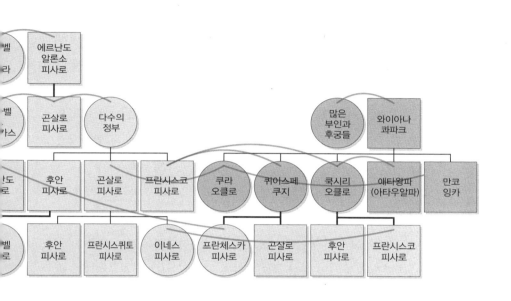

정복자들은 통치권 정당성 확보를 위해 보통 정복한 땅의 지배층으로부터 배우자를 택하거나 혼인을 했다. 코르테스와 피사로가 대표적인 인물이다. 그들은 다문화 아이들 시대를 창조했고, 이 아이들은 새 식민지 최대 권력층의 중요한 일부였다. 정복자들 중 상당수는 스페인 서부 산악지대 엑스트레마두라 출신으로, 이곳은 가까운 집안끼리 통혼을 통해 소수가 권력을 장악하고 있었다. 엑스트레마두라 지배층은 인디언 왕권사회만큼이나 정신없이 연결되어 있었다. 그 결과 어디에서도 볼 수 없는 다문화 거미줄 가계도가 탄생했다.

는 가이드 겸 통역관을 대동하고 이곳저곳을 누볐다. 그 가이드의 이름은 말린체Malinche, 매리나Marina, 혹은 맬린친Malintzin 등 여러 개의 이름으로 전해진다. 트리플 얼라이언스와 마야 중립지대 왕국의 왕족 출신인 말린체는 의붓아버지에게 걸림돌이 되어 마야에 팔렸다. 말린체는 어려서 트리플 얼라이언스의 언어를 배웠기 때문에, 마야 왕국은 이 방면에서 명성이 자자했던 코르테스에게 그녀를 내주었다. 당연한 수순으로 성관계가 이루어졌다. 1522년 5~6월경 말린체와 그 정복자 사이에서 아들 마르틴Martín이 태어났다. 즉 그가 제국을 멸망시키고 기쁨의 축제에 들떠 있었던 8~9월에 말린체를 임신시켰다는 얘기다(또 한 명의 원주민 혼혈 딸로 마리아가 있는데, 이 아이는 코르테스의 유언장에만 적시되어 있을 뿐 생모가 모테큐조마의 딸이었다는 것 외에 알려진 사실이 없다. 추정키로 마리아는 코르테스가 모테큐조마를 볼모로 사로잡고 있던 동안에 생겼으며, 친모는 전쟁 통에 죽은 듯하다).

코르테스는 자신의 혼혈 혼외자들을 굳이 숨기려 들지 않았다. 레오노르는 방대한 영지를 관리했던 코르테스의 사촌 손에 길러졌다. 그리고 코르테스의 사탕수수 농장에서 나온 막대한 재산은 멕시코에서 가장 큰 은광을 소유했던 후안 데 톨로사를 현혹시키기에 충분했다. 그는 레오노르와 혼인하는 대가로 엄청난 지참금을 챙겼다. 마르틴을 위한 코르테스의 액션은 훨씬 더 각별했다. 그는 마르틴이 소년이었을 때 스페인 왕실로 보내 시동으로 쓰게 했고, 로마인 변호사를 고용해 교황 클레멘스 7세에게 적자로 인정해달라고 탄원했다. 교황의 태생 이름은 줄리오 데 메디치Giulio de' Medici. 개인적으로 공감하고도 남을 이유가 충분했다. 교황 자신이 사생아였을 뿐 아니라 혼혈 사생아(그 아이의 이름은 알레산드로 데 메디치로, 엄마가 아프리카인

해방노예 출신이었다)를 두고 있었고, 자기 아이의 장래를 보장해주려고 피렌체의 공작 직위에 임명했다. 교황은 마르틴 코르테스를 사실상 법적 적자로 공인해주었다. 마르틴은 같은 이름의 적자 형인 마르틴 코르테스와 나란히 유언장에 주요 상속인으로 이름을 올렸다. 둘다 똑같이 스페인 사회의 온전한 구성원이었다. 그리고 아버지의 뜻을 받들어 왕실전쟁에서 5년을 복무함으로써 이를 당당히 입증했다. 당연히 이들은 인디언 노예문제를 위해 싸웠다.

유럽인과 인디언의 혼합은 콜론이 히스파니올라 섬을 터치다운하기 무섭게 시작되었다. 그 섬에 온 대부분의 식민개척자들은 미혼의 젊은이였다. 1514년 히스파니올라 인구조사에 따르면 엥코미엔다로(법적 후견인) 중 결혼한 사람의 비율은 겨우 3분의 1이었다. 남은 3분의 2 중 3분의 1이 타이노 여자들과 결혼했다. 페르난도와 이사벨라는 이러한 이종문명 간 결합을 장려했다. 이것이 기독교 개종으로 이어질 것이라는 생각으로 말이다. 의외라고 생각하겠지만 일부 원주민은 딸을 크리스천 의식으로 스페인인에게 결혼시키는 것이 소원이었다. 특히 지배층 인디언의 경우, 자신의 딸을 스페인 남자와 결혼시킴으로써 지위를 강화할 수 있었기 때문이다. 그리고 상당수 스페인 남자들에게도 타이노와의 결혼이 더 이득이었다. 하층민 사내들일 경우, 원주민 여성과 결혼하는 길만이 인디언 지배자가 통제하고 있었던 그곳의 부와 일꾼에 접근할 수 있는 방법이기 때문이었다.

바야흐로 하이브리드 사회가 태동하는 순간이었다. 맨 처음 카리브 해에서 막이 오른 이 같은 혼인 방식은 아메리카 각지로 급속하게 번져나갔다. 이 혼합은 위로부터 시작되었다. 앞서 소개한 코르테스가 대표주자였다. 1세대 콘키스타도르(정복자) 선구자들과 마찬가지로 코르테스도 어김없이 열악한 산악 변방지역 엑스트레마두라 출신이었다. 수 세기 동안 가문끼리 결혼하는 방식으로 혈족의 입지를 강화했던 그 지역 말이다. 잉카제국 정복자 프란시스코 피사로도 코르테스의 먼 친척이었다. 피사로의 할아버지 형제가 코르테스의 증조고모와 결혼했다. 그렇게 얽히고설킨 정복자 가족들이 앞다퉈 원주민 왕족사회 구성원과 결혼함으로써, 족보학자들조차 머리를 쥐어짜게 될 복잡한 가계도가 만들어졌다. 코르테스와 멕시코계(테노치티틀란 사람들)의 혈연관계가 그 원형이자 표본이었다.

코르테스는 시작에 불과했다. 피사로 역시 자신의 엑스트레마두라 출신 친척과 마찬가지로 원주민 왕족 여성과 살림을 차렸다. 바로 퀴이스페 쿠지Quispe Cusi로, 피사로가 전복시킨 잉카제국의 황제 애타왈파Atawallpa의 친여동생 혹은 이복 여동생이다. 피사로는 퀴이스페 쿠지에게서 프란치스카Francisca와 곤살로Gonzalo라는 두 명의 아이를 본다. 그는 스페인 왕에게 두 아이를 적자로 공인해줄 것을 청원했다. 피사로는 사실 퀴이스페 쿠지와 정식으로 혼인한 사이가 아니었는데도 공공연하게 자신의 부인이라고 떠벌리고 다녔다. 또한 이 '결혼'이 퀴이스페 쿠지의 잉카 자매 두 명과 통혼하는 데 걸림돌이 되지도 않았다. 둘 중 한 명은 피사로에게 아이를 두 명 낳아주었다. 그 자신 사생아였던 피사로는 잉카 혼혈아 자손들에게 등을 돌리지 않았다. 퀴이스페 쿠지의 딸인 프란치스카는 피사로의 주요한 상속자가 되었다(프란치스카의 동복 형제 곤살로는 아홉 살 나이에 죽었다).

피사로는 세 명의 형제와 함께 페루에 왔다. 이 중 한 명이 잉카 공주를 정부로 삼고, 다른 한 명은 잉카 왕비를 취했다. 피사로가 애타왈파를 죽인 뒤 허수아비로 세워두었던 왕의 부인을 빼앗은 것이다. 피사로의 나머지 형제 한 명은 에르난도로, 네 명의 형제들 중 유일하게 살아서 스페인으로 돌아간 사람이다. 에르난도를 경계한 카를로스 5세는 그를 가택연금시켰다. 에르난도가 마구잡이로 왕권을 전복하려 든 전적이 있는 데다, 페루 약탈과정에서 많은 스페인 동료들을 살해했기 때문이었다. 카를로스 5세가 퇴위한 뒤 후계자인 펠리페 2세도 에르난도의 감금 상태를 그대로 유지했다. 페루 정복과정을 놀랍도록 상세하게 그려낸 저서 《잉카 정복》의 저자 존 헤밍은, 에르난도가 21년 동안 감금 상태로 살았지만 "감금은 충분히 관대했다"고 썼다. "그는 1525년 생포된 프랑스 국왕 프랑수아 1세가 수감되어 있었던 장소에서 감옥생활을 했다." 정오가 다 되어 일어난 에르난도는 호사스런 처소에서 호화로운 식사와 함께 와인을 마셨고 밤새도록 스페인 지배층을 접대했다. 그는 정부를 거느리기도 했다. 그 정부는 에르난도에게 딸을 낳아주었다.

에르난도가 피사로의 딸 프란치스카를 다시 만난 건 그녀의 나이 열일곱 살이 되었을 때로, 그녀가 아버지로부터 막대한 재산을 상속받은 직후였다. 떡 본 김에 제사지낸다고 쉰 살의 에르난도 피사로는 그 자리에서 프란치스카와 결혼했다. 헤밍은 이렇게 썼다. "그녀가 조카라는 사실 혹은 서른세 살이나 나이 차가 나며, 자신이 감금 상태에 있다는 사실을 그는 전혀 개의치 않았다." 마침내 에르난도가 가택연금에서 풀려났을 때, 이 커플은 피사로 형제들이 태어난 도시인 트루히요 중앙광장에 어마어마한 르네상스 스타일 성을 지었다. 식민지에 대한 판타지를 구현한 이곳에서, 그들은 금으로 만든 그릇에 페루 음식을 담아 식사를 했고 수입한 잉카인 하인 부대가 시중을 들게 했다.

피사로 형제와 그 일행들은 다른 정복자들에 비해서 부유했다. 그리고 이들은 다른 방면에서도 부유했다. 역사학자들은 1541년 칠레 산티아고를 건설했던 150명 중 97명의 삶을 추적해보았다. 이들은 392명의 아이와 손자를 두었는데, 이 중 226명(57퍼센트)은 인디언 자손이었다. 1569년, 칠레의 한 정복자는 조사관에게 자신이 비유럽 여성들*로부터 50명의 아이를 생산해냈다고 자랑스럽게 얘기했다.

정복자의 혼혈아들 중 아프리카인 혈통은 극소수였다. 하지만 상황은 변했다. 그것도 삽시간에. 플랜테이션 노예제도 확산과 함께 이 반구 아프리카 인구 비율이 급증하면서 아프리칸-인디언, 아프리칸-유럽인, 그리고 아프리칸-유럽인-인디언의 숫자도 급상승했다. 1570년으로 접어들면 멕시코에는 유럽인 인구 대비 아프리카인이 3

---

* 이런 혼혈관계는 비단 스페인과 포르투갈의 아메리카에만 국한되지 않았다. 프린스턴 대학교 역사학자 린다 콜레이는 시간이 흐르면서 영국은 급속도로 혼합된 여러 그룹이 균형을 이루면서 "한층 더 하이브리드한 사회구조로 진화된다"고 했다. 이런 개념을 토마스 제퍼슨 대통령과 같은 초창기 미국인들은 적극적으로 받아들였다. 그는 유럽인과 인디언이 "만나고, 섞이고, 상호 융합해 하나의 민족이 되어야 한다"고 주장했다. 이러한 혼합의 전형적인 예는 텍사스의 초대 대통령이었으며 후에는 주지사가 된 샘 휴스턴 Sam Houston이었다. 그는 어릴 적 고향을 떠나 체로키(인디언 부족)의 한 가정에 입양되었다. 그는 자신이 태어난 사회로 되돌아간 후 술과 폭력에 찌든 젊은 시절을 보냈다. 서른 셋에 결혼생활을 끝낸 그는 체로키로 돌아와 반체로키 여성과 결혼한 뒤 원주민 의복을 고수하며 워싱턴 주재 체로키 대사가 되었다. 그의 끊임없는 음주벽에 분노한 체로키 사회는 그를 대사직에서 물러나게 하고 체로키 구성원에서도 추방했다. 샘 휴스턴은 텍사스가 멕시코에서 분리된 후 텍사스의 대통령이 되었다. 대통령직에 있을 때 현지 체로키와 연합을 구축해 멕시코 북부지역을 침략한 뒤 두 문명이 결합된 국가 건설을 시도하기도 했다. 제퍼슨 역시 혼합된 사회 탄생을 적극 거들었음이 1998년 DNA 분석 결과 입증되었다. 제퍼슨은 샐리 헤밍스Sally Hemings라고 하는 아프리카 혈통의 여자 노예와 사이에 한 명 이상의 아이를 둔 것으로 보인다. 제퍼슨은 헤밍스가 낳은 여섯 아이 모두 자유의 몸으로 풀어주었다. 그가 노예를 해방시켜준 건 그때뿐이었다. 이 중 세 명은 '백인'으로서, 성인의 삶을 영위한다.

배, 그리고 혼혈인 비율은 2배가 된다(당연히 아프리카인, 혼혈인 모두 인디언 인구를 능가했다). 이후 70년이 지났을 때에도 아프리카인은 여전히 유럽인보다 3배 많은 인구 비율을 굳건하게 유지했다. 그런데 혼혈인은 28배로 늘어났다. 이들 대부분은 노예 신분이 아닌 아프리칸-유럽인이었다.

다른 한편으로 당시의 스페인 사람들은 자신들이 창조해낸 하이브리드 세상을 거부감 없이 받아들였다. 당시 유럽인들에게는 후대 세대와 같은 '인종' 개념이 없어서 아프리카인이나 인디언을 생물학적 측면에서 다르다고 보지 않았다. 당연히 오늘날 '유전적 오염'이라 부르는 것에 대한 두려움도 없었다. 하지만 또다른 한편으로는 원주민과 새 이주민 간 혼합으로 인한 '영적' 오염에 대해서는 극도의 공포심을 품고 있었다.

스페인이 인디언 개종을 약속으로 정복을 정당화했다는 사실을 떠올려보자. 스페인의 끊임없는 원주민 학대로 인해 이 계획은 번번이 좌절됐다. 뉴스페인 신앙생활을 좌지우지했던 프란치스코회 수도사가 이에 대한 해결책으로 내놓은 방안은 아파르트헤이트였다. 식민지를 두 개의 '정부'로 분리하자는 내용이었다. 한 개는 인디언용으로, 다른 한 개는 유럽인용으로. 인디언으로만 구성된 인디언 타운에서는 유럽인의 노동력 징집에 시달리지 않고 인디언 방식으로 살게 하되 스페인은 그들의 기독교 개종에만 집중하도록 하자는 것이었다. 반면 스페인인들은 스페인 식으로 설계된 공간에서 정복으로 인한 결실을 거두는 데만 집중하면 된다는 논리였다. 이에 따라 1538년 바스코 드 퀴로가 주교는 멕시코시티 서부 산간지역에 인디언 보호구역을 지정해 3만 명의 인디언을 이주시킨 뒤, 말 그대로 자신이 구

문화와 인종이 뒤죽박죽 섞인 아메리카의 스페인 식민지 거리는 예술활동에 자주 반영되었다. 17세기 무명작가가 그린 이 그림은 포토시의 거대한 은산에 동정녀 마리아를 그려넣어 기독교 문화와 안데스 전통이 결합한 상황을 절묘하게 표현했다.

상하는 이상향을 그곳에 현실화했다. 퀴로가는 21년 전 출간됐던 토마스 모어의 《유토피아》에 묘사된 도시 모습을 인디언 보호구역에 그대로 구현한 것으로 알려진다.

　두 개의 정부 기획의 허점을 여실히 보여주는 사례가 이와 거의 같은 시기에 프란치스코회가 멕시코시티와 베라크루즈 중간지점에 세운 유럽인 전용 도시 푸에블라 드 로스 앤젤레스Puebla de los Ángeles다. 이 기획도시는 한 가지 문제 해결에 집중되었다. 바로 원주민 마을에 기생하는 유럽인 하층민이었다. 이들이 끊임없이 요구하는 음식과 거처 그리고 여성은, 규율 있는 개종이라는 국가적 과제의 중대한 걸림돌이었다. 이 떠돌이들을 교회가 관할하는 도시로 끌어모아 교화한다는 것이 프란치스코파가 고안해낸 묘책이었다. 하지만 인디언 노동력이 제공되지 않는다는 사실을 알아챈 초기 거주민 절반은 프로젝트 자체를 거부했다. 결국 푸에블라 건설은 엥코미엔다 인디언 노동력에 의존할 수밖에 없었다. 스페인인들은 계속해서 떠나갔고, 성직자들은 유인책을 마련해야 했다. 푸에블라의 각 가정에 매주 40~50시간의 인디언의 서비스가 주어진 것이다. 결국 인디언 보호를 목적으로 만들어진 도시마저 강제징발된 인디언 없이는 굴러갈 수 없는 상황이 빚어졌다. 그렇게 해서 인디언과 스페인인들은 다시 뒤섞이게 되었다. 설령 당국이 성공적으로 그들을 분리해놓았다 하더라도, 둘 사이를 자유롭게 누비며 중개인으로 활동하는 아프리카인들이 있었다. 이들은 원주민 지역사회와 스페인 거주지역 간 상품 가격 차를 이용해서 물건을 사고팔며 이득을 챙겼다.

게다가 두 개의 정부 기획을 비웃기라고 하듯 피가 섞인 후손의 인구는 거침없이 증가했다. 그렇다면 이들은 어떤 그룹에 속해야 한단 말인가? 당시 멕시코 현지 교회들은 세례의식, 결혼의식, 장례 절차를 인디언용과 스페인용으로 따로 구분해서 진행했다. 이들 혼혈 인구들을 위해 제3의 의식이라도 신설해야 된단 말인가? 설상가상 혼혈인구 증가는 식민개척자들에게 피의 순수성에 대한 공포를 불러일으켰다.

당시 스페인인들은 부모의 사고방식·품성·덕성이 자식들에게 그대로 전수되고, 성장기 가정환경에 의해 그 성향이 더욱 강화된다고 믿었다. 가령 엄마가 무슬림이나 유대인 가정 출신일 경우, 아이들이 종교에 노출되지 않아도 그 아이들에게 유대교와 이슬람의 본질이 자동적으로 주입된다는 의미였다. 만일 어떤 아이가 돼지고기를 먹지 않는 이슬람 문화나 목욕을 자주 하는 유대인 문화에서 성장한다면 이미 뼛속 깊이 물이 들어 근절이 어렵다는 논리였다. 반대로 무슬림이나 유대인 혈통에서 나온 아이라도 그 아이가 기독교인 부모 아래서 기독교식 음식을 먹고 관습을 배운다면, 타고난 품성이 완전히 제거되지는 않더라도 경감은 가능하다고 봤다. 이런 논리에 따르자면 아프리카인은 조상이 수용했던 비도덕적인 이단이 후손의 마음속에 잠재하고 있기 때문이지, 아프리카 종족이기 때문에 두려운 것은 아니었다.

이런 의미에서 인디언은 처음에는 위험하게 간주되지 않았다. 콜론 이전의 아메리카에는 복음이 전파된 적이 한 번도 없었고, 그들의 선조가 구세주를 거부한 것도 아니었다. 그들의 이교도 신앙은 무지로 인한 실수였을 뿐, 절대 악은 아니었다. 이들은 백지상태이기 때문에 이단의 낙인을 자손에게 전달할 가능성이 없어 보였다. 하지만 시간이 흐르면서 많은 인디언들이 진실한 개종을 거부한다는 게 분명해졌고, 종족 전체에 대한 의심이 차츰 생겨났다. 이런 와중에 아프리칸 혼혈들은 인정사정없이 증가했다. 결국 17세기 유럽인들은 그 어느 때보다 큰 규모의 의심스러운 사람들에게 겹겹이 둘러싸이는 상황이 됐다. 16세기까지 혼혈 집단을 기꺼이 껴안았던 지배층은 자신들이 그들에 대한 통제력을 잃어가고 있음을 직감했다. 그런 인식과 동시에 혼혈 집단에 대한 그들의 관용은 갈지자 행보를 띄기 시작했다.

인종에 대한 주제는 학자들이 평생을 바칠 정도로 복잡한 문제이다. 이 주제는 역사의 화약고로, 여차하면 전면적인 공격과 언쟁을 야기하기 쉽다. 적잖은 의견충돌 역시 불가피하다. 위에서 간략히 정리한 내용은, 나로서는 꽤 설득력이 있다고 판단되는 서던캘리포니아 대학교 역사학자 마리아 엘레나 마르티네즈의 연구내용을 요약한 것이다. 누군가는 그녀의 견해나 나의 요약에 대해 눈을 치켜뜰지도 모른다. 그럼에도 아메리카 식민지 사회가 점차 다양한 인종의 거대한 용광로가 되었다는 사실에 반론을 제기하는 이는 없을 것이다. 식민 당국은 깨어난 요정 지니를 다시 램프 속으로 집어넣으려 발버둥을 쳤다.

16세기 후반부로 접어들자 스페인 정부는 혼혈인 단속에 착수했다. 먼저 무기 소지가 금지되고, 성직자가 되는 길을 막았다. 일류 업종(실크 제조, 장갑 제조, 바늘 제조) 종사도 금지했으며 정부 관료사회 진출도 제한했다. 저울 눈금을 속인 스페인 육류상은 20페소 벌금 부과에 그친 반면, 같은 일을 한 인디언 혈통은 곤장 100대에 처해졌다. 아프리카 피를 가진 사람은 남녀 불문하고 저녁 8시 이후로는 거리를 활보하지 못하도록 했다. 네 명 이상이 그룹으로 모여 회동을 해서도 안 되었다. 게다가 이들은 매해 특별 과세를 감당해야 했다. 일종의 원죄에 대한 세금이었다. 인디언-유럽인 여성에겐 인디언 복장이 허용되지 않았다. 아프리칸-유럽인 여성에겐 스페인 스타일 복장과 보석이 허용되지 않았으며, 만타스mantas라고 하는 화려한 자수가 수놓아진 고급 외투도 입을 수 없었다. 단순한 악의와 멸시에서 비롯된 자잘한 규제들이 뭉치고 쌓이면서 혼혈인의 불안감과 분노가 산발적인 폭력 사태로 번지기 일쑤였다. 이에 대해 스페인 사람들은 고분고분하지 않은 혼혈인에 대한 트집 잡기식 표적 수사로 응수했다.

규제가 점점 증강되고, 규제를 당하는 이들의 공포감과 분노 역시 그만큼 증강됐다. 혼혈인들은 반발했고, 상대는 더욱 심한 규제 카드를 들고 나오는 악순환이 이어졌다. 급기야 성직자들은 인디언도 사실은 그리 순수하지 않은 혈통이라고 주장하고 나섰다. 말하자면 예수를 믿지 않는 유대인처럼, 인디언 역시 낙인을 품고 태어난다는 주장이었다. 혹시 오래 전에 유대인으로부터 갈라져 나온 후손이 아니란 법이 어디 있는가? 이스라엘의 잃어버린 지파! 그리고 이들 중 일부는 이베리아 반도에서 개종한 척하던 일부 유대인들처럼 사실은 기독교도로 개종한 것이 아닐 수도 있었다. 어쩌면 기독교 사회 공략을 위해 아프리카 세력과 결탁해 모의를 꾸몄을 수도 있다. 아우구스티누스 학파 수도승 니콜라스 드 비테Nicolás de Witte는 1552년 이런 글을 남긴다.

> 태생적으로 질이 나쁜 메스티조가 득실거린다. 노예의 후손인 흑인 남성과 여성도 득실거린다. 인디언 여성과 결혼한 흑인이 득실거리며, 이 결혼에서 뮬라토가 태어난다. 또한 인디언 여성과 결혼한 메스티조도 득실거리고, 이 결혼에서 다양한 카스타casta(교배종)가 무한대의 수로 양산된다. 그리고 이 모든 결혼에서 무섭도록 다양하고 질이 나쁜 겹겹의 혼혈아들이 양산된다.

'카스타 시스템'이라고 하는 세분화된 인종 분류체계에서 가장 밑바탕이 되는 개념은 '메스티조'와 '뮬라토'였다. 물론 이 분류체계는 제국 전체 차원에서 공식적인 제도는 아니었다. 하지만 수백의 지역과 교구, 그리고 상업 길드 전반에서 뉴스페인 사람들을 카스타 시스템에 따라 분류하는 것은 공공연하게 인정되었다. 분류 기준은 해당 혈통과 연계된 윤리적·영적 가치였다. 각각의 범주에 속하는 사람들은 그 외 범주 사람들과는 근원적으로 다른, 절대 불변의 명확한 속성을 타고난 사람들이었다. 뮬라토(아프리칸-유럽인)는 메스티조(인디언-유럽인)와는 달랐고, 잠보(아프리칸-인디언. 이 용어는 비하적인 표현으로, 안짱다리란 의미의 잠바이고zambaigo에서 나왔다)와도 달랐다. 스페인인과 메스티조 사이에서 태어난 후손은 카스티조였고, 스페인인과 뮬라토 사이에서 태어난 아이들은 모리소(그 연유는 불분명하지만 '무어인Moor'이란 의미다)였다. 시간이 흐름에 따라 이 분류는 더욱 기괴하고 복잡하게 세분화되었다. 코요테, 로보(늑대), 알비노, 캄뷰조(거무스름한), 알바라자도(흰색 점박이), 바르치노(말하자면 점박이의 반대되는 개념), 텐테엔엘에어tente en el aire(공기 중에 떠도는), 노 테엔티엔도no te entiendo(이해 불가 대상) 등등이 그 예이다.*

　하지만 정부의 의도대로 돌아가는 것은 하나도 없었다. 사람들은 주어진 사회적 지정석에 머무는 대신, 오히려 제도를 더 나은 지위 획득 수단으로 역이용했다. 자신들에게 가장 유리한 정체성을 스스로 부여하면서. 정복자 디에고 무뇨스의 인디언 혼혈아들은 원주민 귀족과 결혼했다. 제도상으로는 코요테로 분류되는 자신을 인디언이라고 선언하면서. 그렇게 해서 스페인 정복자 무뇨스의 손자는 멕시코시티 동쪽 틀라스칼라에서 '인디언 통치자'가 되었다. 한편 일부 인디언은 자신을 아프리카인이라고 주장하기도 했다. 노예들은 세금을 적게 냈기 때문이다. 그 인디언들은 자신들이 세금을 내야 하는 이유를 도무지 납득할 수가 없었다. 현지 공무원들에게 감시 의무가 있었지만, 돈에 넘어가는 공직자는 어느 시대고 있게 마련이었다. 사실

---

* 이 분류작업에 열을 올린 건 스페인뿐만이 아니었다. 18세기 프랑스 대학자 루이스 엘리에 모로 드 세인트 메리는 아이티 섬의 뒤섞인 인구를 128개의 세세한 그룹으로 분류하는 작업을 했다("뮬라토 피가 섞인 그룹을 56~70퍼센트까지 각각 12단계로 세분했다.").

상 공무원들은 어떤 카스타든, 가판대에 마련해놓고 장사를 하고 있었다. 카리브 해를 건너온 스페인인 중에서 적자 후손을 남기지 못하고 죽는 경우가 생기면, 그들의 메스티조 혹은 뮬라토 후손들이 '스페인인'으로 승격되어 상속인의 권한을 꿰찼다. 이런 신분 둔갑은 일상 다반사여서 푸에르토리코 주교는 1738년 "모든 열등한 종족과 피가 섞이지 않은 백인 족보는 실제로 찾아보기 어렵다."라고 코웃음을 쳤다. 이 세기 말에 한 여행자가 냉소적으로 지적했다. 히스파니올라 공식 인구조사에 "많은 이들이 백인으로 이름을 올리고 있지만, 현지 교구의 교구민 등록대장에는 동일인이 백인-인디언 혼혈, 백인·인디언-잠보 혹은 뮬라토 혹은 블랙과의 혼혈로 되어 있다."

토착인 노예화를 금지했던 그 신법New Law은 민족 간 뒤섞임을 부채질했다. 왜냐하면 스페인 법전 시에테 파르티다스Siete Partida는 모계의 신분 계승을 원칙으로 삼았으므로, 적어도 이론상으론 유럽인 여성과 인디언 여성의 자손은 자유 신분이었기 때문이다. 결과적으로 아프리카 출신 남성들은 비아프리카 여성들을 찾아나섰다. 출신 성분상의 문제를 떠나서라도 현실적으로 수입 노예 중 남성 비율이 70퍼센트를 넘었기 때문에 그 식민지에는 아프리카 여성이 거의 없었다. 스페인 정부는 아프리카인은 아프리카인과만 결혼하라고 법으로 명했다. 그러나 식민지 권력을 틀어쥐고 있던 성직자들은 기독교식 결혼 장려 차원에서 법에 위배되는 결합에 노예들을 밀어넣었다. 이교도인 아프리카인을 기독교의 울타리 안으로 끌어들이려는 방편이었다. 그 결과 절반 이상이 비아프리카 여성과 결혼에 골인했다. 그러자 식민지 당국은 시에테 파르티다스 원칙은 아프리카인에게 적용되지 않는다고 선포하고는, 아프리칸-인디언과 아프리칸-유럽인 아이들을 노예로 삼으려 들었다. 여기에 해당되는 사람들은 기민하게 행동했다. 상대적으로 피부색이 옅은 아프리칸 혼혈들이 대거 다른 지역으로 옮긴 뒤 새 이웃들에게 인디언이나 스페인이라고 둘러댔다.

민족과 인종 차별에 대한 인간의 신념이나 정책은 현실 앞에서 무력해지고 만다. 멕시코도 예외는 아니었다. 순전히 유전학적 관점에서 보면, 그곳 거주민들은 점점 더 가파른 속도로 혼합되었다. 그리하여 18세기 말쯤에는 '순수' 아프리카인을 찾아보기 어려운 상황이 되었다. '순수' 인디언 숫자 역시 질병과 이종 인종 간 결혼으로 인해 무시무시한 속도로 감소했다. 그나마 남아 있던 '순수' 스페인인들조차 멕시코시티 인구의 5퍼센트를 밑돌 정도로 아주 작은 한 점으로 전락했다. 게다가 이종 인종 간 결혼은 점점 더 흔해져서 더 이상 분리된 한 점으로조차 남지 못할 참이었다. 시간이 흐를수록 개인을 특정 범주로 구분하기 어려워지자 식민 당국은 더욱 격하게 발버둥을 쳤다. 이처럼 특이한 상황을 가장 잘 보여주는 예는 아마도 세계적으로 기이한 예술장르라 할 '카스타 페인팅casta paintings'일 것이다.

보통 16개의 그림이 한 세트로 구성된 카스타 페인팅은 뉴스페인 혼혈인종의 범주를 쉽게 설명해주려는 취지로 제작되었다. 그림이나 판화는 식민지 현지에서 제작된 것들로, 스페인 아메리카의 메스티조, 뮬라토, 코요테, 로보, 텐테덴엘에어를 존 오듀본(1785~1851. 미국의 조류학자이자 화가. 《북미조류도감》을 저술했다) 식의 정밀함으로 묘사했다. 사실상 마드리드 자연사박물관에서는 화석 표본과 외래 식물 옆에 나란히 카스타 그림 여러 세트를 전시하면서 아메리카 스페인 식민지에 분포한 호모 사피엔스 계보를 관람객들에게 알려주었다. 거의 모든 그림들은 가족 가계도를 친절하게 설명하고 있었다.

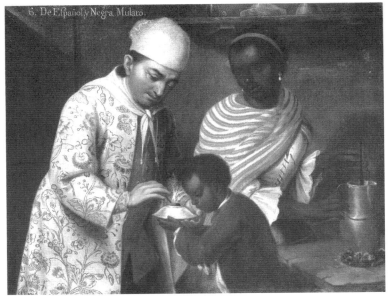

카스타 유화들. 당시 유럽에서 인기가 높았던 자연사 그림들의 인간 버전이라고 할 수 있을까? 스페인령 아메리카 식민지의 인종 혼합을, 다른 지역 사람들에게 교습시킬 목적으로 제작되었다. 유럽인, 인디언, 그리고 아프리칸으로 그 뿌리에 따라 구획된 복잡한 인종체계를 그림화한 것으로, 이 그림들은 깔끔하게 인종별 레이블을 붙여 정리한 인류학 논문 시각자료인 셈이었다. 때로 이들은 특정 인종의 결합에서 오는 끔찍한 사태를 경고하기도 했다. 즉 서로 죽이는 배우자들, 혹은 자신의 부모를 닮지 않은 아이들을 보여주기도 했다.

왼쪽 페이지 하단부터 시계방향으로 흑인과 인디언에서 울프가 나온다(호세 데 이바라, 1725년경), 스페인인과 니그로는 뮬라토를 만든다(호세 데 알치바, 1760–1770년경), 챠미조와 인디언은 캄뷰조를 만든다(작자 미상 1780경), 스페인인과 알비노는 리턴백워드 Return-Backwards를 만든다(라몬 토레스, 1770–1780년경).

남성은 어느 범주이고 여성은 어느 범주이며, 그 둘의 결합으로 태어난 아이는 어떤 모습인지…. 그림의 풍선모양 캡션은 자막 역할을 하고 있었다.

울프 : 흑인과 인디언 여성에게서 출생

알비노 : 스페인 남성과 무어인 여성에게서 출생

울프 서스펜디드 인 에어Wolf-Suspended-in-Air : 뮬라토 남성과 메스티조 여성에게서 탄생

어게인 울프 : 인디언 여성과 남성 울프 리턴백워드로부터 탄생

알려져 있는 카스타 페인팅만도 100세트 이상으로, 대부분 예술성이 높은 작품들이다. 그리고 이들 중 일부는 혼혈인 스스로 그린 것이다. 오늘날 이런 그림들을 가만히 들여다보고 있노라면, 창작자들이 어떤 생각을 하면서 이 그림을 그렸을지 자못 궁금해진다. 그들은 분명 유럽인들이 뉴스페인의 이국적인 거주자들에게 매료된 동시에 혐오감을 느꼈다는 사실을 잘 알았을 것이다. 그 화가들은 자신의 동족을 동물원의 표본처럼 전시할 목적으로 그림을 그렸다. 그럼에도 화려하게 차려입은 그림 속 카스티조, 메스티조 그리고 뮬라토들의 표정에는 일상의 행복감이 묻어난다. 하나같이 키가 훤칠하고 건장하며 혈색이 좋아 보인다. 여유 있게 웃는 그들의 얼굴을 바라보면서, 저 모델들이 그림이 그려진 도시의 거리에서 자신들의 정체성으로 인해 경멸과 조롱의 대상이 되었다는 사실을 짐작하는 현대인은 거의 없을 것이다. 나아가 카스타 페인팅이 당시 사회의 다양성에는 제대로 접근조차 못했다는 사실까지 짐작하는 현대인은 거의

없을 것이다. 이 그림 중 어느 하나도, 아시아 외 지역에서 단연코 가장 큰 무리를 이루었던 뉴스페인의 아시아 인구를 표현하지 않았기 때문이다.

칵테일 도시

1688년 1월, 운집한 성도들이 푸에블라의 예수회 성령강림신성교회 예배당 안에 서로 들어가려고 몸싸움을 벌였다. 예배당 안에 안치돼 있었던 건 80대에 생을 마감한, 지역에서 이름이 드높은 성녀 카타리나 드 산 후안Catarina de San Juan의 시신이었다. 그 도시 가톨릭 종단의 고위 관리들이 성대하고 화려하게 조각된 그녀의 관을 예배당 안으로 운구해, 예술작품과 성도들의 시로 장식된 웅장한 관대에 내려놓았다. 무아지경에 빠진 숭배자들은 시신을 덮은 수의를 찢고 유해의 손가락과 귀 혹은 살 한 점이라도 차지하려고 아귀다툼을 벌였다. 카타리나를 그녀의 팬들로부터 보호하기 위해 기독교 당국은 무장한 군대를 포진시켰다.

　매장에는 푸에블라 시의회와 종교 단체의 수장들이 대거 참석했다. 이후 고인의 장례미사를 위해 사람들이 성당 안으로 모여들었다. 장례미사의 설교는 예수회 신부 프란시스코 드 아길레라가 집전했다. 그는 카타리나의 생애를 미사여구를 섞어 상세하게 미화했다. 아길레라는 카타리나가 생애 대부분을 칩거해 기도수행을 하며 금욕적인 삶을 살았지만, 성령으로 말미암아 지구 전역을 항해했다고 모여 있는 고관들에게 설교했다. 설교는 이어졌다. 사실상 지중해에서의 무슬림 무적함대에 대한 기독교 승리도 그녀의 공이었다. 그녀는 버진메리 호에 타서 성령으로 스페인 보물함대를 무시무시한 허리케인으로부터 구해냈다. 영국과 프랑스 해적선을 격퇴하는 데도 그녀의 공이 컸다. 그녀는 일본과 중국에까지 날아가서 기독교 복음을 전파했다. 뉴멕시코에서 직접 프란치스코파 선교사들의 순교를 목도하기도 했다.

이 정도 공적들도 분명 흔한 건 아니지만, 다른 한편으로 성인 반열에 오른 이라면 뭐, 그리 대수로울 것도 없다. 평소 알고 지내던 성직자가 사후에 그녀의 성인전을 집필한 것도 대단한 일은 아니었다. 물론 전기가 3종이나 됐고, 가장 두꺼운 책이 3,000페이지나 되었다는 점은 분명 특별하다. 설교 내용에서 정작 특이했던 건 그녀의 태생에 대한 내용이었다. 신부는 멕시코 산악지대에서 은둔했던 성녀 카타리나 드 산 후안이 아시아 황제의 손녀였다고 소개했다. 더욱 더 특이한 것은 이 설교 내용이 아마도 사실이었고, 설교를 듣는 사람들 역시 이 사실을 그리 특별하다고 생각하지 않았다는 점이다.

카타리나의 어린 시절 이름은 미라Mirra로, 1605년경 무굴 제국 내 한 도시의 왕족 가문에서 태어났다. 지금의 파키스탄 지역인 라호르, 혹은 타지마할로 유명세를 타고 있는 아그라 정도였을 것으로 추정된다. 무굴 제국은 무슬림 왕조였고, 왕가의 방계였던 미라의 가족 역시 무슬림이었다. 전기작가들은 왕가의 방계 가족이 모여살던 강변의 궁전에서 그녀가 살았다고 소개한다. 특이한 점은 그녀의 가족이 기독교에 동화되었다는 점이다. 알고 보면 영 말이 안 되는 얘기는 아니었다. 당시 무굴 제국을 지배하던 악바르 황제는 종교에 대한 관용으로 유명한 인물이었다. 그의 궁에서 예수회 사도들이 환영을 받았고, 그들이 왕실 고위층 관료 몇 명을 기독교도로 개종시키기도 했다. 궁전 뜰에는 기독교 성인을 형상화한 조각상과 무덤을 쉽게 볼 수 있었다. 기독교 측에서 볼 때, 이런 상황은 악바르의 통치가 신의 부름에 의한 것이라는 상징으로 받아들여졌다.

미라가 일곱 살이 되던 무렵, 상황이 돌변했다. 메카로 향하던 성지순례 여행객을 태운 무굴 제국의 배 한 척을 포르투갈 해적이 나포한 것이다. 그 공격을 의도적인 종교 모독으로 해석한 악바르는 예수회를 쫓아내고, 기독교를 탄압하기 시작했다. 미라의 부모도 그 탄압에 연루돼 해안지방으로 쫓겨났다. 아마도 당시 유럽인의 큰 지역 공동체가 있었던 아라비아 해의 수라타였을 것으로 보인다. 수라타는 해적질로 인해 골머리를 앓고 있었다. 그녀의 입으로 말한 걸 직접 들었다고 주장하는 전기작가에 따르면, 포르투갈 상인으로 위장한 해적들이 해변에서 그녀를 납치해 인도 최남단 지역 코치Kochi(코친Cochin)로 데려갔다고 한다. 그녀는 거기에서 예수회로부터 세례를 받았다. 이제 그녀는 크리스천이 되었기 때문에 다른 크리스천이 그녀를 노예로 삼을 수 없었다. 하지만 해적들은 어린 소녀를 예수회로부터 다시 탈취해갔다. 미라는 선상에서 지속적으로 능욕을 당한 뒤 마닐라 항에 내려졌고, 거기서 다시 푸에블라에서 온 배 선장에게 노예로 팔렸다.

멕시코에서 카타리나란 이름으로 불리게 된 소녀는 작은 독방에 틀어박혔다. 거의 먹지도 마시지도 않고 어떠한 성적 접촉도 거부하면서, 날카로운 압정이 달린 끈으로 사지를 둘둘 동여맨 채 감히 누구도 범접할 수 없는 강렬하고 금욕적인 신앙생활을 시작했다. 한번은 성령으로 예수의 나체를 알현하고 자신이 옷을 입혀주었다고 말했다. 골방에 칩거하면서 밤이면 찾아오는 악마의 공격에 성수, 성물과 십자가로 무장하고 맞섰다. 카타리나에게 가장 헌신적이었고 그녀가 고해성사를 할 신부로 직접 선택했던 예수회 소속 작가 알론소 라모스Alonso Ramos에 따르면, 그녀에게는 성령이 강림했다. 그녀는 성도 무리가 별로 변해 광채를 내며 자신의 입 안으로 돌진해오는 것을 목도했다. 또 성모 마리아의 영혼이 휘황찬란한 빛과 불꽃 속에서 승천하는 것을 보았는데, 머리 위에 열두 개의 빛(열두 지파, 즉 인류를 상징)이 왕관처럼 임했다고 했다. 교회의 아치 천정이 쩍 소리와 함께 열리더니 마법처럼 하늘을 떠다니는 식탁을 드러내어 보여주었는데, 금빛 찬란한 장식과 천상의 꽃으로 뒤덮인 그 식탁에는 황홀한 만찬이 차려지고 하늘의 구세주가 동석하고 있었다. 그녀는 성도들이 타고 천국으로 올라가는 "하늘하늘한 연무로 뒤덮인" 계단을 목도했는데, 그녀가 기도를 하자 천사와 꽃들이 비로 변해 뭇 성도들과 뭇 사물 위로 쏟아져 내렸다.

라모스는 1689년과 1690년, 그리고 1692년에 발간되었던 3권의 초대형 책에서 이런 사건들을 열거했다. 특히 1692년 판은 뉴스페인에서 발간된 모든 저작물 중 가장 두꺼운 책이었다. 그리고 4년 후에 열린 종교재판에서는 이 세 책 모두 "무익하고, 신빙성이 낮으며, 모순투성이에, 말도 안 되는 소리"라는 지탄을 받았다. 라모스는 푸에블라 예수회대학교 총장직을 박탈당하고 감옥에 갇혔다. 그 전부터 알코올의존증 증세가 있었던 라모스는 수감생활 중 병이 깊어져 미쳐버린 것 같다. 탈출한 후 후임 대학총장을 살해하려 하는 등 이상 행동을 보이던 그는 세간에서 잊힌 채 죽음을 맞이했다.

카타리나 드 산 후안 역시 거의 잊혔다. 그리고 잊히기로는 아메리카에서 그녀를 추종하며 따랐던 아시아인들(이스턴워싱턴 대학교 역사학자 에드워드 R. 슬랙Edward R. Slack에 의하면 5만~10만에 이르렀을)도 마찬가지였다. 이들은 갤리온 무역선을 타고 이곳에 왔다. 아카풀코 항에서 하선한 선원들, 하인들, 그리고 노예들은 뉴스페인 전역으로 뿔뿔이 흩어졌다. 17세기 초반에 들어서면, 아시아인(필리핀인, 푸젠인, 필리핀-푸젠인)들이 마닐라 항구에서 스페인 선박을 건조하는 건 일상적인 풍경이 되었다. 스페인인들은 길고도 험난한 대양 항해를 한사코 꺼렸고, 그 자리는 마닐라에 머물던 아시아인들로 채워졌다. 사실 아시아인들 일부는 우르다네타가 서에서 동으로 맨 처음 태평양 횡단에 성공했던 1565년 직후부터 멕시코 땅을 밟기 시작했을 것이다(레가스피는 이들 선박을 이용해 아카풀코 북서쪽 코유카에 있던 자신의 대농장에 아시아 출신 노예를 태워 보냈다). 슬랙은 대형 선박이 이끄는 선단 선원 중 60~80퍼센트가 아시아인이었던 것으로 추산한다. 이 중 대부분은 다시는 마닐라 땅을 밟지 못했다. 한 표본집단을 예로 들어보자. 1618년 에스피리투 생투Espiritu Sancto 갤리온선을 타고 아카풀코에 상륙했던 아시안 선원 75명 중 겨우 5명만이 귀향하는 배에 올라탈 수 있었다. 수십 년 동안 배에서 내려 아메리카 땅에 발을 디딘 수천 명 아시아인들은 이 도시의 조선소, 건설현장, 공공사업에서 일자리를 잡았다.*

* 이들 모두가 멕시코로 간 것은 아니었다. 1613년 페루의 리마 인구조사에 따르면, 당시 그곳에 거주했던 아시아인은 114명이었고, 이 중 거의 절반은 여성이었다. 아시아인들이 인구조사원을 피해 다녔던 점을 감안하면 아마도 실제 수치는 훨씬 더 많았을 것이다. 이 조사에는 페루에 정착한 상당수 아시아인들이 "주름 펴는 이abridores de cuellos"로 일했다는 표현이 나온다. 지체 높은 양반들이 목에 둘렀던 러프(주름) 장식을 세심하게 잡아주는 일, 즉 하인으로 일했다는 의미다.

식민정부의 금지령에도 불구하고 때로 아시아 선원들은 개별적으로 흘러들어 온 카타리나 드 산 후안 같은 아시아 노예들과 같이 일했다. 이들은 인도, 말레이시아, 미얀마, 스리랑카 등지에서 마닐라로 흘러든 뒤 거기서 포르투갈 노예상인에 의해 아메리카로 이송되었다. 중국 정크선들은 베트남과 보르네오 섬 등지에서도 사람들을 마닐라로 실어왔다. 그런 뒤 마닐라에서 대형 갤리선에 실크, 도자기와 함께 실려 아메리카로 들어왔다. 1672년 마닐라 당국은 아시아인 노예화를 법으로 금했지만, 유명무실이었다. 거의 100년 후 마닐라에 머물던 한 예수회단이 20여 명의 아시아인 하인을 마드리드에 데려가려고 했는데, 베라크루즈 시의회가 이들을 돌려보내라고 명령했다. 그들은 노예나 다름없었다.

　이런 사람들은 싸잡아서 치노chinos라고 불렸다. 아시아에서 온 이민자들은 아카풀코로부터 실버 하이웨이를 타고 멕시코시티, 푸에블라, 그리고 베라크루즈까지 점차적으로 퍼져나갔다. 사실상 그 도로의 치안조차 그들이 담당했다. 일본의 사무라이가 대표적이다. 가타나를 휘두르는 일본인들은 1603년과 1609년 마닐라의 중국인 폭동 진압에서도 대활약을 했다. 1630년대 일본 정부가 외세에 빗장을 걸어잠그자 국외에 거주하던 일본인들은 오도가도 못하는 신세로 전락했다. 오갈 데 없게 된 이들은 수십 혹은 수백 단위로 멕시코로 이주했다. 처음 스페인 식민지 총독들이 메스티조, 뮬라토, 니그로, 잠바이고 그리고 치노들의 무기 소지를 원천적으로 금지했을 때조차 사무라이에게는 예외를 용인했다. 산악지대로 도망쳐 노상강도가 된 노예들이 운송중인 은을 탈취하지 못하도록, 사무라이들을 시켜 가타나와 단도를 휘두르게 한 것이다. 흡족한 결과가 나오자 당국은 정책을 전면 수정해 혼혈인종까지 군대에 징집했다. 18세기에 접어들자 아프리카-인도-아시아인 교도대가 우편배달을 보호하고, 노상강도를 순찰하고, 영국 사략선의 공격을 격퇴하는 등 태평양 연안 멕시코의 해안경비를 담당했다. 실버무역 터미널이었던 아카풀코 경비는 모레노Morenos(피부색이 가무잡잡하다는 뜻), 파르도pardos, 스페인인, 그리고 치노로 구성된 군대가 담당하고 있었다. 치노는 대부분 필리핀인과 푸젠인들이었다. 1741년 영국의 제독이자 해적인 조지 앤슨이 멕시코 서부를 공격했을 때, 그들을 격퇴하는 데 앞장섰던 사람들역시 이들 다국적·다인종 군대였다.

푸에블라는 아카풀코보다 훨씬 큰 도시였고, 이곳 아시아인 지역 공동체는 긴밀하게 연결되었다. 사실 카타리나를 노예로 샀던 주인은 아시아 출신 노예를 그녀의 배우자로 찾아주었다(결혼은 결국 불발로 끝났다. 운명은 결혼식 당일 바뀌었다. 성 베드로와 바울이 침대 밑에 나타나 이 결합을 부정한다고, 그녀가 새신랑에게 말했다고 한다). 푸에블라에서 가장 중요한 산업은 도자기였다. 푸에블라의 진흙은 품질이 빼어났다. 전문 도공들은 매의 눈으로 섬세한 부분까지 신경 써가며 블루와 화이트가 조화를 이루는 명나라 도자기를 모방해 그릇을 제조했다. 길드 품질관리 규정에는 "색조가 중국 자기 제품을 그대로 따라야 하고 마감도 중국식으로 해야 한다"고 명시되어 있었다. 역사학자 에드워드 슬랙은 이런 현실에서 제조업자들은 숙련된 아시아의 도공들을 서로 모셔가려 했을 것이라고 추측한다. 십중팔구 푸에블라에서 중국 도자기를 베껴 제작한 그릇들 대다수는 중국인 도예가의 손으로 만든 것이었다. 사실이 그렇다면 그들은 대단한 일을 한셈이다. 탈레베라 자기talavera ware(멕시코 백자기류)는 오늘날까지도 명

갤리온 무역선을 타고 마닐라에서 태평양을 가로질러 끌려온 중국인 미술가 에스테반 샹존Esteban Sampzon은 18세기 말 부에노스아이레스를 대표하는 조각가가 되었다. 그의 조각상 〈멸시당하는 예수〉(1790년경)는 예술적 감수성이 극대화된 작품으로 지금도 이 도시를 대표하는 성당 바실리카 드 누에스트라 세뇨라 라 메르세드의 명물이다.

품 도자기로 유명세를 타고 있다. 내가 그곳을 방문했을 때도 여전히 높은 가격에 팔리고 있었다. 재미있는 사실이 있다. 푸에블라 상인들이 중국에서 온 복제품들 때문에 장사를 해먹을 수 없다고 푸념을 했다는 것이다. 원조 중국 자기를 모방해서 탄생한 멕시코 이미테이션 도자기를 원조 중국인들이 다시 베끼고 있다는 얘기였다.

하지만 그 어느 도시보다 큰 아시아인 지역사회가 형성된 곳은 단연코 멕시코시티였다. 명실상부 아메리카 대륙 최초의 차이나타운. 이곳은 과거 테노치티틀란 도심부에 있었던 마요르 광장의 아시아인 노천시장을 중심으로 형성되었다. 그 시장은 마닐라의 아시아인 게토 이름을 따서 파리안으로 불렸다. 각종 언어의 불협화음 속에서 중국인 양복쟁이, 신발 수선인, 정육업자, 자수업자, 음악인, 대필인 등은 아프리칸, 인디언, 스페인 장사치들과 상권을 놓고 다투었다. 식민지 정부는 중국의 금세공업자들이 유럽인 금세공업자들을 시장에서 몰아내는 것을 보며 두려움을 느꼈다. "중국에서 온 사람들은 해가 갈수록 크리스천을 한 발짝 한 발짝씩 밖으로 밀어냈고, 금 세공업에서 스페인 사람들보다 완벽하게 일을 해냈다." 도미니크회의 한 수도사가 이렇게 한탄했다.

스페인 금세공업자들은 소리 소문 없이 사라졌다. 하지만 스페인 이발소 업계는 호락호락 물러나지 않았다. 당시 이발소는 이발과 수염 정리만 하는 게 아니었다. 하급 의료서비스를 제공하고, 치과 역할도 했다. 마요르 광장에는 치노들이 운영하는 이발소 200여 개가 성업 중이었다. 이들은 뜸, 침, 방혈, 그리고 한약재(중국 약초) 등 동양의술과 서양 의료기술을 접목해서 만성 고질병을 고쳐주었다. 돈깨나 있는 아낙네들은 이곳을 수시로 드나들었다. 단순히 충동적인 열풍만은 아니었다. 중국 치과 의술은 당시 세상에서 가장 첨단을 걸었다. 당나라 학자들은 치석을 제거해줌으로써 치주염을 치료하는 원리를 이해하고 있었다. 또한 이들은 식물의 뿌리와 약초를 섞어 만든 연고로 출혈을 치료했다. 이는 오늘날 항균과 소염작용을 하는 것으로 밝혀졌다.

1635년 멕시코시티의 스페인이발사연합은 치노들의 '과도함'과 '불편함'을 시정하도록 요구하는 민원을 시의회에 제기했다. 탄원서의 표현은 아주 점잖지만, 누가 봐도 속내는 밥그릇 싸움이었다. 중국 이발사들은 이익을 희생하면서까지 도심의 노른자 상권에 높은 임대료를 지불하고 있었다. 고객들에게 더 가까운 위치였기 때문이다. 게다가 중국인들은 장시간 근무를 마다하지 않았다. 이들과 경쟁해야 하는 유럽인 이발사들 역시 울며 겨자먹기로 장시간 영업을 감수했다. 스페인인들에게 해결책은 뻔했다. 중국인들을 시내 중심 상권에서 몰아내거나 영업시간에 제한을 두어 규제하는 일이었다. 민원 제기 6개월 후, 당국은 마요르 광장의 아시아계 이발업소를 단속하기 시작했다. 확인사살 차원에서 당국은 소유할 수 있는 면도칼 수를 제한하는 것으로 이발소들이 대규모로 성업하는 길을 차단했다.

금지령에도 불구하고 당국은 마요르 광장 치노들의 이발소에 계속해서 영업허가를 내주었다. 추정을 해보자면, 유력인사 고객들이 머리를 자르고 치아 치료를 위해 먼 길을 오가는 걸 싫어했기 때문이었던 것으로 보인다. 유럽인 상인회는 다시 청원을 했다. 1650년, 정부는 이발소 단속부장이란 직책을 새로 두어 불법 미용실과 이발소에 중과세를 할 수 있는 권한을 부여했다. 직책은 유명무실했다. 중국인 이발소는 번성하기만 했다. 1670년에는 중국인들을 눈엣가시로 여기던 스페인 이발사가 이발소 단속부장에 올랐다. 그러나 역사학자 슬랙마저 그 이발사가 이후 이발 단속에 성공했다는 흔적은 찾지 못했다고 밝혔다.

도시의 부활절 축제 행렬만큼 이 도시 구성원들의 다양한 면모를 잘 보여주는 것은 어디에도 없었다. 평신도들로 구성된 종교행사는 표면적으로는 기독교를 내세웠지만 실은 인종을 기반으로 하는 축제였다. 신성기독교회Confraternity of the Holy Christ는 16세기 중반 아시아인들의 지원을 받아 창립된 종교단체였다. 프란치스코파 교우회와 연계된 이 단체 회원들에게는 수도원 앞에 예배당을 건설하는 것이 허용되었다. 그들은 자신들이 지은 예배당을 수입한 상아 장식품으로 치장했다. 이탈리아 여행자 조반니 프란체스코 게멜리 카레리는 1697년 멕시코시티에서 부활절 퍼레이드를 지켜보았다. 그날 조각상과 횃불을 든 세 가지 복장의 교파 행렬이 시청으로부터 흘러나왔다. 신성기독교회 형제단, 산 그레그리오 예수회, 그리고 프란치스코 교파. 게멜리 카레리는 프란치스코 가두행렬은 '중국인의 가두행렬'이라고 불렸는데, 이 행사의 참가자들이 모두 필리핀에서 온 아시아인들이었기 때문이었다고 적고 있다.

> 말 등에 올라탄 한 소대의 병사들이 행진했고, 애도가를 연주하는 호른 연주자들이 그 뒤를 따랐다. 그 행렬이 왕궁에 당도했을 때, 중국인들(프란치스코파)은 행렬의 선두에 서려고 서로 싸웠다. 곤봉과 십자가로 어깨를 서로 치며 자리다툼을 하는 바람에 부상자가 속출했다.

멕시코시티가 동양에 대한 정보를 얻을 수 있는 창구 역할을 했던 것으로 미루어 그 도시의 중국인 인구 규모를 짐작할 수 있다. 그곳 도미니크회 수사였던 후안 곤잘레스 드 멘도사는 갤리온 선박에서 나온 정보를 종합해서 1585년《가장 주목할 만한 일들의 역사, 위대한 왕국 중국의 관습과 풍습History of the Most Notable Things, Rituals and Customs of the Great Kingdom of China》이란 책을 집필했다. 이 책은 여러 언어로 수십 개의 판본이 출간되며, 유럽 식자층 사이에서 중국에 대한 표준 교과서가 되었다.

멕시코시티 행정관료들만 중국 무역에 매료된 건 아니었다. 도시의 성직자들도 그들에게 온통 관심을 빼앗기고 있었다. 이들은 갤리온선을 타고 중국에 가서 영혼들을 구할 수 있는 기회를 달라고 상부에 청원했다. 이들의 열망은 많은 부분 계산착오로 인해 부채질된 면이 있었다. 우선 멕시코에서 중국까지 거리를 실제보다 훨씬 가깝게 생각하고 있었다(캐나다 역사학자 루크 클로세이가 지적했듯이 중국은 멕시코보다 로마에서 가는 게 더 가까웠다). 도미니크회 수사 마르틴 드 발렌시아는 코르테스의 배를 타고 중국으로 가려고 멕시코 서부 해안지역에서 수개월을 기다렸다. 코르테스는 태평양 원정에 실패했고, 눈이 빠지게 기다려도 그의 배는 나타나지 않았다. 발렌시아는 멕시코시티에서 "나는 헛된 열망으로 인생을 허비했다."라는 말을 남기고 임종을 맞이했다.

거리에서 드잡이를 하고, 정부에 압력을 행사하고, 군대와는 불편한 관계를 유지했던 그들. 느슨하게 구획된 아프리카, 아시아, 유럽, 그리고 아메리카 출신 인종들로 이뤄진 멕시코시티의 군중은, 이 도시를 지구상 최초의 명실상부한 메트로 시티로 만들었다. 바로 호모 사피엔스의 호모제노센, 콜럼버스적 대전환의 인간판 작품 말이다. 이곳은 아프리카인과 인디언들이 두 눈 부릅뜨고 지켜보는 가운데, 동양과 서양이 뒤섞인 장소였다. 이 도시의 거주자들은 뒤범벅이 된 인종 정체성을 다소 부끄러워했지만, 자신들이 창조한 코스모폴리탄 문화를 자랑스러워했다. 이런 점에서 아마도 둘째가라면 서러울 이가 시인 베르나르도 드 발브에나Bernardo de Balbuena일 것이다. 그는 200쪽짜리 러브레터 《그란데자 멕시카나Grandeza Mexicana》에서 제2의 고향이 된 도시 멕시코시티를 열렬히 찬양했다. 다음은 그가 쓴 '그대에게'란 작품의 일부이다.

스페인은 중국과 하나가 되었네.

마침내 이탈리아는 일본과,

세계 전체가 하나의 교역 질서 안에 있네.

그대 안에서, 우리는 서양 보물의 진수를 즐기네.

그대 안에서, 화려한 동양의 정수를 만끽하네.

발브에나는 이 도시가 물에 잠겼던 시기에 찬양시를 썼다. 코르테스의 공성전은 이 도시를 홍수로부터 지켜주었던 정교한 둑과 수로를 무참히 파괴했다. 이제 홍수만 났다 하면 수 개월씩 물에 잠겼다 (이 파괴를 복구하는 데 거의 400년이 걸렸다. 하지만 어느 면에서는 그 이전보다 훨씬 못한 복구였다). 발브에나는 이런 현실에 개의치 않는 듯했다. 그에게 이 꿈의 초현대 대도시에 산다는 것은, 물난리 따위를 무릅쓰고도 남을 가치가 있었다. 성대한 가두행렬, 사각거리는 실크 드레스, 은과 금을 운반하는 마차의 신음소리, 거대한 교회 종소리. 그리고 꽃으로 장식된 운하를 배를 타고 오가던 사람들과, 산 정상에서 쏟아져 내리며 그들을 환하게 비추어주던 태양빛.

하지만 그늘도 그만큼 짙었다. 도시는 환경문제로 끊임없이 위협받고 있었으며, 도심은 극소수 스페인 부유층의 파벌 간 이전투구로 찢겨 있었다. 분파적 다민족·다언어로 북적대던 변두리는 부패하고 무능한 관료와 종교지도층에 의해 찌그러진 채 불가해한 역사의 질곡으로 고통받고 있었다. 이 같은 16~17세기 멕시코시티는 현대인의 눈에 이상하리만큼 친숙하다. 멕시코시티가 드러낸 디스토피아적인 북적임은 믿기지 않게도 현대를 사는 우리의 도시와 빼다박은 듯유사하다. 그 시대의 지구상 어떤 도시와도 달랐던 그곳은, 최초로 구현된 21세기형 도시이자 오늘날 우리가 사는 초대형 복합 메트로시티의 원형이었다.

매스커뮤니케이션도 없고 해외에서 물건을 구매할 방편조차 없던 과거 한 시절의 도시를 두고 모던이라든지 글로벌이라는 단어를 갖다붙이는 게 어불성설일지도 모른다. 하지만 인터넷 네트워크를 통해 전 세계가 하나로 연결된 오늘날에도, 우리 행성에는 핸드폰을 가지고 있지 않은 사람이 수십 억 명 존재한다. 심지어 최첨단 문명국이라 자부하는 미국과 유럽 같은 곳에서도 물건과 서비스의 한계는 존재한다. 글로벌 혹은 최첨단이라는 말은 실상 지구의 몇몇 조각에 국한되는 언어일 뿐이다. 마치 헤드라이트를 지구본 위에 대고 여기저기 비추는 것처럼. 그리고 이 헤트라이트가 역사상 최초로 빛을 발한 곳이 바로 여기, 멕시코시티였다.

9장

도망자들, 지역공동체를 만들다

칼라바르에서

크리스티앙 드 지저스 산타나는 집 창문을 통해 그 비밀도시를 볼 수
있었을 것이다. 그곳은 브라질 북동부 항구도시 살바도르의 맨 끝
자락 칼라바르. 해안을 따라 높이 솟은 산맥의 옆구리에 착 달라붙
은 곳이다. 칼라바르에서는 보이지 않지만 그 산맥 반대쪽 해변에 거
대한 올세인츠 항구가 있다. 150만 명의 포획된 아프리카인이 처음
으로 아메리카 땅을 밟았던, 지구상에서 두 번째로 큰 노예항구다.
그 노예들은 남은 생을 브라질 사탕수수 농장이나 설탕공장에서 보
낼 운명이었고, 절대다수가 그 운명에 순응했다. 반면 족히 수천 명
은 될 사람들은 운명의 쇠사슬을 끊고 탈출했다. 그들 중 많은 수가
밀림 속으로 숨어들어 지역공동체(브라질에서는 이들 정착촌을 퀼롬보
quilombos라고 부른다)를 설립했다. 나아가 이들은 대개 유럽 노예상의

또 다른 표적이었던 인디언들과 연대했다. 깎아지른 지형과 울창한 숲, 거친 급류를 방어막으로 삼고 치명적인 부비트랩을 놓으면서, 이들 탈주자들의 불법 정착촌은 수십 수백 년을 면면이 버텨왔다. 퀼롬보의 규모는 보통 소규모였지만, 더러 굉장한 규모로 성장한 공동체도 있었다. 가령 크리스티앙이 성장한 칼라바르 같은 곳은 2만 명 인구를 거느린 곳으로 도약했다(칼라바르란 이름은 지금의 나이지리아 지역 노예항구 이름을 따왔다). 거기서 몇 킬로미터 떨어진 곳에는 서반구에서 가장 큰 아프리카-아메리카 지역공동체라고 일컬어지는 또 다른 살바도르 퀼롬보 리베르다데Liberdade(자유)가 있었다. 이곳은 오늘날에도 60만 인구가 거주하고 있다.

정확한 사료는 없지만 칼라바르와 리베르다데는 1650년이 되었을 즈음, 분명 무시못할 존재가 되어 있었다. 리베르다데에서 만난 현지 역사학자에 따르면, 그 도시는 살바도르 노예들이 탈출하기 수십 년 전부터 이미 생겨난 곳으로, 노예들은 원주민이 지나간 발자국을 따라 인근의 밀림으로 들어왔다. 올세인츠 항구는 직각으로 뚝 떨어지는 울창한 산들이 병풍처럼 둘러싸고 있다. 그 절벽을 기어올라 반대편에 안착한 노예들은 식민지 항구도시와 내륙 토착민 사이에서 띠 모양의 정착촌을 형성했다. 때로 집단으로 탈출한 노예들은 멀리 가지 못한 채 유럽인의 농장에서 고작 300~400미터 떨어진 곳에 주저앉았지만, 밀림과 산맥이 가로막아 그들의 은신처를 마련해주었다. 포르투갈은 집요하게 도망자들을 추격하면서도 다른 한편으로 그들과 교역을 했다. 살바도르 중심부에서 6.5킬로미터 떨어진 칼라바르의 퀼롬보 거주자들은 건어물, 마니오크, 쌀, 그리고 팜오일을 칼, 총, 옷감과 교환했다. 1888년 브라질이 노예제도를 철폐했지만 퀼롬

브라질 살바도르의 고급 아파트 숲 아래 숨겨진 칼라바르의 퀼롬보. 400년 전 탈출 노예들이 건설한 이곳은 지금도 여전히 대도시와 교집합을 이루지 못하고 있다.

보 안 사람들의 삶은 오랫동안 조금도 개선되지 않은 채 남아 있었다. 여전히 불법체류자들의 소굴 취급을 당했고, 정부는 이들의 고통을 외면했다.

1950~1960년대 살바도르는 고속성장을 했다. 대도시는 원생동물처럼 산등성이를 타고 올라가 칼라바르, 리베르다데를 비롯한 다른 대여섯 퀼롬보를 집어삼켰다. 하지만 이런 도망자 정착촌은 단 한 번도 이 도시의 진정한 일원이 되어본 적이 없었다. 누구도 이 땅에 적법한 권리를 가지지 못했다. 칼라바르로 들어오는 길은 거의 없다. 하수도가 도시 가장자리를 돌아 설치됐다. 사람들은 전기회사 직원들과 뒷거래를 통해 몰래 전기를 끌어다 썼다. 크리스티앙이 태어나던 해인 1985년쯤엔 이전의 은신처는 고층아파트에 둘러싸여 완전히 파묻혔다.

내가 크리스티앙을 만났을 때, 그는 수잔나 헥트(UCLA 지리학자. 그녀는 자신의 언어학과 역사학 전문지식을 너그럽게도 나와 공유한다)와 나를 자신의 어릴 적 집 근처로 안내했다. 초입은 좁고 꼬불꼬불한 계단이었다. 불법으로 따온 전선들이 벽을 따라 난삽하게 뒤엉켜 있었다. 부슬부슬 떨어지는 시멘트 포장길을 따라 다닥다닥 붙은 집들이 꼭대기까지 삐뚤빼뚤 들어차 있었다. 자동차는 눈에 띄지 않았다. 산 아래 거리는 산책 나온 사람들로 붐비고, 살바도르 인근 다른 거리와 마찬가지로 음악이 울려퍼졌다. 하얀 옷을 입은 10대들이 아프리카—브라질의 춤이자 무예인 카포에이라를 단체로 연습하고 있었다. 지역사회 행사를 홍보하는 현수막이 거리에 넘쳐났다. 곳곳에 가로등이 불을 밝힌, 여느 사람 사는 동네였다. 적어도 내게는 그렇게 보였다. 도시 안의 도시.

칼라바르, 그리고 리베르다데는 별로 특이할 것도 없었다. 브라질에는 수천의 도망자 지역공동체가 콕, 콕, 콕, 박혀 있었다. 게다가 카리브 해 여러 나라에도 수십 개의 불법 거주자 공동체가 난립했다. 그리고 북아메리카 일부 지역에도 있으며 미국에만도 50개 이상 존재했다. 그들은 더러 거대한 땅을 아우르며 수십 년에 걸쳐 식민정부와 전쟁을 벌였다. 하지만 대다수 작은 정착촌들은 아마존 하류, 멕시코 중부, 그리고 미국 남동부 지역에 숨어 지냈다. 다만 그들 모두는 자신들만의 자유로운 영토 건설을 위해 투쟁해왔다. 브라질 역사학자 주앙 호세 레이스João José Reis의 표현을 빌리자면 "자유의 건설"이었다. 퀼롬보를 이르는 용어는 모캄보스mocambos, 팔렌퀘스palenques, 그리고 쿰베스cumbes 등 다수가 있다. 영어권에서는 보통 '머룬maroon' 지역공동체라고 칭한다. 이 용어는 가슴 찡하게도 '날아가는 화살'이란 뜻의 타이노 말, '시마란símaran'에서 온 것으로 보인다.

아메리카 역사는 흔히 공백 상태의 미개척지에 유럽인들이 등장한 것으로 기술되었다. 하지만 신대륙 발견 이후 처음 수백 년 동안 이곳으로 들어온 이주민은 대부분 아프리카인이었다. 더욱이 그 땅은 빈 공간이 아니었다. 오랫동안 그곳에 터 잡은 수백만 토착 민족들로 가득 들어차 있었다. 따라서 분리되어 있었던 두 반구의 위대한 만남은 실은 유럽과 아프리카의 만남이라기보다는 아프리카인과 인디언과의 만남에 가까웠다. 조우였다기보다 속박 상태와 그에 대항한 봉기에서 싹튼 관계였다. 대체로 유럽인의 시야 밖에서 벌어졌던 레드 피플과 블랙 피플 간 복잡다단한 상호작용은 지금껏 역사에서 가리워져 있었다. 학자들은 이제야 오랫동안 봉인되었던 그들의 이야기 보따리를 풀어헤치기 시작했다.

아프리카인과 인디언이 그 반구에서 커다란 인구 비중을 차지했다는 사실을 인정하는 교과서들조차, 그들을 유럽인의 패권 야욕에 이용된 무기력한 희생자들로만 묘사하기 일쑤다. 인디언은 식민개척자들의 맹공이 시작되기도 전에 눈 녹듯 사라져버렸으며, 아프리카인은 쇠사슬에 결박당한 채 플랜테이션의 채찍질 아래서 무기력하게 일하고 있는 모습으로 말이다. 둘 다, 인디언과 아프리카인의 자유의지는 1퍼센트도 찾아볼 수 없다. 사회학자들 표현대로 그들을 '역할 없는 객체'로 묘사한 것이다. 노예제도가 수백만 아프리카인과 인디언의 삶을 비참하고 고통스럽게 만들었다는 점은 부인할 수 없는 사실이다. 이들의 삶은 대체로 짧고 비참했다. 3분의 1에서 절반에 이르는 브라질 노예들은 4~5년을 넘기지 못했다. 대서양을 건너는 선상에서 삶을 마감한 사람도 부지기수였고, 심한 경우 노예항구로 끌려오는 도중 아프리카 내륙에서 죽었다. 하지만 인간은 아무리 끔찍하고 힘든 상황에 처할지라도, 반드시 자신의 의지를 발휘할 길을 찾게 마련이다. 아프리카인과 인디언은 서로 전쟁을 하거나 영토다툼을 하고, 공동의 목표를 위해 연합하기도 했다. 때로 이 모든 걸 동시에 수행하기도 했다. 그들의 전술이 무엇이었든, 목표는 늘 한 점으로 모아졌다. 바로 자유였다.

실제로 우리가 흔히 아는 것보다 훨씬 많은 사람들이 자유를 쟁취했다. 노예들은 브라질, 페루, 그리고 카리브 해의 노예주 소굴에서 수천 혹은 수십만 단위로 탈출했다. 스페인은 에콰도르, 콜롬비아, 파나마 그리고 멕시코에 존재하는 머룬 자치 지역공동체를 인지하고 있었으며, 그곳을 적대세력에 대한 일종의 완충지대로 활용하기도 했다. 수리남에서는 '부시 니그로Bush Negros'가 100년 넘게 이어진 전쟁에서 네덜란드와 맞서 싸웠고, 1762년 콧대 높던 네덜란드 식민정부가 끝내 굴욕적인 평화조약을 맺지 않을 수 없게 만들었다. 이 유럽인 협상자들은 아프리카의 전통에 따라 자신들의 피를 마심으로써 협정을 승인해야만 했다.

플로리다의 머룬·인디언 연합은 두 번의 전쟁을 통해 미국 정부가 탈출한 노예 주민들에게 자유를 부여하도록 이끌었다. 미국 정부가 노예해방선언 이전에 일정 지역 전체에 자유를 승인한, 전무후무한 사례였다(그나마 체면을 지키고 싶었던 미국 정부는 이 조약을 '항복capitulation'이라고 표현했다). 가장 혁혁한 쾌거를 이룬 주인공들은 아이티(히스파니올라 섬)의 노예들이었다. 그들은 프랑스를 완전히 몰아내고 1804년 명실상부 완전한 머룬 독립국가를 수립했다. 이는 유럽과 아메리카 대륙 전역의 노예 소유자들을 두려움에 떨게 할 만큼 눈부신 쾌거였다.

이런 투쟁은 결코 지나간 과거사가 아니다. 콜롬비아, 중앙아메리카, 그리고 멕시코에서 살아온 아프리칸 후손들이 그림자 속에서 걸어나와 점점 더 큰 목소리로 차별 철폐를 요구하고 있다. 미국의 머룬 후손들은 플로리다에서 캘리포니아에 이르는 지역에서 법적 투쟁을 벌이고 있다. 머룬의 영향력이 가장 강력하게 발휘되는 곳은 아마도 브라질일 것이다. 최근 개정된 브라질 헌법은 아마존 지대의 미래 결정에 가장 큰 역할을 할 열쇠를 머룬 지역공동체의 손에 쥐어주었다.

아프리카인의 팔마레스 왕국

전하는 이야기에 따르면 아퀼툰Aqualtune은 아프리카에서 공주였거나 그와 유사한 신분이었다고 한다. 앙골라 내륙에 군림했던 콩고왕국이 쇠퇴한 자리에서 부상한 임방갈라Imbangala 국가들 중 하나의 통치자였다는 것이다. 아퀼툰은 1605년경 콩골레제Kongolese와의 전투 때 사로잡혀 다른 전쟁포로들과 함께 포르투갈 노예상에게 팔렸다. 대서양을 건너는 과정에서 강간당한 그녀는 임신까지 했다. 아퀼툰은 대서양 쪽으로 '툭 튀어나온' 브라질의 꼭짓점 헤시페Recife라는 사탕수수 항구에 당도한다.

군사전략가였던 그녀에게 탈출은 밥 먹는 일만큼이나 자연스러웠다. 몇 개월이 지나지 않아 그녀는 40여 명을 거느리고 산악지역으로 탈출해 있었다. 해안에서 40여 킬로미터 떨어진 그곳은 땅에서 우뚝 솟아나 줄달음질치는 듯한 겹겹의 현무암 병풍이 망루처럼 평원을 감싼 곳이었다. 깎아지른 절벽을 타고 수백 피트를 오르면, 현기증 나는 대평원이 파노라마처럼 펼쳐지는 산 정상이 나온다. 이 고봉 중 하나가 세라 다 바리가(낙타 등처럼 솟든 봉우리)이다. 그 봉우리 정상에 약 45미터 길이의 숲에 감싸인 맑은 연못이 하나 있는데 그 주변으로 토착 지역공동체가 형성돼 있다. 아퀼튠은 이곳에 팔마레스 Palmares 왕국을 세웠다.

오늘날 이 산 정상은 국립공원이 되었다. 호수 옆 안내판은 그녀의 스토리를 신나게 열거하고 있었다. 역사학자들이라면 분명 심기가 불편할 내용이었다. 어디까지가 사실인지 그 누구도 모르는 내용이기 때문이었다. 알려진 바는 이렇다. 1620~1630년대 네덜란드가 해안가 포르투갈 설탕마을들을 공격했던 불안정한 시기를 틈 타, 3만 명 넘는 아프리카인들이 세라 다 바리가와 인근 산악지역으로 도망쳤다. 유럽인의 통제를 벗어난 도망자들은 아프리카인, 원주민, 그리고 유럽인 도피자들의 안식처였던 세라 다 바리가를 중심으로 긴밀하게 연결된 20여 개 정착촌을 세웠다. 하버드대학교 역사학자 존 K. 쏜튼에 따르면, 이런 흐름이 절정에 달하던 1650년대의 머룬 국가 팔마레스는 "브라질 해안에 인접한 방대한 산악지대를 통치했으며, 당시 유럽인 이외의 정치조직들 중 팔마레스 딱 하나만이 유럽을 위협할 수 있는 존재로 부상했다." 팔마레스는 당시 영국령 북아메리카의 거의 모든 아프리카 출신 거주민들과도 밀접한 관계를 맺고 있었다. 마치 아프리카에서 쓸어담아 아메리카에 풀어놓은 듯한 아프리카 군대가 26,000제곱킬로미터(남한 면적의 약 4분의 1) 넘는 땅을 통치한 셈이다.

팔마레스 왕국이 수도로 삼은 곳은 호수 주변 요지인 마카코였다.

널찍한 대로가 1킬로미터 남짓한 마을을 관통하고 그 도로변을 따라 교회, 관청, 네 개의 대장간, 가옥 수백 채가 늘어선 모습이었다. 그리고 관개시설이 된 논밭이 마카코를 둘러싸고 있었다. 이 국가의 수장은 아퀼튠의 아들 강가 줌바Ganga Zumba였다. 유럽인 방문자들의 표현에 따르면, 그는 '궁전'에서 왕의 신분에 상응하는 수행원 및 보좌관들의 조아림을 받고 있었다. 딸린 다른 촌락들도 왕족 일가가 통치했다. 많은 앙골라 사회에서 제사장 명칭이 강가 어 줌비nganga a nzumbi였던 점을 감안하면 강가 줌바는 아마도 이름이라기보다 직책이었을 것이다. 어쨌든 그곳을 방문한 사람들의 전언에 따르면 그는 왕에 부합하는 복종과 경외를 받았던 것 같다. 백성들이 그를 알현할 때는 부복한 채 그의 안전으로 나아갔으며, 아프리카에서처럼 복종의 의미로 손뼉을 쳤다고 한다.

언제 공격을 받아도 이상하지 않았기에, 강가 줌바는 그 도시를 마을보다는 군사진영처럼 조직화했다. 준 전시상황에 맞는 경계태세로 정기적인 군사훈련을 실시했고 엄격한 군법으로 백성을 다스렸다. 모든 주요 정착촌에는 말뚝으로 만든 방어벽이 겹겹이 둘러져 있었다. 방책 꼭대기를 잇는 길들은 모퉁이마다 설치된 망루로 통했다. 그리고 말뚝 방어벽들은 다시 엉켜 쌓은 나무와 올가미 덫, 독 묻은 막대기로 덮어놓은 구덩이와 쇠꼬챙이 발(뾰족한 부분이 위로 솟게 쇠못을 용접해서 그 위를 밟은 사람에게 상처를 입히려는 의도로 만든 대인무기) 등의 방어장치에 에워싸여 있었다. 노예에서 벗어나 자유를 얻기 위해서 도망친 모든 사람들은 오늘날 우리로서는 상상도 할 수 없는 방식으로 자신의 목숨을 걸어야 했다. 팔마레스가 자신의 운명에 대한 지배권을 유지하기 위해 온몸에 가시를 세운 고슴도치처럼 결연하게 외부와 맞서는 건 어쩌면 당연했다.

　노예무역과 관련해 고질적이고 치명적이기까지 한 사회적 통념이 있다. 이 무역에서 아프리카인들이 담당한 역할이 오직 불운한 앞잡이 노릇이었다는 식의 편견이다. 그 무역의 최후 수십 년을 빼면(심지어 그때조차) 아프리카인들 스스로 노예 공급을 컨트롤했다. 유럽인과 당당하게 흥정한 가격으로, 정해진 숫자를 팔아넘기면서 말이다. 유럽인들이 가능한 낮은 가격에 노예를 사려고 아프리카 노예상들을 이용했다는 건 틀림없는 사실이다. 하지만 아프리카인들 역시 유럽인 바이어를 똑같이 이용했다. 선장은 선장끼리, 국가는 국가끼리.

　유럽인들이 강요하지 않았다면 어째서 아프리카인들이 다른 아프리카인을 팔았는가? 어떤 의미에서 이 질문은 '프레즌티즘presentism'의 일례이다. 현재 개념을 잣대로 과거를 평가하는 것이다. 당시의 유럽인이나 아프리카인에게 노예사업은 구차한 해명이 필요한 제도가 아니었다. 성토당할 악도 아니었다. 흡사 가전제품처럼, 노예는 생활에 없어서는 안 될 부분이었을 뿐이다. 유럽과 아프리카 모두 다른 인간의 자유를 박탈하는 것이 도덕상 문제가 되지 않았다. 물론 잘못된 대상을 노예 삼는 건 문제가 되었다. 이를테면 기독교도가 같은 기독교도를 노예 삼는 행위는 용인되지 않았다. 간간이 이 관행을 깨는 경우도 있었지만. 특히 아프리카 사회에서 같은 아프리카인을 노예로 사고파는 행위는 유럽인에 비해 훨씬 빈번했다. 이런 차이는 유럽인과 아프리카인의 노예에 대한 관점 차이에서 비롯되었다기보다 서로 달랐던 두 사회의 경제 시스템에 기인했다.

　하버드대학교의 쏜튼에 따르면, "당시 아프리카에서 법적으로 인정되는 수익을 낼 수 있는 유일한 사유재산 형태가 노예였다." 서구

유럽에서 가장 중요한 사유재산 형태는 땅이었다. 유럽의 귀족계급은 대부분 대지주였고, 이들은 법적 제한 없이 자신의 재산을 마음대로 처분했다. 이와 대조적으로 아프리카 중서부에서 실질적으로 땅을 소유한 주체는 국가였다. 땅 주인이 왕이거나 그의 친척 혹은 종교 단체일 경우도 있었지만, 대부분 땅은 국가 자체였다. 오늘날 회사를 관할하는 CEO처럼, 모든 땅에 대해 국가가 무소불위의 권한을 행사했다. 이러한 정책 아래서는 효력 있는 계약 형태로 땅을 쉽게 팔거나 세금을 매길 수 없었다. 매매나 세금 부과가 가능한 대상은 오직 노동력이었다. 아프리카의 왕이나 황제들에게 부의 축적은 땅이 아니라 사람을 통제하는 방식을 통해 이루어졌다. 나폴레옹이 이집트에 군대를 보낸 건 이집트 땅을 점령하기 위함이었지만, 아프리카에 나폴레옹이 있었다면 그가 군대를 파견하는 목적은 이집트 사람을 사로잡기 위해서였을 것이다.

여타 유럽 지역과 마찬가지로 아프리카에서 죄를 저질러 사회 구성원으로서 권리가 박탈된 사람은 노예 형에 처해졌다. 또한 자기 자손, 가족, 혹은 혈족이 갚지 못한 빚 때문에 노예가 되는 경우도 있었다. 홍수와 가뭄이 들었을 때는 자신의 가족을 방계가족이나 씨족의 다른 구성원에게 저당 잡혔다. 때로는 자기 자신을 저당 잡히기도 했다. 하지만 노예를 획득하는 가장 보편적인 방법은 이웃나라에 군대를 파병하는 것이었다. 말하자면 침략전쟁이다. 17세기의 서아프리카는 유럽은 명함도 못 내밀 만큼 정치적으로 조각조각 나뉘어 있었다. 쏜튼이 제작한 당시 아프리카 지도를 보면, 가지각색 색채를 지닌 60개 이상의 크고 작은 국가가 난립하고 있었다. 한 국가의 지배자가 권력강화를 꾀할 때, 제일 쉬운 목표물은 언제나 이웃하는 국가였다. 기습군을 보내기가 쉬웠기 때문이다. 생포된 자들은 왕이 취하거나 중개상에게 판매하고, 중개인들은 다시 북아프리카나 유럽의 고객에게 노예로 팔았다.

유럽 선박들이 아프리카 해안에 출몰하기 시작했을 무렵인 대서양 노예무역 초반기, 아프리카와 유럽 간 뚜렷한 차이점은 경제라기보다 문화였다. 유럽은 노동력을 사고파는 경제 시스템이었다. 노동력 자체가 거래 대상이었다. 그 단적인 예가 계약이민하인제도이다. 반면 아프리카에서는 땅에 사는 사람들의 노동력을 통제하는 것이야말로 그 땅을 효과적으로 소유하는 수단이었다. 최종 목적지에 이르는 길은 서로 달랐지만, 둘 다 땅과 노동력의 결합을 통한 결실로 이윤을 추구했다는 점에서는 똑같았다. 경제학적 측면으로 볼 때, 유럽인과 아프리카인은 생산요소 하나씩을 소유한 셈이었다. 유럽인은 '땅'이었던 반면, 아프리카인은 '노동력'이었다는 점이 달랐을 뿐이다. 두 시스템 모두 노동력을 투입해 생산된 전체 혹은 일부를 소유할 권리가 소유자에게 주어졌다. 하지만 여기엔 분명한 차이점이 존재했다. 노동력은 한 장소에서 다른 장소로 끌어가는 게 가능한 반면, 땅은 그렇지 않다는 사실이었다. 노동력은 운반이 가능하다. 이 점이 훗날 노예무역의 핵심요소로 작용했다.

서아프리카에서는 주된 재산의 형태가 노예였기 때문에 부유한 자산가라면 당연히 많은 노예를 소유했다. 그런데 이 동네에는 플랜테이션이 거의 없었다. 서아프리카 해안지방의 토양과 기후는 플랜테이션에 협조적이지 않았다. 아메리카 사탕수수나 담배 플랜테이션처럼 노예들이 대규모로 일하는 들녘 풍경은 이 동네에선 찾아보기 힘들었다. 이 지역 노예들의 역할은 병사, 개인 수발, 잡역부, 도로

나 건물 건설 잡부 등이었다. 하는 일 없이 노는 노예도 비일비재했다. 부유하고 막강한 권력자들은 필요보다 많은 노예를 소유하고 있었다. 부유한 유럽의 지주들이 땅을 사용하지 않고 놀리는 것과 같은 이치였다. 게다가 많은 노예를 거느릴 경우, 조세나 공물의 성격으로 어쩌다 한 번씩 노동력을 징발당해야 했다.

외부인의 눈에 공물 성격의 이들 잉여 노예는 고된 노동을 하는 것도, 장기간 일을 하는 것도 아니었다. 그래서 아프리카 노예제가 태생적으로 아메리카 노예제보다 훨씬 덜 잔혹하다고 본다. 생존 기간 면에서 따져본다면 맞는 말이다. 아메리카 담배 플랜테이션에서 일을 할 수 없는 노예는 무용지물이었으며, 그렇게 대우받았다. 똑같이 노동이 불가능한 노예라도 아프리카에서는 소중했다. 아무런 실용가치도 없는 다이아몬드 목걸이가 소중한 것처럼, 이들은 소유주에게 장신구와 같은 존재였다. 다 늙고 나약한 노예도 좋은 옷을 입고, 주인을 찬양하며 가두행렬에 참가했다. 간혹 주인의 말동무가 되어주는 노예도 있었다. 다호메이Dahomey(Benin의 옛 이름) 왕국의 왕에게는 부채로 인해 사로잡은, 전혀 쓸모없는 궁전 노예가 있었다. 바로 운 없었던 영국인 불핀치 램이라는 노예로, 왕이 그와 담소를 즐겼다고 한다. 더욱이 아프리카 노예들은 아메리카에서와 달리 일정 기간 복무 후 자유를 얻기도 했다. 이유는 두 가지인데 생포당한 이들이 생포한 이들의 친족이거나 왕국의 소중한 백성이었기 때문이다(플랜테이션 업자들은 달랐다. 일을 할 수 있는 노예를 풀어주는 것은 그들에게 엄청난 손실이었다). 이 두 가지 요소는 노예제의 비인간적인 측면을 한층 완화시킨다. 애덤 스미스가 노예제를 반대하면서 경제성으로 따질 때 손해라고 말했던 부분까지 만족시켜주면서. 그렇다고 해도 애초 고향에서 병사로 징집되었던 아프리카인들이 이 제도의 인도주의를 찬양하지는 않았을 것 같다.

유럽인들이 아프리카에 왔을 때, 이곳은 노예무역에 필요한 모든 조건이 무르익은 상태였다. 그 덕에 유럽인들은 손쉽게 노예무역에 발을 담갔다. 인간 상품을 이미 선적해오던 아프리카 국가와 노예상들은 증가한 외국인 수요를 맞추기 위해 공급량만 더 늘리면 됐다. 더 많은 노예를 확보하기 위한 방법으로 일부 정치지도자들은 범죄자들의 벌금을 올렸다. 범법자들, 탈세자들, 정치적 망명자들, 어쩔 수 없이 떠도는 망명자들. 이 모두가 집게로 집어올린 인형뽑기 상자 안의 인형들처럼 노예 무역선으로 빨려 들어갔다. 그러나 대다수 아프리카 권력자들은 다른 나라에 군대를 보내 노예를 확보했다. 이웃 나라의 요인을 납치해 몸값으로 대량의 노예를 요구하기도 했다. 그래도 수요가 증가하면 민간 노예상들이 불법으로 민간인을 포획했다. 국가의 법을 무시하면서. 그렇게 공급원이 메마르자 아프리카인들은 유럽에서 노예를 사왔다. 예일대학교 역사학자 로버트 함즈는 17세기에 유럽인들이 현재 가나 지역 아프리카인들에게 4만~8만 명에 이르는 노예를 팔았다고 추산한다.

노예무역이 한창 성업일 때는 아프리카의 노예 수요가 유럽의 수요를 앞지를 정도였다. 17세기 후반, 구식 매치락(화승총)을 플린트락(수발총)이 대체하자 조지아 주 인디언들과 마찬가지로 아프리카인들도 이 신형 총을 손에 넣으려고 혈안이 되었다. 1732년 4월, 급속도로 팽창하던 아샨테 제국(현재의 가나에 있었던 아프리카 왕국) 노예상들이 가나에 세운 네덜란드 요새 엘미나에 나타났다. 그들은 생포한 노예 무리를 이끌고 와서 다짜고짜 총과 교환할 것을 요구했다. 함즈에 따르면, 이들의 위협적인 분위기를 감지한 엘미나 총독은 "모든 네덜란드 요새에 긴급 타전해 보유하고 있는 플린트락을 전부 엘미나로 보내라고 명령했다." 아싼테는 기민하게 노예를 주고 총과 화약을 수중에 넣은 덕택에 그 지역 패자로 우뚝 섰다. 노예무역 물결은 아싼테의 군비 증강에 돛을 달아주었다. "이는 분명 1730년대 네덜란드 노예 수출 증가의 큰 원인이 되었다." 함즈는 이렇게 논평했다.

아프리카의 노예상들은 아프리카 군대와 기습공격자, 해적들로부터 노예를 사들인 후 아프리카인이 운영하는 집하지에서 아프리카인에게 돈을 주고 수송을 맡겼다. 계약이 성사되면, 선원 대다수가 아프리카인이었던 선박에 노예들을 선적했다. 그 노예 선박의 항해에 필요한 식수, 식자재, 로프, 목재 같은 물건을 조달해주는 것도 역시 아프리카인이었다.

당연히 유럽인들의 역할도 있었다. 그들은 고객이었다. 경제 방정식에서 수요자였다. 그들 중 소수는 아프리카인과 결혼함으로써 아프리카 해안을 불도저처럼 치고 나갔다. 그들의 아이들은 보통 아프리카 노예무역에서 중개상이나 협상가로 일했다. 그런 중개상들이 없었다면 유럽인들은 질병이 들끓는 데다 경계의 끈을 놓지 않는 아프리카 군대의 합동 공세에 밀려 전초기지에만 머무는 신세였을 것이다.*

그렇다. 사실상 노예무역항 대부분은 좁쌀만한 전초기지에 불과

---

* 미니시리즈 〈뿌리Roots〉에서 미국 노예상이 감비아의 촌락을 기습 공격하는 오프닝 신을 많은 사람들이 기억할 것이다. 실제로 아프리카에서 이런 침략 행위는 극히 드물었다. 아프리카는 이런 무단침입자들을 용납하지 않았다. 특히 이런 침입자가 자신들의 사업망에 끼어들어 아프리카인을 배제하려 드는 노예회사였다면 말이다. 그 생포된 자들은 자국 국민이었고, 그들의 소관이었다.

했다. 네덜란드 서인도회사는 오랫동안 아프리카에서 노예무역을 독점하고 있었다. 1800년까지 그들이 포획해 선적한 노예가 22만 명에 달했다. 하지만 네덜란드 노예사업의 아프리카 본부였던 엘미나의 유럽인 거주자는 400명을 넘는 경우가 거의 없었다. 엘미나에서 5킬로미터 떨어진 케이프코스트에 이와 쌍벽을 이루며 영국 노예무역을 독점했던 영국 왕립아프리카회사 본부가 있었다. 이곳 부두에서 사슬에 결박된 남성, 여성, 어린이 노예가 수만 명 단위로 선적됐지만, 이곳 역시 상주 유럽인은 100명 선을 넘지 않았다. 17~18세기의 유럽인 지도를 보면, 아프리카 대서양 연안을 따라 덴마크인, 네덜란드인, 영국인, 프랑스인, 포르투갈인, 스페인인, 그리고 스웨덴인들의 요새와 주둔지, 무역거점들이 기세등등하게 솟아 있는 모습이 묘사되어 있다. 그러나 지도상에 표기된 대부분의 지역에 거주하는 유럽인은 10명 내외에 불과했다. 심지어 5명 미만인 곳도 적잖았다. 오늘날 베냉 자리에 있었던 웨이다 공국에서는 18세기 첫 1분기에 노예 40만 명을 수출했다. 당시 대서양 노예무역에서 가장 중요한 정거장이었지만, 이곳에 상주하는 유럽인은 채 100명이 되지 않았다. 이들 외국인 대다수는 선박이 인간 화물로 채워지는 것을 기다리며 해변에서 진을 치고 있던 노예상이었다.

간이역에 불과한 듯 보이는 이 작은 점들이, 실은 노예무역의 성격을 180도 바꾼 도화선 역할을 했다. 과거 대다수 아프리카인 노예 소유주들은 자기 노예의 이전 삶에 대해 어느 정도는 알고 있었다. 더러 주인과 노예가 혈연관계일 때도 있었다. 먼 친척이라든가, 사돈의 친척이라든가. 나아가 그들은 자기 노예의 가족관계나 혈통, 어떤 종류의 채무나 책무 불이행으로 인해 노예가 되었는지를 정확히 알았다. 심지어 전쟁포로일 경우에도 전쟁 장소와 노예가 포획된 나라의 정보는 알고 있었다. 이와 대조적으로 식민지의 플랜테이션 노예무역에서는 노예의 이전 이력이 초기화돼 버렸다. 말하자면 그의 인생을 포맷해서, 그가 어디에서 온 누구인지 알 수 없게 만들었다. 순전히 신체적인 특징만으로 판단해, 가게에서 구매하는 상품처럼 취급한 것이다. 수많은 수프 통조림처럼(노예상들은 장부책에 자신의 인간화물 수량을 '~개'라고 표기했다) 말이다. 유럽인 소유주 중에는 자신의 인간 재산을 한 번도 본 적 없는 이들이 많았다. 그들은 질병으로부터 안전한 런던, 파리, 그리고 리스본 등지에 머물렀다. 사탕수수나 담배 생산량을 늘리고 싶을 때, 그들은 원거리 금융업자들에게 돈을 빌려서 이러저러한 가격에 이러저러한 수의 노예 상품을 구매해달라고 서면으로 주문했다. 당시의 상황 속에 들어가 있던 이들은 이런 극적인 변화를 알아채지 못했다. 하지만 이는 어쩌면 실낱같은 것일지라도, 노예와 소유주 사이의 유대를 완전히 제거해버린 결과를 가져왔다. 노예들은 이제 더 이상 주인의 친척도, 주인이 정복한 국가의 백성도 아니었다. 그들은 대차대조표에서 생산원가 란을 채우는, 이력이 삭제된 익명의 노동력 대대로서, 순전히 경제적 가치에 의해서만 처리되었다.

따라서 여정 내내 선박 안을 맴돌았던 네덜란드, 포르투갈, 그리고 영국인 노예상들조차 자신의 배에 타고 있는 그 불운한 남성, 여성들의 신상에 대해 전혀 아는 바가 없었다. 하물며 자신들의 '물건'을 구매하러 제임스타운, 카르타헤나, 그리고 살바도르 부두에 몰려들었던 식민개척자들이야 더 말할 것도 없었다. 쏜튼에 따르면 "노예들 중 상당수가 전쟁포로라는 사실은 아메리카 노예 소유주 중 극소수만 알고 있었던 것 같다"고 한다. 새로 사들인 노예들의 조직적인 탈출이나 반란을 겪고 난 후에야, 일부 소유주들은 노예들의 출신 배경이 군대였다는 사실을 알고는 화들짝 놀랐다. 그렇게 아메리카 노예 소유주들은 자신이 사들인 노예 대대가 전쟁에서 포획된 군인이었을지도 모른다는 걱정 때문에 끊임없이 골머리를 앓게 되었다.

히스파니올라 섬에 최초의 노예로 들어온 사람들은 주로 지금의 세네갈과 감비아 지역에 있었던 졸로프 제국 출신이었다. 카리브 해 지역에 왔던 노예 중 다수가 내전으로 찢긴 이곳 전쟁포로였던 것 같다. 즉 군인 출신이었던 셈이다. 이게 사실이었든 아니든, 스페인 사료에 따르면 아메리카 대륙에서 첫 번째로 대규모 노예 반란을 일으킨 이들은 바로 이 히스파니올라 섬에 끌려온 졸로프족이었다. 거사일은 1521년 크리스마스. 장소는 콜럼버스의 상속자이자 아들인 디에고 콜론의 설탕공장이었다. 40여 명의 노예들이 소 목장을 급습해서 스페인 요인 여럿을 죽이고 건물 몇 채를 불태운 뒤 수십 명의 인디언 노예를 포함한 수많은 포로를 데려갔다. 콜론은 기병대를 조직해 반란자들 요격에 나섰다.

보병이 기병을 상대로 하는 전투에서 고전적인 대응법은 밀집대형이다. 즉 한 치의 틈도 없이 빽빽한 밀집대형으로 벽을 만들고, 대형 밖으로 고슴도치처럼 창을 돌출시키는 방식이다. 고대 그리스 보병들이 마라톤 전투와 플라타이아이 전투에서 페르시아를 격파했을 때 써먹은 전법이기도 하다. 무기는 턱없이 부족했지만, 노예들은 이 전술을 구사했다. 그들의 방어막은 한동안 흔들림 없이 유지되었지만 디에고 콜론의 세 번째 돌격에 힘이 다했고 설상가상 반란군 대장마저 쓰러지고 말았다. 생존자들을 샅샅이 찾아내 말썽의 소지가 있는 사람들을 향한 본보기로 참수한 노예의 머리를 대로변에 효수했다.

스페인의 골치는 이제 시작일 뿐이었다. 대로변에 시체들이 즐비하게 매달려 있는 상황에서 엔리퀼로Enriquillo라고 하는 한 타이노족 족장이 섬 남서쪽 산악지대에 비유럽인 촌락을 건립했다. 엔리퀼로는 본래 초창기의 엥코미엔다 시스템을 앞장서서 받아들여 프란치스코파 수도사들로부터 가르침을 받고 독실한 기독교도가 된 사람이었다. 그가 자신의 백성들을 일꾼으로 보낸 이유는 이 제도의 기획자들 의도 그대로, 지위를 보장받고 물품 교역을 보장받을 생각에서였다. 하지만 일꾼들을 쓰기 위해 엔리퀼로와 협상을 해야만 했던 그의 후견인(엥코미엔다로)이 홧김에 엔리퀼로의 부인을 성폭행한 뒤 말을 훔쳤다. 엔리퀼로는 맹렬하게 맞섰다. 인디언 인권 옹호자 바르톨로메 데 라스 카사스가 전하는 스토리는 이렇다. 엔리퀼로가 저항하자 그 후견인은 각목으로 때리면서 위협했다. 그 매질은 '불에 기름 붓는다.'라는 옛 속담을 그대로 재현한 셈이라고 카사스는 조롱했다.

엔리퀼로는 일가와 소수 추종자들을 이끌고 산악지대에 진을 쳤다. 도망친 아프리카인과 다른 타이노들이 반란에 가담하면서 숫자는 눈덩이처럼 불어나 500명에 가까운 수가 되었다. 스페인인들은 산악지대 은밀한 곳에 촌락을 이룬 그 머룬들을 10여 년 동안 찾아 헤맸지만 허탕이었다. 탈주자들의 습격에 진력이 난 식민개척자들은 1533년 조약을 발표했다. 반란자들이 돌아올 경우, 스페인인들은 엥코미엔다 법을 준수할 것이며, 그들의 지위 보장을 약속한다는 내용이었다. 엔리퀼로와 그의 타이노 사람들은 거래를 받아들였다. 하지만 그들과 동맹을 맺었던 아프리카인들은 달랐다. 세바스티앙 렘바Sebastian Lemba가 이끌었던 무리는 돌아가기를 거부했다.

'렘바'는 콩고 지역에 있었던 부호 상인들의 종교모임이었다. 아마도 교회와 로터리 클럽의 중간 형태였을 것이다. '렘바'라는 이름은 그가 임방갈라 노예 습격 당시 사로잡힌 사업가였음을 암시한다. 만일 그렇다면, 그의 인맥은 리더십을 발휘하는 데 큰 역할을 했을 것이다. 스페인인들조차 "능력이 탁월하다."라고 인정할 정도였다. 엔리킬로보다 응징에 대한 집념이 훨씬 더 강했던 렘바는 자신의 군대를 기동력이 좋은 소규모로 분산해 사탕수수 플랜테이션과 설탕공장을 16년 간 약탈했다. 그의 활동에 자극받아 반란을 일으키는 노예 수도 엄청났다. 때문에 산토도밍고 부주교는 1542년 산악지대 게릴라가 히스파니올라의 스페인 이주민 인구를 훨씬 능가한다고 주장했다. 히스파니올라의 34개 설탕공장 중 문을 연 곳은 10개밖에 되지 않았다. 나머지는 노예 반란군이 두려워 폐쇄했다. 이 부주교의 한탄이 나오고 5년 뒤, 렘바는 다른 노예에게 밀고를 당했다. 자유를 최고의 신념으로 추구했던 렘바 덕에 자유를 얻었던 사람에 의해 그는 팔아넘겨졌다. 식민개척자들은 산토도밍고 성문 근처에 렘바의 목을 장대에 걸어 효수했다.

렘바가 효수됐지만 반란과 폭동 사태는 멈추지 않았다. 어째서 그랬을까? 히스파니올라 섬 식민정부는 이곳의 통제력을 완전히 상실하고 있었다. 렘바의 죽음 이후 몇 개월도 지나지 않아 식민정부 관료들은 산토도밍고에서 불과 15킬로미터 밖에서 반란군들이 "스페인 사람들을 죽이고 강탈하고 있다"며 스페인 왕실에 호소문을 올렸다. 이런 상황에도 그들은 노예 노동력에 의존하는 현실을 재고하지 않았다. 도미니카 공화국의 역사학자 린 기타Lynne Guitar가 지적했듯이, 그 호소문에는 사탕수수 플랜테이션 확장을 위해 5,000~6,000명 노

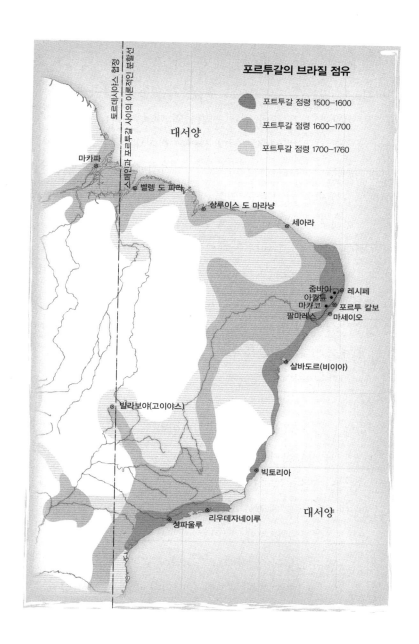

포르투갈의 브라질 점유

포트투갈 점령 1500–1600

포트투갈 점령 1600–1700

포트투갈 점령 1700–1760

대서양

마카파

벨렝 도 파라

상루이스 도 마라냥

세아라

줌바이

아쿨튜

마카코

레시페

팔마레스

포르투 칼보

마세이오

살바도르(비이아)

빌라보야(고이아스)

빅토리아

리우데자네이루

상파울루

대서양

예를 추가로 들여오는 걸 승인해달라는 내용도 함께 들어 있었다.

노동력이 절대적으로 부족했던 유럽인 사탕수수 농장주들은 위험천만한 파괴자들을 지속적으로 수입하고 있었다. 팔마레스 왕국의 아퀼툰 여왕과 강가 줌바 같은 사람들이 대표적이다. 히스파니올라 섬의 머룬은 끝내 그 섬에서 설탕 산업을 몰아내는 역할을 하고야 말았다. 포르투갈 관료들은 팔마레스가 브라질에서 똑같은 일을 해낼까봐 두려워했다. 그 반란군 연합 세력은 존재 자체로 브라질의 포르투갈 식민정부에 군사적·정치적 위협이었다. 하지만 더 본질적인 문제는 따로 있었다. 그 반란군 세력은 세라 다 바리가 정상이라는 전략적 요충지를 떡하니 차지하고서 유럽인들의 내륙 팽창을 원천적으로 봉쇄하고 있었다. 그들이 브라질의 다른 항구로까지 세력을 확장할 경우, 포르투갈 정부는 자칫 자국의 식민개척지가 해변에 뒹구는 포말 신세로 전락하지 않을까 하는 두려움에 떨었다. 그곳 내륙 지역이 아프리칸-인디언 모자이크 국가로서 세력을 확장해 나가는 동안에 말이다.

팔마레스 왕국 지배층은 앙골라인이었지만 앙골라 사회도, 심지어 아프리카 사회도 아니었다. 주민 다수가 투피어Tupi-speaking를 사용하는 인디언이었다. 더러 자신의 사회와 불편한 관계였던 유럽인들도 있었다. 유대인, 개종한 유대인, 이단자, 이전 이단자, 마녀로 몰린 사람들, 도망친 범죄자, 그리고 정체불명의 소수 인종집단도 소금처럼 뿌려져 있었다. 팔마레스 유력인사들의 외양은 아프리카인이었지만, 증기로 열을 가해 구부린 인디언식 억새 집에서 살았고, 인디언의 혼합식 경작법으로 메이즈(아메리카산), 쌀(아프리카산), 마니오크(아메리카산) 등을 경작했다(아프리카 벼인 오리자 글래베리마Oryza glaberrima는 서아프리카에서 작물화되었다. 반면 아시아에서 작물화된 벼의 품종은 오리자 사티바Oryza sativa이다). 팔마레스 대장장이들은 아프리카 방식의 야금술을 이용해 쟁기, 낫, 창, 검 등을 제작했다. 식민지 기록에는 총과 총알도 만들었다고 한다. 이들의 종교는, 오늘날 얻을 수 있는 자료에 따르면 인디언과 아프리카 요소가 섞인 하이브리드 기독교였다. 하지만 군 조직은 철저히 아프리카 방식이었다. 아퀼튠의 직계들이 마을을 엄격히 통제했으며, 그 마을 자체가 전투에 단련된 군사기지 수준이었다.

1643~1677년에 포르투갈과 네덜란드(이 무렵 일시적으로 브라질 일부를 점령했다)는 팔마레스를 20차례 넘게 공략했으나 번번이 실패로 돌아갔다. 군대가 머룬 국가 외곽 정착촌에 접근한다 싶으면, 거주민들은 비옥한 토지와 심층수를 이용한 식수, 그리고 음식창고까지 갖춰 어떤 공성전에도 버틸 수 있는 산 정상으로 재빨리 피신해버렸다. 침략자들을 맞이하는 건 음식과 귀중품은 남김없이 쓸어간 텅 빈 마을뿐이었다. 침략자들은 주민들을 찾기 위해 숲을 이리저리 헤집고 다녔다. 그러는 사이 보급품이 바닥났다. 그동안 매복자들이 그들의 일거수일투족을 지켜보고 있었다. 선발 정찰대가 숲속에 설치한 팔마레스의 함정에 빠진 사이, 풀숲에서 날아온 화살이 뒤따라오던 병사들을 겨냥하는 식이었다. 병사들이 자고 일어나 보면, 동료들은 사라지고 음식마저 도난당하는 일이 비일비재했다. 병사들에게 더 분통 터지는 일은 그 지역 플랜테이션 업자들이 노예에게 줄 식량을 팔마레스로부터 구입한다는 사실이었다. 머룬들이 병사들을 겨누는 그 총과 칼은, 사실 플랜테이션 업자들이 메이즈와 마니오크를 얻는 대가로 그들에게 제공한 것들이었다.

팔마레스 역사에서 가장 중요한 인물은 군 총사령관 줌바이Zumbi
였다. 그는 팔마레스 왕 강가 줌바의 조카로, 유아였을 때 이것(줌바
이 획득) 빼곤 아무런 소득 없이 끝난 네덜란드의 공략에서 포로로 사
로잡혔다. 유럽식 이름을 받은 그는 포르투 칼보라는 작은 해안도시
에서 한 사제에 의해 포루투갈어, 라틴어, 신학, 과학, 항해술, 금속
학을 배우며 자라났다. 1670년, 10대가 된 줌바이는 팔마레스로 도
망쳐 왔다. 한편으론 자신을 키워준 사제에 대한 정을 잊지 않았지
만, 그는 머룬식 이름과 삶을 되찾는다. 본디 카리스마가 있는 데다
명석하고, 교육을 받았고, 적에 대한 지식까지 충분했던 그는 젊은
시절 전투에 나가 다치는 바람에 다리를 심하게 절었지만 곧장 총사
령관 자리에 올랐다. 줌바이 역시 이름이라기보다 타이틀에 가까웠
다. 줌바이의 의미는 '조상의 혼' 정도이다. 아마도 포로로 잡혀 죽을
운명이었다가 다시 돌아온 의미에서 이렇게 불렸던 것 같다.

1677년, 포르투갈의 대공격으로 강가 줌바는 부상을 당했고 그의
아이와 손자 몇 명이 포로로 잡혔다. 의기소침해진 왕은 이듬해 포르
투갈과 평화협상을 맺었다. 그는 포르투갈이 팔마레스 공격을 중단
한다면, 새로운 탈출자를 받아들이지 않을 것이며 더불어 산악지역
을 비워주겠다고 약속했다. 줌바이는 이 협정이야말로 지금껏 머룬
이 지키기 위해 싸워왔던 노력을 통째 물거품으로 만드는 행위라고
받아들였다. 분노가 극에 달한 그는 왕을 독살하고 왕권을 차지한 뒤
협정을 무효화했다. 전쟁은 재개되고, 식민지 군대는 6년 동안이나
파상적인 공격을 했지만 아무것도 건지지 못했다.

그 무렵 이곳 식민정부에 새로운 총독이 부임했다. 40년 간이나 팔
마레스를 공격하고도 변변한 성과를 거두지 못한 것에 고민하던 그

총독은 다른 방법을 시도해보기로 했다. 그런 그에게 도밍고스 조르제 벨료Domingos Jorge Velho라는 사내가 더 많은 인디언을 정복할 수 있는 허가를 내달라며 요청을 계속했다. 내키지 않았지만 총독은 그 사내를 만나기로 했다.

반다이란테bandeirante였던 조르제 벨료는 안하무인의 불한당 같은 사내였다. 포르투갈 남성과 인디언 원주민 여성의 결합으로 태어난 반다이란테들은 보통 모계의 현지 연결고리를 활용해 아버지의 야욕을 실현하곤 했다. 사실 반다이란테의 의미는 '깃발을 꽂은 이'로, 땅에 말뚝을 박는다는 뜻이다. 조르제 벨료는 반다이란테의 대표적인 사례였다. 키플링식 탐험가였던 그는 사병을 조직해 아마존 남쪽에 개인 왕국을 건설했다. 휘하에는 다른 세력으로부터 보호해준다는 명분으로 통제받는 수백의 인디언들이 병사나 노동 인력으로 일하고 있었다. 최악의 반다이란테였던 조르제 벨료는 타고난 완력에다 갱단 두목과 같은 성향을 후천적으로 터득한 것으로 보인다. 인디언과 그들의 땅을 장악한 그는, 훗날 포르투갈 왕실에 보낸 서한에서 자신의 사적 영달이 아니라 숲에서 데려온 원주민의 권익을 보호하기 위해 그런 행동을 했다고 주장했다. 이 편지의 유려한 문장들은 의심의 여지없이 누군가를 시켜 대필했음을 확인케 한다. 벨료는 글을 몰랐다.

그들에게 문명생활과 인간 사회의 지식을 전파하고, 공동체와 합리적인 사고 안으로 그들을 인도함으로써, (⋯) 우리가 그들을 밭일에 동원하는 것 역시 그들을 부당하게 이용하는 것이 아닙니다. 오히려 우리의 자식을 돌보는 심정으로 그들과 그들의 아이들에게 이로움을 주기 위함입니다.

만남을 통해 총독은 그 반다이란테가 유럽인보다는 머룬 성향에 훨씬 치우친 인물임을 깨닫는다. 그는 포르투갈어가 형편없어서 통역을 대동하지 않고는 대화가 불가능했다. "내가 살다살다 이보다 더 불한당 같은 인간 말종은 겪어본 적이 없다." 조르제 벨료를 보고 경악한 페르낭부쿠Pernambuco 주교는 이렇게 기록했다. 주교는 "욕정을 해소하기" 위해 첩을 일곱 명이나 대동하고 나타난 반다이란테의 후안무치에 특별한 노여움을 드러냈다(사실 그 첩들은 성관계 이상의 파트너들로, 반다이란테를 원주민 사회와 연결해주는 고리였다. 같은 이유로 그는 포르투갈 부인도 한 명 두었다).

포르투갈 식민정부는 조르제 벨료가 어쩌면 줌바이를 분쇄할 수 있을지도 모른다는 생각을 했지만, 참으로 천박한 이 불한당을 구원투수로 등판시켜야 한다는 점에서 선뜻 동의하지 못했다. 그렇게 7년을 질질 끌던 총독은 마침내 그를 불러들였다. 이제 더 이상 물러설 곳이 없었던 당국자들에게는 조르제 벨료만이 유일한 선택지로 보였다. 팔마레스 문제 해결에 나서준다면, 정부가 조르제 벨료의 부하들에게 총기와 화약과 음식을 제공하고, 전리품에 세금을 부과하지 않으며, 포획된 모든 아프리카인을 보상으로 준다는 약속이 붙었다. 나아가 아마도 가장 큰 포상은 벨료가 저지른 이전 죄에 대한 완전한 사면이 될 것이었다.

1692년, 1,000명 남짓의 원주민 군대와 포르투갈인, 인디언-포르투갈인, 아프리칸-포르투갈인으로 편성된 100명의 병사를 이끌고 조르제 벨료는 자신의 영지에서 출격했다. 그가 최대한 축소해서 표현한 바에 따르면, 800킬로미터에 이르는 팔마레스 행 강행군은 "지금껏 겪어본 적 없고 앞으로도 결코 겪지 않을 듯한 개고생, 굶주림,

갈증 그리고 궁핍이 뒤범벅된 최악의 상황"에서 진행되었다. 행군 도중에 200명이 죽었고, 200명은 대열에서 낙오했다. 음식과 보급품은 바닥났고, 헤시폐 식민 당국이 약속한 보급품이 오기까지는 앞으로 10개월을 밀림에서 굶주린 채 버텨야 했다. 1693년 12월, 마침내 "600명의 원주민과 45명의 백인"으로 쪼그라든 조르제 벨료의 군대는 공격을 개시했다.

마카코의 줌바이 본부는 누구의 접근도 불허하는 난공불락 철옹성이었다. 내가 세라 다 바리가 공원 정상에 올라가 보니, 당시 상황이 어떠했을지 짐작이 갔다. 어디가 길이고 어디가 벌판인지 구분이 안 되는 움푹 팬 진창길에서 렌터카의 엔진이 찢어질 듯 괴성을 질렀다. 도중에 배기관이 찢겨 나갔는데 현지 소년 한 명이 친절하게도 전화선에서 뜯어온 전선으로 잘 묶어주었다. 마침내 정상에 섰을 때 수 킬로 안의 모든 것이 내 시야에 들어왔다. 바둑알만한 자동차와 트랙터들이 선명한 태양빛 아래 손에 잡힐 듯 보였다. 나는 잠시 저만치 아래, 테이블보를 타고 오르는 개미의 행렬 같은 조르제 벨료 군대를 내려다보는 머룬이 되어 있었다. 공격자나 수비자 모두 주축은 인디언과 아프리카인이었다. 유럽인은 음료 위의 계피가루처럼 살짝 흩뿌려졌을 뿐이었다. 팔마레스 진영에서 딱 하나 달랐던 점이 있다면 감독이 유럽인이 아니었다는 점이다. 마카코 정상에 기어오르기 위해 조르제 벨료의 병사들은 미로와도 같은 지뢰밭과 방어막을 요리조리 뚫어야만 했다. 한 발 내디딜 때마다 마름쇠에 손과 발이 절단 나기 십상이었고, 저 멀리 망루에서 머룬 군대가 쏘는 화살이 공기를 가르며 핑핑 날아들었다. 공격자들은 절벽 위의 도시를 아사시킬 목적으로 봉우리를 빙 둘러 띠를 형성했다. 중세의 공성전을 열대 정글 한복판에 옮겨놓은 셈이었다.

교착 상태가 여러 주일 동안 이어졌다. 그제야 공격자들은 산 위 머룬들이 예상보다 많은 식량을 가지고 있음을 깨달았다. 고민하던 조르제 벨료는 튼튼하고 가로로 길쭉한 바리케이트를 만들어 방패처럼 들고 움직이기로 했다. 병사들은 그 바리케이트 뒤에 쪼그리고 앉아 절벽을 밀면서 올라가다 쉬기를 반복하며 정상을 향해 몇 발자국씩 움직였다. 바닥에 깔린 쇠꼬챙이, 올가미, 부비트랩, 독 말뚝을 걸러내고, 날아오는 화살과 총알이 건너편 나무에 박히는 소리에 깜짝깜짝 놀라면서도, 조금씩 언덕 위로 꾸준히 전진했다. 벨료는 공략 시즌을 건기로 잡았지만, 결국 최후 격전의 날은 끊이지 않고 비가 내려 모든 땅이 진창으로 변했다. 적군의 바리케이드가 자신들의 사격을 막아낸다는 것을 깨달은 머룬의 궁수와 총잡이들은 말뚝 방어벽에서 빠져나와 높은 나무 위로 올라갔다. 아래서 공격자들의 벽이 움직일 때마다 그들은 뒤에서 공격했다.

줌바이는 비에 젖고 지친 군대를 진두지휘하면서 말뚝 방어벽 위로 난 길을 큰 보폭으로 오갔다. 1694년 2월 5일, 달도 없는 칠흑같은 밤에 줌바이는 반다이란테의 병사들이 두 명의 보초를 사살한 것을 알아차렸다(살아남은 머룬의 진술 내용이다). 어둡고 비까지 내린 탓에, 다른 보초병들은 방어망에 작은 구멍이 났다는 사실을 알아채지 못했다. 마찬가지로 그 구멍에 근접해 있던 공격자들이 무방비를 틈타 바리케이트를 방어벽 몇 발자국 앞까지 좁혀오리라는 사실도. 쏟아지는 빗속에서 한 치 앞조차 식별되지 않는 전방을 뚫어져라 응시하면서, 어쩌면 줌바이는 적군의 돌격대가 자신들의 말뚝 방어벽을 돌파하는 건 시간문제임을 직감했을지도 모르겠다. 적의 공격이 임박했다는 소식이 퍼졌고 공포감이 마카코 전체를 물들였다. 줌바이는 최후 방어를 위해 안간힘을 쓰며 군대를 진두지휘했다. 이제는 공격자들과 줌바이의 병사들 일부가 최후방어막이 뚫렸다는 사실을 깨달았다. 적들은 말뚝 방어막 일부분을 무너뜨리고 안으로 들어와 있었다. 워낙 순식간에 일어난 일이라, 그 반다이란테 병사들이 발뒤꿈치에 총을 몇 발 발사했을 뿐, 대부분의 머룬을 도망가게 내버려두었다. 정신을 차린 조르제 벨료의 병사들은 무너진 방어벽을 통과해 마카코로 봇물처럼 쏟아져 들어왔다.

최후 격전은 양측 모두 예측하지 못했던 장소와 시간에 일어났다. 칠흑 같은 어둠과 장대비 속에서 양 진영의 인디언과 아프리카인, 유럽인들은 얼결에 서로에게 막대기와 칼날을 겨누며 격돌했다. 한 치 앞을 볼 수 없는 상황이라 총은 있으나 마나였고, 진흙 묻은 손에서 무기들은 미끄러졌다. 피와 진흙이 뒤범벅되고, 괴성과 비명이 사방에서 울려퍼졌다. 양 진영의 병사들은 그 순간 우주의 중심이 되어 서로 격돌했다. 600명의 반다이란테 병사들 중 절반이 목숨을 잃었다. 머룬 쪽 상황도 비슷했다. 아마 200명 넘는 머룬들이 생포당하지 않기 위해 절벽에서 뛰어내렸을 것이다. 누구도 모를 일이다. 마침내 물과 피로 물든 세라 다 바리가의 마카코에 동이 텄을 때, 태양 아래 드러난 건 온통 폐허뿐이었다.

용케도 줌바이는 탈출에 성공했다. 살아남은 벨료의 병사들은 처음엔 줌바이가 절벽 아래로 몸을 던졌을 거라고 생각했다. 하지만 그는 측근 한 명이 위치를 발설하기 전까지 거의 1년 동안 포르투갈과 지속적으로 소규모 접전을 계속했다. 줌바이와 그를 따르던 소규모 무리는 1695년 11월 20일 매복기습으로 전멸했다. 그의 주검은 포르

정상에서 바라본 세라 다 바리가 모습. 팔마레스의 머룬들은 산 아래 모든 동태를 손에 잡히듯 바라 볼 수 있었다.

투 칼보로 운구되었고, 어릴 적 줌바이를 보아온 사람들에 의해 그임이 확인되었다. 해안 일대의 식민개척자들은 승리를 자축했다. 며칠 밤 동안 거리에서 경축행사와 축제가 지속되었다. 잘린 줌바이의 머리는 레시페로 옮겨져 장대에 효수되었다. 그가 어딘가에 살아 있을지도 모른다는 소문의 불씨마저 완전히 밟아 끄기 위함이었다. 아퀄튠이 아메리카 대륙에 도착한 지 90년 만에 그녀가 세운 왕국은 파괴되었다. 하지만 이것이 브라질과 아메리카 곳곳에 자리잡았던 머룬과 퀼름보들의 종말을 의미하는 건 결단코 아니었다.

파나마 지협의 머룬들

바스코 누녜스 데 발보아$_{\text{Vasco Núñez de Balboa}}$도 코르테스와 피사로처럼 스페인 변방 산간마을 엑스트레마두라 출신이었다. 또한 그들 못지않게 대담하고 무자비하며 천부적 야망으로 가득한 인물이었다. 거짓말에 능하고 충동에 한계가 없었던 그는, 지인의 전언에 따르면 "크고 단단한 몸매에 균형 잡힌 체격이었으며, 배운 사람답게 몸가짐이 세련됐다"고 한다. 몰락한 귀족 집안의 막내로 태어난 그는 어찌나 앞날이 암울했던지 스물다섯 살이 되던 해인 1500년, 자신의 몸을 대서양을 건너는 배에 무작정 던졌다. 그리고 히스파니올라 남서부 오지 살바티에라 드 라 사바나에서 농부로 자리잡았다.

생각해보면 최악의 선택이었다. "고요하고 목가적인 농장의 삶은, 넘치는 에너지와 모험가적 기질을 주체 못하는 그에게 맞을 리가 없었다."라고 그를 존경했던 스페인 전기작가는 썼다. 사실상 바스코 누녜스 데 발보아는 기상천외하고 충동적인 기질로 인해 순식간에 눈덩이처럼 불어난 빚을 지고 말았다. 그는 채무자들을 피해 큰 드럼통에 몸을 숨기고는, 아메리카 본토에 스페인이 최초로 설립했던 기지로 향하는 보급선에 그 통을 싣도록 했다(어떤 기록에 의하면, 그는 드럼통에 자신의 개도 같이 넣었다고 한다).

파나마 국경과 가까운 지금의 콜롬비아 지역에 스페인이 건설한 식민지가 하나 있었다. 그 식민지의 목적은 금광 탐사를 위한 전초기지 건설이었다. 필요한 노동력은 노예로 삼은 현지 인디언으로 조달하고, 그 중 일부는 히스파니올라에 팔기도 했다. 하지만 인디언들로서는 이 계획에 동참할 하등의 이유가 없었다. 따라서 침략자들의 몸에 독화살로 구멍을 내는 것으로 자신들의 의지를 격하게 드러냈다. 식민지가 붕괴 직전으로 몰리자 설립자는 1510년 7월, 구조 요청을 위해 히스파니올라로 향하는 배에 올라탔다. 그러나 그 배는 쿠바 해안 앞바다에서 좌초했고 그는 아사 상태에서 비틀거리며 히스파니올라 섬을 헤맸다. 혼쭐이 난 그는 구조되자마자 금광 탐사고 뭐고 내동댕이치고 줄행랑을 쳐버렸다. 같은 해 9월, 이런 사정을 알 리 없는 스페인 정부가 그 식민지로 향하는 보급품 배를 산토도밍고에서 출항시켰다. 누녜스 데 발보아가 숨어들었던 드럼통을 실었던 배가 바로 그 보급선이었다.

누녜스 데 발보아는 곧 발각되었다. 하지만 카리스마가 있는 데다 머리가 좋았던 그는 격노한 선장을 구워삶아 무인도에 버려질 위기를 모면했다. 몇 주 후에는 선장이 가장 신임하는 부관 자리까지 꿰찼다. 그리고 몇 달이 지나자 선장은 누녜스 데 발보아가 더 낫다고 말하는 식민지 쪽으로 뱃머리를 돌렸다. 채 일년이 지나지 않아 드럼통에서 나온 그 사내는 내친 김에 선장까지 몰아내고는 파나마 해안 일대에서 금광을 찾는 원정팀의 우두머리가 되었다.

누녜스 데 발보아는 아메리카 쪽에서 태평양을 본 최초의 유럽인으로도 유명한 인물이다. 이는 오늘날까지 그에게 따라붙는 불후의 명성이 되었다. 500년이 흐른 오늘날 '누녜스 데 발보아Núñez de Balboa'로 인터넷 검색을 하면 바위 위에 비스듬하게 서 있거나 파도를 가르며 성큼성큼 걷는 정복자의 모습이 숱하게 검색된다. 때로는 완전군장 차림으로 망망대해를 경외하듯 응시하면서. 하지만 이 같은 영웅적 이미지는 역사가들의 평가와는 사뭇 다르다. 누녜스 데 발보아의 용맹함과 담대함에는 누구도 토를 달지 않는다. 다만 현대적 잣대로 평가할 때, 그는 결코 정당화될 수 없는 일들을 많이 저질렀다. 게다가 어쩌면 대서양 반대편 아메리카에서 태평양을 본 최초의 인물도 실은 누녜스 데 발보아가 아니었을지 모른다.

누녜스 데 발보아가 비집고 들어앉은 식민지는 산타마리아 라 안티구아 델 다리엔(안티구아)라고 불리던 곳으로, 합법적으로 다른 콘키스타도르(정복자)의 관할 하에 있던 땅이었다. 그곳을 관할하던 정복자가 자신의 영역임을 주장하자 누녜스 데 발보아는 그를 구멍난 범선에 태워 멀리 보내버리라고 명령했다고 한다. 그 일 이후 그 콘키스타도르의 모습을 다시는 볼 수 없었다고 전해진다. 안티구아에 정착한 누녜스 데 발보아(그리고 금이라면 자다가도 눈을 번쩍 뜨는 스페인인들)의 눈에 금장식을 주렁주렁 몸에 걸고 다니는 쿠나Kuna와 쿠초Choco 지역 거주민들이 들어왔다. 그는 곧 그 금의 출처를 조사하러 나섰다.

안티구아에서 북쪽으로 80여 킬로미터에 코마그레라는 사내가 다스리는 지역이 있었다. 역사학자 피에트로 마르티레 당기에라의 표현을 빌리자면, 그는 여러 부인을 두고 많은 아이들과 함께 "목재로 지은 거대한 집에서 살았다. 거실 크기만도 가로 150걸음에 세로 80걸음이었으며, 천장은 화려한 격자무늬가 인상적이었다." 그의 관할 영역(발보아를 비롯한 스페인인들은 그곳을 '영지'라고 불렀다)에는 1만 명가량의 주민이 살았다. 누녜스 데 발보아 일행이 방문했을 때, 코마그레는 원정팀을 산처럼 쌓인 "각종 곡주와 과실주"로 대접했다. 그들이 머무는 동안 70명 노예가 방문자의 시중을 들었으며 "4,000 온스의 금과 보석과 금은세공품"을 내주었다. 방문자들은 마치 아라비안나이트의 한 장면처럼 티격태격 해가며 저울로 무게를 달아 자기 몫을 챙겼다. 더욱 만화 같은 이야기가 있다. 코마그레의 아들이 그들의 탐욕을 비웃으며 "당신들의 그 작은 배로는 결코 항해할 수 없는 또 다른 거대한 바다"의 해변에 이곳보다 훨씬 더 많은 금이 나오는 또 다른 영지가 있다고 알려준 것이다.

미지의 또 다른 거대한 바다! 더 거대한 금! 누녜스 데 발보아의 가슴은 흥분으로 터져버릴 것 같았다. 그는 즉시 안티구아로 돌아와서 800명 정도(스페인인 200명, 인디언 600명)로 된 원정단을 꾸려 1513년 9월 1일 출발했다(함께 참여한 사람 중에는 적어도 한 명의 혼혈인과 한 명의 아프리카인이 있었는데, 둘 다 노예였을 것이다. 그 아프리카인은 후에 니카라과 땅에서 150명의 인디언 노예들과 함께 자유를 얻는다). 여정이 시작된 장소는 고온다습하고 열대림이 빽빽한, 해안에서 거의 수직으로 융기한 듯 깎아지른 파나마 동부 산악지대였다. 연강수량이 4,870밀리미터에 육박하는 곳인 데다, 하필 우기의 정점이었다. 몸을 가누기 힘들 만큼 무거운 군장에다 벌레와 뱀에게 시달리면서 푹푹 빠지는 진창을 행군하던 스페인인들은 병과 부상으로 하나 둘 무릎을 꿇기 시작했다. 누녜스 데 발보아는 점점 더 거지꼴이 되어가는 군대를 이끌고 한 원주민 부족에서 또 다른 원주민 부족에게로 이동해 음식을 구하고 길을 물으면서 행군을 계속했다. 그들이 쉬었던 마을마다 병든 낙오자들이 흔적처럼 남겨졌다. 그 해안 능선은 태평양에 어찌나 가까운지 최상류 지역조차 조류로 인해 시도 때도 없이 홍수를 겪었다. 그렇게 육지로 들어와 진흙탕이 된 물이 가파른 츄쿠나케 강 계곡으로 급강하했다. 이 강 계곡 반대편은 울퉁불퉁 솟은 바위들을 아무렇게나 부려놓은 듯한 봉우리들로, 듬성듬성 야자나무가 자라고 있었다. 60킬로미터를 3주 동안 행군하며 녹초가 된 발보아

일행이 9월 24일 도착한 장소가 바로 이곳 경사면이었다.

정상 부근에서 그들은 같은 이름의 작은 영지를 다스리는 영주 퀴레쿠아Quarequa와 맞닥뜨렸다. 퀴레쿠아는 활과 창으로 무장한 수백 명의 병사를 앞세워 외부인들이 자신의 땅에 발을 들이는 것을 한사코 막았다. 총기와 장검을 한 번도 본 적이 없는 그 인디언들은 스페인인들에게 인해전술로 맞섰다. 누녜스 데 발보아는 아무런 경고도 없이 직사거리에서 사격을 하라고 명령했다. 퀴레쿠아를 비롯해 수백 명이 그 자리에서 목숨을 잃었다. 시신 위에 시신이 쌓이고 또 쌓였다. 스페인인들은 생존자를 추적해 촌락 중심부까지 들어갔지만 금과 식량은 이미 사라지고 없었다. 다음날인 9월 25일, 누녜스 데 발보아와 누더기가 된 그의 무리는 정상에 올랐고, 현기증 나도록 드넓은 태평양이 눈앞에 펼쳐져 있는 풍경을 보았다. 지금 보면 참으로 우스꽝스런 제스처로 발보아는 이 대양과, 대양에 맞닿은 모든 땅은 스페인* 소유라고 선언했다.

이제 그 마을에 남겨진 것은 여성과 아이들, 그리고 몇몇 아프리카인 노예였다. "흑인은 몸이 매우 튼실했으며, 배가 나오고 긴 수염과 고슬고슬한 머리털이 나 있었다."라고 원정 일년 반 후 원정대원 중

---

* 퀴레쿠아 마을에서 저지른 누녜스 데 발보아의 행동은 오늘날의 관점에서 도저히 공감할 수가 없다. 마을에 들어간 그는 여장을 한 40명의 퀴레쿠아 궁정관료들을 발견했다. 이야기에 따르면, 그가 개를 풀어 그들을 죽였다(그 개들 중 하나는 드럼통에서 그와 같이 밀항한 개였다). 이에 마을 사람들이 의상도착자가 더 있음을 일러주면서, 그들도 죽이도록 부추겼다. 이 사건을 액면 그대로 받아들이기는 어렵다. 파나마 원주민들이 동성연애를 금기시하지 않았다고 해도, 그렇게 큰 규모의 고위급 인사들이 단체로 여장을 했다는 것은 다소 의문스럽다. 원주민의 화려한 궁정 의상을 스페인인들이 여성 의상으로 오인했을 수 있다고 추정하는 학자도 있다. 퀴레쿠아의 죽음으로 야기된 정치적 공백상황에서 군주의 적대세력이 스페인의 오해를 이용해 자신들의 정적을 제거하는 데 이용했을지도 모를 일이다.

한 명이 진술했다. 그곳에서 흑인을 본 스페인인들은 기절초풍할 뻔했다. 이보다 더 놀라운 건, 이틀만 더 가면 주민 전체가 도망친 아프리카 노예로만 구성된 촌락이 나온다는 이야기였다. 그곳 인디언과 아프리카인들은 수년 간 다툼을 하면서 포로로 잡힌 상대를 노예로 삼았다.

원정대원들은 그 흑인을 아프리카 노예 출신이라고 여겼다. 아마도 잘못 봤을 가능성은 거의 없다. 자신들의 여정에 함께 한 이들 중 적어도 두 명의 아프리카인 노예가 있었기 때문이다. 더욱이 스토리의 출처도 분명하다. 이를 뒷받침하는 스페인 자료가 대여섯 건이나 된다. 하지만 그 어느 출처에서도 이곳에 흑인 노예가 있었다는 사실이 내포하는 두 가지 중요한 사실을 추론하지는 않았다. 첫 번째 그 산악지대에 노예가 존재했다는 건, 대서양을 건너 아메리카에 정착한 사람들 중 아메리카 쪽에서 처음으로 태평양을 본 사람이 유럽인이 아니라 아프리카인이라는 의미로 해석될 수 있다. 두 번째, 파나마 지협이 도망친 노예들에게 재포획을 피하는 데 훌륭한 장소로 쓰였다는 사실이다. 후자는 곧 스페인 왕실을 두고두고 따라다니는 두통거리가 된다.

아메리카 대륙에서 태평양으로 가는 루트를 발견했다는 사실은 안티구아에 있던 스페인 출신 정복자들을 흥분의 도가니로 몰아넣었다. 스페인인들은 곧 그 안티쿠아 식민지를 버렸고, 그곳은 유령 도시*로 전락했다. 안티구아를 버린 초창기 식민개척자 대부분은 두 개의 새로운 식민도시 건설을 위해 몰려갔다. 즉 그 지협에서 태평양으로 이어지는 파나마 항과, 대서양으로 이어지는 농브레 드 디오스 항이었다. 두 도시를 건설하려는 이유는 간단했다. 스페인이 손에 넣고 싶어했던 말루쿠 제도의 향료를 태평양을 통해 아메리카까지 운송한 뒤, 두 도시 사이를 연결하는 육상 운송로를 거쳐 유럽행 선박에 태운다는 논리였다. 하지만 스페인의 말루쿠 제도 점령은 머잖아 물거품이 되었고, 두 개의 항구도시 효용가치도 뚝 떨어졌다.

누녜스 데 발보아 휘하에서 파나마 지협 횡단을 같이했던 프란시스코 피사로가 안데스 산맥의 위대한 인디언 제국을 정복한 뒤 파나마로 금과 은을 보내고 있다는 뉴스가 도착하던 1533년에도 파나마와 농브레 드 디오스에 거주하는 유럽인은 각각 40명을 넘지 않았다 (피사로가 잉카제국을 정복했을 때 누녜스 데 발보아는 이 세상 사람이 아니었다. 그는 제 꾀에 발목이 걸려 1519년에 처형당했다). 그로부터 12년이 지난 후인 1545년, 포토시에서 은광이 발견되었다. 절반 혹은 그 이상의 은이 이곳 파나마 항으로 운송되었는데, 여기에는 왕에게 바치는 세금 및 광산 채굴과 은화 주주 수수료도 포함되었다.

이에 따라 파나마 항과 농브레 드 디오스 항을 연결하는 육로는 그 제국에게는 절대적으로 중요한 관문으로 부상했다. 이 단 한 줄기 미세한 모세혈관을 따라 제국의 막대한 재정이 수혈되었다. 공학적 관점에서 보자면 이 도로는 고개를 절로 내젓게 하는 환경이었다. 무릎까지 푹푹 빠지는 진창을 낙엽이 질식시킬 듯 덮고 있는 데다 두 마리 노새가 간신히 지나갈 정도로 좁다란 길이 바위산과 늪지대 사이로 얼기설기 휘감아 나 있었다. 이 도로 횡단은 생각만으로도 스페인

---

* 산타마리아 라 안티구아 델 다리엔은 종종 아메리카 본토 최초의 영구적인 유럽인 정착촌이라고 일컬어진다. 하지만 '영구적'이라는 표현은 매우 부정확하다. 이곳의 식민개척자들은 9년 후 이곳을 포기했다. 약 170년 후 이곳에서 불과 5~6킬로미터 떨어진 지점에 스코틀랜드가 식민지 건설을 시도하고, 그 결과는 3장에서 다룬 내용대로이다.

인들을 공포스럽게 했다. 한 역사가의 불평에 따르면 그 길에는 "사자, 곰, 재규어"가 득실거렸다. 괴성을 내는 원숭이들이 나무 위에서 돌을 던졌다. 밤에는 치명적인 열대 큰삼각머리독사와 부시마스터(중남미산의 독사)가 활개를 쳤다. 통행자들은 모기 퇴치를 위해 머리에서 발끝까지 오일을 발라야 했다. 하지만 이마저 박쥐들에게는 속수무책이었다. 한 이탈리아인은 "자고 있는 사람들의 발가락, 손가락 그리고 코와 귀 같은 곳들을 어찌나 족집게처럼 무는지, 그보다 더 천부적일 수는 없었다. 작은 입 한 가득 고기 한 점씩을 야무지게 물고는 그곳에서 나오는 피를 흡입했다."라며 고통을 토로했다. 절대로 이들을 퇴치할 수가 없었다고 그는 말한다. 왜냐하면 더위 때문에 "옷을 벗고 이불 위에서" 잘 수밖에 없었기 때문이다. 건기일 때조차 인디언 습격에 대비해 갑옷을 입으면 금세 땀으로 목욕을 할 정도였다. 우기 때 그 도로는 아예 통행 불가였다. 비로 인해 강물이 불어오르면 차그레스 강은 바지선 운행이 가능해져 장대를 이용해 오르내렸다. 하지만 같은 이유로 위험천만했다. 16~17세기 유럽은 이런 환경에다 길다운 길을 낼 기술력과 장비를 갖추고 있지 않았다. 이 도로가 처음 생기고 120년이 흐른 1640년, 한 이탈리아 여행자가 이를 갈며 썼다. "극악무도하게 고통스러운, 최악의 길이다. 내 여행 역사에서 이런 최악의 길은 처음이다."

파나마 지협을 통과하는 이 육로로 왕의 은을 수송하기 위해서는 많은 노동력 확보가 절실했다. 이번에도 어김없이 대두되는 문제는 노동력 부족이었다. 고향을 떠나 이처럼 열악한 열대 오지에서 고된 일을 하려는 스페인인은 없었다. 은 수송에 동원될 노동력의 1순위 후보군은 명백했다. 바로 인디언 노예들이었다. 누녜스 데 발보아가 태평양에 면한 해변을 처음으로 밟았을 때만 해도, 100여 개의 자잘한 인디언 국가들이 벌집처럼 촘촘하게 파나마 지협을 채우고 있어서, 16세기 사학자 곤살로 페르난데스 데 오비에도 발데스는 원주민 인구가 "200만 명은 훌쩍 넘어선다. 아니 너무 많아 셀 수가 없었다."라고 주장했다. 근대에 와서 학자들이 추정하는 수치는 이를 훨씬 밑돈다. 영지(내가 쓰는 용어로)에 딸린 인구가 대부분 3,000명을 넘지 않았기 때문에, 학자들은 많아야 25만 명 정도로 보는 게 타당하다고 말한다. 하지만 이 지협에서 인디언 인구는 광속으로 증발해버렸기 때문에 어차피 그 수치는 별 의미가 없었다. 포토시가 은을 수출하기 시작했을 무렵에는 이미 그곳에 남은 원주민은 2만 명도 안 되었을 것으로 역사학자들은 보고 있다. 설령 그곳에 남아 있던 모든 인디언이 '나 잡아가쇼' 하면서 포획됐다 해도, 유럽인이 필요로 하는 노동력에는 턱없이 못 미쳤을 것이다. 스페인 식민정부는 안데스, 베네수엘라, 니카라과 등지에서 노예를 수입할 수밖에 없었다. 그 수가 엄청나서 노예 수가 스페인 사람들을 웃도는 상황이 되었다.

스페인 정부가 인디언노예금지법(앞서 말한 자문위원회의 인디언 상황 보고에 대한 응답으로 카를로스 5세가 인디언 노예 전면 금지를 발표했던 신법)을 발표한 이후 누네스 데 발보아를 필두로 한 식민개척자들은 아프리카로 눈길을 돌렸다. 누네스 데 발보아는 죽기 전에 아프리카 포획 노예 30명을 태평양 연안으로 데려와 배를 건조하게 했다. 머잖아 아프리카인들이 차그레스 강의 바지선을 잡고 있는 풍경이 연출됐다. 줄줄이 연결된 20척 이상의 바지선에는 각각 20명 남짓의 근육질 남자들이 매달려 있었다. 그 바지선을 따라 꼬리에 꼬리를 문 수십 마리의 노새 행렬이 태평양과 대서양을 연결하는 길을 통과했다. 은을 운반하는 노예들을 감시하는 건 채찍을 든 수십 명의 노예들이었다. 그리고 다시 채찍 든 노예들을 총으로 중무장한 스페인인이 감시하는 체제였다. 때로 이 여정은 한 달 이상 걸렸으며 길에는 노새와 사람들의 시체가 즐비했다고, 앞서 박쥐에 치를 떨었던 이탈리아 여행자는 증언했다.

1565년이 되었을 때, 이 지역의 아프리카인과 유럽인 비율은 7대1이었다. 당연한 얘기지만 유럽인들은 인간 재산을 통제하는 일이 점점 어려워졌다. 도망자들은 수백씩 무리를 지어 안데스, 베네수엘라 등지에서 도망쳐온 인디언이나 파나마 지협 잔존 자유 인디언들과 뭉쳐 강력한 다민족 촌락을 형성했다. 스페인에 대한 증오로 똘똘 뭉친 이들은 노예들을 해방시키고, 식민개척자들을 죽이고, 노새와 말을 훔쳤다. 때로 그들은 여성을 납치하기도 했다. 손실이 산처럼 쌓였다. 이제 스페인은 악몽과도 같은 머룬 문제와 마주했다.

이 문제는 1521년경부터 가시화되었지만 파나마 지협에서 본격적인 머룬 토벌 움직임이 시작된 건 30여 년이 흐른 뒤였다. 파나마 근해 섬에서 진주 채굴을 하던 젊은 노예 펠리필로Felipillo가 아프리카 도망자와 인디언 무리를 이끌고 맹그로브 숲이 우거진 산미구엘 만에 둥지를 튼 것이 직접적인 계기였다. 2년 간 자유를 누리던 1551년, 펠리필로의 촌락은 일망타진되었다. 다른 머룬들은 펠리필로의 운명으로부터 명심해야 할 교훈을 하나 얻었다. 절대로 낮은 지대에는 숨지 않는다. 접근이 너무 용이하기 때문이었다.

같은 해 농브레 드 디오스 시정부는 파나마로 통하는 길목에서 머룬 600명이 통행자들을 갈취하며 살해하고 있다고 본국에 탄원했다. 2년이 지나자 혼란은 더욱 격화되고, 그 수도 800명으로 늘어났다.

2년 후에는 머룬의 수가 1,200명으로 늘어났다. 그 지협에서는 노예 인구 자체뿐 아니라 도망친 노예 수만도 유럽인 수를 능가하는 상황 이었다. 1554~1555년, 두 차례의 머룬 소탕작전에서 스페인은 참패 했다. 농브레 드 디오스에서는 아프리카인과 인디언 노략질이 어찌 나 횡행했던지 이곳 식민개척자들은 노예들을 밖에 내보내 물을 길 어오게 하는 것조차 꺼렸다. 대다수 유럽인 거주민은 파나마로 피신 해 있다가 은 함대가 들어올 때만 농브레 드 디오스로 빼꼼 나타나 곤 했다.

이 머룬을 이끌었던 사내는 베이야노Bayano, 베이아모Bayamo, 밸 라노Vallano, 베이야모Vayamo, 혹은 발라노Ballano라는 이름으로 불리 던 사내였다. 그 역시 아퀼툰처럼 아프리카에서 군사령관쯤의 지위 로 활동하던 중 전쟁포로로 사로잡힌 것으로 보인다. "기골이 장대 하고 맹수 같았으며, 거칠고 다부진 사내였다. 패션 센스는 파격적이 고, 걸쭉한 위트까지 갖추고 있었다." 시인 후안 드 미라몬테스Juan de Miramontes는 베이야노를 "두뇌 회전이 빠르고, 대담하고, 신출귀몰한 사내로 뼛속까지 전사였다."라고 묘사했다. 그가 요새를 구축한 근거 지는 절벽이 병풍처럼 둘러싼 산악지대로, 카리브 해를 굽어보고 있 었다. 유일한 진입로인 진흙 협곡에는 언제든 돌덩이를 굴릴 준비가 된 보초들이 24시간 망을 서고 있었다. 농브레 드 디오스로부터 꽤 나 먼 거리에 자리를 잡았기 때문에, 스페인인들에게 발각될 염려가 적었다. 요새에는 언제든 군사행동이 가능한 젊은 장정들만 상주했 고 아녀자, 아이, 노인 같은 일반인들은 조금 떨어진 제2의 촌락에서 살았다. 페루와 니카라과의 인디언, 그리고 10여 개의 아프리카 혼합 부족들로 이뤄진 베이야노의 작은 왕국은 기상천외한 인종의 집합소라 부를 만했다. 16세기의 한 성직자는 "온갖 인종이 뒤섞여 있어서, 아버지나 어머니와 피부색이 같은 사람이 없었다."라고 기록했다. 이 책에서 내가 많은 부분 의존하고 있는 레위니옹 대학교 장 피에르 타르디외Jean-Pierre Tardieu의 연구에 따르면 종교 역시 기독교, 이슬람, 그리고 각 민족의 토착신앙이 어우러진 잡탕이었다고 한다. 그들이 어떤 언어를 공용어로 썼는지는 알려져 있지 않다.

1556년 페루에 새로 부임한 총독이 리마로 가는 도중 농브레 드 디오스에 들렀다. 베이야노의 노략질에 분개한 그는 머룬 격퇴군 모집을 위한 기금을 조성하고 병사를 모집했지만 응하는 이가 없었다. 최후 방편으로 그는 감옥을 방문해 재소자들에게 으름장을 놓았다. 탈출한 노예들과 전쟁을 하든, 자신들이 노예가 되어 갤리선을 타든, 둘 중 하나를 선택하라는 것이었다. 많은 재소자들이 흔쾌히 머룬 격퇴부대에 자원했다. 1556년 10월, 총독에게 설득당한 70명의 죄수 출신 병사들은 노련한 지휘관 페드로 드 우르수아Pedro de Ursúa를 사령관으로 베이야노 격퇴에 나섰다.

생포한 머룬 정보원을 길잡이로 삼아 우르수아 군대는 25일 간 열대우림을 행군했고, 마침내 베이야노의 요새가 있는 절벽 정상에 다다랐다. 그런 장소에서 공격을 하는 건 승산이 없다고 판단한 우르수아는 머룬 지도자에게 협상을 시도했다. 그는 파나마 지협을 두 개의 왕국으로 분할해서 하나는 스페인 왕 필리페 2세령으로, 다른 하나는 파나마의 베이야노 1세령으로 하자고 제안했다. 베이야노는 이 달콤한 제안을 받아들였다. 스페인 격퇴부대원들은 이전에 자신들의 노예였던 사람들과 같이 사냥과 낚시를 즐기고, 스포츠경기와 힘겨루기 시합 등을 하면서 여러 주 동안 어울렸다. 떠나기 직전 우르수

아는 그곳 주요인사 40명을 초대해 성대한 만찬을 베풀겠다고 제안했다. 그리고는 와인에 약을 타서 그들을 무력화시켰다. 그 머룬들은 농브레 드 디오스로 끌려가 노예 신분으로 귀속됐다. 우르수아는 승리의 트로피인 베이야노를 사슬에 묶어 리마로 압송했다. 다른 머룬들은 베이야노의 운명에서 또 하나의 명심해야 할 교훈을 얻었다. 절대로 스페인 사람들을 믿어서는 안 된다.

머룬 문제는 수그러들 기미를 보이지 않았다. 베이야노 잔당 세력뿐 아니라 다른 새로운 머룬 촌락들이 여기저기서 우후죽순 생겨났다. 식민개척자들은 머룬을 근절하기 위해서는 체계적이고 장기적인 군사작전이 필요하며, 그러려면 유럽 본토에서 정규군을 1,000명가량 파견해야 한다는 결론에 이르렀다. 하지만 신규 이주 유럽인(콜럼버스 대전환의 한 축)들은 도착하는 족족 끔찍한 말라리아와 황열병(콜럼버스적 전환의 또 다른 한 축)에 쓰러지기 십상이었다. 그렇게 죽는 숫자가 절반이었다. 따라서 살아남는 1,000명의 병사를 건지기 위해서는 최소 2,000명의 병사를 수입해야 한다는 계산이 나왔다. 게다가 농브레 드 디오스는 유럽인 방문자들이 "농브레 드 디오스, 세풀트라 드 비보스Sepultura de Vivos(생매장 당하는)."라는 으스스한 '라임'을 붙였을 정도로 질병이 들끓는 곳으로 악명이 자자했다. 스페인 국왕은 이런 현실에 경악해서 1584년 그곳 거주민을 통째로 새로 건설한 포르토벨로로 이주시키도록 했다. 이곳은 바늘귀만큼 덜 치명적이었다. 1625년 이 새로운 도시를 방문했던 영국 성직자 토머스 게이지는은 수송단이 포르토벨로에 상륙하자마자 "놀라운 속도로 죽어가는" 현실을 목도했다. "열려 있는 무덤" 포르토벨로에 고작 2주 정박하는 것만으로 "500명의 병사와 상인, 선원들"이 죽어나가는 데 충분했다.

이런 인명 손실은 머룬 토벌군을 유럽에서 파견하는 데 천문학적인 비용이 수반된다는 의미였다.

당연히 토벌군 모집 비용을 대겠다고 나서는 사람은 없었다. 파나마 지협에 상주했던 유럽인 대다수는 세비야 상인들을 위해 일하는 중개인들이었다. 팔마레스의 머룬과 싸웠던 포르투갈 사탕수수 재배업자들과 달리, 농브레 드 디오스와 파나마에 있는 스페인인들 중 이 땅에 영원히 정착하겠다고 생각하는 이는 거의 없었다. 그러기는커녕 잽싸게 한탕 하고 이곳을 뜨는 게 그들의 목표였다. 그런 그들이 머룬 소탕에 돈을 쓰고 싶어 하겠는가. 자신들이 이 땅을 뜨는 순간 미수금으로 묶일 비용인데 말이다. 따라서 그들은 토벌군 파병 및 유지비용을 스페인 정부에 요구했다. 상인들의 논리는 간단했다. 머룬 공격으로 손실을 떠안는 것도 왕이고, 머룬 진압으로 이득을 보는 것도 왕이다. 당연히 계산도 왕이 하는 게 맞다는 논리였다. 스페인 왕실은 왕실대로, 그 지출을 감독하기에는 너무 멀리 떨어져 있었다. 머룬 토벌작전에 할당된 자금을 그 뜨네기들이 착복하지 않으리란 보장이 없었기 때문에, 왕실은 수표에 사인하는 것을 망설이고 있었다. 이 대립은 경제학에서 말하는 '주인-대리인' 문제였다. 즉 주인이 자신의 일을 대신 해줄 대리인에게 지급을 해야 하지만, 대리인의 이행 여부를 예측하기 난감한 상황을 말한다. 따라서 스페인의 안정이 계속 위협받고 있는데도, 머룬에 대한 대대적인 군사작전은 표류하기만 했다.

식민개척자들은 발을 동동 구르며 애를 태웠다. 왜 아니겠는가? 기름칠을 한듯 번들거리는 까만 피부의 이전 노예들과 인디언들이 죽이 맞아서 '엄청나게 크고 튼튼한 활'과 강철 화살촉으로 자신들의 파나마 타운을 유린하며 활개치는 걸 눈 뜨고 지켜봐야 하는 상황이었으니 말이다. 1575년의 한 식민지 관료에 의하면 머룬들이 가축을 훔치고, 노예들을 채가고, "만나는 유럽인을 죽이는 걸 예사로 했다." 설상가상 머룬들은 순전히 앙심으로 금과 은이 선적된 상자를 통째 강물에 처박기도 했다. 게다가 이들을 기다리는 더 큰 문제는 따로 있었다. 그 머룬들은 장차 스페인 사람들에게는 이름만 들어도 치가 떨리는 세력과 결탁한다. 바로 영국 해적선이자 사략선의 선장 프랜시스 드레이크이다.

최초로 독자적인 대규모 선단을 꾸려 항해에 나섰던 드레이크는 1572년 7월, 이 지협에 입성했다. 스페인 보물을 한탕 하기 위해서 호시탐탐 기회를 엿보던 그는 농브레 드 디오스 연안 섬에서 목재를 하역하던 아프리카 노예를 발견하고는 그 도시의 방위 상태를 캐물었다(그 노예들은 일을 마친 후 데려가려고 주인이 섬에 떨구어놓은 상태였다. 그런데 드레이크가 도망칠 수 있도록 그들을 육지로 데려다주었다). 드레이크는 7월 29일 새벽 3시, 총격을 감행했다. 드레이크의 전기에 따르면, 그는 원통하게도 교전 중 심한 부상을 입는 바람에 "산더미처럼 쌓인 가로 20미터, 세로 3미터, 높이 3.5미터 실버 바"를 뒤로 하고 부하들과 철수해야만 했다. 그렇다고 낙담할 드레이크는 아니었다. 그가 농브레 드 디오스를 향해 출발한 직후 보초를 위해 배에 남겨두었던 선원들에게 머룬 몇 명이 접근해왔다. 그 머룬들은 드레이크를 지원하겠다고 나섰다.

몇 번 헛물을 켜던 드레이크가 머룬 우두머리 페드로 맨딩가Pedro Mandinga를 만난 건 9월에 접어들어서였다. 드레이크는 맨딩가로부터 그 해의 은 운송이 이미 마감됐다는 실망스런 소식을 듣는다. 장마가 끝나는 이듬해 3월에 다음 운송이 시작된다는 얘기였다. 드레이크는 기다리기로 했다. 노새들의 등에 실렸던 은은 차그레스 강 근처 벤타 드 크루세스에서 바지선으로 옮겨졌다. 드레이크와 맨딩가는 바다가 아닌 이 환적지에서 은을 탈취하기로 계획했다. 맨딩가는 파나마에 스파이를 보내 은 선적 시기에 대한 정보를 알아냈다. 작전 시기를 기다리며 그 영국인은 스페인의 눈을 피해 농브레 드 디오스 서쪽 후미진 곳에서 매복했다. 그동안 드레이크 일행은 머룬이 사냥하고 낚시해다 준 양식으로 버텼다. 때를 기다리는 대가는 영국인들이 생각했던 것보다 컸다. 12월이 되자 황열병이 대원 절반의 목숨을 앗아갔다. 희생자 중에는 드레이크의 친동생 요셉도 포함돼 있었다(형제 중 다른 한 명도 그 몇 주 전에 죽었다).

1573년 2월 초가 되었다. 맨딩가와 29명의 머룬, 그리고 드레이크와 생존한 18명의 해적들은 열대우림을 뚫고 태평양 방향으로 전진했다. 그들은 비밀작전을 수행하는 군부대처럼 조용히 움직였다. 머룬들은 앞머리에서 영국인들의 통행로를 확보해주고, 꼬리에서는 흔적을 지우며 작전을 수행했다. 2월 14일, 벤타 드 크루세스에 도착한 일당은 대로변의 쭉 뻗은 벌판에서 기다렸다. 태평양을 끼고 난 도로의 초입으로, 낮고 확 트인 지대였기 때문에 노새 행렬은 태양광선을 피하기 위해 주로 밤에 이동했다(이 길을 지나면 깊은 수풀 지역이라 낮에도 이동이 가능했다). 드레이크가 도착한지 몇 시간 후, 맨딩가의 파나마 스파이가 기다렸던 소식을 전해주었다. 리마 식민정부 재무관리가 노새 무리와 함께 떴다는 정보였다. 선발대인 9마리에는 금과 보석이 가득 실리고, 각각 50~70마리로 구성된 그 뒤의 노새 행렬 두 무리에는 은이 가득 실려 있었다.

해적과 머룬들은 두 조로 나뉘었다. 하나는 드레이크가 이끌고, 다른 하나는 맨딩가가 이끌었다. 간격은 약 50미터 떨어져 있었다. 드레이크는 그 노새 행렬이 지나가도록 길을 내주고, 매복하고 있던 맨딩가 무리가 기습한다. 그러면 드레이크와 부하들이 후미에서 좁혀들어 호송단을 앞뒤로 옭아맨다는 계획이었다. 어둠이 내릴 무렵, 습격자들의 귀에 다가오는 노새들의 마구에 달린 벨 소리가 들려왔다. 그런데 이들이 시야에 들어오는 순간, 드레이크 무리에서 술 취한 영국인 선원이 돌연 매복에서 뛰쳐나가 무기를 휘두르며 돌격했다. 머룬 한 명이 그를 급히 풀 속으로 당겼지만 때는 늦어버렸다. 스페인 선발대가 달빛에 반짝이는 하얀 셔츠를 포착한 뒤였다. 스페인 선발대는 곧장 고삐를 돌려 질주해서 노새 행렬에게 파나마로 발길을 돌리라고 명령했다. 다 잡은 고기를 놓쳐버린 영국인들은 분을 삭이지 못한 채 물류창고를 파괴하고 가게들을 망쳐놓고 행패를 부리며 맥없는 벤타 드 크루세스를 엉망으로 만들었다. 그러고는 아무 소득도 없이 맨딩가를 따라 해안으로 돌아가야만 했다. 머룬들은 여기서 세 번째로 명심할 교훈을 얻는다. 유럽인들은 믿을 만한 동맹 상대가 아니다.

드레이크가 다음 행보를 모색하며 머리를 굴리고 있을 무렵, 그의 부하들이 기욤 르 테스투Guillaume le Testu의 프랑스 해적선을 발견했다. 테스투는 영국인들이 파나마 지협에 있다는 정보를 듣고 몇 주간 그들을 찾고 있던 참이었다. 테스투는 뛰어난 지도 제작자로, 프랑스가 리우데자네이루 근처에 단명한 식민지를 건설하는 데도 공을 세웠다. 하지만 프로테스탄트 신앙 때문에 4년 간 감옥에 투옥되었다. 왕에게 탄원서를 올려 자유의 몸이 된 그는 노략질에 나서는 선장 자리를 받아들였다. 아마도 이탈리아 상선이었던 것 같다. 이제 그는 드레이크에게 손을 내밀며 스페인 보물을 한탕 제대로 탈취하자고 제안했다. 드레이크와 테스투 그리고 맨딩가까지 의기투합한 습격자들은 스페인 은 수송대가 농브레 드 디오스 변두리 산악지대를 내려올 때 급습하기로 했다.

이번에도 머룬은 숨이 막힐 듯한 정적 속에서 유럽인을 이끌고 열대우림을 통과했다. 마침내 매복 장소에 도착한 건 4월 1일이었다. 이번에도 두 그룹으로 나뉜 그들은 50미터 간격을 두고 길가에 매복했다. 해가 중천에 떠오를 즈음, 매복하고 있던 해적 일당과 머룬들에게 벨 소리가 들려왔다. 120마리 노새였다고 전기작가는 썼다. "모든 노새는 각각 300파운드 무게의 실버 바를 싣고 있었다. 전체 은은 30톤에 육박했다." 이번에는 계획이 성공했다. 은 수송대 병사들은 노새와 짐을 해적들의 손에 맡긴 채 줄행랑쳤다. 현기증 나게 좋았지만, 그 많은 은을 끌고 언덕을 올라가는 일이 쉽지 않았다. 영국-프랑스-아프리칸-인디언 연합군은 노새 등에서 번쩍이는 화물을 벗겨낸 뒤 특유의 해적 방식대로, 노획물을 인근 강가의 땅에 묻었다. 실버 바 몇 개씩만 전리품으로 챙겼다. 그들이 채 몇 킬로미터 안 갔을 때, 일행 중 프랑스인 한 명이 보이지 않는 것을 알아차렸다. 곧 그들이 은을 매장할 때 술 취해 자다가 낙오되었다는 사실이 밝혀졌다. 그 낙오자는 스페인 군대에게 잡혀 고문을 당하기 무섭게 은을 묻은 장소를 다 불어버렸다. 농브레 드 디오스에서 "2,000명쯤 되는 스페인인과 니그로가 죄다 나와 땅을 파고 은을 찾았다." 일대 땅을 모조리 쑤셔 벌집을 만든 사람들이 귀중한 금속을 찾아내 농브레 드 디오스로 수송했다. 드레이크의 부하들이 손에 쥔 건 "13개의 실버 바와 금화 몇 개"뿐이었다. 전체 선적량의 채 2퍼센트도 안 되는 양이었다.

수십 년이 지난 후, 애초 드레이크 선단의 담임목사로 승선했다가 친구가 된 필립 니콜스는 원정에 참여했던 선원들의 진술을 바탕으로 책 한 권을 편집했다. 내가 이 책에서 자주 인용한 《되살아난 프랜시스 드레이크 경*Sir Francis Drake Revived*》이란 제목의 책이 바로 그것으로, 드레이크가 파나마 지협에 체류하던 당시(어마어마한 은을 탈취할 기회를 눈앞에서 세 차례나 놓쳤던 일, 그리고 두 형제와 부하 절반을 병과 전투로 잃었던 일)를 눈부신 대활약으로 묘사하고 있다. 그의 견해가 완전히 틀린 건 아니다. 농브레 드 디오스와 벤타 드 크루세스 공략은 어느 면에서 빛나는 성공이었다. 적어도 머룬들에게는.

가장 순도 높고 고귀한 투쟁

머룬과 해적들이 합동작전으로 은 수송대를 습격했다는 소식에 스페인 왕실은 발칵 뒤집혔다. 더구나 은 수송대 탈취사건을 즉각 보고했던 농브레 드 디오스 상인놈들이 도둑맞았던 은을 거의 다 되찾았다는 사실을 보고하는 데는 늑장을 부렸다는 점이 왕의 심기를 건드렸다. 그걸 생각하면 울화가 치밀어 자다가도 벌떡 일어날 정도였다(그 은 중 상당량은 왕실에 바쳐질 조세였다. 그러므로 은을 되찾았다는 사실이야말로 왕실이 가슴을 쓸어내릴 소식이었음에도 말이다). 식민지 관료들은 관료들대로, 이 사건을 머룬 토벌군 파견을 왕에게 요청하는 구실로 삼았다. "폐하께서 이 상황을 하루 속히 타개하지 않으신다면 폐하의 이 왕국이 폐허로 변하는 것을 우리 눈으로 목도하게 되지 않을까 심히 우려되는 상황입니다." 농브레 드 디오스 총독은 공격 한 달 후 이 같은 내용의 청원서를 왕에게 올렸다. 하지만 왕에게도 그들을 믿지 못할 이유가 충분했으므로 군대 파견을 망설였다. 식민지 관료들은 아프리칸-인디언 지역공동체와 타협을 시도하거나 소탕 작업을 개시하는 등 일관되지 않은 정책을 펴며 갈팡질팡했다. 그 와중에 머룬들은 계속해서 소를 훔치고, 노예를 해방시키고, 스페인인들을 죽였다. 죽은 스페인 사람 중 일부는 성직자들이었다. 스페인 가톨릭에 대한 증오심 때문에, 머룬들은 기꺼이 드레이크의 프로테스탄트를 받아들여 개종했다(이들이 실질적으로 종교 계율과 관행까지 바꿨다는 증거는 없다). 가까스로 양측이 타협안을 도출해도, 그동안 쌓인 상호불신과 적대감이 너무 큰 탓에 실직적인 화해는 불가능한 상황이었다.

이런 상황에서 머룬과 드레이크 세력이 연합했다는 소식이 영국, 프랑스, 네덜란드 해적들 사이에 퍼졌다. 그들은 자신들을 지원해줄 머룬 세력을 찾아 파나마 지협으로 몰려들었다. 하지만 대부분은 별다른 도움을 받지 못했다. 머룬들이 유럽인의 능력을 그다지 높게 평가하지 않기 때문이다. 그럼에도 불구하고 머룬·해적 연합에 대한 스페인의 두려움은 점점 커졌다. 그 사이, 악당으로 유명세를 얻은 드레이크가 또 한 차례 항해에 나서 스페인 소유 선박을 파괴하는 일이 발생했다. 그로 인해 남아메리카 해안으로 접근하던 스페인 선박들은 공황상태에 빠졌다. 식민지 관료들은 베이야노 지역 머룬들을 규합한 지도자 도밍고 콩고Domingo Congo에게 달콤한 협상안을 가지고 접근했다. 머룬들이 스페인 왕에게 충성을 맹세하면 그들에게 좋은 땅과 소, 돼지 그리고 경작과 수확에 필요한 장비와 일년치 메이즈 씨앗, 무엇보다 중요한 자유를 보장해주겠다는 내용이었다. 덤으로 식민정부는 스페인 거주자들에게 부과되는 세금까지 면제해주겠다고 나섰다. 이보다 더 매력적일 수 없는 조건이었지만 도밍고 콩고는 주저했다. 머룬이라면, 갓난아기들조차 베이야노가 스페인과 협상했을 때 어떤 일이 벌어졌는지 잘 알고 있었다. 한편 식민개척자들 입장에서는 도둑놈이거나 살인자, 그리고 도둑맞은 재산쯤으로 생각하던 자들에게 다가간다는 것이 조심스러웠다. 참으로 입맛 떨어지는 상황이지만, 식민정부는 도망쳐 파나마 외곽 산악지대에 흩어졌던 무리에게도, 그리고 계획도시 포르토벨로 인근의 규모가 크고 좀 더 조직화된 머룬 '왕국'에게도 비슷한 제안을 했다.

포르토벨로의 머룬 '왕'은 1579년 9월 15일, 스페인이 내민 조약서에 도장을 찍었다. 이 사실에 스페인 왕 필리페 2세는 크게 기뻐했다. 하지만 이후 4개월이 지나도 베이야노 지역 도밍고 콩고 머룬들이 이를 따르지 않자 왕은 식민정부 관리들에게 협상 타결을 독촉했다.

검은 머룬을 진압하는 것이 이 땅의 평화와 안정에 중차대한 일인 바, 짐은 포르토벨로 머룬으로부터 일궈낸 평화협상에 대한 편지를 보고 심히 만족했다. 이에 짐은 베이야노 땅 사람들도 이를 본보기로 삼아, 자신들의 죄사함을 받음으로써 얻게 될 안전한 주거지와 화해 같은 은혜를 이해하기 바란다. 또한 우리의 현지 위원회에 하루 속히 항복capitulation 의사를 보냄으로써, 더 많은 혜택을 보장받을 수 있음을 깨닫기를 바란다.

'항복'이라고? 이 단어에는 '계약contract'과 '전쟁에서의 항복'이란 두 가지 의미가 담겨 있다. 말하자면 왕은 외국인 해적들과 연합하는 행위를 중단하기로 약속한다면, 그 땅에서 머룬이 염원해온 모든 것을 들어주겠다는 의미로 항복이라는 표현을 썼다. 사실 틀린 말도 아니었다. 그 머룬들은 고향인 아프리카로 돌아갈 수 없는 신세였다. 그런 일은 불가능에 가까운 일이 돼버렸다. 설령 식민개척자들이 머룬을 고향으로 돌려보내기로 결정해서 그들을 배에 태운다고 하더라도, 대체 어디에 내려줘야 할지 알 리 없었다. 게다가 그 시점에 이미 많은 머룬들은 다른 아프리카 혹은 아메리카 출신 부인과 가족을 일구고 있었다. 싫든 좋든 그 지협은 이제 그들 삶의 터전이 되었다. '항복'함으로써 그들은 불편한 대로나마 소원하던 자유로운 삶을 영위할 수 있었다. 자신들만의 지역공동체에서 세금도 내지 않은 채.

2년 후 도밍고 콩고는 파나마 외곽의 머룬들처럼 조약서에 도장을 찍었다. 역사학자 타르디외가 지적했듯이, 그렇다고 해서 이 조약이 이후 계속된 노예 탈출까지 막지는 못했다. 사실상 숲속을 향한 도망자들의 탈주는 노예무역이 종말을 맞기까지 끊이지 않았다. 많은 탈주자들은 자유로운 머룬 촌락에 녹아들었다. 그리고 지협이 스페인으로부터 해방을 쟁취하는 1819년이 되었을 즈음엔, 이 같은 머룬 공동체 원조들은 거의 잊혔다. 하지만 이들 머룬이 쟁취한 자유야말로 하고많은 자유 중에서도 가장 순도 높고 고귀한 자유였다. 그들은 평범한 시민*이 되었다.

다음에 소개하는 국가들의 스토리는 특이한 사례가 아니다. 아메리카 전역 식민정부들이 많은 머룬 무리를 소탕했지만, 자유를 쟁취

---

* 그렇다고 인종차별에서 완전히 자유롭지는 않았다. 기껏 자유를 찾았어도 머룬의 후예들은 다른 자유로운 아프리카 후손 시민들처럼 대우받았다. 말하자면 종전처럼 그대로 부당하게 말이다.

한 이들은 언제나 있었다. 그리고 이들의 역사는 예외 없이 묻혔다. 다만 거의 모든 역사서들이 아직도 노예들의 자유 쟁취가 지배자의 선의에 달려 있었던 것처럼 묘사하는 현실에서, 이런 사례들을 드러내 보여주는 일은 그 자체로 큰 의미가 있다고 본다.

멕시코

파나마 실버로드에서 위협적인 아프리카인들에게 점점 자리를 내주며 밀리고 있던 그 시기, 스페인은 멕시코에서도 실버로드를 위협하는 아프리카인들과 대적하고 있었다. 베라크루즈 사탕수수 농장지대를 중심으로 산발적인 소규모 유혈사태에 머물던 그곳의 아프리카인 문제는 가스파르 양가Gaspar Yanga 혹은 응양가Nyanga가 탈출했던 1570년을 기점으로 전면적인 반란의 형태를 띠기 시작했다. 양가는 팔마레스의 아퀼튠처럼, 현재 가나 지역의 왕 혹은 군사령관 출신이라고 한다. 어느 모로 보나 사람을 사로잡았던 비상한 인물 양가는 베라크루즈 외곽 산악지대에서 수백의 아프리카인을 하나의 동맹으로 결집시켰다. 자신을 체인에 묶어 바다 건너 먼 땅에 던져놓은 사람들에게 앙갚음이라도 하듯, 그는 틈만 나면 사탕수수 농장을 기습했다. 의기양양하게 노예와 그들의 재산을 낚아채가면서. 뉴스페인에게 뭐니뭐니 해도 가장 큰 골칫거리는 그 머룬들이 베라크루즈와 멕시코를 잇는 길에서 실크와 보석 수송대를 공격하는 일이었다. 공포에 사로잡힌 식민개척자들 사이에서는 그 머룬들이 얼굴 마주친 사람은 가리지 않고 죽여서 사탄의식으로 그 피를 마신다는 소문까지 나돌았다.

식민정부는 속수무책 당하기만 했다. 그러던 중 양가의 군대가 유럽에서 최신 패션의상을 싣고 온 배를 파괴하는 일이 일어났다. 이에 화가 머리끝까지 치밀어오른 식민정부 관계자들은 더 이상 좌시하지 않겠다고 다짐을 했다. 수백 명의 병사와 비슷한 수의 인디언, 그리고 200여 명의 식민개척자 및 그들의 노예로 구성된 원정대가 1609년 산악지대로 진격했다. 6주 후, 이 원정대는 양가의 근거지를 점령했다. 하지만 그들은 닭 쫓던 개 지붕 쳐다보는 격이 되고 말았다. 그 머룬들은 이미 마을을 비우고 더 깊숙한 두 번째 기지로 자리를 옮긴 뒤였다. 양가는 11개의 요구조항을 들려 스페인 포로를 보냈다. 그 중 가장 중요한 조항은 "지난 9월 이전에 탈출한 모든 이에게 자유를 보장한다"였다. 궁지에 몰린 식민개척자들은 양가가 내건 11개 조항을 전부 받아들이기로 했다. 이로써 베이야노나 포르토벨로의 머룬과 마찬가지로 양가 휘하 백성들도 자신들만의 영토를 받았다. 산 로렌조 드 로스 니그로스. 훗날 창시자를 기리기 위해 '양가'라는 이름으로 바뀐 이 도시는 아메리카 대륙 최초의 선셋타운이 되었다. 유럽인들은 해가 진 뒤 이곳에 머무는 것이 법으로 금지되었다. 양가와 그의 후손들은 날로 번창했다. 그러자 현지 스페인인들은 백인 출입 금지 법령도 무시한 채 이 도시에 극진한 찬사를 쏟아부으며 앞다퉈 그곳으로 이사를 했다. 결과적으로 양가의 타운은 이제 거의 완벽한 '멕시칸Mexican'이 되었다.

멕시코 일대에는 명실상부한 아프리카인 자유타운이 두 개 더 있었다. 하나는 베라크루즈 서쪽 산악지대에, 다른 하나는 멕시코 서쪽 해안에 있었다. 그렇더라도 이 지역 머룬들의 가장 괄목할 만한 대성공은 18세기 과테말라 태평양 해안지역에서 일어난 일일 것이다. 이곳은 머룬 활동의 온상지로서, 이곳을 공격했던 스페인은 병력이 바닥나자 그들이 공격했던 아프리칸─인디언을 병력으로 대체해 이 문제를 해결했다. 그들은 군 통제권을 쥐게 되자 관료들에게 알력을 행사해 노예의 잔재를 한 점 남기지 않고 제거하도록 만들었다.

니카라과

영국 청교도들이 건설한 식민지는 두 개였다. 하나가 1620년에 설립된 저 유명한 플리머스로, 뉴잉글랜드 최초의 성공적인 식민지였다. 그리고 두 번째는 1631년 니카라과 해안에서 225여 킬로미터 떨어진 지점에 건설됐다가 단명하고 만 프로비던스 섬이다. 자신들의 동료가 건설한, 말라리아가 없었던 뉴잉글랜드와는 달리 이곳 프로비던스 청교도들은 아프리카 노예를 팔 걷어붙이고 대량으로 수입했다. 그러던 1641년, 스페인이 이곳에서 청교도들을 몰아냈을 때 자그만치 600명이나 되는 노예가 탈출했다. 배가 난파한 건지 의도한 바였는지는 모르겠으나 그들은 지금의 니카라과 땅에 상륙해 미스키추어족 인디언 및 소수의 유럽인으로 구성된 집단에 녹아들었다. 이후에도 아프리카인과 인디언 난민들이 대량으로 흘러들어, 이 하이브리드 민족에게 붙게 된 이름인 '미스키추어족' 수는 대규모로 불어났다. 스페인을 가장 큰 위협 대상으로 간주한 그들은 과거 자신들 일부를 노예로 삼았던 영국인들과 동맹을 맺었다. 영국 해적과 손잡은 그들은 영국 검과 총으로 무장한 뒤 코스타리카에서 파나마에 이르는 스페인 플랜테이션을 기습해 포획한 인디언과 아프리카 노예를 영국 사탕수수 플랜테이션에 팔아넘겼다. 심지어 이 미스키추어족들은 영국의 지원 요청에 따라 자메이카에 군대를 파견해 영국의 머룬 반란 진압을 도왔다. 영국 정부는 자메이카, 벨리제, 그리고 가끔 영국 땅의 미스키추족 왕들의 즉위식을 거행함으로써 공식 동맹을 체

프란시스코 드 아로브(중앙). 에콰도르 북쪽 해안의 머룬 자치사회였던 에스메랄다스를 통치했다. 에스메랄다스에 재량권을 주는 대가로 드 아로브가 스페인의 명목상 통치를 받아들이는 조약에 사인한 후 2년 뒤인 1599년. 그 식민정부는 키토(에콰도르의 수도)에서 공부한 인디언 화가 안드레스 산체스 갈레큐에게 그 통치자와 스물두 살 된 아들. 그리고 친구의 초상화를 그리도록 위임했다.

결했다. 영국에서는 보통 '왕King'으로 통용되었으나 다소 잘못된 용어이다. 미스키추 '왕국kingdom'은 서로 연합한 4개의 정치체제로 구성돼 있었으며, 해안을 따라 북에서 남으로 '장군' '왕' '총독' 그리고 '총사령관'이 각각 통치했다.

유럽에서 들어온 전염병이 미스키추의 아메리카 원주민들을 쓰러뜨리는 바람에 이들 네 지역은 더욱 더 아프리카화되었다. 인종학적으로 따질 때 그렇다는 말이고, 문화적으로 그들은 자신들을 '순수' 인디언이라고 주장했다. 이런 주장은 하얀 벨벳 조끼와 칠부바지 스타킹에, 골드스팽글이 달린 스페인 군장교 복장을 한 우두머리가 금은으로 장식된 지팡이를 짚고 공식행사를 집전하던 관행에 비추어 보면 그야말로 실소가 나올 만하다. 19세기에 영국인 수천 명이 미스키추 정부에 세금을 내고 그들의 법을 따르겠다는 약속을 한 뒤 이 지역으로 이주했다. 미스키추가 주변에 세를 떨치기 시작하면서, 머룬이 영국과 동맹을 맺으면 유리하다는 인식이 생겨났다. 그들이 아니었다면 스페인 천하가 되었을 중앙아메리카에서 말이다. 그 왕국은 자신의 운명을 스스로 개척하면서 300년 동안이나 번성했다. 1894년이 되어서야 독립국이 된 현재의 니카라과 정부가 미스키추를 공식적으로 흡수했다.

미국

이처럼 세력을 과시한 남쪽에 비해 지금의 미국 땅에는 상대적으로 머룬이 적었다. 이곳 노예들은 일단 북쪽으로 달아나 메이슨—딕슨 라인만 넘어서면 예속 상태에서 완전히 벗어날 수 있었기 때문이다. 게다가 그들이 살았던 곳과 다른 기후환경에서 맨손으로 생존하는 것도 만만치 않았다. 하지만 머룬 정착촌은 서배너 강 유역과, 미시시피 강 삼각주, 특히나 그레이트 디즈멀 대습지Great Dismal Swamp(버지니아와 노스캐롤라이나에 이르는 5,180제곱킬로미터 지역에 펼쳐져 있었던 토탄 늪지대. 이제 그곳은 더 이상 그레이트하지 않다. 배수와 매몰을 통해 습지 대부분이 사라졌기 때문이다)에서 심심찮게 볼 수 있었다. 1630년경부터 인디언들은 유럽인의 침입을 피해 대거 이곳으로 숨어 들어와, 10~50가구씩 무리를 지어 작은 정착촌을 일구었다. 그들의 궤적을 따라 곧 수천 명의 아프리카인들이 들어와 그곳에 근거지를 마련했다. 역사학자 존 호프 프랭클린과 로렌 슈바인저에 따르면, 그들은 늪지대 심장부의 '살짝 불거져' 잘 보이지 않는 섬에 집을 지었다. 노예 소유를 인정하는 사회에서 일부 머룬과 가족들은 전 생애 동안 유럽인과 한 번도 마주치지 않은 채 숨어 살았다고 한다. 이렇듯 행복한 고립도 17세기에 버지니아 늪지대에서 수천의 노예를 동원해 배수용 운하를 파는 공사가 시작되면서 막을 내렸다. 머룬과 머룬 사냥꾼들 모두 이 운하를 이용해 늪지대로 침투했다. 미국 노예제도가 끝날 때까지 단 한 치도 수그러짐 없는 저강도 게릴라전을 펼치면서(소설 《엉클 톰스 캐빈*Uncle Tom's Cabin*》을 쓴 해리엇 비처 스토는 두 번째 소설 《드레드*Dred*》에서 이러한 투쟁 시기의 그레이트 디즈멀 대습지를 다루었다). 하지만 어차피 이때쯤이면, 북부 노예들이 자유를 위해 조직했던 '언더그라운드 레일로드'(노예들을 탈출시키는 활동을 했던 비밀 단체)가 이 늪지대만의 매력을 다 앗아버린 상태였다.

한참 남쪽으로 내려오면, 이곳 노예들이 속박에서 벗어날 수 있는 가장 이상적인 선택지가 나왔다. 바로 스페인의 플로리다 식민지였다. 캐롤라이나 식민지는 1670년에 건설되었다(3장에서 다룬 내용이다). 이후 몇 년 후면 대규모의 노예들이 속속 도착하기 시작했다. 곧 이들은 국경 너머 스페인 쪽 플로리다 땅으로 무리지어 탈출했다. 이런저런 사정으로 식민정부에서 도망쳐 온 소수의 유럽인 난민 역시 이곳을 피난처로 삼았다. 영국에 적대적인 이곳 머룬의 군사적 가치를 눈치 챈 스페인 왕은 1693년 캐롤라이나와 조지아에서 플로리다로 넘어온 모든 아프리카인에게 전면적인 자유를 허용하겠다고 선언한다. 두 가지 조건이 붙었다. 첫째, 기독교로 개종하는 데 동의할 것. 둘째, 영국의 모든 침입에 맞서 스페인 편에 서서 싸울 것. 한 발 더 나아가 스페인 식민정부는 1793년 이전의 노예 의용군과 다름없는 이들을 수용하기 위해 수도 생오거스틴 바로 옆에 그라시아 레알드 산타테레사 드 모세라는 뉴타운을 세웠다. 리오그란데 강 북쪽에서 최초로 법적 자유가 인정된 아프리카—아메리카 지역 공동체였다

(분명 다른 자유로운 머룬 지역공동체가 없진 않았지만 공식적인 것으로 여겨지진 않았다). 그렇지만 플로리다 머룬 대부분은 반도의 내륙 깊숙한 곳으로 들어갔다. 이 지역은 병으로 인구가 바닥났던 땅을 크리크족에서 갈라져 나온 세미놀 인디언이 차지하고 있었다. 수백 년 동안 해마다 불로 태워 일군 저지대 사바나 땅에서, 두 집단은 서로의 영역을 세심하게 존중하며 강력한 연합을 구축했다(물론 인디언과 아프리카, 두 개의 집단이 만나는 모든 곳에서 이 같은 협력이 허락된 건 아니었다. 플로리다 바로 북쪽에 있었던 크리크족 본체는 집요하게 머룬을 사냥해서 영국에게 팔아넘겼다).

아프리카 머룬들과 협력하면서 세미놀 인디언은 30개가 넘는 타운을 구축했다. 그 중 몇몇은 인구가 수천 명에 이를 정도였다. 마을들은 토착 농경인 혼합 경작을 하는 농경지로 둘러싸여 있었다. 이 중 4개 타운의 주요 거주민은 아프리카인들이었다. 그들은 종종 '블랙 세미놀'이라고 불렸다. 이 '레드' 세미놀과 '블랙' 세미놀 간 관계는 다소 복잡했다. 어떤 이들은 아프리카인임에도 '레드'라고 불렸는가 하면, 어떤 유럽인들은 '블랙'으로 불렸다. 세미놀 법규상 이 타운에서 대다수 아프리카인의 공식적 신분은 노예였다. 하지만 인디언 사회의 노예제는 유럽식 노예제라기보다 유럽의 봉건제도와 유사했다. 세미놀 노예들에게는 노동의 의무가 거의 없었다. 대신 그들은 원주민 촌락에 공물을 납부해야 할 책무가 있었는데, 대부분 곡물이었다. 그 짐은 물론 달갑지 않았지만, 그다지 막중한 양은 아니었다. 노예 중 상당수는 아프리카 군인 출신이었다. 달리 말해 이들은 조직화되고 기강이 잡힌 전쟁포로들이었다. 이 지역에서 기반을 잡기 위한 필사의 각오로 머룬들은 스페인과도 거래를 하면서 재산을 축적했다. 그 결과 주인인 인디언들보다 더 번창했다. 대부분의 경우 그들은 세미놀 주변에 살되 적정 거리를 두었고, 인디언 사회망에서 가장 중요한 혈연 중심 공동체 안으로 동화되지도 않았다. 그러면서도 그들은 세미놀에게 전쟁이 닥치면 자발적으로 참여했다. 그런데 그런 일이 많아도 너무 많았다.

세미놀은 게임에서 물리쳐도 물리쳐도 계속 나오는 적들처럼 수많은 적을 맞이해야 했다. 영국이 1763년 플로리다를 점령했다. 세미놀은 사력을 다해 저항했다. 20년 후에는 미국이 들어섰다. 이제 영국은 세미놀 지배를 포기하고 새로 들어선 국가에 대항해 같이 싸우자고 했다(영국은 독립전쟁에서 미국에 패한 후에도 플로리다에 집착하고 있었다). 1812년, 미국의 플로리다 합병 시도에 세미놀은 극렬하게 저항했다. 1816~1818년에 또 다른 대대적인 토벌이 일어나서 수많은 세미놀이, '레드와 블랙' 모두, 남쪽의 새로운 정착촌으로 내몰렸다. 이 중 규모가 가장 컸던 앙골라는 탬파 만의 매너티 강 하구에 새로운 터를 잡았다. 일부는 바하마로 피난을 갔다. 이 두 경우 모두, 세미놀은 영국 게릴라들로부터 은밀한 지원을 받았다. 1821년 미국이 플로리다를 점령하자 충돌은 더욱 치열한 양상으로 치달았다. 인디언 토벌에 대한 반대 여론이 비등하자 정부는 남동부의 원주민, 특히 세미놀을 지금의 오클라호마에 있는 거대한 인디언보호구역인 인디언 영토로 '이주'시킬 계획을 세웠다. 이주 작업이 본격화한 1835년에 전면전이 일어났다. 머룬도 이 전쟁에 동맹군으로 합세했지만, 어디까지나 자신들만의 사령관 휘하에서 싸웠다.

세미놀의 전략은 크게 두 가지였다. 하나는 미국 군대에 보급품을 조달해주는 플랜테이션을 파괴하고, 사로잡은 노예를 원주민 군

유럽인 사회는 머룬과의 충돌을 한결같이 승리로만 묘사한다. 1837년 크리스마스에 있었던 2차 세미놀 전쟁 중 오키초비 전투 장면이다. 미국 군대는 이 전투에서 세미놀보다 2배나 많은 사상 자를 내면서 격퇴당했다. 이 패배에서 가장 큰 원인을 제공한 것은 당시 사령관이자 훗날 대통령 이 되는 제커리 테일러 대령이었다. 그는 멍청하게도 정면공격을 하면 세미놀이 도주할 것이라고 판단했다. 그럼에도 1878년에 그려진 전형적인 그림에서는 총검을 휘두르는 테일러의 영웅적인 모습 뒤로 세미놀이 다 쓰러져가는 모습이 묘사되어 있다.

대 증원에 사용했다. 두 번째는 말라리아와 황열병 시즌이 와서 북쪽 의 병사들을 데려가기를 기다렸다. 이들은 수세에 몰리면 협상하는 척 하며 '유행병 시즌'이 도래해 미국 군대를 철수하게 만들도록 시 간을 끌었다. 성과는 눈부셔서, 1839년에 플로리다의 미국군 총사령 관이었던 토마스 시드니 제섭은 중앙정부에 서한을 보내 플랜테이션 파괴를 중지할 경우, 세미놀이 원하는 모든 것을 들어주자고 했다. 그 의견은 단칼에 묵살되었다. 그럼에도 제섭은 결과적으로 성공적 인 전략을 내놓았다. 그는 아프리카인 누구라도 전쟁을 포기하고 서 부 정착에 동의한다면 자유가 주어질 것이라고 약속했다. 서서히 그 제안은 세미놀-머룬 연합 틈새를 비집고 들어갔다. 이 전략은 괄목할 만한 성과를 보여 노예폐지론자 조슈아 기번조차 "그들이 한 세기 반 동안 얻기 위해 투쟁해왔던 안정"을 그 머룬들에게 가져다준 셈이라고 인정했을 정도다. 7년 간 악화일로로 치닫던 처절한 전쟁 끝에 휴전협정이 맺어졌고, 충돌은 서서히 멈추었다. 그럼에도 수백의 세미놀은 굴하지 않은 채 남아 있었다. 자신들이 수호하고자 싸웠던 그 땅에서. 나머지는 토지와 자유의 대한 제안을 받아들여 텍사스, 오클라호마, 멕시코 등지에 지금도 존재하는 지역공동체를 수립했다.

아이티

프랑스 식민지였던 18세기의 아이티는 8,000여 개의 사탕수수 및 커피 플랜테이션과 황열병까지 풍부한, 착취국가의 표상이었다. 가공할 정도로 부유한 4만 명 최상위 유럽 식민개척자들 아래에는 50만 명의 착취당하는 비참한 아프리카인 노예들이 있었다. 당시 식민개척자들이 사용했던 지명인 생도맹그는 1789년의 프랑스 혁명에 동요됐다. Liberté, egalité, fraternité!(자유, 평등, 박애!). 이 구호는 프랑스 노예 섬의 노예들 가슴에도 불을 지피기에 충분했다. 그런데 어이없게도 이 혁명을 가장 큰 목소리로 지지하고 나선 아이티 현지인들은 프랑스 정부의 노예무역 제한에 오랫동안 반감을 품었던 프랑스인 사탕수수 농장주와 노예 소유주들이었다(그들에게 '자유를!'이란 '노예 삼는 것'에 대한 자유를 의미했다). 플랜테이션 업자들의 통치를 받게 될까봐 두려웠던 아프리카인들은 "Liberté, egalité, fraternité!"라는 구호를 외치는 군대들에게 강력하게 저항했다. 프랑스 혁명이라는 기회를 이용해 또 다른 혁명을 모색한 것이다.

동족상잔의 내전을 정리하고 프랑스에 새로 들어선 공화국은 영국 및 영국 동맹국들과 전쟁에 휘말리고 말았다. 영국은 아이티에서 프랑스로 들어가던 막대한 설탕 수익금을 차단하기 위해 아이티의 여러 거점도시를 점령했다. 그렇게 상륙한 영국 병사들은 콜럼버스적 대전환에서 악역을 맡았던 황열병 바이러스의 열렬한 환대를 받는 숙주가 되었다. 모기에 의한 질병 관련 역사학자인 J. R. 맥닐에 따르면, 1794년 6~11월 사이 영국 군대는 매달 10퍼센트 가량의 군사를 잃었다. 황열병에서 겨우 살아난 생존자들은 또다시 말라리아에게 무릎을 꿇었다. 그 군대는 증원군에 힘입어 겨우 버티고 있었지만, 이듬해 여름이 됐을 때는 매월 사망률이 22퍼센트가 되었다. "새로 도착한 병사들은 육지에 발을 딛기 무섭게 목숨을 잃곤 했다. 마치 배에서 내려 무덤행 직통열차로 갈아타는 것 같았다."라고 맥닐은 쓰고 있다. 또다시 병사가 증원되었다. 1796년 2월, 1만 3,000명이 새로 도착했다. 몇 주 만에 그들 중 6,000명이 죽었다. 1798년, 영국은 결국 아이티에서 짐을 쌌다.

이 기간 내내 노예 반란은 끊이지 않고 계속되었다. 반란을 이끈 지도자는 명석하고 카리스마가 넘치는 데다 독선적인 성격을 지닌 불세출의 혁명가 투생 루베르튀르Toussaint Louverture였다. 하지만 투생은 영국 격퇴와 함께 찾아온 승리의 단맛을 만끽하지 못했다. 프랑스에서 쿠데타에 성공한 나폴레옹은 돈이 주렁주렁 열리는 아이티의 사탕수수와 커피 플랜테이션을 포기할 생각이 추호도 없었다. 1802년 2월, 6만 5,000명의 프랑스 대군이 아이티에 상륙했다. 투생의 군사는 절반에도 미치지 못했다. 게다가 프랑스에 비하면, 무기와 보급품이 아예 없이 싸우는 셈이었다. 그는 "지렁이처럼 벌거벗은 기분이다."라고 말했다고 한다. 투생은 반란군을 이끌고 산악지대로 퇴각한

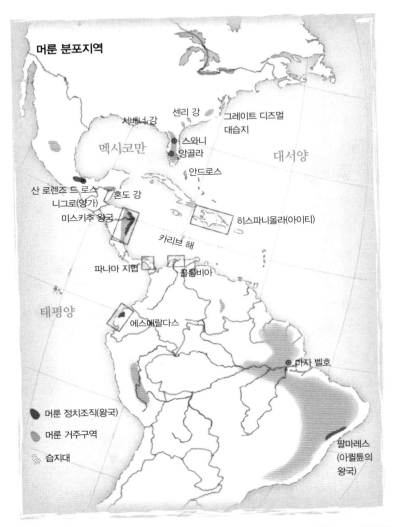

머룬 분포지역

센리 강
서배너 강
그레이트 디즈멀 대습지
스와니
앙골라
멕시코만
안드로스
대서양
산 로렌즈 드 로스
니그로(양가)
혼도 강
미스키주 왕국
히스파니올라(아이티)
카리브 해
파나마 지협
콜롬비아
태평양
에스메랄다스
마자 벨호

● 머룬 정치조직(왕국)
◗ 머룬 거주구역
⁘ 습지대

팔마레스
(아퀼튠의
왕국)

노예무역 시대에 도주는 예사였고 종종 성공으로 이어졌다. 도주한 아프리카인과 그 후손들은 원주민 그룹과 융합해서 아메리카 대륙 도처로 흩어졌다. 많은 아프리칸-인디언 체제가 초소형 국가를 수립해 종종 스페인으로부터 사실상의 독립을 쟁취하기도 했다. 미합중국의 독립선언 이전까지 수십 혹은 수백 년 동안 끈질긴 투쟁으로 자유를 쟁취했던 머룬 공동체들이다.

미스키추 왕국

장군 지역

온두라스

왕 지역

스페인 관할

총독 지역

프로비던스 섬

총사령관 지역

니카라과

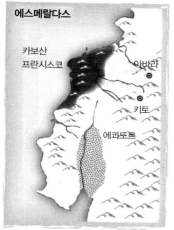

에스메랄다스

카보산
프란시스코

이바라

키토

에콰도르

히스파니올라

푸메르토
플라타

엔리퀼로

졸로프

산토도밍고

콜롬비아

라 라마다

카르타헤나

산 바실리오

파나마

농브레 드 디오스

포르토벨로

베이야노

벤타 드
크루세스

발라노

파나마

펠리필로

산타마리아
드 다리엔

펄 제도

후 열병 시즌이 오기만을 기다렸다. 그 사이 투생은 사로잡혀 투옥되었으나 결국 그의 전략은 먹혀들었다. 9월경이 됐을 때 프랑스 병사 2만 8,000명이 목숨을 잃었다. 또 다른 4,400명은 병원 신세였다. 두 달 후 프랑스 군사령관마저 목숨을 잃었다. 프랑스 군대는 몸부림을 쳤지만 자신들의 무덤을 정복하기 위해 애면글면하는 형국이었다. 끝내 5만 명의 군사를 잃은 프랑스는 1803년 11월, 맥없이 무너졌다. 아프리카인들을 노예화하는 데 결정적인 역할을 했던 말라리아와 황열병이 이번에는 아프리카인들이 적군을 격퇴하는 데 결정적인 역할을 했다고 맥닐은 지적했다. 이것으로 카리브 연안에 제국을 건설하려던 나폴레옹의 꿈은 한 줌 재로 변했다. 낙담한 프랑스는 자신들이 점령했던 북아메리카의 모든 영토를 미국에게 판다. 바로 루이지애나 매각이다.

즉 오늘날과 같은 미합중국의 광대한 영토가 형성되는 과정에서 미국은 그 머룬들에게 엄청난 간접적 은혜를 입은 셈이다.* 하지만 머

---

* 미국사에서 루이지애나 매입의 의의는 실로 막대하다. 1803년, 미국 대통령이 제퍼슨이었을 때, 뉴올리언스가 스페인으로부터 프랑스 정부로 반환되는 사건이 일어났다. 뉴올리언스는 미국에게는 없어서는 안 될 중요한 무역항이었고, 미국은 프랑스로부터 뉴올리언스를 사들이려 공을 들였다. 당시 프랑스의 집권자였던 보나파르트 나폴레옹은 뉴올리언스와 함께 루이지애나까지 묶어서 사가라고 제안했다. 제퍼슨이 국정 운영에서 최우선으로 생각했던 건 농업이었고, 루이지애나의 광활한 영토(루이지애나는 멕시코 만에서 시작해 북서쪽으로는 로키산맥의 미시시피 강 상류까지 뻗어나가며, 그 면적이 오늘날의 스페인, 이탈리아, 영국, 프랑스, 그리고 독일을 합친 넓이와 맞먹는다)의 획득은 그가 추진하는 국정운영 정책 기조와도 맞아떨어졌다. 제퍼슨은 프랑스의 제안을 흔쾌히 받아들였다. 프랑스가 루이지애나 주에 대해 제시한 가격은 1,500만 달러, 현재 가치로 2억 4,000만 달러(한화로 2,800억원)였다. 이는 에이커당(4,046제곱미터) 4센트로, 거저 주운 것이나 다름없었지만 루이지애나 주 매입이 미국 역사에 두고두고 끼친 영향에 비하면 금전적인 이익은 티끌에 불과하다. 루이지애나 주 매입으로 미국은 피 한 방울 흘리지 않고 영토를 두 배로 넓혔다. 더 중요한 건 미시시피 강 너머 태평양에 이르는 서부

룬 덕에 드넓은 영토를 얻었던 나라는 은혜를 원수로 갚았다. 인구 전체가 머룬으로 구성된 독립국가 아이티의 출현은 미국을 비롯해 노예를 소유했던 나라를 공포로 떨게 하는 상징적인 사건이었다. 이에 모든 유럽 국가와 미국은 수십 년 동안 아이티에 대해 가혹한 통상 봉쇄조치를 취했다. 이 나라는 경제의 젖줄이었던 사탕수수와 커피 무역을 빼앗기면서 세계 최빈국 중 하나로 주저앉았다. 한때 카리브 해에서 가장 부유했던 이곳이 빈곤의 나락으로 떨어진 것이다.

수리남

17세기 초반 몇몇의 네덜란드인과 영국인 사업가들이 커피, 코코아, 타바코, 그리고 사탕수수를 재배할 작정으로 브라질 북쪽 수리남 해안에 나타났다. 유럽인들이 요긴한 물건들을 두루 가지고 왔기 때문에 토착 원주민 통치자들은 처음에는 그들을 두고 보기만 했다. 마음만 먹으면 언제든 자신들이 간단히 내쫓을 수 있을 것 같았다. 사실상 밤톨만한 네덜란드와 영국이 식민지 소유권을 놓고 쟁탈전을 벌일 때도, 그들은 재밌는 싸움구경 하듯 보고만 있었던 듯하다. 사실 그 쟁탈전은 당시 스페인이 차지하고 남은 글로벌 상권을 놓고 지구상 여기저기서 맞붙었던 영국과 네덜란드 간 소규모 자리다툼 중의

시대가 열렸다는 점이다. 미국인들은 그 덕에 태평양까지 진출해볼 생각을 하게 됐고, 바야흐로 영토 확장의 역사가 만개했다. 미국은 서부로 서부로 뻗어나가, 마침내 대서양에서 태평양에 이르는 광대한 대륙을 차지하게 된다. 루이지애나 매입의 이점은 여기서 끝나지 않는다. 루이지애나 매입으로 미국이 먼저 해야만 한 일은 국가를 하나로 연결하는 수송 시스템 구축이었다. 운하, 고속도로, 철도 건설에 엄청난 자본이 투자되고 기술 발전이 뒤따랐다. 바로 이것이 미국이 세계 최강대국으로서 근대 산업국가로의 번영을 구가하는 첫 번째 계기가 되었다(- 옮긴이).

하나였다. 지리한 싸움 끝에 1667년, 네덜란드에게 유리한 조건으로 조약이 성사되었다. 이로써 네덜란드는 무궁무진한 잠재성을 지닌 수리남을 통째로 독차지하게 되었다. 영국에게는 일종의 참가상으로 원주민들이 맨내하타Mannahatta라고 불렀던, 서늘한 박토薄土 섬에 대한 공식적인 소유권이 주어졌다.

네덜란드는 즉시 작업에 착수했다. 사슬에 묶인 아프리카인으로 가득 찬 배들이 수리남 강 하구의 작은 항구 파라마리보에 속속 들어왔다. 그리고 다시 노예들이 노를 젓는 바지선에 의해 그들은 강 상류 50여 킬로미터 지점인 조덴사바나(유대인의 사바나. 스페인의 종교 탄압을 피해 이주한 유대인*들에 의해 수립된 마을) 인근에 조성된 사탕수수 플랜테이션 지대로 호송되었다. 일찍이 인디언들이 잘 일궜던 이곳 열대우림의 광활한 땅은 죄다 네덜란드의 사탕수수 밭으로 바뀌었다. 사탕수수 벌판 사이사이로는 아프리카산 쌀이 자라고 있었다. 앞서 카리브 해 연안에서처럼, 벌채로 조성된 농경지는 모기들이 환영하는 환경을 만들어주었다. 이곳의 터줏대감은 3장에서 남아메리카 대표 말라리아 매개동물로 지목했던 어나펄리즈 달를링지이다. 노예선은 황열병 모기인 아에데스 아에기프티도 데리고 왔다. 그리고 노예들은 팰시파룸 말라리아와 황열병도 가지고 들어왔다. 이 모두는 강을 따라 내륙 조덴사바나까지 올라갔다. 어나펄리즈 달를링지는 막 개활된 땅과 주택지, 숲 가장자리를 오가며 물 만난 물고기처럼 번식했다. 식민개척자들이 노예를 이용해 나무를 다 쳐낸 덕에,

---

* 아메리카 다른 지역의 유대인들은 특별히 중요한 노예 소유주들이 아니었다. 다만 수리남의 세파르디 유대인Sephardic Jews(스페인·북아프리카계의 유대인)은 대표적인 대토지 소유자이자 인디언 소유주였다.

유럽인의 사망률은 치솟고 말았다. 네덜란드 대토지 소유주들의 대응책은 집에 머무르면서 자신들의 재산을 관리할 감독관을 고용하는 것이었다. '관리감독'이 의미하는 것은, 바로 아프리카인 노예 수입이었다. 수리남 해안에 상륙한 노예는 약 30만 명에 달했다. 쉽게 비유를 해보자면, 위스콘신 주 면적의 식민지에서 미국 전체가 빨아들이는 수의 노예를 수입한 셈이었다. 그 식민지에서는 유럽인 한 명당, 25명의 아프리카인 노예를 보유했다.

누구나 예측하듯이, 말라리아에 비실거리는 소수 네덜란드인들이 노예 탈주를 막기는 역부족이었다. 아프리카인들은 한 번에 수천 명씩 도망쳤고, 법망을 벗어난 벽지에서 원주민 무리와 섞여 하이브리드 사회를 수립했다. 1670년대에 처음 게릴라 전쟁이 발발한 이후 근 100년 동안 대치가 지속되었지만 네덜란드는 서서히 승기를 놓쳤다. 급기야 1762년 네덜란드 식민정부는 굴욕적인 평화조약에 도장을 찍었다. 네덜란드의 평화조약 조인 당사자들은 아프리카 전통에 따라 마지못해 자신들의 몸을 베고 피를 마심으로써 평화를 보장했다. 협상에서 머룬들이 가장 크게 양보한 조항은 향후 새로 탈출한 노예를 반환한다는 조건이었다. 이렇게 되자 도망자들은 숲의 다른 지역으로 숨어들어 새로운 지역공동체를 만들었다. 이들을 추격하는 과정에서 제2차 게릴라 전쟁이 촉발됐다. 수리남의 플랜테이션 업자들은 네덜란드 본국에 지원을 요청했다.

1772년, 1,000명 넘는 병사들이 대서양을 건너왔다. 이들 중에 존 가브리엘 스테드맨John Gabriel Stedman이라는 병사가 있었다. 그는 스코틀랜드의 기근을 피해 네덜란드에 온 남자의 아들로, 네덜란드에서 태어났다. 바로 그 스테드맨이 군대 의료참사 백서라고 할 만한 일기를 남겼다. 상륙하자마자 그는 "열병에 걸려 심하게 시달렸다. 회복되지 못하고 이대로 죽는가 싶은 생각이 수시로 들었다." 그에게 도움의 손길을 주는 병사는 단 한 명도 없었다. "이 나라에서는 너나 할 것 없이 다들 병에 걸렸기 때문에 제 한 몸 챙기기도 벅찬 형국이었다. 전우들 사이에서도 병자를 전혀 챙겨주지 못했다."

스테드맨은 운 좋게도 시즈닝 기간을 무사히 넘기고 상류로 이동했다. 한때는 공들여 가꾸었던 인디언 마을이 이제 전염병이 휩쓸어 버린 생지옥으로 변했다. 스테드맨의 일기 곳곳에는 "믿기 어려울 정도로 수많은" 모기에 대한 고충이 생생하게 묘사된다. "벌레들이 하도 빽빽해서, 윙윙대는 구름 같은 벌레 떼가 양초를 뒤덮어 불을 꺼버리기도 했다. 벌레 떼 때문에 30미터 떨어진 곳에 있는 사람이 보이지도 목소리가 들리지도 않았다." 손바닥을 쳐서 한 번에 잡은 모기가 38마리나 됐다고 그는 일기에 적고 있다.

병들고, 벌레에 시달리고, 비참한 꼴이 된 스테드맨의 군대는 꼬박 3년 동안 열대우림에서 헛되이 도망친 노예들을 추격했다. 그들은 정확히 한 번의 전투를 치렀고 그 전투에서 이겼다. 격언처럼, 그들은 전투에서 이겼으나 전쟁에선 졌다. "1,200명이나 됐던 건장한 남자들이 어느새 100명도 안 되는 수로 쪼그라들어서 가족과 친구의 품으로 돌아가게 됐다."라고 스테드맨은 침통하게 기록했다. "그나마 이들 중 건강한 사람은 20명도 안 되었다." 그는 나머지 사람들은 "병들거나 실종되거나 기후를 견디지 못해 죽거나 살해당하고, 그 중 10명 정도는 강물에 휩쓸리거나 악어에게 채여 끌려갔다."라고 탄식했다.

결국 네덜란드와 머룬은 타협 아닌 타협에 도달했다. 유럽인들은 매해 특정 수의 노예가 도망치는 것을 내버려둔 채, 새로운 아프리카인들을 계속 배로 실어와 사탕수수를 재배했다. 그러는 사이 대부분의 네덜란드 식민개척자들은 떠나고, 최소한의 인원만 이곳에 머무르게 했다. 식민개척 200년이 흐른 1850년이 되었을 때, 수리남에 사는 유럽인은 대략 8,000명에 불과했다. 이들 대부분은 본국 네덜란드에서 안전하게 살고 있는 사탕수수 플랜테이션 농장주의 중개인이었다. 농장주들이 식민지에 거주하지 않았기 때문에, 생산적인 사회의 바탕이 될 기반시설 구축에는 관심이 없었다. 수익은 한 톨도 남김 없이 본국으로 보내졌다. 수리남에서 교육, 혁신, 그리고 투자는 철저히 무시되었다. 1975년 수리남이 독립했을 때, 그 나라는 이 세상에서 가장 가난한 나라 반열에 올랐다.

당연하게 새로 들어선 나라는 개발에 착수했다. 수리남은 세계 어느 나라보다도 보크사이트, 금, 다이아몬드, 석유가 풍부하게 매장돼 있고 1인당 열대우림의 양은 상위권 수준이었다. 당장 자금난에 시달리던 정부(1980년 권력을 장악한 독재자도, 1992년 뒤이어 정권을 잡은 민간정부도 모두)는 약속이라도 한 듯 하나같이 광산 채굴권과 벌채권을 외국인 자본의 손에 넘겨버렸다. 1960년대의 식민정부는 거대 알루미늄 회사 알코아Alcoa(미국 기업)에게 알루미늄 정제에 필요한 수력발전용 댐에 물을 공급하도록 1,554제곱킬로미터의 인공호수 준공을 허가해준다. 그리고 독립을 이룬 정부는 전 세계적으로 가장 큰 컨테이너 제조회사인 차이나 인터내셔널 머린 컨테이너China International Marine Containers에 선적용 목재 팔레트를 만들도록 2,000제곱킬로미터에 이르는 숲의 벌채권을 주어버렸다. 다른 회사들도 그 뒤를 따랐다. 그렇게 2007년이 되었을 때, 이 나라 땅의 40퍼센트 정도가 벌목용으로 임대된 상태였다. 그 기간 내내 공원 조성 같은 사업을 구실

로 환경운동가들의 비판을 요리조리 피해왔던 정부는 1998년 국제
자연보호연맹Conservation International과의 공동기자회견을 통해 15,540
제곱킬로미터(영토의 10퍼센트)를 따로 떼어 세계에서 가장 큰 면적의
열대림 보존구역인 수리남자연보존지구를 조성키로 했다고 발표했
다. 〈뉴욕타임스〉는 사설에서 "수리남의 사례가 한 줄기 가느다란 희
망의 빛이 되었다"고 논평했다. 유네스코는 2000년 이곳을 "아마존
지역에서 인간의 손길이나 사용으로 인해 훼손되지 않은 채 자연 상
태 그대로 남아 있는, 몇 안 되는 열대림"이라고 칭송하면서 세계자
연유산지구로 지정했다.

피를 마시며 맺었던 1762년의 조약을 시작으로 네덜란드인들은 6
개의 머룬 자치구역을 인정했다. 이 중 오늘날까지 남아 있는 가장
큰 집단은 사라마카Saramaka와 엔듀카Ndyuka로, 인구는 각각 5만에 이
른다. 정부가 해외 기업에게 벌채권과 광산 채굴권을 허가했을 때,
이 모든 일이 그들의 앞마당에서 벌어질 일임에도 불구하고, 누구 하
나 이에 대해 양해와 이해를 구하지 않았다. 머룬 촌락들을 물속으로
가라앉게 할 댐 건설 작업 당시에도 그들과 단 한 마디 협의조차 하
지 않았다(더욱 분통이 터질 일은 댐의 터빈에 토사물이 쌓이는 바람에 아
무짝에도 쓸모없는 흉물로 남아 있다는 점이다). 자연보존지구를 조성
할 때도 마찬가지였다. 1750년 무렵부터 그 지역에 터 잡고 살아온 6
개 부족 중 가장 작은 크윈티족의 터전이 들어가게 되었지만, 당사
자들에게 일언반구도 없이 진행해버렸다. 이런 정부 시책에 항의하
는 6개 부족연합 대표들이 모여 2000년 10월, 미주인권위원회Inter-
American Commission on Human Rights에 제소했다. 분노한 수리남 대통령은
이 제소가 콜롬비아 마약 게릴라 일당과 머룬 사회가 내통해 내전을

조장하고 있음을 명백하게 보여주는 증거라며 그들을 공격했다. 수
리남 정부는 숲 개활 및 광산 채굴을 지속할 것이라는 입장을 공표했
고, 미주인권위원회가 즉각 중지를 명령했지만 상황은 개선되지 않
았다. 2007년 11월, 미주인권위원회는 머룬 사회에게 자원에 대한 관
할권을 줄 것을 수리남에게 명령했다. 하지만 내가 이 책을 쓰고 있
는 이 순간에도 수리남 정부는 위원회의 명령에 순응하지 않은 채 자
신들의 사업을 밀어붙이고 있다. 사실상 머룬과 정부, 그리고 거대
기업 간 씨름은 실마리가 풀리지 않은 채 영원히 지속될 것처럼 보인
다. 그들의 인권 회복은 열대우림의 미래보다 조금도 나아 보이지 않
는다. 그리고 머룬의 투쟁이 그치지 않는 곳은 비단 여기 수리남뿐만
이 아니다.

아메리카에 입혀진 머룬 문화

1991년 마리아 도 로사리오 코스타 카브랄Maria do Rosario Costa Cabral과
그 일가들은 이가라페 에스피넬 강 부근 10만 1,171제곱미터 땅을 사
들였다. 이곳은 아마존 지류의 다른 지류로, 브라질 북동쪽 끝 아마
파라고 하는 지역이다. 뚝심 있고 생활력 강한 62세 여성 도나 로사
리오는 이파네마Ipanema라고 하는 머룬 지역공동체에서 태어났다. 그
곳은 참으로 열악한 지역으로, 어린시절 어찌나 가난했던지 성냥 한
개비를 두 개로 쪼개 사용할 정도였다고 한다. 그녀의 아버지는 평생
을 고무 채취자로 살았다. 채취한 고무를 등에 지고는, 아직도 그 지
역에서 근근이 버티고 있는 천연 라텍스 중간상에게 가져다 팔았다.

아버지와 동료들이 눈에 띄게 많은 고무를 등에 지고 시장에 나타나면, 부유한 사람들은 그들이 생산성 좋은 고무 군락을 찾아냈다는 사실을 금세 알아채곤 했다. 부유한 사람들이 곧바로 고무나무 숲에 들이닥쳤고, 거기서 고무를 채취해 내다팔던 가난한 사람들은 강제로 추방당했다. 같은 일이 농지에서도 반복되었다. 그들이 버려진 땅, 가령 20~30년 전에 버려진 플랜테이션을 일궈서 수확의 기쁨을 맛볼라 치면 여지없이 총을 든 남자들이 나타나 무단 점유자들이라며 위협을 해댔다. 설령 등기권을 보여주었더라도 그들은 그 등기가 무효라고 우겼을 것이다. 막무가내로 총을 만지작거리며 당장 꺼지라고 행패를 부렸다. 도나 로사리오가 성인이 됐을 때도 상황은 전혀 바뀌지 않았다. 그녀는 되풀이해서 농장을 일구고, 그 숫자만큼 되풀이해서 강제로 내몰렸다. 그래도 여전히 그녀는 포기하지 않고 이가라페 에스피넬 유역에 있는 땅을 사들였다.

아마존 밖에 있는 사람들에게는, 그녀가 그 땅에 그렇게 목을 매는 것이 의아할지도 모르겠다. 아마존 하구에서 322킬로미터 떨어진 이 지류의 수량은 풍부하고 마치 해일과도 같아서 하루 두 번씩 범람한다. 위력도 대단해서 열대림 한복판에 있는, 이름도 없는 지류들이 자주 범람해 내부 깊숙한 곳까지 전진한다. 종종 그 물결이 수 킬로미터까지 가기도 한다. 이곳 사람들은 장대 위에 집을 올려짓고, 카누를 타고 나무 사이를 오간다. 썰물이 될 때 민낯을 드러내는 지표면은 푹푹 빠지는 진창이다. 내가 UCLA 지리학자 수잔나 헥트와 최근 도나 로사리오의 농장을 방문했을 때, 무릎까지 빠지는 진흙은 우리의 발에서 부츠를 벗겨가 버렸다.

런던에서 로스엔젤레스에 이르는 수많은 레스토랑에서 야자나무

순 샐러드 요리가 최고의 메뉴로 각광을 받던 1980년대, 야자나무 순 광풍이 이곳까지 불어와 숲을 황폐하게 만들었다. 그 바람에 싼 가격으로 땅을 살 수 있었다고 도나 로사리오는 우리에게 귀띔했다. 야자나무 순은 어린 야자나무의 속살에서 자라나는 순이다. 특히 남아메리카 야자 종인 아사이Euterpe oleracea, 쥬쿠라Euterpe edulis, 그리고 푸푼하Bactris gasipae 같은 종에서 많이 채취된다. 야자나무순 채취꾼들은 열대우림에서 한 푼이라도 더 짜내겠다는 사생결단의 태도로 아마존 하류를 샅샅이 훑었다. 청부살인자의 무자비한 손길이 따로 없었다. 바지선이 도끼와 윈치를 손에 든 장정들을 줄줄이 강가에 내려놓기 무섭게 그들은 야자나무를 마구잡이로 찍어넘기고 야자나무 순을 채취했다(나무를 죽이지 않고 순을 채취하자면 시간이 많이 걸렸다). 뭐라도 돈이 될 듯한 것이 눈에 들어오면 싹쓸이했다. "그 땅은 완전히, 탈탈 털렸습니다." 도나 로사리오는 내게 말했다. "온통 넝쿨과 잡목들만 나뒹굴었지요."

도나 로사리오는 태어난 그곳에서 아버지로부터 자연스럽게 배운 대로, 식구들이 합심해 그 땅을 되살리는 일에 착수했다. 로사리오 형제자매는 힘을 합쳐 성장속도가 빠른 목재용 나무를 심었다. 상류의 제재소를 염두에 둔 전략이었다. 시장에 내다팔 과실수도 심었다. 라임, 코코넛, 쿠푸아수(카카오의 친척으로 과육이 향기로운 것으로 유명하다), 그리고 아사이(야자순으로 사용되던 것으로, 나무에서 요거트처럼 걸쭉한 과즙을 품은 과일이 열린다)…. 나무를 엮어 만든 새우잡이 망(헥트는 내게 서아프리카와 똑같은 방식이라고 말해줬다)으로 산새우를 잡아 가두리에 가두어 개울에서 양식했다. 강가에는 물고기나 치어의 산란장소가 될 수 있는 잡목류를 심었고, 강 주변에는 물이 범람했을 때 물고기를 유인할 수 있는 유실수를 심었다. 외부인들 눈에는 이러한 성과가 그저 야생 열대림의 일상적인 풍경으로 보일 것이다. 하지만 야생 숲과는 전혀 다르다. 그 안에서 자라는 거의 모든 종이 도나 로사리오와 그녀의 가족들이 선택해 심고 가꾼 것이다.

　도나 로사리오가 사는 곳은 마자 벨호Mazagão Velho(구舊마자)를 중심으로 사방으로 뻗어나간 퀼롬보 복합단지 끝단이다. 마자 벨호는 북아프리카에 있던 포르투갈의 마지막 식민지 주민 전체를 이주시키기 위해 1770년에 조성된 도시이다. 한 해 전인 1769년, 이들은 이슬람 군대를 피해 리스본에 집단으로 피신해 있었다. 패배를 기회로 삼아 포르투갈 정부는 그 난민을 통째로 브라질 아마파 지역으로 이주시켰다. 한편으로는 이들의 존재가 아마파의 북쪽 이웃국가인 프랑스 기아나의 잠재적인 침입을 막아줄 것이었다. 제노바인 엔지니어가 광장 및 바둑판식 도로가 완비된 계몽시대적 도시풍으로 신도시를 설계했다. 당시 빌라 노바 마자Vila Nova Mazagão(신도시 마자)라고 불리던 이곳에 200여 채의 가옥을 건설했던 사람들은 사실상 노예들이다. 북아프리카 모로코에 살다가 그곳으로 이주해온 포르투갈인들이 무려 1,900명이나 되었다. 정부가 비용과 가축 그리고 수백의 노예를 지원해주었기 때문에 이주는 쉽게 이뤄졌다. 하지만 이곳에 와서 보니, 고온다습한 아마존 하구는 습기를 품지 않은 쾌청한 모로코 해안의 더운 기후와는 전혀 달랐다. 이곳은 적도선상과 한 끗 차이인 지역이었다. 도착한 지 채 몇 10년이 지나지 않아 포르투갈의 식민개척자들은 왕에게 다른 곳으로 이주하게 해달라고 애걸하고 있었다. 그들은 말라리아와 기근으로 고통받으며, 너무도 가난해 고칠 수도 없는 움집에서 근근이 버티고 있었다. 최종적으로 생존한 포르투갈인들은 어떻게든 이곳을 빠져나간 이들뿐이었다. 이곳에 남아 있던 사람들은 곧 죽음을 맞이했다. 그 덕에 아프리카인 노예들은 가만히 앉아 있다가 자유와 땅을 얻었다. 빌라 노바 마자는 하나의 퀼롬보가 되었다.

존재하지 않는 듯 지내기만 한다면 그들은 자유였다. 포르투갈 관료들은 왕에게 자신들이 브라질의 북쪽 측면을 잘 수비하고 있다고 보고하면 그만이었다. 노예들은 노예들대로, 자신들이 자유를 누리고 있다고 애써 알릴 이유가 없었다. 모두에게 남는 장사였다. 그 머룬들은 포르투갈 식민지에서 포르투갈 백성인 척 살아가고 있었고, 포르투갈 관료들은 머룬들이 포르투갈 국경을 수비하고 있는 양 보고했다. 그렇게 시간이 흘렀다. 식민지 아프리칸 후손들은 이웃하는 인디언의 생활방식을 배우면서 강 연안을 따라 퍼져나갔다. 그 강에는 물고기와 새우가 풍부했고, 소규모 텃밭에서 마니오크를 생산했고, 나무들은 다른 모든 것을 주었다. 200여 년 간의 꾸준한 관리와 경작이 그 숲을 만들었다. 원주민과 아프리카인의 기술을 혼합해서 머룬은 태곳적 야생지대로 착각할 만큼 울창한 풍경을 만들어냈다.

다른 지역도 마찬가지였다. 팔마레스 분쇄로 인한 포르투갈의 흥분은 얼마 가지 않았다. 이후로도 열대림으로 탈주하는 노예 행렬은 계속되었고, 그들은 밀림에 정착했다. 다만 이들은 팔마레스처럼 거대하고 중앙집권적인 지역공동체를 형성하는 실수를 되풀이하지 않았다. 작은 점조직 네트워크로 연결된 유연성 있는 촌락을 1만 개 이상 브라질 동부와 아마존 하류지역 도처에 형성했다. 그들은 잔존했던 원주민 정착촌과 뭉치고, 인디언 노예 도망자들을 흡수하고, 포르투갈 사회 부적응자와 범죄자들에게도 문을 열어주었다. 아프리카인들은 대양 반대편으로 선적되어 오기 전에도 열대 환경에서 살았다. 야자나무 농사를 짓고, 물길에서 통발 가득 새우를 잡을 수 있는 무덥고 습한 이 지역은 살기 좋았다. 이들은 인디언들이 물에 독을 살포해서 물고기를 잡는 법, 라텍스를 녹여서 발을 보호할 '부츠'를 만드는 법, 그리고 죽부인 모양 바구니로 마니오크의 쓴 성분을 짜내는 방법을 알려주었을 때 기꺼이 받아들여 열심히 배웠다.

반면 '원주민화'에 대해 이데올로기적 거부감을 가졌던 포르투갈인들은 혀를 차며 외면했다. 따라서 포르투갈인들에게 숲은 군대나 동원해야 겨우 진입할 수 있는 위험지역이었다. 그렇게 식민개척자들은 밀림 지역을 퀼롬보에게 내주었다. 도망친 노예들이 칼라바르나 리베르다데처럼, 플랜테이션과 가까운 거리에서 살아가고 있다는 사실은 그들도 어렴풋이 인식하고 있었다. 결과적으로 퀼롬보는 대체로 섬처럼 동떨어진 채 남아 있었다. 금광 채굴자나 고무 채취자처럼, 이 밀림에서 부를 찾는 이들의 길목에 놓이는 운수 더러운 상황만 피할 수 있다면.

브라질에는 다수의 머룬 하이브리드 토속종교가 있다. 칸돔블레, 움반다, 마쿰바, 산테리아. 각 토속종교마다 대표적인 특징이 하나씩 있다. 이를테면 마샬아츠(무술)인 카포이에라나 아프리카-브라질 드럼, 댄스 등이 그런 것들이다. 고립적인 상황에서 브라질 퀼롬보는 토속신앙 위에 자신들 고유의 축제문화를 구축한 뒤 공통의 집단기억으로 각인시키면서 지역공동체를 무쇠처럼 단단하게 묶도록 했다. 가령 브라질 북동부 전역 퀼롬보들의 풍자극인 붐바메우보이 bumba- meu-boi(shake it, ox)라는 것이 있다. 북동부 마라냥 지역의 솔레다드Soledade(고요)라는 곳에서 행해지는 버전은 〈빠이 프란시스코

아마존의 지류들이 얼기설기 수놓아진 하류지역. 하루 두 번씩 강물이 범람해 수 킬로 혹은 더 멀리까지 물길이 퍼지는 그곳에 수백의 퀼롬보가 건설되었다. 그 강들이 중요한 운송수단이었기 때문에 주민들은 강 연안을 따라 모여 살았다(위, 마가파 주의 아나우에라푸쿠). 범람한 물이 집 안으로 들어오는 것을 방지하기 위해 집은 장대 위에 지어져 있다(아래, 마자 벨호).

Pai Francisco〉라는 풍자극에서 그 모티프를 따왔다. 프란시스코는 공처가인 아프리카 노예다. 임신한 아내가 황소 혀 고기를 먹고 싶어하지만 근방에 소라고는 포악한 지주의 자랑이자 즐거움인 황소 한 마리뿐이다. 하필 그 소를 돌보는 일이 프란시스코에게 맡겨진다. 그는 그 짐승을 숲속으로 끌고가 칼로 찔러 죽인다. 프란시스코는 곧 체포되고, 황소를 되살려내지 못할 경우 죽음을 당할 상황에 처한다. 대통령부터 지역 시장 등을 연기하는 댄서들이 황소를 살려내려는 가망 없는 일에 필사적으로 매달리면서 관객들에게 그들을 야유할 수 있는 기회를 준다. 마지막에 그 짐승을 되살려내는 것은 원주민 사제다. 담뱃잎으로 치고, 향수를 들이붓고, 주술적인 방울을 마구 흔들어 그 짐승을 되살려낸다. 바로 토착 치료도구들이다. 관중은 그 황소가 비틀거리며 다시 발을 딛고 일어서면 환호하며 황소에게 춤을 추라고 "붐바, 메우 보이!bumba, meu boi!"라는 함성을 지른다. 아메리카(담배, 사제)와 아프리카(소, 노예)의 흥겨운 메시업mashup(두 노래를 합쳐 하나로 만든 곡)인 '붐바, 메우 보이'는 퀼롬보들의 투쟁사이기도 하다. 즉 브라질 토착 거주민의 도움에 힘입어 쇠사슬에 묶였던 운명의 굴레를 탈출했던 노예들.

남서쪽으로 800여 킬로미터 떨어진 람베수조lambe-sujo(레드 아프리카인들의 터번으로 사용되는 천을 경멸적으로 부르는 말. 비슷한 단어를 찾자면 '머릿수건towelhead'이 될 것 같다)에서는 자유를 향한 퀼롬보의 투쟁 역사가 훨씬 더 노골적으로 재현된다. 기름과 석탄으로 몸 전체를 새까맣고 번들거리게 칠한 알라고아스 주의 퀼롬보 주민들은 매년 열리는 축제에서 조상들의 삶을 재현한다. 그날 축제는 도망친 남녀 노예들을 연기하는 머룬들이 중앙에 왕이나 여왕(아퀼튠이나 양가

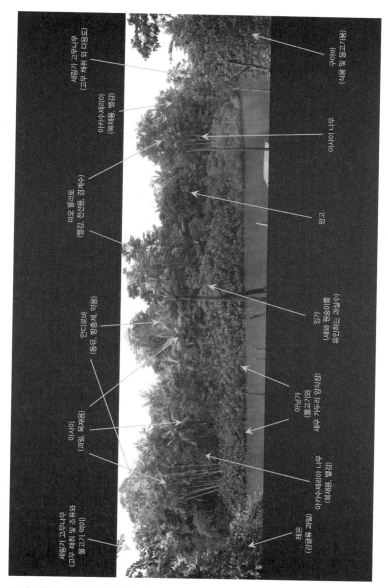

모르는 이들의 눈에는 도나 로사리오의 집과 마주한 강 연안이 열대우림 특유의 풍경인 것처럼 여겨진다. 하지만 이 사진의 모든 식물들은 로사리오와 그녀의 가족이 심고 일구어 조성한 것이다. 사람의 손을 탄 만큼 생태학적으로도 풍부한 환경이다.

와 같은)을 두고 보호막 원을 두르는 것으로 시작된다. 일부 노예들은 유아용 고무젖꼭지를 물고 있는데, 이는 고분고분하지 않은 노예들의 입에 물렸던 잔혹한 원형 재갈을 상징한다. 언저리를 불길하게 숨어 맴도는 사람들은 카보클린호스caboclinhos('레드 스킨' 정도의, 또 다른 경멸적인 용어)들이다. 그들은 인디언 추노로, 포르투갈의 앞잡이였다. 추노들의 살갗에는 식물오일에서 채취한 붉은 염료가 칠해지고, 머리에는 색색의 깃이 폭죽처럼 뻗어 있다. 그 추노들이 보호막을 그리고 있는 아프리카인들과 부딪친다. 각본대로 싸움은 카보틀린호스들의 승리로 끝난다. 이제 람베수조들은 거리로 흩어져 자유를 살 최후의 시도로 구경꾼들에게 돈을 구걸한다.

이렇듯 아프리칸-인디언 지역공동체 간의 관계는 머리가 어지러운 만큼 복잡하고 미묘했다. 아프리카인 조상의 피를 이어받은 검은 피부 사람들은 원주민의 피를 물려받은 인디언들과 종종 동맹을 맺었다. 하지만 때로 인디언은 그 아프리카인 집단과 싸우는 동족 원주민과 어울리고 연합하기도 했다. 이처럼 불과 200~300년 역사를 거슬러 올라간 18~19세기의 아프리카인들은 당시 브라질 원주민들에게 자유를 얻는 수단을 구걸해야만 했다.

법대로라면, 브라질의 퀼롬보들은 1888년 그 나라가 노예제를 폐지한 후로는 두려워 할 것이 전혀 없었다. 도망친 노예로 취급돼 포획당할 염려는 없어졌다. 하지만 노예제 폐지가 차별과 빈곤과 반머룬 폭력의 종말을 의미하지는 않았다. 그 나라의 머룬 지역공동체는 남몰래 살아가는 방식을 지속했다. 20세기 중반까지만 해도 공식적인 테두리에서 멀찍이 떨어져 존재했기 때문에 대다수 브라질 사람들은 퀼롬보가 더 이상 존재하지 않는다고 여겼다. 1960년대, 브라질

지도를 뚫어지게 들여다보던 군부정권은 60퍼센트나 되는 자국 땅이
비어 있다는 사실을 알고는 불쾌감을 드러냈다(사실 이 땅은 인디언,
농부들, 그리고 퀼롬보들로 가득 차 있는 곳이었지만, 정부는 그들을 유령
취급했다). 군부정권의 지도자는 그 빈 땅을 채우는 일이야말로 국가
미래가 걸린 중대 사안이라고 천명했다. 입이 떡 벌어질 만큼 거창한
프로젝트가 진행되었다. 초현대식 신수도 브라질리아와 아마존의 거
점 항구도시들을 연결한다는 구상 아래 내륙을 가차 없이 관통하는
도로들이 그물망처럼 들어섰다.

1970~1980년대, 군부의 약속을 철석같이 믿은 브라질 중부와 남
부의 수천 명 이주민들이 새로운 정착촌에서 귀농을 꿈꾸며 그 고속
도로들이 끝나는 내륙까지 꾸물꾸물 몰려들었다. 하지만 그들을 맞
이하고 있는 건 열악한 도로, 척박한 땅, 그리고 폭력이 난무하는 무
법천지였다. 말라리아로 텅 비었던 숲에 들어와 개활을 시도했던 많
은 수의 소규모 자작농들은 곧 그 땅을 포기했다. 알루미늄이 스며든
아마존 유역 토양에서 자라날 수 있는 한해살이 작물은 없었다. 군사
정부로부터 보조금을 받았던 대규모 목장들도 장기적으로 봤을 때는
별반 상황이 나을 것이 없었다. 맨 처음에 그들은 자신의 토지 안에
서 발견한 모든 사람을 무단점유자로 간주하고 제거했다. 종종 총부
리를 겨누면서. 이 과정에서 무수한 퀼롬보들이 죽었다. 퀼롬보 거주
자들은 여기저기로 뿔뿔이 흩어졌다. 도나 로사리오의 가족도 아마
그런 이들 가운데 하나였을 것이다.

대대적인 목장 건설은 전 세계적인 저항운동에 직면했다. 브라질
의 마틴 루터인 치코 멘데스Chico Mendes를 주축으로 하여, 아마존 실
거주민들의 땅에 대한 권한을 인정해야 한다는 범국제적인 운동이

끊임없이 노예 소유주들에게 추격을 당했던 브라질 퀼롬보와 그에 딸린 탈주 노예 및 원주민들은 당연히 정신적 안정을 원했다. 그들의 염원은 아프리카와 인디언, 그리고 기독교 요소가 뒤섞인 다양한 종교의식으로 표출되었다. 살바도르의 이그레나 드 본핌 성당 기적의 방에 매달려 있는 팔과 다리 형상들. 이 조형물은 기적의 치유에 대한 감사를 전하는 의미로, 가톨릭 신자와 아프리카인–인디인 종교인 칸돔블레 모두에게 신성한 장소인 이 교회에 봉헌된 것이다.

일어났다. 그러던 와중에 브라질이 경제위기로 고꾸라지는 바람에 정권을 쥐고 있었던 독재정부는 실각했다. 브라질은 1988년 민주주의에 입각한 새로운 헌법을 제정·공포했다. 두 달 후 목장주들의 사주를 받은 청부살인자가 멘데스를 암살하는 사건이 일어났다. 하지만 멘데스의 대의까지 멈추지는 못했다. 이미 "퀼롬보 지역공동체는 그들이 점유하고 있던 땅의 합법적인 소유자이며, 이에 따라 정부는 각각에게 부동산 등기권리증을 발급한다."라는 헌법이 공포된 뒤였다.

브라질의 지속가능한 토지운용정책 총책임자인 국토개발부 부차관보 알베르토 로렌초 페레이라는 "아무도 이 일에 숨어 있는 의미를 이해하지 못합니다."라고 내게 말했다. 그는 헥트 교수와 나에게 그 새 헌법이 제정될 당시 법 입안자들은 "밀림 어딘가에 남아 있는 소수의 퀼롬보"만 가정해 고령의 퀼롬보들에게만 보상을 해주면 될 것으로 계산했다고 말했다. 완전한 오산이었다. 브라질에 흩어진 퀼롬보 공동체는 자그마치 5,000여 개나 되었다. 게다가 이들 대부분이 터 잡고 있는 아마존 유역 면적만 해도 29만 7,850제곱킬로미터, 이탈리아 면적과 맞먹는 크기다. 퀼롬보가 차지한 면적 자체도 엄청나지만, 이들이 강변 주위 사방으로 퍼져 있는 터라 훨씬 더 광활한 면적의 내륙 땅에 대한 진입을 제한하고 있다는 의미다. 페레이라는 "모두가 그 땅을 탐냈기 때문에 충돌은 불가피했다."라고 말했다.

아마존 하구도시 벨렝에서 무려 4시간이나 온몸이 흔들리도록 덜컹거리는 진흙 길을 달려 도착한 모주Moju라는 퀼롬보를 방문했을 때, 나는 페레이라가 무슨 말을 했던 건지 비로소 실감했다. 12개 마을이 연결된 이곳 정착촌은 18세기 후반 도망자들에 의해 건설됐다. 이후 200년 넘게 그들은 세상의 눈에 띄지 않고 존재해왔다. 이 촌락의 퀼롬보연합 대표 마누엘 알메이다는 노예제 폐지가 조금의 평안도 가져다주지 않았다고 잘라 말했다. 고무 채취자들이 제일 먼저 쳐들어와서 모주의 고무나무를 다 털어갔다. 그 다음엔 목재회사들 들어와서 마호가니 나무와 염료가 되는 나무들을 싹쓸이해버렸다. 1960~1970년대에는 소 목장주들이 땅을 점거했다. 그 땅을 사용하지도 않는데 그들은 지금도 울타리를 쳐놓고 있다. 한 광산업체는 상류의 보크사이트 광산까지 연결되는 도로를 뚫어버렸다. 도자기 제작에 사용되는 고령토를 채취하는 두 회사는 마을 중앙을 관통하는 파이프라인을 박아넣어 버렸다. 이제 보크사이트 회사(미국에서 가장 큰 광산기업인 베일 도 리오 도체(Vale do Rio Doce의 자회사)는 분쇄한 보크 사이트를 단번에 벨렝의 서부 정제소로 이송할 수 있는 파이프라인을, 모주를 관통해 건설하고 있다. 이 모든 일이 퀼롬보의 안마당에서 벌어지고 있지만 그 누구도 그들에게 일말의 양해조차 구하지 않았다고 알메이다는 토로했다.

그 회사들에게 이 모든 시설을 건설할 권한을 준 것은 다름 아닌 브라질 정부다. 정부 사람들에게 퀼롬보는 법의 테두리 안에 존재하는 실체가 아니기 때문이다.

알메이다는 벽에 걸린 십자가와 해먹을 빼면 장대로 휘둘러도 거칠 것 하나 없는 자기 방에서 이야기를 들려주었다. 가끔 그의 부인과 형제들이 조용히 방으로 들어와 물을 놓고 나갔다. 지금은 브라질 회사들이 이 지역 천연가스에 눈독을 들이고 있다는 얘기가 들려온다고 그는 말했다. 또 미국 기업들이 아마존 하구에 리조트를 건설하려 한다는 말도 들려온다고 했다. 그는 어떤 사람이 찾아와 이곳의 팜야자나무 재배권이 자신에게 있다며 권리증을 내밀었다는 이야기도 들려주었다. 그러면서 모주의 12개 지역공동체가 200년 동안 이곳에 터 잡고 살아왔다는 사실을 절대 잊지 말아달라고 그는 강조했다.

도나 로사리오가 구축한 세상

포르투갈 난민들이 북아프리카에서 아마존 북부 마자 벨호로 재이주를 하고 2년이 지났을 즈음부터, 마자의 식민개척자들은 자신들의 용맹성을 과시하는 축제를 열기 시작했다. 축제에서 그들은 이베리아 반도 반무슬림운동의 수호신인 성 제임스를 기렸다. 열대우림의 적도 땅에 고립된 식민개척자들은 분명 암흑 같은 두려움에 지배당했을 것이다. 마자를 연구했던 라로셸 대학교 역사학자 로랑 비달Laurent Vidal에 따르면 성직자들조차 우울을 떨치지 못하고 두려움에 떨었다고 한다. 시민들이 가장 큰 경축일에 성 제임스를 선택한 것은, 당시 마자 사람들의 처지를 위로하는 특별한 무언가가 그에게 있었기 때문일 터였다. 200년 전 그날, 포르투갈은 성 제임스의 은혜로 모로코 지역의 강력한 지배자 술탄 압달라 알 그할리브 빌라하의 공격을 격퇴할 수 있었다. 그 황금시대의 무언가가 마자 시민들의 뇌리에 강하게 각인되었던 것이다. 마자의 식민개척자들뿐 아니라 노예들에게까지. 포르투갈인들이 빌라 노바 마자를 두고 떠난 후, 그 의식을 이어받은 건 노예들이었다. 마지막 남은 한 명의 유럽인까지 떠나고 수십 년이 흐른 뒤에도 이곳 아프리카인과 인디언 원주민들은 이역만리 떨어진 곳에서 이슬람과 기독교 간에 치러졌던 전투를 여전히 재현하고 있었다. 그들은 지금도 이 축제를 계속하고 있다.

　세월이 흐르면서 이 행사는 정교한 의식으로 자리잡았다. 그리고 본래의 색채와도 점점 더 멀어졌다. 오늘날 머룬 후손들이 경축하는 전투는 그 빌라 노바 마자 설립자들이 기념했던 것과는 전혀 다른 전투이다. 희한하게도 술탄 압달라가 실종된 자리를 차지한 건 무슬림 통치자 칼데이라Caldeira(발끈하는 사람)이다. 여기서 칼데이라는 마자의 성벽을 무너뜨리지 못하자 트로이목마식 책략을 시도했던 술탄으로 묘사된다. 칼데이라는 공격 실패를 인정하면서 가장무도회를 열어 기독교 병사들의 용맹을 치하하고 싶다고 제안한다. 무도회에서 용맹한 병사들에게 성대한 만찬을 대접하겠다고도 한다. 사실 가장 무도회를 계획한 숨은 목적은 포르투갈 병사들 포섭이다. 끝까지 조국에 충성을 맹세한 병사들에게는 독이 들어간 디저트가 제공된다. 영리하게도 이슬람의 진의를 의심한 포르투갈인들은 그 음식을 칼데이라의 말에게 먹이고, 말은 즉사한다. 무도회에서 포르투갈인들은 디저트를 거꾸로 술탄의 병사들에게 주고, 칼데이라마저 제거한다. 날이 밝자 그 무도회장에는 무슬림 병사들의 시체만이 어지럽게 뒹굴고 있다.

아버지의 죽음에 분노한 칼데이라의 아들 칼데이린하Caldeirinha(불끈하는 꼬마)가 그 요새를 공격해온다. 복수심에 불타오른 그 술탄 앞에서 기독교인들은 겁에 질려 벌벌 떤다. 그들의 사기를 완전히 꺾기 위해 칼데이린하는 도시의 모든 아이들을 납치하라고 부하들에게 명령한다. 이는 역효과를 부른다. 이제 분노와 복수심에 불타오르게 된 건 다름 아닌 기독교인들이다. 그들은 역습을 가한다. 전세가 기독교인 쪽으로 기울기 시작할 무렵, 해가 저문다. 밤이 오면 무슬림들이 퇴각해 전열을 가다듬을 것임을 잘 알았던 포르투갈인들은 시간을 달라고 기도한다. 천국에 있던 성 제임스가 그들의 기도를 듣는다. 그의 신성한 손가락이 하늘에 닿자 태양이 그 자리에 멈춘다. 시간을 벌게 된 기독교인들은 퇴각하는 군대를 격파하고 칼데이린하를 사로잡는다.

1915년의 전염병으로 많은 빌라 노바 마자 사람들이 그 타운을 떠나 강을 따라 한 시간 거리인 지역으로 옮겨야만 했다. 그들은 그것을 노바 마자의 세 번째 재건이라고 불렀다. 두 번째는 마자 벨호로 이름을 변경한 구舊 마자였다. 정착하고 보니 이 새로운 터전은 대다수 머룬들의 마음에 썩 들지 않았다. 외부에서 접근하기가 너무 쉬웠다. 이들은 마자 벨호로 돌아왔고, 수십의 강줄기를 따라 펼쳐진 지역공동체를 하나로 묶어주는 것은 여전히 그 축제였음이 다시 한 번 확인되었다. 축제는 '독을 탄' 디저트, 모든 남자들이 가면을 쓴 '가장무도회', 토마토와 오렌지로 대신한 무슬림 스파이 '돌팔매질', 어린이들 '납치', 그리고 오렌지와 그린 의상을 입은 마상전투까지 완벽하게 재현된 연극으로 발전했다.

나는 보트를 타고 마자 벨호를 방문했다. 강은 통학하는 아이들을 태운 배들로 북적거렸다. 배 하나에는 축구팀 전체가 타고 있었다. 핸드메이드 유니폼을 입은 아이들은 생동감이 넘쳤다. 그 타운은 페스티벌 준비로 한창이었다. 어떤 이는 아마존 하류지역 댄스뮤직인 카림보를 틀어놓은 채 교회 본당의 확성기를 점검하고 있었다. 보트에서 내린 아이들은 운동장 위를 가로질러 걸린 만국기 아래로 줄달음쳐 교실로 들어갔다.

아이들의 웃음소리는 이 타운이 분열되어 있다는 사실을 잊게 해주었다. 듣기로는, 새로 이주해온 사람들이 이 페스티벌을 관광상품으로 만들려 애쓰는 중이라고 했다. 그들은 전통 의상과 마스크를 탈피해 좀 더 국제적이고 세련된 이미지를 도입하려 애썼다. 오래된 의상은 구석에 처박혀 있었다. 요제네 야카란다라는 이름의 여성이 기독교 십자가와 무슬림 초승달이 그려진 기존 의상을 벽장에서 꺼내와 보여주었다. 그녀의 손자는 거대한 교황 모자를 쓰고 으스대는 걸음걸이로 거실을 돌아다녔다. 야카란다의 눈이 분노로 번들거렸다. 200년이 넘게 그 머룬들은 홀로 남겨져 있었다. 그런데 이제 와서 세상이 불쑥 쳐들어와 그녀가 소중하게 여기는 것들을 파괴하려 하고 있었다.

한편 도나 로사리오는 어둠속에서 밖으로 나오는 것에 대해 전혀 다르게 생각했다. 내가 이곳을 방문하기 3년 전에 이가라페 에스피넬에 전기가 들어왔다. 나는 그녀의 집으로 가는 보트 안에서 실처럼 가느다란 전선이 이 나무에서 저 나무로 너실렁러실렁 걸쳐진 것을 보았다. 전기가 들어왔다는 건 그녀가 휴대폰 충전기를 사용할 수 있게 됐다는 얘기다. 사실 그녀는 휴대폰을 가지고 있었다. 다시 말해 가족 중 누군가가 갑자기 아프거나 다치면 외부에 도움을 요청할 수 있었다. 전화기를 사용하는 사람은 다급할 때 앰뷸런스와 경찰을 부를 수 있다. 극적인 변화다. 엄청난 변화를 보여주는 대표적인 물건이 있다. 그녀가 거금을 들여 구입한 농짝만한 냉장고이다. 냉장고를 들여놓기 전에는, 따자마자 부패가 시작되는 아사이를 부랴부랴 급매할 수밖에 없었다. 더 좋은 거래를 기다릴 여유가 없었다. 전화도 한 몫 해서, 이제는 여기저기 연락해 더 나은 가격을 알아볼 수 있다. 과거엔 그녀의 상황을 악용해 장사꾼들이 최악의 조건을 제시해도 울며 겨자 먹기로 받아들일 수밖에 없었다. 이제 그녀는 과일을 가공식품으로 만들 수도 있고, 냉장고에 보관했다가 원하는 때에 내다팔 수도 있다. 아사이는 황산화성분이 엄청 풍부한 식품으로 알려지면서 미국과 유럽 등지에서 각광을 받고 있다. 이제 그녀도 그 열풍을 이용할 수 있게 됐다.

2009년 어느 날, 도나 로사리오의 농장에 실태조사단이 들이닥쳤다. 말뚝을 박고 나무에 리본을 묶으며 그들은 그녀의 재산을 작게 구획했다. "그들은 '아사이 밭이 거창하구만! 쪼개서 팝시다.' 하고 말했습니다." 그녀가 내게 들려주었다. 그 바이어들은 법을 들먹이기도 했다. 힘없는 점유자들을 내쫓기 위한 수작이었다. 도나 로사리오가 너무나 잘 알고 있는, 아마존 동네에서는 관행처럼 일어나는 일들이다.

"분통이 터졌어요." 그녀는 말했다. "나는 이 땅의 분명한 소유자이고, 내 땅에 작물을 심었을 뿐입니다." 실태조사단은 그녀를 유령 취급했다. 그 땅을 구입한 후에야 로사리오는 그 땅의 등기가 효력 없다는 사실을 알았다. 이전 소유주가 세금을 내지 않은 채 잠적해버렸기 때문이다. 그녀는 직접 매입하고 복구한 땅에서, 10년 넘게 미납 세금까지 꼬박꼬박 납부하며 땅의 등기권을 확보했다. 그녀는 자신의 부모들이 일군 땅을 빼앗기고, 다시 일군 땅마저 또 빼앗기는 현실을 어릴 적부터 보고 자랐다. 똑같은 상황이 그녀를 위협하고 있었다.

그러나 도나 로사리오는 자신의 부모와 달랐다. 그녀에게는 전화기가 있었다. 그뿐만이 아니다. 그녀는 자본도 보유하고 있었다. 냉장고 한 가득 아사이가 있고, 조금이나마 저축한 은행 계좌도 가지고 있다. 전화기를 손에 쥔 그녀는 정부조사관에게 전화를 걸 수 있고, 그들에게 서류를 보내줄 수도 있다. 침입자들과 맞서 변호사를 고용할 돈도 있다고 엄포를 놓으면서. "그들은 서류를 자세히 들여다보더니 '잠시만요, 당신이 땅을 훔친 게 아니군요.'라고 말하더군요." 실태조사단은 물러날 수밖에 없었다.

아마존 동네 도처에서 이런 스토리가 반복되고 있다. 도나 로사리오의 땅에 실태조사단이 나타난 지 6개월 후, 이냐시오 룰라 다 시우바 브라질 대통령은 아마존 지구 토지보유권 문제(지난 40여 년 간 이 지역의 폭력과 생태계 파괴를 일으킨 뿌리 깊은 원인이었던)를 바로잡기

아마존 하구 도시 벨렝의 시장 상인들은 지역 농부들에게 나무 씨앗을 판다. 이들은 그 밀림을 아사이(풍부한 과즙으로 유명하다), 바쿠리(파파야와 비슷하며 달콤하면서도 신맛이 난다), 바카바(또 다른 인기 열대과일이다)와 같은 유용한 나무들로 되심는다.

위해 파격적이고 야심찬 임시조항 458에 서명했다. 각각의 머룬 지역공동체가 실질적으로 점유하고 있던 80만 9,371제곱미터 이하 땅에 대해 등기를 부여한다는 게 이 조항의 골자였다. 수백 년 동안 지속되던 분쟁을 실질적으로 종결한 쾌거였다. 페레이라 부차관은 이 조치를 통해 수천의 머룬 정착촌을 그림자에서 끌어냄으로써 학교나 의료시설 투자가 가능해졌다고 설명했다. 이 모든 조치들은, 머룬의 존재가 부인되는 상황에서는 그 자체로 불법이었다.

임시조항 458은 영리사업체와 환경단체들로부터 즉각적인 도전을 받았다. 반대자들은 임시조항 458이 불법으로 땅을 점유한 무단 거주자들에게 대책 없는 혜택을 부여했다고 주장했다. 일리 있는 주장이다. 이 법으로 인해 광범위한 면적의 아마존 지역 통제권이 그곳 거주자들에게 넘어갔다. 그들이 그 땅에서 어떤 일을 할지 누가 알겠는가.

　룰라의 서명 후 얼마 지나지 않아, 나는 우연한 계기로 도나 로사리오를 다시 방문했다. 고립된 지역에 사는 도나는 새 법이 선포된 사실을 모르고 있었다. 헥트가 그녀에게 새 법에 대해 설명하자 도나는 머리를 끄덕이며 격하게 동조했다. 아프리카에서 온 그녀의 조상들은 아메리카 원주민과 뒤섞여 전혀 새로운 삶의 양식을 만들어냈다. 그렇게 혼용된 생활방식에 따라 그 밀림을 돌보았다. 지금 광대한 아마존 지역에서도 가장 아름답고 독창적인 땅들을 하나같이 퀼롬보들이 지키고 있는 것은 절대 우연이 아니라고 그녀는 말했다.

　'밀림'이라는 말은 어쩌면 잘못된 표현인지 모른다. 외부인에게 그곳은 그저 밀림으로만 보인다. 뚫고 들어갈 수 없으며 어둡고, 각종 위험이 도사린 곳. 도나 로사리오 같은 사람들은 전혀 그렇게 생각하지 않는다. 이곳은 인디언과 아프리칸이 만나 오래된 전통을 계승하고 서로 뒤섞으며, 자신들만의 독창적인 방식으로 일구고 가꿔온 생활터전이다. 오랜 세월 동안 은둔의 삶을 살도록 강요당했던 그들은, 남은 터전조차 빼앗길까 봐 노심초사해야만 했다. 이제야 그들은 세상에서 가장 풍요로운 텃밭인 이곳 아마존에서 자신들이 만들어낸 방식으로 자유를 얻게 되었다.

종장

현대인의 삶

10장

불랄라카오에서

몰지각한 인간

필리핀 아이라면 모두 '바헤이 쿠보Bahay Kubo'라는 동요를 잘 안다. '바헤이 쿠보'는 이 섬나라의 전통가옥인 야자나무로 만든 오두막 집을 일컫는다. 침수를 피하기 위해 바람이 잘 통하는 장대 위에 지은 바헤이 쿠보는 대개 풍요로운 채소밭과 과일밭에 둘러싸여 있다. 높은 문지방에 앉아서 집주인들은 밭의 풍경과 정취를 만끽한다. 우리의 '고향의 봄'처럼, '바헤이 쿠보'는 아마도 핸드폰과 요동치는 주식시장, 붐비는 통근길이 없었던 단순하고 여유로운 날들에 대한 향수를 불러일으킨다. 둘의 뚜렷한 차이점도 있다. '고향의 봄'이 자연을 노래하는 반면, '바헤이 쿠보'가 찬양하는 것은 전적으로 인간화된 풍경이라는 점이다.

이 섬나라의 제1언어인 타칼로어로 불리는 노랫말은 이렇다.

Bahay kubo, kahit munti(야자나무 잎으로 만든 우리집, 작아도),
Ang halaman doon, ay sari- sari(많은 식물들이 심겨 있다네).

노래는 필리핀 밭에 자라고 있는 전형적인 작물들을 열거하는 것으로 이어진다.

지카마 그리고 가지, 날개콩, 그리고 땅콩,
깍지콩, 강낭콩, 제비콩,
겨울멜론, 수세미, 동아, 그리고 겨울호박,
그리고 무와 머스타드도 있지요!
양파, 토마토, 마늘, 그리고 생강!
밭을 빙 둘러서 참깨도 있지요.

이 노래를 내게 알려준 마닐라의 식물학자는 가사를 번역해주면서 빙그레 웃었다. 이 동요에 등장하는 전통 밭작물 하나하나의 최초 출생지는 아프리카와 아메리카, 혹은 동아시아 등지로 사실상 외계에서 들어온 종들의 총집합이다. 내 밭의 토마토처럼. '바헤이 쿠보'에서 칭송하는 그 채소밭은 너무도 이국적이고 근대적인 산물이다. 오래된 전통을 찬양하는 노래와는 거리가 한참 멀게도, 이 노래가 담고 있는 내용은 다문화, 코스모폴리탄, 철저하게 근현대적인 인공물인 셈이다.

워싱턴 D.C 외곽에 본부를 둔 환경단체 국제보존협회Conservation International의 필리핀 지회 식물학자는 내게 이와 관련한 이야기를 들려주었다. 그의 사무실 벽과 문 곳곳에는 지명수배자 포스터처럼 생태계 외래종의 위험을 알리는 벽보로 도배가 되어 있었다. 1560년대 레가스피의 필리핀 상륙 이래, 수백의 외래 유입종들이 필리핀을 자신의 집으로 만들었다. 틸라피아와 타이캣피시 같은 외래종들이 필리핀 호수의 토종 물고기를 전멸시켰다. 필리핀 공원들의 야자나무와 수풀은 남아메리카에서 들어온 관목들에게 맥없이 자리를 내주고 말았다. 브라질에서 온 부레옥잠은 마닐라의 강들을 질식시켰다. 아프리카에서 온 잡초들이 벼가 자라야 할 논을 뒤덮고 있다. 그럼에도 국제보전협회가 지정한 최악의 생태교란 침략종 100종 중 불과 7종만이 살생부에 올라와 있었다.

환경적으로 혹은 경제적으로 피해를 끼치는 새로운 외래종은 극히 일부이다. 더구나 땅의 수분 투과력, 식물 성장력 혹은 토양의 영양분 흡수력 손상처럼 생태계 자체를 위협하는 종은 극소수이다. 하지만 이 방의 과학자들은 거의 모든 외래종에 문제가 있다고 여기는 듯했다. 왜냐하면 크든 작든 외래종 유입으로 인해 필리핀의 생태계는 스페인 사람들이 이곳에 오기 전과는 딴판으로 변했기 때문이다. 균질화되고 국제화된 생태계, 마치 그 자체가 국제공항 쇼핑몰의 한 버전이거나 호모제노센의 축소판처럼 말이다. 그들은 격앙된 어조로 말했다. 이제 필리핀의 옛날 풍광은 더 작아지고 작아져 거의 소멸되고 있다고.

전 세계 많은 곳들과 마찬가지로 필리핀은 약삭빠른 식물종의 온상이 되고 있었다. 버려진 목초지도 가리지 않고 집으로 삼는 외래종들, 보도블럭 틈에서도 죽지 않고 자생하는 질긴 녀석들. 그곳은 더 이상 필리핀이 아니었다.

그 빌딩을 나서기 직전, 이런 의문이 불쑥 들었다. 어째서 '바헤이 쿠보' 속 식물들은 외래 침략종이라는 비난을 받지 않는 걸까? 레가스피 이전에도 분명 필리핀 채소밭에는 무언가가 자라고 있었을 것이다. 그런데 어째서 토마토, 땅콩, 깍지콩들은 국제보존협회 필리핀 지회의 외래종 지명수배자 명단에서 빠져 있단 말인가? 어떻게 불과 수백 년 전 세계 각지에서 건너온 잡동사니 채소밭이 고향과 전통의 상징이 될 수 있단 말인가? 혹은 향수에 젖은 부모들 앞에서 아이들이 부르는 동요로 자리잡았단 말인가.

그러다가 무릎을 탁 쳤다. 나 또한 우리 집 텃밭을 고향으로 간주하고 있었다. 나 역시 우리 집 뒤뜰에 일군 채소밭을 일종의 고향으로 여기고 있었음을 불현듯 깨달았다. 작물을 심고 키우는 일련의 행위들은 이메일, 원고 마감, 그리고 사무실 잡무로부터 도피하는 일종의 휴식이었다. 그 필리핀 식물학자들과 똑같이, 왜 근처 로컬푸드 가게에서 더 많은 지역농산물을 팔지 않을까 아쉬워했다. 이 큰 매장에서 눈을 씻고 찾아봐도 인근 수백 킬로미터 반경에서 수확한 농산물은 단 하나도 없다고 불평하는 수많은 사람 중의 하나였다. 돌이켜 생각하자면 얼굴이 붉어지는 일이지만 나는 종묘사 계산대에서 피망(출생지: 중앙아메리카), 가지(출생지: 남아시아), 당근(출생지: 유럽) 모종을 계산하면서 툴툴거렸다. 지금도 커다란 궤적을 그리며 행진하고 있는 콜럼버스적 대전환, 나아가 글로벌라이제이션을 주창하는 사람이라고 자임하면서도 이를 맹비난한 것이다. 나야말로 단세포 동물의 선명한 사례였다.

필리핀 이푸가오 다랑이 논에서

내 식으로 표현하자면 우리 가족도 그 벌레에 얼마간 책임이 있다. 마닐라에서 북쪽 480킬로미터 산악지대 다랑이 논에 40년 전 처음으로 출현했던 그 벌레(페렌티마Pheretima 속 2종과 폴리페렌티마 Polypheretima속 3종이다) 말이다. 여기서 나의 가족이란, 1959년 뉴욕시 인근에서 작은 사립학교 교장선생님을 지냈던 내 할아버지를 말한다. 그 직책이 누릴 수 있었던 특혜 하나는 학교운동장 옆에 딸린 사택이었다. 사택에 처음으로 놀러갔을 때, 할아버지는 매일 아침 대여섯 명의 학생들과 같이 아침밥을 먹는 것을 방침으로 정했다고 말씀하셨다. 할아버지는 모든 학생과 적어도 일년에 한 번씩은 식사를 할 수 있게 스케줄을 조정했다. 그리고 학생들과 함께 식사할 수 있도록 대형식탁을 설치해달라고 학교 측에 요청했다. 그래서 도착한 것이 바로 그 문제의 필리핀산 마호가니로 만들어진 식탁이었다.

필리핀 마호가니는 진짜 마호가니는 아니다. 이 둘은 전혀 다른 속, 완전히 다른 종자이다. 하지만 둘 다 마호가니처럼 보이기 때문에(특히나 때가 묻게 되면), 수입업자들은 이를 '필리핀산 마호가니'라고 했다. 이런 현실은 시카고에 위치한, 카리브 해가 원산지인 진짜 마호가니를 사용하는 가구 제조회사들의 연합인 마호가니연합을 분개하게 만들었다. 이들은 필리핀산 마호가니에는 마호가니란 이름을 붙이지 말 것을 요구했다. 1957년, 수십 년 간 이어진 소송 끝에 연방통상위원회는 필리핀산 마호가니는 '마호가니'란 이름으로 판매될 수 없다며 분쟁을 종결했다. 필리핀에서는 '라우앙lauan' 혹은 '루앙luan'이라는 정식 이름을 지닌 이 나무는 길 가다 발에 걸리고 채일 정도로 흔하다. 1950년대 수출량이 치솟았고 대부분 일본과 미국으로 가서 가구, 원목 바닥, 창틀의 재료가 되었다. 필리핀에 온 목재회사들이 맨 처음 들러 방문 도장을 찍는 곳은 필리핀 제도에서 가장 큰 섬인 루손 내륙지역이었다. 이 지역이 목재를 선적할 수 있는 항구도시 마닐라와 가깝기 때문이다.

그런데 루손 내륙 깊숙한 산악지대를 방문한 사람들이 눈길을 떼지 못한 풍경이 있었으니, 바로 다랑이 논이었다. 길쭉하고 날씬한 논들이, 계단식 테라스처럼 산 전체를 타고 올라가며 눈길 닿는 사방에 뻗어 있었다. 관광 안내책자에는 이곳이, 인종 탄압을 피해 중국 남서부에서 피난온 먀오족에 의해 2,000년 전에 조성된 마을이라고 소개돼 있다. 이들은 고향에서 했던 대로 다랑이 논을 일구었고, 그 결과물은 고향 땅보다 훨씬 스펙터클했다. 구름을 뚫고 비추는 태양빛 아래, 다랑이 논 가장자리를 두른 돌담을 따라 어린 벼이삭들이 단체로 찰랑이는 풍경은 그야말로 장관이다. 눈앞에 펼쳐진 믿기 힘든 장면에 관광객들은 연신 카메라 셔터를 누른다. 엄청난 관광객들이 이 장면을 카메라에 담은 덕에 이푸가오족(루손 섬 북부에 사는 말레이계 종족) 마을은 세계에서 사진이 가장 많이 찍힌 장소로 선정되었고, 세계문화유산 보호지역으로 지정되었다. 능성이 전체가 다랑이 논들로 둘러쳐진 이푸가오의 산은 마치 50층짜리 웨딩케이크처럼 보인다. 내가 도착했을 때, 발목까지 오는 물속에서 아낙네들이 잡초를 뽑고 있었다. 아낙네들 아래로 테라스가 아스라이 펼쳐지고, 일렁임도 점점 미려해졌다. 남자아이 둘이 논두렁에서 물고기를 잡고 있었다. 계단식 논들은 네덜란드 화가 에셔의 그림처럼 형이상학적으로 삐뚤삐뚤 끝 없이 굽이쳤다.

이푸가오로 가는 버스 안에서 만난 한 남자는 차에서 내려 나랑 같이 한참을 걸었다. 그는 1,036제곱킬로미터에 이르는 다랑이 논이 몽땅 다 죽어가고 있다고 말했다. 외국 어디서 들어왔는지 모를 거대한 지렁이가 논을 침략했다. "아마 이만할 걸요." 지렁이의 크기를 설명하면서 그는 두 손을 60센티미터쯤 벌려 보였다. 그의 팔뚝에 그려진 복잡한 문양의 문신이 꿈틀거렸다. 지렁이가 만든 거대한 터널로 물이 다 빠져나가 벼가 말라 죽는다는 설명이었다. 외래 습격자인 벌레들은 다랑이 논에 스펀지처럼 구멍을 뻥뻥 뚫어놓았다. 논을 묘사할 때 쓰지 않는 "구멍이 뻥뻥 뚫린" 혹은 "스펀지 같은"이란 형용사가 "다랑이 논" 앞에 붙게 되었다. 2,000년이나 존재해왔던 다랑이 논이 불과 10여 년 만에 사라질 위기에 처한 것이다.

외래 유해종은 비단 그 벌레만이 아니었다. 왕우렁(일명 골든애플달팽이)이 1979년 식용달팽이 사업을 위해 브라질에서 대만으로 들어왔다. 그런데 이 달팽이가 사람에게도 해를 가하는 기생충인 쥐폐선충에 취약하다는 사실이 알려지면서 사업은 시작도 전에 좌초되고 말았다. 게다가 어이없게도 달팽이 요리는 대만 사람들에게 인기 있는 메뉴도 아니었다. 상륙한 지 얼마 지나지 않아 이 달팽이들은 양식장에서 시골 여기저기로 탈출했다. 그 결과, 농작물을 기르는 농부들에게는 끔찍한 상황이 연출됐다. 이 골든애플달팽이들은 번식력이 엄청난 데다 잡식성에 식욕이 왕성하고 귀신처럼 빨랐다. 그들은 강이나 개울가에서 무섭게 번식하면서 물고기와 양서류 알, 다른 달팽이, 각종 벌레, 그리고 셀 수 없는 종류의 식물을 먹어치웠다. 그 중에서도 달팽이들이 특별이 좋아했던 것이 바로 벼 줄기였다. 쌀을 주식으로 하는 동아시아에서 이건 보통 문제가 아니었다. 대만이 겪은 선례가 있었음에도, 필리핀 정부는 1980년대 초반 자국의 논에 골든애플 달팽이를 도입하자고 미국 평화봉사단에 요청했다. 필리핀 역시 달팽이 식용 사업에 기대를 건 것이었다. 역시나, 그 기대는 망상이었음이 곧 드러났다. 달팽이는 눈에 보이는 것들을 닥치는 대로 먹어치웠다.

버스 안에서 마누엘이란 사람을 만나 그의 집을 방문할 기회를 얻었다. 이 지역에서는 집집마다 바닥에 까는 듯한 원색 줄무늬 천 매트 위에 나는 앉았다. 대나무 바구니에는 작은 병과 캔들이 담겨 있었다. 냄비에 짓는 밥이 보글보글 끓고 있었다. 내가 그 냄비를 바라보는 걸 눈치 챈 마누엘이 함께 식사를 하겠느냐고 물었다. 그가 직접 재배한 쌀이었다. 한 술 뜨는 것만으로도, 이푸가오 다랑이 논 지역에서는 평범한 한 끼일지언정 외지인에게 평생 잊히지 않을 특별한 식사가 되리라는 걸 깨우치기에 족했다. 나는 밥그릇에 코를 대고 숨을 깊이 들이마셨다. 어느 명품 향수보다 그윽한 향이 몸속으로 들어오는 기분이었다. 이 경험은 쌀에 대해 가졌던 나의 통념을 완전히 바꾸어놓았다.

그 다랑이 논에서는 500종류 넘는 각양각색 원시 벼 품종이 자라고 있다. 농부들은 더 맛이 좋고, 더 잘 자라는 품종 개발을 위해 끊임없이 교배하고 섞는다. 어떤 농부들에게는 밥을 지었을 때의 질감이, 어떤 사람들에게는 재배하기 손쉬운 특성이, 또 다른 지역에서는 생산성 높은 종이 선택의 우선순위가 된다. 혹은 어떤 지역에서는 새나 쥐에게 덜 매력적인 종을 선택할 수도 있다. 벼를 재배하는 동안 특정 절기마다 마을 사제들과 지주들은 막걸리를 가지고 제례의식을 행한다. 종종 그 지역 수백 신들의 가호를 기원하면서 닭, 돼지, 물소를 제물로 바치는 의식이 수반된다. 농부들 상당수는 기독교도이지만 종교에 개의치 않고 이런 의식을 행한다. 그 지역 사람들의 생명줄인 테라스 논과 관개시설들은 이처럼 절기에 맞춰 진지하게 거행되는 제례의식과 더불어 세심하게 유지되고 관리되어 왔다. 이 모든 게 수백 년 동안 집중 경작을 해왔음에도 불구하고 벼 종자의 다양성 및 토양을 보전해올 수 있었던 그들만의 비결이다. 하지만 지금, 다랑이 논과 함께 이곳의 사회, 문화, 그리고 생태계마저 사라질 위기에 처해 있다.

이제 농부들은 달팽이 문제는 한시름 놓았다. 하지만 벌레 문제는 여전히 심각한 골칫거리로 남아 있다. 2008년 두 명의 생물학자가 이 다랑이 논에서 9종의 새로운 벌레를 발견했다. 알고 보니 그 벌레들은 외래종이 아니었다. 오래도록 이푸가오 인근 산악지대에 서식하던 필리핀 토종이었다. 아마도 적은 수였을 것이다. 그런데 산악지대의 마호가니용 나무가 벌채되면서, 벌레들을 둘러싼 환경이 바뀌어버렸다. 그들은 새로운 터전을 찾아 논으로 이주했다. 문제의 근원은 결국 외래종 유입으로 인한 것이 아니었다. 따지고 보면 원인은 필리핀 마호가니에 대한 전 세계적인 수요였다.

결국 내 할아버지도 그 문제에 한 몫 거든 셈이다. 환경운동가들은 우리 할아버지와 같은 사람들이, 무심코 그랬을지라도, 글로벌라이제이션의 중개자라고 말한다. 그저 식탁 하나 원했을 뿐인데! 수만 수억 개의 그 같은 소원이 모이고 쌓여서, 필리핀판 아마존 종려나무 순 광풍을 재현한 것이다. 전기톱을 손에 든 무리들이 루손 내륙 산악지대로 몰려들어 라우앙 나무를 모조리 벌목했다. 잘 보존된 숲의 생태계를 한순간 진창에 처박으면서. 아무런 제지도 받지 않은 채,

다른 많은 곳을 난도질했던 탐욕이 여기서도 똑같이 자행돼 까마득한 세월이 빚어낸 저 멋진 작품을 파괴했던 것이다. 이렇듯 시장자본주의는 대양과 세계 각지를 누비면서 인류가 만들어낸 전통적인 일상들을 무분별하게 쓸어내고 있다. 예순다섯 살쯤 된 마누엘(그는 정확한 나이를 몰랐다)은 아마도 자기 살아생전에 이 다랑이 논의 끝을 목도하게 될 것이라고 말했다. 그리고 내 눈에 이 현상은 글로벌라이제이션이 쏟아내는 해악을 드러내는 생생한 교훈으로 보였다.

과연 그럴까? 이푸가오를 최초로 연구했던 이들은 제1차 세계대전 때 이곳에 온 두 명의 인류학자였다. 둘 다 이 테라스를 생성해온 세월에 놀라움을 금치 못했다. 두 명의 학자 중 좀 더 유명한 헨리 오틀리 베이어Henry Otley Beyer는 "이 테라스가 만들어지는 데는 실로 오랜 세월이 걸렸다."라고 경탄했다. 화학자였던 그는 이푸가오족 수장의 딸과 결혼해서 이 섬에 정착해 살았고, 필리핀 고고학계의 아버지로 이름이 높았다. 베이어는 "지금 존재하는 것처럼 거대한 테라스로 북부 루손이 뒤덮이기까지는 2,000~3,000년이 걸렸다. (…) 이 테라스 지역이 정점에 이르렀던 건 1,500년 전의 일이다."라고 이푸가오 사람들에게 단언했다.

베이어의 추산은 오랫동안 정설로 받아들여졌고, 내 가방 안에 있는 책자를 포함한 관광 안내책자에서도 셀 수 없이 많이 회자됐다. 하지만 그의 이론에 대한 구체적인 증거는 하나도 없었다. 그는 사람들이 근대적인 장비 없이 1,036제곱킬로미터 면적을 다랑이 논으로 구축하려면 대략 그 정도 시간이 걸렸으리라고 단순히 앉아서 추측했던 것이다. 1962년이 되어서야 스탠포드대학교 인류학자 펠릭스 키싱Felix Keesing이 다른 접근을 했다. 그는 이 다랑이 논에 대한 언급을 찾아 스페인의 온갖 기록을 샅샅이 뒤졌다. 식민지의 "군 지휘관, 선교사, 그리고 이곳에 왔던 모든 일반인들"이 이푸가오를 스쳐 지났으련만, 테라스 논에 대한 언급은 1801년까지도 찾아볼 수가 없었다. 키싱은 이푸가오를 한 번이라도 본 사람이라면 이 거대한 토목공사의 장관 앞에 입을 다물지 못했을 것이고, 그들 중 누군가는 분명 기록으로 남겼으리라고 추측했다. 때문에 "비교적 최근에 만들어진 걸작"일 것이라고 그는 추론했다. 알려진 것과 달리 그 다랑이 논은 수천 년 이어온 유산이 아니라는 얘기였다.

하지만 베이어나 키싱 주장 둘 다, 고고학적 증거를 바탕으로 한게 아니었다. 둘 다 이곳 이푸가오 땅의 흙을 한 줌도 연구해보지 않은 것이다. 테라스의 연대 측정은 어려운 게 사실이다. 농부들은 고고학적 증거를 파괴하면서 끊임없이 흙을 파내는 데다, 고고학 연구에 방사성탄소연대측정법과 같은 근대적 툴이 보편화된 건 1960년대 이후의 일이다.

그 다랑이 논을 처음으로 파본 고고학자는 웨스턴미시간 대학교 로버트 마허F. Robert F. Maher로, 1960년대에 접어들어서였다. 그마저 마허의 연구는 2000년대까지 지지부진했다. 두 차례의 방사성탄소연대측정 결과에 따르면, 다랑이 논 심장부는 베이어의 추측대로 무려 2,000년 전에 만들어진 것으로 밝혀졌다. 하지만 중심에서 벗어난 외곽지역(이 다랑이 논의 대부분)은 키싱이 추정한 대로 기껏해야 수백 년 정도였다. 레가스피가 마닐라를 점령했을 당시, 마닐라 주민들은 도시 성벽 건립 및 실크와 도자기를 실을 거대한 선박 건조를 위해 스페인이 노동력을 징집하는 걸 피해 이 산악지대로 이주해 들어왔다. 방사성탄소연대측정에 따르면, 현재의 이푸가오족도 그 이주민들 중 하나였을 것으로 짐작된다. 이곳 산악지대로 쏟아져 들어온 그들은 원래 있던 다랑이 논을 중심으로 테라스 논을 계속해서 붙여 가며 방사형으로 뻗어나갔을 것이다. 곧바로 폭발적인 지형의 성형이 일어났고, 뻑적지근한 의식과 관습도 덧붙었다. 따라서 크게 보자면, 애초 이 테라스의 장관을 탄생시킨 힘은 지금 테라스를 파괴하려고 하는 힘과 똑같은 콜럼버스적 대전환이었던 셈이다. 그 힘은 지금 그들을 파괴하는 벌레와 마찬가지로 글로벌라이제이션에 의해 탄생했고, 그러므로 어쩌면 갤리온선 무역의 기념비라 할 수 있다.

이푸가오를 방문했던 나는 저 유명한 유네스코 세계문화유산이 부스러지고 방치되는 현실이 선뜻 이해되지 않았다. 사람들은 하나 둘 논을 떠나고 있었다. 하지만 한편으로 이곳 이푸가오가 필리핀에서도 가장 가난한 지역에 속한다는 점을 고려하면 무리도 아니라는 생각이 들었다. 이 지역 수입의 90퍼센트 이상이 정부 프로그램에서 나온다. 이 테라스는 아름답지만 영세하기 때문이다. 서늘한 기후 탓에 쌀 생산량도 낮다. 한 유엔보고서에 따르면, 가구당 소유한 땅의 소출이 5개월치 식량밖에 안 된다.

논으로 이름을 날리는 이 지역 사람들이 실질적으로 의존하는 주식은 아이러니하게도 고구마이다. 아니면 정부 보조혜택을 받아 구입한 쌀이거나. 2008년 이 테라스를 배경으로 쌀 배급을 받기 위해 줄지어 서 있는 이푸가오 농부들의 사진은 일시적으로 여론을 흔들었다(필리핀은 아시아 최대의 쌀 수입국이다). 게다가 이 산악지대에서 불과 몇 시간 거리에 있는 대도시 마닐라의 휘황찬란한 불빛과 근사한 직장, 교육 기회는 물이 무릎까지 차는 논에서 모심기를 하는 배고픈 젊은이들의 가슴을 들뜨게 만든다. 너무도 많은 젊은이가 이 다랑이 논을 떠나는 통에 마누엘이 수호하기 원하는 지역공동체의 존재 의의는 멋진 여행사진의 배경에나 머물고 있다.

더 많은 지원금! 이곳 농부들이 한결같이 요구하는 것이다. 필리핀 국립환경자연자원부와 농촌살리기운동가들도 똑같이 주장한다. 지원금이 흘러들어오길 기다리면서, 바나우에Banaue(테라스 지역 중심타운) 시장은 쌀농사에 실업자들을 고용했다. 수확량을 늘리기 위해 그들은 기존 품종에 비해 성장 속도가 빠른 새로운 품종을 심었다. 재배기간 내내 벌레 문제는 악화일로로 치달았다. 이 벌레 문제를 야기한 산림 벌목은 산악지대의 수자원 보유 능력도 떨어뜨렸다. 그나마 농부들은 농업용수로도 모자라는 물을 두고 늘어나는 관광객 및 우후죽순 들어서는 호텔, 레스토랑과 싸워야 한다. 논의 토양은 점점 메마르고, 마른 토양에서 벌레들의 번식력은 더욱 왕성해졌다.

몬태나 울름에 본부를 둔 '에잇원더Eight Wonder'에서 한 줄기 희망의 빛이 이곳에 전해졌다. 에잇원더는 사회운동가이자 여행사 에이전트, 피스코(평화봉사단) 단원으로 활동하며 이푸가오에도 머물렀던 메리 헨슬레이가 설립한 단체였다. 헨슬레이는 마닐라 현지 파트너로 비영리단체 RICERevitalize Indigenous Cordilleran Entrepreneurs의 비키 가르시아와 손잡고 2005년 미국과 유럽에 '가보종자heirloom' 쌀을 수출하는 계획을 구상한다. 넘어야 할 산이 많은 구상이었다. 해외로 수출할 물량을 확보하기 위해서는 일단 그 지역 농부들이 조합(지역 전통이 아니다)을 결성해야 했으며, 고른 품질 확보를 위해 벼를 균일하게 건조하도록 농부들을 교육시켜야 했다. 겨가 두꺼운 그 지역의 전통 종자를 도정하기 위해 특수 제작된 정미기가 필요했으며, 그 장비를 돌릴 전력이 공급되도록 지역 전력회사에 로비를 해야 했다. 산사태로 도로가 막히거나 태풍이 와서 배와 장비가 파손되는 일이 생겼고, 부품을 구하기도 어려웠다. 관련 법률 판례도 거의 없었다. 마닐라 일간지에 따르면 에잇원더는 필리핀 전체를 통틀어 유일한 쌀 수출업체였다. 미국에서 이푸가오 쌀 판매가 시작된 건 2009년의 일이다. 일곱 품종의 쌀이 판매되었는데, 0.5킬로그램당 5.75~6.00달러였다. 나도 한 봉지 구입했는데 여기에 운송비가 11.75달러 붙었다. 이푸가오산 쌀은 우리 슈퍼마켓의 여느 쌀에 비해 16배 가까이 비쌌다.

마닐라의 과학자들과 얘기를 나누던 중 나는 이 에잇원더에 대한 평이 상당히 엇갈린다는 사실을 알게 되었다. 이 프로젝트에 참여하려 몰려든 이푸가오 농민들은 늘어났고, 토착문화상품 수출 등 파생 사업도 생겨났지만 결국에 가서는 해외 식품회사 큰손들 좋은 일만 시킨 꼴이라는 얘기였다. 설상가상 조합화, 규격화, 기계화된 공정 등이 이푸가오 토속문화를 드라마틱하게 변질시켰다고 꼬집었다. 그것도 멀리 떨어진 곳에서 고작 손가락 한 번 까딱하는 것으로 그 특별한 쌀을 주문하면서, 자신들이 오지 지역 발전에 일조했다는 자족감에 흐뭇해 할 사람들의 주머니만 불려주는 대가였다고 생각하면 분통이 터진다고 한 과학자는 말했다. 글로벌 마케팅은 해결책이 아니라 오히려 문제(!)가 되었다고 현지의 사회운동가들은 말한다. 이른바 이런 자칭 박애주의자들이 이푸가오를 글로벌 교역 네트워크에 접속시켜서, 어디 사는 누군지도 모르는 여피족의 변덕에 주민들의 삶이 좌우되도록 만들어놓았다는 것이다. 다른 한편에서 빈곤퇴치운동가들은 반무역운동가들을 비난한다. 이들은 반무역운동가들이야말로 에어컨이 **빵빵**하게 돌아가는 마닐라의 사무실에 앉아 오로지 자신들의 만족감을 위해 그 가난한 농부들을 등골 빠지는 노동으로 내몰고 있다고 맹비난한다. 하지만 그 다랑이 논은 최초 조성 단계부터 글로벌 네트워크와 연결돼 있었다. 하지만 왜 그들은 이득을(기꺼이 6배의 값을 쳐줄 사람들과 직접 연락을 하는 것) 보지 못할까? 어째서 늘 손해(가격 폭락으로 인한 손해, 환경 파괴)만 그들 차지란 말인가?

여기서 우리가 놓친 건 무엇일가? 그들을 구조하기 위해 먼저 해야 할 것은 과연 무엇일까?

배 위에서

언젠가 필리핀을 여행한다면 레가스피가 처음 중국 정크선을 마주쳤던 지점인 마하우하우를 방문하겠다고 마음먹고 있었다. 오늘날 전 세계를 하나로 연결하는 무역 네트워크의 최초 시작점. 그 마주침은 적어도 내 지식으로는 민도로 섬 남단에서 일어났다. 하지만 정확히 민도로 어느 지점인지는 확실치 않았다. 그 만남에 대한 스페인의 기록들은 좀 부정확해서 내 눈으로 직접 보며 궁금증을 풀어보고 싶었다. 무엇보다 역사적인 장소를 내 눈으로 보고 싶은 열망이 강했다.

내 친구의 친구 한 명이 민도로 섬 북쪽 해안에서 호텔을 운영하는 자신의 친구에게 연락을 했더니, '민도로 섬 남쪽 여행을 자제 바람'이란 메시지가 왔다고 말했다. 게릴라 출몰 지역이라는 얘기였다. 나는 갸우뚱했다. 마닐라에서 지척에 있는 큰 섬인 데다 북쪽 해안에는 호화로운 리조트가 즐비한 민도로 섬에? 인터넷을 검색해보니 정말로 민도로 섬 산악지대가 구시대의 유물인 신인민군 온상이라고 나

내가 탔던 보트 트래블러-7

와 있었다. 사진 속에서 그들은 풀색 셔츠에 AK-47을 들고, 붉은 삼각형이 그려진 완장을 차고 있었다. 베레모를 쓰거나, 구소련 공산당 깃발을 휘날리는 이들도 있었다. 나는 레가스피와 중국인의 최초 만남이 있었던 곳을, 작은 타운인 불랄라카오 근방 어디쯤으로 알고 있었다. 내가 방문하기 일년 전, 신인민군이 와서 근방의 불도저와 덤프트럭 그리고 건설장비들을 다 폭파해버렸다고 했다.

다만 내가 생각하기에는 그 게릴라들이 일개 미국인 방문자에게 신경을 쓸 것 같지는 않았다. 보트를 타는 게 그리 위험하지 않을 듯 했고, 더구나 나는 보트 타는 것을 좋아했다.

그 호텔 주인의 소개로 나는 큰 비용을 들이지 않고 보트를 하나 대절할 수 있었다. 버스에 올라탄 나는 마닐라의 교통지옥을 뚫은 끝에 민도로 행 페리가 출발하는 여객선 터미널에 도착했다. 민도로 섬에 내려 시끄러운 소형 고물 밴에 올라타고 널뛰기하듯 비포장 길을 한참 달려서 봉가봉 마을 호텔에 이르렀다. 그리고 다음날 새벽 5시반, 나는 드디어 보트를 타고 물살을 갈랐다. 전통적인 프로아의 현대식 쾌속정 버전으로, 양쪽에 날렵한 아웃리거(현외장치)가 달려 있었다. 트래블러-7 선실은 엔진배터리, 물 몇 리터, 석탄난로가 간신히 들어갈 정도로 비좁았다. 석탄난로 위에서는 밥이 보글보글 끓고 있었다. 갑판 위로는 파란 비닐방수포가 타닥타닥 나부꼈다. 필리핀인들은 이국적 정취를 맛보고 싶어하는 여행객의 바람을 완강하게 거부하듯, 선원 셋이 단체로 야구모자를 쓰고 NBA로고가 그려진 반바지를 흘러내릴 듯 걸치고 있었다.

삐죽삐죽 솟아난 해안 절벽을 따라 4시간을 항해한 끝에, 우리는 불랄라카오의 기다란 콘크리트 해안에 정박했다. 그 마을은 전기가 들어오긴 했지만 잘 끊겼다. 핸드폰도 마찬가지였다. 섬의 도로는 게릴라만 들끓는 것이 아니었다. 4륜구동이 아니고선 통과가 불가능할 만큼 열악했다. 도중에 본 차는 딱 한 대뿐이었다. 바람에 해수면이 일렁이고, 해안시장 점포들의 비닐천막이 파르르 떨렸다. 시장 한편에서는 닭싸움이 한창이었다. 대규모 경제활동이 일어나지 않는다는 증거였다.

나에게는 딱히 정해진 일도, 만나야 할 사람도 없었다. 내 생각인지 몰라도 이런 나의 상황이 이목을 끌었나 보다. 그 상황이 나를 딱 적당한 사람에게 인도해주었다. 10분 정도 주위를 둘러봤을까? 오토바이를 탄 한 청년이 내게 다가왔다. 청년은 나를 오토바이에 태우고 긴 경사면을 올라가더니 불랄라카오의 유일한 레스토랑인 '사우스 드라이브 바 앤 그릴'에 내려주었다. 홀 바닥에는 자갈이 깔려 있었다. 어두컴컴한 구석에 차려진 아담한 무대에는 기타 3대, 전자드럼 세트, 어지럽게 연결된 여러 대의 스피커가 설치되고, 노트북에서 흘러

나오는 노래는 믿기지 않게도 루이 암스트롱의 오리지널 버전인 '왓어 원더풀 월드'였다. 랜덤으로 설정된 프로그램이 다음 곡인 일본 팝으로 넘어갔을 때, 이곳의 주인장이자 지역 도시개발 운영위원회 수장이며 관광행정관인 치퀴타 카바게이 야노가 내게 다가왔다. 어딜가나 볼 수 있는 지역개발 추진자처럼, 카바게이 야노도 불랄라카오의 전망에 대해 열정이 넘쳤다. 북쪽을 리조트로 개발하려고 투자자들이 몰려오고 있다고 그녀는 말했다. 투자자들은 중국에서도, 심지어 미국에서도 오고 있었다. 불랄라카오의 땅은 미래가 밝은 투자처였다. 한 남자가 골프장을 짓기 위해 101만 1,000제곱미터 땅을 덥석 낚아채갔다. 정부는 민도로 섬 남쪽 해안에 포장도로를 내고 있었다. 길이 나면 버스도 들어올 것이다. 지난해 이 마을에서는 제1회 불랄라카오 윈드서핑 인비테이션 컵이 개최되었다. 대회 관련 배너 광고가 레스토랑 벽 곳곳을 장식하고 있었다. 내일은 마을 해변에 감시용 카메라를 설치할 대원들이 올 예정이라고 했다. 불랄라카오는 현재 가난한 지역이다. 하지만 곧 글로벌 자본의 물결 위에서 수영하게 될 것이다. 이곳은 세상을 기다리고 있었다.

내가 레가스피에 대해 물어보자 카바게이 야노는 아들 루드마를 불러 스페인이 중국과 처음으로 마주쳤던 곳으로 내 배를 안내해주라고 시켰다. 정남향 해안에 홈처럼 폭 파인 얇은 만 쪽에 마하우하우란 작은 마을이 들어서 있었다. 밀물이 들이치는 한계선 바로 위에 있는 담수 우물을 콘크리트 덮개로 덮어놓은 게 보였다. 그 우물이 금속파이프를 통해 바닷가로 난 시멘트 도랑 쪽으로 흘러내렸다. 두 소년이 플라스틱 통에 그 물을 퍼담고 있었다.

수백 년 동안 망얀족 사람들은, 이곳에서 빳빳한 삼베저고리와 쪽빛 면바지를 빼입고, 푸젠이나 광저우에서 들어오는 정크선을 기다렸다. 중국 실크로 만든 하얀 비치파라솔은 태양광선을 막아주었다. 해변에서 피어오르는 모닥불 연기는 분명 배들에게 환영 신호로 여겨졌을 것이다. 망얀족과 중국인 둘 다, 문자를 가지고 있었다. 이곳에서 교역하던 엄청난 밀랍 덩어리, 두루마리 면다발, 수없이 많은 도자기, 반들반들 윤나는 놋징, 무쇠솥 하나하나 놓치지 않고 서기들이 기록했을 장면이 눈에 선했다. 작은 만의 남쪽 한 곳에 마치 바닷가를 가리키는 손가락처럼 보이는 포인트가 있었다. 450년 전 어느 날 동틀 무렵, 그 포인트를 돌아서 퍼런 눈의 스페인인들이 난생 처음 보는 요상한 배를 타고 불쑥 나타났다. 중국인들은 비명을 지르며 도망쳤다. 그 중 많은 이들이 다음날 떠오르는 일출을 보지 못했다.

지금 그 포인트를 차지하고 있는 건 '셀마의 파라다이스'라는 이름의, 반쯤 완공된 작은 리조트이다. 해변에서는 메인 게스트하우스 마감공사가 한창 진행되고 있었다. 셀마의 파라다이스는 일종의 '전원리조트'이다. 마닐라에서 온 여행객들은 이곳에 머물며 "불랄라카오 라이프스타일로 농장 체험을 한다." 루드마가 내게 준 팸플릿에서 본 캐치프레이즈였다. 작업 인부에게 이게 무슨 의미인지 묻자 루드마가 통역을 해주었다. 그들이 들려준 내용은 대충 이랬다. 도시의 회사 중역들이 마하우하우에 와서 셀마의 파라다이스 텃밭에서 잡초를 뽑는다. 즉 갑갑한 사무실과 이메일, 업무 마감 스트레스에서 벗어날 수 있는 도피처인 셈이다.

"마닐라에서 온 사람만요?"라고 내가 물었다.

"마닐라뿐만은 아닙니다." 그들은 말했다. 레가스피 시대를 시작으로 해서 빈곤, 식민주의, 그리고 노예제도는 필리핀 사람들을 전 세계에 흩어놓았다. 필리핀 사람들은 홍콩, 시드니, 도쿄, 샌프란시스코, 그리고 파리에서 보모, 간호사, 공사판인부였다. 그들은 돈을 벌어 고향으로 돌아오길 원했다. 바다와 해변이 있고, 야자나무 아래 식사를 할 수 있는 고향마을. 그들의 고향은 '바헤이 쿠보'였다.

루드마는 바닷가를 등지고 선 채 인상을 쓰며 언덕 쪽을 바라봤다. 벌목회사들은 루손 산악지대를 해치우고 나자 이 섬나라의 다른 7,000개 섬에 눈길을 돌렸다. 사람이 드문 민도로 만에 대기업들이 배를 대고는 불도저와 트럭과 인부들을 풀어놓았다. 한순간에 야산이 발가벗겨졌다. 홍수가 뒤따르고, 농토와 마을이 쓸려갔다. 토사와 함께 밀려온 잡동사니들이 해변 백사장 위로 나뒹굴며 지워지지 않는 얼룩을 남겼다. 정부가 뒤늦게 벌채를 금지했으나 이미 다 파괴된 후였다. "그들이 땅에서 본래의 색깔을 빼앗아가 버렸어요." 루드마가 말했다. 그는 고향의 본래 모습을 돌려받고 싶다고 했다.

과장되고 왜곡된 측면이 있겠지만, 신인민군 게릴라들의 가슴에서 샘솟은 분노의 근원도 바로 이 지점이었다. 그들의 근거지는 황폐화된 그곳 산악지대였다. 어쩌면 셀마의 파라다이스를 어슬렁거리는 내 모습이 훤히 보일 정도로 그들은 가까이에 있었을지도 모른다. 린치당한 생태계의 한복판에서 살아가는 그 게릴라들은 거대한 시장의 침공으로 인해 희생만을 강요당했다. 단 한 번도 달콤한 혜택을 맛본 적이 없었다. 일년 전 불랄라카오 공격에서 그들이 타깃으로 삼은 곳이 리조트 공사용 건설장비였다는 사실은 결코 우연이 아니다. 내가 방문하고 몇 개월이 지났을 때, 그들은 야산에서 다시 내려와 근처 군 초소를 공격했다고 한다. 그들에게 초소의 병사들은 글로벌 자본주의의 부패한 하수인으로 보였을 것이다.

역사상 최초로 아시아, 유럽 그리고 아메리카가 만났던 곳인 마하우하우의 역사적인 포인트를 작은 리조트가 차지해버렸다.

　그럼에도 어딘가에는 그 벌채로 이득을 보는 사람들이 분명히 존재한다. 내 할아버지는 근사한 대형식탁을 가질 수 있게 되었다. 가구 장인은 식탁을 만들어 돈을 벌었다. 목재를 실어나른 운수회사도 돈을 벌었고, 이 과정에서 많은 사람들이 일자리를 얻었다. 학생들은 멋진 이야기꾼인 내 할아버지와 안락하게 아침식사를 하는 행운을 누렸다. 톱을 들고 산으로 몰려든 벌목꾼들도 빼놓아선 안 될 것 같다. 이 모든 중개자들은 그 파괴 덕에 밥을 먹고 살 수 있었다.

　경제학자들은 이론적 툴을 이용해 이러한 득과 실 간 부정합 구조를 연구한다. 하지만 고른 분배 문제에 비하면 이러한 득실 계산은 하나도 중요하지 않다. 이득은 전 세계 도처에 분산되는 반면 고통은 오로지 현지인들에만 집중되기 때문이다. 경제학자들은 이런 경우에 종종 경제활동의 낙수효과를 운운한다. 말인 즉, 해당 경제활동이 일어나지 않았으면 전혀 관련이 없었을 제3자에게도 콩고물이 떨어진

거대한 도시 마닐라 역시 불랄라카오처럼 글로벌 시장의 손아귀에서 휘청거리고 있다. 마닐라 외항은 다국적 기업들이 세운 화려한 빌딩들로 즐비한(위) 반면, 내륙의 시민들은 여러 가지 면에서, 과거나 지금이나 달라진 것 없이 고단하게 살아간다. 수상가옥은 여전히 밀집해 있고, 사람들은 레가스피가 살던 시대와 별반 달라진 것 없이 보트 위에서 하루하루를 살아간다(아래).

694

다는 이론이다. 물론 부작용만 있었던 건 아니다. 민도로 현지 주민 중에는 벌목으로 인해 불법적으로 개활된 땅을 농장으로 활용한 사례가 있다. 다만 우려하는 것은 부정적인 낙수효과이다. 침식, 산사태, 흙으로 뒤덮인 백사장. 탁상공론자들에게 해결책은 명쾌하다. 관련된 모든 당사자의 비용을 조금씩 올리는 것이다. 이를테면 내 할아버지는 100달러가 아닌 125달러에 식탁을 사는 것. 그렇게 남긴 돈을 흙으로 뒤덮인 백사장에 대한 보상금으로 쥐어주거나 벌목회사가 산사태 방지에 소요되는 비용을 부담하라는 식이다. 그러나 현실 세계에서 이런 종류의 조정을 만들어낸다는 건 쉽지 않은 일이다.

문제를 더욱 꼬이게 만드는 게 있다. 복잡하게 얽힌 이해관계이다. 사람들은 글로벌 마켓을 통해 누릴 수 있는 물질과 서비스를 원한다. 누구도 셀마에게 외국인을 위한 리조트를 지으라고 강요하지 않았다. 그 누구도 아마파에 사는 도나 로사리오의 팔을 비틀며 TV와 냉장고를 사라고 협박하지 않았다. 같은 차원에서 베이징과 상하이의 프랑스와인 수요 급증으로 이들의 상대편 짝꿍인 보르도산 와인 가격이 수직상승한다. 최신식 스마트폰, 브랜드 운동화, 고급 가죽소파 세트…. 이런 것을 갈망하지 않는 사람은 없다. 재난이 오든 말든, 사람들은 원하는 물건을 손에 넣을 것이다.

그렇듯 욕망 충족을 갈망하는 사람들이, 그 욕망으로 인해 빚어지는 참담한 결과에는 저항한다. 다른 사람들이 누리는 혜택이 어디서 왔는지 자문하기보다는, 자신도 그걸 얻기 위해 억척스럽게 달려든다. 앞뒤가 다른 기업들처럼. 자본주의 물결에 이리저리 휩쓸리면서도, 그들은 발을 뻗어 탄탄한 땅을 찾는다. 발을 디딜 좋은 장소가 있다면 그것은 다른 누구도 아닌 자신만의 것이어야 한다. 그 욕망으로 세상에 출현하게 된 호모제노센의 흐름에 따라 수십억 사람들은 점점 더 쌍둥이 같은 모습으로 거리를 행진하고 있다. 특이한 장소는 점점 더 빠른 속도로 사라진다. 무서울 정도로 빠르게. 그런 상황에서 더러 토착 언어나 토착 의상을 보존하기 위해 안간힘을 쓰는 사람들이 있다. 어떤 사람들은 자신만의 역사나 종교적 신비주의에 함몰된다. 어떤 사람들은 자신의 집과 밭에 칩거한다. 드물게, 총을 집어드는 이들도 있다. 세상은 하나로 통일되었지만, 그 안의 구성원들은 갈가리 쪼개져 사분오열되고 있다. 합칠 것인가, 갈라설 것인가? 셀마의 파라다이스인가, 신인민군 게릴라인가. 누가 승자가 될까? 아니면 이해충돌은 불가피한 것인가?

두 시간쯤 지나자 선장은 불랄라카오로 돌아가야 한다고 재촉했다. 해가 지면 자잘한 섬들이 뿌려진 해안절벽 사이로 해도와 내비게이션 없이 배를 운항하는 게 위험하다고 했다. 나는 생수 파는 곳을 찾아서 루드마와 함께 해안가 산책로를 걸었다. 오후 햇빛이 벌써 길쭉한 그림자를 드리우기 시작했다. 야자나무로 만든 어느 집(바헤이 쿠보)을 둘러싼 가족 텃밭에, 모르는 사람의 눈에도 가족처럼 보이는 여성과 아이들이 모여 있었다.

그 여성과 아이들은 내 눈이 호강한다 싶을 정도로 호흡이 척척 맞았다. 일을 마친 그들 머리에 산처럼 쌓인 것은 이제 필리핀에서 두 번째로 중요한 작물인 옥수수 줄기였다. 그 아래 호박과 고추 같은 야채들이 보였다. 나는 그 식물학자들이 어째서 가사를 적어주며 웃었는지 비로소 알 수 있을 듯했다. 그들이 기르는 이 식물은 멕시코가 아닌 이곳이 고향이 되어 있었다. 그 식물들은 이 밭에 와서 전혀 다른, 특별한 무언가가 되었다.

농부들은 합심해서 일한다. 무리하지 않고, 자연이 제공해주는 대로. 그러면서 그들은 쉼 없이 실험을 한다. 마치 현악기의 줄을 조율하는 사람처럼, 조금씩 바꾸고 뒤섞기도 하면서. 추수한 씨앗을 땅에 뿌려 무엇이 올라오는지 본다. 이푸가오 마을 사람들이 긴 세월 동안 수백 종의 쌀을 재배한 것도 이런 방식을 따랐을 것이다. 여기에는 간과해서는 안 되는 필수요소가 있다. 실험을 진행하고, 그 결실을 거두는 당사자가 바로 농부 자신이라는 사실이다. 그들은 자신의 의지대로 노동을 투입한다. 그리고 몇 개월이 지나 그 결과를 두 눈으로 확인한다. 낙수효과 같은 건 애당초 기대할 수 없다. 땅은 끊임없는 변화의 장소이다. 그 변화는 오롯이 농부의 몫이다. 바로 이 점이 땅을 고향으로 느끼는 이유이다.

선장이 안절부절 못하는 걸 알면서도, 나는 그 밭의 가족들을 지켜보는 데 몇 분을 더 소요했다. 콜럼버스적 대전환은 이 밭에 효과적으로 이식되었다. 그 가족들은 외부 세계에서 온 생물학적 침공을 온몸으로 끌어안아 (물론 일부일지언정) 자신에게 의미 있는 무언가로 만들었다. 몇몇 문제를 야기하겠지만 지혜롭게 해결하면 될 터였다. 전통적인 벼 품종을 기르고 지키는 것이 다가올 미래에 대한 유일한 대책이라고 믿는 사람들도 있을 것이다. 텃밭의 여성은 옥수수 밭에서 잡초를 뽑고 있었다. 그 모든 옥수수 줄기의 DNA에는 아메리카의 과거가 숨겨져 있을 터였다. 그럼에도 불구하고 지금 이곳에서 옥수수 알이 토실토실 여무는 이유는, 오로지 이듬해에 한 그루 튼실한 옥수수로 살아남기 위함이라는 생각이 들었다.

AA   American Anthropologist
AAAG   Annals of the Association of American Geographers
AHC   Agricultural History of China (中国农史)
AHR   American Historical Review
AMJTMH   American Journal of Tropical Medicine and Hygiene
BAE   Biblioteca de Autores Españoles desde la Formación del
            Lenguaje hasta Nuestros Días
B&R   Blair and Richardson eds., trans. 1903–09
EB   Economic Botany
EHR   Economic History Review
HAHR   Hispanic American Historical Review
JEH   Journal of Economic History
JIH   Journal of Interdisciplinary History
JSH   Journal of Southern History
JWH   Journal of World History
KB   Kingsbury ed. 1999
MMWR   Morbidity and Mortality Weekly Report
MS   Zhang et al. eds. 2000
NYT   New York Times
P&P   Past and Present
PNAS   Proceedings of the National Academy of Sciences
QBASVB   Quarterly Bulletin of the Archaeological Society of Virginia
VMHB   Virginia Magazine of History and Biography
WMQ   William and Mary Quarterly
   ★   Available gratis on Internet as of 2011

Abad, Z. G., and J. A. Abad. 2004. "Another Look at the Origin of Late Blight
    of Potatoes, Tomatoes, and Pear Melon in the Andes of South America."
    Plant Disease 81:682–88.

Abreu de Galindo, J. 1764 (~1600). *The History of the Discovery and Conquest of the Canary Islands*. Trans. G. Glas. London: R. and J. Dodsley and T. Durham.*

Abulafia, D. 2008. *The Discovery of Mankind: Atlantic Encounters in the Age of Columbus*. New Haven, CT: Yale University Press.

Abu-Lughod, J. L. 1991. *Before European Hegemony: The World System A.D. 1250–1350*. New York: Oxford.

Acabado, S. 2009. "A Bayesian Approach to Dating Agricultural Terraces: a Case from the Philippines." *Antiquity* 83:801–14.

Acarete du Biscay. 1698 (1696). *An Account of a Voyage up the River de la Plata and Thence over Land to Peru*. Trans. Anon. London: Samuel Buckley.*

Acemoglu, D., and J. Robinson, Forthcoming. *Why Nations Fail: The Origins of Power, Prosperity and Poverty*. NY: Crown Business.

Acemoglu, D., et al. 2003. "Disease and Development in Historical Perspective." *Journal of the European Economic Association* 1:397–405.

———. 2002. "Reversals of Fortune: Geography and Institutions in the Making of the Modern World Income Distribution." *Quarterly Journal of Economics* 91:1369–1401.

———. 2001. "The Colonial Origins of Comparative Development: An Empirical Investigation." *American Economic Review* 91:1369–1401.

Aceves-Avila, F. J., et al. 1998. "Descriptions of Reiter's Disease in Mexican Medical Texts since 1578." *Journal of Rheumatology* 25:2033–34.

Acosta, J. d. 1894 (1590). *Historia Natural y Moral de las Indias*. 2 vols. Seville: Juan de Leon.*

Adams, H. 1871 (1867). "Captaine John Smith, Sometime Governour in Virginia and Admirall of New England," in C. F. Adams and H. Adams, *Chapters of Erie, and Other Essays*. Boston: James R. Osgood, 192–224.*

Adorno, R., and P. C. Pautz. 1999. *Álvar Núñez Cabeza de Vaca: His Account, His Life and the Expedition of Pánfilo de Narváez*. 3 vols. Lincoln, NE: University of Nebraska Press.

Aguado, P. d. 1919. *Historia de Venezuela*. Madrid: Jaime Ratés, 3 vols.

Aguire Beltrán, G. 1989 (1946). *La Población Negra de México*. Mexico City: Fondo de Cultural Económica.

———. 1944. "The Slave Trade in Mexico." *HAHR* 24:412–31.

Agurto Calvo, S. 1980. *Cuzco. Traza Urbana de la Ciudad Inca*. Proyecto-Per 39, UNESCO. Cuzco: Instituto Nacional de Cultura del Perú.

Albert of Aachen (D'Aix, A.). 1120. "Histoire des Faits et Gestes dans les Régions d'Outre-Mer," in F. M. Guizot, ed., trans., 1824, 21 vols., *Collection des Mémoires Relatifs à l'Histoire de France*. Paris: J.-L.-J. Brière, vol. 20.

Alden, D. 1963. "The Population of Brazil in the Late Eighteenth Century: A Preliminary Study." *HAHR* 43:173–205.

Alegre, F. J. 1842. *Historia de la Compañía de Jesus en Nueva-España*. Mexico City: J. M. Lara, 2 vols.*

Alegría, R. E. 1990. *Juan Garrido, el Conquistador Negro en las Antillas, Florida, México y California, c.* 1503–1540. San Juan: Centro de Estudios Avanzados de Puerto Rico y el Caribe.

Allen, P. G. 2003. *Pocahontas: Medicine Woman, Spy, Entrepreneur, Diplomat.* New York: HarperCollins.

Allison, D. J. 1980. "Christopher Columbus: First Case of Reiter's Disease in the Old World?" *Lancet* 316:1309.

Alonso, L. E., and J. H. Mol., eds. 2007. *A Rapid Biological Assessment of the Lely and Nassau Plateaus, Suriname* (RAP Bulletin of Biological Assessment 43). Arlington, VA: Conservation International.

Altman, I. 2007. "The Revolt of Enriquillo and the Historiography of Early Spanish America." *Americas* 63:587–614.

Altolaguirre y Duvale, A. d. 1914. *Vasco Nuñez de Balboa.* Madrid: Intendencia é Intervención Militares.*

Alyokhin, A., et al. 2008. "Colorado Potato Beetle Resistance to Insecticides." *American Journal of Potato Research* 85:395–413.

Ammirato, S. 1873 (1600–41). *Istorie Fiorentine.* Ed. L. Scarabelli. 3 vols. Turin: Cugini Pomba.*

"Ancient Planters." 1624. "A Brief Declaration of the Plantation of Virginia During the First Twelve Years," in Haile ed. 1998:893–911.

Anderson, R. C. 2006. "Evolution and Origin of the Central Grassland of North America: Climate, Fire and Mammalian Grazers." *Bulletin of the Torrey Botanical Society* 133:626–47, 8–18.

Anderson, R. L. 1999. *Colonization as Exploitation in the Amazon Rain Forest,* 1758–1911. Gainesville: University Press of Florida.

Anderson, R. N. 1996. "The Quilombo of Palmares: A New Overview of a Maroon State in Seventeenth-Century Brazil." *Journal of Latin American Studies* 28:545–66.

Anderson, V. L. 2004. *Creatures of Empire: How Domestic Animals Transformed Early America.* New York: Oxford University Press.

Andrews, G. R. 1980. *The Afro-Argentines in Buenos Aires, Argentina, 1800–1900.* Madison, WI: University of Wisconsin.

Andrivon, D. 1996. "The Origin of *Phytophthora Infestans* Populations Present in Europe in the 1840s: A Critical Review of Historical and Scientific Evidence." *Plant Pathology* 45:1027–35.

Anghiera, P. M. d. (Peter Martyr). 1912 (1530). *De Orbe Novo: The Eight Decades of Peter Martyr D'Anghera.* trans. F. A. MacNutt. 2 vols. New York: G. P. Putnam's Sons.

Anon. 2006. "Quilombo Communities Question the Vale do Rio Doce Actions." *Quilombol@* 16:2. vols.*

———. 1914. "The Potatoes of Parmentier." *The Independent* (New York), 18 May.

———. 1910. "The Secret of London's Rubber Madness." *NYT,* 30 Mar.*

————. 1908 (1635–43). *Actas Antiguas de del Ayuntamiento de la Ciudad de Mexico.* Mexico City: A. Varranza y Comp.

————. 1901. "A Rubber Shipping Port in Brazil." *India Rubber World,* 1 Aug., 327.

————.1890. "How the First Rubber Shoes Found a Market." *India Rubber World and Electrical Trades Review,* 15 Oct., 18.

————.1856. "The Chincha Islands." *Nautical Magazine and Naval Chronicle* 25:181–83.

————.1855. "From the Chincha Islands." *Friends' Intelligencer* 11:110–11.*

————.1854. "The Guano Question." *Farmer's Magazine* 5:117–19.

————.1853. "A Guano Island." *National Magazine* (New York) 3:553–56.*

————.1842a. "Review (Liebig's *Agricultural Chemistry*)." *Farmer's Magazine* 6:1–9.

————.1842b. "Royal Agricultural Society of England. Bristol Meeting." *Farmer's Magazine* 6:115–49.

————.1832. "Importation of Human Bones." *New Monthly Magazine and Literary Journal,* 1 Apr.

————.1829. "Traffic in Human Bones." *Observer* (London), 9 Nov.

————.1824. *An Authentic Copy of the Minutes of Evidence on the Trial of John Smith, a Missionary, in Demerara.* London: Samuel Burton.*

————.1822. "War and Commerce." *Observer* (London), 18 Nov.

————.1678. "Relação das guerras feitas aos Palmares de Pernambuco no tempo do Governador D. Pedro de Almeida de 1675 a 1678." In L. D. Silvas, ed., 1988, *Alguns Documentos para História da Escravidão.* Rio de Janeiro: Ministero da Cultura, 27–44.

————.1635. "A Relation of Maryland." In Hall ed. 1910, 70–112.

————.1603. "Descripción de la Villa y Minas de Potosí." In Espada ed. 1965 (BAE) 183:372–85.

————.1573. "Relacion muy Particular del Cerro y Minas de Potosí y de su Calidad y Labores." In Espada ed. 1965 (BAE) 183:362–71.

Apperson, G. L. 2006 (1914). *The Social History of Smoking.* London: Ballantyne Press.*

Appleby, A. B. 1978. *Famine in Tudor and Stuart England.* Stanford: Stanford University Press.

Aptheker, H. 1939. "Maroons Within the Present Limits of the United States." In Price ed. 2003:151–67.

Araúz Monfante, C. A., and P. Pizzurno Gelós. 1997 (1991). *El Panamá Hispano, 1501–1821.* Panamá: Diario la Prensa, 3rd ed.*

Archdale, J. 1822 (1707). *A New Description of That Fertile and Pleasant Province of Carolina.* Charleston: A. E. Miller.

Archer, G. 1607. "A Relation of the Discovery of Our River from James Fort into the Main." In Haile ed. 1998:101–17.

Arents, G. 1939. "The Seed from Which Virginia Grew." *WMQ* 19:123–29.

Aristotle. 1924. *The Works of Aristotle Translated into English: De Cœlo.* Trans. J. L. Stocks. New York: Oxford University Press.*

Arrom, J. 1983. "Cimarrón: Apuntes sobre sus primeras documentaciones y su probable origen." *Revista Española de Antropología Americana* 13:47–57.

Arzáns de Orsúa y Vela, B. 1965 (1736). *Historia de la Villa Imperial de Potosí.* Ed. L. Hanke and G. Mendoza. 3 vols. Providence: Brown University Press.

Ashe, T. 1917 (1682). *Carolina, or a Description of the Present State of That Country.* Tarrytown, New York: William Abbatt.*

Assadourian, C. S. 1966. *El Tráfico de Esclavos en Córdoba de Angola a Potosí, Siglos XVI–XVII.* Córdoba, Argentina: Universidad Nacional de Córdoba. Cuadernos de Historia 36.

Atwater, H. W. 1910. *Bread and Bread Making.* U.S.D.A. Farmers' Bulletin 389. Washington, DC: Government Printing Office.

Atwell, W. S. 2005. "Another Look at Silver Imports into China, ca. 1635–1644." *JWH* 16:467–90.

———. 2001. "Volcanism and Short-Term Climatic Change in East Asian and World History, c. 1200–1699." *JWH* 12:29–98.

———. 1982. "International Bullion Flows and the Chinese Economy circa 1530–1650." *P&P* 95:68–90.

Aylor, D. E. 2003. "Spread of Plant Disease on a Continental Scale: Role of Aerial Dispersal of Pathogens." *Ecology* 84:1989–97.

Bacchus, M. K. 1980. *Education for Development or Underdevelopment? Guyana's Educational System and Its Implications for the Third World.* Waterloo, Ontario: Wilfrid Laurier University Press.

Bacon, R. 1962 (1267). *The Opus Majus of Roger Bacon.* Trans. R. B. Burke. 2 vols. New York: Russell & Russell.

Baer, K., et al. 2007. "Release of Hepatic *Plasmodium yoelii* Merozoites into the Pulmonary Microvasculature." *PLoS Pathogens* 3:1651–68.*

Bailey, G. A. 1997. "A Mughal Princess in Baroque New Spain." *Anales del Instituto de Investigaciones Estéticas* 71:37–73.

Bailyn, B. 1988 (1986). *The Peopling of British North America: An Introduction.* New York: Vintage.

Balbuena, B. d. 2003 (1604). *La Grandeza Mexicana.* Buenos Aires: Biblioteca Virtual Universal.*

Baldwin, J. T., Jr. 1968. "David B. Riker and *Hevea brasiliensis.*" *EB* 22:383–84.

Ballard, C., et al., eds. 2005. *The Sweet Potato in Oceania: A Reappraisal* (Oceania Monograph 56). Sydney: University of Sydney.

Bannister, S., ed. 1859. *The Writings of William Patterson.* London: Judd and Glass.*

Bañuelo y Carrillo, H. 1638. "Bañuelo y Carrillo's Relation." In *B&R* 29:66–85.*

Baquíjano y Carrillo, J. 1793. "Historia del Descubrimiento del Cerro de Potosí." *Mercurio Peruano* 7:25–32 (10 Jan.), 33–40 (13 Jan.), 41–48 (17 Jan.)*

Barbour, P. L. 1963. "Fact and Fiction in Captain John Smith's True Travels." *Bulletin of the New York Public Library* 67:517–28.

Barham, B. L., and O. T. Coomes. 1996. *Prosperity's Promise: The Amazon Rubber Boom and Distorted Economic Development.* Boulder, CO: Westview Press.

Barlow, T. 1681. *Brutum Fulmen: or The Bull of Pope Pius V Concerning the Damnation, Excommunication, and Deposition of Q. Elizabeth.* London: Robert Clavell.*

Barnes, J. K., et al. 1990 (1870). *The Medical and Surgical History of the Civil War.* 15 vols. Wil-mington, NC: Broadfoot Publishing.*

Barrett, W. 1990. "World Bullion Flows, 1450–1800." In J. Tracy, ed., *The Rise of Merchant Empires: Long Distance Trade in the Early Modern World, 1350–1750.* New York: Cambridge University Press, 224–54.

———. 1970. *The Sugar Hacienda of the Marqueses del Valle.* Minneapolis: University of Minnesota Press.

Barth, H. 1857–59. *Travels and Discoveries in North and Central Africa. Being a Journal of an Expedition Undertaken Under the Suspices of H.B.M.'s Government in the Years 1849–1855.* 3 vols. New York: Harper Bros.*

Bartos, P. J. 2000. "The Palacos of Cerro Rico de Potosi, Bolivia: A New Deposit Type." *Economic Geology* 95:645–54.

Batista, D. 1976. *O Complexo da Amazônia.* Rio de Janeiro: Conquista.

Beckles, H. M. 1989. *White Servitude and Black Slavery in Barbados, 1627–1715.* Knoxville: University of Tennessee Press.

Beeton, I. M. 1863 (1861). *The Book of Household Management.* London: Cox and Wyman.

Benedict, C. 2011. *Golden-Silk Smoke: A History of Tobacco in China, 1550–2010.* Berkeley: University of California Press.

Bennett, H. L. 2005 (2003). *Africans in Colonial Mexico: Absolutism, Christianity, and Afro-Creole Consciousness, 1570–1640.* Bloomington: Indiana University Press.

Benzoni, G. 1857 (1572). *History of the New World by Girolamo Benzoni, of Milan.* Trans. W. H. Smyth. London: Hakluyt Society.

Bergh, A. E., ed. 1907. *The Writings of Thomas Jefferson.* 20 vols. Washington, DC: Thomas Jefferson Memorial Association of the United States.

Berkeley, M. J. 1869. "Untitled." *Gardener's Chronicle and Agricultural Gazette,* 6 Nov.

Berlin, I. 2003. *Generations of Captivity: A History of African-American Slaves.* Cambridge, MA: Belknap Press.

Bernáldez, A. 1870 (1513?). *Historia de los Reyes Católicos D. Fernando y Dona Isabel.* 2 vols. Seville: José María Geofrin.

Bernhard, V. 1992. " 'Men, Women and Children' at Jamestown: Population and Gender in Early Virginia, 1607–1610." *JSH* 58:599–618.

Bernstein, W. J. 2008. *A Splendid Exchange: How Trade Shaped the World.* New York: Grove Press.

Bigges, W. 1589. *A Summarie and True Discourse of Sir Frances Drakes West Indian Voyage.* London: Richard Field.*

Bilby, K. 1997. "Swearing by the Past, Swearing to the Future: Sacred Oaths, Alliances, and Treaties among the Guianese and Jamaican Maroons." *Ethnohistory* 44:655–689.

Billings, W. M. 1991. *Jamestown and the Founding of the Nation.* Gettysburg, PA: Thomas Publications.

Billings, W. M., ed. 1975. *The Old Dominion in the Seventeenth Century: A Documentary History of Virginia, 1606–1689.* Chapel Hill: University of North Carolina Press.

Blackburn, R. 1997. *The Making of New World Slavery: From the Baroque to the Modern, 1492–1800.* London: Verso.

Blaer, 1902. "Diario da Viagem do Capitão João Blaer aos Palmares em 1645." *Revista do Instituto Archeologico e Geographico Pernambucano* 10:87–96.

Blair, E. H., and J. A. Robertson, eds., trans. 1903–09. 55 vols. *The Philippine Islands, 1493–1898.* Cleveland: The Arthur H. Clark Co.

Blanchard, P. 1996. "The 'Transitional Man' in Nineteenth-Century Latin America: The Case of Domingo Elias of Peru." *Bulletin of Latin American Research* 15:157–76.

Blanton, W. B. 1973 (1930). *Medicine in Virginia in the Seventeenth Century.* Spartanburg, SC: The Reprint Co.

Blaut, J. M. 1993. *The Colonizer's Model of the World: Geographical Diffusionism and Eurocentric History.* New York: Guilford Press.

Boas, A. J. 1999. *Crusader Archaeology: The Material Culture of the Latin East.* New York: Routledge.

Bohlen, P. J., et al. 2004a. "Ecosystem Consequences of Exotic Earthworm Invasion of North American Temperate Forests." *Ecosystems* 7:1–12.

———. 2004b. "Non-Native Invasive Earthworms as Agents of Change in Northern Temperate Forests." *Frontiers in Ecology and the Environment* 2:427–35.

Bonaparte, N.-J.-C.-P., ed. 1856. *Exposition Universelle de 1855. Rapports du Jury Mixte International.* Paris: Imprimerie Impériale.*

Bond, W. J., et al. 2005. "The Global Distribution of Ecosystems in a World Without Fire." *New Phytologist* 165:525–38.

Borao, J. E. 1998. "Percepciones Chinas sobre los Españoles de Filipinas: La Masacre de 1603." *Revista Española del Pacífico* 8:233–54.*

Borao, J. E., ed. 2001. *Spaniards in Taiwan: 1582–1641.* Taipei: SMC Publishing.*

Bossy, D. I. 2009. "Indian Slavery in Southeastern Indian and British Societies, 1670–1730." In A. Gallay, ed., *Indian Slavery in Colonial America.* Lincoln, NE: University of Nebraska Press.

Bourke, P. M. A. 1993. *"The Visitation of God"? The Potato and the Great Irish Famine.* Dublin: Lilliput Press, 1993.

———. 1964. "Emergence of Potato Blight, 1843–46." *Nature* 203:805–08.

Bouton, C. A. 1993. *The Flour War: Gender, Class and Community in the Late Ancien Régime.* University Park, PA: Pennsylvania State University Press.

Bowser, F. P. 1974. *The African Slave in Colonial Peru, 1570–1650.* Stanford: Stanford University Press.

Boxer, C. R. 2001 (1970). "Plata es Sangre: Sidelights on the Drain of Spanish-American Silver in the Far East, 1550–1700." In Flynn and Giráldez eds. 2001, 165–83.

Boyrie, W. V. 2005. "El Cimarronaje y la Manumisión en el Santo Domingo Colonial. Dos Extremos de una Misma Búsqueda de Libertad." *Clío* (Santo Domingo) 74:65–102.

Brackett, J. K. 2005. "Race and Rulership: Alessandro de' Medici, First Medici Duke of Florence, 1529–1537." In T. F. Earle and K. J. P. Lowe, eds., *Black Africans in Renaissance Europe.* New York: Cambridge University Press, 303–25.

Bradford, W. 1912 (~1650). *History of Plymouth Plantation, 1620–1647.* Boston: Houghton Mifflin.

Brading, D. A. 2009. "Psychomachia Indiana: Catarina de San Juan." *Anuario de la Academia Mexicana de la Historia* 50:1–11.

Brading, D. A., and H. E. Cross. 1972. "Colonial Silver Mining: Mexico and Peru." *HAHR* 52:545–79.

Brain, C. K., and A. Sillen. 1988 "Evidence from the Swartkrans Cave for the Earliest Use of Fire." *Nature* 336:464–66.

Brandes, S. H. 1975. *Migration, Kinship and Community: Tradition and Transition in a Spanish Village.* New York: Academic Press.

Braudel, F. 1981–84 (1979). *Civilization and Capitalism, 15th–18th Century.* Vol. 1: *The Structures of Everyday Life.* Vol. 2: *The Wheels of Commerce.* Vol. 3: *The Perspective of the World.* Trans S. Reynolds. New York: Harper and Row.

Breeden, J. O. 1988. "Disease as a Factor in Southern Distinctiveness." In Savitt and Young eds. 1988:1–28.

Briffa, K. R., et al. 1998. "Influence of Volcanic Eruptions on Northern Hemisphere Summer Temperature over the Past 600 Years." *Nature* 393:450–55.

Bright, C. 1988. *Life out of Bounds: Bioinvasion in a Borderless World.* New York: W. W. Norton.

Brodhead, J. R., ed. 1856–58. *Documents Relative to the Colonial History of the State of New-York.* 2 vols. Albany: Weed, Parsons and Company.*

Brook, T. 2008. *Vermeer's Hat: The Seventeenth Century and the Dawn of the Global World.* New York: Bloomsbury Press.

———. 2004. "Smoking in Imperial China." In S. Gilman and X. Zhou, eds., *Smoke: A Global History of Smoking.* London: Reaktion Books, 84–91.

Brosius, J. P. 1988. "Significance and Social Being in Ifugao Agricultural Production." *Ethnology* 27:97–110.

Browman, D. 2004. "Tierras comestibles de la cuenca del Titicaca: Geofagia en la prehistoria boliviana." *Estudios Atacameños* 28:133–41.

Brouwer, M. 2005. "Managing Uncertainty Through Profit Sharing Contracts from Medieval Italy to Silicon Valley." *Journal of Management and Governance* 9:237–55.

Brown, A. 1890. *The Genesis of the United States.* 2 vols. Boston: Houghton, Mifflin and Co.

Brown, A. S. 1903 (1889). *Brown's Madeira, Canary Islands and Azores: A Practical and Complete Guide for the Use of Tourists and Invalids.* London: Sampson Low, Marston & Co., 7th ed.*

Brown, K. W. 2001. "Workers' Health and Colonial Mining at Huancavelica, Peru." *Americas* 57:467–96.

Bruhns, K. O. 1981. "Prehispanic Ridged Fields of Central Colombia." *Journal of Field Archaeology* 8:1–8.

Brush, S., et al. 1995. "Potato Diversity in the Andean Center of Crop Domestication." *Conservation Biology* 9:1189–98.

Bullock, W. 1649. *Virginia Impartially Examined, and Left to Publick View, to Be Considered by All Judicious and Honest Men.* London: John Hammond.*

Burns, E. B. 1965. "Manaus, 1910: Portrait of a Boom Town." *Journal of Inter-American Studies* 7:400–21.

Bushnell, A. T. 1994. Situado and Sabana: *Spain's Support System for the Presidio and Mission Provinces of Florida.* Anthropological Papers of the American Museum of Natural History 74. New York: American Museum of Natural History.

Busquets, A. 2006. "Los Frailes de Koxinga." In P. S. G. Aguilar, ed., *La Investigación sobre Asia Pacífico en España.* Colección Española de Investigación sobre Asia Pacífico. Granada: Editorial Universidad de Granada, 393–422.

Butler, C. J., et al. 1998. *Proceedings of the Royal Irish Academy* (Biology and Environment) 96B:123–40 (data at climate.arm.ac.uk/calibrated/rain/).

Byrd, W. 1841 (1728–36). *The Westover Manuscripts: Containing the History of the Dividing Line Betwixt Virginia and North Carolina.* Petersburg, VA: Edmund and Julian C. Ruffin.

"C. T." 1615. *An Aduice How to Plant Tobacco in England and How to Bring It to Colour and Perfection, to Whom It May Be Profitable, and to Whom Harmfull.* London: Nicholas Okes.*

Ca' da Mosto (Cadamosto), A. d. 1895 (~1463). *Relation des Voyages au Côte Occidentale d'Afrique.* Trans. C. Schefer. Paris: Ernest Leroux.*

Cagauan, A. G., and R. C. Joshi. 2002. "Golden Apple Snail *Pomacea spp.* in the Philippines." Paper at 7th ICMAM Special Working Group on Golden Apple Snail, 22 Oct.*

Calloway, C. 2003. *One Vast Winter Count: The Native American West Before Lewis and Clark.* Lincoln: University of Nebraska Press.

Candiani, V. S. 2004. "Draining the Basin of Mexico: Science, Technology and Society, 1608–1808." PhD diss., University of California, Berkely.

Cao, L. (曹玲). 2005. "The Influence of the Introduction of American Cereal

Crops on the Chinese Diet" (美洲粮食作物的传入对我国人民饮食生活的影响). *Agricultural Archaeology* (农业考古) 3:176–81.

Cao, M., et al. 2006. "Tropical Forests of Xishuangbanna, China." *Biotropica* 38:206–09.

Capela, R. A. 1981. "Contribution to the Study of Mosquitoes (Diptera, Culicidae) from the Archipelagos of Madeira and the Salvages." *Arquivos do Museu Bocage* 1:45–66.*

Capoche, L. 1959 (1585). "Relación General de la Villa Imperial de Potosí." In BAE, vol. 122, pp. 69–221.

Carande, R. 1990 (1949). *Carlos V y sus Banqueros*. 3 vols. Barcelona: Crítica, 3rd ed.

Carletti, F. 1701. Ragionamenti de Francesco Carletti sopra le Cose da Lui Vedute ne' suoi Viaggi. Florence: Guiseppe Manni.*

Carroll, P. J. 2001 (1991). *Blacks in Colonial Veracruz: Race, Ethnicity and Regional Development*. Austin: University of Texas Press, 2nd ed.

————. 1977. "Mandinga: The Evolution of a Mexican Runaway Slave Community: 1735–1827." *Comparative Studies in Society and History* 19:488–505.

Carter, L. 1965. *The Diary of Colonel Landon Carter of Sabine Hall, 1752–1778*. Ed. J. P. Greene. 2 vols. Charlottesville: University Press of Virginia.

Carter, R., and K. N. Mendis. 2002. "Evolutionary and Historical Aspects of the Burden of Malaria." *Clinical Microbiology Reviews* 15:564–94.

Casagrande, R. A. 1987. "The Colorado Potato Beetle: 125 Years of Mismanagement." *Bulletin of Entomological Society of America* 33:142–50.

Castellanos, J. d. 1930–32 (1589?). *Obras de Juan de Castellanos*. 2 vols. Caracas: Editorial Sur América.*

Castillo Grajeda, J. d. 1946 (1692). *Compendio de la Vida y Virtudes de la Venerable Catarina de San Juan*. Mexico City: Ediciones Xochitl.

Cates, G. L. 1980. " 'The Seasoning': Disease and Death Among the First Colonists of Georgia." *Georgia Historical Quarterly* 64:146–58.

Centers for Diseases Control and Prevention. 2006. "Locally Acquired Mosquito-Transmitted Malaria: A Guide for Investigations in the United States." *MMWR* 55:1–12.

Central Bureau of Meteorological Sciences (China) (中央气象局气象科学研究院). 1981. *Annual Maps of Precipitation in the Last 500 Years* (中国近五百年旱涝分布图集). Beijing: Cartographic Publishing.

Cervancia, C. R. 2003. "Philippines: Haven for Bees." *Honeybee Science* 24:129–34.

Céspedes del Castillo, G. 1992. *El tabaco en Nueva España: Discurso Leido el Dia 10 de Mayo de 1992 en el Acto de su Recepción Pública*. Madrid: Real Academia de la Historia.

Chace, R. E. 1971. "The African Impact on Colonial Argentina." PhD diss., University of California at Santa Barbara.

Champlain, S. d. 1922 (1613). *The Voyages and Explorations of Samuel de Champlain, 1604–1616, Narrated by Himself.* Ed., trans. A. T. Bourne, E. G. Bourne. 2 vols. New York: Allerton Book Co.

Chan, K. S. 2008. "Foreign Trade, Commercial Policies and the Political Economy of the Song and Ming Dynasties of China." *Australian Economic History Review* 48:68–90.

Chanca, D. A. 1494. "Carta a la Ciudad de Sevilla." In C. Jane, ed., trans., 1988 (1930, 1932), *The Four Voyages of Columbus: A History in Eight Documents, Including Five by Christopher Columbus, in the Original Spanish, with English Translations.* New York: Dover, 2nd ed., 20–73.

Chandler, T. 1987. *Four Thousand Years of Urban Growth: An Historical Census.* Lewiston, NY: Edwin Mellen Press, 2nd ed.

Chandless, W. 1866. "Ascent of the River Purûs." *Journal of the Royal Geographical Society of London* 36:86–118.

Chang, P.-T. (張彬村). 2001. "American Silver and Widow Chastity: Cause and Consequence of the Manila Massacre of 1603." In C. Wu, ed. (吳聰敏), *Proceedings of a Symposium in Honor of Prof. Zhang Hanyu* (張漢裕教授紀念研討會論文集). Taipei: National Taiwan University Economics Research Foundation, 205–34.

———. 1990. "Maritime Trade and Local Economy in Late Ming Fukien." In Vermeer ed. 1990, 63–81.

———. 1983. "Chinese Maritime Trade: The Case of Sixteenth-Century Fu-chien (Fukien)." PhD thesis, Princeton University.

Chaplin, J. E. 2001. *Subject Matter: Technology, the Body and Science on the Anglo-American Frontier, 1500–1676.* Cambridge, MA: Harvard University Press.

Chardon, R. 1980. "The Elusive Spanish League: A Problem of Measurement in Sixteenth-Century New Spain." *HAHR* 60:394–402.

Chase, J. M., and T. M. Knight. 2003. "Drought-Induced Mosquito Outbreaks in Wetlands." *Ecology Letters* 6:1017–24.

Chaunu, P. 2001 (1951). "Le Galion de Manille. Grandeur et Décadence d'une Route de la Soie." In Flynn and Giráldez eds. 2001, 187–202.

Chehabi, H. E., and A. Guttmann. 2003. "From Iran to All of Asia: The Origin and Diffusion of Polo." In J. A. Mangan and F. Hong, eds., *Sport in Asian Society: Past and Present.* London: Frank Cass, 384–400.

Chen, C.-N., et al. 1995. "The Sung and Ming Paper Monies: Currency Competition and Currency Bubbles." *Journal of Macroeconomics* 17:273–88.

Chen, D. (陈达生). 1983 (1982). "An Inquiry into the Nature of the Islamic Sects in Quanzhou and the Isbah Disturbance During the Late Yuan Dynasty" (泉州伊斯兰教派与元末亦思巴奚战乱性质试探). In Quanzhou Foreign Maritime Museum and Institute of Quanzhou History, ed., *Symposium on Quanzhou Islam* (泉州伊斯兰教研究论文选). Fuzhou: Fujian People's Publishing House, 53–64.

Chen, G. (陳高傭). 1986 (1939). *Chronological Tables of Natural Disasters in China* (中国历代天灾人祸表). Shanghai: Jinan University Press.

Chen, S. (陈树平). 1980. "Research on the Transmission of Maize and Sweet Potatoes in China" (玉米和番薯在中国传播情况研究). *Social Sciences in China* (中国社会科学) 3:187–204.

Chen, S. (陈世元), ed. 1835? (1768). Record of the Passing-down of the Jin Potato (金薯傳習錄). In Y. Wang (王雲五), and Y. Ji (紀昀) et al., eds., *Continuation of "The Complete Library of the Four Treasuries"* (續修四庫全書). Shanghai: Shanghai Classics Publishing House, vol. 977, pp. 37–79.

———. 1768. "A Factual Account of the Story of Planting Sweet Potatoes in Qinghai, Henan, and Other Provinces" (青豫等省栽種番薯始末寔錄). In Chen ed. 1835, pp. 9b.

Chen, Z. (陳子龍), et al. 1962 (1638) *Collected Writings on Statecraft from the Ming Dynasty* (皇明经世文编). Beijing: Zhonghua Book Company.

Cheng, K.-O. 1990. "Cheng Ch'eng-kung's Maritime Expansion and Early Ch'ing Coastal Prohibition." In Vermeer ed. 1990, 217–44.

Chia, L. 2006. "The Butcher, the Baker, and the Carpenter: Chinese Sojourners in the Spanish Philippines and Their Impact on Southern Fujian (Sixteenth-Eighteenth Centuries)." *Journal of the Economic and Social History of the Orient* 49:509–34.

Childs, S. J. R. 1940. *Malaria and Colonization in the Carolina Low Country, 1526–1696*. Baltimore: Johns Hopkins Press.

Chipman, D. 2005. *Moctezuma's Daughters: Aztec Royalty Under Spanish Rule, 1520–1700*. Austin: University of Texas Press.

Christian, D. 2004. *Maps of Time: An Introduction to Big History*. Berkeley, CA: University of California Press.

Cicogna, E. A. 1855. *Della Vita e Opere di Andrea Navagero: Oratore, Istorico, Poeta Veneziano del Secolo Dicimosesto*. Venice: Andreola.

Cieza de Léon, P. 1864 (1554). *The Travels of Pedro de Cieza de Léon, A.D. 1532–50*. Trans. C. Markham. London: Hakluyt Society.

Cinnirella, F. 2008. "On the Road to Industrialization: Nutritional Status in Saxony, 1690–1850." *Cliometrica* 2:229–57.

Clark, G. 2007. *A Farewell to Alms: A Brief Economic History of the World*. Princeton: Princeton University Press.

Clark, H. R. 1990. "Settlement, Trade and Economy in Fu-chien to the Thirteenth Century." In Vermeer ed. 1990, 35–61.

Clark, J. F. M. 2007. " 'The Eyes of Our Potatoes Are Weeping': The Rise of the Colorado Potato Beetle as an Insect Pest." *Archives of Natural History* 34:109–28.

Clarkson, L. A., and E. M. Crawford. 2001. *Feast and Famine: Food and Nutrition in Ireland, 1500–1920*. Oxford: Oxford University Press.

Clement, C. R. 1999a, b. "1492 and the Loss of Amazonian Crop Genetic Resources." *EB* 53:188–202 (pt. 1), 203–16 (pt. 2).

Clements, J. 2004. *Pirate King: Coxinga and the Fall of the Ming Dynasty.* Thrupp, Stroud (UK): Sutton Publishing Ltd.

Clossey, L. 2006. "Merchants, Migrants, Missionaries and Globalization in the Early-Modern Pacific." *Journal of Global History* 1:41–58.

Clouser, R. A. 1978. *Man's Intervention in the Post-Wisconsin Vegetational Succession of the Great Plains.* Occasional Paper No. 4, Dept. of Geography-Meteorology. Lawrence, KS: University of Kansas.

Coates, A. 1987. *The Commerce in Rubber: The First 250 Years.* Oxford: Oxford University Press.

Cobb, G. B. 1949. "Supply and Transportation for the Potosí Mines, 1545–1640." *HAHR* 29:25–45.

Coclanis, P. A. 1991 (1989). *The Shadow of a Dream: Economic Life and Death in the South Carolina Low Country.* New York: Oxford University Press.

Coelho, P. R. P., and R. A. McGuire. 1997. "African and European Bound Labor in the British New World: The Biological Consequences of Economic Choices." *JEH* 57:83–115.

Cole, J. A. 1985. *The Potosí Mita, 1573–1700: Compulsory Indian Labor in the Andes.* Stanford, CA: Stanford University Press.

Colley, L. 2002. *Captives.* New York: Pantheon.

Colmeiro, M., ed. 1884. *Cortes de los Antiguos Reinos de León y de Castilla.* Madrid: Sucesores de Rivadeneyra.

Colón, C. 1498. Entail of estate, 22 Feb. In Varela and Gil eds. 1992, 353–64.

———. 1493. "Diario del Primer Viaje." In Varela and Gil eds. 1992, 95–217.

Colón, F. 2004 (1571). *The History of the Life and Deeds of Admiral Don Christopher Columbus, Attributed to His Son Ferdinando Colón.* Repertorium Columbianum No. 13. Turnhout, Belgium: Brepols.

Concepcion, R. N., et al. 2005. "Multifunctionality of the Ifugao Rice Terraces in the Philippines." In Indonesian Soil Research Institute. *Multifungsi dan Revitalisasi Pertanian.* Jakarta: ISRI, 51–78.

Condamine, C. M. d. l. 1751a. "Sur la Résine Élastique Nommeé Caoutchouc." *Histoire de l'Académie Royale des Sciences,* 17–22.

———. 1751b. "Mémoire sur une Résine Élastique, Nouvellement Découverte en Cayenne par M. Fresneau." *Mémoires de l'Académie Royale des Sciences,* 319–334.

———. 1745. "Relation Abrégée d'un Voyage Fait dans l'Intérieur de l'Amérique Méridionale." *Mémoires de l'Académie Royale des Sciences,* 391–493.

Cong, C. (陳琮), ed. 1995 (1805). *Tobacco Handbook* (烟草譜). In Y. Wang (王雲五) and Y. Ji (紀昀) et al., eds., *Continuation of "The Complete Library of the Four Treasuries"* (續修四庫全書). Shanghai: Shanghai Classics Publishing House, vol. 1117, pp. 409–81.

Connell, K. H. 1962. "The Potato in Ireland." *P&P* 23:57–71.

Conrad, J. 1999 (1902). *Heart of Darkness.* Calgary, AB: Broadview Press.

Cook, N. D. 2002. "Sickness, Starvation and Death in Early Hispaniola." *JIH* 32:349–86.

———. 1981. *Demographic Collapse, Indian Perú, 1520–1620.* New York: Cambridge University Press.

Cook, N. D., and M. Escobar Gamboa, eds. 1968. *Padrón de los Indios de Lima en 1613.* Lima: Seminario de Historia Rural Andina.

Cope, R. D. 1994. *The Limits of Racial Domination: Plebeian Society in Colonial Mexico City, 1660–1720.* Madison: University of Wisconsin Press.

Cortés, H. 2001 (1971). *Letters from Mexico.* Ed., trans. A. Pagden. New Haven: Yale University Press.

———. 1548. "Testamento de Hernán Cortés." In M. F. Navarrete et al., eds. 1844. *Colección de Documentos Inéditos para la Historia de España.* Madrid: Viuda de Calero, vol. 4, pp. 239–77.

Cortés López, J. L. 1989. *La Esclavitud Negra en la España Peninsular del Siglo XVI.* Salamanca: Ediciones Universidad de Salamanca.

Coslovsky, S. V. 2005. "The Rise and Decline of the Amazonian Rubber Shoe Industry." Unpub. ms. (MIT Working Paper).*

Costa, F. d. A. 1993. *Grande Capital e Agricultura na Amazônia: A Experiência da Ford no Tapajós.* Belém: Universidade Federale do Pará.

Council of the Virginia Company. 1609. "A True and Sincere Declaration of the Purposes and Ends of the Plantation Begun in Virginia." In Haile ed. 1998, 356–71.

Covarrubias y Orozco (Horozco), S. d. 2006 (1611). *Tesoro de la Lengua Castellana o Española.* Ed. I. Arellano and R. Zafra. Madrid: Vervuert.

Cowan, T. W. 1908. *Wax Craft: All About Beeswax: Its History, Production, Adulteration, and Commercial Value.* London: Sampson Low, Marston and Co.*

Cowdrey, A. E. 1996. *This Land, This South: An Environmental History.* Lexington: University Press of Kentucky, 2nd ed.

Craig, A. K., and E. J. Richards. 2003. *Spanish Treasure Bars from New World Shipwrecks.* West Palm Beach, FL: En Rada Publications.

Craig, N. B. 2007 (1907). *Recollections of an Ill-Fated Expedition to the Headwaters of the Madeira River in Brazil.* Whitefish, MT: Kessinger Publishing.*

Crane, E. 1999. *The World History of Beekeeping and Honey Hunting.* New York: Routledge.

Crashaw, W. 1613. "The Epistle Dedicatorie." In A. Whitaker, *Good News from Virginia.* London: William Welpy, 1–23.*

Craton, M. 1984. "The Historical Roots of the Plantation Model." *Slavery and Abolition* 5:190–221.

Craven, A. O. 2006 (1925). *Soil Exhaustion as a Factor in the Agricultural History of Virginia and Maryland, 1606–1860.* Columbia, SC: University of South Carolina Press.

Craven, W. F. 1993 (1957). *The Virginia Company of London.* Baltimore, MD: Genealogical Publishing.

————. 1932. *Dissolution of the Virginia Company: The Failure of a Colonial Experiment*. New York: Oxford University Press.

Crease, R. P. 2003. *The Prism and the Pendulum: The Ten Most Beautiful Experiments in Science*. New York: Random House.

Crespo Rodas, A. 1956. *La Guerra Entre Vicuñas y Vascongados (Potosí, 1622–1625)*. Lima: Tipografía Peruana.

Croft, P. 2003. *King James*. New York: Palgrave Macmillan.

Cronon, W. 1983. *Changes in the Land: Indians, Colonists and Ecology of New England*. New York: Hill and Wang.

Crosby, A. W. 2003 (1973). *The Columbian Exchange: Biological and Cultural Consequences of 1492*. Westport, CT: Praeger.

————. 1995. "The Potato Connection." *Civilization* 2:52–58.

————. 1994. "The Columbian Voyages, the Columbian Exchange, and Their Historians." In A. W. Crosby, *Germs, Seeds & Animals: Studies in Ecological History*. Armonk, NY: M. E. Sharpe.

————. 1986. *Ecological Imperialism: The Biological Expansion of Europe, 900–1900*. New York: Cambridge University Press.

Cross, H. E. 1983. "South American Bullion Production and Export, 1550–1750." In Richards, J. F., ed. *Precious Metals in the Later Medieval and Early Modern Worlds*. Durham NC: Carolina Academic Press, pp. 397–424.

Cruz, R. M. B., et al. 2009. "Mosquito Abundance and Behavior in the Influence Area of the Hydroelectric Complex on the Madeira River, Western Amazon, Brazil." *Transactions of the Royal Society of Tropical Medicine and Hygiene* 103:1174–76.

Cuneo, M. d. 1495. Letter to Gerolamo Annari, 15 Oct. In Symcox ed. 2002, 175–89.

Curtin, P. D. 1995 (1990). *The Rise and Fall of the Plantation Complex: Essays in Atlantic History*. New York: Cambridge University Press.

————. 1989. *Death by Migration: Europe's Encounter with the Tropical World in the Nineteenth Century*. New York: Cambridge University Press.

————. 1968. "Epidemiology and the Slave Trade." *Political Science Quarterly* 83:190–216.

Curtin, P. D., G. S. Brush, and G. W. Fisher, eds. 2001. *Discovering the Chesapeake: The History of an Ecosystem*. Baltimore, MD: Johns Hopkins.

Cushman, G. T. 2003. "The Lords of Guano: Science and the Management of Peru's Marine Environment, 1800–1973." PhD thesis, University of Texas at Austin.

Cuvier. 1861. "Parmentier." In Cuvier, *Recueil des Éloges Historiques Lus dans les Séances Pub-liques de l'Institut de France*. 3 vols. Paris: Firmin Didot Frères, Fils et Cie, 2nd ed., vol. 2, pp. 7–25.

Dale, T. 1615. Letter to "D. M," 18 Jun. In Haile ed. 1998, 841–48.

D'Altroy, T. N. 2002. *The Incas*. Oxford: Blackwell Publishing.

Daly, V. T. 1975. *A Short History of the Guyanese People*. London: Macmillan.

Dampier, W. 1906 (1697–1709). *Dampier's Voyages.* 2 vols. London: E. Grant Richards.*

Daniels, C. 1996. "Agro-Industries: Sugarcane Technology." In Needham et al. 1954–, vol. 6, pt. 3, pp. 1–540.

Darwin, C. R. 1881. *The Formation of Vegetable Mould, Through the Action of Worms, with Observations on Their Habits.* London: John Murray.*

David, J.-P. A. 1875. *Journal de Mon Troisième Voyage d'Exploration dans l'Empire Chinois.* 3 vols. Paris: Librairie Hachette.*

Davids, K. 2006. "River Control and the Evolution of Knowledge: A Comparison between Regions in China and Europe, c. 1400–1850." *Journal of Global History* 1:59–79.

Davidson, A. 1892. *Geographical Pathology: An Inquiry into the Geographical Distribution of Infective and Climatic Diseases.* 2 vols. London: Young J. Pentland.

Davidson, D. M. 1966. "Negro Slave Control and Resistance in Colonial Mexico, 1519–1650." *HAHR* 46:235–53.

Davis, D. B. 2006. *Inhuman Bondage: The Rise and Fall of Slavery in the New World.* Oxford: Oxford University Press.

Davis, M. 2002 (2001). *Late Victorian Holocausts: El Niño Famines and the Making of the Third World.* New York: Verso.

Davis, R. C. 2001. "Counting European Slaves on the Barbary Coast." *P&P* 172:87–124.

Davis, W. 1998. *Shadows in the Sun: Travels to Landscapes of Spirit and Desire.* Washington, DC: Island Press.

———. 1996. *One River: Explorations and Discoveries in the Amazon Rain Forest.* New York: Simon and Schuster.

Deagan, K. A., and J. M. Cruxent. 2002a. *Archaeology at La Isabela: America's First European Town.* New Haven: Yale University Press.

———. 2002b. *Columbus's Outpost Among the Tainos: Spain and America at La Isabela, 1493–1498.* New Haven: Yale University Press.

Dean, W. 1987. *Brazil and the Struggle for Rubber: A Study in Environmental History.* New York: Yale University Press.

DeBary, W. T., et al., eds., trans. 2000. *Sources of Chinese Tradition.* 2 vols. New York: Columbia University Press.

DeBevoise, K. 1995. *Agents of Apocalypse: Epidemic Disease in the Colonial Philippines.* Princeton: Princeton University Press.

De Borja, M. R. 2005. *Basques in the Philippines.* Las Vegas: University of Nevada Press.

Decaisne, M. J. 1846. *Histoire de la Maladie des Pommes de Terre en 1845.* Paris: Librairie Agricole de Dusacq.

De Castro, M. C., and B. H. Singer. 2005. "Was Malaria Present in the Amazon Before the European Conquest? Available Evidence and Future Research Agenda." *Journal of Archaeological Science* 32:337–40.

Decker-Walters, D. 2001. "Diversity in Landraces and Cultivars of Bottle

Gourd (*Lagenaria siceraria;* Cucurbitaceae) as Assessed by Random Amplified Polymorphic DNA." *Genetic Resources and Crop Evolution* 48:369–80.

DeCosta, B. F. 1883. "Ingram's Journey Through North America in 1567–69." *Magazine of American History* 9:168–76.

Defoe, D. 1928 (1724–26). *A Tour through the Whole Island of Great Britain.* 2 vols. New York: Dutton.

Deive, C. E. 1989. *Los Guerrilleros Negros: Esclavos Fugitivos y Cimarrones en Santo Domingo.* Santo Domingo: Fundación Cultural Dominicana.

Del Monte y Tejada, A. 1890. *Historia de Santo Domingo.* 4 vols. Santo Domingo: Garcia Hermanos.

Delaney, C. 2006. "Columbus's Ultimate Goal: Jerusalem." *Comparative Studies in Society and History* 48:260–92.

DeLong, J. B., and Shleifer, A. 1993. "Princes and Merchants: European City Growth before the Industrial Revolution." *Journal of Law and Economics* 36:671–702.

Denevan, W. Forthcoming. "After 1492: The Ecological Rebound." Unpub. ms.

———. 2011. "The 'Pristine Myth' Revisited." *Geographical Review* 101 (10).

———. 2001. *Cultivated Landscapes of Native Amazonia and the Andes.* Oxford: Oxford University Press.

———. 1992a (1976). *The Native Population of the Americas in 1492.* Madison: University of Wisconsin Press, 2nd ed.

———. 1992b. "The Pristine Myth: The Landscape of the Americas in 1492." *AAAG* 82:369–85.

Denevan, W., and B. L. Turner. 1974. "Forms, Functions, and Associations of Raised Fields in the Old World Tropics." *Journal of Tropical Geography* 39:24–33.

Deng, G. 1999. *Maritime Sector, Institutions, and Sea Power of Premodern China.* Westport, CT: Greenwood Press.

Deng, T. (鄧廷祚), et al., eds. 1968 (1762). *Haicheng Gazetteer* (China Gazetteer Collection 92) (海澄縣志, 陳锳等修鄧廷祚等纂, 中國方志叢書). Taipei: Cheng-Wen Publishing Co.

Dennis, P. A., and M. D. Olien. "Kingship Among the Miskito." *American Ethnologist* 11:718–37.

Department of Environment and Natural Resources (Philippines) and World Fish Center. 2006. *Proceedings of the Conference-Workshop on Invasive Alien Species in the Philippines and Their Impacts on Biodiversity.* Quezon City, Philippines, 26–28 July.

De Silva, S. L., and G. A. Zielinski. 1998. "Global Influence of the AD 1600 Eruption of Huaynaputina, Peru." *Nature* 393:455–58.

De Vries, D. P. 1993 (1655). *Voyages from Holland to America, A.D. 1632 to 1644.* Ithaca, NY: Cornell University Library Digital Collections.

De Vries, J. 1984. *European Urbanization, 1500–1800.* Cambridge: Cambridge University Press.

Diamond, J. 1999 (1997). *Guns, Germs, and Steel: The Fates of Human Societies*. New York: W. W. Norton.

Díaz del Castillo, B. 1844 (1568). *The Memoirs of the Conquistador Bernal Diaz del Castillo*. Trans. J. I. Lockhart. 2 vols. London: J. Hatchard and Son.

Dickens, C. 1978 (1861). *Great Expectations*. Oxford: Oxford University Press.

Dieudonné, et al. 1845. "Rapport fait au Conseil Central de Salubrité Publique de Bruxelles sur la Maladie des Pommes de Terre." *Journal de Médicine, de Chirurgie et de Pharmacologie* 3:637–61.*

Diggs, I. 1953. "Zumbi and the Republic of Os Palmares." *Phylon* 14:62–70.

Dillehay, T. D., et al. 2007. "Preceramic Adoption of Peanut, Squash, and Cotton in Northern Peru." *Science* 316:1890–93.

Disney, A. R. 2009. *A History of Portugal and the Portuguese Empire: From Beginnings to 1807*. 2 vols. New York: Cambridge University Press.

Dobson, M. J. 1997. *Contours of Death and Disease in Early Modern England*. Cambridge: Cambridge University Press.

———. 1989. "Mortality Gradients and Disease Exchanges: Comparisons from Old England and Colonial America." *Social History of Medicine* 2:259–97.

———. 1980. " 'Marsh Fever'—The Geography of Malaria in England." *Journal of Historical Geography* 6:357–89.

Dodgen, R. A. 2001. *Controlling the Dragon: Confucian Engineers and the Yellow River in Late Imperial China*. Honolulu: University of Hawai'i Press.

Domar, E. D. 1970. "The Causes of Slavery or Serfdom: A Hypothesis." *JEH* 30:18–32.

Domínguez Ortiz, A. 1952. "La Esclavitud en Castilla durante la Edad Moderna." In A. Domínguez Ortiz, 2003, *La Esclavitud en Castilla durante la Edad Moderna y Otros Estudios de Marginados*. Granada: Editorial Comares, 1–64.

Donegan, K. M. 2002. "Seasons of Misery: Catastrophe and the Writing of Settlement in Colonial America." PhD thesis, Yale University.

Donkin, R. 1979. *Agricultural Terracing in the Aboriginal New World*. Tucson: University of Arizona.

Donnelly, J. S., Jr. 2001. *The Great Irish Potato Famine*. Phoenix Mill, UK: Sutton Publishing.

Doolittle, W. E. 2000. *Cultivated Landscapes of Native North America*. New York: Oxford University Press.

Dowdey, C. 1962. *The Great Plantation: A Profile of Berkeley Hundred and Plantation Virginia from Jamestown to Appomattox*. Charles City, VA: Berkeley Plantation.

Dozer, D. M. 1948. "Matthew Fontaine Maury's Letter of Instruction to William Lewis Herndon." *HAHR* 28:212–28.

Drake, M. 1969. *Population and Society in Norway, 1735–1865*. New York: Cambridge University Press.

Dressing, J. D. 2007. "Social Tensions in Early Seventeenth-Century Potosí." PhD thesis, Tulane University.

Dubisch, J. 1985. "Low Country Fevers: Cultural Adaptations to Malaria in Antebellum South Carolina." *Social Science and Medicine* 21:641–49.

Dubois, L. 2005 (2004). *Avengers of the New World: The Story of the Haitian Revolution.* Cambridge: Harvard University Press.

Duffy, J. 1988. "The Impact of Malaria on the South." In Savitt and Young eds. 1988, 29–54.

———. 1953. *Epidemics in Colonial America.* Baton Rouge: Louisiana State University Press.

Dugard, M. 2006 (2005). *The Last Voyage of Columbus: Being the Epic Tale of Great Captain's Fourth Expedition, Including Accounts of Mutiny, Shipwreck, and Discovery.* New York: Back Bay Books.

Dujardin, J. P., et al. 1987. "Isozyme Evidence of Lack of Speciation Between Wild and Domestic *Triatoma infestans* (Heteroptera: Reduviidae) in Bolivia." *Journal of Medical Entomology* 24:40–45.

Dull, R. A., et al. 2010. "The Columbian Encounter and the Little Ice Age: Abrupt Land Use Change, Fire, and Greenhouse Forcing." *AAAG* 100: 755–71.

Dumlao, A. A. 2009. "Cordillera Heirloom Rice Reaches U.S. Market." *The Philippine Star,* 9 Aug.

Dunn, F. L. 1965. "On the Antiquity of Malaria in the Western Hemisphere." *Human Biology* 37:385–93.

Dúran, D. 1994 (1588?). *The History of the Indies of New Spain.* Trans. D. Heyden. Norman: University of Oklahoma Press.

"E. H." (E. Howes), ed. 1618. *The Abridgement of the English Chronicle, First Collected by M. Iohn Stow.* London: Edward Allde and Nicholas Okes.*

Earle, C. V. 1979. "Environment, Disease, and Mortality in Early Virginia." In Tate and Ammerman 1979, 96–125.

Eastwood, R., et al. 2006. "The Provenance of Old World Swallowtail Butterflies, *Papilio demoleus* (Lepidoptera: Papilionidae), Recently Discovered in the New World." *Annals of the Entomological Society of America* 99:164–68.

Eddy, J. A. 1976. "The Maunder Minimum." *Science* 192:1189–1203.

Ederer, R. J. 1964. *The Evolution of Money.* Washington, DC: Public Affairs Press.

Edwards, C. A. 2004. "The Importance of Earthworms as Key Representatives of Soil Fauna." In C. A. Edwards, ed., *Earthworm Ecology.* Boca Raton, FL: CRC Press, 2nd ed., 3–12.

Edwards, W. H. 1847. *A Voyage Up the River Amazon: Including a Residence at Pará.* New York: D. Appleton.*

Eggimann, G. 1999. *La Population des Villes des Tiers-Mondes, 1500–1950.* Geneva: Libraire Droz.

Ellenbaum, R. 2003 (1995). "Settlement and Society Formation in Crusader Palestine." In T. E. Levy, ed., *The Archaeology of Society in the Holy Land.* New York: Continuum, 502–11.

Elliott, J. H. 2006. *Empires of the Atlantic World: Britain and Spain in America, 1492–1830.* New Haven, CT: Yale University Press.

———. 2002 (1963). *Imperial Spain: 1469–1716.* New York: Penguin Putnam.

Eltis, D. 2002. "Free and Coerced Migrations from the Old World to the New." In: Eltis, D., ed. *Coerced and Free Migration: Global Perspectives.* Stanford: Stanford University Press.

———. 2001. "The Volume and Structure of the Transatlantic Slave Trade: A Reassessment." *WMQ* 58:17–46.

———. 1983. "Free and Coerced Transatlantic Migrations: Some Comparisons." *AHR* 88:251–80.

Eltis, D., and S. L. Engerman. 2000. "The Importance of Slavery and the Slave Trade to Industrializing Britain." *JEH* 60:123–44.

Eltis, D., and D. Richardson. 2010. *Atlas of the Transatlantic Slave Trade.* New Haven: Yale University Press.

Eltis, D., et al. 2009–. *Voyages: The Trans-Atlantic Slave Trade Database,* www.slavevoyages.org.

Elvin, M. 2004. *The Retreat of the Elephants: An Environmental History of China.* New Haven: Yale University Press.

Emmer, P. C. 2006. *The Dutch Slave Trade, 1500–1850.* Trans. C. Emery. New York: Berghahn Books.

Ennes, E. 1948. "The 'Palmares' Republic of Pernambuco, Its Final Destruction, 1697." *The Americas* 5:200–16.

Erickson, C. E. 1994. "Methodological Considerations in the Study of Ancient Andean Field Systems." In N. F. Miller and K. L. Gleason, eds., *The Archaeology of Garden and Field.* Philadelphia: University of Pennsylvania Press, 111–52.

Ernst, A. 1889. "On the Etymology of the Word Tobacco." *AA* 2:133–42.

Espada, M. J. d. l., ed. 1965 (1881–97). *Relaciones Geográficas de Indias:Peru.* BAE, vols. 183–85. Madrid: Atlas.

Esposito, J. J., et al. 2006. "Genome Sequence Diversity and Clues to the Evolution of Variola (Smallpox) Virus." *Science* 313:807–12.

Essig, E. O. 1931. *A History of Entomology.* NY: Macmillan.

Eyzaguirre, P. B. 1989. "The Independence of São Tomé e Principe and Agrarian Reform." *Journal of Modern African Studies* 27:671–78.

Fabié, A. M., ed., trans. 1879. *Viajes for España de Jorge de Einghen, del Baron Leon de Rosmithal de Blatna, de Francesco Guicciardini y de Andrés Navajero.* Libros de Antaño Novamente Dados á Luz por Varios Aficionados, vol. 8. Madrid: Librería de los Bibliófilos.*

Fagan, B. 2002 (2000). *The Little Ice Age: How Climate Made History, 1300–1850.* New York: Basic Books.

Farah, D. 1992. "Light for Columbus Dims: Dominican Project Hits Wall of Resentment." *Washington Post,* 1 Sep., A1.

Faust, E. C., and F. M. Hemphill. 1948. "Malaria Mortality and Morbidity in the United States for the Year 1946." *Journal of the National Malaria Society* 7:285–92.

Faust, F. X., et al. 2006. "Evidence for the Postconquest Demographic Collapse of the Americas in Historical CO_2 Levels." *Earth Interactions* 10:1–11.

Fausz, J. F. 1990. "An 'Abundance of Blood Shed on Both Sides': England's First Indian War, 1609–1614." *VMHB* 98:3–56.

———. 1985. "Patterns of Anglo-Indian Aggression and Accommodation Along the Mid-Atlantic Coast, 1584–1634." In W. W. Fitzhugh, ed., *Cultures in Contact: The European Impact on Native Cultural Institutions in Eastern North America, 1000–1800.* Washington, DC: Smithsonian, 225–68.

———. 1981. "Opechancanough: Indian Resistance Leader." In D. G. Sweet and G. B. Nash, eds. 1981, 21–37.

———. 1977. "The Powhatan Uprising of 1622: A Historical Study of Ethnocentrism and Cultural Conflict." PhD thesis, College of William and Mary.

Feest, C. F. 1973. "Seventeenth Century Virginia Population Estimates." *QBASV* 28:66–79.

Feldman, L. H. 2004. *A Dictionary of Poqom Maya in the Colonial Era.* Thundersley, Essex: Labyrinthos.

Felix, A. F., Jr., ed. 1966. *The Chinese in the Philippines.* Vol. 1: 1570–1770; vol. 2: 1770–1898. Manila: Solidaridad Publishing.

Fernandes, F. T. 2008. "Taxation and Welfare: The Case of Rubber in the Brazilian Amazon." Unpub. ms.*

Fernández-Armesto, F. 2001 (1974). *Columbus: And the Conquest of the Impossible.* London: Phoenix, 2nd ed.

———. 1994 (1987). *Before Columbus: Exploration and Colonisation from the Mediterranean to the Atlantic, 1229–1492.* Philadelphia: University of Pennsylvania Press.

———. 1991. *Columbus.* New York: Oxford University Press.

Findlay, G. M. 1941. "The First Recognized Epidemic of Yellow Fever." *Transactions of the Royal Society of Tropical Medicine and Hygiene* 35:143–54.

Findlay, R., and K. H. O'Rourke. 2007. *Power and Plenty: Trade, War and the World Economy in the Second Millennium.* Princeton: Princeton University Press.

Finlay, R. 1991. "The Treasure Ships of Zheng He: Chinese Maritime Imperialism in the Age of Discovery." *Terrae Incognitae* 23:1–12.

Fischer, D. H. (1991) 1989. *Albion's Seed: Four British Folkways in America.* Oxford: Oxford University Press.

Fisher, J. R. 2003. "Mining and Imperial Trade in Eighteenth-Century Spanish America." In D. O. Flynn et al., eds., *Global Connections and Monetary History, 1470–1800.* Burlington, VT: Ashgate Publishing, 123–32.

Fishwick, M. 1958. "Was John Smith a Liar?" *American Heritage* 9:28–33, 110–11.

Fleming, G. T. 1922. *History of Pittsburgh and Environs, from Prehistoric Days to the Beginning of the American Revolution.* New York: American Historical Society.

Flinn, M. W. 1977. *Scottish Population History: From the 17th Century to the 1930s.* New York: Cambridge University Press.

Flynn, D. O. 1982. "Fiscal Crisis and the Decline of Spain." *JEH* 42:139–47.

Flynn, D. O., and A. Giráldez. 2008. "Born Again: Globalization's Sixteenth-Century Origins." *Pacific Economic Review* 3:359–87.

———. 2002. "Cycles of Silver: Global Economic Unity Through the Mid-Eighteenth Century." *JWH* 13:391–427.

———. 2001 (1995). "Arbitrage, China and World Trade in the Early Modern Period." In Flynn and Giráldez eds. 2001:261–80.

———. 1997. "Introduction." In Flynn and Giráldez, eds. 1997:xv-xl.

———. 1995. "Born with a 'Silver Spoon': The Origin of World Trade in 1571." *JWH* 6:201–21.

Flynn, D. O., and A. Giráldez, eds. 2001. *European Entry into the Pacific: Spain and the Acapulco-Manila Galleons.* Surrey, UK: Ashgate Variorum.

———. 1997. *Metals and Monies in an Emerging Global Economy.* Surrey, UK: Ashgate Variorum.

Fogel, R. W. 2004. *The Escape from Hunger and Premature Death, 1700–2100.* New York: Cambridge University Press.

Food and Agricultural Organization (United Nations). 2003. "Projections of Tobacco Production, Consumption and Trade to the Year 2010." Rome: FAO.*

Forbes, J. D. 2007. *The American Discovery of Europe.* Chicago: University of Illinois Press.

Fortune, A. 1970. "Los Negros Cimarrones en Tierra Firme y su Lucha por la Libertad." *Lotería* (Panamá) 171:17–43 (pt. 1); 172:32–53 (pt. 2); 173:16–40 (pt. 3); 174:46–65 (pt. 4).

———. 1967. "Los Primeros Negros en el Istmo de Panamá." *Lotería* (Panamá) 143:41–64.

Foster, E. A., et al. 1998. "Jefferson Fathered Slave's Last Child." *Nature* 396:27–28.

Foster, G. E. 1876. "The Colorado Potato Beetle." In J. O. Adams et al., *Sixth Annual Report of the Board of Agriculture* (New Hampshire). Concord, NH: Edward A. Jenks, 233–40.*

Fourcroy, A. F., and L. N. Vauquelin. 1806. "Mémoire Sur le Guano, ou Sur l'Engrais Naturel des Îlots de la Mer du Sud, près des Côtes du Pérou." *Mémoires de l'Institut des Sciences, Lettres et Arts: Sciences Mathématiques et Physiques* 6:369–81.*

Frank, A. G. 1998. *ReOrient: Global Economy in the Asian Age.* Berkeley: University of California Press.

Franklin, J. H., and L. Schweninger. 2001. *Runaway Slaves: Rebels on the Plantation.* NY: Oxford University Press.

Frederickson, E. C. 1993. *Bionomics and Control of Anopheles Albimanus.* Washington, DC: Pan American Health Organization.

Freeborn, S. B. 1923. "'The Range Overlapping of *Anopheles maculipennis* Meig. and *Anopheles quadrimaculatus* Say." *Bulletin of the Brooklyn Entomological Society* 18:157–58.

Freehafer, V. 1970. "Domingos Jorge Velho, Conqueror of Brazilian Backlands." *The Americas* 27:161–84.

Freitas, D., ed. 2004. *República de Palmares: Pesquisa e Comentários em Documentos Jistóricos do Século XVII*. Maceió: UFAL.

Frelich, L. E., et al. 2006. "Earthworm Invasion into Previously Earthworm-Free Temperate and Boreal Forests." *Biological Invasions* 8:1235–45.

French, H. W. 1992a. "Santo Domingo Journal; For Columbus Lighthouse, a Fete That Fizzled." *NYT*, 25 Sep.

———. 1992b. "Dissent Shadows Pope on His Visit." *NYT*, 14 Oct.

Friedemann, N. S. d. 1993. *La Saga del Negro: Presencia Africana en Colombia*. Bogotá: Pontificia Universidad Javeriana.

Friedman, E. G. 1980. "Christian Captives at 'Hard Labor' in Algiers, 16th–18th Centuries." *International Journal of African Historical Studies* 13:616–32.

Frutuoso, G. 1873 (1591). *As Saudades da Terra Vol. 2: Historia das Ilhas do Porto-Sancto, Madeira, Desertas e Selvaens*. Funchal, Madeira: Typ. Funchalese.*

Fry, W. E., et al. 1993. "Historical and Recent Migrations of Phytophthora Infestans: Chronology, Pathways, and Implications." *Plant Disease* 77:653–61.

Frynas, J. G., et al. 2003. "Business and Politics in São Tomé e Príncipe: From Cocoa Monoculture to Petro-State." *African Affairs* 102:51–80.

Fuente Sanct Angel, R. d. l., and G. Hernández. 1572. "Relación del Cerro de Potosí y su Descubrimiento." In Espada ed. 1965 (BAE) 183:357–61.

Fujita, Y. 2008. "From Swidden to Rubber: Transforming Landscape and Livelihoods in Mountainous Northern Laos." Paper at Social Life of Forests conference, University of Chicago, May 30–31.

Fujita, Y., et al. 2006. "Dynamic Land Use Change in Sing District, Luang Namtha Province, Lao PDR." Vientiane: PRIPODE, Faculty of Forestry, National University of Laos.

Fuller, T. 2008. "A Highway That Binds China and Its Neighbors." *International Herald Tribune*, 30 Mar.*

Fuller, T. 1860 (1662). *The History of the Worthies of England*. 3 vols. London: Thomas Tegg.

Funari, P. P. A. 2003. "Conflict and the Interpretation of Palmares, a Brazilian Runaway Polity." *Historical Archaeology* 37:81–92.

———. 1996. "A Arqueologia de Palmares: Sua Contribuição para o Conhecimento da História da Cultura Afro-Americana." In Reis and Gomes eds. 1996:26–51.

Gade, D. W. 1992. "Landscape, System and Identity in the Post-Conquest Andes." *AAAG* 82:461–77.

———. 1975. *Plants, Man and the Land in the Vilcanota Valley of Peru*. The Hague: Dr. W. Junk.

Gaibrois, M. B. 1950. *Descubrimiento y Fundación del Potosí.* Zaragoza, Spain: Delegación de Distrito de Educación Nacional.

Galeano, E. 1997 (1972). *Open Veins of Latin America: Five Centuries of the Pillage of a Continent.* Boston: Monthly Review Press.

Galenson, D. 1984. "The Rise and Fall of Indentured Servitude in the Americas: An Economic Analysis." *JEH* 44:126.

———. 1982. "The Atlantic Slave Trade and the Barbados Market, 1673–1723." *JEH* 42:491–511.

Gallay, A. 2002. *The Indian Slave Trade: The Rise of the English Empire in the American South, 1670–1717.* New Haven: Yale University Press.

Gallivan, M. D. 2007. "Powhatan's Werowocomoco: Constructing Place, Polity, and Personhood in the Chesapeake, C.E. 1200–C.E. 1609." *AA* 109:85–100.

Gallivan, M. D., et al. 2006. "The Werowocomoco (44GL32) Research Project: Background and 2003 Archaeological Field Season Results." Research Report Series No. 17. Richmond, VA: Department of Historic Resources.*

Galloway, J. H. 2005 (1989). *The Sugar Cane Industry: An Historical Geography from Its Origins to 1914.* New York: Cambridge University Press.

Gallup, J. L., and J. D. Sachs. 2001. "The Economic Burden of Malaria." *AMJTMH* 64 (Supp.):85–96.

Gang, D. 1999. *Maritime Sector, Institutions, and Sea Power of Premodern China.* Contributions in Economics and Economics History 212. Westport, CT: Greenwood Press.

Garcia, D., et al. 2004. "Selection of Rubber Clones for Resistance to South American Leaf Blight and Latex Yield in the Germplasm of the Michelin Plantation of Bahia (Brazil)." *Journal of Rubber Research* 7:188–98.

García-Abásolo, A. 2004. "Relaciones Entre Españoles y Chinos en Filipinas. Siglos XVI y XVII." In Cabrero ed. 2004, vol. 2, 231–48.

García Icazbalceta, J., ed. 1858–66. *Colección de Documentos para la Historia de México.* 2 vols. Mexico City: Antiqua Librería.

Garcilaso de la Vega. 1966 (1609). *Commentaries of the Incas and General History of Peru.* Trans. H. V. Livermore. 2 vols. Austin: University of Texas Press.

Garelik, G. 2002. "Taking the Bite out of Potato Blight." *Science* 298:1702–05.

Garner, R. L. 2007. "Mining Trends in the New World, 1500–1810." Unpub. ms.*

———. 2006. "Where Did All the Silver Go? Bullion Outflows 1570–1650: A Review of the Numbers and the Absence of Numbers." Unpub. ms.*

———. 1988. "Long-Term Silver Mining Trends in Spanish America: A Comparative Analysis of Peru and Mexico." *AHR* 93:898–935.*

Gemelli Careri, G.-F. 1699–1700. *Giro del Mondo.* 6 vols. Milan: Giuseppe Roselli.

Gemery, H. A. 1980. "Emigration from the British Isles to the New World, 1630–1700: Inferences from Colonial Populations." *Research in Economic History* 5:179–231.

————. and Hogendorn, J. S. 1979. "Comparative Disadvantage: The Case of Sugar Cultivation in West Africa." *Journal of Interdisciplinary History* 9:429–49.

Gerard, J. 1633 (1597). *The Herball or Generall Historie of Plantes.* Rev. T. Johnson. London: Adam Islip, Joice Norton and Richard Whitakers.

Gerhard, P. 1978. "A Black Conquistador in Mexico." *HAHR* 48:451–59.

Gibson, A. J. S., and T. C. Smout. 1995. *Prices, Food, and Wages in Scotland, 1550–1780.* New York: Cambridge University Press.

Gibson, C. 1950. "The Identity of Diego Muñoz Camargo." *HAHR* 30:195–208.

Giddings, J. R. 1858. *The Exiles of Florida; or, The Crimes Committed by Our Government Against the Maroons.* Columbus, OH: Follett, Foster and Company.*

Gilmore, H. R. 1955. "Malaria at Washington Barracks and Fort Myer: Survey by Walter Reed." *Bulletin of the History of Medicine* 29:346–51.

Gleave, J. L. 1952. "The Design of the Memorial Lighthouse." In Comite Ejecutivo Permanente del Faro a Colón, *El Faro a Colón.* Ciudad Trujillo (Santo Domingo): Impresora Dominicana, 11–22.

Glover, L. and D. B. Smith. 2008. *The Shipwreck That Saved Jamestown: The Sea Venture Castaways and the Fate of America.* New York: Henry Holt and Company.

Goldstone, J. A. 2000. "The Rise of the West—or Not? A Revision to Socio-Economic History." *Sociological Theory* 18:175–94.

Gomes, F. d. S. 2005. *Palmares.* São Paulo: Editora Contexta.

————. 2003. "Other Black Atlantic Borders: Escape Routes, 'Mocambos,' and Fears of Sedition in Brazil and French Guiana (Eighteenth to Nineteenth Centuries)." *New West Indian Guide* (Leiden) 77:253–87.

Gómez-Alpizar, L., et al. 2007. "An Andean Origin of *Phytophthora infestans* Inferred from Mitochondrial and Nuclear Gene Genealogies." *PNAS* 104:3306–11.

González, R. 2007. "The Columbus Lighthouse Competition: Revisiting Pan-American Architecture's Forgotten Memorial." *ARQ* (Santiago, Chile) 67:80–87.*

González-Cerón, L., et al. 2003. "Bacteria in Midguts of Field-Collected *Anopheles albimanus* Block *Plasmodium vivax* Sporogonic Development." *Journal of Medical Entomology* 40:371–74.

Goodman, D. 2002 (1997). *Spanish Naval Power, 1589–1665: Reconstruction and Defeat.* New York: Cambridge University Press.

Goodman, J. 2009. *The Devil and Mr. Casement: One Man's Battle for Human Rights in South America's Heart of Darkness.* New York: Farrar, Straus and Giroux.

Goodrich, L. C. 1938. "Early Prohibitions of Tobacco in China and Manchuria." *Journal of the American Oriental Society* 58:648–57.

————. 1937. "The Introduction of the Sweet Potato into China." *China Journal* 27:206–08.

Goodwin, M. H., and G. T. Love. 1957. "Factors Influencing Variations in Populations of *Anopheles quadrimaculatus* in Southwestern Georgia." *Ecology* 38:561–70.

Goodwin, R. 2008. *Crossing the Continent, 1527–1540: The Story of the First African-American Explorer of the American South.* New York: HarperCollins.

Goodwin, S. B., et al. 1994. "Panglobal Distribution of a Single Clonal Lineage of the Irish Potato Famine Fungus." *PNAS* 91:11591–95.

Goodyear, C. 1855. *Gum-elastic and Its Varieties: With a Detailed Account of Its Applications and Uses, and of the Discovery of Vulcanization.* 2 vols. New Haven: C. Goodyear.

Goodyear, J. D. 1978. "The Sugar Connection: A New Perspective on the History of Yellow Fever." *Bulletin of the History of Medicine* 52:5–21.

Gough, J. 1805. "A Description of a Property of Caoutchouc, or Indian Rubber." *Memoirs of the Literary and Philosophical Society of Manchester* 1:288–95.*

Gould, A. B. 1984. *Nueva Lista Documentada de los Tripulantes de Colón en 1492.* Madrid: Academia de la Historia.

Gourou, P. 1963. "Une Île Équatoriale: Sâo Tomé de F. Tenreiro." *Annales de Géographie* 72:360–64.

Gradie, C. M. 1993. "The Powhatans in the Context of the Spanish Empire." In Rountree ed. 1993, 154–72.

Grandin, G. 2009. *Fordlandia: The Rise and Fall of Henry Ford's Forgotten Jungle City.* New York: Metropolitan Books.

Grant, V. 1949. "Arthur Dobbs (1750) and the Discovery of the Pollination of Flowers by Insects." *Bulletin of the Torrey Botanical Club* 76:217–19.

Gray, L. C. 1927. "The Market Surplus Problems of Colonial Tobacco." *WMQ* 7:231–45.

Greenfield, G. M. 2001. *The Realities of Images: Imperial Brazil and the Great Drought.* Philadelphia: American Philosophical Society.

Greenfield, S. M. 1977. "Madeira and the Beginnings of New World Sugar Cane Cultivation and Plantation Slavery: A Study in Institution Building." *Annals of the New York Academy of Sciences* 292:536–52.

Gress, D. 1998. *From Plato to NATO: The Idea of the West and Its Opponents.* New York: Free Press.

Grieco, J. P., et al. 2005. "Comparative Susceptibility of Three Species of Anopheles from Belize, Central America to *Plasmodium falciparum* (NF-54)." *Journal American Mosquito Control Association* 21:279–90.

Grun, P. 1990. "The Evolution of Cultivated Potatoes." *EB* 44:39–55.

Grünwald, N. J., and W. G. Flier. 2003. "The Biology of *Phytophthora infestans* at Its Center of Origin." *Annual Review of Phytopathology* 43:171–90.

Guardiola-Claramonte, M., et al. 2008. "Local Hydrologic Effects of Introducing Non-native Vegetation in a Tropical Catchment." *Ecohydrology* 1:13–22.

Guasco, M. J. 2000. "Encounters, Identities and Human Bondage: The Foundations of Racial Slavery in the Anglo-Atlantic World." PhD diss., William and Mary.

Guerra, C. A., et al. 2008. "The Limits and Intensity of *Plasmodium falciparum* Transmission: Implications for Malaria Control and Elimination Worldwide." *PLoS Medicine* 5:e38.*

Guerrero, K. A., et al. 2004. "First New World Documentation of an Old World Citrus Pest, the Lime Swallowtail *Papilio demoleus* (Lepidoptera: Papilionidae), in the Dominican Republic (Hispaniola)." *American Entomologist* 50:227–29.

Guerrero, M. C. 1966. "The Chinese in the Philippines, 1570–1770." In Felix ed. 1966, vol. 1, 15–39.

Guinea, M. 2006. "El Uso de Tierras Comestibles por los Pueblos Costeros del Periodo de Integración en los Andes Septentrionales." *Bulletin de l'Institut Français d'Études Andines* 35:321–34.

Guitar, L. 2006. "Boiling It Down: Slavery on the First Commercial Sugarcane Ingenios in the Americas (Hispaniola, 1530–45)." In Landers and Robinson ed. 2006, 39–82.

———. 1999. "No More Negotiation: Slavery and the Destabilization of Colonial Hispaniola's Encomienda System." *Revista Interamericana* 29:n.p.*

———. 1998. "Cultural Genesis: Relationships Among Indians, Africans and Spaniards in Rural Hispaniola, First Half of the Sixteenth Century." PhD thesis, Vanderbilt University.

Guo, L. (郭立珍). 2002. "The Influences of the Rapid Development of Trade Between China and the Philippines in the Mid-late Ming Dynasty on the Society of Overseas and Ethnic Chinese in Manila" (明朝中后期中菲贸易的迅速发展对马尼拉华侨华人社会的影响). *Journal of Luoyang Normal University* (洛阳师范学院学报) 6:95–97.

Hackett, L. W., and A. Missiroli. 1935. "The Varieties of *Anopheles maculipennis* and Their Relation to the Distribution of Malaria in Europe." *Rivista di Malariologia* 14:3–67.

Haile, E. W., ed. 1998. *Jamestown Narratives: Eyewitness Accounts of the Virginia Colony: The First Decade: 107–1617.* Champlain, VA: RoundHouse.

Hakluyt, R. 1993 (1584). *A Discourse of Western Planting,* ed. D. B. Quinn and A. M. Quinn. London: Hakluyt Society.

Hall, C. C. 1910. *Narratives of Early Maryland, 1633–1684.* New York: Charles Scribner's Sons.*

Hall, J. A. 1990 (1985). *Powers and Liberties: The Causes and Consequences of the Rise of the West.* Los Angeles: University of California Press.

Hämäläinen, P. 2008. *The Comanche Empire.* New Haven: Yale University Press.

Hamilton, E. J. 1934. *American Treasure and the Price Revolution in Spain, 1501–1650.* Cambridge, MA: Harvard University Press.

Hammett, J. E. 1992. "The Shapes of Adaptation: Historical Ecology of

Anthropogenic Landscapes in the Southeastern United States." *Landscape Ecology* 7:121–35.

Hamor, R. 1615. "A True Discourse of the Present Estate of Virginia." In Haile ed. 1998, 795–841.

Hancock, T. 1857. *Personal Narrative of the Origin and Progress of the Caoutchouc or India-Rubber Manufacture of England*. London: Longman, Brown, Green, Longmans, and Roberts.

Hanke, L. 1994 (1974). *All Mankind Is One: A Study of the Disputation Between Bartolomé de Las Casas and Juan Giné de Sepúlveda on the Religious and Intellectual Capacity of the American Indian*. De Kalb, IL: Northern Illinois University Press.

Hardenburg, W. E. 1913. *The Putumayo: The Devil's Paradise*. London: T. Fisher Unwin.*

Hare, J. D. 1990. "Ecology and Management of the Colorado Potato Beetle." *Annual Review of Entomology* 35:81–100.

Hariot, T. 1588. *A Briefe and True Report of the New Found Land of Virginia*. London: R. Robinson.*

Harms, R. 2002. *The Diligent: A Voyage Through the Worlds of the Slave Trade*. NY: Basic Books.

Harrington, K. 2010. "Rice Riches." *The Spokesman-Review* (Spokane, WA), 17 Mar.

Hashaw, T. 2007. *The Birth of Black America: The First African Americans and the Pursuit of Freedom at Jamestown*. New York: Carroll and Graf.

Hassig, R. 2006 (1994). *Mexico and the Spanish Conquest*. Norman: University of Oklahoma Press, 2nd ed.

Hasteú, E. 1797–1801. *The History and Topographical Survey of the County of Kent*. 12 vols. Canterbury, UK: W. Bristow.*

Hatfield, A. L. 2003. "Spanish Colonization Literature, Powhatan Geographies, and English Perceptions of Tsenacommacah/Virginia." *JSH* 49:245–82.

Hawkes, J. G. 1994. "Origins of Cultivated Potatoes and Species Relationships." In J. E. Bradshaw and G. R. Mackay, eds., *Potato Genetics*. Wallingford, UK: CAB, 3–42.

———. 1990. *The Potato: Evolution, Biodiversity and Genetic Resources*. London: Belhaven Press.

Hawkes, J. G., and J. Francisco-Ortega. 1993. "The Early History of the Potato in Europe." *Euphytica* 70:1–7.

Hays, W. S. T., and S. Conant. 2007. "Biology and Impacts of Pacific Island Invasive Species. 1. A Worldwide Review of Effects of the Small Indian Mongoose, *Herpestes javanicus* (Carnivora: Herpestidae)." *Pacific Science* 61:3–16.

Hazlewood, N. 2005 (2004). *The Queen's Slave Trader: John Hawkyns, Elizabeth I, and the Trafficking in Human Souls*. New York: Harper.

Hebb, D. D. 1994. *Piracy and the English Government, 1616–1642.* Aldershot: Scholar Press.

Hecht, I. W. D. 1969. "The Virginia Colony, 1607–40: A Study in Frontier Growth." PhD thesis, University of Washington.

Hecht, S. B. Forthcoming. *The Scramble for the Amazon: Imperial Contests and the Lost Paradise of Euclides da Cunha.* Chicago: University of Chicago Press.

Hecht, S. B., and C. C. Mann. 2008. "How Brazil Outfarmed the American Farmer." *Fortune,* Jan. 10.

Hegerl, G. C., et al. 2007. "Understanding and Attributing Climate Change." In Solomon 2007, 663–745.

Hemenway, T. 2002. "Learning from the Ecological Engineers: Watershed Wisdom of the Beaver." *Permaculture Activist* 47.*

Hemming, J. 2008. *Tree of Rivers: The Story of the Amazon.* New York: Thames and Hudson.

———. 2004a (1995). *Red Gold: The Conquest of the Brazilian Indians.* London: Pan Books, 2nd ed.

———. 2004b (1995). *Amazon Frontier: The Defeat of the Brazilian Indians.* London: Pan Books, 2nd ed.

———. 1993 (1970). *The Conquest of the Incas.* London: Pan Books, 3rd ed.

Hendrix, P. F., and P. J. Bohlen. 2002. "Exotic Earthworm Invasions in North America: Ecological and Policy Implications." *Bioscience* 52:801–11.

Hendrix, P. F., et al. 2008. "Pandora's Box Contained Bait: The Global Problem of Introduced Earthworms." *Annual Review of Ecology, Evolution and Systematics* 39:593–613.

Heneghan, L., et al. 2007. "Interactions of an Introduced Shrub and Introduced Earthworms in an Illinois Urban Woodland: Impact on Leaf Litter Decomposition." *Pedobiologia* 50:543–51.

Henige, D. 1998. *Numbers from Nowhere: The American Indian Contact Population Debate.* Norman, OK: University of Oklahoma Press.

———. 1986. "When Did Smallpox Reach the New World (and Why Does It Matter)?," in P. E. Lovejoy, ed., *Africans in Bondage: Studies in Slavery and the Slave Trade.* Madison, WI: University of Wisconsin African Studies Program, 11–26.

———. 1978. "On the Contact Population of Hispaniola: History as Higher Mathematics." *HAHR* 58:217–37.

Hernández, J. 2004 (1872–79). *El Guacho Martín Fierro y la Vuelta de Martín Fierro.* Buenos Aires: Stockcero.

Herrera y Tordesillas, A. d. 1601–15. *Historia General de los Hechos de los Castellanos en las Islas i Tierra Firme del Mar Océano.* 4 vols. Madrid: Imprenta Real.*

Heywood, L. M., and Thornton, J. K. 2007. *Central Africans, Atlantic Creoles, and the Foundation of the Americas, 1585–1660.* New York: Cambridge University Press.

Hirsch, A. 1883–86. *Handbook of Geographical and Historical Pathology* (trans. C. Creighton). London: New Sydenham Society, 3 vols.*

Hirschberg, J. 1979. "Social Experiment in New Spain: A Prosopographical Study of the Early Settlement at Pubela de los Angeles, 1531–1534." *HAHR* 59:1–33.

Hitchcock, A. R. 1936. *Manual of the Grasses of the West Indies*. U.S. Dept. of Agriculture Misc. Pub. 243. Washington, DC: Government Printing Office.

Ho, P.-T. (He, B.). 1959. *Studies on the Population of China, 1368–1953*. Cambridge MA: Harvard University Press.

———. 1956. "Early-Ripening Rice in Chinese History." *EHR* 9:200–18.

———. 1955. "The Introduction of American Food Plants into China." *AA* 57:191–201.

Hoberman, L. S. 1980. "Technological Change in a Traditional Society: The Case of the Desagüe in Colonial Mexico." *Technology and Culture* 21:386–407.

Hodge, W. H. 1947. "The Plant Resources of Peru." *EB* 1:119–36.

Hoffman, B. G., and J. Clayton. 1964. "John Clayton's 1687 Account of the Medicinal Practices of the Virginia Indians." *Ethnohistory* 11:1–40.

Hoffman, O. 2006. "Negros y Afromestizos En México: Viejas y Nuevas Lecturas de un Mundo Olvidado." *Revista Mexicana de Sociología* 68:103–35.

Hoffman, P. E. 2004 (1990). *A New Andalucia and a Way to the Orient: The American Southeast During the Sixteenth Century*. Baton Rouge, LA: LSU Press.

Hohl, H. R., and K. Iselin. 1984. "Strains of *Phytophthora infestans* with A2 Mating Type Behavior." *Transactions of the British Mycological Society* 83: 529–30.

Holder, P. 1974 (1970). *The Hoe and the Horse on the Plains: A Study of Cultural Development Among North American Indians*. Lincoln, NE: Bison Press.

Hollett, D. 1999. *Passage from India to El Dorado: Guyana and the Great Migration*. Cranbury, NJ: Associated University Presses.

Homer, S., and R. E. Sylla. 2005. *A History of Interest Rates*. Hoboken, NJ: John Wiley & Sons, 4th ed.

Honigsbaum, M. 2001. *The Fever Trail: In Search of the Cure for Malaria*. New York: Farrar Straus Giroux.

Hong, Y., and S. W. James. 2008. "Nine New Species of Earthworms (Oligochaeta: Megascolecidae) of the Banaue Rice Terraces, Philippines." *Revue Suisse de Zoologie* 115:341–54.

Horn, J. 2010. *A Kingdom Strange: The Brief and Tragic History of the Lost Colony of Roanoke*. New York: Basic Books.

———. 2005. *A Land as God Made It: Jamestown and the Birth of America*. New York: Basic Books.

Horn, J., ed. 2007. *Captain John Smith: Writings with Other Narratives of Roanoke, Jamestown, and the First English Settlement of America*. New York: Library of America.

Horn, J., and P. D. Morgan. 2005. "Settlers and Slaves: European and African

Migrations to Early Modern British America." In E. Mancke and C. Shammas, eds., *The Creation of the British Atlantic World*. Baltimore: Johns Hopkins Press, 19–44.

Horsley, M. W. 1950. "Sangley: The Formation of Anti-Chinese Feeling in the Philippines—A Cultural Study in the Stereotypes of Prejudice." PhD thesis, Columbia University.

Horwitz, T. 2008. *A Voyage Long and Strange: Rediscovering the New World*. New York: Henry Holt.

Hosler, D., et al. 1999. "Prehistoric Polymers: Rubber Processing in Ancient Mesoamerica." *Science* 284:1988–91.

Hourani, G. F. 1995 (1951). *Arab Seafaring in the Indian Ocean in Ancient and Early Medieval Times*. Princeton, NJ: Princeton University Press, 2nd ed.

House of Commons (Great Britain). 1846. "Post-Office./Shipping." In *Accounts and Papers: Twenty-eight Volumes*, vol. 21. In *Parliamentary Papers*, vol. 45. Session 22 Jan.–28 Aug. 1846. London: House of Commons.

Howard, L. O. 1897. "Danger of Importing Insect Pests." In G. M. Hill, ed., *Yearbook of the United States Department of Agriculture*. Washington, DC: Government Printing Office, 529–52.

Hsiao, T. H. 1985. "Ecophysiological and Genetic Aspects of Geographic Variation of the Colorado Potato Beetle." In D. N. Ferro and R. H. Voss, eds., *Proceedings of the Symposium on the Colorado Potato Beetle, 17th International Congress of Entomology*. Amherst, MA: University of Massachusetts, 63–77.

Hu, Z. (胡宗憲). 2006 (1562). *A Maritime Survey: Collected Plans* (籌海圖編). In Y. Ji (紀昀) and X. Lu (陸錫熊) et al., eds., *Wenyuan Publishing House Internet Edition of the Complete Library of The Four Treasuries* (文淵閣四庫全書內網聯版). Hong Kong: Heritage Publishing Ltd.[*]

Huamán, Z., and D. M. Spooner. 2002. "Reclassification of Landrace Populations of Cultivated Potatoes (Solanum sect. Petota)." *American Journal of Botany* 89:947–65.

Huang, R. 1981. *1587: A Year of No Significance*. New Haven, CT: Yale University Press.

Hudson, C., and C. C. Tesser, eds. 1994. *The Forgotten Centuries: Indians and Europeans in the American South, 1521–1704*. Athens, GA: University of Georgia Press.

Huldén, L., et al. 2008. "Natural Relapses in *vivax* Malaria Induced by Anopheles Mosquitoes." *Malaria Journal* 7:64–75.[*]

Humboldt, A. v. 1822 (1811). *Political Essay on the Kingdom of New Spain*. Trans. J. Black. 4 vols. London: Longman, Hurst, Rees, Orme, and Brown, 3rd ed.[*]

Hung, H.-F. 2007. "Changes and Continuities in the Political Ecology of Popular Protest: Mid-Qing China and Contemporary Resistance." *China Information* 21:299–329.

———. 2005. "Contentious Peasants, Paternalist State, and Arrested Capitalism in China's Long Eighteenth Century." In C. Chase-Dunn and E. N.

Anderson, eds., *The Historical Evolution of World-Systems*. New York: Palgrave Macmillan, 155–73.

Hunter, M., and A. Gregory, eds. 1988. *An Astrological Diary of the Seventeenth Century: Samuel Jeake of Rye, 1652–1699.* Oxford: Oxford University Press.

Huntington, E. 1915. *Civilization and Climate*. New Haven: Yale University Press.*

Hunwick, J. O. 1999. *Timbuktu and the Songhay Empire: Al-Saʿdī's Taʾrīkh al-sūdān down to 1613 and Other Contemporary Documents*. Leiden: E. J. Brill.

Hutchinson, G. E. 1950. *The Biogeochemistry of Vertebrate Excretion*. Bulletin of the American Museum of Natural History 96. New York: American Museum of Natural History.

Hutchinson, R. A., and S. W. Lindsay. 2006. "Malaria and Deaths in the English Marshes." *Lancet* 367:1947–51.

Ibn Battuta. 1853–58 (1355). *Voyages d'Ibn Batoutah*. Trans. C. Defrémery et B.R. Sanguinetti. 4 vols. Paris: Imprimerie Impériale.*

Icaza, F. d. A. d. 1923. *Diccionario Autobiografico de Conquistadores y Pobladores de Nueva España*. 2 vols. Madrid: El Adelantado de Segovio.

Ilahiane, H. 2000. "Estevan de Dorantes, the Moor or the Slave? The Other Moroccan Explorer of New Spain." *Journal of North African Studies* 5:1–14.

Inagaki, H., and K. Kegasawa. 1973. "Discovery of the Potato Cyst Nematode, *Heterodera rostochiensis* Wollenweber, 1923, (Tylenchida: Heteroderidae) from Peru Guano." *Applied Entomology and Zoology* 8:97–102.

Ingram, D. 1883 (1582). "Relation of David Ingram." *Magazine of American History* 9:200–08.

International Labour Office. 1943. *Intergovernmental Commodity Control Agreements*. Montreal: International Labour Organization (League of Nations).*

Irvine, J. E. 1999. "*Saccharum* Species as Horticultural Classes." *Journal of Theoretical and Applied Genetics* 98:186–94.

Jackson, J. 2008. *The Thief at the End of the World: Rubber, Power, and the Seeds of Empire*. New York: Viking.

Jacobs, M. M. J., et al. 2008. "AFLP Analysis Reveals a Lack of Phylogenetic Structure Within Solanum Section *Petota*." *BMC Evolutionary Biology* 8:145.*

Jacobson, J. W., and T. H. Hsiao. 1983. "Isozyme Variation Between Geographic Populations of the Colorado Potato Beetle, Leptinotarsa declineata (Coleoptera: Chrysomelidae)." *Annals of the Entomological Society of America* 76:162–66.

Jaén Suárez, O. 1980. "Cinco Siglos de Poblamiento en el Istmo de Panamá." *Lotería* (Panamá) 291:75–94.

James I. 1604. "A Counterblaste to Tobacco." In E. Arber, ed., 1869, *English Reprints*, vol. 8. London:S. I.*

James, J. 1854. *The Treasury of Medicine; or Every One's Medical Guide*. London: Geo. Routledge.*

James, S. W. 1995. "Systematics, Biogeography, and Ecology of Nearctic Earth-

worms from Eastern, Central, Southern, and Southwestern United States."
In P. F. Hendrix, ed., *Earthworm Ecology and Biogeography in North America.*
Boca Raton, FL: Lewis, 29–52.

Jansen, E., et al. 2007. "Palaeoclimate." In Solomon 2007, 433–97.

Jefferson, T. 1993 (1781–82). *Notes on the State of Virginia.* Charlottesville, VA:
University of Virginia Library Electronic Text Center.*

Jiang, M. and S. Wang. (蒋慕东, 王思明). 2006. "The Spread of Tobacco and
Its Influence in China" (烟草在中国的传播及其影响). *AHC* 25:30–41.

Jin, Y. 1982. "The Qur'ān in China." *Contributions to Asian Studies* 17:95–101.

Johns, T. 1986. "Detoxification Function of Geophagy and Domestication of
the Potato." *Journal of Chemical Ecology* 12:635–46.

Johnson, C. W. 1843. "On Guano." *Farmer's Magazine* 7:170–74.

Johnson, E. 2005 (1654). *Johnson's Wonder-Working Providence of Sions Saviour in
New England.* Boston: Adamant Media.*

Johnson, H. C. S. 1998. "Adjunctive Use of a Chinese Herbal Medicine in the
Non-Surgical Mechanical Treatment of Advanced Periodontal Disease on
Smokers: A Randomized Clinical Trial." MDS thesis, University of Hong
Kong.*

Johnson, H. G. 1893. "The Early American Trade in Pará Rubber." *India Rubber
World* 9:41–42.

Johnson, M. 1970. "The Cowrie Currencies of West Africa." *Journal of African
History* 9:17–49 (pt. 1), 331–53 (pt. 2).

Johnson, R.(?) 1897 (1609). "*Nova Britannia:* Offering Most Excellent Fruits by
Planting in Virginia, Exciting All Such as Be Well Affected to Further the
Same." *American Colonial Tracts Monthly* 6.

Johnson, W. H. 1909. *The Cultivation and Preparation of Para Rubber.* London:
Crosby Lockwood and Son.

Jones, C. L. 1906. "The Spanish Administration of Philippine Commerce." *Proceedings of the American Political Science Association* 3:180–93.

Jones, E. L. 2003. *The European Miracle: Environments, Economies, and Geopolitics
in the History of Europe and Asia.* New York: Cambridge University Press,
3rd ed.

Jones, H. 1724. *The Present State of Virginia.* London: J. Clarke.*

Jones, L. R., et al. 1914. *Investigations of the Potato Fungus Phytophthora Infestans*
(Vermont Agricultural Station Bulletin 168). Burlington, VT: Free Press.

Jones, S. M. 1971. "Hung Liang-Chi (1746–1809): The Perception and Articulation of Political Problems in Late Eighteenth Century China." PhD thesis,
Stanford University.

Joshi, R. C. 2005. "Managing Invasive Alien Mollusc Species in Rice." *International Rice Research Notes* 30:5–13.

Judelson, H. S., and F. A. Blanco. 2005. "The Spores of Phytophthora: Weapons of the Plant Destroyer." *Nature Reviews Microbiology* 3:47–58.

Julien, C. J. 1985. "Guano and Resource Control in Sixteenth-Century Arequipa." In Masuda, S., et al. eds. *Andean Ecology and Civilization: An Interdisciplinary Perspective on Andean Ecological Complementarity.* Tokyo: University of Tokyo Press, pp. 185–231.

Kalm, P. 1773 (1748). *Travels into North America; Containing Its Natural History, and a Circumstantial Account of Its Plantations and Agriculture in General.* Trans. J. R. Forster. 2 vols. London: T. Lowndes, 2nd ed.*

Kamen, H. 2005. *Spain, 1469–1714: A Society of Conflict.* London: Longman, 3rd ed.

Karttunen, F. 1994. *Between Worlds: Interpreters, Guides and Survivors.* New Brunswick, NJ: Rutgers University Press.

Katzew, I. 2004. *Casta Painting: Images of Race in Eighteenth-Century Mexico.* New Haven: Yale University Press.

Keesing, F. M. 1962. *The Ethnohistory of Northern Luzon.* Stanford: Stanford University Press.

Keller, F. 1874. *The Amazon and Madeira Rivers: Sketches and Descriptions from the Note-Book of an Explorer.* New York: D. Appleton.*

Kelly, I. 2006. *Beau Brummell: The Ultimate Man of Style.* New York: Free Press.

Kelso, W. M. 2006. *Jamestown: The Buried Truth.* Charlottesville, VA: University of Virginia Press.

Kelso, W. M., and B. Straube. 2004. *Jamestown Rediscovery 1994–2004.* Richmond, VA: Association for the Preservation of Virginia Antiquities.

Kent, R. 1965. "Palmares: An African State in Brasil." *Journal of African History* 6:161–75.

Kinealy, C. 1995. *This Great Calamity: The Irish Famine, 1845–52.* Boulder, CO: Roberts Rinehart.

Kingsbury, S. M., ed. 1999 (1906–33). *The Records of the Virginia Company of London.* 4 vols. Westminster, MD: Heritage Books (CD-ROM).

Kirby, J., and R. White. 1996. "The Identification of Red Lake Pigment Dyestuffs and a Discussion of Their Use." *National Gallery Technical Bulletin* 17:56–80.

Kiszewski, A., et al. 2004. "A Global Index Representing the Stability of Malaria Transmission." *AMJTMH* 70:486–98.

Kjærgaard, T. 2003. "A Plant That Changed the World: The Rise and Fall of Clover, 1000–2000." *Landscape Research* 28:41–49.

Klein, H. S. 2010 (1999). *The Atlantic Slave Trade.* New York: Cambridge University Press, 2nd ed.

Koerner, B. 2004. "Blood Feud." *Wired* 13:118–25.*

Kohn, M. Forthcoming. *The Origins of Western Economic Success: Commerce, Finance, and Government in Pre-Industrial Europe.*

Kolb, A. E. 1980. "Early Passengers to Virginia: When Did They Really Arrive?" *VMHB* 88:401–14.

Komlos, J. 1998. "The New World's Contribution to Food Consumption During the Industrial Revolution." *Journal of European Economic History* 27:6–84.

Kon, S. K., and A. Klein. 1928. "The Value of Whole Potato in Human Nutrition." *Biochemical Journal* 22:258–60.

Konetzke, R. 1958. "Points of Departure for the History of Missions in Hispanic America." *Americas* 15:517–23.

Kramer, T., et al. 2009. *Withdrawal Symptoms in the Golden Triangle: A Drugs Market in Disarray.* Amsterdam: Transnational Institute.*

Krech, S. 1999. *The Ecological Indian: Myth and History.* New York: Norton.

Krippner-Martinez, J. 2000. "Invoking 'Tato Vasco': Vasco de Quiroga, Eighteenth–Twentieth Centuries." *Americas* 56:1–28.

Kuchta, D. 2002. *The Three-Piece Suit and Modern Masculinity: England, 1550–1850.* Los Angeles: University of California Press.

Kukla, J. 1986. "Kentish Agues and American Distempers: The Transmission of Malaria from England to Virginia in the Seventeenth Century." *Southern Studies* 25:135–47.

Kupperman, K. O. 2007a. *The Jamestown Project.* Cambridge, MA: Harvard Belknap.

———. 2007b. *Roanoke: The Abandoned Colony.* Savage, MD: Rowman and Littlefield Publishers, 2nd ed.

———. 1984. "Fear of Hot Climates in the Anglo-American Colonial Experience." *WMQ* 41:213–40.

———. 1982. "The Puzzle of the American Climate in the Early Colonial Period." *AHR* 87:1262–89.

———. 1979. "Apathy and Death in Early Jamestown." *Journal of American History* 66:24–40.

Kupperman, K. O., ed. 1988. *Captain John Smith: A Select Edition of His Writings.* Chapel Hill: University of North Carolina Press.

Kuwabara, J. 1935. "P'u Shou-kêng: A Man of the Western Regions, Who Was Superintendent of the Trading Ships' Office in Ch'üan-chou Towards the End of the Sung Dynasty, Together with a General Sketch of the Arabs in China During the T'ang and Sung Eras." *Memoirs of the Research Department of the Toyo Bunko* 7:1–104.

Labroy, O. 1913. *Culture et Exploitation du Caoutchouc au Brésil.* Paris: Société Générale d'Impression.*

Ladebat, P. d. 2008. *Seuls les Morts ne Reviennent Jamais: Les Pionniers de la Guillotine Sèche en Guyane Française sous le Directoire.* Paris: Éditions Amalthée.

Ladurie, E. L. R. 1971 (1967). *Times of Feast, Times of Famine: A History of Climate Since the Year 1000.* Trans. B. Bray. Garden City, NY: Doubleday and Company.

Laird Clowes, W., et al. 1897–1903. *The Royal Navy: A History from the Earliest Times to the Death of Queen Victoria.* 7 vols. London: Sampson Low, Marston and Co.*

Lal, D. 1998. *Unintended Consequences: The Impact of Factor Endowments, Culture, and Politics on Long-Run Economic Performance.* Cambridge, MA: MIT.

Lamb, H. H. 1995 (1982). *Climate, History and the Modern World*. New York: Routledge.

Lampton, D. M., et al. 1986. *A Relationship Restored: Trends in U.S.-China Educational Exchanges, 1978–84*. Washington, DC: National Academy Press.

Lan, Y. (蓝勇). 2001. "The Influences of American Crops Introduced During the Ming and Qing on the Formation of Structural Poverty in Subtropical Mountain Regions" (明清美洲农作物引进对亚热带山地结构性贫困形成的影响). *AHC* 20:3–14.

Landers, J. 2002. "The Central African Presence in Spanish Maroon Communities." In L. M. Heywood, ed., *Central Africans and Cultural Transformations in the American Diaspora*. New York: Cambridge University Press, 227–42.

―――. 1999. *Black Society in Spanish Florida*. Urbana: University of Illinois Press.

Landes, D. S. 1999 (1998). *The Wealth and Poverty of Nations: Why Some Are So Rich and Some So Poor*. New York: W. W. Norton.

Lane, E. V. 1953–54. "The Life and World of Henry Wickham." *India Rubber World*, Dec. 5 (pt. 1, 14–17), Dec. 12 (pt. 2, 16–18), Dec 19 (pt. 3, 18–23), Dec. 26 (pt. 4, 5–8), Jan. 2 (pt. 5, 17–19), Jan. 9 (pt. 6, 17–23), Jan. 16 (pt. 7, 7–10), Jan. 23 (pt. 8, 7–10), Jan. 30 (pt. 9, 5–8).

Lane, K. 2002. *Quito 1599: City and Colony in Transition*. Albuquerque: University of New Mexico Press.

Lane, R. 1585–86. "Ralph Lane's Narrative of the Settlement of Roanoke Island." In Quinn and Quinn eds. 1982, 24–45.*

Langer, W. L. 1975. "American Foods and Europe's Population Growth, 1750–1850." *Journal of Social History* 8:51–66.

Langworthy, C. F. 1910. *Potatoes and Other Root Crops as Food*. U.S.D.A. Farmers' Bulletin 295. Washington, DC: Government Printing Office.

Lanyon, A. 2004 (2003). *The New World of Martín Cortés*. Cambridge, MA: Da Capo Press.

―――. 1999. *Malinche's Conquest*. St. Leonards, NSW: Allan and Unwin.

Lara, S. H. 2010. "Palmares and Cucaú: Political Dimensions of a Maroon Community in Late Seventeenth-Century Brazil." Paper at 12th Annual Gilder Lehrman Center International Conference at Yale University, 29–30 Oct.*

―――. 1996. "Do Singular ao Plural: Palmares, Capitães-do-mato e o Governo dos Escravos." In Reis and Gomes eds. 1996, 81–109.

Large, E. C. 1940. *The Advance of the Fungi*. London: Jonathan Cape.

La Roche, R. 1855. *Yellow Fever, Considered in Its Historical, Pathological, Etiological, and Therapeutical Relations*. 2 vols. Philadelphia: Blanchard and Lea.

Las Casas, B. d. 1992 (1552). *The Devastation of the Indies*. Trans. H. Briffault. Baltimore: Johns Hopkins Press.

―――. 1951 (1561). *Historia de las Indias*. 3 vols. Mexico City: Fondo de Cultura Económica.

Laubrich, A. W. 1913. *Indian Slavery in Colonial Times Within the Present Limits of the United States*. Studies in History, Economics and Public Law 134. New York: Columbia University Press.*

Laufer, B. 1938. *The American Plant Migration. Part I: The Potato*. Chicago: Field Museum. Anthropological Series 28.*

———. 1924a. *Tobacco and Its Use in Asia*. Anthropology Leaflet 18. Chicago: Field Museum.*

———. 1924b. *Introduction of Tobacco Into Europe*. Anthropology Leaflet 19. Chicago: Field Museum.*

———. 1908. "The Relations of the Chinese to the Philippine Islands." *Smithsonian Miscellaneous Collections* 50:248–84.

Laufer, B., et al. 1930. *Tobacco and Its Use in Africa*. Anthropology Leaflet 29. Chicago: Field Museum.

Lee, G. R. 1999. "Comparative Perspectives." In M. B. Sussman et al., eds., *Handbook of Marriage and the Family*. New York: Plenum Press, 2nd ed.

Lee, J. Z., and F. Wang. 2001 (1999). *One Quarter of Humanity: Malthusian Mythology and Chinese Realities, 1700–2000*. Cambridge, MA: Harvard University Press.

Lee, K. E. 1985. *Earthworms: Their Ecology and Relationships with Soils and Land Use*. New York: Academic Press.

Legarda, B. J. 1999. *After the Galleons: Foreign Trade, Economic Change and Entrepreneurship in the Nineteenth-Century Philippines*. Manila: Ateneo de Manila University Press.

Léon Guerrero, M. 2000. *El Segundo Viaje Columbino*. PhD thesis, Universidad de Valladolid.*

Leong, S.-T. (Liang, S.-T.). 1997. *Migration and Ethnicity in Chinese History: Hakkas, Pengmin, and Their Neighbors*. Stanford: Stanford University Press.

Leroy, E. M., et al. 2004. "Multiple Ebola Virus Transmission Events and Rapid Decline of Central African Wildlife." *Science* 303:298–99.

Lester, T. 2009. *The Fourth Part of the World: The Race to the Ends of the Earth, and the Epic Story of the Map That Gave America Its Name*. New York: Simon and Schuster.

Levathes, L. 1994. *When China Ruled the Seas: The Treasure Fleet of the Dragon Throne, 1405–1433*. New York: Simon and Schuster.

Levin, S. 2005. "Growing China's Great Green Wall." *Ecos* 127:13.

Lev-Yadun, S., et al. 2000. "The Cradle of Agriculture." *Science* 288:1602–03.

Lewis, C. M., and A. J. Loomie. 1953. *The Spanish Jesuit Mission in Virginia, 1570–72*. Chapel Hill: University of North Carolina Press.

Li, H., et al. 2007. "Demand for Rubber Is Causing the Loss of High Diversity Rain Forest in SW China." *Biodiversity Conservation* 16:1731–45.

Li, J. (李金明). 2008. "The Rise of Yuegang, Zhangzhou and Overseas Chinese from Fujian During the Mid-Ming Dynasty" (明朝中叶漳州月港的兴起与福建的海外移民). In S.-Y. Tang (湯熙勇) et al., eds. *Essays on the*

History of China's Maritime Development (中国海洋发展史论文集). Taipei: Academia Sinica Research Center for Humanities and Social Sciences (中央研究院人文社会科学研究中心), vol. 10, pp. 65–100.

———. 2006a. *Overseas Transportation and Culture Exchange* (三朝平攘錄 交流). Kunming: Yunnan Fine Arts Publishing House.

———. 2006b. "A Theory on the Causes and Nature of the Jiajing Pirate Crisis" (试论嘉靖倭患的起因及性质). In Li 2006a:53–59.

———. 2006c "Smuggling Between Japan and the Ports of Zhangzhou and Quanzhou During the 16th Century" (16世纪漳泉贸易港与日本的走私贸易). In Li 2006a:45–52.

———. 2001. *Zhangzhou Port* (漳州港). Fuzhou: Fujian People's Publishing Co. (福建人民出版社).

Li, X. (李向軍). 1995. *Qing Dynasty Disaster Relief Policy* (清代荒政研究). Beijing: China Agricultural Press.

Li, Y., et al. 2007. "On the Origin of Smallpox: Correlating Variola Phylogenics with Historical Smallpox Records." *PNAS* 104:15787–92.

Lieberei, R. 2007. "South American Leaf Blight of the Rubber Tree (Hevea spp.): New Steps in Plant Domestication Using Physiological Features and Molecular Markers." *Annals of Botany* 100:1125–42.

Liebig, J. v. 1840. *Organic Chemistry in Its Applications to Agriculture and Physiology.* trans. L. Playfair. London: Taylor and Walton.*

Ligon, R. 1673. *A True and Exact History of the Island of Barbadoes.* London: Peter Parker.

Lin, R. 1990. "Fukien's Private Sea Trade in the 16th and 17th Centuries." Trans. B. t. Haar. In Vermeer ed. 1990:163–216.

Livi-Bacci, M. 2003. "Return to Hispaniola: Reassessing a Demographic Catastrophe." *HAHR* 83:3–51.

———. 1997. *A Concise History of World Population.* Malden, MA: Blackwell, 2nd ed.

Livingstone, F. B. 1971. "Malaria and Human Polymorphisms." *Annual Review of Genetics* 5:33–64.

———. 1958. "Anthropological Implications of Sickle Cell Gene Distribution in West Africa." *AA* 60:533–62.

Loaisa, R. d. 1586. "Memorial de las Cosas del Pirú Tocantes á los Indios," 5 May. In J. S. Rayon and F. d. Zabálburu, eds., 1889, *Colección de Documentos Inéditos para la Historia de España,* vol. 94.

Lodeman, E. G. 1896. *The Spraying of Plants.* New York: Macmillan and Company.

Logan, R. W. 1940. "Estevanico, Negro Discoverer of the Southwest: A Critical Reexamination." *Phylon* 1:305–14.

Lohmann Villena, G. 1949. *Las Minas de Huancavelica en los Siglos XVI y XVII.* Seville: Escuela de Estudios Hispano-Americanos.

Lokken, P. 2004. "Transforming Mulatto Identity in Colonial Guatemala and El Salvador, 1670–1720." *Transforming Anthropology* 12:9–20.

———. 2004. "Useful Enemies: Seventeenth-Century Piracy and the Rise of Pardo Militias in Spanish Central America." *Journal of Colonialism and Colonial History* 5:2.

———. 2001. "Marriage as Slave Emancipation in Seventeenth-Century Rural Guatemala." *Americas* 58:175–200.

López de Gómara, F. 1870 (1552). *Conquista de México. Cronica General de Las Indias*, pt. 2. 2 vols. Mexico City: I. Escalante.*

López de Velasco, J. 1894 (~1575). *Geografía y Descripción Universal de las Indias.* Madrid: Real Academia de la Historia.*

Lord, L. 2007. "The Birth of America: Struggling from One Peril to the Next, the Jamestown Settlers Planted the Seeds of the Nation's Spirit." *U.S. News & World Report* 142:48–56.

Love, E. F. 1971. "Marriage Patterns of Persons of African Descent in a Colonial Mexico City Parish." *HAHR* 51:79–91.

———. 1967. "Negro Resistance to Spanish Rule in Colonial Mexico." *Journal of Negro History* 52:89–103.

Lovejoy, P. E. 2000 (1983). *Transformations in Slavery: A History of Slavery in Africa.* NY: Cambridge University Press, 2nd ed.

Lowe, S., et al. 2004 (2000). *100 of the World's Worst Invasive Species: A Selection from the Global Invasive Species Database.* Gland, Switzerland: International Union for Conservation of Nature.

Lu, W., and J. Lazell. 1996. "The Voyage of the Beetle." *Natural History* 105:36–39.

Lu, Y. (陸燿). 1991 (~1774). *A Guide to Smoking* (烟譜). In *Complete Collection of Collectanea* (叢書集成續編). Taipei: New Wen Feng Publishing Company, 2nd ed., vol. 86, pp. 675–78.

Luengo, J. M. 1996. *A History of the Manila-Acapulco Slave Trade, 1565–1815.* Tubigon, Bohol, Philippines: Mater Dei Publications.

Luo, Y. (羅曰褧). 1983 (1585). *Record of Tribute Guests* (咸賓錄). Beijing: Zhonghua Shuju.

Lyderson, K. 2009. "Who Went with Columbus? Dental Studies Give Clues." *Washington Post*, 18 May.

Lynch, J. 1991. *Spain, 1516–1598: From Nation State to World Empire.* Oxford: Basil Blackwell.

MacKenzie, A. D. 1953. *The Bank of England Note: A History of Its Printing.* London: Cambridge University Press.

Magalhães, J. R. 2008. "O Açúcar nas Ilhas Portuguesas do Atlântico: Séculos XV e XVI." *Varia Historia* (Belo Horizonte) 25:151–75.*

Magoon, C. E. 1900. *Report on the Legal Status of the Territory and Inhabitants of the Islands Acquired by the United States During the War with Spain.* Washington, DC: Government Printing Office.*

Maher, R. F. 1973. "Archaeological Investigations in Central Ifugao." *Asian Perspectives* 16:39–71.

Malanima, P. 2006. "Energy Crisis and Growth, 1650–1850: The European Deviation in a Comparative Perspective." *Journal of Global History* 1:101–21.

Malecki, J. M., et al. 2003. "Local Transmission of *Plasmodium vivax* Malaria—Palm Beach County, Florida, 2003." *MMWR* 52:908–11.

Malone, P. M. 2000 (1991). *The Skulking Way of War: Technology and Tactics Among the New England Indians.* Toronto: Madison Books.

Malthus, T. R. 1798. *An Essay on the Principle of Population.* London: J. Johnson.

Mann, C. C. 2009. "Addicted to Rubber." *Science* 325:564–66.

———. 2008. "Tracing the Ancient Amazonians." *Science* 321:1148–52.

———. 2007. "America: Found and Lost." *National Geographic* 212:32–55.

———. 2005. *1491: New Revelations of the Americas Before Columbus.* New York: Alfred A. Knopf.

———. 1993. "How Many Is Too Many?" *Atlantic Monthly* 271:47–67.

Markham, C. R. 1876. "The Cultivation of Caoutchouc-Yielding Trees in British India." *Journal of the Royal Society of the Arts* 24:475–81.

———. 1871. "On the Eastern Cordillera, and the Navigation of the River Madeira." In British Association for the Advancement of Science, ed., *Report of the Forty-first Meeting.* London: John Murray, 184–85.*

———. 1862. *Travels in Peru and India.* London: John Murray.

Marks, R. B. 2007. *The Origins of the Modern World: A Global and Ecological Narrative from the Fifteenth to the Twenty-first Century.* Lanham, MD: Rowman and Littlefield, 2nd ed.

———. 1998. *Tigers, Rice, Silk, and Silt: Environment and Economy in Late Imperial South China.* New York: Cambridge University Press.

Martin, J. 1622. "How Virginia May Be Made a Royal Plantation." KB 3:707–10.

Martin, P. H., et al. 2004. "Forty Years of Tropical Forest Recovery from Agriculture: Structure and Floristics of Secondary and Old-Growth Riparian Forests in the Dominican Republic." *Biotropica* 36:297–317.

Martínez, M. E. 2008. *Genealogical Fictions: Limpieza de Sangre, Religion, and Gender in Colonial Mexico.* Stanford, CA: Stanford University Press.

Masefield, G. B. 1980 (1967). "Crops and Livestock." In E. E. Rich and C. H. Wilson, eds., *The Economy of Expanding Europe in the 16th and 17th Centuries.* Cambridge Economic History of Europe, vol. 4. New York: Cambridge University Press.

Mason, I. L., ed. 1984. *Evolution of Domesticated Animals.* London: Longmans.

Mathew, W. M. 1977. "A Primitive Export Sector: Guano Production in Mid-nineteenth Century Peru." *Journal of Latin American Studies* 9:35–57.

———. 1970. "Peru and the British Guano Market, 1840–1870." *EHR* 23:112–28.

———. 1968. "The Imperialism of Free Trade: Peru, 1820–70." *EHR* 21:562–79.

Matta, C. 2009. "Spontaneous Generation and Disease Causation: Anton de

Bary's Experiments with *Phytophthora infestans* and Late Blight of Potato." *Journal of the History of Biology* 43:459–91.

Mattoso, K. M. d. Q. 1986 (1979). *To Be a Slave in Brazil, 1550–1888*. Trans. A. Goldhammer. New Brunswick, NJ: Rutgers University Press.

Maxwell, H. 1910. "The Use and Abuse of Forests by the Virginia Indians." *WMQ* 19:73–103.

May, K. J., and J. B. Ristaino. 2004. "Identity of the mtDNA Haplotype(s) of *Phytophthora infestans* in Historical Specimens from the Irish Potato Famine." *Mycological Research* 108:1–9.

Mayer, E. 1994. "Recursos Naturales, Medio Ambiente, Tecnología y Desarrollo." In C. Menge, ed., *Perú: El Problema Agrario en Debate, SEPIA V*. Peru: SEPIA-CAPRODA, 479–533.

Mazumdar, S. 2000. "The Impact of New World Food Crops on the Diet and Economy of China and India, 1600–1900." In R. Grew, ed., *Food in Global History*. Boulder, CO: Westview Press.

McCaa, R. 1995. "Spanish and Nahuatl Views on Smallpox and Demographic Catastrophe in Mexico." *JIH* 25:397–431.

McCord, H. A. 2001. "How Crowded Was Virginia in A.D. 1607?" *QBASV* 56:51–59.

McCusker, J. J., and R. R. Menard. 1991 (1985). *The Economy of British America, 1607–1789*. Chapel Hill: University of North Carolina Press.

McDonald, W., ed. 1899. *Select Charters and Other Documents Illustrative of American History, 1606–1775*. New York: Macmillan.*

McKeown, T., et al. 1972. "An Interpretation of the Modern Rise of Population in Europe." *Population Studies* 26:345–82.

McNeill, J. R. 2010. *Mosquito Empires: Ecology and War in the Greater Caribbean, 1620–1914*. New York: Cambridge University Press.

McNeill, W. H. 1999. "How the Potato Changed the World's History." *Social Research* 66:69–83.

Meagher, A. J. 2009. *The Coolie Trade: The Traffic in Chinese Laborers to Latin America, 1847–1874*. Bloomington, IN: Xlibris.

Mei, C., and H. E. Dregne. 2001. "Review Article: Silt and the Future Development of China's Yellow River." *Geographical Journal* 167:7–22.

Mei, Z. (梅曾亮). 1823. "Record of the Shack People" (記棚民事). In Z. Mei, ed., 1855, *Collected Works of the Bojian Studio* (柏梘山房文集). SI:s.n., pp. 10:5a-6a.*

Melillo, E. D. 2011. "The First Green Revolution: Debt Peonage and the Making of the Nitrogen Fertilizer Trade, 1840–1930." Paper at Five-College History Seminar, Amherst College, 11 Feb.

Mellafe, R. 1959. *La Introducción de la Esclavitud Negra en Chile: Tráfico y Rutas*. Santiago: Universidad de Chile, Estudios de Historia Economica Americana 2.

Menard, R. R. 1988. "British Migration to the Chesapeake Colonies in the

Seventeenth Century." In L. G. Carr et al., eds., *Colonial Chesapeake Society*. Chapel Hill: University of North Carolina Press, 99–132.

———. 1977. "From Servants to Slaves: The Transformation of the Chesapeake Labor System." *Southern Studies* 16:355–90.

Merrens, H. R., and G. D. Terry. 1984. "Dying in Paradise: Malaria, Mortality and the Perceptual Environment in Colonial South Carolina." *JSH* 50:533–50.

Migge-Kleian, S., et al. 2006. "The Influence of Invasive Earthworms on Indigenous Fauna in Ecosystems Previously Uninhabited by Earthworms." *Biological Invasions* 8:1275–85.

Milhou, A. 1983. Colón y su Mentalidad Mesianica en el Ambiente Franciscanista Español. Cuadernos Colombinos 11. Valladolid: Seminario Americanista de la Universidad de Valladolid.

Miller, H. M. 2001. "Living Along the 'Great Shellfish Bay': The Relationship Between Prehistoric Peoples and the Chesapeake." In Curtin, Brush, and Fisher, eds. 2001, 109–26.

Miller, J. C. 1988. *Way of Death: Merchant Capitalism and the Angolan Slave Trade, 1730–1830*. Madison: University of Wisconsin Press.

Miller, L. H., et al. 1976. "The Resistance Factor to *Plasmodium vivax* in Blacks—The Duffy-Blood-Group Genotype, FyFy." *New England Journal of Medicine* 295:302–04.

Miller, S. W. 2007. *An Environmental History of Latin America*. New York: Cambridge University Press.

Mintz, S. 1986 (1985). *Sweetness and Power: The Place of Sugar in Modern History*. New York: Penguin Books.

Mitchell, M. 1964. *Friar Andrés de Urdaneta, O.S.A.* London: Macdonald and Evans.

Mizubuti, E. S. G., and W. E. Fry. 2006. "Potato Late Blight." In B. M. Cooke et al., eds., *The Epidemiology of Plant Diseases*. Dordrecht, The Netherlands, 445–72.

Mokyr, J. 1981. "Irish History with the Potato." *Irish Economic and Social History* 8:8–29.

Moloughney, B., and W. Xia. 1989. "Silver and the Fall of the Ming Dynasty: A Reassessment." *Papers on Far Eastern History* 40:51–78.

Money, N. P. 2007. *The Triumph of the Fungi: A Rotten History*. New York: Oxford University Press.

Montenegro, A., et al. "Modeling the Prehistoric Arrival of the Sweet Potato in Polynesia." *Journal of Archaeological Science* 35:355–67.

Montgomery, D. R. 2007. *Dirt: The Erosion of Civilizations*. Berkeley: University of California Press.

Moore, R. J. 1999. "Colonial Images of Blacks and Indians in Nineteenth Century Guyana." In B. Brereton and K. A. Yelvington, eds., *The Colonial Caribbean in Transition: Essays on Postemancipation Social and Cultural History*. Gainesville: University Press of Florida, 126–58.

Morawetz, H. 2002 (1985). *Polymers: The Origin and Growth of a Science*. Mineola, NY: Dover Publications.

Moreau de Saint-Méry, M. L. E. 1797–98. *Description Topographique, Physique, Civile, Politique et Historique de le Partie Française de l'Isle Saint'Domingue*. 2 vols. Philadelphia: S.I.

Morel, G. R. 2004. "The Sugar Economy of Española in the Sixteenth Century." In S. B. Schwartz, ed., *Tropical Babylons: Sugar and the Making of the Atlantic World, 1450–1680*. Durham: University of North Carolina Press, 85–114.

Morga, A. d. 1609. *Sucesos de las Islas Filipinas*. In B&R 15:25–288, 16:25–210.

Morgan, E. S. 2003 (1975). *American Slavery, American Freedom: The Ordeal of Colonial Virginia*. New York: W. W. Norton, 2nd ed.

Morineau, M. 1985. *Incroyables Gazettes et Fabuleux Métaux: Les Retours de Trésors Américains d'après les Gazettes Hollandaises (XVIe–XVIIIe Siècles)*. New York: Cambridge University Press.

Morison, S. E. 1983 (1970). *Admiral of the Ocean Sea: A Life of Christopher Columbus*. Boston: Northeastern University Press.

Morrow, R. H., and W. J. Moss. 2007. "The Epidemiology and Control of Malaria." In K. E. Nelson and C. M. Williams, *Infectious Disease Epidemiology: Theory and Practice*. Sudbury, MA: Jones and Bartlett, 1087–1138.

Morse, R. M., ed., trans. 1965. *The Bandeirantes: The Historical Role of the Brazilian Pathfinders*. New York: Knopf.

Moseley, M. E. 2001. *The Inca and Their Ancestors: The Archaeology of Peru*. New York: Thames and Hudson, 2nd ed.

Mote, F. W. 2003 (1999). *Imperial China, 900–1800*. Cambridge, MA: Harvard University Press.

Motinha, K. E. F. 2005. "Vila Nova de Mazagão: Espelho de Cultura e de Sociabilidade Portuguesas no Vale Amazônico." Unpub. ms., Congresso Internacional o Espaço Atlântico de Antigo Regime: Poderes e Sociedades, Lisbon 2–5 Nov.*

Mudge, J. M. 1985. "Hispanic Blue-and-White Faience in the Chinese Style." In J. Carswell, ed., *Blue and White: Chinese Porcelain and Its Impact on the Western World*. Chicago: University of Chicago Press.

Mueller, I., et al. 2009. "Key Gaps in the Knowledge of *Plasmodium vivax*, a Neglected Human Malaria Parasite." *Lancet* 9:555–66.

Mülhaupt, R. 2004. "Hermann Staudinger and the Origin of Macromolecular Chemistry." *Angewandte Chemie International Edition* 43:1054–63.

Müller, U. C., and J. Pross. 2007. "Lesson from the Past: Present Insolation Minimum Holds Potential for Glacial Inception." *Quaternary Science Reviews* 26:3025–29.

Mulroy, K. 1993. *Freedom on the Border: The Seminole Maroons in Florida, the Indian Territory, Coahuila, and Texas*. Lubbock, TX: Texas Tech University Press.

Munga, S., et al. 2006. "Association Between Land Cover and Habitat Productivity of Malaria Vectors in Western Kenyan Highlands." *AMJTMH* 74:69–75.

Muñoz de San Pedro, M. 1951. "Doña Isabel de Vargas, Esposa del Padre del Conquistador del Perú." *Revista de Indias* 11:9–28.

Muñoz-Sanza, A. 2006. "La Gripe de Cristóbal Colón. Hipótesis Sobre una Catástrofe Ecológica." *Enfermedades Infecciosas y Microbiología Clínica* 24: 326–34.*

Murphy, E. 1834. "Agricultural Report." *Irish Farmer's and Gardener's Magazine* 1:556–58.*

Myers, M. D. 1998. "Cultivation Ridges in Theory and Practice: Cultural Ecological Insights from Ireland." PhD thesis, University of Texas at Austin.

Myers, R. H., and Y.-C. Wang, 2002. "Economic Developments, 1644–1800." In W. J. Peterson, ed., *The Cambridge History of China, Vol. 9: The Ch'ing Dynasty, Part 1: To 1800.* New York: Cambridge University Press, 563–646.

Nader, H. 1996. "Introduction." In H. Nader, ed., trans., *The Book of Privileges Issued to Christopher Columbus by King Fernando and Queen Isabel.* Repertorium Columbianum No. 2. Los Angeles: University of California Press, 1–58.

Naiman, R. J., et al. 1988. "Alteration of North American Streams by Beaver." *Bioscience* 38:753–62.

Nash, G. B. 1999. "The Hidden History of Mestizo America." In M. Hode, ed., *Sex, Love, Race: Crossing Boundaries in North American History.* New York: New York University Press.

Navagero, A. 1563. *Il Viaggio Fatto in Spagna, et in Francia, dal Magnifico M. Andrea Navagiero, fu Oratore dell'Illustrissimo Senata Veneto, alla Cesarea Maesta di Carlo V.* Venice: Domenico Farri.

Needham, J., et al. 1954–. *Science and Civilisation in China.* 7 vols. New York: Cambridge University Press.

Neill, E. D. 1867. "Ships Arriving at Jamestown, From the Settlement of Virginia Until the Revocation of Charter of London Company." In E. D. Neill, *The History of Education in Virginia During the Seventeenth Century.* Washington, DC: Government Printing Office, 7–11.*

Nelson, L. A. 1994. " 'Then the Poor Planter Hath Greatly the Disadvantage': Tobacco Inspection, Soil Exhaustion, and the Formation of a Planter Elite in York County, Virginia, 1700–1750." *Locus* 6:119–34.

Neto, M. A. d. S. 1984. "Os Quilombos de Salvador." *Princípios* (São Paulo) 8:51–56.

Nevle, R. J., and D. K. Bird. 2008. "Effects of Syn-pandemic Fire Reduction and Reforestation in the Tropical Americas on Atmospheric CO_2 During European Conquest." *Palaeogeography, Palaeoclimatology, Palaeoecology* 264:25–38.

Newson, L. A., and S. Minchin. 2007. *From Capture to Sale: The Portuguese Slave Trade to Spanish South America in the Early Seventeenth Century.* Leiden: Brill.

Ngwenyama, C. N. 2007. Material Beginnings of the Saramaka Maroons: An Archaeological Investigation. Ph.D. thesis, University of Florida.

Nicholls, M., ed. 2005. "George Percy's 'Trewe Relacyon.' " *VMHB* 113:213–75.

Nichols, P. 1628. *Sir Francis Drake Revived*. In Wright ed. 1932:245–326.

Nietner, J. 1880. *The Coffee Tree and Its Enemies, Being Observations on the Natural History of the Enemies of the Coffee Tree in Ceylon*. Colombo: Ceylon Observer Press.*

Niza, M. d. 1865–68 (1539). "Relacion." In J. F. Pacheco, et al., eds. 1865–69, *Colección de Documentos Inéditos Relativos al Descubrimiento, Conquista y Colonizacion de las Posesiones Españolas en América y Occeanía*. 42 vols. Madrid: Manuel B. Quirós, vol. 3, 329–50.

Normile, D. 2007. "Getting at the Roots of Killer Dust Storms." *Science* 317:315.

North, D. C., and R. P. Thomas. 1973. *The Rise of the Western World: A New Economic History*. Cambridge: Cambridge University Press.

Nozawa, C., et al. 2008. "Evolving Culture, Evolving Landscapes: The Philippine Rice Terraces." In Amend, T., et al., eds. *Protected Landscapes and Agrobiodiversity Values* (Protected Landscapes and Seascapes, vol. 1: IUCN and GTZ). Heidelberg: Kasparek Verlag, pp. 71–94.*

Nunn, G. E. 1935. "The Imago Mundi and Columbus." *AHR* 40:646–61.

———. 1932. *The Columbus and Magellan Concepts of South American Geography*. Privately printed.

———. 1924. *The Geographical Conceptions of Columbus: A Critical Consideration of Four Problems*. New York: American Geographical Society.

Nunn, N., and N. Qian. Forthcoming. "The Potato's Contribution to Population and Urbanization: Evidence from an Historical Experiment." *Quarterly Journal of Economics*.

Nye, J. 1991. "The Myth of Free-Trade Britain and Fortress France: Tariffs and Trade in the Nineteenth Century." *JEH* 51:23–46.

Oberg, M. L. 2008. *The Head in Edward Nugent's Hand: Roanoke's Forgotten Indians*. Philadelphia: University of Pennsylvania Press.

O'Donnell, I. 2008. "The Rise and Fall of Homicide in Ireland." In S. Body-Gendrot and P. Spierenburg, eds., *Violence in Europe: Historical and Contemporary Perspectives*. New York: Springer.

Odoric of Pordenone. 1846 (1330). "The Eastern Parts of the World Described," trans. H. Yule. In Yule, H., ed., *Cathay and the Way Thither*. London: Hakluyt Society.*

Offen, K. H. 2007. "Creating Mosquitia: Mapping Amerindian Spatial Practices in Eastern Central America, 1629–1779." *Journal of Historical Geography* 33:254–82.

———. 2002. "The Sambo and Tawira Miskitu: The Colonial Origins and Geography of Intra-Miskitu Differentiation in Eastern Nicaragua and Honduras." *Ethnohistory* 49:321–72.

Ó Gráda, C. 2007. "Ireland's Great Famine: An Overview." In C. Ó Gráda, et al., eds., *When the Potato Failed: Causes and Effects of the "Last" European Subsistence Crisis, 1845–1850*. Turnhout, Belgium: Brepols, 43–57.

————. 2000 (1999). *Black '47 and Beyond: The Great Irish Famine in History, Economy and Memory*. Princeton: Princeton University Press.

————. 1994. "The 'Lumper' Potato and the Famine." *History Ireland* 1:22–23.

Olien, M. D. 1987. "Micro/Macro-Level Linkages: Regional Political Structures on the Mosquito Coast, 1845–1864." *Ethnohistory* 34:256–87.

————. 1983. "The Miskito Kings and the Line of Succession." *Journal of Anthropological Research* 39:198–241.

Oliveira, M. L. 2005. "A Primeira Rellação do Último Assalto a Palmares." *Afro-Ásia* 33:251–324.

Ollé Rodríguez, M. 2006. "La Formación del Parián de Manila: La Construcción de un Equilibrio Inestable." In P. S. G. Aguilar, ed., *La Investigación sobre Asia Pacífico en España* (Colección Española de Investigación sobre Asia Pacífico). Granada: Editorial Universidad de Granada, 27–49.

————. 2002. *La Empresa de China: De la Armada Invencible al Galeón de Manila.* Barcelona: Acantilado.

————. 1998. "Estrategias Filipinas Respecto a China: Alonso Sánchez y Domingo Salazar en la Empresa de China (1581–1593)." PhD thesis, Universitat Pompeu Fabra.*

Olofsson, J., and T. Hickler. 2008. "Effects of Human Land-use on the Global Carbon Cycle During the Last 6,000 Years." *Vegetation History and Archaeobotany* 17:605–15.

Omohundro, J. 2006. "An Appreciation of Lazy-Beds." *Newfoundland Quarterly* 99:n.p.*

Onokpise, O. U. 2004. "Natural Rubber, *Hevea brasiliensis* (Willd. Ex A. Juss.) Müll. Arg., Germplasm Collection in the Amazon Basin, Brazil: A Retrospective." *EB* 58:544–55.

Orbigny, A. d. 1835. *Voyage dans l'Amérique Méridionale.* 5 vols. Paris: Pitois-Levrault.*

Orser, C. E. 1994. "Toward a Global Historical Archaeology: An Example from Brazil." *Historical Archaeology* 28:5–22.

————. and Funari, P. P. A. 2001. "Archaeology and Slave Resistance and Rebellion." *World Archaeology* 33:61–72.

Osborne, A. R. 1989. "Barren Mountains, Raging Rivers: The Ecological and Social Effects of Changing Landuse on the Lower Yangzi Periphery in Late Imperial China." PhD thesis, Columbia University.

Ouerfelli, M. 2008. *Le Sucre: Production, Commercialisation et Usages dans la Méditerranée Médiévale.* Boston: Brill.

Overton, M. 1996. *Agricultural Revolution in England: The Transformation of the Agrarian Economy, 1500–1850.* New York: Cambridge University Press.

Oviedo y Valdés, G. F. d. 1851 (1535). *Historia General y Natural de las Indias, Islas y Tierra-Firme del Mar Océano.* 3 vols. Madrid: Academia Real de la Historia.*

Pacheco, W. M. 1995. "El Cerro Rico, una Montaña que Encarna a una Ciudad." In W. M. Pacheco, ed., *El Cerro Rico de Potosí* (1545–1995): 450 *Años de Explotación*. Potosí: Sociedad Geográfica y de Historia "Potosí," 263–88.

Packard, R. M. 2007. *The Making of a Tropical Disease: A Short History of Malaria.* Baltimore: Johns Hopkins University Press.

Padden, R. C. 1975. "Editor's Introduction." In R. C. Padden, ed., *Tales of Potosí.* Providence, RI: Brown University Press, xi–xxxv.

Parker, G. 2008. "Crisis and Catastrophe: The Global Crisis of the Seventeenth Century Reconsidered." *AHR* 113:1053–79.

———. 1979a. *Spain and the Netherlands, 1559–1659: Ten Studies.* Short Hills, NJ: Enslow Publishers.

———. 1979b (1973). "Mutiny and Discontent in the Spanish Army of Flanders, 1572–1607." In idem. 1979a:106–21.

———. 1979c (1970). "Spain, Her Enemies and the Revolt of the Netherlands 1559–1648." In idem. 1979a:18–44.

Parry, J. H., and R. G. Keith. 1984. *New Iberian World: A Documentary History of the Discovery and Settlement of Latin America to the Early 17th Century.* 5 vols. New York: Times Books.

Parsons, J. T. 1972. "Spread of African Pasture Grasses to the American Tropics." *Journal of Range Management* 25:12–17.

Parton, J. 1865. "Charles Goodyear." *North American Review* 101:65–102.*

Pastor, A., et al. 2002. "Local Transmission of *Plasmodium vivax* Malaria—Virginia, 2002." *MMWR* 51:921–23.

Pearson, H. C. 1911. *The Rubber Country of the Amazon.* New York: The India Rubber World.

Pearson, J. C. 1944. "The Fish and Fisheries of Colonial Virginia." *WMQ* 1:179–83.

Pearson, R., et al. 2001. "Port, City, and Hinterlands: Archaeological Perspectives on Quanzhou and Its Overseas Trade." In A. Schottenhammer, ed., *The Emporium of the World: Maritime Quanzhou, 1000–1400.* Boston: Brill.

Peck, G. W. 1854a. *Melbourne, and the Chincha Islands.* New York: Charles Scribner.*

———. 1854b. "From the Chincha Islands." *NYT,* 7 Jan.

Pederson, D. C., et al. 2005. "Medieval Warming, Little Ice Age, and European Impact on the Environment During the Last Millennium in the Lower Hudson Valley, New York, USA." *Quaternary Research* 63:238–49.

Percy, G. 1625? "A True Relation of the Proceedings and Occurents of Moment Which Have Hap'ned in Virginia from the Time Sir Thomas Gates Was Shipwrack'd upon the Bermudes, Anno 1609, Until my Departure Out of the Country, Which Was in Anno Domini 1612." In Haile ed. 1998, 497–519.

Perdue, T. 2001. *Sifters: Native American Women's Lives.* New York: Oxford University Press.

Perez, B. E. 2000. "The Journey to Freedom: Maroon Forebears in Southern Venezuela." *Ethnohistory* 47:611–34.

744

Pfister, C. 1983. "Changes in Stability and Carrying Capacity of Lowland and Highland Agro-Systems in Switzerland in the Historical Past." *Mountain Research and Development* 3:291–97.

Philips, G. 1891. "Early Spanish Trade with Chin Cheo (Chang Chow)." *China Review* 19:243–55.

Phillips, W. D. 1985. *Slavery from Roman Times to the Early Transatlantic Trade.* Minneapolis: University of Minnesota Press.

Phillips, W. D., and C. R. Phillips. 1992. *The Worlds of Christopher Columbus.* New York: Cambridge University Press.

Pike, R. 2007. "Black Rebels: The Cimarrons of Sixteenth-Century Panama." *The Americas* 64:243–66.

Pollan, M. 2006. *The Omnivore's Dilemma: A Natural History of Four Meals.* New York: Penguin.

———. 2001. *The Botany of Desire: A Plant's-Eye View of the World.* New York: Random House.

Polo, M. 2001 (1299). *The Travels of Marco Polo.* Trans., ed., W. Marsden and M. Komroff. New York: Modern Library.

Pomeranz, K. 2000. *The Great Divergence: China, Europe, and the Making of the Modern World Economy.* Princeton: Princeton University Press.

Poole, B. T. F. 1974. "Case Reopened: An Enquiry into the 'Defection' of Fray Bernal Boyl and Mosen Pedro Margarit." *Journal of Latin American Studies* 6:193–210.

Porras Muñoz, G. 1982. *El Gobierno de la Ciudad de México en el Siglo XVI.* Mexico City: Universidad Autónoma de México.

Porter, L. D. 2007. "Survival of Sporangia of New Clonal Lineages of *Phytophthora infestans* in Soil Under Semiarid Conditions." *Plant Disease* 91:835–41.

Postma, A., ed. 2005 (1972). *Mangyan Treasures: The Ambahan: A Poetic Expression of the Mangyans of Southern Mindoro, Philippines.* Calapan, Mindoro: Mangyan Heritage Center, 3rd ed.

Postma, J. M. 1990. *The Dutch in the Atlantic Slave Trade, 1600–1815.* NY: Cambridge University Press.

Powars, D. S., and T. S. Bruce. 1999. "The Effects of the Chesapeake Bay Impact Crater on the Geological Framework and Correlation of Hydrogeologic Units of the Lower York-James Peninsula, Virginia." U.S. Geological Survey Professional Paper 1612. Washington, DC: Government Printing Office.*

Price, D. A. 2005 (2003). *Love and Hate in Jamestown: John Smith, Pocahontas, and the Start of a New Nation.* New York: Vintage.

Price, E. O. 2002. *Animal Domestication and Behavior.* Oxford: CABI Publishing.

Price, R. 2011. *Rainforest Warriors: Human Rights on Trial.* Philadelphia: University of Pennsylvania Press.

———. 2002a (1983). *First-Time: The Historical Vision of an African American People.* Chicago: University of Chicago Press, 2nd ed.

———. 2002b. "Maroons in Suriname and Guyane: How Many and Where." *New West Indian Guide* 76:81–88.

Price, R., ed. 1996 (1979). *Maroon Societies: Rebel Slave Communities in the Americas.* Baltimore: Johns Hopkins University Press, 3rd ed.

Proft, J., et al. 1999. "Identification of Six Sibling Species of the *Anopheles maculipennis* complex (Diptera: Culicidae) by a Polymerase Chain Reaction Assay." *Parasitology Research* 85:837–43.

Proulx, N. 2003. *Ecological Risk Assessment of Non-indigenous Earthworm Species.* St. Paul, MN: U.S. Fish and Wildlife Service.

Puckrein, G. 1979. "Climate, Health and Black Labor in the English Americas." *Journal of American Studies* 13:179–93.

Pyne, S. J. 1999. "The Dominion of Fire." *Forum for Applied Research and Public Policy* 15:6–15.

———. 1997a (1995). *World Fire: The Culture of Fire on Earth.* Seattle: University of Washington Press.

———. 1997b (1982). *Fire in America: A Cultural History of Wildland and Rural Fire.* Seattle: University of Washington Press.

———. 1991. "Sky of Ash, Earth of Ash: A Brief History of Fire in the United States." In J. S. Levine, ed., *Global Biomass Burning: Atmospheric, Climatic, and Biospheric Implications.* Cambridge, MA: MIT Press, 504–11.

Pyne, S. J., et al. 1996. *Introduction to Wildland Fire.* New York: John Wiley and Sons, 2nd ed.

Qian, J. (錢江). 1986. "The Development of China-Luzon Trade and Estimated Trade Volume, 1570–1760" (1570–1760 年中國和呂宋貿易的發展及貿易額的估算). *Journal of Chinese Social and Economic History* (中國社會經濟史研究) 3:69–78, 117.

Quan, H. (全漢昇). 1991a. *Research on the Economic History of China* (中國經濟史研究). Taipei: New Asia Institute of Advanced Chinese Studies.

———. 1991b (1967). "Changes in the Purchasing Power of Silver During the Song and Ming Dynasties and the Causes Behind Them" (宋明間白銀購買力的變動及其原因). In Quan 1991a, 571–600.

———. 1991c (1966). "Silver Mining and Taxes in the Ming Dynasty" (明代的銀課與銀產額). In Quan 1991a, 601–23.

———. 1972a. *Collected Essays on the Economic History of China* (中國經濟史論叢). 2 vols. Hong Kong: New Asia Institute of Advanced Chinese Studies.

———. 1972b (1971). "Changes in the Coin-Silver Ratio in Annual Government Revenues and Expenditures from the Song to Ming Dynasty" (自宋至明政府歲入中錢銀比例的變動). In Quan 1972a:vol. 1, 355–68.

———. 1972c (1971). "Chinese Silk Trade with Spanish America from the Late Ming to Mid-Qing" (自明季至清中葉西屬美洲的中國絲貨貿易). In Quan 1972a:vol. 1, 451–73.

———. 1972d. "The Inflow of American Silver to China During the Ming and Qing" (明清間美洲白銀的輸入中國). In Quan 1972a:vol. 1, 435–50.

————. 1972e (1957). "The Relationship Between American Silver and the Price Revolution in 18th-Century China" (美洲白銀與十八世紀中國物價革命的關係). In Quan 1972a:vol. 2, 475–508.

Queiros Mattoso, K. M. d. 1986 (1979). *To Be a Slave in Brazil, 1550–1888* (trans. A. Goldhammer). New Brunswick, NJ: Rutgers University Press.

Quesada, V. G. 1890. *Crónicas Potosinos: Custumbres de la Edad Medieval Hispano-Americana.* 2 vols. Paris: Biblioteca de la Europa y America.

Quijano Otero, J. M. 1881. *Límites de la República de los Estados-unidos de Colombia.* Seville: Francisco Alvarez.

Quinn, D. B. 1985. *Set Fair for Roanoke, 1584–1606.* Chapel Hill: University of North Carolina Press.

————. and A. M. Quinn, eds. 1982. *The First Colonists: Documents on the Planting of the First English Settlements in North America, 1584–90.* Raleigh: North Carolina Department of Cultural Resources.

Rabb, T. K. 1966. "Investment in English Overseas Enterprise, 1575–1630." *EHR* 19:70–81.

Radkau, J. 2008 (2002). *Nature and Power: A Global History of the Environment,* trans. T. Dunlap. NY: Cambridge University Press.

Ramos, A. 1689–92. *Los Prodigios de la Omnipotencia, y Milagros de la Gracia en la Vida de la Venerable Sierva de Dios Catharina de S. Joan.* 3 vols. Puebla (Mexico): Diego Fernández de León.

Ramsdale, C., and K. Snow. 2000. "Distribution of the Genus Anopheles in Europe." *European Mosquito Bulletin* 7:1–26.★

Ratekin, M. 1954. "The Early Sugar Industry in Hispaniola." *HAHR* 34:1–19.

Rau, V., and J. de Macedo. 1962. *O Açucar da Madeira nos Fins do Século XV.* Funchal, Madeira: Junta-Geral do Distrito Autónomo do Funchal.

Rawski, E. S. 1975. "Agricultural Development in the Han River Highlands." *Ch'ing-shih wen-t'i* 3:63–81.

Reader, J. 2009. *Potato: A History of the Propitious Esculent.* New Haven: Yale University Press.

Real Academia Española. 1914. *Diccionario de la Lengua Castellana.* Madrid: Sucesores de Hernando.★

————. 1726–39. 6 vols. *Diccionario de la Lengua Castellana.* Madrid: F. del Hierro.★

Reavis, L. U. 1878. *The Life and Military Services of Gen. William Selby Harney.* St. Louis: Bryan, Brand and Co.★

Reddick, D. 1929. "The Drake Potato Introduction Monument." *Journal of Heredity* 20:173–76.

Rediker, M. 2008 (2007). *The Slave Ship: A Human History.* New York: Penguin.

Reinert, J. F., et al. 1997. "Analysis of the Anopheles (Anopheles) quadrimaculatus Complex of Sibling Species (Diptera: Culicidae) Using Morphological, Cytological, Molecular, Genetic, Biochemical, and Ecological Techniques in an Integrated Approach." *Journal of the American Mosquito Control Association* 13 (Supp.):1-102.

Reis, J. J. 1988. *Escravidão e Invenção da Liberdade: Estudos Sobre o Negro no Brasil.* São Paulo: Editora Brasiliense.

Reis, J. J., and F. d. S. Gomes, 2009. "Repercussions of the Haitian Revolution in Brazil." In D. P. Geggus and N. Fiering, eds., *The World of the Haitian Revolution.* Indianapolis: Indiana University Press, 284–313.

————. 1996. *Liberdade por um Fio: História dos Quilombos no Brasil.* São Paulo: Companhia das Letras.

Reiter, P. 2000. "From Shakespeare to Defoe: Malaria in England in the Little Ice Age." *Emerging Infectious Diseases* 6:1–11.

Rejmankova, E., et al. 1996. "*Anopheles albimanus* (Diptera: Culicidae) and Cyanobacteria: An Example of Larval Habitat Selection." *Environmental Entomology* 25:1058–67.

Requejo Salcedo, J. 1640. *Relación Histórica y Geográfica de la Provincia de Panamá.* In Serrano y Sanz, M., ed. 1908. *Relaciones Históricas y Geográficas de América Central* (Colección Libros y Documentos Referentes a la Historia de América 8). Madrid: Victoriano Suárez, 1–84.*

Restall, M. 2000. "Black Conquistadors: Armed Africans in Early Spanish America." *Americas* 57:171–205.

Reyna, E. 1941. *Fitzcarrald: El Rey de Caucho.* Lima: Taller Grafico de P. Barrantes C.

Reynolds, J. W. 1994. "Earthworms of Virginia (Oligochaeta: Acanthodrilidae, Komarekionidae, Lumbricidae, Megascolecidae, and Sparganophilidae)." *Megadrilogica* 5:77–94.

Ribiero, H., et al. 1998. "Os mosquitos (Diptera: Culicidae) da Ilha de São Tomé." *García de Orta* 22:1–20.*

Rich, B. 1614. *The Honestie of This Age· Prooving by Good Circumstance That the World Was Never Honest Till Now.* London: T. A.

Rich, S. M., and F. J. Ayala. 2006. "Evolutionary Origins of Human Malaria Parasites." In K. R. Dronamraju and P. Arese, eds., *Malaria: Genetic and Evolutionary Aspects.* New York: Springer, 125–46.

Richards, J. F. 2005. *The Unending Frontier: An Environmental History of the Early Modern World.* Berkeley: University of California Press.

Richards, M., and V. Macaulay. 2001. "The Mitochondrial Gene Tree Comes of Age." *American Journal of Human Genetics* 68:1315–20.

Richter, D. K. 2001. *Facing East from Indian Country: A Native History of Early America.* Cambridge, MA: Harvard University Press.

Riley, C. V. 1869. *First Annual Report on the Noxious, Beneficial and Other Insects of the State of Missouri.* Jefferson City, MO: Ellwood Kirby.

Riley, G. M. 1972. "Labor in Cortesian Enterprise: The Cuernavaca Area, 1522–1549." *Americas* 28:271–87.

Ringsdorf, H. 2004. "Hermann Staudinger and the Future of Polymer Research Jubilees—Beloved Occasions for Cultural Piety." *Angewandte Chemie International Edition* 43:1064–76.

Riordan, P. 1996. "Finding Freedom in Florida: Native Peoples, African Americans, and Colonists, 1670–1816." *Florida Historical Quarterly* 75:24–43.

Robert, J. C. 1949. *The Story of Tobacco in America.* Chapel Hill: University of North Carolina Press.

Robert, R. 1929. "Estebanico de Azamor et la Légende des Sept Cités." *Journal de la Société des Américanistes* 21:414.

Roberts, D. R., et al. 2002. "Determinants of Malaria in the Americas." In E. A. Casman and H. Dowlatabadi, eds., *The Contextual Determinants of Malaria.* Washington, DC: Resources for the Future, 35–58.

Rocco, F. 2003. *Quinine: Malaria and the Quest for a Cure That Changed the World.* New York: HarperCollins Perennial.

Rocheleau, D., et al. 2001. "Complex Communities and Emergent Ecologies in the Regional Agroforest of Zambrana-Chacuey, Dominican Republic." *Cultural Geographies* 8:465–92.

Rolfe, J. 1616. "A True Relation of the State of Virginia." In Haile ed. 1998, 865–77.

———. 1614. Letter to Sir Thomas Dale, June (?). In Haile ed. 1998, 850–56.

Romer, R. 2009. *Slavery in the Connecticut Valley of Massachusetts.* Amherst, MA: Levellers Press.

Romoli, K. 1987. *Los de la Lengua Cueva: Los Grupos Indígenas del Istmo Oriental en la Época de la Conquista Española.* Bogotá: Instituto Colombiano de Cultura / Instituto Colombiano de Antropología.

Roorda, E. P. 1998. *The Dictator Next Door: The Good Neighbor Policy and the Trujillo Regime in the Dominican Republic, 1930–45.* Durham, NC: Duke University Press.

Rose, E. A. 2002. *Dependency and Socialism in the Modern Caribbean: Superpower Intervention in Guyana, Jamaica and Grenada, 1970–1985.* Lanham, MD: Lexington Books.

Rountree, H. C. 2005. *Pocahontas, Powhatan, Opechancanough: Three Indian Lives Changed by Jamestown.* Charlottesville: University of Virginia Press.

———. 2001. "Pocahontas: The Hostage Who Became Famous." In Perdue 2001, 14–28.

———. 1996. "A Guide to the Late Woodland Indians' Use of Ecological Zones in the Chesapeake Region." *Chesopiean* 34:1–37.

———. 1993a. "The Powhatans and the English: A Case of Multiple Conflicting Agendas." In Rountree ed. 1993, 173–205.

———. 1993b. "The Powhatans and Other Woodlands Indians as Travelers." In Rountree ed. 1993, 21–52.

———. 1990. *The Powhatan Indians of Virginia: Their Traditional Culture.* Norman: University of Oklahoma Press.

Rountree, H. C., ed. 1993. *Powhatan Foreign Relations, 1500–1722.* Charlottesville: University of Virginia Press.

Rountree, H. C., and E. R. Turner. 1998. "The Evolution of the Powhatan Paramount Chiefdom in Virginia." In E. M. Redmond, *Chiefdoms and Chieftaincy in the Americas.* Gainesville: University Press of Florida.

———. 1994. "On the Fringe of the Southeast: The Powhatan Paramount Chieftaincy in Virginia." In Hudson and Tesser eds. 1994, 355–72.

Rountree, H. C., et al. 2007. *John Smith's Chesapeake Voyages, 1607–1609.* Charlottesville: University of Virginia Press.

Rouse, I. 1992. *The Tainos: Rise and Decline of the People Who Greeted Columbus.* New Haven: Yale University Press.

Rout, L. B. 1976. *The African Experience in Spanish America, 1502 to the Present Day.* New York: Cambridge University Press.

Rowe, J. H. 1946. "Inca Culture at the Time of the Spanish Conquest." In J. H. Steward, ed., *Handbook of South American Indians.* BAE Bulletin 143. 7 vols. Washington, DC: Smithsonian Institution, vol. 2, 183–410.

Rowe, W. T. 2009. *China's Last Empire: The Great Qing.* Cambridge, MA: Belknap Press.

Rowell, C. H. 2008. "The First Liberator of the Americas." *Callaloo* 31:1–11.

Roze, E. 1898. *Histoire de la Pomme de Terre.* Paris: J. Rothschild.*

Rubio Mañé, J. I. 1970. "Más Documentos Relativos a la Expedición de Miguel López de Legazpi a Filipinas." *Boletín del Archivo General de la Nación* 11:82–156, 453–556.

———. 1964. "La Expedición de Miguel López de Legazpi a Filipinas." *Boletín del Archivo General de la Nación* 5:427–98.

Ruddiman, W. F. 2007. "The Early Anthropogenic Hypothesis: Challenges and Responses." *Reviews of Geophysics* 45:RG4001.

———. 2005. *Plows, Plagues and Petroleum: How Humans Took Control of the Climate.* Princeton: Princeton University Press.

———. 2003. "The Anthropogenic Greenhouse Era Began Thousands of Years Ago." *Climatic Change* 61:261–93.

Ruiz-Stovel. L. 2009. "Chinese Merchants, Silver Galleons, and Ethnic Violence in Spanish Manila, 1603–1686." *México y la Cuenca del Pacífico* 12:47–63.

Rule, H. 1962. "Henry Adams' Attack on Two Heroes of the Old South." *American Quarterly* 14:174–84.

Rusconi, R., ed. 1997. *The Book of Prophecies Edited by Christopher Columbus.* Trans. B. Sullivan. Los Angeles: University of California Press.

Rutherford, J., et al. 2008. "Rethinking Investments in Natural Resources: China's Emerging Role in the Mekong Region." Phnom Penh: Heinrich Böll Stiftung, WWF, and International Institute for Sustainable Development.

Rutman, D. B., and A. H. Rutman. 1980. "More True and Perfect Lists: The Reconstruction of Censuses for Middlesex County, Virginia, 1668–1704." *VMHB* 88:37, 74.

————. 1976. "Of Agues and Fevers: Malaria in the Early Chesapeake." *WMQ* 33:31–60.

Ruttner, F. 1988. *Biogeography and Taxonomy of Honeybees.* Berlin: Springer-Verlag.

Rych, B. 1614. *The Honestie of This Age: Proouing by Good Circumstance That the World Was Neuer Honest Till Now.* London: T. A.*

Saco, J. A. 1879. *Historia de la Esclavitud de la Raza Africana en el Nuevo Mundo.* Vol. 1. Barcelona: Jaime Jepús.

Sainsbury, W. N., ed. 1860. *Calendar of State Papers, Colonial Series, 1574–1660* [America and West Indies]. London: Longman, Green, Longman and Roberts.

Saíz, M. C. G. 1989. *Las Castas Mexicanas: Un Género Pictórico Americano.* Milan: Olivetti.

Salaman, R. 1985 (1949). *The History and Social Influence of the Potato.* ed. J. G. Hawkes. New York: Cambridge University Press, rev. ed.

Sale, K. 2006 (1990). *Christopher Columbus and the Conquest of Paradise.* New York: Tauris Parke, 2nd ed.

Samways, M. J. 1999. "Translocating Fauna to Foreign Lands: Here Comes the Homo-genocene." *Journal of Insect Conservation* 3:65–66.

Sánchez Farfan, J. 1983. "Pampallaqta, Centro Productor de Semilla de Papa." In A. M. Fries, ed., *Evolución y Tecnología de la Agricultura Andina.* Cusco: Instituto Indigenísta Interamericano.

Sanders, W. T. 1992. "The Population of the Central Mexican Symbiotic Region, the Basin of Mexico, and the Teotihuacán Valley in the Sixteenth Century." In W. M. Denevan, ed., *The Native Population of the Americas in 1492.* Madison: University of Wisconsin Press, 2nd ed.

Santos, R. 1980. *História Econômica da Amazônia, 1800–1920.* São Paulo: T. A. Queiroz.

Santos-Granero, F., and F. Barclay. 2000. *Tamed Frontiers: Economy, Society, and Civil Rights in Upper Amazonia.* Boulder, CO: Westview Press.

Sanz y Díaz, J. 1967. *López de Legazpi, Alcalde Mayor de México, Conquistador de Filipinas.* Mexico City: Editorial Jus.

Sarmiento de Gamboa, P. 2009 (1572). *History of the Incas.* Trans. B. Bauer and V. Smith. Charleston, SC: Bibliobazaar.* (another translation)

Satow, E. M. 1877. "The Introduction of Tobacco into Japan." *Transactions of the Asiatic Society of Japan* 5:68–84.

Save the Ifugao Terraces Movement. 2008. *The Effects of Tourism on Culture and the Environment in Asia and the Pacific: Sustainable Tourism and the Preservation of the World Heritage Site of the Ifugao Rice Terraces, Philippines.* Bangkok: UNESCO.*

Savitt, T. L., and J. H. Young, eds. 1988. *Disease and Distinctiveness in the American South.* Knoxville: University of Tennessee Press.

Sayers, D. O., et al. 2007. "The Political Economy of Exile in the Great Dismal Swamp." *International Journal of Historical Archaeology* 11:60–97.

Schneider, P. 2006. *Brutal Journey: The Epic Story of the First Crossing of North America*. New York: Holt.

Scholes, F. V. 1958. "The Spanish Conqueror as a Business Man: A Chapter in the History of Fernando Cortés." *New Mexico Quarterly* 28:5–29.

Schoolcraft, H. R. 1821. *Narrative Journal of Travels Through the Northwestern Regions of the United States Extending from Detroit Through the Great Chain of American Lakes, to the Sources of the Mississippi River*. New York: E. & E. Hosford.*

Schurz, W. L. 1939. *The Manila Galleon*. New York: E. P. Dutton.

Schurz, W. L., et al. 1925. *Rubber Production in the Amazon Valley*. Washington, DC: Government Printing Office.

Schwartz, S. B. 1997. "Spaniards, 'Pardos,' and the Missing Mestizos: Identities and Racial Categories in the Early Hispanic Caribbean." *New West Indian Guide* (Leiden) 71:5–19.

———. 1995. "Colonial Identities and the *Sociedad de Castas*." *Colonial Latin American Review* 4:185–201.

———. 1988. *Sugar Plantations in the Formation of Brazilian Society: Bahia, 1550–1835*. New York: Cambridge University Press.

Schwarz-Bart, S., and A. Schwarz-Bart. 2002 (1988). *In Praise of Black Women*. Trans. R.-M. Réjois and V. Vinokurov. 2 vols. Madison: University of Wisconsin Press.

Schwendinger, R. J. 1988. *Ocean of Bitter Dreams: Maritime Relations Between China and the United States, 1850–1915*. Tucson, AZ: Westernlore Publishing.

Scott, J. C. 1985. *Weapons of the Weak: Everyday Forms of Peasant Resistance*. New Haven: Yale University Press.

Scott, W. H. 1984 (1968). *Prehispanic Source Materials for the Study of Philippine History*. Quezon City: New Day Publishers.

Scott, W. R. 1912. *The Constitution and Finance of English, Scottish and Irish Joint-Stock Companies to 1720*. 3 vols. Oxford: Oxford University Press.*

Seibert, G. 2006. *Clients and Cousins: Colonialism, Socialism and Democratization in São Tomé and Príncipe*. Boston: Brill.

Seixas, S., et al. 2002. "Microsatellite Variation and Evolution of the Human Duffy Blood Group Polymorphism." *Molecular Biology and Evolution* 19:1802–06.

Serier, J.-B. 2000. *Les Barons de Caoutchouc*. Paris: Karthala.

Shao, K., et al. (邵侃; 卜风贤). 2007. "Crop Introduction and Spreading in the Ming and Qing Dynasties—A Study on Sweet Potato" (明清时期粮食作物的引入和传播—基于甘薯的考察). *Journal of Anhui Agricultural Sciences* (安徽农业科学) 35:7002–03, 7014.

Shapiro, J. 2001. *Mao's War Against Nature: Politics and the Environment in Revolutionary China.* New York: Cambridge University Press.

Sheridan, R. B. 1994 (1974). *Sugar and Slavery: An Economic History of the British West Indies, 1623–1775.* Kingston: University of the West Indies.

Shi, W. 2008. "Rubber Boom in Luang Namtha: A Transnational Perspective." Vientiane: Deutsche Gesellschaft für Technische Zusammenarbeit.

Shirley, J. W. 1942. "George Percy at Jamestown, 1607–1612." *VMHB* 57:227–43.

Shiue, C. H. 2005. "The Political Economy of Famine Relief in China, 1740–1820." *JIH* 36:33–55.

Siebert, L., and T. Simkin. 2002—. "Volcanoes of the World: An Illustrated Catalog of Holocene Volcanoes and Their Eruptions." Washington, DC: Smithsonian Institution (www.volcano.si.edu/world/).

Silva, M. C. d., and Tavim, J. A. R. S. 2005. "Marrocos no Brasil: Mazagão (Velho) do Amapá em Festa—A Festa de São Tiago." Proceedings of International Conference on "Espaço Atlântico de Antigo Regime: Poderes e Sociedades," Lisbon, 2–5 Nov. 2005.*

Silver, T. 1990. *A New Face on the Countryside: Indians, Colonists and Slaves in South Atlantic Forests, 1500–1800.* New York: Cambridge University Press.

Silverman, H., ed. 2004. *Andean Archaeology.* Malden, MA: Blackwell Publishing.

Simpson, L. B. 1982 (1929). *The Encomienda in New Spain: The Beginning of Spanish Mexico.* Berkeley: University of California Press, 3rd ed.

Skaggs, J. M. 1994. *The Great Guano Rush: Entrepreneurs and American Overseas Expansion.* New York: St. Martin's Press.

Skipton, H. P. K. 1907. *The Life and Times of Nicholas Ferrar.* London: A. R. Mowbray and Co.*

Slack, C. 2003. *Noble Obsession: Charles Goodyear, Thomas Hancock, and the Race to Unlock the Greatest Industrial Secret of the Nineteenth Century.* New York: Hyperion.

Slack, E. R. 2009. "The Chinos in New Spain: A Corrective Lens for a Distorted Image." *JWH* 20:35–67.

Sluiter, E. 1997. "New Light on the '20. and Odd Negroes' Arriving in Virginia, August 1619." *WMQ* 54:395–98.

Smil, V. 2001. *Enriching the Earth: Fritz Haber, Carl Bosch, and the Transformation of World Food Production.* Cambridge, MA: MIT Press.

Smith, A. 1979 (1776). *An Inquiry into the Nature and Causes of the Wealth of Nations.* Oxford: Clarendon Press.

Smith, H. H. 1879. *Brazil: The Amazons and the Coast.* New York: Charles Scribner's Sons.

Smith, J. 2007a (1608). *A True Relation of Such Occurrences and Accidents of Noate as Hath Hapned in Virginia Since the First Planting of that Collony, Which Is Now Resident in the South Part Thereof, Till the Last Returne from Thence.* In Horn ed. 2007, 1–36.*

———. 2007b (1624). *The Generall Historie of Virginia, New-England, and the Sum-*

mer Isles with the Names of the Adventurers, Planters, and Governours from Their First Beginning An. 1584 to This Present 1624. In Horn ed. 2007, 199–670.*

———. 2007c (1630). The True Travels, Adventures, and Observations of Captaine John Smith, In Europe, Asia, Affrica, and America, from Anno Domini 1593 to 1629. In Horn ed. 2007, 671–770.*

———. 1998 (1612). A Map of Virginia. Charlottesville: Virtual Jamestown, Virginia Center for Digital History, University of Virginia.*

Smith, M. E. 2002. The Aztecs. Oxford: Blackwell, 2nd ed.

Smith, W. 1745 (1744). A New Voyage to Guinea. London: John Nourse, 2nd ed.*

Snow, K. 1998. "Distribution of Anopheles Mosquitoes in the British Isles." European Mosquito Bulletin 1:9–13.*

Snyder, C. 2010. Slavery in Indian Country: The Changing Face of Captivity in Early America. Cambridge, MA: Harvard University Press.

So, B. K. L. 2000. Prosperity, Region, and Institutions in Maritime China: The South Fukien Pattern, 946–1368. Cambridge, MA: Harvard University Asia Center.

So, K.-W. 1975. Japanese Piracy in Ming China During the 16th Century. Lansing: Michigan State University Press.

Soetbeer, A. G. 1879. Edelmetall-Produktion und Werthverhältniss zwischen Gold und Silber seit der Entdeckung Amerikas bis zur Gegenwart. Gotha, Germany: Justus Perthes.*

Solomon, S., et al., eds. Climate Change 2007: The Physical Science Basis. Working Group I, 4th Assessment Report of the Intergovernmental Panel on Climate Change. New York: Cambridge University Press.*

Somers, G. 1610. Letter to Earl of Salisbury. 15 June. In Haile ed. 1998; 445–46.

Song, J. (宋军令). 2007. "Studies on the Spreading and Growing and Influences of Crops Originated in America During Ming and Qing Dynasties—Focusing on Maize, Sweet Potato and Tobacco" (明情时期美洲农作物在中国的传种及其影响研究—以玉米、番薯、烟草为视角). PhD thesis, Henan University.

Souza, M. 2001. Breve História da Amazônia. Rio de Janeiro: AGIR, 2nd. ed.

Spelman, H. 1609. "Relation of Virginia." In Haile ed. 1998, 481–95.

Sperling, L. H. 2006. Introduction to Physical Polymer Science. Hoboken, NJ: John Wiley and Sons, 4th ed.

Spooner, D. M., and R. J. Hijmans. 2001. "Potato Systematics and Germplasm Collecting, 1989–2000." American Journal of Potato Research 78:237–68; 395.

Spooner, D. M., and A. Salas. 2006. "Structure, Biosystematics, and Genetic Resources." In: J. Gopal and S. M. P. Khurana, Handbook of Potato Production, Improvement and Post-Harvest Management. Binghamton, NY: Haworth Press, 1–39.

Spruce, R. 1908. Notes of a Botanist on the Amazon and Andes. Ed. A. R. Wallace. 2 vols. London: Macmillan.*

Stahle, D. W., et al. 1998. "The Lost Colony and Jamestown Droughts." Science 280:564–67.

Standage, T. 2009. *An Edible History of Humanity.* New York: Walker and Co.

Stanfield, M. E. 2001. *Red Rubber, Bleeding Trees: Violence, Slavery and Empire in Northwest Amazonia, 1850–1933.* Albuquerque: University of New Mexico Press.

Stannard, D. E. 1993 (1992). *American Holocaust: The Conquest of the New World.* New York: Oxford University Press.

Stavans, I. 2001 (1993). *Imagining Columbus: The Literary Voyage.* New York: Palgrave.

Stedman, J. G. 2010 (1796). *Narrative of a Five Years' Expedition Against the Revolted Negroes of Surinam,* ed. R. Price and S. Price. NY: iUniverse. (bowdlerized 1796 ed.)*

Stern, P. 1991. "The White Indians of the Borderlands." *Journal of the Southwest* 33:262–81.

Stevens, R. W. 1894. *On the Stowage of Ships and Their Cargoes, with Information Regarding Freights, Charter-Parties, &c., &c.* New York: Longmans, Green, 7th ed.

Stewart, O. 2002 (1954). *Forgotten Fires: Native Americans and the Transient Wilderness.* Ed. H. T. Lewis and M. K. Anderson. Norman: University of Oklahoma Press.

Stewart, W. 1970 (1951). *Chinese Bondage in Peru: A History of the Chinese Coolie in Peru, 1849–1874.* Westport, CT: Greenwood Press.

Stone, R. 2008. "Showdown Looms Over a Biological Treasure Trove." *Science* 319:1604.

Strachey, W. 1625 (1610). "A True Repertory of the Wrack and Redemption of Sir Thomas Gates, Knight, upon and from the Islands of the Bermudas." In Haile ed. 1998, 381–443.

———. 1612. "The History of Travel into Virginia Britannia: The First Book of the First Decade." In Haile ed. 1998, 567–689.

Strickman, D., et al. 2000. "Mosquito Collections Following Local Transmission of *Plasmodium falciparum* Malaria in Westmoreland County, Virginia." *Journal of the American Mosquito Control Association* 16:219–22.

Striker, L. P. 1958. "The Hungarian Historian, Lewis L. Kropf, on Captain John Smith's *True Travels.*" *VMHB* 66:22–43.

Striker, L. P., and B. Smith. 1962. "The Rehabilitation of Captain John Smith." *JSH* 28:474–81.

Sturgeon, J. C., and N. K. Menzies. 2008. "Ideological Landscapes: Rubber in Xishuangbanna, 1950–2007." *Asian Geographer* 25:21–37.

Sturm, A., et al. 2006. "Manipulation of Host Hepatocytes by the Malaria Parasite for Delivery into Liver Sinusoids." *Science* 313:1287–90.

Sunseri, M. A., et al. 2002. "Survival of Detached Sporangia of Phytophthora infestans Exposed to Ambient, Relatively Dry Atmospheric Conditions." *American Journal of Potato Research* 79:443–50.

Sweet, D. G., and G. B. Nash, eds. 1981. *Struggle and Survival in Colonial America*. Berkeley: University of California Press.

Sweet, J. H. 2003. *Recreating Africa: Culture, Kinship, and Religion in the African-Portuguese World, 1441–1770*. Chapel Hill: University of North Carolina Press.

Symcox, G., ed. 2002. *Italian Reports on America, 1493–1522: Accounts by Contemporary Observers*. Repertorium Columbianum, No. 12. Turnhout, Belgium: Brepols.

———. 2001. *Italian Reports on America, 1493–1522: Letters, Dispatches, and Papal Bulls*. Repertorium Columbianum, No. 10. Turnhout, Belgium: Brepols.

Symonds, W. 1609. *Virginia. A Sermon Preached at White-Chapel, in the Presence of Many, Honourable and Worshipfull, the Adventurers and Planters for Virginia*. London: Eleazar Edgar and William Welby.*

Tadei, W. P., et al. "Ecological Observations on Anopheline Vectors of Malaria in the Brazilian Amazon." *AMJTMH* 1998:325–35.

Tao, W. (陶卫宁) 2003. "Evolution of the Government's Ban on Smoking in the Ming and Qing Dynasties" (明清政府的禁烟及其政策的演变). *Tangdu Journal* (唐都学刊) 19:133–37.

———. 2002a. "Case Studies in Sustainable Development in Agricultural Production Regions—Analysis of the Negative Impacts of Large-Scale Planting of Tobacco in Ruijin and Xincheng During the Qing" (农业生产区域可持续发展个案研究—试析瑞金、新城广植烟草的不良影响). *Journal of Yuncheng College* (运城高等专科学校学报) 20:69–70.

———. 2002b. "The Negative Influence and Inspiration of Tobacco Production in Qing Dynasty" (清代烟草生产的消极影响与启示). *Journal of the Shaanxi Education Institute* (陕西教育学院学报) 18:50–54.

Tapia, A. d. 1539. "Relacion Hecha por el Señor Andrés de Tapia, sobre la Conquista de México." In García Icazbalceta ed. 1858–66, vol. 2, 554–94.

Tardieu, J.-P. 2009. *Cimarrones de Panamá: La Forja de una Identidad Afroamericana en el Siglo XVI*. Madrid: Iberoamericana.

Tate, T. W., and D. L. Ammerman, eds. 1979. *The Chesapeake in the Seventeenth Century: Essays on Anglo-American Society*. Chapel Hill: University of North Carolina Press.

Taviani, P. E. 1996. *Cristoforo Colombo*. 3 vols. Rome: Societá Geografica Italiana.

Taviani, P. E., et al. 1997. *Christopher Columbus: Accounts and Letters of the Second, Third, and Fourth Voyages*. Trans. L. F. Farina and M. A. Beckwith. Nuova Raccolta Colombiana 6. Rome: Istituto Poligrafico e Zecca dello Stato.

Thirsk, J. 2006 (1957). *English Peasant Farming: The Agrarian History of Lincolnshire from Tudor to Recent Times*. Abingdon, UK: Routledge.

Thompson, P. 2004. "William Bullock's 'Strange Adventure': A Plan to Transform Seventeenth-Century Virginia." *WMQ* 61:107–28.

Thornton, J. K. 2010. "African Political Ethics and the Slave Trade." In D. R.

Peterson, ed., *Abolitionism and Imperialism in Britain, Africa and the Atlantic.* Athens: Ohio University Press, 38–62.

———. 2008. "Les États de l'Angola et la Formation de Palmares (Brésil)." *Annales. Histoire, Sciences Sociales* 63:769–97.

———. 1999. *Warfare in Atlantic Africa, 1500–1800.* London: UCL Press.

———. 1998 (1992). *Africa and Africans in the Making of the Atlantic World, 1400–1800.* New York: Cambridge University Press, 2nd ed.

Tiunov, A. V., et al. 2006. "Invasion Patterns of Lumbricidae into the Previously Earthworm-Free Areas of Northeastern Europe and the Western Great Lakes Region of North America." *Biological Invasions* 8:1223–34.

Tomlins, C. 2001. "Reconsidering Indentured Servitude: European Migration and the Early American Labor Force, 1600–1775." *Labor History* 42:5–43.

Tower, W. T. 1906. *An Investigation of Evolution in Chrysomelid Beetles of the Genus Leptinotarsa.* Washington, DC: Carnegie Institution.*

Townsend, C. 2004. *Pocahontas and the Powhatan Dilemma.* New York: Hill and Wang.

Trevelyan, R. 2004 (2002). *Sir Walter Raleigh: Being a True and Vivid Account of the Life and Times of the Explorer, Soldier, Scholar, Poet, and Courtier—The Controversial Hero of the Elizabethan Age.* New York: Holt.

Tsai, S.-S. H. 2002. *Perpetual Happiness: The Ming Emperor Yongle.* Seattle: University of Washington Press, 2nd ed.

Tuan, Y.-F. 2008 (1965). *A Historical Geography of China.* Piscataway, NJ: Aldine Transaction.

Tulloch, A. M. 1847. "On the Mortality Among Her Majesty's Troops Serving in the Colonies During the Years 1844 and 1845." *Journal of the Statistical Society of London* 10:252–59.

———. 1838. "On the Sickness and Mortality Among the Troops in the West Indies," *Journal of the Statistical Society of London* 1:129–42 (pt. 1); 1:216–30 (pt. 2); 1:428–44 (pt. 3).

Tullock, G. 1957. "Paper Money—A Cycle in Cathay." *EHR* 9:393–407.

Turner, E. R. 2004. "Virginia Native Americans During the Contact Period: A Summary of Archaeological Research over the Past Decade." *QBASV* 59:14–24.

———. 1993. "Native American Protohistoric Interactions in the Powhatan Core Area." In Rountree ed. 1993, 76–93.

———. 1982. "A Re-examination of Powhatan Territorial Boundaries and Population, A.D. 1607." *QBASV* 37:45–64.

———. 1973. "A New Population Estimate for the Powhatan Chiefdom of the Coastal Plain of Virginia." *QBASV* 28:57–65.

Ugent, D. 1968. "The Potato in Mexico: Geography and Primitive Culture." *EB* 22:108–23.

Ugent, D., et al. 1987. "Potato Remains from a Late Pleistocene Settlement in Southcentral Chile." *EB* 41:17–27.

———. 1982. "Archaeological Potato Remains from the Casma Valley of Peru." *EB* 36:182–92.

Ule, E. 1905. "Rubber in the Amazon Basin." *Bulletin of the American Geographical Society* 37:143–45.

Ulloa, A. d. 1807 (1743). *A Voyage to South America*, trans. London: J. Stockdale, 2 vols., 5th ed.

U.S. Census Bureau. 1975. *Historical Statistics of the United States, Colonial Times to 1970.* 2 vols. Washington, DC: Government Printing Office.

U.S. Department of Defense. 2008. "Military Critical Technologies List." Washington, DC: Defense Technical Information Center.*

Vainfas, R. 1996. "Deus Contra Palmares. Representações Senhoriais e Ideias Jesuíticas." In Reis and Gomes eds. 1996:60–80.

Valdés, D. N. 1978. "The Decline of the *Sociedad de Castas* in Mexico City." PhD thesis, University of Michigan.

Vallejo, J. 1944. "Una Ficha Para el Diccionario Histórico Español: Cición, Ciciones." *Revista de Filología Española* 28:63–66.

Vandenbroeke, C. 1971. "Cultivation and Consumption of the Potato in the 17th and 18th Century." *Acta Historiae Neerlandica* 5:15–39.

Vanhaute, E., et al. 2007. "The European Subsistence Crisis of 1845–1850: A Comparative Perspective." In C. Ó Gráda, et al., eds., *When the Potato Failed: Causes and Effects of the "Last" European Subsistence Crisis, 1845–1850.* Turnhout, Belgium: Brepols, 15–40.

Varela, C., and J. Gil, eds. 1992 (1982). *Cristóbal Colón: Textos y documentos completos.* Madrid: Alianza Editorial, 2nd rev. ed. (Many texts*)

Varela, H. 1997. "Entre Sueños Efimeros y Despertares: La Historia Colonial de São Tomé y Príncipe (1485–1975)." *Estudios de Asia y África* 32:289–321.

Verástique, B. 2000. *Michoacán and Eden: Vasco de Quiroga and the Evangelization of Western Mexico.* Austin: University of Texas Press.

Vermeer, E. B. 1991. "The Mountain Frontier in Late Imperial China: Economic and Social Developments in the Bashan." *T'oung Pao* 77:300–329.

Vermeer, E. B., ed. 1990. *Development and Decline of Fukien Province in the 17th and 18th Centuries.* New York: E. J. Brill.

Viazzo, P. P. 2006 (1989). *Upland Communities: Environment, Population and Social Structure in the Alps Since the Sixteenth Century.* New York: Cambridge University Press.

Vidal, L. 2005. *Mazagão: La Ville Qui Traverse l'Atlantique du Maro a l'Amazonie.* Paris: Aubier.

Vieira, A. 2004. "Sugar Islands: The Sugar Economy of Madeira and the Canaries, 1450–1650." In S. B. Schwartz, ed., *Tropical Babylons: Sugar and the Making of the Atlantic World, 1450–1680.* Durham: University of North Carolina Press, 42–84.

———. 1998. "As Ilhas do Açúcar: A Economia Açucareira da Madeira e

Canárias nos Séculos XV a XVII." Funchal, Madeira: CEHA-Biblioteca Digital.*

———. 1996. "Escravos com e sem Açúcar na Madeira." In Centro de Estudos de História do Atlântico, ed., *Escravos com e sem Açúcar: Actas do Seminário Internacional.* Funchal, Madeira: CEHA, 93–102.

———. 1992. *Portugal y las Islas del Atlántico.* Madrid: Colleciones Mapfre.

Vinod, K. K. 2002. "Genetic Improvement in Para Rubber (*Hevea brasiliensis* (Willd.) Muell.-Arg.)." In Centre for Advanced Studies in Genetics and Plant Breeding, ed., *Plant Breeding Approaches for Quality Improvement in Crops.* Coimbatore, Tamil Nadu: Tamil Nadu Agricultural University, 378–85.*

Vinson, B. 2000. "Los Milicianos Pardos y la Construcción de la Raza en el México Colonial." *Signos Históricos* 2:87–106.

Visnawathan, P. K. 2007. "Critical Issues Facing China's Rubber Industry in the Era of Market Integration: An Analysis in Retrospect and Prospect." Gota, Ahmedabad: Gujarat Institute of Development Research Working Paper No. 177.*

Voltaire (Arouet, F. M.). 1773 (1756) *Essai sur les Mœurs et l'Esprit des Nations.* 8 vols. Neuchâtel:s.n.*

Von Glahn, R. 2010. "Monies of Account and Monetary Transition in China, Twelfth to Fourteenth Centuries." *Journal of the Economic and Social History of the Orient* 53:463–505.

———. 2005. "Origins of Paper Money in China." In K. G. Rouwenhorst and W. N. Goetzmann, eds., *Origins of Value: The Financial Innovations That Created Modern Capital Markets.* NY: Oxford University Press, 65–89.

———. 1996. *Fountain of Fortune: Money and Monetary Policy in China, 1000–1700.* Berkeley: University of California Press.

Vongkhamor, S., et al. 2007. "Key Issues in Smallholder Rubber Planting in Oudomxay and Luang Prabang Provinces, Lao PDR." Vientiane: National Agriculture and Forestry Research Institute.

Von Wobeser, G. 1988. *La Hacienda Azucarera en la Época Colonial.* Mexico City: Secretaría de Educación Pública.

Wagner, M. J. 1977. "Rum, Policy and the Portuguese: The Maintenance of Elite Superiority in Post-Emancipation British Guiana." *Canadian Review of Sociology and Anthropology* 14:406–16.

Walford, C. 1879. *The Famines of the World: Past and Present.* London: Edward Stanford.*

Walsh, B. D. 1866. "The New Potato Bug." *Practical Entomologist* 2:13–16.

Waltham, T. 2005. "The Rich Hill of Potosi." *Geology Today* 21:187–90.

Walton, W. 1845. "Guano—The New Fertilizer." *Polytechnic Review and Magazine* 2:161–70.

Wang, S. (王思明). 2004. "Introduction of the American-Originated Crops and Its Influence on the Chinese Agricultural Production Structure"

(美洲原产作物的引种栽培及其对=中国农业生 产结构的影响). *AHC* 23: 16–27.

Wang, X. (王象晋). 1644 (1621). *Records of Fragrant Flowers from the Er Ru Pavilion* (二如亭群芳譜).2 vol. S. I.:s.n.

Wang, Y. 1997. "A Study on the Size of the Chinese Population in the Middle and Late Eighteenth Century." *Chinese Journal of Population Science* 9:317–36.

Wang, Y. (汪元方). 1850. "Memorial Requesting a Ban on Shack People Reclaiming Mountains and Blocking Waterways in Order to Prevent Future Calamities" (請禁棚民開山阻水以杜後患疏). In K. Sheng (盛康), ed., 1972, *Collected Writings on Qing Statecraft* (皇朝經世文編續編). Taipei: Wenhai, vol. 39, p. 32.

Warren, J. E. 1851. *Para; Or, Scenes and Adventures on the Banks of the Amazon.* New York: G. P. Putnam.*

Waterhouse, E. 1622. "A Declaration of the State of the Colony and Affaires in Virginia." *KB* 3:541–71.

Watts, P. M. 1985. "Prophecy and Discovery: On the Spiritual Origins of Christopher Columbus's 'Enterprise of the Indies.' " *AHR* 90:73–102.

Watts, S. J. 1999 (1997). *Epidemics and History: Disease, Power and Imperialism.* New Haven: Yale University Press.

Webb, J. L. A. 2009. *Humanity's Burden: A Global History of Malaria.* New York: Cambridge University Press.

Weber, M. 2003 (1904–05). *The Protestant Ethic and the Spirit of Capitalism.* Trans. T. Parsons. New York: Dover.

Wei, J., et al. 2006. "Decoupling Soil Erosion and Human Activities on the Chinese Loess Plateau in the 20th Century." *Catena* 68:10–15.

Weinstein, B. 1983. *The Amazon Rubber Boom: 1850–1920.* Stanford, CA: Stanford University Press.

Weiss, P. 1953. "Los Comedores Peruanos de Tierras: Datos Históricos y Geográficos—Nombres de Tierras Comestibles—Interpretación Fisiológica de la Geofagia y la Pica." *Peru Indigena* 5:12–21.

Weissmann, G. 1998. "They All Laughed at Christopher Columbus." In G. Weissmann, *Darwin's Audubon: Science and the Liberal Imagination.* New York: Basic Books, 149–58.

Weller, R. E., et al. 1999. "Universities and the Biological and Toxin Weapons Convention." *ASM News* 65:403–09.

Wennersten, J. R. 2000. *The Chesapeake: An Environmental Biography.* Baltimore: Maryland Historical Society.

West, T. (Baron de la Warre), et al. 1610. Letter to Virginia Company, 7 Jul. In Haile ed. 1998, 454–64.

Wey Gómez, N. 2008. *The Tropics of Empire: Why Columbus Sailed South to the Indies.* Cambridge, MA: MIT Press.

Wheeler, A. G. 1981. "The Tarnished Plant Bug: Cause of Potato Rot?: An Episode in Mid-Nineteenth-Century Entomology and Plant Pathology." *Journal of the History of Biology* 14:317–38.

Whitaker, A. P. 1971 (1941). *The Huancavelica Mercury Mine: A Contribution to the History of the Bourbon Renaissance in the Spanish Empire.* Westport, CT: Greenwood Press.

Whitby, G. S. 1920. *Plantation Rubber and the Testing of Rubber.* New York: Longmans, Green.*

White, A. 1634. "A Briefe Relation of the Voyage unto Maryland." In Hall 1910, 29–45.

White, G. B. 1978. "Systematic Reappraisal of the *Anopheles maculipennis* Complex." *Mosquito Systematics* 10:13–44.*

Whitehead, N. L. 1999. "Native Peoples Confront Colonial Regimes in Northeastern South America." In F. Soloman and S. B. Schwartz, eds., *The Cambridge History of Native Peoples of the Americas.* Cambridge: Cambridge University Press, 382–442.

Wilentz, A. 1990. "Balaguer Builds a Lighthouse." *Nation* 250:702–05.

Will, P.-E. 1980. "Un Cycle Hydraulique en Chine: La Province du Hubei du XVIe au XIXe siècles." *Bulletin de l'École Française d'Extrême-Orient* 68:261–87.

Williams, D. 1962. "Clements Robert Markham and the Introduction of the Cinchona Tree into British India, 1861." *Geographical Journal* 128:431–42.

Williams, D. J., and D. Matile-Ferraro. 1999. "A New Species of the Mealybug Genus *Cataenococcus* Ferris from Ethiopia on *Ensete Ventricosum*, a Plant Infected by a Virus." *Revue Française d'Entomologie* 21:145–49.

Williams, E. 1650. *Virginia: More Especially the South Part Thereof, Richly and Truly Valued.* London: John Stephenson, 2nd ed.*

Williams, M. 2006. *Deforesting the Earth: From Prehistory to Global Crisis.* Chicago: University of Chicago Press.

———. 1989. *Americans and Their Forests: A Historical Geography.* New York: Cambridge University Press.

Wilson, C., et al. 2002. "Soil Management in Pre-Hispanic Raised Field Systems: Micromorphological Evidence from Hacienda Zuleta, Ecuador." *Geoarchaeology* 17:261–83.

Wilson, E. O. 2006. "Ant Plagues: A Centuries-Old Mystery Solved." In E. O. Wilson, *Nature Revealed: Selected Writings, 1949–2006.* Baltimore: Johns Hopkins University Press, 343–50.

———. 2005. "Early Ant Plagues in the New World." *Nature* 433:32.

Wingfield, E. M. 1608? "A Discourse of Virginia." In Haile ed. 1998, 183–201.

Wither, G. 1880 (1628). *Britain's Remembrancer.* 2 vols. London: Spencer Society.*

Wolf, E. R. 1997 (1982). *Europe and the People Without History.* Berkeley: University of California Press, 2nd ed.

Wood, C. S. 1975. "New Evidence for a Late Introduction of Malaria into the New World." *Current Anthropology* 16:93–104.

Wood, P. H. 1996 (1974). *Black Majority: Negroes in Colonial South Carolina from 1670 Through the Stono Rebellion.* New York: W. W. Norton.

Wood, W. 1977 (1634). *New England's Prospect.* Amherst: University of Massachusetts Press.

Woodroffe, J. F. 1916. *The Rubber Industry of the Amazon, and How Its Supremacy Can Be Maintained.* London: T. Fisher Unwin and Bale, Sons and Danielson.

Woodruff, W. 1958. *The Rise of the British Rubber Industry During the Nineteenth Century.* Liverpool: Liverpool University Press.

Woodward, H. 1674. "A Faithfull Relation of My Westoe Voiage." In A. S. Salley Jr., ed., *Narratives of Early Carolina, 1650–1708.* New York: Charles Scribner's Sons.

World Health Organization. 2010. *World Malaria Report 2010.* Geneva: WHO Press.*

Worster, D. 1994. *Nature's Economy: A History of Ecological Ideas.* New York: Cambridge University Press, 2nd. ed.

Wright, I. A., ed. 1932. *Documents Concerning English Voyages to the Spanish Main, 1569–1580.* London: Hakluyt Society.

Wrigley, E. A. 1969. *Population and History.* New York: McGraw-Hill.

Wu, R. (吴若增). 2009. "Early Stage Chinese Workers in Peru" (早期华工在秘鲁). *Memories and Archives* (档案春秋) 7:47–50.

Wu, S., et al. 2001. "Rubber Cultivation and Sustainable Development in Xishuangbanna, China." *International Journal of Sustainable Development and World Ecology* 8:337–45.

Xu, G. (徐光啟) 1968 (1628). *Complete Treatise on Agricultural Administration* (農政全書). Taipei: The Commercial Press.

Xu, J. 2006. "The Political, Social and Ecological Transformation of a Landscape: The Case of Rubber in Xishuangbanna, China." *Mountain Research and Development* 26:254–62.

Xu, Z., et al. 2004. "China's Sloping Land Conversion Programme Four Years On: Current Situation, Pending Issues." *International Forestry Review* 6:317–26.

Yamamoto, N. 1988. "Potato Processing: Learning from a Traditional Andean System." In *The Social Sciences at CIP: Report of the Third Social Science Planning Conference.* Lima: International Potato Center, 160–72.

Yang, C. (杨昶). 2002. "The Effect of Ming Dynasty Economic Activities on the Ecological Environment in the South" (明代经济活动对南方生态环境的影响). *Journal of Baoji College of Arts and Science (Social Sciences)* (宝鸡文理学院学报 [社会科学版]) 23:44–49.

Yasuoka, J., and R. Levins. 2007. "Impact of Deforestation and Agricultural Development on Anopheline Ecology and Malaria Epidemiology." *AMJTMH* 76:450–60.

Ye, T., ed. (葉廷芳). 1967 (1825). *Dianbai Gazetteer* (電白縣志). Taipei: Cheng Wen Publishing.

Young, A. 1771. *The Farmer's Tour Through the East of England.* 4 vols. London: W. Strahan.*

Yu, K., D. Li, and D. Li. 2006. "The Evolution of Greenways in China." *Landscape and Urban Planning* 76:223–39.

Yuan, T. (袁庭栋). 1995. *History of Smoking in China* (中国吸烟史话). Beijing: The Commercial Press International.

Zadoks, J. C. 2008. "The Potato Murrain on the European Continent and the Revolutions of 1848." *Potato Research* 51:5–45.

Zamora, M. 1993. *Reading Columbus.* Berkeley: University of California Press.

Zavala, S. 1947. "The American Utopia of the Sixteenth Century." *Huntington Library Quarterly* 10:337–47.

Zhang, D., et al. 2000. "Assessing Genetic Diversity of Sweet Potato (*Ipomoea batatas* [L.] Lam.) Cultivars from Tropical America Using AFLP." *Genetic Resources and Crop Evolution* 47:659–65.

Zhang, D. D., et al. 2007. "Climate Change and War Frequency in Eastern China over the Last Millennium." *Human Ecology* 35:403–14.

Zhang, J. (張景岳). 2006 (1624). *The Complete Works of Jingyue* (景岳全書). In Y. Ji (紀昀) and X. Lu (陸錫熊), et al., eds., *Wenyuan Publishing House Internet Edition of the Complete Library of The Four Treasuries* (文淵閣四庫全書內網聯版). Hong Kong: Heritage Publishing Ltd.*

Zhang, J. (张箭). 2001. "On the Spread of American Cereal Crops" (论美洲粮食作物的传播). *AHC* 20:89–95.

Zhang, J. H., and M. Cao. 1995. "Tropical Forest Vegetation of Xishuangbanna, SW China, and Its Secondary Changes, with Special Reference to Some Problems in Local Nature Conservation." *Biological Conservation* 73:229–38.

Zhang, T. (張廷玉), et al., eds. 2000 (1739). *The Ming History (Ming Shi)* (明史). Academia Sinica Hanji Wenxian Ziliaoku Databases (中央研究院漢籍電子文獻). Taipei: Academia Sinica.*

Zhang, X. (張燮). 1968 (1617). *Studies on the East and West Oceans* (東西洋考). Taipei: The Commercial Press.

Zhao, J., and J. Woudstra. 2007. " 'In Agriculture, Learn from Dazhai': Mao Zedong's Revolutionary Model Village and the Battle Against Nature." *Landscape Research* 32:171–205.

Zheng, Z. 2001 (1992). *Family Lineage Organization and Social Change in Ming and Qing Fujian.* Trans. M. Szonyi. Honolulu: University of Hawai'i Press.

Zhuge, Y. (諸葛元聲). 1976 (1556). *Records of Pingrang Throughout the Three Reigns* (三朝平攘錄). Taipei: Wei-Wen Book & Publishing Co.

Ziegler, A. D., et al. 2009. "The Rubber Juggernaut." *Science* 324:1024–25.

Zimmerer, K. S. 1998. "The Ecogeography of Andean Potatoes." *BioScience* 48:445–54.

Zizumbo-Villarreal, D., and H. J. Quero. 1998. "Re-evaluation of Early Observations on Coconut in the New World." *EB* 52:68–77.

Zuckerman, L. 1999 (1998). *The Potato: How the Humble Spud Rescued the Western World.* New York: North Point.

Zuñiga, M. d. 1814 (1803). *An Historical View of the Philippine Islands. Trans. J. Maver.* 2 vols. London: Black, Parry and Co., 2nd ed.

Zurara (Azurara), G. E. d. 1897–99 (1453). *The Chronicle of the Discovery and Conquest of Guinea.* Trans. C. R. Beazley and E. Prestage. 2 vols. London: Hakluyt Society.

옮긴이 **최희숙**

전북대학교 영어영문과를 졸업했다. 출판 에이전트로 일하며 영미권 도서를 소개해왔다. 번역한 책으로 《하룻밤에 끝내는 기적의 팀워크》가 있다.

1493

첫판 1쇄 펴낸날 2020년 2월 15일
첫판 6쇄 펴낸날 2023년 6월 10일

지은이 | 찰스 만
옮긴이 | 최희숙
펴낸이 | 지평님
본문 조판 | 성인기획 (010)2569-9616
종이 공급 | 화인페이퍼 (02)338-2074
인쇄 | 중앙P&L (031)904-3600
제본 | 에스제이피앤피 (031)942-6006

펴낸곳 | 황소자리 출판사
출판등록 | 2003년 7월 4일 제2003-123호
대표전화 | (02)720-7542 팩시밀리 | (02)723-5467
E-mail | candide1968@hanmail.net

ⓒ 황소자리, 2020

ISBN 979-11-85093-91-8   03900

* 이 도서의 국립중앙도서관 출판시도서목록(CIP)은 서지정보유통지원시스템 홈페이지(http://seoji.nl.go.kr)와 국가자료공동목록시스템(http://www.nl.go.kr/kolisnet)에서 이용하실 수 있습니다.(CIP제어번호:2020002983)
* 잘못된 책은 구입처에서 바꾸어드립니다.

한마디로 기가 막힌 책이다. 모든 페이지가 지식과 통찰력으로 넘쳐난다. 천부적인 이야기 직조 능력 덕에 독자들은 그의 박식하고 신선한 이론을 쉽고 재밌게 습득할 수 있다. 몰입도를 배가시키는 문장력 또한 압권이다. — 〈북페이지〉

놀랍도록 스피디한 전개…. 누구도 반박하지 못할 명백한 한 가지는 저자가 전 세계를 한눈에 조망하면서도 세상 곳곳에서 일어난 크고 작은 사건들에게 제자리를 찾아준다는 점이다. 만은 자연계의 법칙, 정치, 종교, 경제, 인류라는 다양한 색실을 사용해 한 장의 멋진 체크무늬 테이블보를 완성했다. — 〈스타레저지〉

만은 명쾌한 문장력으로, 어렵고 딱딱한 인문 지식에 자꾸 손이 가게 하는 고난도 작업을 이뤄냈다. 그는 정통 역사학자가 아니다. 그럼에도 불구하고 많은 전문 역사학자들이 오히려 《1493》에서의 그가 일궈낸 지성에서 오히려 한 수 배운다. 철저하게 연구한 세계사를 기반으로 하는 이 책은 질병학과 경제학에 이르는 다양한 영역의 학문지식을 아우른다. 그러면서도 그는 학자인 양 으스대거나 지식인의 포즈를 취하지 않는다. 단지 명쾌한 문장으로 디테일에 전념할 뿐이다. 무엇보다 인상적인 것은 그의 드라마에는 하찮은 식물, 세균, 벌레 그리고 배설물들이 주연으로 자리매김하지만, 그의 책에 같이 등장하는 사람들 역시 책장을 덮은 후 마치 잘 알게 된 사람들처럼 독자의 뇌리에 깊게 남는다는 사실이다. 그는 우리 주위에서 아무 생각 없이 봐왔던 사소한 물건들에게 새로운 의미를 불어넣어 준다. 이제 고무 한 조각을 볼 때, 감자를 볼 때, 옥수수를 볼 때, 이전 같은 방식으로 보이지 않는다. 콜럼버스적 전환은 우리 근대 사회의 모든 것을 형성했다. 우리 텃밭에 있는 모든 식물과 그 식물에 유해한 병충해까지, 모두 다 이 전환을 거쳐 우리 밭으로 왔다. 이 전환은 21세기 도래에도 가속페달을 밟아주었다. 하지만 이 둘을 모두 도로 가져가 버릴 수도 있다. 왜 그런지 알고 싶다면 책을 읽어보시라. — 〈뉴욕 타임스〉

만의 책은 팩트와 팩토이드가 촘촘하고 빽빽하게 박혀 있다. 우리가 미처 깨닫지 못했던 사소한 일과 중대한 일들에 대한 위대한 통찰, 그들이 함께 충동했을 때 가져올 수 있는 지각변동을 절절히 느끼게 해준다. — 〈워싱턴 포스트〉

근대 사회에 유럽인들이 끼친 영향력에 관한 책은 무수히 나왔지만, 《1493》처럼 전 지구적 시각으로 다룬 이야기는 지금껏 없었다. 나아가 이 책처럼 일반 독자가 쉽게 접할 수 있도록 잘 짜인 책도 지금껏 없었다. — 〈라이브러리 저널〉

이 책의 최고의 강점은 일견 사실로 받아들여져 파편적 지식으로 머물던 역사들을 새로운 차원으로 조합해냈다는 데 있다. 책을 읽다 보면 '아하!' 하면서 무릎을 탁 치는 순간들이 많다. 그는 격동의 시대를 관통하는 미시사들을 촘촘하게 엮어서 자신만의 방식으로 다시 보여준다. — 〈리치몬드 타임스 디스패치〉

만은 콜럼버스의 항해 이후 전 세계에 불어닥친 근원적인 변화를, 관련된 조각들을 한 땀 한 땀 정교하게 이어붙여 누구도 시도하지 않은 방식으로 설명했다. 참으로 놀라운 사실은 이런 복잡다단한 내용을 쉽고도 재미있게 엮었다는 점이다. 위트까지 장착한 그의 문장은 가히 천부적이다. — 〈오스틴 아메리칸 스테이트맨〉

우리 중 그 누구도 콜럼버스와 여행하지 못했다. 상관없다. 이 책 《1493》이 우리를 훨씬 더 짜릿한 여정으로 이끌어주니까. 이 강력한 책은 글로벌라이제이션의 기원과 그 결과에 대해 다시 생각하게 해준다. 읽다 보면 수시로 소름이 돋는다.
— 칼 사피나(《불타는 바다A Sea In Flames》의 저자)

방대함과 열정 그리고 박식함에서 상상을 불허할 만큼 독보적인 책. 《1493》의 모든 페이지가 독보적으로 자극적이다. 뇌에 동공이 있다면 아마 책을 읽는 내내 확장된 채로 머물 것이다. 전 세계 시공을 자유자재로 넘나드는 놀라운 스케일에다 몰입도 높은 지성과 이야기로 가득하다. — 〈런던 타임스〉